Simon Winder

Germany, oh Germany

Ein Brite auf Spritztour durch die deutsche Geschichte

Aus dem Englischen
von Sigrid Ruschmeier

Pantheon

Die englische Originalausgabe erschien 2010 unter dem Titel
»Germania – A Personal History of Germans Ancient and Modern«
bei Picador, London.

Der vorliegende Text ist gegenüber der deutschen Erstausgabe von 2010
wesentlich erweitert. An der Übersetzung von Kapitel 10 und 11 war Grete
Osterwald beteiligt, von Kapitel 12 und 13 Heike Steffen.

Sollte diese Publikation Links auf Webseiten Dritter enthalten, so übernehmen wir für deren Inhalte keine Haftung, da wir uns diese nicht zu
eigen machen, sondern lediglich auf deren Stand zum Zeitpunkt der
Erstveröffentlichung verweisen.

Penguin Random House Verlagsgruppe FSC® N001967

1. Auflage
Copyright © 2022 der deutschsprachigen Ausgabe
by Pantheon Verlag in der Penguin Random House Verlagsgruppe GmbH,
Neumarkter Straße 28, 81673 München
»Germania« © 2010 by Simon Winder
Umschlaggestaltung: Jorge Schmidt, München
Umschlagabbildung: © akg-images / Bildarchiv Steffens (Arm);
© akg-images (Helm); © Katharina Notarianni / dreamstime (Brezel);
© Kostin / Shutterstock (Quadriga)
Satz: Buch-Werkstatt GmbH, Bad Aibling
Druck und Bindung: CPI books GmbH, Leck
Printed in Germany
ISBN 978-3-570-55471-5

www.pantheon-verlag.de

Für Felix

»Was der Mensch doch nicht alles erfährt, wenn er sich einmal hinterm Ofen hervormacht!«
    Joseph von Eichendorff, *Aus dem Leben eines Taugenichts*

»Achtung! Historische Treppen!«
    Schild an einem etwas schiefen Treppenaufgang in Luthers Geburtshaus in Eisleben

Inhalt

Vorwort
    Warum zum Teufel sind Sie hier? 13

Erstes Kapitel
    Aus dem Land der düsteren Wälder 20
    Römische Germanen und Deutsche 28
    Ein Alligator, fern der Heimat 33
    Ich nehme grüne Soße dazu 36
    Der mittelalterliche Parkplatz 42

Zweites Kapitel
    Alte Pfalzen 50
    Karl der Große 54
    Fromm, kahl, dick 59
    Eine sehr kleine Stadt 62
    Das Wort verbreiten 67
    Der Sonne entgegen 74
    Vorstoß gen Osten 79

Drittes Kapitel
    Von Mauern umgebene Städte 86
    Überlegenheitskomplexe 90
    Kurze Bemerkung zu politischen Strukturen 96
    Deutsche Stämme 100
    Hungersnot und Pest 104
    Wo eine Million Diamanten funkeln 107

Viertes Kapitel
    Ein kniender Kreuzfahrer 114
    Der Fluch Burgunds 119
    Familienspiele 126
    Stadtgewimmel 131
    Reichskreise 136
    Habsburger 139

Fünftes Kapitel
Spitze, runde, eckige Türme   148
Ein Geburtshaus und ein Sterbehaus   154
Des Teufels Dudelsack   158
Der Herrscher der Welt   162
Das Neue Jerusalem   169
Ein unglücklicher Weinhändler   173

Sechstes Kapitel
Die Goldene Stadt der Gläubigen   180
Das Land, wo die Zitronen blühn   185
Schwarze Rüstungen   191
Der Schwedenschimmel   198
Überraschungsbesuch eines Asteroiden   205

Siebtes Kapitel
Wunderkammern und Spinnen, die Vögel fressen   214
»Musik, die Toten aus diesem Leben zu geleiten«   222
Die Zeit der gepuderten Perücken   226
Yatağane aus Damaszenerstahl   229
»Brennt die Pfalz nieder!«   237
Die katholische Kirche geht aufs Ganze   242

Achtes Kapitel
Die Nachkommen Kyros' des Großen   250
Ein Tässchen Schokolade mit Straußen   257
Noch mehr tolle Gräber   262
Chromatische Fantasie und Fuge   269
Die sächsischen Auguste   272

Neuntes Kapitel
Die kleine Sophie von Zerbst   282
Parks und ihre Zierden   286
In Goethes Fußstapfen   290
Eine Glaspyramide mit Rotkehlcheneiern   294
Überraschungsauftritt einer Seekuh   299

Deutsche als Opfer   301
Hähnchen zum Spottpreis   308

Zehntes Kapitel
Militärmärsche   314
Karl und Albrecht   320
Turmeinsamkeit   330
Von Helden und Eicheln   335
Siegessäulen   342
Größe und Elend des nationalen Prinzips   346

Elftes Kapitel
Schneekugel-Partikularismus   356
Lämmer und Marienkäfer   365
Land der sadistischen Puzzles   370
Jägermeister   375
Eine Abwesenheit   381

Zwölftes Kapitel
Am Meer   392
Texanische Wenden   396
Deutsche Kolonialträume   402
Thomas und Ernie   409
Berliner Piefigkeit   416
Gesichter des Militarismus   419

Dreizehntes Kapitel
Scheitern   428
Das Ende der deutsch-englischen Ehe   434
Katastrophe   442
Niederlage und Revolution   446
In Erinnerung an die Toten   455
Königliche Nachbeben   459

Vierzehntes Kapitel
Ein reizloser See   468

Putsche und Sockenhalter 474
»5, 4, 3, 2, 1 ...« 480
Der Tod der Wissenschaft 482
Letztes Aufbäumen 486
Ende 491

Zum guten Schluss
In den Bergen 496
Mendels Büste 499
Schostakowitsch und Schnitzler im Hofbräuhaus 502

Dank 507

Literatur 509

Register 513

Bildnachweis 524

Vorwort

Warum zum Teufel sind Sie hier?

In diesem Buch geht es um meine Liebe zur deutschen Geschichte und Kultur. Ich schreibe es heute, nachdem ich in den vergangenen sechs, sieben Jahren viel in Deutschland herumgereist bin, und die meisten Dinge, Orte und Bücher, die ich erwähne, kann man noch sehen, erkunden und lesen. Ich liebe Deutschlands Vergangenheit, wie es sie gab, bevor das »Dritte Reich« kam und seinen Schatten auf die deutsche Geschichte warf – nach wie vor scheint es alles, auch das sehr weit Zurückliegende, zu verdüstern. Beim Schreiben ist mir immer wieder aufgefallen, dass ich die deutsche Geschichte nur deshalb so lieben kann, weil viele tausend Deutsche seit der »Stunde null« einen Großteil ihres Lebens darauf verwendet haben, aus dieser Vergangenheit das zu retten und zu neuem Leben zu erwecken, was wertvoll ist. Ob als Maurer, Steinmetze und Architekten, die so viel von dem im Krieg Zerstorten wiederaufgebaut haben, oder als Historiker, Künstler und Kulturschaffende, von denen mittlerweile schon zwei, drei Generationen versuchen, neue Zugänge zur deutschen Geschichte zu schaffen und sie neu zu erzählen, damit sie nicht länger im Dienst toter Ideologien steht.

Aber die »wiedererschaffene« Geschichte ist natürlich nicht nur das Werk einzelner Fachleute, sondern Millionen gewöhnlicher Deutscher haben daran mitgearbeitet, indem sie die Orte und Kunstwerke bewundert oder auch bespöttelt, faszinierend oder eben langweilig gefunden haben. Dafür könnte ich unendlich viele Beispiele nennen, doch besonders haben mich immer Mut und Demut der überlebenden Gemeindemitglieder der Sebalduskirche in Nürnberg berührt, die eines der großartigsten Bauwerke in Mitteleuropa aus vollkommener Zerstörung neu errichtet haben. Auch die Menschen in Hildesheim haben ihre alte Innenstadt mit modernen Mitteln wiederaufgebaut, obwohl es anfänglich schien, als sei das ganz unmöglich und die wunderschönen Gebäude seien für immer verloren.

Die dazu notwendige riesige intellektuelle und emotionale Energie ist offenbar unerschöpflich. Wo immer ich war, wurde ich daran erinnert, wie die Menschen in den größten Städten oder den kleinsten Dörfern, von der Ostsee bis zu den Alpen, an einer Neuerzählung der deutschen Geschichte mitwirken. Ihre Arbeit möchte ich in diesem Buch würdigen, wobei ich natürlich gleichzeitig hoffe, dem Nutzen und der Bedeutung von Geschichte gegenüber aufmerksam und skeptisch zu bleiben; Geschichte kann die Menschen eben genauso verderben und in die Irre führen, wie sie ihrem Leben Sinn verleihen und, ja, Spaß machen kann.

Ich sehe der Veröffentlichung meines Buches mit einem gewissen Bangen entgegen. Weder bin ich wirklich Fachmann, noch kann ich – bis auf ein paar Wendungen – Deutsch, doch ich hoffe, es ist einigermaßen unterhaltsam, informativ und akkurat.

Ein Wort zu meiner Begeisterung für Deutschland und seine Geschichte. Ich erzählte einmal einem Berliner Verleger, dass ich nach der Frankfurter Buchmesse (ich arbeite selbst in einem Verlag) eine Woche in den Harz fahren wolle, nach Quedlinburg – einer meiner allerliebsten Lieblingsstädte –, und er fragte mich, ob ich den Verstand verloren hätte, denn solch verschlafene Provinznester besuche man doch nur, wenn man jenseits von Gut und Böse sei. Dass mich dieser Ort, der jahrhundertelang von adligen Nonnen beherrscht wurde, so faszinierte, verstand der deutsche Verleger nicht.

Was mein Interesse zuerst entfachte, ist schwer zu sagen. Zunächst einmal hatte ich das Glück, als Lektor die Arbeiten einiger der wichtigsten britischen Deutschlandhistoriker zu betreuen, die von Ian Kershaw, Christopher Clark und Niall Ferguson; die Gespräche mit ihnen haben über die Jahre hinweg meine Ansichten sehr geprägt. Aber angefangen hat es in dem Sommer, als ich dreizehn oder vierzehn war und mit meiner Familie in den Ferien auf einem stinkenden Kanalkahn durch Elsass-Lothringen schipperte – ein Desaster. Doch diese erste Begegnung mit der oberrheinischen Kultur und ihrer schwierigen, oft tragischen Geschichte beeindruckte mich sehr. Wie ein aknegeplagter britischer Wiedergänger Goethes war ich begeistert von Straßburg und interessierte mich fortan ziemlich heftig für Geschichte, und am allermeisten für die Geschichte alles Germanischen und Deutschen.

Aber hinter dem viel späteren Wunsch, ein Buch darüber zu schreiben, stand noch mehr: Frustriert, dass meine britischen Freunde oft so wenig über Deutschland wussten, wollte ich ihnen – mit Humor und allerlei kuriosen Fakten – wenigstens ansatzweise ein Verständnis dafür vermitteln, warum ich in regelmäßigen Abständen auf ein paar Tage verschwinde und hochzufrieden zurückkehre, weil ich in Schwäbisch Gmünd oder Erfurt gewesen bin. Doch davon abgesehen war ich allmählich auch überzeugt, dass es in jedem Fall ein Buch wie dieses geben müsse.

Als ich, kurz nachdem die Mauer gefallen war, Deutschland zum ersten Mal richtig besuchte, war ich mehrere Tage lang in Magdeburg – und im Nu von seiner Geschichte fasziniert. Zum Zweck der Kolonisierung und Missionierung erbaut, hat es die Katastrophe des Dreißigjährigen Krieges aufs schlimmste zu spüren bekommen und ist heute ein Ort, an dem man überall auf Spuren des deutschen Nationalismus und Nationalstaatsgedankens im neunzehnten Jahrhundert, der Weimarer Republik, des Nationalsozialismus und des DDR-Sozialismus stößt. Es fühlte sich an, als sei der Boden der Stadt noch warm von dem, was hier passiert war. Besonders interessierte mich dann hier die Arbeit des Bildhauers Heinrich Apel. Beim Wiederaufbau der Stadt nach dem Zweiten Weltkrieg schuf er in den 1960er Jahren wunderschöne Türen, und für den großartigen Magdeburger Dom gestaltete er grandiose Bronzegriffe in Form von Eulen oder menschlichen Gesichtern, die sowohl absolut modern als auch seltsam alt aussehen. Wo immer ich dann auf Apels Spuren stieß, sonst noch in Magdeburg oder in Naumburg, staunte ich über die Zuversicht, mit der er Werke schuf, die bestimmt auch noch im zweiundzwanzigsten und dreiundzwanzigsten Jahrhundert in Ehren gehalten werden.

Eine andere Geschichte, die ich später noch ausführlicher beschreibe, habe ich am Schloss Sanssouci erlebt. Da stand ich am Grab Friedrichs des Großen, dort, wo er 1991 endlich begraben wurde, wie er es gewünscht hatte, und sah eine Gruppe älterer Deutscher, von denen etliche Tränen in den Augen hatten. Zuerst verstand ich gar nicht, warum sie beim Anblick des Grabes dieses seltsamen Mannes so traurig waren. Dann aber begriff ich, dass man durchaus tiefen Schmerz empfinden kann über all die Irrungen und Wirrungen, die die Deutschen im Laufe der Geschichte seit der Zeit Friedrichs bis heute mitgemacht haben. Ganz besonders in der ehemaligen DDR.

Der Besuch Magdeburgs, bei dem ich sah, wie die Stadt sich ihren alten Dom neu angeeignet hatte, und der Besuch des neuen Grabs für Friedrich den Großen im heutigen Potsdam gaben mir also vielleicht den entscheidenden Anstoß zu diesem Buch.

Auf jeden Fall war aber auch eine Begegnung in Regensburg vor fünf Jahren sehr wichtig. Ich mag die Steinerne Brücke über die Donau dort, und ich esse gern Bratwurst. Um diesen beiden Leidenschaften auf einmal zu frönen, ging ich zu dem unvergesslichen kleinen historischen Wurstkuchl an der Brücke und unterhielt mich mit einem sehr reizenden Paar aus Rottweil über das Wetter und die leckere Wurst. Nach einer Weile nahm der Mann seinen ganzen Mut zusammen und fragte: »Warum zum Teufel sind Sie hier?« Er und seine Frau verstanden nicht, warum ein englischer Tourist sich für eine bayerische Provinzstadt interessierte – und sie hatten ja auch recht, es liefen fast nur deutsche Touristen dort herum. Als ich, die Semmel mit der Bratwurst in der Hand, auf den Fluss schaute, zusah, wie sich an den Brückenpfeilern große Wasserstrudel bildeten, auf den Absätzen wippte und mich freute, an einem historisch so wunderbaren Ort zu sein, war mir dann vollends klar, dass ich ein Buch schreiben musste, in dem ich versuchen würde, diese Frage zu beantworten.

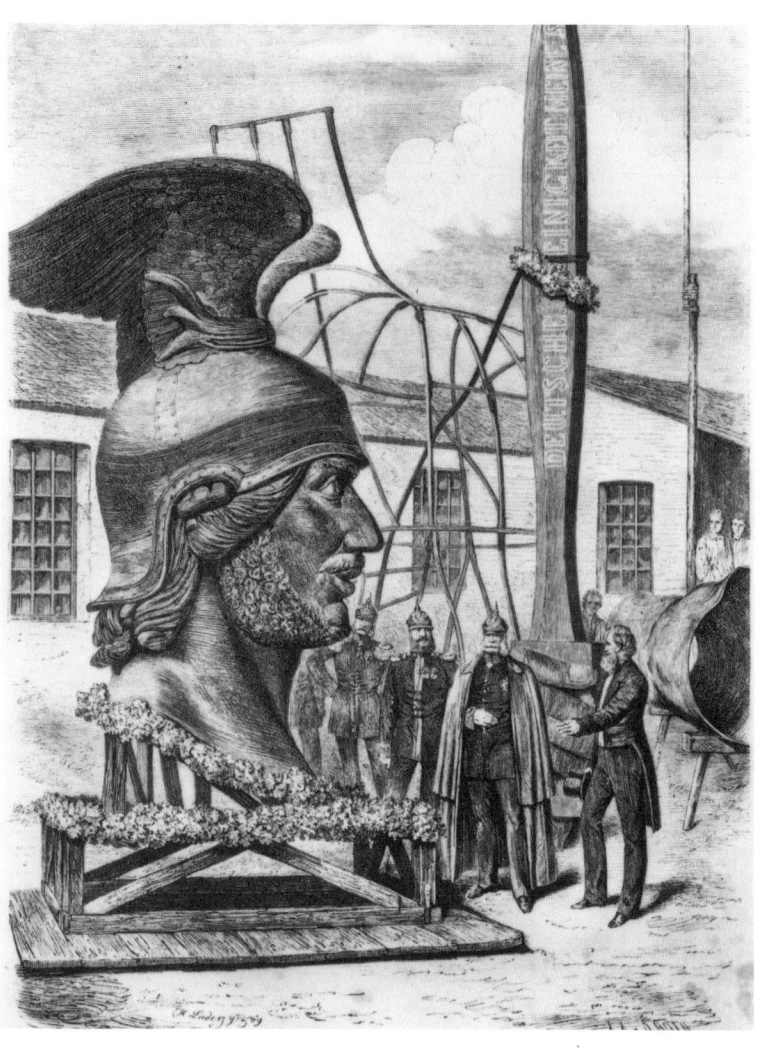

Erstes Kapitel

Aus dem Land der düsteren Wälder
Römische Germanen und Deutsche
Ein Alligator, fern der Heimat
Ich nehme grüne Soße dazu
Der mittelalterliche Parkplatz

König Wilhelm I. 1869 bei einem Besuch im Atelier Ernst von Bandels, wo er den Kopf des Hermannsdenkmals in Augenschein nimmt, das zur Erinnerung an den Sieg des Cheruskerfürsten über die Römer im Teutoburger Wald errichtet werden soll.

Aus dem Land der düsteren Wälder

Besonders gut kann man über die Mythen der altehrwürdigen Ursprünge Deutschlands nachdenken, wenn man dem Vorspiel zum 2. Akt des *Siegfried* lauscht. Binnen weniger Minuten entsteht vor einem ein wild wuchernder, wegloser, düsterer Wald – es dräut Gefahr (namentlich in Gestalt eines schlafenden Drachen) –, die Spannung steigt und man ahnt, wie viele Jahre die Zwerge und Götter mit den Fingern getrommelt und gewartet haben, dass die großen (wenn auch weiß Gott albernen) Ereignisse ins Rollen kommen.

Schade, aber auch wieder gut, dass Nichtdeutsche zu Wagners Musik keine unmittelbare Beziehung haben. Natürlich gibt es unter ihnen viele heftig Wagner-Begeisterte und große -Interpreten, doch die Wurzeln des Dramas und sein Bedeutungsgehalt fallen geradewegs in den Zuständigkeitsbereich der Deutschen. An diesem Vorspiel im Walde ist mehreres für die deutsche Kultur sehr typisch: Englische Wälder hat man so schnell durchquert, dass man sie verpassen könnte, und darin spazieren zu gehen gilt eher nicht als sportliche Betätigung. Alle zehn Meter oder so kommt ein Kinderspielplatz, eine Imbissbude oder eine Schautafel. Aber in Deutschland kann man immer noch auf einem Hügel stehen und, so weit das Auge reicht, nichts als wogende Bäume sehen – und doch sind das nur Reste des uralten Waldes, heute top gepflegt. Auch der Drache, die Zwerge und die Götter wirken gerade in diesem Land überzeugend, wie Geschöpfe aus einer Spielzeugkiste, die in den Bergen und Wäldern schlummern und von Generationen von Sprach- und Volkskundlern oder Komponisten immer wieder hervorgeholt, neu bemalt und in den Mittelpunkt zahlloser Festspiele und Kinderbücher gestellt werden.

Die Deutschen haben mit ihrer weit zurückliegenden Vergangenheit erheblich mehr Aufwand betrieben als die Engländer. Deren

Neugierde auf ihre Ursprünge war immer gebremster. Die beiden Länder lagen lange unter derselben urzeitlichen Eisplatte, doch mit deren Schmelzen gingen sie getrennte Wege. (Süddeutschland war nicht von Eis bedeckt, womit es dummerweise selbst im Pleistozän schon anders wurde.) Die historischen Anfänge Englands sind oft einfach nur peinlich. Als römische Kolonie war Britannien ein Härteposten und eine ziemliche Lachnummer. Schön wäre es, wenn die Römer uns wenigstens eine edle Stirn oder ein Gen für die Liebe zum klassischen Bildungsgut hinterlassen hätten, aber allein der Mangel an überlieferten Informationen über die Provinz besagt schon, wie wenig ihre Besitzer sie wertschätzten. Und während sich Europa im 19. Jahrhundert obsessiv mit der grauen Vorzeit beschäftigte, mussten die Briten ihre Überlegenheitsgefühle aus anderen Quellen beziehen. Nach Abzug der Römer wurde ihr Land nämlich auch noch zum Tummelplatz, wo sich jeder dahergelaufene Eindringling austoben konnte. Welle um Welle vergnügungssüchtiger Nordgermanen, Dänen und Norweger brandete heran; sie schwangen ihre Kampfbeile, bis das Land dann, als letzte Schmach, von den Normannen erobert wurde. In all diesem blutigen Gerangel tauchen immer wieder Arthur und Alfred auf – Ersterer von französischen Dichtern erfunden, Letzterer unter all den nachfolgenden Marodeuren so wenig auszumachen, dass man sich fragt, ob das moderne England überhaupt etwas mit ihm zu tun hat.

Weil England also als Betätigungsfeld für hackwütige Immigranten galt, taugt seine frühe, eher schmähliche Geschichte so gut wie nicht für ein erbauliches Narrativ. In Deutschland hat die sehr weit zurückliegende Vergangenheit allerdings auch immer eine zerstörerische, verhängnisvolle Wirkung gehabt. Wie viel schiefgehen kann, wenn man der vermeintlichen eigenen Geschichte zu viel Bedeutung beimisst, sieht man nirgends besser als daran, wie Deutschland seine allerersten Anfänge verstanden und verarbeitet hat. Da mögen diese in Opern ästhetisch noch so lustvoll daherkommen.

Überall im Lande haben Maler und Schriftsteller, teilweise getrieben von den gleichen Obsessionen wie Wagner, teilweise von ihm erst inspiriert, in dem historisch nicht gesicherten Abraum Mitteleuropas herumgestochert, um ein paar Hinweise darauf zu finden, woher sie kommen. Das einzige echte Dokument, das sich dann auch gleich sehr unglücklich auf die europäische Geschichte ausgewirkt hat, war Tacitus' Schrift *Über Ursprung und geografische Lage der Germanen*, bekannt als die *Germania*. Das einzige Exemplar davon fand man in dem hessischen Kloster Hersfeld und verbrachte es 1455 nach Rom, wo man nach und nach die eigentliche Bedeutung des Textes begriff. Er ist im Übrigen weit umfangreicher und interessanter als der *Agricola*, die Beschreibung Britanniens vom selben Autor, und immer wieder hat man ihn Satz für Satz auseinandergenommen. Einige Leute versuchten ihr Leben lang auch noch das letzte Fitzelchen ungesicherter Information herauszufiltern, zunächst italienische Humanisten, die mit großem Aufwand den wenig dienlichen Mythos von den Urgermanen in den Wäldern erfanden und ihre Mitmenschen nördlich der Alpen mit diesem verheerenden Geschenk beglückten. Dass die *Germania* überhaupt noch existierte, war erstaunlich. Die um 100 n. Chr. geschriebene, allem Anschein nach kenntnisreiche, sehr genaue Schilderung fasst zusammen, was das Römische Reich über die Germanen wusste, und überlebte im Gegensatz zu vielen anderen Werken des Autors fast dreizehnhundert Jahre lang nicht nur Brände und die Unbilden des Wetters, sondern auch die Launen von Klosterbibliothekaren und -kopisten.

Bekanntlich gelang es den Römern, die ihre nördliche Grenze entlang Rhein und Donau befestigten, nie, die Germanen zu unterwerfen. Auch deshalb betrachteten deutsche Nationalisten die *Germania* als Gründungsdokument der Nation – einer Nation, in der »ein reiner, nur sich selbst gleicher Menschenschlag von eigner Art« lebte, um Tacitus' fatale Worte zu benutzen. Er verglich die Tugenden der Germanen mit den Schwächen ihrer verweichlichten, unmoralischen, Toga tragenden Nachbarn und schilderte sie als robust, hitzköpfig, schlicht, ehrenhaft und gute Kämpfer. Sobald sie aber so dumm waren, sich auf eine offene Feldschlacht mit den Römern einzulassen, zogen sie den Kürzeren. Tacitus hielt eine feine Balance zwischen den Behauptungen, dass die Germanen einerseits so furchterregend waren, dass es jedem einleuchtete, warum sie außerhalb des Römischen Reiches lebten, und andererseits so barbarisch, dass es sich doch auch gar nicht lohnte, sie in die Knie zu zwingen. Im Ton klingt es ähnlich, wie britische Anthropologen bis vor kurzem noch die Afrikaner darstellten und ihnen das gleiche frappierend enge Spektrum typischer Aktivitäten zuschrieben: raufen, feiern, sich begatten und danach faul herumliegen.

Freilich ist die *Germania* in vielerlei Hinsicht ein Ammenmärchen, doch weil sie das einzige Zeugnis dieser Art ist, werden wir nie wissen, wie sehr. Sie stellt Germanien zum Beispiel als geografisch und ethnisch eindeutig definierten Teil der Welt dar, woraufhin man seit Kenntnis des Textes jahrhundertelang – und manchmal mit schrecklichen Resultaten – versucht hat, an der Einheit eines Landes festzuhalten, das sich in Wirklichkeit aufreizend beharrlich einer Festlegung entzogen hat. Außerdem spricht Tacitus nur deshalb von den Tugenden der Germanen, samt unheilvoller Reinheit, um es dem seiner Meinung nach korrupten, sexuell promisken Drunter und Drüber in Rom entgegenzuhalten; keineswegs wollte er das im Jahr 100 des Herrn in einem nur vage verstandenen, unwirtlichen Teil Europas lebende Volk damit ernsthaft beschreiben. Wir werden nie unterscheiden können, wann Tacitus uns Informationen gibt, die er aus zuverlässiger Quelle hat – er selbst ist nie auch nur in der Nähe Germaniens gewesen –, und wann er den Seinen daheim nur geschickt etwas unterjubeln will. Also: Liebten die Germanen ihre Gattinnen tatsächlich und waren sie ihnen treu, oder stichelt Tacitus nur gegen seine Freunde?

Allerdings vermittelt die *Germania* einen lebendigen Eindruck davon, dass die Einwohner des gleichnamigen Gebiets doch sehr anders sind als die des Imperiums, und das muss den Tatsachen entsprochen haben. Im Imperium Romanum lebte eine sesshafte Bevölkerung, die Straßen benutzte, Steuern zahlte und sich zentral regieren ließ, während jenseits des Rheins unstete, mordlustige, halb anarchische Gesellen in lockeren Banden auf Lichtungen in unendlichen, dünn besiedelten Wäldern hausten und keine Straßen brauchten. Die Römer hassten diese Wälder – immerhin erlitten sie in einem Wald eine der berüchtigtsten militärischen Niederlagen ihrer Geschichte: in der Schlacht im Teutoburger Wald, in der Arminius, Hermann der Cherusker, mal eben zwanzigtausend Legionäre und ihre Befehlshaber niedermetzelte. Hermann taucht dann auch folgerichtig im neunzehnten Jahrhundert immer wieder mit dichtem Schnauzbart und angestrengt rechtschaffenem Stirnrunzeln in Gemälden und als Statue auf.

Wie sehr die Römer Germania verabscheuten, setzt Ridley Scott in seinem Film *Gladiator* wunderbar in Szene. Er beginnt mit den Feldzügen Kaiser Mark Aurels gegen die Germanen. Vor der großen Schlacht fährt die mit einem besonders grauen Graufilter ausgestattete Kamera in einen gespenstischen, eisigen, nebelumwaberten Wald, und spätestens, wenn das Wort »Germania« ins Bild springt, wissen wir nun, zweitausend Jahre danach, dass der Schatten des Römischen Reiches lang ist. Und wir sehen hier keinen deutschen Wald, in dem Vöglein zwitschern und Scharen älterer Herrschaften idyllische schöne Wanderwege beschreiten, sondern einen finsteren Albtraum, so wie sich Menschen aus dem Land der Zitrusfrüchte am tiefblauen Meer oder eben Kalifornier den deutschen Wald vorstellen. Der Erfolg des Films hat die Diskussionen über den Charakter der alten Germanen auf vergnügliche Weise wiederentfacht. Es werden hier sagenhaft schmuddelige, mutige, aber strategisch strohdoofe Soldaten gezeigt, die den etepeteten, angeekelten römischen Legionären Flüche samt einer Ladung Schnodder entgegenschleudern. Auch sonst fühlten die Filmemacher sich nicht zwanghaft einem Realismus verpflichtet, sondern richten es sogar so ein, dass wir den von Russell Crowe gespielten römischen General verstehen, weil er Englisch (beziehungsweise Deutsch) spricht und nicht etwa Latein, während die bedauernswerten Germanen, wie gesagt, zu blöde sind, für eine ordentliche Deckung zu sorgen, und ihrer unausweichlichen Niederlage entgegenröcheln.

Aber waren die alten Germanen wirklich so? Haben also etwa

die Menschen in der Frankfurter U-Bahn irgendetwas mit diesem zottelmähnigen Völkchen gemein? Das Unheil, das Tacitus' *Germania* über all die Jahrhunderte anrichtete, besteht darin, dass man heute – schon wegen des Titels – glaubt, dass es eine solche Verbindung gibt. Für den römischen Geschichtsschreiber war »Germania« lediglich ein Gebiet mit nichtrömischen Menschen, zahlreichen verschiedenen Stämmen, die sich oft nicht grün und streit- und feiersüchtig waren. Moderne Deutsche verstanden aber seltsamerweise nicht, dass der Rassenstolz, der hier beschworen wurde, sich auf beharrliche Rückständigkeit, Uneinigkeit, Trägheit und Chaostrinken gründete. Stattdessen beriefen sie sich auf das Fantasiestück von Tacitus, um ihren Batzen Land als bedeutende Einheit und vor allem durch und durch »deutsch« darzustellen. Tacitus förderte außerdem das Bild von Deutschland als Land der Wälder und der persönlichen Freiheit, wenn diese auch merkwürdig verquickt war mit geradezu idyllischem, bedingungslosem Gehorsam gegenüber dem jeweiligen Stammesoberhaupt.

Durch das Gebiet, das heute Deutschland heißt, sind in den tausend Jahren zwischen der *Germania* und dem Entstehen eines ansatzweise echten mittelalterlichen Deutschland so viele Völker hin- und hergewandert, dass man die Stämme, über die Tacitus redet, nur im allerentferntesten Sinne als Vorväter der Deutschen bezeichnen kann. Berühmt-berüchtigt sind die marodierenden, aber klugen Wandalen, die anscheinend aus dem Gebiet des heutigen Schlesien nach Spanien und gegen Ende des Römischen Reichs nach Nordafrika gewandert sind und durch ihre Gewalteskapaden ihren Namen in mehreren Sprachen hinterlassen haben. Die Burgunder, deren Reich letztendlich zwischen dem späteren Frankreich und Deutschland lag, wanderten durch Mitteleuropa, stammten aber allem Anschein nach von der schwedischen Insel Gotland. Wie viele sie waren, wie viele Stämme sie massakrierten oder was für einen Einfluss sie auf die Stämme hatten, in die sie einheirateten, werden wir nie wissen, wie ja auch sonst eigentlich kaum etwas aus ihrer Zeit. Trotz intensivster Forschung bleiben wir über die Bewohner oder Stammesnamen ganzer Gegenden in Deutschland mehr oder weniger im Dunklen. Manche dieser Völker müssen eine Art Urdeutsch gesprochen haben, doch neben ihnen lebten zahlreiche andere Stämme und unzählige übelriechende, bärtige Zugezogene, die sich durch die angeblich undurchdringlichen Wälder einen Weg schlugen: Hunnen aus Zentralasien, Goten aus Schweden, Scharen von Awaren, Tschechen und Sorben. Sie alle strömten von Osten oder Norden nach Mitteleuropa, vertrieben jedes Mal andere Stämme und schufen neue Gesellschaften und Religionen und wurden, kaum dass sie sesshaft geworden waren und kapiert hatten, wie man Ackerbau betreibt, von den nächsten Neuankömmlingen schon wieder weiter gen Westen vertrieben.

Gemeinhin werden diese Wanderungen und Verschiebungen von Völkern über circa tausend Jahre als Prozesse gesehen, die irgendwann abgeschlossen waren – vom ersten Kontakt mit den Römern bis um das Jahr 900 n. Chr., als sich die Magyaren in Ungarn niederließen. Doch zu den Kuriositäten der deutschen Geschichte gehört, dass die Grenzen unglaublich fließend waren, weil jede größere Volksgruppe oder Untergruppe zu verschiedenen Zeiten ihre Nachbarn unterwarf und eine Vielzahl sich tragisch überlappender Mythen darüber schuf, wer rechtmäßig über wen in welchem Gebiet herrschte. Je mehr man die kaum noch wahrnehmbaren Wanderwege der alten Stämme begrübelte, desto falschere, absurdere, aber auch mörderischere Muster konnte man erkennen. Nationalisten des neunzehnten Jahrhunderts betrachteten die Spannungen zwischen Sachsen und Wenden oder Polen und Preußen als in dunkler Urvergangenheit wurzelnd, obwohl es ausschließlich um moderne Probleme von Macht und Vorrechten ging. Alle liebten diese metseligen Vorfahren mit den schicken Flügelhelmen, die mit den Fäusten auf Banketttafeln hämmerten und jedem, der ihnen in die Quere kam, ewige finstere Rache schworen.

In Theodor Fontanes märkischem Roman *Vor dem Sturm*, der 1878 erschien und dessen Handlung sechsundsechzig Jahre früher beginnt, gibt es eine wundervolle Szene, in der in einem entlegenen, konservativen Teil Brandenburgs zwei alte Freunde, ein Pastor und ein Justizrat, einen von zweifellos vielen schönen Abenden miteinander verbringen und über das winzige Bronzemodell eines Streitwagens aus einer Ausgrabung diskutieren. Ist es, mit Odins Raben verziert, ein Meisterstück germanischen Kunsthandwerks oder ein Schulbeispiel für die große wendisch-slawische Kultur, das Spielzeug eines obotritischen Fürstensohnes mit Otternfellmütze und zu einer Zeit verfertigt, als die Germanen noch »unter Fichten und Eichen wohnten und sich in Tierfelle kleideten« und mit grob behauenen Faustkeilen herumfuchtelten?

Die Argumente fliegen hin und her, die beiden Männer schöpfen aus einem geradezu absurden Fundus an Beweisen aus Sprache und Metallurgie, und dann kommt der Pastor mit dem schlagenden Argument, dass sogar der Name des Guts seines Freundes, Hohen-Vietz, zutiefst slawisch klingt. Natürlich liest man schmunzelnd, wie sich ein großer deutscher Romancier auf dem Höhepunkt des deutschen Chauvinismus über ebendiesen lustig macht, doch in dem kurzen Kapitel werden auch alle Unklarheiten über die Anfänge des »Deutschtums« zusammengefasst. Realiter war und ist Deutschland ethnisch vollkommen durchmischt, ja, ein regelrechtes Fundbüro, in dem man nach einem »reinen Menschenschlag« zuallerletzt suchen sollte. Während der Jahrhunderte, in denen Dutzende von Stämmen kamen und wieder gingen, sich vernichteten oder durch Heirat vermischten, wurde es immer unmöglicher, zu erkennen, wer Muttersprachler war und wer einfach irgendwann den weisen Entschluss gefasst hatte, Deutsch zu lernen. Und die Wahrscheinlichkeit, dass in der Elterngeneration des Muttersprachlers noch Keltisch, ein nordgermanischer Dialekt, oder sogar Obotritisch gesprochen wurde, war auch groß.

Was allerhöchstens als Lokalgeschichte oder schrulliges Privathobby amüsant sein mag, konnte schrecklich mutieren, wenn es Regierungspolitik wurde. Am komischsten sind vielleicht die Versuche im Nationalsozialismus, so etwas wie eine heidnische Atmosphäre in Deutschland wiederzuerschaffen und sogenannte »Thingtheater« zu bauen, riesige Freiluftarenen, die man mit knorrigen, hohen Eichen, zerklüfteten Felsvorsprüngen und dem üblichen Quatsch ausstattete und wo man sich nach althergebrachter nordischer Sitte versammeln und Historienspiele reinen Germanentums anschauen sollte. Die Vorstellung, wie Leute, die die Nazis gewählt hatten, in Kälte und Regen hocken und andere Leute in altgermanischen Trachten anschauen mussten, die neonordischen Nonsens deklamierten, bereitet mir gelinde, aber zutiefst empfundene Genugtuung. Die Thingtheater waren ein Flop, und es wurden auch nur wenige gebaut; wenn sie heute nicht verfallen sind, werden sie gar nicht oder für Rockkonzerte genutzt. Unendlich viel schauriger war allerdings das Neoheidentum der SS, die besessen war von Reinheit des Bluts, Runen, heiligen Eiden, Fackeln und Weihestätten. Zum Glück leben wir heute in einer Zeit, in der wir ermessen können, wie verachtenswert dieser deutsche Rückbezug auf die Vergangenheit war.

Römische Germanen und Deutsche

Die Mythen des »alten Germanien« waren an sich schon verworren, doch gleichermaßen verblüffend ist es, dass südlich der Donau und westlich des Rheins wichtige Gebiete der späteren deutschen Welt voll in das Römische Imperium integriert waren. Sie lagen ja weit vor den Kampflinien, die in *Gladiator* so liebevoll gezeigt werden.

Städte wie Koblenz, Wien, Worms und Augsburg (die Stadt des Augustus) begannen als Militärlager, die Augustus oder Tiberius im ersten nachchristlichen Jahrhundert errichten ließen. Auch Regensburg, Baden-Baden, Heidelberg, Köln und viele andere Städte wurden von den Römern gegründet. Dieses nicht zottelmähnige, nicht dichtbewaldete Germanien, in dem es von Straßen, Brücken, Krügen mit Olivenöl und Verwaltungszentren nur so wimmelte, bot ein vollkommen anderes Bild und prägte zu viele wichtige deutsche Städte, als dass man es als nicht echt oder nicht deutsch ansehen konnte. So bekamen die Germanen und dann die Deutschen einen unmittelbaren Zugang zur römischen Kultur, der dem von Tacitus beschriebenen natürlich ziemlich entgegensteht – wenngleich nicht weniger albern, als alte Waldvorfahren heraufzubeschwören.

Auch die Existenz einzelner Ensembles römischer Bauten in Orten wie Regensburg oder Trier schafft kein festeres Band zwischen ihren ursprünglichen, längst entschwundenen Bewohnern und den zufällig heute dort Lebenden. Doch wie fiktiv auch immer, viele Deutsche legten auf diese Verbindung zum alten Rom großen Wert; und es lag ja auch alles so lange zurück, dass Echtes von Falschem kaum mehr zu unterscheiden war. Am sinnfälligsten wird die Vermischung darin, dass die mittelalterlichen Könige sich und das Heilige Römische Reich in der Nachfolge Karls des Großen (742 – 814) sahen, der als »Kaiser, der das Römische Reich regiert«, tituliert wurde, großen Wert auf klassische Bildung legte, sich an römischen und byzantinischen Vorbildern orientierte und in Rom vom Papst gekrönt wurde.

Einer von Karls mächtigsten angeblichen Vorgängern, Konstantin der Große, hatte als junger römischer Kaiser Anfang des vierten Jahrhunderts von der alten römischen Stadt Trier, Augusta Treverorum, aus geherrscht, wo er sich die Zeit damit vertrieb, rebellische Frankenführer wilden Tieren zum Fraß vorzuwerfen. Aus schierer Unkenntnis hatte ich mir Konstantin immer unter südlicher Sonne vorgestellt, wie er faul in einem Palasthof herumlümmelt, durch den Schwaden duftenden Räucherwerks ziehen, mit Goldstaub bedeckte Eunuchen ministrieren und von Handtrommeln und Harfen kunstreiche Musik erklingt. Doch dieses Potpourri aus späteren byzantinischen Klischeebildern passt mitnichten zu dem jungen Konstantin, der im düsteren Trier sitzt, einer rauen, militärisch geprägten Stadt in einem zersplitterten, von kriegerischen Horden überrannten Europa, und sich einen Kopf macht, was es mit dem Christentum nun auf sich hat.

Trier ist im Zweiten Weltkrieg stark zerstört worden, besitzt aber immer noch ein paar kuriose römische Relikte. Die riesige, deprimierend kalte Porta Nigra und Konstantins Palastaula vermitteln einen Eindruck davon, wie hoch das römische Leben, selbst hier, so weit im Norden, entwickelt war. Der Palastaula ist von Architekten, Unfällen und Bomben derartig zugesetzt worden, dass man kaum fassen kann, wie lange – seit sechzehnhundert Jahren! – diese Mauern hier schon stehen. Aber Triers Lage im Herzen der »deutschen« Christenheit verlieh ihm für die nächsten Jahrhunderte stets einen gewissen Glanz; der Erzbischof von Trier gehörte später zum siebenköpfigen Kurfürstenkollegium des Heiligen Römischen Reiches.

Das unbestritten römische Element im Leben der Deutschen kam Generationen deutscher Gelehrter sehr zupass, und sie pickten sich aus den Erörterungen römischer Schriftsteller über die Vorzüge der Republik oder des Kaiserreichs eifrig das heraus, was ihre jeweiligen Anliegen stützte. Dabei waren viele der von viel späteren Herrschern gebauten, überall in deutschen Landen verstreuten römisch inspirierten Schlösser und Statuen durch die italienische Renaissance beeinflusst, doch da sie wirkten, als gehörten sie seit jeher an ihre Standorte, bestärkten sie vor allem die Bewohner Süd- und Westdeutschlands in dem Gefühl, dass es sich hier um ein direktes, wenn auch kompliziertes Erbe der Antike handelte.

Das Heilige Römische Reich war ein Ausbund an Widersprüchen, Dummheiten und genialen Kompromissen, man war aber immer darauf bedacht, seine Legitimität vom Imperium Romanum herzuleiten. Latein blieb weitgehend die Schriftsprache in geistigem Leben, Recht und Politik – das war im Übrigen auch die einzig vernünftige Art und Weise, die Flämisch, Polnisch, Dänisch, Ungarisch und Deutsch sprechenden Menschen innerhalb der Reichsgrenzen zusammenzubringen, und zum anderen betonte man damit die legendäre Kontinuität. Der Kaiser des Heiligen Römischen Reiches (und sein gewählter Nachfolger) agierte angeblich in einer Abfolge von Herrschern, die über Karl den Großen direkt auf Rom zurückgingen, und führte seit der späten Ottonenzeit zwischen Königswahl und Kaiserkrönung den Titel »römischer König«.

Die Romanitas-Manie zeigt sich heute immer noch in den deutschen Museen, die mit offenbar unerschöpflichen Beständen an wenig interessanten römischen Objekten vollgestopft sind. Ein hässlicher Raum in Mainz steht so voller schwarzer Pötte, dass man sich lebhaft vorstellen kann, wie römische Kaufleute sich einen leichtsinnigen, aber nachhaltigen Scherz erlauben und munter eine Schiffsladung nach der anderen in den Fluss kippen, um späteren Archäologen Rätsel aufzugeben. Da sich über Geschmack bekanntlich nicht streiten lässt, finden manche Museumsbesucher Räume mit Münzen, Grabinschriften, angeknacksten Statuen und Helmen total faszinierend. Zugegeben, es sind bisweilen herrliche Sachen aufgetaucht – am eindrucksvollsten ein riesiger Mosaikfußboden in Köln, 1941 bei Bauarbeiten zu einem Luftschutzbunker –, doch im Grunde war das »germanische« Römische Reich ziemlich unbedeutend. Mit wenigen Ausnahmen wie Trier gründeten die Römer ja lediglich Garnisonen, um Stämme von jenseits des Rheins und der Donau fernzuhalten und die viel reicheren italienischen und gallischen Kernlande zu schützen.

Nach Abzug der Römer verödeten viele Städte mehr oder weniger; durchziehende Fremde wohnten eine Weile darin, kamen und gingen. Die großen Bauten verfielen, die Steine benutzte man anderweitig, in den Grundmauern legte man Gemüsegärten an. Manchmal ließ sich ein Stammesfürst an einem Ort nieder und schützte ihn, doch für ernsthafte, längerfristige Nutzungen gibt es nur wenige Indizien und für Neubebauungen in der Zeit nach 500 n. Chr. gar keine.

Wie erwähnt, haben diese vermeintlichen römischen Wurzeln einen starken, widersprüchlichen Einfluss auf die deutsche Geschichte ausgeübt, und deutsche Altphilologen, Architekten, Dichter und Musiker haben sie sich in unterschiedlichster Weise zu eigen gemacht. Viel ist auch dem kulturellen Einfluss aus Italien selbst geschuldet – nicht nur einem spezifisch germanisch-römischen Erbe –, doch das hat manche Stadt im Rheinland und die Herrscher Bayerns und Österreichs nie daran gehindert, sich mit getürkten Verbindungen zum Römischen Reich zu schmücken. Auch die Auffassung vieler Deutscher von Friedrich dem Großen an, dass sie zuvörderst ein kriegerisches Volk seien, wurde von Vergleichen mit dem Römischen Reich genährt – wenngleich man zahllose Beispiele für sehr unrömische, germanisch-deutsche militärische Inkompetenz dagegen ins Feld führen könnte. Hitler ließ sich übrigens vom Britischen Empire mindestens ebenso inspirieren wie vom Römerreich; er wollte die Slawen behandeln wie die Briten die Inder und behandelte sie letztlich wie die Briten die Aborigines. Doch seine Truppen verhielten sich wie die römischen, und er hatte irrwitzige, römisch anmutende Kolonisationspläne mit Veteranensiedlungen am Ural – so hatte ja auch Köln einmal begonnen.

Fantasievorstellungen über die Römer frönte man natürlich nicht nur in Deutschland – so verschiedene Herrscher wie Ludwig XIV. und Mussolini haben sie gepflegt, und ein pseudorömischer Stil findet sich rund um den Globus, vom Jefferson Memorial in Washington D. C. bis zur Alexandersäule in St. Petersburg. Das Vermächtnis Roms ist eben so vielgestaltig, dass sich jeder daraus bedienen kann.

Das bis 1806 bestehende, zusammengestoppelte und äußerst instabile Vielvölkergebilde namens Heiliges *Römisches* Reich und die Behauptung des Kaisers, in direkter Nachfolge des antiken Rom zu stehen, sorgten allerdings auch für manche Erheiterung. Da die herrschenden Kreise in diesem Reich Deutsch sprachen, kam man dann auch bald auf den Gedanken, dass Deutschland nach dem Vorbild Roms eine umfassendere Mission habe, nämlich ganz Europa zu beherrschen, und dass es einen natürlichen Anspruch auf so weit auseinanderliegende Regionen wie Belgien, Italien und die östliche Ostsee habe. Selbstverständlich entbehrt das jeglicher Grundlage, war doch das Herz des Reiches in der Frühzeit unter den Sachsenkaisern gerade die primitive, waldreiche, trostlose Region gewesen, die sich vor Zeiten einmal mit Klauen und Zähnen gegen alles, was Rom bot, gewehrt hatte. Doch das ignorierte man geflissentlich.

1945 trieben die Westalliierten die nationalsozialistischen Parteigenossen, die noch nicht das Weite gesucht hatten, mit Absicht langsam durch die Ruinen von Trier, der ältesten deutschen Stadt und einstmaligem Sitz des weströmischen Kaisers, die nun einer Mondlandschaft glich, deren Straßen mit Trümmern übersät und deren große Monumente offenbar unwiederbringlich verloren waren. Hin und wieder handeln Menschen einfach absolut richtig, und hier in Trier – in dieser Situation! – war das der Fall. Das »Dritte Reich« war im Grunde ein Versuch, Phantasmagorien von heidnischer Dunkelheit, Wald und einem reinen Menschenschlag mit der Erschaffung eines neuen Römischen Reiches zu verquicken; die Hauptstadt Berlin sollte »Germania« heißen. Dem Christentum, für dessen frühe Verankerung im Westen Trier stand, sollte irgendwann natürlich der Garaus gemacht werden. Mit einer gewissen Befriedigung frage ich mich, was den geistig noch Viferen unter den Nazis auf diesem Marsch durch Trier wohl durch den Kopf ging.

Ein Alligator, fern der Heimat

Neben diesen zunächst augenfälligsten Bezügen zur römischen Kultur haben viele Deutsche sich aber auch gerade auf Aspekte in überlieferter römischer Literatur bezogen, die gänzlich unmilitärisch, privat, ästhetisch oder demokratisch sind. Und weil Rom eine solch zentrale Rolle im Christentum spielte, aus dem wiederum eine enorm umfangreiche Literatur in Latein entstand, war das Erbe so groß und komplex, dass man es eben nicht nur in einzelne Richtungen interpretieren oder nur bestimmte Lektionen daraus lernen konnte, wenngleich das etliche deutsche Herrscher oder Schriftsteller nach Kräften versuchten. Das Vermächtnis des »nichtrömischen« Germanien kam aber auch sehr gelegen. In England dagegen hat sich (außer

Rudyard Kipling und ein, zwei anderen) niemand sonderlich für mit Waid blaugrün gefärbte, sich mannbar der Römer erwehrende Britannier oder die kentischen und mercischen Königreiche der Nachrömerzeit interessiert. Selbst die altnordischen Eindringlinge leben in der Erinnerung der Engländer bestenfalls als diejenigen fort, die mit Gusto Mönche in Lindisfarne massakrierten oder deren König Knut der Große sein Gefolge am Meer belehrte, wie gering seine royale Macht war: Er zeigte ihm nämlich, dass nicht *er* über Ebbe und Flut gebieten konnte, sondern allein Gott. Das alte Germanien wiederum, auf das man bei Tacitus oder in den fragmentarischen Überlieferungen zum Leben in dem turbulenten Hin und Her der Stämme im frühen Mittelalter einen Blick erhascht, hat auf die modernen Deutschen stets eine starke Anziehungskraft ausgeübt. Der Wald wurde immer wieder als Wiege und Hort der Wahrheit gepriesen – von Goethe über die Brüder Grimm bis zu Martin Heidegger.

Diesen Kult des alten Germanentums spürt man heute noch auf sehr reduzierte Weise unweit des Touristenorts Königswinter am Rhein mit seinen heruntergekommenen Hotels und freudlosen Reisegruppen. Angeblich hat Brünnhilde in den Bergen im Osten geschlafen, und es gibt reizvolle Wagner-Wanderwege. Das Highlight ist die 1913 zum Gedenken an Wagners einhundertsten Geburtstag erbaute Nibelungenhalle am Hang des Drachenfels. Ihre runde Form und prunkvolle Ausstattung soll den Eindruck erwecken, als komme sie aus altehrwürdiger Vergangenheit, als stehe hier die Festhalle eines Stammesfürsten samt Inventar direkt aus dem Nibelungenlied. Tatsächlich beeindruckt an dem Gebäude neben den Vorkriegs-Jugendstildekorationen eine dümmliche Begeisterung, die vom Nationalsozialismus noch nichts wusste, und man sollte es schon deshalb stets in Ehren halten. Im Inneren kann man sich auf rissige, betagte Lederbänke (offenbar Teil der Erstausstattung) setzen und eine Wagnerbüste bewundern. An den Wänden hängen symbolistische Gemälde mit Szenen aus dem *Ring* (nicht alle davon unbedingt gleich packend) in schweren Rahmen.

Weil diese Festhalle für viele Touristen offenbar von nie versiegendem Reiz war, haben sich die Besitzer um zusätzliche, nicht unbedingt gelungenere Attraktionen bemüht. Aus Lautsprechern ertönen nonstop Orchesterpassagen aus dem *Ring*, und draußen kann man Honig aus merkwürdigen Bienenkörben kaufen, die als Köpfe mit George-W.-Bush-Fratze gestaltet sind; die Bienen können durch den geöffneten Mund ein- und ausfliegen. Eine massige Drachenplastik, vermutlich Fafner aus *Siegfried*, erreicht man durch einen gruselig gemeinten, gewundenen unterirdischen Korridor. Leider wirkt der Drache so blässlich, dass man die Verzweiflung versteht, mit der die Macher dann versuchten, das Drachenthema noch einmal anders anzugehen. Zu einem einigermaßen geglückten Ergebnis fanden sie mit der Einrichtung eines kleinen Reptilienzoos. Nachdem ich also die Ehrenhalle für Hunding, Gunther und andere Wagner-Ikonen verlassen hatte und durch das übliche Gewusel von Königsnattern, Tigerpythons und Anacondas spaziert war – die nur deshalb, weil der Zoo schon so lange existiert, zu prächtigen Exemplaren herangewachsen waren –, erlebte ich endlich einen Moment reinen Glücks: In einem Freiluftbecken trieb, fast reglos, ein Alligator aus Louisiana, der erschreckend groß war, aber im Grunde überhaupt nichts hermachte. Da er fast ganz im Wasser lag, bildeten die unzähligen Hubbel und Kuhlen auf seinem Rücken natürliche Trinkwassertümpel für die Bienen aus den nahen Anti-Bush-Bienenkörben. Wenn er in regelmäßigen Abständen ein wenig tiefer ins Wasser glitt, flogen die Bienen auf, drehten ihre Kreise und warteten, bis die Tümpel wieder erschienen.

Eine Oper über Deutschlands entfernteste mythische Vergangenheit – eine Vergangenheit, über die auch ein kurzer, jahrhundertelang verschollener römischer Text berichtet – hat Menschen des Fin de Siècle zur Rekreation einer germanischen Festhalle veranlasst – und ihre Erben animiert, Bienenkörbe und eine verblichene Drachenskulptur aufzustellen, und schlussendlich sogar dazu, eine Kreatur aus den Sümpfen Louisianas, deren Ahnenkette noch viel weiter zurückgeht, lebenslänglich in einem Betonbecken am Rhein einzuschließen. Wir leben schon in einer sehr seltsamen Welt.

Ich nehme grüne Soße dazu

Wenn es eines gibt, bei dem sich mehr oder weniger alle Briten oder US-Amerikaner einig sind, dann ist es das horrormäßige deutsche Essen. Während wir Engländer eine Mixtur aus Zucker, Salz und Fett in der Mikrowelle brutzeln lassen oder Tortillachips mit Currygeschmack knuspern (eine britische Monstrosität), schütteln wir den Kopf darüber, was für einzigartig grauenhafte Dinge die Deutschen essen, nicht ohne es mit einem Witz darüber abzurunden, was sie alles in der Wurst verwursten.

Natürlich kommt einem bei dem Gedanken an viele Landschaften in Deutschland nicht als Erstes die Haute Cuisine in den Sinn. Manche Teile Mecklenburg-Vorpommerns und Brandenburgs erinnern durchaus an Dakota – verlassene, winddurchpeitschte Mondlandschaften mit versprengten kleinen Häusergruppen, gemeinhin als aneinandergeschmiegt beschrieben, aber schon in einer Phase, in der sie das nicht mal mehr um des Überlebens willen tun. Man denkt beim Anblick dieser beschränkten Welt gleich an den Hausherrn, der darauf wartet, dass die Gattin die Kreissäge anschmeißt, um noch ein bisschen Winterkohl zu schneiden, während er zum DVD-Player rennen und seinen Lieblingsfilm *Deckgewohnheiten von Ackergäulen* abspielen kann. Die genannten Provinzen waren den preußischen Planern des neunzehnten Jahrhunderts ein Dorn im Auge. Sie träumten davon, weitere Tausende zählebiger Rübenbauern dort anzusiedeln, mussten stattdessen aber erleben, wie diese millionenfach nach Amerika auszogen, wo die Möglichkeiten unbegrenzt waren. Neben diesen kargen Landschaften gibt es freilich auch ungeheuer fruchtbare wie die sattgrünen Gefilde in Schwaben oder die berühmte Goldene Aue, die sich zwischen zwei thüringischen Gebirgszügen erstreckt und mit ihren adretten Feldern, Wiesen und Obstgärten aussieht wie aus dem Bilderbuch. Wenn man sich ein bisschen bückt und verrenkt, bemerkt man auch die pyramidenhaften Erhebungen aus

Bergwerksschlacke oder die heruntergekommenen Schnapsfabriken nicht. Fast überall ist die Landschaft der englischen nicht unähnlich, gleichermaßen geprägt von relativ schwachem Sonnenlicht und frustrierender Nördlichkeit.

Wenn Deutschland das Land der Gewürzgurken und des Schnapses und eben nicht Hort der feinen Küche ist, dann liegt das auch an seiner geografischen Beschaffenheit. Mit den in den glücklichen Mittelmeerländern gebotenen Gaumenfreuden kann man schwer mithalten. Die deutschsprachigen Gebiete müssen die einzigen sein (wenn man, wieder einmal, das Land der Briten und Iren außer Acht lässt), die mit langen Wintern im Norden, der klimatischen Katastrophe der Berge im Süden und einem halbwegs gemäßigten mittleren Bereich gestraft sind. Wie ein Hamster im Laufrad wird die deutsche Kulinarik vom Klima dazu angetrieben, in einem fort Gerichte mit Würsten, Steckrüben und Kartoffeln auszuwerfen. Innerhalb dieser engen Grenzen gibt es freilich erhebliche regionale Unterschiede, die deutlich vom Einfluss der Nachbarländer bestimmt werden. Im Norden huldigt man dem Verzehr lang verendeten Fischs nach Art der Skandinavier, im Süden isst man eine Form von Pasta, die eigentlich keine Zukunft hat. Im Westen muss man bis an die Mosel fahren, um wirklich appetitliche, frische Salate zu bekommen, doch je weiter man in den Osten geht, desto wahrscheinlicher trifft man auf denaturierte, gewürzfreie Versionen von Gulasch und die allgegenwärtige Soljanka, eine fast geschmacklose Variante einer an sich schon nicht reizvollen ukrainischen Suppe. Die Abneigung gegen Gewürze teilen alle Menschen im Norden Europas. Jedes Jahr importiert Deutschland riesige Mengen Zimt und Paprika – und mengt sie in wahren Wolken süßen oder herzhaften Gerichten bei –, aber wie wenig sich diese vermutlich angejahrten Pulver geschmacklich bemerkbar machen, ist beeindruckend. Paprikachips »ungarischer Art« (das deutsche Äquivalent der gesalzenen Kartoffelchips) sind in ihrer Allgegenwart ein Fluch für Reisende, denn meist gibt es an kleinen Bahnhöfen nur die zu kaufen. Ein schreckliches Nahrungsmittel und dann auch noch so wenig scharf, dass es eine Beleidigung für alles Magyarische ist.

Diese wiederkehrenden zivilisatorischen Notlagen sind zu erwarten. Immerhin haben wir es mit einem Teil Europas mit kulinarischem Minderwertigkeitsgefühl und wenigen Zutaten zu tun, der aber umgeben ist von Gesellschaften, die von Sonnenlicht absolut verwöhnt werden. In Deutschland wachsen keine Melonen und Oliven, keine Orangen. Man muss also nach dem Kernland der deutschen Küche vernünftigerweise in der mittleren Zone suchen – und mit erbarmungsloser Logik stellt sich das als richtig heraus. Die Region, grob geschätzt von Frankfurt bis Regensburg, wartet mit der klassischen deutschen Küche auf, also echt leckeren, deftig gewürzten Würstchen und Eintöpfen. Hier genießt man auch den feinen Flussfisch. Mir war das leider nicht vergönnt, weil ich in Nürnberg, der Hochburg für gutes traditionelles deutsches Essen, das zweitschlechteste Mahl meines Lebens zu mir genommen habe. Es bestand aus einem großen blauen Karpfen, so gebacken und serviert, dass sich sein Kopf und Schwanz trafen, garniert mit lieblos gekochten Kartoffeln und Petersilie. Ein Graus. Ich musste daran denken, dass ich mal gelesen hatte, die gesamte Haut ginge einem in einem Rutsch wie Handschuhe von den Händen ab, wenn man sie sich in manchen, von Metallen und Chemikalien verseuchten Flüssen in New Jersey wusch. Dieser Fisch schien ähnlich zu Tode gekommen zu sein, wobei die blaue Farbe es noch schlimmer machte. Als ich versehentlich ins Fleisch schnitt, entströmte daraus ein Geruch wie aus einer Grabesgruft, aus der gerade erst nach einer Überschwemmung das Wasser abgelaufen ist. Ich würgte ein paar Bissen herunter und schwor dann jeder weiteren Kostprobe von den sagenhaften deutschen Süßwasserfischen ab. (Selber schuld wahrscheinlich.)

Da ich nun lang und breit meine zweitschlechteste Mahlzeit geschildert habe, wollen Sie sicher wissen, welche noch schlechter war. Bitte schön: Ich ging mal mit ein paar Freunden in ein traditionelles Frankfurter Gasthaus, das sich als Kultstätte für deutsche Hardcore-Essgenüsse herausstellte: ungenießbarer Äppelwoi und

Gäste, die gierig Schwarzbrotschnitten mit dick Schmalz darauf in sich hineinstopften. Auf der verstörend kurzen Speisekarte bestand die Wahl nur zwischen warmen fetten Schinkenscheiben mit der berüchtigten Frankfurter Grünen Soße (ein alter Feind – ich erinnere mich an in Essig eingelegte gehackte Kräuter) und natürlich auch Bratwurst der Art, die selbst mir langsam über war. Etwas, das, glaube ich, »Schlachterplatte« hieß, stellte sich als ein Gebirgskamm Sauerkraut in der Mitte des Tellers heraus, flankiert von zwei mit metallenen Wundklammern verschlossenen Hautsäcken, der eine gefüllt mit einer Mischung aus Leber, Fett und Wasser, der andere mit einer blutgetränkten mehlig-schrotigen Substanz. Wenn man die Gabel in eines der Gebilde stieß, fiel es in sich zusammen, aber nicht, ohne gleichzeitig seinen Inhalt über das Sauerkraut zu verspritzen. Zugegeben, ich war feige, doch ich brachte keinen Bissen davon herunter. Gerettet wurde das Mahl, als ich herumzualbern begann und nicht nur die Schlachterplatte mit dem Handy fotografierte, sondern ihr schauriges Aussehen noch verbesserte, indem ich die von meinem Begleiter verschmähte Grüne Soße darüberkippte. Dessert stand nicht auf der Speisekarte, und der Kellner behauptete auch, keines zu haben. Auf unseren Hinweis, die Leute am Nachbartisch schaufelten doch Vanilleeis mit Himbeeren in sich hinein, erwiderte er, das sei schweres Fett mit Himbeeren – aber vielleicht hielt er uns auch nur zum Besten.

Gut, großartig Werbung für die deutsche Küche mache ich damit nicht. Aber in ganz begrenztem Maße – und das begrenzte Maß gilt wie stets auch für die unterentwickelte Küche einer gewissen hochmögenden Inselgruppe vor den Küsten Europas – gibt es in Deutschland auch einige großartige Gerichte. Ein Schwein und eine Kartoffel sind hier immer zur Hand, und aus diesen beiden Lebensformen kann man eine Menge zaubern. Gewürfelt, püriert, gedünstet, auf jeden Fall irgendwie zerhackt – Hunderte von Jahren immer produktiveren Einfallsreichtums sind darauf verwendet worden, Kartoffeln und ihre Freunde Wurzelgemüse und Kohl von ihrer besten Seite zu präsentieren, nämlich in unzähligen Suppen, Eintöpfen und Braten, mit den stets gleichen, aber seltsam befriedigend darübergestreuten Schnittlauch- oder Petersilienschnipseln.

Was die Deutschen mit Enten und Gänsen machen, muss man probieren, um es zu glauben. In Remarques *Im Westen nichts Neues* (das Buch handelt mindestens so sehr vom Essen wie vom Stellungskrieg) gibt es eine zentrale Szene, in der zwei Soldaten eine Gans stehlen und ohne jegliche Kochgerätschaften in einem dunklen Schuppen braten. Die pedantische Detailversessenheit, mit der Remarque die darauffolgende Essensorgie beschreibt, beweist: Diese Gans ist nicht umsonst gestorben.

Ich bin vermutlich in mehr Ratskellern gewesen als die meisten Menschen auf diesem Planeten, und manchmal verwandle ich mich schon in einen stiernackigen, selbstgefälligen Städter mit glasigem Blick und Trachtenanzug, wenn ich mir den Nacken mit einer Leinenserviette abwische, dann schwer atmend einen weiteren übervoll gehäuften Teller mit dicken Speckscheiben, Sauerkraut und Bratkartoffeln in Angriff nehme und das Ganze mit literweise Bockbier oder einem im Kerzenlicht funkelnden Glas Riesling herunterspüle und emulgiere.

Leider teilen die meisten Deutschen meine rührend nostalgische Begeisterung für deutsches Essen nicht, aber ich bin auch vor den drastischeren Auswirkungen dieser Ernährung geschützt. Bei sporadischen Besuchen in Deutschland sind riesige Schüsseln Kartoffelsuppe nach Bauernart oder Jägereintopf eine schöne Abwechslung – doch wenn ich in einer Stadt wie Bamberg wohnen und mich dort einleben müsste, klar, dann wäre ich von einer solchen Kost schnell gelangweilt und bald darauf tot. Selbst in der schönsten Umgebung – und was gibt es Schöneres als den Ratskeller in Lübeck mit seinen kleinen holzverkleideten Nischen und Unmengen an überall herabhängendem Krimskrams? – bemerkt man unschwer, dass viele Mitgäste in einem schockierenden Zustand sind. Massige Gestalten mit dem Leibesumfang und der Gesichtsfarbe von Gert Fröbe als Goldfinger sowie Bierschaumfetzchen und Schweinestückchen im Bart sind vielleicht keine idealen Vorbilder.

Zuweilen sitze ich bis auf einen arthritischen alten Nationalisten mit Gamsbarthut und glasigem Blick ganz allein in einem bezaubernd traditionellen »Hof«. So auch bei einer besonders krassen Abendmahlzeit in Ingolstadt. Doch als ich später durch eine eisverkrustete Straße lief, staunte ich nicht schlecht. Aus Eingangstüren ertönten schreiendes Gelächter, Möbelkippen, Gruppengesang und sonstige Heiterkeitsausbrüche. Die gesamte Bevölkerung der zugefrorenen Stadt ließ offenbar in den Dutzenden innerhalb der Stadtmauern sich drängenden indischen, griechischen, chinesischen, italienischen und Thai-Restaurants die Puppen tanzen. Offenbar sehen seit mindestens einer Generation die meisten aktiven, klugen, dünnen, zukunftsorientierten Deutschen ihr traditionelles Essen als vernachlässigbaren, wenn nicht gefährlichen Aspekt ihres kulinarischen Erbes, genauso wie der Deutschen liebste Urlaubsfantasie nicht auf die Wonnen einer beherzten Wanderung im Harz gerichtet ist, sondern auf die schweißdampfenden Freuden in einem Thai-Massagesalon. Aber das ist ein anderes Thema. Deutsches Essen ist auf dem Rückzug, die meisten Deutschen laben sich nun an grünen Curries, Vindalhos und Gnocchi, und nur ich und der ältere Mann mit dem Gamsbarthut (der, wenn ich es recht bedenke, vielleicht einen kleinen Schlaganfall gehabt hat) bleiben übrig und lassen sich ihre Leckerbissen nach Bauernart schmecken.

Eine Tradition, die weiterhin floriert, wenn auch nur bei Deutschen über fünfzig, sind Nachmittagskaffee und -kuchen. Nachtisch als Teil der Mahlzeit interessiert eigentlich keinen mehr, auch wenn das Adjektiv der Wahl, passend zum Bauernart-Hauptgericht, fast immer das unvermeidliche »traumhaft« ist (wie in »traumhaftes Schokoladenpralinémarzipannougat-Eis-Dessert«). Schon angesichts der medizinischen Probleme, die der Hauptgang bereiten mag, bedarf es einer geradezu selbstmörderischen Tollkühnheit, zum Abschluss eine solche Köstlichkeit zu ordern. Auch deshalb, weil man sich ohnehin jederzeit und überall kräftige Portionen Zucker einverleiben kann. Konditoreien gibt es in Deutschland (in Österreich nicht minder) wie Sand am Meer, überraschend oft betrieben von Geflüchteten (und deren Nachfolgern) von aus den 1945 verlorenen deutschen Ostgebieten. Anscheinend lässt sich das Können ohne Weiteres transferieren – eine Konditorei in Breslau kann leicht nach Goslar umziehen und wartet dann dort mit einer Reihe nostalgisch dekorativer Fotos aus der Vornazizeit auf. Wie gern bin ich immer in diese Cafés eingetaucht, doch nach einer schlechten Erfahrung in Wörlitz hatte ich endgültig die Nase voll. Die Trefferquote für ein Stück wirklich köstlichen Kuchen war mir dann doch zu niedrig. Auf jede perfekt geratene Sachertorte kamen fünf oder sechs altbackene Desaster mit Sahne von der Konsistenz von Isolierschaum, den man in Mauerlöcher spritzt. Aber vielleicht ist meine Reaktion auch unfair und ein Hilfeschrei von einem, der sich nach Jahren schweren Zuckermissbrauchs seiner Gesundheit zuliebe am Riemen reißen muss.

Der mittelalterliche Parkplatz

Speyer ist ein unschuldiges, beinah schon eintöniges Städtchen am Oberrhein. Wenn die Bewohner friedlich ihren Alltagsgeschäften nachgehen, scheinen sie sich kaum daran zu stören, dass mittendrin etwas steht, das aussieht wie das monströse Trümmerteil eines Raumschiffs aus einem interplanetaren Krieg à la *Battlestar Galactica*. Es ist der Dom zu Speyer – ein stark beschädigter, oft restaurierter, doch immer noch überwältigend mächtiger, tausend Jahre alter Steinklotz, nicht minder ein Überlebender einer untergegangenen Zeit als Machu Picchu oder die Akropolis. Deutschland war und ist übersät von solchen Relikten, die, wettergegerbt und ramponiert, dennoch seltsam an frühere deutsche Größe gemahnen und sich moderneren Zeiten als Ansporn und Anreiz aufdrängen.

Die Faszination, die für Deutsche des neunzehnten Jahrhunderts vom Mittelalter ausging, beruhte auf einer breiteren Bildung und einem wachsenden Interesse an einer Nationalgeschichte. Für das moderne England war das Mittelalter, glaube ich mit Fug und Recht behaupten zu können, recht unproblematisch. Einige spektakuläre Baudenkmäler (wie die Kathedrale von Durham, der Tower in London und so weiter) werden als herausragende nationale und lokale Erinnerungsorte in liebevollen Ehren gehalten. Dass sie von kolonialen Besatzungsmächten erbaut wurden, wen schert's? Man liebt seine Geschichtsschreibung ohne Haken und Ösen und ignoriert solche Feinheiten. Die Ereignisse des englischen Mittelalters werden in Form traulicher Geschichten tradiert, die in der Regel um Robin Hood und Maid Marian kreisen. Dabei geht es auch hier – sieh einer an! – um koloniale Unterwerfung. Robin Hood kämpft nämlich dafür, dass England besser von Richard Löwenherz, einem wackeren, liebenswürdigen Fremden, regiert werde als von dem hinterhältigen Lügenbold Johann Ohneland. Selbst die haarsträubendsten Schlappen wie zum Beispiel der Hundertjährige Krieg werden in der englischen Historiografie verwoben zum leuchtend bunten Gespinst adlig-edler Großtaten (man denke an den Schwarzen Prinz, die Schlacht von Azincourt, den Hosenbandorden), wo eine tollkühne Szene die andere jagt.

So erzählen die Deutschen ihre Geschichte nicht unbedingt. Aber die Wurzeln ihrer Mittelalterfaszination im 19. Jahrhundert sind den englischen sehr ähnlich, vor allem wegen der gemeinsamen Begeisterung für Sir Walter Scotts *Ivanhoe*, *Quentin Durward* und andere dicke Wälzer, aber auch weil die Leute allmählich gebildeter wurden und neugieriger auf die Nationalgeschichte insgesamt. Weiten Anklang fand zum Beispiel Goethes Aufsatz über das Straßburger Münster, das er 1772 besucht hatte und in dem er die gotische Kunst komischerweise als durch und durch deutsch rühmt. Das Mittelalter war für die Deutschen damals in hohem Maße Mahnung und Herausforderung – wie sie meinten, eine Zeit hervorragender Leistungen, kultureller Kühnheit und nationaler Einheit, ein krasser Gegensatz zu dem Chaos der darauf folgenden Kleinstaaterei, der wachsenden militärischen Macht Frankreichs und Habsburgs sowie der wachsenden kulturellen Macht Italiens. Die Epochen nach dem

Mittelalter empfand man geradezu als schmachvoll. Dabei wäre bei halbwegs vernünftigem Nachdenken klar gewesen, dass das Mittelalter für das Leben im Deutschland der Neuzeit im Grunde recht unerheblich war – dito in England –, doch die Diskussionen darüber wurden aus spezifisch deutschen Gründen immer stärker politisch aufgeladen und richteten so manchen Schaden an. Und da die Idee, dass Geschichte etwas ist, das man sich ständig vergegenwärtigen und analysieren muss, weitgehend aus Deutschland kommt, kann man die Beschäftigung mit dem Mittelalter als beispielhaft für den Umgang mit der Vergangenheit betrachten.

Als Heinrich Heine 1824 frohgemut durch das hübsche Harzstädtchen Goslar wanderte, war er überrascht, dass der große, prächtige, unter Kaiser Heinrich III. (1017 – 1056) und seinen Nachfolgern erbaute Dom dort vier Jahre zuvor wegen Geldmangels abgerissen worden war. Den Kaiserthron hatte man auch noch gleich zum Schrottwert verscherbelt. Doch er hat durch bizarre Glücksfälle überlebt und befindet sich jetzt wieder in Goslar. Vom Dom ist nur die große Vorhalle geblieben, ansonsten erstreckt sich dort, wo er stand, ein riesiger staubiger Parkplatz. In solch einer massiven visuellen Abwesenheit herumzuwandern ist schon merkwürdig. Hätte der Dom, der immerhin schon mehr als siebenhundert Jahre auf dem Buckel hatte, noch zwanzig Jahre länger ausgehalten, wäre er gerettet, gehegt und gepflegt worden, mit all der konfusen deutschen romantischen Liebe zum Mittelalter, mit der man die erhaltenen Bauten aus der Zeit schier erstickte.

Für die Deutschen entstand mit den Wirren der Napoleonischen Ära und der Erfahrung, dass ihr Land in den Kriegen vollkommen schutzlos gewesen war, gedemütigt und herumgeschubst, ein seltsames Paradox. Den Ausweg daraus sahen viele Schriftsteller, Politiker, Journalisten und Maler darin, dass die Nation zur Einheit finden müsse, wenn sie es mit Frankreich, Großbritannien oder Russland aufnehmen wollte. Auch der Fortschritt verlangte das Ende der Kleinstaaterei, unter der das Land, das auf der Karte stets aussah, als habe es in einer Puzzle-Fabrik eine Explosion gegeben, schwach blieb und bleiben würde, obwohl man mit dem von Napoleon angestoßenen Reichsdeputationshauptschluss 1803 schon mächtig angefangen hatte zu rationalisieren. Nach dem Ende der Napoleonzeit meinte man aufs Mittelalter zurückgreifen zu müssen, auf das »Erste Reich«, als die Karolinger, Ottonen, Salier und Staufer vom neunten bis zum zwölften Jahrhundert selbstbewusst, deutsch und militärisch erfolgreich waren und angeblich ja auch spezifisch deutsche Bauwerke, Dome, Burgen und Pfalzen, erschaffen hatten, die noch überall in der Landschaft herumstanden und ihre verweichlichten Nachfolger alt aussehen ließen. Wenn also englische Mittelalterfans schlimmstenfalls romantische Tories waren, die sich vor allem größeren Respekt vor den Klassenunterschieden in der Gesellschaft zurückwünschten (schließlich gehört »der Reiche ins Schloss, der Arme ans Tor«), und bestenfalls Leute, die sich gern verkleideten, betrachteten manche Deutsche es als ernst zu nehmendes politisches Modell.

Jedenfalls zeitigte die verworrene Begeisterung für das Mittelalter im gesamten neunzehnten Jahrhundert tiefgreifende Wirkungen. Man konnte nämlich die Epoche aus überzeugt konservativer, provinzieller, rückwärtsgewandter, biedermeierlicher Perspektive ebenso lieben wie aus einer nationalen, fortschrittlichen, gelegentlich auch freiheitlichen. Jedenfalls mündete die Liebe in eine ungeheuer mächtige Bewegung, deren Einflüsse zum Guten oder Schlechten bis zur Gegenwart in Deutschland sichtbar und spürbar sind; in der Ehrfurcht, dem Ideenreichtum und der Sorgfalt, mit der so viele mittelalterliche Gebäude nach 1945 wiederaufgebaut wurden, ebenso wie in den widerwärtigen Träumen der SS unmittelbar zuvor.

Anfang des neunzehnten Jahrhunderts gab es in Deutschland viele uralte große Kirchen, die aus technischen, finanziellen oder konfessionellen Gründen nicht fertig gebaut worden waren. Entweder hatten sich die Pläne der Architekten als zu wahnwitzig und ehrgeizig erwiesen, oder die Stadt war wegen der Kosten für das Gebäude oder einer schlecht getimten Invasion pleite, oder das bedauernswerte Gotteshaus war nach der Reformation schlicht unerwünscht.

Das beherrschende Wahrzeichen von Köln war zum Beispiel jahrhundertelang nicht der Dom selbst, sondern der riesige, vor sich hin rottende Baukran aus dem vierzehnten Jahrhundert, der aus dem halbfertigen Südturm ragte. Es war ein Schlachtfeld von Baustelle, das Kirchenschiff vollgepackt mit kleinen Handwerkerhütten und sonstigen Arbeitsräumen. Weil nationalbewusste deutsche Bürger das im vorvorigen Jahrhundert dann aber doch als Schande empfanden, sorgten sie dafür, dass der Dom mit sechseinhalb Millionen Goldtalern (einschließlich eines gepfefferten Betrags vom preußischen Staat) fertiggestellt wurde. Die Eisenbahnschienen am Dom waren übrigens schon lange verlegt, als die Steinmetze immer noch auf dem Gerüst herumturnten oder Wasserspeier meißelten. Was wie der Turmbau zu Babel ein perfektes Symbol für menschliche Selbstüberhebung sowie ein Hoch auf die germanisch-deutsche Ungeschicklichkeit hätte werden können, signalisierte bei seiner Vollendung 1880 auf pompöse, beunruhigende Weise, dass in Zukunft mit noch mehr deutschem Größenwahn zu rechnen war.

Bedeutende Städte wie Ulm und Regensburg besaßen ebenfalls imposante, wenn auch turmlose Gotteshäuser, aber in Deutschland wollte man ja nun im Großen wie im Kleinen mit Macht all diese plötzlich nicht mehr hinnehmbaren Absonderlichkeiten beseitigen und Ordnung schaffen. Übermächtig war der Wunsch, an das Mittelalter anzuknüpfen und es aufzuwerten und überhaupt mit der Fertigstellung der Bauten dem Streben nach Einigkeit und Freiheit von Fremdherrschaft Ausdruck zu verleihen.

Wenn man die siebenhundertundachtundsechzig Stufen zur Turmspitze des Ulmer Münsters hinaufkraxelt – der höchsten Kirchturmspitze der Welt –, dazu wie ich ein mäßig gutes Buch über Goethe mitschleppt und in dem immer enger werdenden Treppenaufgang mit seinem schwarz gewordenen Mauerwerk nach Luft ringt, erlebt man jäh und hautnah den Enthusiasmus des neunzehnten Jahrhunderts, den Wahn einer Welt, die solche monströsen Werke eben bauen wollte. Nur einmal kann man auf dem strapaziösen Marsch in der Senkrechten Erholung in einem verstaubten Raum voll alter Fotos von Sakralbauten aus aller Welt suchen. Manche davon sind nur berühmt und sakral, die meisten aber wegen der Höhe ihrer Türme ausgewählt worden, weil man darauf hinweisen kann und es infantilerweise auch tut, dass der Turm des Ulmer Münsters *höher* ist. Gewiss, man hielt sich bei Fertigstellung 1890 eng an die ursprünglichen irrsinnigen Zeichnungen des mittelalterlichen Architekten, aber das macht die Sache auch nicht besser. Wie eingebildetermaßen echt das Turminnere auch sein mag, eignet ihm doch eine Atmosphäre tatkräftigen Zupackens, in der noch die Überzeugung der viktorianischen Industriellen mit Weste und Zylinder von den kühnen Ingenieursfähigkeiten mitschwingt, wie sie auch Pumpwerke oder Eisenbahnviadukte aus der Zeit ausstrahlen. Das Münster war für die Gemeinde, die Ulm aufzubieten hatte, von Anfang an viel zu groß. Wie echt oder unecht das Innere des Turms nun aber ist, auf jeden Fall herrscht darin eine Atmosphäre industriellen Zupackens. Der Turm erinnert auch an die Folgen historischer Hybris: Ganz oben in der mit Vogelkot verkrusteten Turmspitze gibt es einen Steinkäfig, der so eng ist, dass einem übel wird, und von dem aus man auf das Ulmer Rathaus blickt, das noch 1944 der Schauplatz einer pompösen Trauerfeier für Rommel war, kurz bevor die Stadt dem Erdboden gleichgemacht wurde. Nach der Bombardierung Ulms gehörte übrigens der erst wenige Jahrzehnte zuvor fertiggestellte Turm zu dem halben Dutzend Gebäuden, die aus der Trümmerlandschaft herausragten. Dass man meinte, das einige, neue, kaiserliche Deutschland des neunzehnten Jahrhunderts könne sich am besten darstellen, indem es mittelalterliche Bauvorhaben vollendete, von denen man in der Reformation vernünftigerweise abgelassen hatte, zeigt, wie Geschichte Menschen dazu bringen kann, sich sehr schräg zu verhalten. Kaum fünfzig Jahre liegen zwischen den besten Zeiten des Ulmer Münsters, in denen es für das neue Deutschland stand, und der Katastrophe des Nationalsozialismus und der damit verbundenen Zerstörung der Stadt, für die es ebenfalls zum Symbol wurde. Und es ist eine große Versuchung, diese Zeit nur als Phase zu betrachten, in der die Entwicklung geradewegs von nationalistischer Protzerei in den Holocaust verlief. Doch wie ich noch zeigen möchte, muss man gegen diese Versuchung ankämpfen.

Zweites Kapitel

Alte Pfalzen
Karl der Große
Fromm, kahl, dick
Eine sehr kleine Stadt
Das Wort verbreiten
Der Sonne entgegen
Vorstoß gen Osten

Der Kölner Dom 1879, noch immer unvollendet. Gleich daneben verlaufen Eisenbahnschienen.

Alte Pfalzen

Eher willkürlich, durch glückliche Umstände und weil die Materialien haltbar waren, sind uns Dinge des Mittelalters erhalten geblieben. Elfenbeinschnitzereien, meist mit Bibelszenen, wurden zum Beispiel immer wertgeschätzt und konnten weder vermodern noch zu etwas anderem weiterverarbeitet werden. Goldenes Gerät ist dagegen nur recht selten übrig geblieben; in royalen Finanzklemmen oder wenn sich die Geschmäcker änderten, gestaltete man es um oder benutzte es als Zahlungsmittel. Tapisserien sind ausgeblichen, Kleidung, auch kostbare Kleidung, verrottet, Farbe verblasst. Vieles von dem, was das Mittelalter konkret ausmachte und was es bedeutete, ist verloren – ganz abgesehen davon, dass sich unser Denken und Fühlen in den vergangenen Jahrhunderten drastisch geändert hat und wir das, was wir sehen und anfassen können, kaum noch begreifen.

Die große Ausnahme bei all dem Verfall und Verschwinden ist Stein, Stein, der den Domen und Burgen trotz der Umbauten, Kriegsbeschädigungen und Dekorationswut späterer Geschmacksrichter eine solche Unverwüstlichkeit verleiht. Die Pfalzen allerdings, für die Reisekaiser stets Zentrum des politischen und kulturellen Lebens, können uns keinen Zugang zum Mittelalter mehr bieten: aus dem einfachen Grund, weil man kaum noch welche findet. Wenn sie späteren, stets auf Verbesserung versessenen Generationen nicht mehr attraktiv oder brauchbar erschienen, wurden sie abgerissen. Baute man aber an gleicher Stelle etwas Neues, ließ man (für spätere Historiker zum Rätselraten) häufig ein paar Grundmauern, Keller und sonstiges Gemäuer stehen. Jeder erfolgreiche Herrscher, der es sich finanziell leisten konnte, drückte seine im Allgemeinen trügerischen Hoffnungen auf die Zukunft gern damit aus, dass er seinen Wohn- und Regierungssitz auf den Ruinen seiner toten Vorgänger errichtete. Erachtete er einen Abriss nicht als notwendig, passte er die Anlage seinen Bedürfnissen an und pfuschte meist so massiv daran herum, dass man heute den ursprünglichen Zustand nur noch erahnen kann.

Die Wartburg zum Beispiel war einst Sitz der Landgrafen von Thüringen, dort spielt Wagners *Tannhäuser*, dort versteckte sich Luther und übersetzte die Bibel ins Deutsche, ohne zu ahnen, was er damit ins Rollen brachte. Große Teile der romanischen Burg aus dem zwölften Jahrhundert haben überlebt, doch im neunzehnten wurde sie mit Zuneigung erstickt und vieles im noch original erhaltenen Inneren mit goldschimmernden Fresken im historisierenden Stil von Moritz von Schwind vollgeklatscht, die das Leben der heiligen Elisabeth feiern. Edelkitsch, den man nun auch wieder nicht mit Gewalt entfernen möchte. Unberührt geblieben ist eigentlich nur der wunderschöne, nicht bemalte Rittersaal mit dem hübschen Kreuzgewölbe und einer Säule in der Mitte, weiland der Aufenthaltsraum der Bodyguards des Landgrafen. Heute strahlt er Klarheit und Ruhe aus und riecht nach kaltem Stein, was sicher ganz anders war, als sich hier stinkende, verlauste Kriegsknechte tummelten.

Zu einer typisch mittelalterlich-modernen Stätte wurde die Wartburg, als hier 1817 Studenten eine Gedenkveranstaltung für ihre in den Befreiungskriegen gegen Napoleon gefallenen Kameraden abhielten – das erste Wartburgfest – und die Gelegenheit gleich nutzten, um ein einiges Deutschland zu fordern. Als die jungen Männer die Fahne mit den heute noch beziehungsweise wieder gültigen schwarz-rot-goldenen Farben entrollten – an die Farben der Freikorps gemahnend –, zeigte sich schon all das Konfuse ihrer Bewegung. Sie stilisierten die Wartburg zum Symbol verlorener mittelalterlicher deutscher Größe und lutherischen Stolzes, von einem nur provinziell bedeutenden zu einem wahrhaft deutschen Bau. Ihr Verständnis von der Einheit Deutschlands verband Modernes und Antimodernes, Demokratisches und Antisemitisches; sie sahen sich als Waffenbruderschaft, die Deutschland zu neuem Ruhm führen werde. Höhepunkt der Festlichkeiten war im Übrigen eine Bücherverbrennung. Antikonservativ waren diese Burschenschaften freilich insofern, als sie die deutschen Herrscher der Rückständigkeit und Fortschrittsfeindlichkeit ziehen.

In Goslar setzte Kaiser Heinrich III. seine Pfalz, ein wunderbares Exempel mittelalterlicher Plumpheit, direkt neben den Rammelsberg, aus dem er sein Silber bezog. Da konnte das Edelmetall ausgegraben, verhüttet, zu Münzen geprägt und ihm ohne große Umwege in Säcken übergeben werden. In dem erhaltenen Kaiserhaus, neben dem ehemaligen Standort des Doms, wo heute ein Parkplatz ist, kommen die Vorstellungen der Deutschen vom Mittelalter kongenial zusammen. Das Gebäude selbst wäre, ehrlich gesagt, recht langweilig, wenn man es im neunzehnten Jahrhundert nicht aufgepeppt und zwei kolossale bronzene Reiterstandbilder von Friedrich I. Barbarossa und einem grimmigen Kaiser Wilhelm I. davorgestellt hätte. Nachdem die mittelalterlichen Kaiser es nicht mehr brauchten, überlebte es jahrhundertelang als Gerichtssaal, Gefängnis und Kornspeicher. Lädiert von Feuer, Vernachlässigung und schlichter Gleichgültigkeit, profitierte es dann aber im Gegensatz zu dem bemitleidenswerten Dom sehr von der Liebe zum Mittelalter. Nach der Reichseinigung 1871 sahen sich nämlich die deutschen Kaiser plötzlich als die wahren Erben ihrer salischen Vorgänger. Das neue Deutschland unter einem neosalischen Vorzeichen zu einen war nicht nur schmeichelhaft für sie, sondern bot auch die Chance, ihrem Preußentum zu entkommen, die zurückliegenden sechs Jahrhunderte schändlicher Uneinigkeit zu überbrücken und eine Verbindung zwischen einem drögen, bräsigen Militär der neuen Zeit, Kaiser Wilhelm I., und seinem strahlenden, charismatischen, waffenstrotzenden Vorgänger Friedrich I. herzustellen.

Diese wahnhafte Gleichsetzung, das Werk Wilhelms I. und seines Erben, des Kronprinzen Friedrich, gipfelte in Wandmalereien im Inneren des Kaiserhauses, die die Geschichte Deutschlands von den mythischen Ursprüngen bis zum Ende des neunzehnten Jahrhunderts erzählen, das peinliche Thema der Uneinigkeit und deren Folgen aber tunlichst auslassen. Hässlichkeit und Dummheit dieses Raums sind unübersehbar, doch für Leute, die sich für den *Umgang* mit Geschichte interessieren, sind die irregeleiteten zwanzigjährigen Bemühungen eines komplett einfallslosen, von keinem Talent belasteten Malers ein gefundenes Fressen.

Höhepunkt ist das monströse Gemälde der Apotheose des Kaisertums mit dem von hinten sanft beleuchteten Wilhelm I. samt Kronprinz Friedrich und dem jungen zukünftigen Wilhelm II., dessen verkrüppelter Arm wie stets sorgsam verborgen ist. Friedrich der Große und andere Lichtgestalten der deutschen Geschichte schweben wie zur Bestätigung am Himmel, zu beiden Seiten stehen mit nicht minder zufriedenen Mienen europäische Staatsmänner, Bismarck, preußische Generäle und weitere Mitglieder der kaiserlichen Familie. Die üblichen allegorischen Damen, die – mehr oder weniger glaubhaft – für die üblichen Werte stehen, sind auch vertreten. Der routinemäßige Einsatz solcher Frauen in Malerei und Bildhauerei, die Gerechtigkeit oder Eintracht sowie auch gern einmal Flüsse verkörpern, gehört zu den ermüdenderen Aspekten auch der flüchtigsten Touren durch deutsche Städte.

Bei seiner Enthüllung muss das Fresko zuallermindest ein Charaktertest für sein kaisertreues Publikum gewesen sein. Es setzt nämlich einen Betrachter voraus, der davor kniet. Eine ironische Bemerkung – und die erlauchte Gesellschaft wäre wohl in unbändiges Giggeln ausgebrochen. Heute ist es beinahe schon wieder ergreifend – was für ein Aufwand an Zeit, Mühe und Farbe, um einer Familie und einem Wertekanon zu huldigen, die kaum zwanzig Jahre später ausgedient hatten. Und bei Fertigstellung der Fresken waren Wilhelm und Friedrich schon gestorben und der Jüngling in der Kadettenuniform als inkompetenter Kaiser rapide dabei, die idiotischen Entscheidungen zu treffen, die seine Dynastie zerstören sollten. Eine Aura von Vergeblichkeit umgibt natürlich viele Herrschergeschlechter, doch so viele nicht gereifte Blütenträume, unerwartete Todesfälle und andere Schicksalsschläge haben die Deutschen erschüttert, dass die Bilder in Goslar schon deshalb traurig anzuschauen sind, weil sie aus jüngerer Vergangenheit stammen. Die Traurigkeit lässt allerdings schnell nach, wenn man bedenkt, dass sich auch Hitler in messianischem Glanz malen ließ und, wenn es ihm zupasskam, die Geister Bismarcks und Friedrichs des Großen beschwor; der Überfall auf die Sowjetunion wurde unter dem vielsagenden Decknamen »Unternehmen Barbarossa« vorbereitet.

Karl der Große

Die völlige Zerstörung Aachens 1944 könnte man als Ground Zero für das deutsche Mittelalter bezeichnen. Hier befand und befindet sich eines der außergewöhnlichsten, schönsten, mythenumranktesten Bauwerke Europas, der Dom Kaiser Karls des Großen. Dieses herrliche, wenn auch angeschlagene Gotteshaus und sein achteckiger Zentralbau gehören mit dem riesigen Leuchter, den Goldfresken und gespenstischen Schatten zu den Orten, die den hilflosen Besucher auf solch vielerlei Art bestürmen, dass der sofort weiß, er bräuchte ein ganzes Leben, um mit den zwölfhundert Jahren Turbulenzen zu ringen, die er hier spürt. Die Atmosphäre ist ausgesprochen südlich, es fehlen nur noch eine kräftigere Portion Weihrauch und ein Eunuch, und man wähnt sich in Byzanz. Als Karl der Große den Vorgängerbau des Doms, die achteckige Kapelle in seiner lange verschwundenen Pfalz, errichten ließ, war er Herrscher eines riesigen Reiches, das große Teile des heutigen Frankreich, Deutschland und Italien umfasste, und es sah ganz danach aus, dass er sich als neuer römischer Kaiser etabliert hatte. Angesichts dessen, dass das Imperium Romanum schon Jahrhunderte zuvor untergegangen war und man trotz Ruinenresten, ein paar Statuen und Texten nicht viel von ihm begriff, konnte Karl sich eigentlich nur das Oströmische Reich mit der Hauptstadt Konstantinopel zum Vorbild nehmen. Die Pfalzkapelle wurde dann vermutlich auch von italienischen Baumeistern erbaut, die noch byzantinisch geprägten Kunstauffassungen verpflichtet waren. Der Bau, der so viele Deutsche mit nationalem Stolz erfüllte, war also in Wirklichkeit italienisch und griechisch.

Betört von dem ganzen Glanz im Dom, geriet ich schier außer mir, als ich dort auch noch einem Konzert von Monteverdis *Marienvesper* beiwohnte. Während der weniger interessanten Passagen dieses wunderschönen, aber nicht unanstrengenden Werks konnte ich nicht nur das Oktogon im Zentralbau und den seltsam schlichten, feierlich dastehenden Thron Karls bewundern, sondern auch darüber nachsinnen, was man der Anlage sehr viel später hinzugefügt hatte. Die Kapelle wurde Krönungskirche deutscher Könige, Karls Grab verlieh dieser Zeremonie dafür die entscheidende Prise Mystik. Im Jahr 1000 ließ Otto III. den Sarg öffnen und stellte fest, dass Karls Nase abgefallen und seine Fingernägel durch die Spitzen seiner Handschuhe gewachsen waren, er insgesamt aber leidlich in Schuss war. Weil der Dom solch eine mächtige kultische Anziehungskraft besaß, fanden auch beachtlichere Relikte wie Jesu Lendentuch den Weg dorthin, und noch heute wird er gern von katholischen Wallfahrern angesteuert; an hohen Fest- und Feiertagen ergießen sich ganze Busladungen grimmig entschlossener Gläubiger vor seine Pforten. Das alte karolingische Kerngebäude ist jedenfalls bald von Kapellen und einschlägigen Statuen überschwemmt gewesen, Gaben zufriedener Pilger, die durch die Jahrhunderte hindurch selbst weite Wege wie aus Ungarn nicht scheuten und sicher größere Strapazen auf sich nahmen als ihre modernen Pendants.

Karl der Große selbst verschwindet eher unter diesem späteren spirituellen Aufwand. Ungetüme wie der riesige Radleuchter, der das himmlische Jerusalem symbolisiert und Barbarossaleuchter heißt, weil Friedrich Barbarossa ihn stiftete und zum Gedenken an seinen großen Vorgänger in der Mitte des Oktogons aufhängen ließ, tragen wesentlich dazu bei. Solche Radleuchter sind ästhetisch gewöhnungsbedürftig, es gibt nur noch drei, die beiden anderen hängen in Hildesheim und im Kloster Großcomburg nahe Schwäbisch Hall. Nachdem ich zufällig alle abgeklappert hatte, überfiel mich der Verdacht, dass sie das mittelalterliche Äquivalent eines Swimmingpools in Gitarrenform sind, weniger Ausdruck von Stil als von überschäumender Protzsucht. Größer und üppiger geht's nimmer, doch jedes einzelne Detail hat eine verdeckte Bedeutung, das Ganze ist also eine intellektuell ziemlich ausgefinkelte Sache. Barbarossas Leuchter in Aachen wog übrigens auch noch so schwer, dass sich die Deckenmalereien aus der Zeit Karls des Großen ablösten. Was für ein Geschenk! Das Kunstwerk, das viel zur Stimmung im Dom beiträgt (und das zugegebenermaßen in seiner Gesamtwirkung auch großartig ist), zerstörte den Ort, wie Karl ihn gewünscht hatte. Die heutigen Fresken sind uninteressante Übermalungen aus dem neunzehnten Jahrhundert (dank der erwähnten deutschen Manie in der Zeit, die Dinge perfekt zu machen), und die ehrfurchtgebietende Stimmung im Inneren wird von einer megalomanischen Metallarbeit aus dem zwölften Jahrhundert kreiert; Fresken wie Leuchter haben mit dem Herrscher aus dem achten Jahrhundert wenig zu schaffen.

Einzelne Herrscher später mit einer anderen Aura zu umgeben, damit wir sie verstehen und ehren können, ist natürlich gern geübte Praxis im Umgang mit Geschichte. Karl den Großen hat man sich aber als Gründergestalt in der deutschen Geschichte heftiger anverwandelt als die meisten anderen. Unserer heutigen Kenntnis nach hätte er sich selbst in keiner Hinsicht als deutsch verstanden; er und seine Nachkommen wurden im heutigen Belgien geboren und hätten wohl das heutige Frankreich und nicht das heutige Deutschland als Zentrum ihrer Aktivität gesehen. Karl besaß zwar wichtige deutsche Ländereien, doch der »Sachsenschlächter« unternahm Jahr für Jahr grausame, verheerende Feldzüge in das Land, das heute Mitteldeutschland ist. Historiker, die ja gemeinhin eher introvertierte, sanfte Geschöpfe sind, wünschen sich wie bei allen solchen Herrschern, dass Karl im Grunde seines Herzens scharf auf Juwelen, Heiligenreliquien und die Senkung der Analphabetenrate war, doch es spricht einiges dafür, dass seine Kernkompetenz darin lag, mit sagenhafter Effizienz tote Sachsen aufzustapeln. Ja, ich bin sogar versucht, sein Interesse an Heiligenreliquien und der Verbreitung klassischer Bildung mit dem Interesse eines modernen blutbesudelten Drogenbarons an seiner Glastierchensammlung zu vergleichen. Verwundert stimmte mich zunächst der Wunsch Karls, in einem antiken römischen Marmorsarkophag mit Szenen vom Raub der Proserpina begraben zu werden, eine scheinbar bizarre, heidnische und pikante Wahl, die er aber sicher nicht nur getroffen hat, weil die Dekorationen allererste Sahne waren und das ganze Ding Spitzenqualität besaß. Die Geschichte der Proserpina, der Gattin des Unterweltgottes Pluto, die acht Monate im Jahr bei ihrer Mutter auf dem Olymp leben durfte, wurde von den Christen nämlich auf die Auferstehung ausgelegt – die Bestattung in dem Sarkophag zeigt also auch, wie sehr Karl bemüht war, das antike Erbe in die neue Zeit zu tragen. Nach seiner Heiligsprechung wurden seine Gebeine in einem etwas konventionelleren Schrein beigesetzt.

Im Goslarer Kaisersaal hängen mehrere angenehm Übelkeit erregende Gemälde, eines davon zeigt die berühmte Szene, als Karl, nachdem er ordentlich viele Sachsen gemeuchelt hat, vor ihrem heidnischen Altar steht und ihren heiligen, mit Schnitzereien bedeckten Baumstamm zerstört. Auf dem Bild ist der Kaiser die pure stirnrunzelnde Nachsicht, die zerschlagene Irminsäule sieht merkwürdig hawaiianisch aus (als hätte sie eine Schlägerei in einer Tiki-Bar hinter sich), und die Sachsen erkennt man an den schicken, aber unpraktischen Flügelhelmen und daran, dass sie so zottelig sind. Diese hier so theatralisch gezeigte Christianisierung der Sachsen mit dem Schwert war auch ein entscheidendes Ereignis für das, was einmal die deutsche Geschichte werden sollte und stand für den Vormarsch des Christentums, der für die nächsten siebenhundert Jahre so etwas wie ein Leitmotiv dieser Geschichte werden sollte. Ende des neunzehnten Jahrhunderts haben Betrachter den Schinken in Goslar wahrscheinlich als Allegorie auf den in Bismarckdeutschland eben beendeten Kampf gegen Katholiken und ethnische Minderheiten wie Sorben und Polen gesehen, die sich den herrschenden protestantisch-preußischen Werten anpassen sollten. Diese Gruppen wurden als ebenso pittoresk, aber dem Untergang geweiht angesehen wie die Tiki-Bar-Sachsen. Ende des achten Jahrhunderts ging es indes nicht im Geringsten um ein einiges Deutschland – ja, überhaupt nicht um Deutschland. Gerade erst hatte sich das Althochdeutsche entwickelt, das auch noch nicht annähernd wie modernes Deutsch klang, und die paar Menschen, die schreiben konnten, taten das natürlich auf Latein. Im Westen gab es einige kaum sichtbare Verbindungen zwischen Europa und dem Römischen Reich, am deutlichsten durch die christliche Kirche vermittelt, doch vom Land der Sachsen an und weiter gen Nordosten gab es nichts als wilde Wälder und Volksstämme und all die Absonderlichkeiten, an denen schon die Römer verzweifelt waren. Karl der Große und die Herrscher nach ihm eroberten sukzessive größere Stücke Land.

Um zu den Gemälden in Goslar zurückzukehren – dort wird einem unangenehm klar, wie wenig sich in mancher Hinsicht geändert hat. Kaiser Wilhelm I. war kurzfristig und auf Drängen seines Enkels Wilhelm II. als Wilhelm der Große bekannt – absurd, dieser plumpe Versuch, ihn in eine Reihe mit Karl oder Friedrich dem Großen zu stellen. Und war er wirklich mehr als der Boss einer kriegslüsternen Bande? Er zerstörte einige unabhängige Staaten, wovon er und seine Getreuen profitierten. (Bismarck stahl zum Beispiel das gesamte Vermögen des hannoverschen Königshauses, den Welfenfonds, und benutzte ihn, um die Presse zu bestechen.) Natürlich war das sublimer als Karls Vorgehensweise, doch dass deutsche Herrscher immer noch wie ihre mittelalterlichen Vorgänger Länder erbeuteten, ist schon merkwürdig. Dass das »Dritte Reich« (das dritte nach Ottos des Großen sogenanntem »Erstem« und Bismarcks kurzlebigem »Zweitem Reich«) mit Begeisterung plünderte und Land erbeutete, entsprang, wie wir wissen, aber nicht in der Hauptsache seiner Mittelaltermanie. Ein eigentümlicher Kreis schloss sich allerdings, als ausgerechnet die Angehörigen der Waffen-SS-Division »Charlemagne«, also Franzosen, in den letzten Stunden des »Dritten Reichs« die Sache Hitlers bis in den Tod verteidigten.

Fromm, kahl, dick

Das Reich Karls des Großen war also keineswegs deutsch, doch sein Auseinanderbrechen hatte weitreichende Folgen. Unter den folgenden karolingischen Herrschern, die, wenn sie nicht Beinamen hatten wie der Fromme, der Kahle oder der Dicke, unbekannt blieben, entwickelten sich nach und nach politische Gebilde, die geografisch dem modernen Frankreich und dem modernen Deutschland nahekamen. Die Grenzgebiete zwischen ihnen hießen mal Lotharingia, mal Lorraine, mal Burgund, verschoben sich oft heftig, und über ein Jahrtausend lang sorgte das immer wieder für Ärger.

Wir wissen zwar, welche Reiche aufeinander folgten, aber was konkret los war, bleibt doch vage. Die überlieferten Aufzeichnungen sind spärlich, widersprüchlich, chaotisch, parteiisch. Im Kaisersaal des Frankfurter Römers gibt es eine bunt zusammengewürfelte Kollektion von Gemälden aus dem neunzehnten Jahrhundert mit allen zweiundfünfzig Kaisern des Heiligen Römischen Reiches, von Karl dem Großen bis zu Franz II., der der Letzte war und 1806 abdankte. Das Aussehen der Abgebildeten bis zum fünfzehnten Jahrhundert ist natürlich rein fiktiv. Aber wie schön, dass es die Bilder gibt. Wie schön zu wissen, dass ein Kaiser einen sehr individuellen gelben Gabelbart oder ein anderer, siehe da!, einen kecken Schlapphut trug. Gott sei Dank bin ich kein Purist in diesen Dingen – und heilfroh, dass ich von Beruf nicht Historiker bin. Denn um die Herrschaft des Ottonen Heinrich I. zu studieren, müsste ich über dessen angeblich wallende Lockenmähne und chartreusegrünen Umhang hinwegsehen, jeglichen Fantasien von germanischen Festhallen, Maiden und Flügelhelmen entsagen, ja, alles später hinzugefügte Pittoreske ignorieren und stattdessen mit einer Handvoll Niederschriften betrüblich schlecht informierter Klosterchronisten und hier und da einer juristischen Urkunde vorliebnehmen.

Je mehr man sich mit Karl dem Großen und seinen Nachfolgern beschäftigt, desto undeutscher wirken sie leider. Da nützt es nicht einmal sonderlich viel, dass Karls Enkel Ludwig, der sogar der Deutsche genannt wurde, den großen Batzen im Osten des alten Reichs bekam, der in etwa dem heutigen Westdeutschland entspricht. Im neunten Jahrhundert tauchten nämlich wieder mal neue Störenfriede auf, Eindringlinge, die sowohl den damals schwachen Städten immensen Schaden zufügten als auch an der Auffassung rüttelten, dass Europa sein Schicksal selbst bestimmte. Die Lehrmeinung von einer geradlinigen Vorwärtsentwicklung Europas Lügen strafend, sorgten sie dafür, dass neue Länder und Dynastien entstanden. Auf den Britischen Inseln waren die Wikinger immer der Horror schlechthin, sie zerstörten Klöster, plünderten nach Lust und Laune und nutzten aus, dass sie mit ihren Booten rasch angreifen und sich zurückziehen konnten, bevor ein rumpelfüßiges Landheer sich ihnen entgegenstellte.

Die Wikinger haben allerdings die Nationalgeschichte verschiedener Länder entscheidend beeinflusst. Sie gründeten Dublin, übernahmen und erweiterten York und schufen eine nordwestskandinavische Hemisphäre, zu der Island, Grönland und sogar (wenn auch nur am Rande) der nördliche Teil des amerikanischen Kontinents gehörten. Sie sengten und mordeten sich an der gesamten Nordseeküste entlang und warfen überall, wo sie hingingen, die gleichen peinlichen Fragen auf: Waren sie bloß primitive Piraten oder schlichtweg tüchtiger als die Gesellschaften, die sie erst zerstörten und in die sie später einheirateten? Die gleiche Frage stellt sich auch bei den europäischer wirkenden spanisch-muslimischen Sarazenen, die den nordwestlichen Mittelmeerraum überfielen und sich dort niederließen. Auch sie erscheinen uns als nicht zugehörig und fremd, und wir können es gar nicht abwarten, dass dieses Kapitel abgeschlossen ist, damit wir uns wieder der Betrachtung einer geschlosseneren christlichen Landmasse widmen können. Doch in Andalusien, Sizilien und anderswo hinterließen die Sarazenen eindeutig eine beispielhaft hochentwickelte Kultur – ja, was für ein Gegensatz zu dem bierseligen, unbekümmerten Haudraufmilieu, mit dem sie aufräumten.

Mit am schlimmsten wüteten die Wikinger in Nordfrankreich, das wirklich zum Ödland wurde – ein bedauernswerter, stets neu verwüsteter Landstrich, in dem jeder optimistische Wiederaufbau prompt den nächsten ausgedehnten, heimtückisch brutalen Wikingerüberfällen zum Opfer fiel. Mit Herrschern wie Karl dem Dicken, Karls des Großen Urenkel, muss man schon Mitleid haben, wenn sie, tapfer und unter Tränen lächelnd, die immer weiter schwindenden Mittel zusammenkratzten, um zu noch einer Runde schmählichen Gemetzeltwerdens anzutreten. Das könnte eines der großen, noch nicht erforschten Themen der Geschichte sein: Wie an der Spitze von instabilen, kaum dieses Namens würdigen Reichen – wie sie auf dieser Welt nicht selten sind – jemand steht, den alle für einen Narren halten, dabei aber das Alltagsgeschäft von Heiraten, allseitigen Ehrenbezeugungen und Belohnungen mit dem gebotenen zeremoniellen Pomp durchgezogen wird, manchmal über Jahrzehnte hinweg. Wie spannend wäre insbesondere die deutsche Geschichte, wenn man sie als Folge widersinniger, unnützer Bündnisse durch Vermählungen, grotesk schlecht getimter Glaubenswechsel, chaotisch geführter, schändlicher Schlachten, Untreue und Feigheit erzählen könnte! Natürlich wäre das recht viel Arbeit, da alle von Karl oder Otto dem Großen oder auch Friedrich Barbarossa faszinierten Historiker gänzlich neue Kompetenzen erwerben müssten. Aber was wäre sie unterhaltsam, diese Geschichte von Hilflosigkeit, Pech und menschlicher Torheit!

Deutsche Gebiete wurden seltener von den Wikingern heimgesucht als andere, obgleich sie ihnen ja gleich vor der Haustür lagen. Das lag an dem wenig schmeichelhaften Grund, dass die Nord- und Ostseeküsten unterentwickelt, bettelarm und mit genau solchen heidnischen Fischerdörfchen bestückt waren, wie sie die Wikinger gerade mit so viel Aufwand an Zeit und Mühe hinter sich gelassen hatten. Dennoch kamen alle noch so bescheiden besiedelten Orte schnell auf deren Abschussliste; Hamburg wurde im Jahr 845 fast vollkommen zerstört. Schlimmer für Deutschland aber waren die Ungarn, die mit riesigen Reiterarmeen aus der ungarischen Tiefebene vorstießen, 907 eine bayerische Armee besiegten, eine Generation lang Bayern, Schwaben und Thüringen beherrschten, nach Lust und Laune Raubzüge bis nach Niedersachsen und Köln oder Vergnügungstouren an Seine und Rhone unternahmen, in Norditalien einfielen und 936 Rom erreichten.

Alle diese Invasoren waren oder wurden Europäer, blieben jedoch weitgehend außerhalb der großen englischen, französischen und deutschen historischen Narrative, von denen wir uns haben einlullen lassen, seit die moderne Geschichtsschreibung erfunden wurde. Man betrachtet sie immer als Fortschrittsbremsen – doch erweist sich das islamische Spanien als Hochburg der klassischen Gelehrtheit, entdeckten die Wikinger Amerika, und die Normandie samt ihren Ablegern England und Sizilien spielte im Mittelalter eine ebenso wesentliche Rolle wie das stabile und tatsächlich äußerst wichtige christliche Königreich Ungarn. Angst und Schrecken, die die Invasoren verbreiteten, sind natürlich verständlich bei denen, die die Prügel einstecken mussten, in der Rückschau ist die Sache aber vielschichtiger. Jedenfalls ist das Deutsche Reich, das in den folgenden Jahrhunderten unter den Ottos und Heinrichs entstand, eine Reaktion auf die Invasionen, denn nun hielten all die Herzöge und anderen von Panik ergriffenen Herren mal eine Weile lang zusammen und schufen ein Reich, das sich verteidigen konnte. Dass sie dann aber den Spieß umdrehten und dieses Reich zu einem aggressiv kolonisierenden machten, steht auf einem anderen Blatt.

Eine sehr kleine Stadt

Die Vorstellung eines eigenen deutschen Gebietes in Europa scheint sich vom zehnten bis zwölften Jahrhundert entwickelt zu haben, unter den Dynastien, die wir als Sachsen, Salier und Staufer kennen. Der Sachsenherzog Heinrich I., 919 zum König erhoben und der Erste der Ottonen, betrieb erneut eine Politik, die von nun an zur Regel wurde: Er überfiel die Nichtchristen im Osten und Norden und verleibte sie seinem Reich ein. Dass daraus einmal Deutschland werden würde, war natürlich nicht so geplant; die Kaiser wurden auch nach Heinrich weiterhin durch ihr Engagement in Italien abgelenkt. Fast alle hielten sich zwar überwiegend in Deutschland auf, doch besonders die Städte im italienischen Norden waren eine unverzichtbare Geldquelle, und die Beziehung zur Apenninenhalbinsel erschien unverzichtbar, um den merkwürdigen Anspruch aufrechtzuerhalten, dass sie die Erben Roms waren. Die mittelalterlichen Kaiser reisten noch von Pfalz zu Pfalz, als London und Paris schon einen Touch von Hauptstadt hatten, im deutschen Raum gab es nichts Vergleichbares. Aachen war eine Art Geschenk Karls des Großen an sich selbst gegen Ende seines Lebens, der Lohn für jahrelange Gewaltpolitik, aber weder er noch einer seiner Nachfolger konnte es sich leisten, längere Zeit an einem Ort zu verweilen. Versuche, den Hof in einer einzigen Stadt zu etablieren, wären vollkommen sinnlos gewesen; die Kaiser waren ständig damit beschäftigt, bei ihren wichtigsten und deshalb oft unberechenbaren, intriganten Verbündeten vorbeizuschauen, neues Land zu erobern, das ihr Gefolge von Leibwächtern, Schnorrern und Kirchenmännern kahl fraß und trocken trank, und natürlich Expeditionen in bisher noch nicht geplünderte Reiche heidnischer Rückständigkeit zu unternehmen.

Dass die Deutschen kein London begründeten, zeigt, wie tief verwurzelt die deutsche Zersplitterung war. Irgendetwas in dieser Region sorgte offenbar dafür, dass Macht und Autorität ständig gespalten wurden – bis heute kein unbekanntes Phänomen. Freilich macht es deshalb auch solchen Spaß, herumzulaufen und sich von den fossilen Spuren früherer politischer Entscheidungen an Gebäuden und Kunstwerken an tausend verschiedenen Orten überraschen zu lassen.

Zum Beispiel in dem eigentümlichen Miniaturstädtchen Quedlinburg im Harz. Dieser wunderschöne Ort war etwa tausend Jahre lang tiefste Provinz –, selbst der Stadtteil »Neustadt« stammt aus der Zeit um 1200 –, und er wirkt nach wie vor, als sei er nach vielversprechenden Anfängen nie richtig in die Pötte gekommen. Seine vermeintliche Bedeutung bezieht er aus der Tatsache, dass sich hier das Grab Heinrichs I. befindet, der 936 starb und der Stadt Geld gab, damit sie sich um seine irdischen Überreste kümmerte. Quedlinburg war auch traditionell der Ort, wo die Kaiser zu Ehren ihres großen Vorfahren Ostern verbrachten.

Heinrich sauste durch die Weltgeschichte, machte ungezählte Böhmen, Ungarn, Dänen und angesäuerte deutsche Landsleute einen Kopf kürzer und erschuf das, was einmal das Heilige Römische Reich werden sollte, wenn auch nicht in den klaren und eindeutigen Grenzen, wie es spätere Verherrlicher gern gehabt hätten. Wie üblich bei Herrschern wie ihm kann man schwer sagen, ob sie Visionäre sind, die einen in sich logischen Plan verfolgen, oder blutbesudelte Berserker, die ihre Beute mit ihren Spießgesellen teilen. Quedlinburg jedenfalls gewann seine politische Bedeutung bei Entstehen des Reichs und hielt sich durch die Aufs und Abs seiner Geschichte als (seit der Reformation) freiweltliches Damenstift, bis es unter Napoleon seine Unabhängigkeit verlor und ein paar Jahre später – als eher kleiner Happen – von Preußen geschluckt wurde. In Quedlinburg zeigt sich die deutsche Kleinstaaterei, in der solche Ministaaten merkwürdig wichtig blieben, in ihrer reinsten Form.

Ich verbrachte dort mal ein paar heitere Tage und erinnere mich peinlich berührt, dass ich auf einen Bus wartete, um mich auf die lange Reise über die Berge in den ehemaligen Winzstaat Stolberg-Stolberg zu begeben, und plötzlich begriff, dass ich in einer krankhaften Abwärtsspirale der Besessenheit von dem »winzigen Deutschland« gefangen war. Ich machte marginale politische Gebilde zu Kultobjekten, die sich, wenn auch manchmal durchaus wirkungsvoll, den Allmachtsfantasien der Hohenzollern und Habsburger widersetzt hatten. Prompt kehrte ich um und beschloss, mich wirklich mehr auf Preußen, Sachsen und andere große Länder Deutschlands zu konzentrieren, wenn ich jemals weiterkommen wollte.

Wie dem auch war, in der Stiftskirche auf dem wunderbar wohnlichen Schlossberg zu Quedlinburg befindet sich ein winziges Museum voll mit all den Dingen, die auch kleinste Orte in Deutschland so unwiderstehlich machen, einem alten Wurfgeschütz, dem Stoßzahn eines Narwals, dilettantischen Konterfeis von Äbtissinnen, einer Holzkiste, die als tragbares Gefängnis benutzt wurde, einer Sammlung Folterinstrumente – dem Üblichen. Der gesamte kleine Staat Quedlinburg war wirtschaftlich gerade mal so aktiv, dass für den Unterhalt der Nonnen gesorgt war und sie für Heinrichs Seele beten konnten. Die Stiftskirche hat mich dann auch prompt mit ihrer kargen Schönheit und ihrem Mangel an später Hinzugefügtem beeindruckt. Bis vor kurzem war sie übrigens noch karger, denn viele Gegenstände aus der Schatzkammer waren von einem US-amerikanischen Leutnant gestohlen und von dessen Familie eben erst mit hochrotem Kopf zurückgegeben worden. Aber ganz abgesehen davon wirkte die klare Einfachheit eigenartig – das Grab Heinrichs I. wird von einer ebenfalls schlichten, deutlich modernen Platte geschmückt. Nicht bedacht hatte ich, dass selbst in so einem verschlafenen Nest wie Quedlinburg die moderne deutsche Mittelaltermanie nicht geruht noch gerastet hatte. Mein Reiseführer hatte mir nämlich tatsächlich unterschlagen, dass die Stiftskirche in den dreißiger Jahren entweiht, die Gemeinde rausgeschmissen und das Ganze zur SS-Weihestätte umgemodelt worden war.

Heinrich I., deutscher Expansionspolitiker und Slawenschlächter, wurde von den Nazis zum entchristianisierten Schutzpatron erhoben, und die Kirche war nicht immer so klar und schlicht gewesen – man hatte einen mittelalterlichen Chor für zu französisch befunden und herausgerissen (einzig der romanische Stil war angeblich Ausdruck echten Deutschtums) und einen Adler mit Hakenkreuz in den Krallen im Hauptfenster und Runenflaggen an den Innenwänden angebracht. In einer aufwendigen, typisch absurden SS-Zeremonie paradierten dann führende Größen mit Himmler an der Spitze durch die Straßen der Stadt – aus jedem Fenster wehten Hakenkreuzfahnen –, um die Stätte zu weihen. Zu dem Behufe hüllten sie Heinrichs Skelett in eine Hakenkreuzfahne, drückten ihm einen metallenen Lorbeerkranz auf den Schädel und betteten ihn um. Fertig war die Weihestätte, und eine ständige SS-Ehrenwache wurde am Grab postiert, bis Ereignisse in der großen weiten Welt glücklicherweise all dem ein Ende bereiteten. Quedlinburg wurde von den Amerikanern befreit, fiel aber dann an Ostdeutschland und kehrte zu der tiefen Ruhe und dem Frieden zurück, auf die die Bewohner offenbar genetisch gepolt waren. Im Museum gibt es außer Bruchstücken des steinernen Nazi-Adlers ein feines Foto von Lokalgrößen, offenbar Pfarrer, Arzt und Advokat (allzeit bereit, wie in Dutzenden Horrorfilmen), die der erneuten Öffnung des Grabes beiwohnten, mittels deren festgestellt werden sollte, ob die Nazis wirklich Heinrich I. umgebettet hatten. Natürlich waren es x-beliebige Knochenreste vom Schlossberg.

Die Vorstellung, ein frühmittelalterlicher Herrscher tauge zum Objekt der Verehrung, ist dem englischen Denken unendlich fern. Hier beschränken sich Spleens dieser Art mehr oder weniger auf ein vages Gefühl der Dankbarkeit gegenüber Alfred, also einem König, der sich von einer armen Bauersfrau ausschelten lassen musste, weil er zwar in ihrer Kate Zuflucht gesucht und gefunden, aber die Brotlaibe auf dem Feuer, auf die er aufpassen sollte, hatte verbrennen lassen. Die geschichtlichen Ereignisse in Deutschland und England sind eben grundverschieden. Sehr wenige englische Städte haben konkrete Aufzeichnungen über ihre Gründung – als jemand des Weges kam, der sich dafür interessierte und des Schreibens kundig war (gemeinhin ein Normanne), waren sie schon so lange von immer neuen Horden von Briten, Sachsen und Wikingern besiedelt und wieder besiedelt worden, dass man meinte, sie seien schon immer da gewesen. Deutschen Städten kann man dagegen oft ein Gründungsdatum zuordnen – und sie auf der Landkarte nördlich, nordöstlich und südöstlich von Schwaben verorten, wo die mittelalterlichen Kaiser ihre heidnischen Widersacher besiegten, deren Siedlungen an ihre Gefolgsleute gaben und Bischofssitze schufen. In manchen Gebieten gründete man aber auch neue Ansiedlungen. Als die Bevölkerungszahlen wuchsen, fasste man sogar ehrgeizige Pläne, Teile des Schwarzwaldes zu roden und Moore und Heiden in Ackerland zu verwandeln.

Heinrich I. war ein Glücksfall für die Nazis, weil er sowohl die richtige Politik betrieben hatte als auch in Wagners *Lohengrin* auftritt, Hitlers Lieblingsoper. Die Stelle in dem Historienspiel, in der Heinrich den Beginn des Gottesgerichts anzeigt, indem er mit dem Schwert gegen einen Schild an einem Baum schlägt und die Kombattanten mit dem Zweikampf loslegen können, oder wenn er singend seinen Wunsch kundtut, alle Deutschen sollten sich zusammenschließen, um ihre Feinde zu besiegen (»Dann schmäht wohl niemand mehr das Deutsche Reich!«), lösten in Hitlers Gefolge oft unappetitliche Erregungszustände aus. Die wunderbare Oper wird natürlich komplett von der Musik gerettet, doch liegt nun immer der schauerliche Schatten auf ihr, den sich Wagner nie hätte träumen lassen. Es bedarf schon überirdischer Anstrengung, um sie sozusagen »unhistorisch« zu hören (paradox genug, wenn man sich für diese Oper überhaupt interessiert!) und das Wissen aus seinem Kopf zu verbannen, dass Hitler immer dann am glücklichsten war, wenn er die ersten Takte des Vorspiels hörte. (Thomas Mann aber auch.)

Das Wort verbreiten

Heinrich I. verleibte seinem Reich ausgedehnte neue Ländereien ein und erneuerte damit eine Politik, die für das restliche Mittelalter bestimmend wurde. Bisweilen ging es zwar wegen kaiserlicher Inkompetenz oder Unachtsamkeit (und nicht zuletzt wegen der Ablenkung in Italien) ein wenig schleppend voran, doch die Herrscher sahen es als ihre Hauptaufgabe an, sich im Namen des Christentums durch die germanischen und slawischen Stämme zu fräsen und die Grenzen ständig zu verschieben. Deutschland entwickelte sich im elften und zwölften Jahrhundert ähnlich wie später die Vereinigten Staaten. Jetzt begann auch die große Zeit der »kämpfenden Bischöfe«, wie ich sie nennen möchte. Dadurch, dass Bischöfe seit den Ottonen auch weltliche Herren waren, griffen sie wider die Lehrmeinung der Kirche auch gern mal zur Waffe, und ich stelle sie mir als hochrotgesichtige Schnapphähne vor, die sich, wenn sie sich den Bratensaft vom Kinn getupft hatten, mit Lust in den Kampf stürzten und einem heidnischen Heerführer den Schädel einschlugen oder die Bischofsmütze aufsetzten und die Abendandacht zelebrierten. Die riesigen Ländereien, die sich die späteren Fürstbischöfe aneigneten, trugen sehr dazu bei, dass Deutschland solch ein Flickenteppich wurde. Ein klassisches Beispiel war Bischof Albert von Buxthövden, der sich im dreizehnten Jahrhundert seinen Weg durch das Baltikum häckselte, dabei Riga und den fragwürdigen livonischen Schwertbrüderorden gründete und als Fürstbischof starb. Die strengen priesterlichen Antlitze dieser wie auch anderer, weniger kampfeslustiger Bischöfe prangen heute noch auf Hunderten aufwendiger Grabmale in den todschicken Kirchen, die sie erbauen ließen. Ihr Status war insofern immer besonders, als sie per definitionem keine leiblichen Erben haben konnten, weshalb bei Ansprüchen auf ihre Territorien Papst, Kaiser oder ein mächtiger Nachbar stets ein Wörtchen mitreden wollten. Zu ihren Lebzeiten konnten sie Ansehen und Reichtum im Überfluss erwerben und sich als Kunstmäzene profilieren, am Ende fielen sie aber oft im Kampf. Normalerweise entstammten sie sehr reichen Adelsfamilien, doch damit Rom sich freute, nahm man hin und wieder auch mal einen mönchischen Asketen. Als Napoleon sie schließlich alle rauswarf, waren die schmatzenden Feinschmecker in Ritterrüstung längst zu gepuderten und ziemlich unbeliebten Witzfiguren mutiert, doch zu Beginn waren sie mit ihren teuren Pferden und ihrem genusssüchtigen – und so es denn sein musste, auch mal frommen – Gefolge immer dann zur Stelle, wenn es Slawen zu meucheln oder einen heidnischen Tempel kurz und klein zu schlagen galt.

Wie sehr einzelne Kirchenmänner die Kunst förderten, kann man trotz großer Verluste durch Krieg, Habgier, Verschleiß und Unglücksfälle noch überall im Land sehen. Der bemerkenswerten

Initiative von Bischof Bernward ist die sogenannte Bernwardstür im Dom der Stadt Hildesheim im damaligen Herzogtum Sachsen zu verdanken. Sie entstand etwa im Jahr 1010 und zeigt Szenen aus dem Leben von Adam und Eva auf dem einen und von Jesus auf dem anderen Türflügel. Die kleinen Figuren sehen aus wie die Ausstellungsstücke der Grundschulprojektwoche Religion, die man aus unerfindlichen Gründen der Nachwelt in zwei Tonnen Bronze erhalten hat. Aber ich meine das nicht böse – sie haben etwas wunderbar Zaghaftes und gleichzeitig Konkretes, und wenn man dann noch bedenkt, dass Menschen sich Adams und Evas ewige Glückseligkeit und Fall seit über tausend Jahren anschauen, wird diese Tür wirklich zu etwas Heiligem. Ein seltsamer Bronzemann im Dom zu Erfurt aus der gleichen Zeit hat etwas ähnlich Magisches; mit den zwei Kerzen in den ausgestreckten Händen ist er kein tolles Kunstwerk, doch wenn man vor ihm steht und überlegt, wie lange er diese symbolischen Lichtquellen schon so hält, bekommt man das unheimliche Gefühl, als verbinde er einen allein durch seine Beharrlichkeit unmittelbar mit einem sehr, sehr lange zurückliegenden Zeitalter.

Auf die ganze Welt bezogen, herrschten die deutschen Kaiser über ein ziemlich kleines Gebiet. Die westliche Christenheit hätte sich im chinesischen Reich der damaligen Zeit geradezu verloren und war ein Witz im Vergleich zur arabischen Welt mit einer Stadt wie Bagdad, die ein ganz anderes Niveau als Aachen oder Köln hatte. Um das Jahr 1050 herum bestand die bewohnte deutsche Welt gerade mal aus dem westlichen Teil des heutigen Deutschland, nördlich der Elbe war Holstein missioniert, östlich hausten die Heiden. Bremen, eines der großen Missionierungszentren, entsandte tollkühne Männer, um gottlose Seelen zu retten, die zu der Zeit immer noch zahlreich und resolut waren. Größere Expeditionen nach Schleswig im zehnten sowie nach Island, Jütland und zu den Orkney-Inseln im elften Jahrhundert waren erfolgreich, doch hin und wieder gab es gewaltige Rückschläge. Menschen in Gebieten, die schon zum Christentum bekehrt waren und es dann doch wieder nicht so toll fanden, brauchten neue Missionare und neue Strafexpeditionen. Hinter der Fassade des christlichen Deutschland müssen geraume Zeit noch faszinierende heidnische Rituale überlebt haben. Und als sich sein Gebiet über die Alpengipfel bis in das heutige Österreich oder nach Norden in Richtung der Wikingerländer erweiterte, hieß das noch lange nicht, dass sich auch der christliche Glaube reibungslos mit ausbreitete. Normalerweise baute man Klöster als Vorhut der Besiedlung und überzog dann das Land mit einem immer dichteren Netz von Burgen und Kirchen. Die Kampfzonen schoben sich natürlich auch weiter vor, aber dahinter beglückte man die Bewohner mit religiösen Festen, samt allem dekorativen Drum und Dran, Verkündigung des Evangeliums und Drohungen, sodass überlebende führerlose Heiden in den Schoß der Christenheit gelockt oder getrieben wurden. Erhaltene Landübertragungsurkunden, sonstige juristische Dokumente und Ähnliches geben eine gewisse Vorstellung von diesem allmählichen Prozess, in dem eine verbrannte, traumatisierte »Front« zuerst einmal eine neue Verteidigungslinie und dann zum Beispiel ein ganz normal besiedeltes Herzogtum wurde. Die Probleme, die sich die Kaiser mit den dort eingesetzten neuen, sehr selbständigen Herren einhandelten, wurden bis zum Ende des Ersten Weltkrieges und deren endgültiger Entmachtung nie richtig gelöst. Weil die Kaiser sich ständig entweder mit Ausdehnung oder Schutz des Grenzgebiets beschäftigen mussten, konnten sie sich nie fest niederlassen und eine ausreichend eindrucksvolle Machtbasis schaffen, um kirchliche oder weltliche Herren in Schach zu halten, die an Einfluss gewonnen hatten und bisweilen recht aufmüpfig wurden. Als sich im siebzehnten Jahrhundert die Stellung des Kaisers in Wien festigte, war das viel zu spät, selbst wenn man von den tiefen religiösen Konflikten absieht, die sich bis dahin entwickelt hatten. Aber es ist auch fraglich, ob so eine grenzenlose zentrale Macht überhaupt wünschenswert gewesen wäre.

Herzöge, Markgrafen et al. verwalteten also die Territorien, die in den großen Sommerfeldzügen erobert worden waren. Unter den Ottos und Heinrichs nahmen die Minibausteine, aus denen einmal Deutschland werden sollte und die oft kleiner nicht sein konnten,

Gestalt an. Meist wurden diese weltlichen und geistlichen Fürstentümer nach einer der Völkerschaften benannt, die sie hatten abtreten müssen, was ja heute noch in den Namen vieler Orte und Regionen anklingt.

Und obwohl in dieser Epoche Westeuropa im globalen Maßstab gesehen ein Witz war, begannen die Kaiser Bauvorhaben solch pharaonischer Ausmaße, dass die Europäer bestimmt meinten, sie befänden sich auf dem Sprung zu einer wie auch immer gearteten Größe. Viele der Bauten, wie die schon erwähnten Pfalzen, sind verschwunden oder wie der riesige Dom Ottos des Großen in Magdeburg überbaut worden. Die mächtigsten sind die drei magischen Dome am Rhein, in Mainz, Worms und Speyer.

Am Dom zu Mainz kann man sich gar nicht sattsehen. Das Gotteshaus als Bühne, das kolossale Machtstreben (das bei *allen* Domen am Rhein spürbar ist), die Arroganz der Grabmäler der Kurfürsten, die ja auch Erzbischöfe waren, und deren Sinn für eine gute Schau zeigen sich in Mainz besonders eindrucksvoll, vor allem in dem geometrisch komplexen, düsteren, an Piranesi erinnernden Westchor oder in den zwei charismatischen steinernen Löwen, die trotz ihres hohen Alters unerschütterlich den Aufgang zum Ostchor bewachen. Solche Dome wurden natürlich bewusst geschaffen, um die uneingeschränkte Macht und das Ansehen des Kaisers des Heiligen Römischen Reiches zu demonstrieren; wenn dann die tausenden Tonnen Stein bewegt werden mussten, wurden ganze Gemeinden zur Arbeit verpflichtet.

Der Dom zu Speyer wurde als Gotteshaus der salischen Herrscher gebaut, dort sollten alle Salier begraben werden. Das klappte natürlich nicht, aber ein Besuch der Krypta (selbst schon ein architektonisches Wunderwerk, ein Säulenwald in seiner eigenen seltsamen Welt, in die seit neunhundert Jahren kein Sonnenstrahl gedrungen ist) mit den schlichten Grabplatten von Konrad II., Heinrich III. und Heinrich IV. lohnt sich trotzdem immer wieder. Man hatte vergessen, wo die Gräber ursprünglich lagen, spürte sie jedoch im Jahr 1900 wieder auf und legte sie sehr bühnenwirksam in minimalistischem Setting neu an. Die Umbettung war eine von vielen rückwärtsgewandten, gespenstischen Aktionen, mit denen sich Deutschland seit jeher hervorgetan hat. Auf fotografisch festgehaltenen Szenen, die an Frankenstein gemahnen, sieht man, wie Arbeiter mit weit aufgerissenen Augen unter Anleitung schwarzgewandeter Gestalten, die eine ungute Mischung aus wissenschaftlichem Interesse und Voyeurismus nach dem Motto »nur mal gucken« anzutreiben scheint, die Deckel von den uralten Gräbern heben. Heinrich III. und die anderen erwiesen sich prompt als Haufen Müll mit ein paar Gold- und Elfenbeinstücken. Die Vergangenheitsfreunde schnappten sich die Leckerbissen für ihr Museum und begruben die Kaiser wieder.

Wenn ich auch nur irgendwie in die Nähe der Rhein-Dome komme, geht immer alles durch mit mir, dann muss ich in einen Zug springen und sie besuchen. Einmal war ich so kindisch, innerhalb eines Tages zwischen den dreien hin- und herzurasen, um endgültig und eindeutig sagen zu können, welcher mir am besten gefiel. Natürlich wusste ich es zum Schluss wieder nicht. Trotz vieler späterer Umbauten, nicht zuletzt, weil die Soldaten Ludwigs XIV. den Dom zu Speyer schwer bombardierten, vermitteln alle drei Gotteshäuser immer noch den Eindruck einer ganz besonderen und *neuen* Kultur. Wie bei allen solchen Monumentalbauten ist der Gedanke natürlich insofern verstörend, als jeder Stein vom Blut derjenigen besudelt ist, die dem expandierenden Reich zum Opfer fielen, das sich aber genau in diesen Bauten verewigen wollte. Die Strenge und kalte Präsenz der Dome, die sie nach wechselvollem Schicksal auch im einundzwanzigsten Jahrhundert nicht verloren haben, vermittelt einem ein einzigartiges Gefühl für Wesen und Wirken der gewalttätigsten, dynamischsten europäischen Macht des elften und zwölften Jahrhunderts, und das Blut gerinnt einem in den Adern, wenn man bedenkt, dass dieser arrogante, brutale missionarische Drang auch schon immer zu Europa gehörte. Ein idealer Ort, derlei Fragen nachzuhängen, ist vielleicht der Dom zu Speyer an einem dunklen Winterabend, wenn man in der Stille unheimliche Echos hört, wenn es um einen herum wispert und das Kerzenlicht flackert.

Sicher sollte man die Kirche nicht nur als Ausdruck imperialer Macht betrachten. Denn was ist schließlich mit den ganzen Universen von Klöstern und Pfarrkirchen, was mit einer Gesellschaft, die einem religiösen Rhythmus ebenso wie dem jahreszeitlichen folgte? In Freising etwa wird man an diese komplexe, nach innen gerichtete, kultivierte Welt aufs schönste erinnert. Als Zentrum der bayerischen Kirche wird es immer in einem Atemzug mit dem staufisch gesinnten Otto von Freising (1114 – 1158) genannt, einem Zisterziensermönch, der ein geradezu absurd interessantes bewegtes Leben führte. Er studierte Philosophie in Paris bei den allerersten Gelehrten, sorgte für Ausdehnung und Festigung der deutsch-christlichen Herrschaft (und des Weinbaus) um das heutige Wien herum, verfasste eine unschätzbar wertvolle Geschichte des Deutschen Reiches von der Zeit Heinrichs IV. bis in die ersten Regierungsjahre Friedrich Barbarossas, seines Herrn, und ging mit Kaiser Konrad III. auf den desaströsen zweiten Kreuzzug. Otto, der am Ende einer langen, aber auch wechselhaften Phase kaiserlicher Größe lebte (der Ära, die auf das neunzehnte Jahrhundert eine wahrhaft hypnotische Wirkung ausübte), verlieh dem zweiten Kreuzzug eine gewisse Seriosität; dennoch ist der Verdacht nicht von der Hand zu weisen, dass es sich auch hierbei nur um einen Ausrottungs- und Annexionsfeldzug handelte.

In der Krypta des Doms zu Freising herrscht wie in Speyer die Atmosphäre der alten, herrlichen Romanik; der Schaft einer mysteriösen Säule, der einzigartigen Bestiensäule, ist mit einem Relief geschmückt, auf dem Männer in Ritterrüstung mit Ungeheuern kämpfen, sie töten oder selbst gefressen werden. Doch der Hauptraum des Domimneren sieht leider aus, als sei etwas schrecklich schiefgelaufen, als seien hier mehrere Lastwagen mit Puderzucker kollidiert. Er wurde nämlich im Nachklapp zur tausendsten Geburtstagsfeier des Doms sozusagen rokokoisiert. Doch so bedauerlich dieser Vandalismus auch ist, zumindest ist er ein beglückendes Indiz dafür, wie wenig sich das achtzehnte Jahrhundert aus dem Mittelalter machte und es vor allem alt, seltsam und schäbig fand.

Einmal bummelte ich nach einem schweren Schneesturm durch

Freising und dann durch die Hügel oberhalb der Stadt zur ältesten Brauerei der Welt (gegründet 1040). Warum, war mir schleierhaft, denn das Alter einer Brauerei sagt nichts über die Qualität ihres Bieres aus. (In einem Hotel in Erfurt, das mit der kleinsten Brauerei der Welt prahlte, fand ich diese Aussage ähnlich unbrauchbar.) Während ich also durch die stillen Hügel über Freising stapfte und soeben noch die Kirchtürme sehen konnte – vereinzelt streckten Bäume ihre kahlen Äste in die verschneite Landschaft, gelegentlich zogen Rauchfetzen vorbei –, fragte ich mich zunehmend gnatzig, warum herrliche, aber im Wesentlichen nutzlose kleine Vögel wie Dompfaffe in den Tannen herumflitzen und den Winter überleben konnten, während ich binnen vierundzwanzig Stunden an Unterkühlung dahingeschieden wäre. Doch auf einmal merkte ich, wo ich war. Ich wanderte durch Brueghels *Die Jäger im Schnee*! Allerdings kamen hier keine dunklen Gestalten von der Jagd, sondern ein aus der Puste geratener Lektor steuerte auf die Lastwagenrampe der Brauerei zu, und mein kleiner frühneuzeitlicher Moment löste sich in Wohlgefallen auf.

Der Sonne entgegen

Die deutsche Beteiligung an den Kreuzzügen war massiv und stand eigenartigerweise unter keinem glücklichen Stern. Ende des elften Jahrhunderts strotzten die Christen des Westens offenbar vor Selbstbewusstsein und religiösem Eifer und bildeten sich ein, sie hätten freie Kapazitäten für ein paar beherzte Angriffe auf den Nahen Osten, um das Heilige Land unter ihre Herrschaft zu bringen. Sicher war das ein religiöses Unterfangen und nicht kolonialistisch motiviert, daran besteht kein Zweifel; viel nähere Gebiete, in denen man hätte siedeln können, wurden ignoriert, und das Land, in dem Jesus gewirkt hatte, war ja eigentlich auch zu heiß, zu staubig und zu kräftezehrend für Europäer.

Die Kreuzzüge wurden in der Hauptsache von Franzosen bzw. Normannen unternommen, allerdings nicht ohne tatkräftige englische, flämische und deutsche Unterstützung. Dabei war der Weg ins Heilige Land für die Deutschen wegen ihrer geografischen Lage viel beschwerlicher als für die Vorgenannten. Die konnten relativ leicht mit dem Schiffchen dorthin segeln, während die Deutschen monatelange Gewaltmärsche durch Ungarn und den Balkan auf sich nehmen mussten und wegen Über- und Unfällen oder aus purer Erschöpfung reihenweise samt Ausrüstung links und rechts am Wegesrand liegen blieben.

Der erste Kreuzzug ist in Deutschland berühmt-berüchtigt, weil die Kreuzfahrer, die durch die Städte im Rheinland zogen, erst einmal Massaker unter den Juden anrichteten, die seit den grauenhaften Ereignissen des zwanzigsten Jahrhunderts erneut und heftiger ins Zentrum der Aufmerksamkeit geraten sind. Die Juden bildeten eine besondere Menschengruppe im mittelalterlichen Deutschland: Weil sie immerhin eine relevante Rolle in den biblischen Geschichten spielten, wurden sie nicht einfach ausgerottet wie Heiden, doch ihr Dasein hinter den Linien einer militanten, missionarischen Christenheit, die fortwährend durch Europa gen Osten und Südosten zog, war immer gefährdet, weil sie deren gewaltbereiten Alleinvertretungsanspruch natürlich relativierten und in Frage stellten. Die komplizierte, wichtige und letztlich in einer Katastrophe mündende Beziehung zwischen christlich geprägten und jüdischen Deutschen durchlief eine schreckliche Phase, als ein aufgebrachter Mob in Köln, Mainz, Worms und Speyer jüdische Einwohner abschlachtete – angestachelt von den gleichen Argumenten, mit denen die Herren Kreuzfahrer zu ihrer seltsamen Mission in fremde Lande aufbrachen und die muslimischen Reiche attackierten.

Die Haltung zu den Juden im Deutschen Reich, in dem religiöse Differenzen (ob jüdisch oder heidnisch) immer eine entscheidende Rolle spielten, war während des gesamten Mittelalters widerwärtig und empörend – wie widerwärtig, zeigt sich besonders drastisch an der »Judensau«, die man noch heute an der Außenmauer der Stadtkirche in Wittenberg sehen kann. Da saugen Juden an den Zitzen einer Sau, und ein Rabbi guckt ihr in den After. Derartige Schandmale waren auch andernorts durchaus beliebt – Regensburg hat eine »Judensau«, und in Frankfurt malte man an den Alten Brückenturm eine besonders abstoßende Variante, die von den Stadtvätern viele Jahre lang gepflegt wurde und an die sich Goethe voller Abscheu erinnerte.

Aber vielleicht ist es in einer derart militant-missionarischen Gesellschaft sogar erstaunlich, dass es nicht *mehr* Gewalt gegen Juden gab. Womöglich deshalb, weil die jüdischen Gemeinden sehr alt und oft schon im Römerreich im Gefolge der Legionslager am Rhein entlang entstanden waren, womöglich aber auch, weil wegen der dezentralen Struktur Deutschlands konzertierte Aktionen schwierig waren. Und vielleicht wegen des besonderen Schutzes, den die Juden gegen Geld von den Landesherren genossen. Auf jeden Fall waren deutsche jüdische Gemeinden immer sehr klein und bedrückt von einer Unmenge demütigender Restriktionen, welche sie jedoch angesichts bisweilen schlimmerer Aggressionen ertrugen.

Die vom Pech verfolgte deutsche Beteiligung an den Kreuzzügen hatte im Übrigen kabarettreife Züge. Der erste Kreuzzug war wegen aufrichtigen Glaubenseifers, der militärischen Stoßtaktik und sagenhaften Glücks erfolgreich verlaufen. (Was nun genau den Ausschlag gegeben hat – darüber streiten sich die Gelehrten.) Antiochia und Jerusalem wurden den Muslimen in mehreren unglaublichen Blutbädern abgerungen. Aber vieles spricht dafür, dass man diesen Kreuzzug letztlich als Katastrophe für Europa (wie für den Islam) ansehen kann und dass man sich über viele nachfolgende Generationen hinweg sehr viel Zeit und Probleme hätte sparen können, wenn gleich dieser erste Waffengang in die Hose gegangen wäre. Die späteren sind eine Farce fehlgeleiteter Versuche, halbheroischer vergeblicher Liebesmüh, visionärer Wahnvorstellungen und kompletten Versagens. Sobald die islamische Welt den schockierenden Anblick schwitzender Nordeuropäer weggesteckt hatte, war sie militärisch in der Lage, diese auf einen Küstenstreifen zurückzudrängen und deren sämtliche Bemühungen, größere Gebiete an sich zu bringen, zu unterbinden. Von trauriger Symbolkraft für die Kreuzzüge ist Ludwig IX. von Frankreich, der – beim vierten Kreuzzug – von vier starken Männern durch einen Sumpf im Nildelta getragen wurde, und zwar in einer Sänfte mit einem Loch in der Sitzfläche, durch das Seine Majestät seiner Ruhr stets freien Lauf lassen konnte. Für den Misserfolg des zweiten Kreuzzugs steht Konrad III., der Damaskus erobern wollte, bis er feststellen musste, dass selbst diese eine Stadt eine Nummer zu groß war und alles im Sande verlief.

Der dritte Kreuzzug sollte ein Superding werden. In einem einzigartigen, überwältigenden Engagement für das Heilige Land, das die früheren Fiaskos vergessen machen sollte, tat sich Friedrich I. Barbarossa mit Richard Löwenherz und Philipp II. August zusammen – der Kaiser des Römischen Reichs also mit dem König von England beziehungsweise Herzog der Normandie und dem König von Frankreich. 1188 gelobte der keineswegs mehr junge Friedrich in einer berührenden Zeremonie im Mainzer Dom, gemeinsam mit seinen Anhängern das Heilige Land zurückzuerobern. Doch nachdem sich das furchterregende Heer Barbarossas schon den Weg durch die Donauländer und nach Kleinasien gebahnt hatte, erlebte es ein Desaster: Beim Durchqueren des Saleph, eines Flusses im Süden der heutigen Türkei, fiel Barbarossa von seinem Pferd, entweder weil es scheute oder weil er eine Herzattacke erlitt, und ertrank. Sein Heer löste sich weitgehend auf. Später entstand die Legende, dass Friedrich Barbarossa in einer Berghöhle im deutschen Mittelgebirge schlafe und in der Stunde höchster Not des deutschen Vaterlandes erwachen und ihm helfen werde, doch leider basiert diese Legende auf einem Druckfehler aus dem sechzehnten Jahrhundert. (Druckfehler sind eben genauso alt wie die Druckkunst selbst.) Ursprünglich rankte sich diese Legende nämlich um Barbarossas Enkel Friedrich II., den letzten der wahrhaft großen mittelalterlichen Kaiser, den strahlenden, polyglotten »Stupor mundi«, »das Staunen der Welt«. Als die Historiker den Fehler entdeckten, war es viel zu spät, denn zahllose Statuen,

Der Sonne entgegen 77

Bilder und Fresken zeigten bereits den falschen Mann – wie auch das urkomische Bild im Goslarer Kaiserhaus, auf dem Barbarossa im Kyffhäuser erwacht und sich freut, weil Deutschland vereinigt wird. Man unternahm auch nach dem dritten Kreuzzug Feldzüge ins Heilige Land sowie nach Ägypten – in dem irrigen Glauben, das sei, warum auch immer, leichter, und obwohl das Land im Leben Jesu ja nur kurz vorkommt. Die Kreuzfahrer verloren ihren letzten Stützpunkt 1291, aber da gab es schon längst keine echten Hoffnungen oder Visionen mehr. Aufgeflammt waren die noch einmal, als die Mongolen 1258 im heutigen Irak eingefallen waren und ein aufgeregtes Grüpplein Abgesandter in der Hoffnung auf ein christlich-mongolisches Bündnis gegen den Islam den Großkhan besuchte. (Leider ein fruchtloser Gang, wie wir noch sehen werden.)

Ich müsste schon ein Herz aus Stein haben, wenn ich von den Kreuzzügen reden würde, ohne den Grafen von Gleichen zu erwähnen. Dieser untadelige thüringische Rittersmann ließ sich auf seiner prächtigen Grabplatte im Dom zu Erfurt mit seiner Gemahlin zur einen und seiner Mutter zur anderen Seite verewigen. Irgendwann – schwer zu sagen, wann genau – entstand daraus die Mär, er sei ein Bigamist. Daraus wiederum entstand die Legende, dass er im Heiligen Land in sarazenische Sklaverei geraten, aber von einer wunderschönen muselmanischen Jungfrau errettet worden sei, die er heiratete und mit zurück auf seine thüringische Burg brachte. Nachdem er mit der Gräfin, die jahrelang getreulich auf ihn gewartet hatte, ein paar Fragen aufgearbeitet hatte, wurde er vom Papst aus seinem Dilemma gerettet, der ihm Dispens gab, mit beiden verheiratet zu bleiben.

Die Story hat mehrere krasse Schwachstellen, doch der einfallsreiche Subtext (oder auch nur Text) – mit den Schlagworten »drei in einem Bett, mittelalterliche Flügelhaube, Kettenhemd und Sultansharem« – machte sie unsterblich. Das darauf basierende, in Thüringen aufgeführte Musical reizt dieses durchaus reißerische Potential allerdings nicht ganz aus.

Erfurt ist eine sehr schöne Stadt, in der aber eigentlich nie viel los war. Vor seinen atemberaubenden großen Kirchen liegt ein herrlicher offener Platz (durch Zufall entstanden, als ein Haufen Häuser abbrannte), auf dem Kaiser Napoleon I. und Zar Alexander I. sich trafen, doch ansonsten ist die Stadt reichlich verschlafen. Das war Ende des neunzehnten Jahrhunderts eine prima Herausforderung für den üblichen Künstler, der den üblichen Auftrag für die üblichen Fresken im Treppenhaus des neogotischen Rathauses aus der Bismarckzeit bekam. Er malte ausschließlich fiktive Ereignisse: ein paar Szenen aus dem *Tannhäuser*, dem Sängerkrieg auf der ganz in der Nähe gelegenen Wartburg, und den wunderbaren und legendären Augenblick, als der Doktor Faustus Erfurter Studenten in Erstaunen versetzt und den Riesen Polyphem im Hörsaal auftreten lässt. Das Prunkstück allerdings ist das Fresko mit dem Glückspilz Graf Gleichen, der völlig hin und weg vor einem Altar kniet und Gott für seine sichere Heimkehr dankt. Insgesamt war der Stoff zu heiß für den Maler Eduard Kämpffer, doch er gab der Story noch mal einen kühnen Dreh, indem er die beiden Gattinnen zu beiden Seiten des ins Gebet versunkenen Ernst knien und sich mit einer gewissen Erregung beäugen lässt. Es lebt sich gewiss gut in Erfurt; wer Lust hat, kann rasch mit einer Ausrede ins Rathaus laufen, um Parkknöllchen zu bezahlen oder sich nach Zuschüssen zur Isolierung von Dachausbauten zu erkundigen und sich bei der Gelegenheit noch einmal daran erinnern lassen, in welcher häuslichen Idylle der fromme Graf lebte.

Vorstoß gen Osten

Obwohl die Idee der Kreuzzüge und die Kreuzzüge selbst solch groteske Seiten hatten, gehörten sie doch bald fest zum weltanschaulichen Repertoire der Deutschen hinsichtlich der weiter zu verschiebenden deutsch-heidnischen Grenzen. Auch für Spanien war die Verfolgung der Kreuzzugsidee in den nächsten vier Jahrhunderten äußerst gewinnbringend. Deutsche Kreuzfahrer zogen weiterhin ins Heilige Land und unterstützten einen wichtigen militärischen Orden dort, den Deutschen Ritterorden, dessen große Leistung und nachhaltiger, höchst umstrittener Beitrag zu Deutschlands Geschichte freilich nicht im Nahen Osten, sondern später in Mitteleuropa lag.

Schon bei dem Namen »Deutscher Ritterorden« sehe ich Bilder von Ritterspielen mit entsprechendem Gepränge vor mir, einen voll aufgetakelten Hochmeister mit rotem Rauschebart, der, während er sich an einem pubertären Novizen delektiert, zwischen gotteslästerlichen Flüchen einen kräftigen Schluck Wein aus einem juwelengeschmückten Kelch nimmt und sein Tun nur unterbricht, wenn ein unbedarftes Priesterlein die Beichte bei ihm ablegen will. Diese Vorstellung von den gern und gewaltig über die Stränge schlagenden Deutschordensrittern speist sich natürlich auch teilweise aus Bildern des zwanzigsten Jahrhunderts – eine späte Form ihres Kreuzes wurde von Schinkel zum Eisernen Kreuz variiert und fand in der nazideutschen Wehrmacht Verwendung, ihr Preußentum sollte das deutsche Kampfethos beflügeln, und angeblich waren sie sogar auf nebulöse Weise Vorläufer der wilhelminischen und nationalsozialistischen Soldaten. Der düstere Mythos von den Rittern spielt auch in Eisensteins antideutschem Filmepos *Alexander Newski* eine zentrale Rolle; da werfen die mittelalterlichen Ritter in ewig gespenstischen Kostümen zu Prokofjews unschlagbarer Musik russische Kleinkinder ins Feuer, und ein Bischof lächelt wohlwollend.

Ich empfinde es nicht unbedingt als meine Aufgabe, den Ruf der Deutschordensritter zu verteidigen, aber dass ihre Gewaltbereitschaft weit von den allgemein üblichen Verhaltensnormen der gesamten Periode entfernt ist, würde ich nicht behaupten. Ihre Hinterlassenschaften sind schauerlich – die riesigen Backsteinfesten an der Ostsee und die undefinierbar sinistre Ausstrahlung ihrer Wappenschilde, die von Marburg bis Riga zu finden sind. Über fast zwei Jahrhunderte hinweg wirkten sie im Namen deutscher Herrschaft, wenn auch zu einer Zeit, als die Einheit des Reichs schon längst zerbrochen war und sie ihre Lande wie unabhängige Herrscher regierten. Sie brachten die Eroberung großer Gebiete im Nordosten Deutschlands zu einem Abschluss – der Territorien, aus denen Ostpreußen und die baltischen Staaten entstanden. Sie schlugen die neutralen Stämme, die es zwischen dem Reich auf der einen und dem imposanten, ausgedehnten christlichen Polen und dem heidnischen Litauen auf der anderen Seite noch gab, und legten damit den Grundstein für Verhältnisse, deren Problematik Europa noch für Jahrhunderte begleiten sollte.

Die verschiedenen Aspekte des Deutschordensrittertums scheinen sich im hessischen Marburg zu bündeln – einem Ort von fast lächerlicher Schönheit, dessen Altstadt aussieht wie die Kulisse für einen tschechischen Märchenfilm. Nachdem die selbstzerstörerisch strenge junge Witwe Elisabeth von Thüringen im Jahr 1231 in Marburg dahingeschieden war, wurden die Deutschordensritter von Kaiser Friedrich II. beauftragt, eine Kirche über ihrem Grab zu erbauen. Elisabeth hatte mit ihrer vorbildlichen, aufopferungsvollen Arbeit für die Armen und Kranken tiefen Eindruck auf ihre Zeitgenossen gemacht, erst recht, als sie mit erst vierundzwanzig Jahren vor lauter bußfertigem Tun an Erschöpfung starb. Friedrich II. begründete den Kult um sie in einer Zeremonie feierlicher Hysterie, als er höchstpersönlich eine goldene Krone auf den Kopf des Leichnams setzte; es war einer der Höhepunkte seiner Regierungszeit. Die Wallfahrten zu Elisabeths Grabmal waren sehr populär, und um die wunderschöne frühgotische Kirche, die die Ordensritter für sie erbauten, entstand die Stadt Marburg. Erstaunlicherweise ließen die hessischen Landgrafen nach der Reformation das Innere der Wallfahrtskirche nicht zerstören, sondern nur die Pilger davonjagen. Aufgrund dieses bemerkenswerten, geradezu humanistischen Akts haben wir heute noch eine intakte Kirche mit vielen der schönen gestifteten Statuen und Altäre und außerdem Elisabeths goldenem Reliquienschrein. Die ehemaligen Wohn- und Wirkungsstätten der Ritter rings um die Kirche sind heute meist Universitätsgebäude, hier und da mit typischen, reizend gruseligen Erkertürmchen.

Besondere Beachtung verdienen unter den vielen eindrucksvollen Dingen in der Elisabethkirche die auf deutsche Art aufwendigen Schilde der Hochmeister, die in langen Reihen gespenstisch dastehen, und die Grabmäler der hessischen Landgrafen. Letztere sind kalte Steinmänner, die für sich genommen eine großartige Kollektion mittelalterlicher Kunst sind, obwohl sie so gleichmäßig ausgerichtet nebeneinander liegen wie in einem Lazarett (allerdings nicht gerade einem vorbildlich geführten, sind die Patienten doch alle in voller Rüstung und tot).

Überraschender ist die Tatsache, dass auch Paul von Hindenburg hier begraben ist, einer der Kriegsherren von 1914 bis 1918, der Preuße schlechthin, der beschränkte, unselige Präsident der Weimarer Republik, der Hitler widerstrebend die Macht übergab und dann starb.

Er wurde zum deutschen Nationalhelden, als er 1914 die russische Invasionsarmee in der Schlacht von Tannenberg schlug, die unter diesem Namen bekannt wurde, weil man sie als Revanche für die vernichtende Niederlage der Deutschordensritter gegen die polnisch-litauischen Heere 1410 ansah, mit der die deutsche Ostexpansion ein Ende gefunden hatte. Zur Erinnerung an die Schlacht errichtete man 1924 bis 1927 ein monumentales Denkmal und legte Hindenburg nebst Gattin dort nach dessen Tod 1934 in einer von Wagner inspirierten, pseudomittelalterlichen Nazi-Standardszene zu Grabe. In diesem heiklen Zusammentreffen von Liebe und Tod, das jede andere Regierung als komisch betrachtet hätte, verband man noch einmal ausdrücklich die beiden Schlachten bei Tannenberg, also die Deutschordensritter und das »Dritte Reich«. Als die Sowjets 1944 vorrückten, sprengte die SS das Tannenbergdenkmal und schaffte die Hindenburgs westwärts, damit weder Denkmal noch Leichname geschändet würden.

In diesen Monaten war überhaupt ein buntes Völkchen von Leichen unterwegs, darunter viele wichtige Hohenzollern, deren Nachfolger ihr Erbe so schlecht verwaltet hatten. Friedrich Wilhelm I., Friedrich der Große und Hindenburg landeten nach zögerlicher Zustimmung des US-amerikanischen Stadtkommandanten in Marburg.

Als nach 1989 die Luft wieder rein war, kamen die preußischen Könige, die zwischenzeitlich jahrzehntelang in der Burg Hohenzollern gelegen hatten, wieder nach Hause, aber Hindenburg scheint für immer in seinem versteckt liegenden, schummrigen Alkoven gleich beim Haupteingang der Elisabethkirche weggepackt zu bleiben. Das ostelbische Deutschland aber, das er verkörperte, gehört jetzt unabänderlich zu Polen, Deutsche sind so gut wie keine mehr dort, und niemals mehr wird mit Aplomb der Schlacht bei Tannenberg gedacht. Auf eisige, seltsame Weise passt es, dass nun ausgerechnet der, der die Landnahme der Deutschordensritter im Osten so perfekt zu verkörpern scheint, unter einer großen, schlichten Grabplatte gelandet ist, von den Wappenschilden von Ordensrittern umgeben, Hunderte von Kilometern von seinem Zuhause entfernt, und alle seine Visionen, so wie die der Ritter, endgültig ausgelöscht sind.

Drittes Kapitel

Von Mauern umgebene Städte
Überlegenheitskomplexe
Kurze Bemerkung zu politischen Strukturen
Deutsche Stämme
Hungersnot und Pest
Wo eine Million Diamanten funkeln

Miniatur aus dem 14. Jahrhundert: Die Wartburg unter Belagerung.

Von Mauern umgebene Städte

Heute findet man überall in Deutschland Spuren des Mittelalters, wenn sie auch oft geflickt oder malerisch wiedererschaffen worden sind. Schwaben oder das Rheintal zum Beispiel schaut man sich am besten vom unmittelalterlich komfortablen Zug aus an; da ziehen diese reichen, komplexen Welten aus Feldern, Wiesen und Weinbergen, befestigten Bauten, Pfarrkirchen und kleinen Burgen schon fast wie die Kulisse für ein mittelalterliches Historienspiel an einem vorbei, und die ganze chaotisch verlaufene politische und wirtschaftliche Geschichte Deutschlands liegt einem praktisch vor Augen. Viele Regionen sind nämlich manchmal zu Größe gelangt und dann in Bedeutungslosigkeit versunken und scheinen bis heute in einer Art vegetativem Zustand konserviert zu sein. Wenn in Städten der wirtschaftliche Elan derart erlahmte, dass man sich einfach nicht mehr aufraffen konnte, Stadtmauern und Wachtürme abzureißen oder einen Verteidigungsgraben aufzufüllen, blieben die eben intakt und wecken nun ebenso wie die übrig gebliebenen mächtigen kirchlichen Bauten viele Assoziationen, wenn auch nicht immer ganz klar ist, woran.

Ein Prachtbeispiel dafür liegt am von Fliegen umsummten Flüsschen Kocher südöstlich von Schwäbisch Hall. Wenn man durch diese typische schwäbische Landschaft wandert, in der sich viel Schönes drängt, erblickt man plötzlich einen imposanten Hügel, der von einer mittelalterlichen Feste wie aus einem Märchenbuch gekrönt wird: Das massige Kloster Großcomburg sitzt fest wie ein Saugnapf auf dem Gipfel, eine perfekte Anlage mit wunderschöner, von einem Turm gekrönter Kirche, alten Verwaltungsgebäuden und einer Mauer ringsherum. Das Kloster wurde im elften Jahrhundert von dem verkrüppelten frommen Grafen Burkhard II. für Adlige gestiftet und zeigt wieder einmal, dass man sich damals zwecks Überleben und Wohlergehen am besten einen geeigneten Berggipfel ergatterte – siehe Bamberg, Prag oder Salzburg (und natürlich Durham oder Assisi, um nur noch zwei von Tausenden einschlägiger Beispiele zu nennen). Offenbar kann man mittelalterliche Städte in zwei Kategorien einteilen – die auf Bergen und die an Flüssen (oder eben Mischformen wie Meißen und Prag). Ich war dermaßen besessen von Kloster Großcomburg, dass ich, wann immer ich in der Gegend war, unter den fadenscheinigsten Gründen noch einmal zum Fluss hinunterging und es anschaute oder mir zwecks einer weiteren visuellen Dröhnung den Hals am Zugfenster verrenkte.

Kloster Großcomburg illustriert auf irritierende Weise, wie wenig Konkretes wir über das Mittelalter wissen; das schönste Gebäude des Ensembles, ein kompaktes romanisches Wunderwerk, gibt keinerlei Auskunft über seinen Zweck. War es eine ganz besondere Kapelle, ein Reliquiar, eine Bibliothek? Dieses Kleinod, auf das ja offensichtlich ungeheure Sorgfalt und Überlegungen verwandt worden sind, wird wohl für immer rätselhaft bleiben.

Die Stadtmauern um deutsche Städte, die bis ins neunzehnte Jahrhundert noch oft massiv ausgeweitet und verstärkt wurden, bezeichneten die Grenzen der Stadt, sie schützten sie, teilten aber auch fein säuberlich ein, wer dazugehörte und wer nicht. Und man brauchte viele, viele Soldaten, um sie zu bemannen. In einer Welt, in der es noch nicht so viele Menschen gab und die, die es gab, eher eifrig damit beschäftigt waren, Pferde zu beschlagen, Kohl einzulegen oder Kleider zu schneidern, bereitete es immer Kopfzerbrechen, bewaffnete Truppen zu rekrutieren, ob als Söldner oder als Einheiten der Stadt, weil man ja unweigerlich die Zahl der Schmiede und Sauerkrauteinleger reduzierte. Aber im Mittelalter (und bis zum siebzehnten Jahrhundert) waren städtische Gemeinwesen für ihr eigenes Schicksal verantwortlich. Generationenlang mochte nichts passieren, doch wenn ein Krieg ausbrach, war die Katastrophe für Städte, die ihre Mauern nicht gewartet oder ausgebaut oder nicht die allerneueste Ausrüstung im Zeughaus gelagert hatten, vorprogrammiert.

Die meisten Stadtmauern wurden irgendwann abgetragen – in

Wien gestaltete man die freigewordenen Flächen mit der Anlage des Rings am spektakulärsten um, in Städten wie Trier oder Münster, mit einer sehr viel schwächeren Wirtschaft, wurden sie nur in baumgesäumte Spazierwege verwandelt. Doch wenn eine Stadt gar nichts mehr auf die Reihe kriegte, wie das in Mühlhausen der Fall war, blieb die Stadtmauer stehen, und man kann heute noch auf ihren Zinnen von einem Turm zum anderen wandeln. In Zeiten der Bedrängnis verstärkte man die Stadtmauern mit Gräben, Stacheln, Wassergräben und Bastionen. Drohte eine Belagerung, wurden alle Häuser und Bäume in dem Bereich außerhalb der Mauern zerstört und die Trümmer und das Bauholz in die Stadt gebracht. Doch auch dann stand man noch vor der Frage, wie man all die Verteidigungsposten besetzen sollte – selbst wenn die Einwohnerschaft angestiegen sein mochte durch vor Angst schlotternde Landbewohner aus der Umgebung, die herbeiströmten und alle Nahrungsmittelvorräte auffutterten. Wie lange würde man überhaupt standhalten, bis eine Entsatzarmee die Stadt befreite und die Belagerer davonjagte?

Bis mindestens zum Dreißigjährigen Krieg müssen die Stadtväter manch nervenzermürbende Klausurtagung anberaumt haben. Das Problem der Bündnistreue war bei rivalisierenden Kaisern oder streitsüchtigen lokalen Herzögen beinahe unüberwindbar. Der Job der in schicken Rathäusern zusammenhockenden Stadtväter war es, den Besitz ihrer Mitbürger und ihren eigenen zu schützen. Aber erreichte man das am einfachsten dadurch, dass man eine Belagerung vermied, sich ergab und gute Bedingungen herausschlug? Oder lief man Gefahr, wenn ein Jahr später der Kaiser vorbeikam, wegen Hochverrats vor eben jenem schicken Rathaus mit rotglühenden Zangen in Stücke gerissen zu werden? Und würden, wenn man die Stadttore schloss und eine Belagerung riskierte, alle Leute erst halb verhungern und dann am Ende trotzdem massakriert? Oder würde genau das als heroischer Akt gesehen, der sogar die entscheidende Wende brachte, auch weil die Bedrohung am Ende dann doch nicht so groß war? Als im sechzehnten Jahrhundert auch noch religiöse Streitfragen ins Spiel kamen, wurden diese Entscheidungen sogar noch komplizierter. War es in einer Ära, in der gelegentliches exemplarisches Abschlachten und Abgeschlachtetwerden ohnehin an der Tagesordnung waren, besser, im Kampf für den Glauben unterzugehen, oder stand doch schon eine Armee mit weihrauchschwenkenden Bischöfen gleich hinterm Horizont? Wenn man auf einem der Türme von Mühlhausen oder oben auf dem Wehrgang von Großcomburg steht, kann man Einsamkeit und Verzagtheit der Wächter leicht nachvollziehen, auch wenn man sich selbst mit einer Flasche Sprite Mut angetrunken hat.

Bau und Erhalt von Kirchen und Stadtmauern waren Hauptaufgaben der Stadtpolitik. Die Kirchen waren eminent wichtig bei der Verteidigung – die bösen Absichten herannahender Reiterheere unterlief man am besten, wenn man sie möglichst frühzeitig von oben auf dem Turm erspähte und mit den Kirchenglocken Alarm läutete, die man auch noch zwanzig Kilometer entfernt hören konnte. In Wittenberg und einem halben Dutzend anderer Städte kann man die häufig in die Kirchtürme in schwindelerregender Höhe eingemauerten Festungstürme mit den Plattformen noch besteigen, wo die armen Wachtposten sicher immer zwischen Langeweile und Panik schwankten.

Die Stadtmauern sollten aber nicht nur Feinde heraushalten, sondern vor allem auch die Stadtbewohner einschließen. Jeden Abend rief der Nachtwächter die Sperrstunde aus, und die Tore wurden geschlossen – nur bestimmte Personen hatten überhaupt Wohnrecht innerhalb der Mauern. Und wie gesagt, war ihre Bewachung gewiss kein angenehmer Job. Als einsamer Wachtposten musste man sich womöglich umbringen lassen, aber dabei so viel Krach machen, dass die Kollegen alle wach wurden.

Langeweile und Gefahr, mit denen die Wachen zu kämpfen hatten, sind gleich zu Beginn von *Hamlet* perfekt eingefangen, aber diese Wachen hatten zumindest Glück, weil sie etwas Interessantes erblickten. In Dino Buzzatis Roman *Die Tatarenwüste* aus dem Jahre 1940 leistet der Protagonist in einer immer spärlicher bemannten Festung den ganzen Roman hindurch sinnlosen Wachturmdienst und bleibt am Ende als einziger Posten übrig. Als er alt und klapprig ist, kündigt sich endlich, endlich, weit hinten am Horizont, mit einer ungeheuren Staubwolke das Herannahen der lang verheißenen Invasoren an.

Überlegenheitskomplexe

Diese ungeheure Staubwolke verkündete in Deutschland 1241 die Ankunft der mongolischen Horden. Man kann gar nicht oft genug betonen, wie lächerlich winzig Europa und natürlich auch die Christenheit als Ganzes damals noch waren. Die Städte waren im Vergleich zu den asiatischen und sogar den mittel- und südamerikanischen, von denen man noch nichts ahnte, sehr klein. Europa selbst belegte eine kleine Ecke Eurasiens, seine vorgeschobenen Verteidigungslinien im Nahen Osten waren kaum noch existent, große Teile Spaniens in muslimischer Hand und der Mittelmeerraum von islamischen Seefahrern beherrscht, und es bestand eigentlich keinerlei Grund zu der Annahme, dass Gebiete mit christlicher Kultur überhaupt überleben sollten.

Und dennoch besaß zum Beispiel die deutsche Kultur in der ersten Hälfte des dreizehnten Jahrhunderts eine Selbstgewissheit und einen Glanz, die sie auch heute noch ausstrahlt. Magdeburgs riesengroßer, altersgegerbter Dom ist und bleibt eines der großen Symbole christlicher Ostkolonisation und Vermessenheit. Nachdem ein Vorgängerbau samt Kaiserpfalz 1209 einem Brand zum Opfer gefallen war, begann man mit der Arbeit an einem ehrgeizigen Neubau. Die Fertigstellung des Doms in seiner heutigen Gestalt dauerte viele Jahre; er überstand aus unerfindlichen Gründen die Auslöschung Magdeburgs im Dreißigjährigen Krieg, wurde von Napoleon als Stall benutzt und 1945 verheerend beschädigt. Doch trotz oder vielleicht sogar wegen dieser Schicksalsschläge wirkt er wie ein Überlebender einer unendlich weit zurückliegenden Zeit, in der er das Zentrum des ausgedehnten Erzbistums Magdeburg war, dem sowohl eine militärische wie auch eine Missionsaufgabe oblag. Der Dom war der steinerne Ausdruck der ungeheuren Entschlossenheit der Christen, die heidnischen Stämme im Osten zu bekehren oder zu vernichten; sozusagen eine hochmittelalterliche religiöse Version des Pentagons. Was er für einen Eindruck auf die heidnischen Slawen in den schlichten, kleinen Siedlungen gemacht hat, mag man sich gar nicht vorstellen – allein durch seine Größe wirkte er wahrscheinlich, als sei er kaum von Menschenhand geschaffen.

Heute beschränkt sich die mittelalterliche Atmosphäre in Magdeburg weitgehend auf den Dom selbst und ein, zwei arg ramponierte Klosterstätten; ansonsten sieht man kilometerweit sozialistische Betonmietsblöcke. Als ich direkt nach der Wiedervereinigung zum ersten Mal in Deutschland war, nahm ich immer eine Abkürzung zum Dom, die durch eine schrecklich nasskalte und trostlose Gasse führte. Dass sich eben dort ein Laden befand, der von einer Bärenfellmütze tragenden Schaufensterpuppe in Uniform bewacht wurde und »Teatime Treats: British Food and More« feilbot, gehört für mich zu den verwirrenderen Aspekten der neuen Bundesrepublik. Aber unverbesserliche alte Nationalisten und Kommunisten würden das so grauenhaft finden, dass man schon die bloße Existenz des Ladens feiern muss, einerlei, wie peinlich und schräg er ist.

Wenn Magdeburg das entschlossene Grenzgesicht des dreizehnten Jahrhunderts ist, dann ist Bamberg das liebenswürdige Gesicht der deutschen Kultur und Zivilisation. Natürlich ist die Stadt über viele Jahrhunderte erwachsen geworden, hat sich verändert und entwickelt und sieht nicht mehr so aus wie früher, aber sie hat ihre ursprüngliche Anlage beibehalten: ein großes sakrales Gebäude auf jedem Hügel, ein Klosterspital, einen Dom, eine Bischofsresidenz und dazwischen eng gedrängt die Häuser mit den roten Dächern. Der Dom, eindeutig eine Hommage an die früher errichteten Kaiserdome am Rhein, hat merkwürdigerweise ebenfalls einen Chor an beiden Enden und an allen vier Ecken einen Turm. Abgesehen von der ihn umgebenden Atmosphäre, die so wunderbar ist, dass man das Gesicht vor Dankbarkeit an das Mauerwerk schmiegen möchte (na, vielleicht lieber nicht), kann man drinnen den Bamberger Reiter bestaunen, das erste lebensgroße Reiterstandbild made in Europe seit dem Untergang des Römischen Reiches. Es stammt aus der Zeit um 1230, und niemand weiß, wen es eigentlich darstellt. Mir wiederum gefällt es gerade darum so gut. Der Mann – egal, wer er war – muss extrem bedeutend gewesen sein, aber im Lauf der Geschichte wurde er – viel eindrucksvoller – zum zeitlosen Sinnbild für die Vergeblichkeit allen menschlichen Strebens. Dass er bei Nationalisten und Nazis hervorragend ankam, braucht man sicher nicht zu betonen, angeblich verweist er auf den rein deutschen Ursprung der Renaissancekunst. Derart missbraucht, hat er schlimme Zeiten durchgemacht, doch seine Größe und Eigentümlichkeit zusammen mit diversen anderen herrlichen Plastiken (Teufeln, die Verdammte in die Hölle schleppen, kunstvoll gearbeiteten Grabmälern, allegorischen Figuren der Kirche und der Synagoge, sie mit verbundenen Augen) bilden das Herzstück einer Stadt, in der man noch pures Mittelalter atmet. Über ein munteres Flüsschen führt eine Brücke, das Rathaus ist über und über mit allegorischen Szenen bemalt, die Gasthäuser sind alt und urig (ihrer Anzahl nach zu schließen, ist der Bierkonsum pro Kopf hier offenbar höher als in irgendeiner anderen Stadt der Welt) und die Klostergärten wunderschön.

Bei einem Aufenthalt in Bamberg stand ich einmal ehrfürchtig vor E. T. A. Hoffmanns altem Haus und gab mich illusorischen Überlegungen hin, wie meine Familie und ich dorthin ziehen könnten, obwohl wir weder über geeignete Qualifikationen noch Kenntnisse der deutschen Sprache verfügten. Vielleicht konnte ich neuer Pächter des Schafskopfs werden, mir einen prächtigen Schnauzbart wachsen lassen und, angelegentlich den Tresen mit einem Lappen abwischend und hochkonzentriert die Stirn runzelnd, den Spott und die Flüche der stinksauren Gäste ignorieren, wenn ich partout mal wieder ihre Bestellungen nicht verstand. Es würde extrem nach angebranntem

Sauerkraut riechen, meine Frau würde vermutlich wenig hilfreiche sarkastische Bemerkungen machen, und unsere Kinder würden schluchzend in ihrem Teller mit knusprig gebratenem Schäuferla stochern. Wir wären eine regennasse und frierende, dennoch ebenso spinnerte Version der vom Pech verfolgen amerikanischen Familie aus der *Moskito-Küste* von Paul Theroux.

Die deutsche Besiedlung im Osten war im dreizehnten Jahrhundert stramm weitergegangen. Armeen, Mönche und Siedler fraßen sich durch das heutige Brandenburg, Sachsen und Pommern und festigten früher eroberte Enklaven. Es erwies sich, dass die Herren über größere Territorien unmöglich von einer zentralen Macht zu kontrollieren waren, und zahlreiche berühmte Gestalten wie Albrecht der Bär in Brandenburg und Heinrich der Löwe in Sachsen blieben mehr oder weniger unabhängig. Gerade denen kam es auch sehr zupass, wenn die Kaiser lieber in Italien lebten, auf Kreuzzug gingen oder aus verschiedensten Gründen untauglich wurden – wenn sie auch nur einmal in ihrer Wachsamkeit nachließen, besetzten Herzöge fröhlich feixend das Vakuum.

Während die Deutschordensritter ihre Macht weiter an der Ostseeküste entlang ausdehnten, Städte wie Danzig (Gdańsk), Riga und Reval (Tallinn) und ihre Herrschaft im später so genannten Ostpreußen begründeten, konsolidierte sich im dreizehnten Jahrhundert eindeutig so etwas wie ein »Deutschtum«. Zahlreiche Stämme – Sorben, Lausitzer, Pommern und viele andere – waren untergepflügt und germanisiert worden, doch ein derart erbarmungsloses Vorgehen war bei besser organisierten Gegnern nicht mehr möglich. Auch die, aus denen einmal die Polen, Tschechen und Ungarn werden sollten, setzten sich immer besser gegen deutsches Vordringen zur Wehr – teils, weil sie selbst zahlreicher wurden, und teils, eben weil man sie so bedrohte. Unter anderem waren sie so schlau, den christlichen Glauben anzunehmen. Gruppen von Deutschen zogen nun auch auf Einladung bestimmter Herrscher auf eigene Kappe (und später unter den Fittichen des Habsburgerreichs) weiter nach Mitteleuropa, doch die deutschsprachigen Länder waren in ihrer Form weitgehend fixiert. Und das sollte auch grob so bleiben, bis all die späten Nachfahren dieser Siedlergemeinden in der hausgemachten deutschen Katastrophe in den 1940ern entweder ihr Leben verloren oder vertrieben wurden.

Der Mongoleneinfall in den 1240er Jahren drohte den Zug nach Osten zu beenden – ja, die Mongolen drohten die europäische Christenheit insgesamt auszulöschen. Über ihren bizarren Überlegenheitskomplex kann man heute leicht lachen. Die Abgesandten der Kreuzfahrer, die ein Bündnis gegen die Muslime mit ihnen schließen wollten, waren entsetzt, als sie merkten, dass ihre Gesprächspartner überhaupt nicht verstanden, was sie mit dem Wort »Verbündeter« meinten, sondern immer nur von »Sklaven-Untertanen« sprachen. Auf den ersten Blick hätten diese seltsamen, stadtlosen Reiterhorden eigentlich keine Gefahr für die sesshaften, organisierten städtischen Händler und Soldaten darstellen sollen. Doch als die Mongolen sich Europa widmeten, hatten sie schon China überrannt – eine viel dichtere, höhere Zivilisation als die europäische, falls man dergleichen überhaupt beurteilen kann –, hatten die mächtigen Staaten Zentralasiens kurz und klein geschlagen, dazu Russland unterjocht (von Tarkowski in *Andrej Rubljow* brillant in Szene gesetzt), und Gruppen mongolischer Abstammung sollten in den folgenden beiden Jahrhunderten noch Indien, den Iran und das Osmanische Reich erstürmen und in ganz Eurasien menschenleere, abgebrannte Städte, Pyramiden menschlicher Schädel und adlige Herren hinterlassen, die unter mongolischen Festtafeln langsam zu Tode gequetscht worden waren.

Hätte also auch Europa ausgelöscht werden können? Wenn man bedenkt, wie virulent die Krise war, ist es merkwürdig – und seinerseits ein interessantes Beispiel für den europäischen Überlegenheitskomplex –, dass heute kaum noch jemandem klar ist, wie dicht Europa vor dem Untergang stand. Schließlich blieb Russland jahrhundertelang unter mongolischer Herrschaft, womit es auf einen drastisch anderen Weg geriet als das übrige Europa – und hier liegt auch der Ursprung endloser, lähmender, bis heute andauernder, doch letztlich fruchtloser Debatten, in denen für alles Bedauerliche an Russland sein »asiatisches« Erbe verantwortlich gemacht wird. Europas gesamte politische und kulturelle Geschichte hätte von 1241 an ebenso »asiatisch« verlaufen können, denn da fielen besorgniserregend große Massen an Mongolen in Polen und Ungarn ein. In der Schlacht von Liegnitz wurde ein Heer aus Polen, Schlesiern und Deutschordensrittern von Subutai und seiner Blauen Horde vernichtend geschlagen, und von den in Gefangenschaft abgeführten Überlebenden hörte man nie wieder. Das Königreich Ungarn bot alle seine Ressourcen gegen das im Süden vorstoßende Mongolenheer auf, und wieder endete das Ganze in einer blutigen Niederlage. Kein Wunder, dass in der gesamten christlichen Welt Panik herrschte; zu wild waren die durchsickernden Gerüchte darüber, was die Mongolen mit Leuten machten, die ihnen in die Quere kamen. Subutai hatte ein schutzloses Europa vor sich, weil es seiner Schlachttaktik nicht gewachsen war: Bevor die schwere Reiterei die Waffen anlegen konnte, hatten die wendigen mongolischen Reiter-Bogenschützen sie schon niedergemäht. Subutais Heere besetzten also Ungarn, preschten dann nach Österreich vor, und als sie Wiener Neustadt erreichten, war es nach Bayern oder Norditalien auch nicht mehr weit. Doch da kam Europa eine irre Schicksalswende zu Hilfe. Der Großkhan Ögedei starb in Karakorum, und die führenden Generäle zogen aus Eurasien ab! Ungarn blieb zwar noch ein paar Jahre lang unter mongolischer Oberherrschaft, doch die Invasoren kehrten nie mehr zurück. Warum, werden wir nie erfahren. Eine raffinierte, plausible These ist, dass Europa für die Mongolen ziemlich marginal und langweilig war – selbst die ungarischen Steppen, eigentlich ideal für ihre simplen Bedürfnisse, waren ein Klacks gegenüber dem Besitz Nordasiens. Und natürlich machte es viel mehr Spaß, Orte mit einem größeren Glamourfaktor als Wiener Neustadt zu plündern. Zum Beispiel Bagdad. Vielleicht wären sie bei weiterem Vorstoß in Europa durch die schiere Dichte ummauerter Städte aufgehalten worden, aber es freut einen doch, dass sie niemals die Probe aufs Exempel machten.

Kurze Bemerkung zu politischen Strukturen

Die pure geografische Ausdehnung des römisch-deutschen Reichs und die heftig konfligierenden Bedürfnisse verhinderten stets eine starke einheitliche Struktur. Selbst die dynamischsten und fähigsten Herrscher verschlissen sich auf ihren ständigen Reisen, die notwendig waren, um die Regionalherren in Schach zu halten, und als mit Wien so etwas wie eine Hauptstadt entstand, bedeutete das nur, dass sie eine lokale Machtbasis für die Familie der Habsburger bot. Die Erledigung kaiserlicher Aufgaben verteilte sich über ganz Deutschland, zum Beispiel auf Wetzlar, Frankfurt und Regensburg; andere Städte wie Schwäbisch Hall hatten Münzprägestätten. Die Reichsgrenzen waren von denen auf modernen Landkarten sehr verschieden, denn zu den allerwichtigsten Städten gehörten solch »undeutsche« wie Brüssel, Dijon und Mailand. Die Vision dahinter (und der Wunsch nach einem Kaiser und nicht König an der Spitze) speiste sich, wie schon erörtert, aus der selbstbewussten Annahme, dass Karl der Große und seine Nachfolger die wahren Erben des Westreichs von Konstantin dem Großen waren.

Das Heilige Römische Reich war allerdings deshalb auch immer ein »work in progress« – um das antike Imperium Romanum, mit dem es sich ja legitimierte, wirklich zu kopieren, hätte es Länder wie Frankreich, England, Süditalien und Spanien umfassen sollen (bisweilen bedrohte oder schluckte es sie auch, weil persönlich vererbt). Heute kommt einem das alles ein bisschen meschugge vor, denn was für eine gewaltige Lücke klafft doch zwischen dem Zusammenbruch des Weströmischen Reichs und der Zeit, als Karl der Große ein paar der Scherben aufklaubte. Aber die Herrscher des Reichs meinten es vollkommen ernst, schufen sie damit doch eine entscheidende Verbindung zu Rom und zum Papst, der seinen Supremat über alle anderen Bischöfe ja auch auf sein Erbe des Imperium Romanum gründete – was nicht weniger windig war und mittels solch gar nicht mehr lustiger Fälschungen wie der Konstantinischen Schenkung belegt wurde. Die verheerenden Konflikte zwischen den salischen Kaisern und den Päpsten im elften Jahrhundert, Grund für so viel Gewalt und Bürgerkrieg im Reich, entsprangen schließlich der Einbildung, dass beide Oberhäupter – das weltliche wie das geistliche – Erben einer höheren göttlichen Macht waren. Leute wie die Könige von England oder Frankreich sah man hingegen als niedriger stehend an. Dass diese Könige immer reicher und stärker wurden (und natürlich auch ihre eigenen Dominanzfantasien in Beziehung zueinander und zum Reich entwickelten), wurde als lästiges, vorübergehendes Ärgernis und nicht als Tatsache angesehen, die der Kaiser endlich einmal anerkennen und ernst nehmen sollte. Der Kaiser stand auch in der Hierarchie immer viele Stufen höher als selbst seine mächtigsten Untertanen im Reich.

Das Heilige Römische Reich war derartig dezentral in seinen Strukturen, dass seine Herrscher kaum etwas dagegen unternehmen konnten. In Deutschland waren große Teile in den Händen mehr oder weniger unabhängiger Markgrafen, die mit ihren Anhängern beachtliche Staaten gründeten und je nach den Zeitläuften den Kaiser achteten und mit ihm in allen möglichen militärischen und später religiösen Angelegenheiten zusammenarbeiteten. Doch die Achtung gründete sich darauf, dass der Kaiser ihnen ein bestimmtes Maß an Freiheit gewährte, die man in England der regionalen Aristokratie bis zum Ende des fünfzehnten Jahrhunderts schon gründlich ausgetrieben hatte. Weiterhin regierten Bischöfe bedeutende Territorien, vor allem in der sogenannten rheinischen Pfaffengasse Köln, Mainz und Trier, und hatten ihre eigenen Einnahmen und Truppen. Außerdem bekamen verschiedene Städte Privilegien und wurden reichsunmittelbar. Was wiederum einen Machtzuwachs für den Kaiser mit sich brachte; die Adelsherren, deren Gebiete häufig um diese Städte herum lagen, wehrten sich denn auch mit Händen und Füßen dagegen. Der Status der reichsunmittelbaren Stadt führte überall in Deutschland zu Miniaturrepubliken, von stolzen Städten wie Lübeck, Frankfurt, Nürnberg und Ulm bis zu viel kleineren wie Esslingen und Mühlhausen. Der riesige Reichsadler in einem Fenster des Ulmer Münsters weist auf diese lokale Autonomie hin – und vielleicht wirkte er ja auch als Glücksbringer bei der Abwehr übergriffiger Potentaten aus der Nachbarschaft. Letztendlich blühten und gediehen diese halb unabhängigen Städte hinter ihren Mauern in dem behaglichen Wissen, dass ihr Herrscher in Österreich residierte, dort genug mit den Türken zu tun hatte und sie wahrscheinlich kaum behelligen würde. Da feudale Territorien nicht selten bei Erbstreitigkeiten aufgesplittert wurden, entstand ein Kuddelmuddel aus rivalisierenden Ansprüchen, die im Reich geregelt wurden, das, wenn auch noch einzelne Burgen im Besitz von »freien Reichsrittern« ins Spiel kamen, bald aus hunderten separater politischer Fragmente bestand. Es gibt eine herrliche CD-ROM zum Erscheinungsbild des Heiligen Römischen Reiches vor Napoleon, und jedem, der mit einer Londoner oder Pariser Einheitsstaatsmentalität aufgewachsen ist, wird, wenn er sich die voluminösen, bunt bemalten Karten auf dem Computerbildschirm anschaut, übel wie beim Autofahren. Gegenden wie Schwaben (das aus unendlich vielen Winzterritorien hartnäckig unabhängiger Reichsritter und -städte bestand) sind ein Sammelsurium aus klitzekleinen, fantastisch unter-unterteilten und beinahe bedeutungslosen Fragmenten, die aber alle ihre eigene komplexe Geschichte haben. Eine Reise durch Deutschland verlief über unzählige Grenzen, und mit dem Schiff den Rhein hinaufzuschippern war vollkommen absurd, so viele Adelsfamilien und Städte, die zufälligerweise ein Stückchen Flussufer besaßen, durften Wegezölle erheben. Einmal betrachtete ich verzweifelt die schiere Irrationalität einer Karte der harmlosen kleinen Markgrafschaft Ansbach (im Ansbacher Museum, einem der fadsten in Deutschland): Selbst dieser Zwergstaat nannte aus geheimnisumwobenen Gründen ein paar Wiesen und Felder in seinen Nachbarstaaten oder hier und dort besondere Zollrechte sein Eigen.

Die Herzöge von Württemberg besaßen ein Territorium, das wie das Bild eines grauenhaften Unfalls anmutet – Landfetzen im gesamten Südwesten, die meisten fast wertlos und viele in Händen lokaler Größen, die ganz unschuldig gern alle Bemühungen der Herzöge vereitelten, mit dem Erbe etwas steuerlich oder geografisch Sinnvolles anzustellen. Die Herzöge ihrerseits hielten mit allen erdenklichen Mitteln an einer Handvoll Exklaven fest, die sie in Frankreich geerbt hatten und die aus nicht mehr als einer Schweineherde und einer zusammengesackten Kirche bestanden, aber von großem strategischem Interesse für ihren bedrängten und gedemütigten Hof waren, der sich ständig in steuerlichen Nöten befand.

Natürlich hatten die mächtigen Staatengebilde und nicht die buntschillernden Kleinstterritorien im Heiligen Römischen Reich das Sagen. Mit der Verabschiedung der Goldenen Bulle unter Kaiser Karl IV. im Jahr 1356 bekam das Reich eine Art Verfassung, die festschrieb, was nie anders gewesen war, dass der Posten des Kaisers ein Wahlposten war, wenn auch mit einem zahlenmäßig ernstlich beschränkten Wahlvolk: sieben Individuen, die alle über bedeutende Territorien verfügten. Im Einzelnen waren das drei geistliche Kurfürsten – der Erzbischof von Mainz (Kanzler für die deutschen Angelegenheiten), der von Trier (für Gallien und Burgund) und der Kölner (Kanzler für Italien) – und vier weltliche – der König von Böhmen, der Pfalzgraf bei Rhein (Herrscher eines verstreuten Häufleins reicher Territorien um Heidelberg), der Herzog von Sachsen und der Markgraf von Brandenburg. Diese Besetzung änderte sich ein paar Mal, der eine ging, der andere kam; die feierliche Kaiserwahl fand in der Freien Reichsstadt Frankfurt statt.

Die Kurfürsten reisten an, hockten sich in der Wahlkapelle des Kaiserdoms zusammen und wählten. Nach einer Weile hieß das – mit einer tragikomischen Ausnahme –, dass man ein Mitglied der in Österreich residierenden Familie der Habsburger wählte. Der neu gekürte Kaiser wurde auf dem Balkon des Römers einer riesigen Menschenmenge präsentiert, die scharf auf die Ochsen am Spieß und den Wein war – alles gratis. Es war eines der großen Ereignisse im Leben der Frankfurter Bürger und Anlass für immensen Stolz. Das Ansehen der Stadt sank auch nach dem kläglichen Ende des Heiligen Römischen Reiches nicht, sie blieb eine der wenigen freien Städte und wurde im neunzehnten Jahrhundert, beinahe logisch, zum Sitz der Bundesversammlung des Deutschen Bundes ernannt. 1944 wurden die Schauplätze alle mehr oder weniger zerbombt, doch – wie das bei solchen Projekten beinahe zwangsläufig üblich ist – überpenibel und wie geleckt wiederaufgebaut. Ach, wenn doch die klinisch sauberen

Fassaden und Dächer ein bisschen zusammensinken und vergammeln dürften, um vielleicht erneut etwas von der alten Zeit auszustrahlen.

Deutsche Stämme

Wenn wir überhaupt über das Mittelalter (und jedenfalls seine Kaiser- und Reichsgeschichte) nachdenken, dann über die Zeit vom zehnten bis zum dreizehnten Jahrhundert. Wie sehr auch viele Ereignisse im Dunkeln liegen und wie vieles auch fehlt oder missverstanden wird, es ist faszinierend, wie unsere Welt langsam sichtbar wird: Städte werden gegründet und Länder entwickeln erkennbare Grenzen – eine einigermaßen sinnvolle gesellschaftliche Verfasstheit. Wann genau sich die Gruppen, die man zu Beginn der Periode frohgemut »Stämme« nennt (Sachsen und so weiter), zu etwas Nationenähnlichem wandeln, kann man unmöglich sagen. Das ist natürlich heute ein kniffliges Problem der Begrifflichkeit, wenn man bedenkt, wie wirr und ungetrübt von Sachkenntnis über »Stämme« in Afrika diskutiert wird. Das Verschwinden der Stämme in Deutschland scheint letztlich nur ein pseudowissenschaftlicher Willensakt der Historiker zu sein. Man ist eben einfach der Meinung, dass Stämme rückständig und peinlich, ein »Stamm« unchristlich und die Stammesmeierei mit Übernahme der Sprache und Bekehrung zum Christentum beendet seien – Sorben, Wenden oder die alten Pruzzen bleiben also nicht zuletzt deshalb »Stämme«, weil sie die Segnungen, nicht mehr Slawen sein zu müssen, ausschlugen. Das »Stammes«-Thema erlosch nie und hatte folgenschwere Einflüsse auf die nationalsozialistische Ideologie. Man könnte vorbringen, dass die Nazis (oder doch einige) vor allem deshalb so vom Mittelalter besessen waren, weil sie damit das ganze Szenario wieder in den Blick rücken konnten: Die Deutschen verkörperten die Zivilisation, und die Polen (die in Wirklichkeit jahrhundertelang einen riesengroßen Staat besessen hatten) wurden wieder zum »Stamm« und außerhalb der Zivilisation gestellt.

Wir hätten ja alle gern Schubladen, um geschichtliche Ereignisse darin einsortieren zu können, aber vielleicht ist es doch so, dass es die Stämme – einerlei, wie man sie definiert – eigentlich immer gab. Die meisten Menschen fühlten sich primär ihrer Familie zugehörig, dann den Pfarrgemeinden. Natürlich verband sie auch die Verpflichtung gegenüber dem Feudalherrn, mit Geld- und Naturalzahlungen und allerhand Diensten.

Je nach den Zeitläuften waren sich die Menschen dieser Verpflichtungen wahrscheinlich mehr oder weniger bewusst. Nach einer schlechten Ernte war der Zwang zur Abgabe von Naturalien unter Umständen todbringend, und man musste komplizierte Verhandlungen führen. Wenn überraschend feindliche Armeen auftauchten, erforderte das ernsthaftes Handeln von Einzelnen, was man vielleicht (abgesehen von regelmäßigem und eher halbherzigem Exerzieren mit den Waffen) seit Generationen nicht von ihnen verlangt hatte. Bei einem Kreuzzug fielen wieder ganz andere Verpflichtungen an – und es wurden auch immer Menschen für andere Kriege rekrutiert. Es waren im Übrigen erst die Historiker des neunzehnten Jahrhunderts, die die Kreuzzüge wie einen sehr erfolgreichen Film samt weniger erfolgreichen Sequels durchnummerierten. Wie üblich, wissen wir nichts Genaues, doch es ist schon komisch, sich vorzustellen, dass ganze Gesellschaften derart von der Begeisterung für die Kreuzzugsidee angesteckt waren. Aber die traf auf die Abenteuerlust tiefgläubiger Menschen, die Pilgerfahrten für einen selbstverständlichen Teil des Lebens hielten und von Geschichten aus exotischen Ländern fasziniert waren. Teilweise spürt man das noch an den Kreuzfahrergrabmälern oder an erhaltenen Nachbildungen des Heiligen Grabes (wie zum Beispiel dem wunderschönen in Gernrode), die einst so manche Kirche dominierten.

Die Kreuzzüge erforderten eindeutig ein umfassendes, vielschichtiges Engagement, persönlich, stammesmäßig und allgemein menschlich, aber warum sollte man diese verschiedenen Motive nicht ebenso in Einklang miteinander bringen können wie heute? Der einzelne Kreuzfahrer suchte persönliche Erlösung, aber er war auch Teil einer Gemeinschaft, zu der er ein paar Jahre später vielleicht mit einem Helm aus der Zeit der Omaijaden-Dynastie und einem Tütchen Trockenfrüchten heimzukehren hoffte. Er zog los, weil er als Lehnsmann oder Untertan zum Beispiel des Herzogs von Bayern dazu verpflichtet war und weil er wie alle Christen den Ruf hörte, das Grab Christi aus den Klauen der Ungläubigen befreien zu müssen. Der Kreuzfahrer verstand sich wahrscheinlich als Individuum ebenso wie als Teil eines Stammes.

Die Sache mit den Stämmen und der Stammeszugehörigkeit ist im Denken der Deutschen von sich als Nation so vertrackt, weil es immer so extrem schwierig gewesen ist (und es nach wie vor bleibt), deutsch zu *sein*. Ein Bayer oder Steiermärker lebte zwar in einem System gegenseitiger (Lehns-)Verpflichtungen, aber nicht in einem spezifisch deutschen. Entsprechendes galt auch für England, doch alle Unklarheiten waren anscheinend spätestens irgendwann im fünfzehnten Jahrhundert beseitigt – wenn es auch wieder so gut wie nicht belegt ist. Die Countys in England waren immer zu klein und zu schwach, als dass sie sich groß irgendwo engagiert hätten. Nach dem Mittelalter gab man selten sein Leben hin für die Grafschaft Kent, es sei denn vielleicht durch das viktorianische Regimentssystem, das auf den Countys basierte. Manche Grafschaften wie zum Beispiel Yorkshire oder Cornwall haben einen sehr eigenen, ausgeprägten Charakter, und manche Regionen, besonders die mit Grenzen zu Wales und Schottland, waren wirklich wichtig, weil man um sie kämpfen musste. Aber selbst wenn die einzelnen englischen Landesherren besonders mächtig waren und unentbehrlich als Militärführer und Spitzen der Gesellschaft, verhielten sie sich loyal gegenüber London, dem sie eng verpflichtet waren, obwohl es natürlich ihre lokale Machtbasis untergrub. Der Graf von Soundso zu sein hieß zunehmend nichts anderes, als dass man aus Soundso einen Teil seiner Einkünfte bezog, und nicht etwa, dass man dort die ganze Zeit verbrachte. Schließlich hatte man nur dann politischen Einfluss, wenn man am Königshof präsent war, und der war in London.

Deutschland war, wie erwähnt, immer total anders, und erst im neunzehnten Jahrhundert unternahm es den schlecht gemanagten und wirklich katastrophal endenden Versuch, einen Staat im weitesten Sinne wie in England zu gründen. Es gab die irrsinnigsten Ungereimtheiten. Ein Beispiel: Seit mindestens dem zwölften Jahrhundert herrschten das ältere und das jüngere Haupt des Hauses Reuß über ein paar Täler in Thüringen, einstmals zwischen deutschen und heidnischen Siedlern umkämpfte Schlüsselgebiete. Jedes männliche Mitglied der Familie, über die Kaiser Heinrich VI. (Sohn Friedrich Barbarossas) seine schützende Hand gehalten hatte, wurde zu dessen Ehren Heinrich genannt, eine Schnapsidee, die insofern noch widersinniger anmutet, als zusätzlich jeder männliche Nachkomme mit einer Nummer versehen wurde – nicht nur der herrschende Titelträger! –, was zu solchen Herausforderungen an die geistige Gesundheit führte wie Heinrich LXVII. (in Worten, der siebenundsechzigste!). Ungefähr alle hundert Jahre beschloss man mit den Ziffern wieder von vorn zu beginnen, so ähnlich wie man mit einem Abakus subtrahiert. Das Fürstentum wurde 1871 Bestandteil von Bismarcks dem Namen nach vereinigten und aufregend modernen Deutschland; die Fürsten übten ihre Regentschaft aber weiter in ihren Winzbesitzen unter Heinrich XXII. beziehungsweise Heinrich XIV. aus, bis es sich nach einem Wahnsinnslauf von ungefähr achthundert Jahren nach den Revolutionen von 1918 schließlich ausgefürstet hatte. Wann die Bewohner der Reußschen Lande wirklich ihre lokalen Ichs abschüttelten und sich zum nichtstammesmäßig definierten und erwachsenen staatlichen Deutschsein bekannten, werden wir nie erfahren.

Steirische, sächsische oder bayerische Identität muss letztendlich immer stammesmäßig begründet und ausgerichtet gewesen sein, mehr als nur lokal, aber meilenweit entfernt von national. Eide wurden den jeweiligen Herzögen, Markgrafen oder Rittern geschworen. Gerichtswesen und Rechtsprechung bewegten sich in lokalem Rahmen, der Kaiser war weit weg. Je nach äußeren Ereignissen waren gegenseitige Bindung und Verpflichtung eminent wichtig oder liefen im Alltag einfach so mit.

Rechte Historiker haben die mittelalterlichen Strukturen gern als großartige, harmonische Hierarchie gesehen; linke – und natürlich die im ostdeutschen Staat – als repressives System, gegen das sich die Unterdrückten immer wieder erhoben. Beide Modelle sind verdächtig, weil damit die Definitionsmacht bei den Historikern liegt. Sicher waren diese Gesellschaften sehr anders als unsere, doch eigentlich gibt es keinen Grund, sie nicht als ebenso differenziert (oder ebenso undifferenziert – je nachdem, wie zynisch man ist) anzusehen, mit vielen chaotischen Kräften, guten und schlechten Führern, auch Glück und Unglück, aber alles zusammengehalten von einem Kanon allgemein gültiger Normen, die gemeinhin gute Dienste tun und manchmal eben grob missachtet werden.

An der Geschichte der meisten Städte fällt über die Jahrhunderte auf, wie lange die Bewohner friedlich versuchten, das Leben für alle so angenehm wie möglich zu gestalten – gestört nur von vergleichsweise selten auftretenden Katastrophen, einem schrecklichen Brand oder der Aushebung von Soldaten, die im Krieg massakriert wurden. Ich stelle es mir ganz reizvoll vor, in einer solch gut organisierten Stadt zu leben, mit spezialisierten Gewerben, den kleinen Brücken über den Flüssen, einer vorbildlichen Ökobilanz, ausgeklügelten Kleidervorschriften und wunderschönen Mauern, Bürgerhäusern und Kirchen. Na ja, vielleicht zwei, drei Tage lang, bis es mir unter all den analphabetischen Provinzlern zu langweilig würde – oder vier, fünf, bevor ich, der Zauberei verdächtig, aus der Stadt getrieben oder verbrannt worden wäre.

Hungersnot und Pest

Leider verflüchtigte sich im vierzehnten Jahrhundert der Glanz des Hohen Mittelalters. Die Kreuzzüge hatte man mehr oder weniger aufgegeben, und der Kaiser war nicht mehr die mächtige Gestalt von einst, doch in den Hunderten eigenständiger, recht kleiner Regionen in Deutschland lebte es sich auch weiterhin ganz passabel, die Zahl der Einwohner wuchs, man war mehr oder weniger sicher, und ein öffentliches Rechtssystem bildete sich auch allmählich heraus.

All das änderte sich etwa nach 1280 drastisch. Wenn man die manchmal unglaubliche Dichte von Grabmälern an kleinen Stadt- und Dorfkirchen betrachtet, kommt man nicht umhin, darüber nachzudenken, wie ungerecht das Schicksal oft den Zeitpunkt der Geburt von Menschen bestimmt. Man sieht Skulpturen und später Gemälde, die von der sicheren, bürgerlich distinguierten und erfreulichen Existenz derjenigen berichten, die darunter liegen. Doch andere Geburtsdaten fallen in die Zeit grauenhaftester Ereignisse. Allerdings gibt es in der Regel überhaupt nur dann Grabmäler, wenn die Zeiten gut waren; passierte Schlimmes, verlor die Gemeinde rasch den Spaß daran, ihrem gottgegebenen Schicksal Ausdruck zu verleihen. Im zwanzigsten Jahrhundert ist uns das schmerzlich bewusst geworden; bestimmte Altersgruppen hatten Millionen Tote zu beklagen, während man in anderen Teilen Europas fast unbeschadet davonkam. In Polen und der westlichen Sowjetunion blieb in der ersten Hälfte der 1940er Jahre keine Generation verschont.

Die Zeit von Anfang bis Mitte des vierzehnten Jahrhunderts war vergleichbar grauenhaft, die Todesrate (in einer natürlich viel kleineren Gesamtbevölkerung) muss so hoch wie die in Mittel- und Osteuropa im Zweiten Weltkrieg gewesen sein. In manchen Regionen wartete der Dreißigjährige Krieg dann noch einmal mit Ähnlichem auf. In den Epochen der mitteleuropäischen Geschichte, für die wir einigermaßen verlässliche Dokumente haben, waren die 1310er, die 1630er und 1940er Jahre am schlimmsten.

Die Krise im vierzehnten Jahrhundert begann mit einer gewaltigen Hungersnot. Anscheinend hat es einfach immer nur geregnet! In weiten Teilen des Landes fiel die Ernte komplett aus. Es war so nass, dass man das Salz zum Fleisch-Einpökeln nicht trocken bekam. Die Transportwege waren nie gut, und man konnte nie viele Lebensmittel aus anderen Gegenden herbeischaffen – und selbst wenn man es gekonnt hätte, gab es kaum welche. Aus lauter Verzweiflung aßen die Leute das für die Aussaat des nächsten Jahres bestimmte Saatgut. Die Geschichte von Hänsel und Gretel stammt vielleicht aus dieser grausigen Zeit. Deutschland lag mittendrin in dem Elend, das ganz Europa heimsuchte. Hungersnöte hatte es immer gegeben, doch diese wurde besonders bekannt, weil derart viele Menschen verhungerten, wie viele genau, weiß man nicht.

Nachdem die Deutschen diesen furchtbaren Schlag weggesteckt hatten, waren sie 1349 mit dem Schwarzen Tod konfrontiert – eine immer noch rätselhafte Epidemie breitete sich in Eurasien aus und forderte viele Millionen Opfer. Die Statistiken basieren nur auf Vermutungen, doch blühende Städte wie Bremen und Hamburg verloren bis zu zwei Drittel ihrer Einwohner, ganze Dörfer starben im wahrsten Sinne des Wortes aus und wurden nie wiedergegründet, ganze Regionen entvölkert. Nach der Hungersnot der Jahre 1315 bis 1317 und dem Schwarzen Tod um die Mitte des Jahrhunderts hatte die Zahl der Deutschen um ungefähr vierzig Prozent abgenommen. Diese Ereignisse der europäischen Geschichte kann man sich vielleicht am allerwenigsten konkret vorstellen. Manche Historiker meinen, dass man die mittelalterliche europäische Zivilisation mit ihrem eigentümlichen Geistesleben, ihren großen Domen und einer sich weitenden, nach außen gerichteten Weltsicht im Grunde schon im Jahr 1350 als beendet ansehen könnte. Bauwerke wie den Bamberger Dom sollte man vielleicht wirklich wie faszinierende Überreste einer toten Kultur betrachten, selbst wenn sie im Gegensatz zu Machu Picchu von Menschen noch weiter benutzt wurden. Eine solche Sichtweise ist sicher extrem, aber die Frage, wie viel wir »als Europäer« mit dieser früheren geschichtlichen Periode gemein haben, sollte erlaubt sein. Wir wollen Kontinuität – sie ist auch etwas Schönes –, doch vielleicht ist diese Kontinuität oft brüchiger, als wir es wahrhaben möchten.

Wir haben, abgesehen von den faden Kommentaren überlebender Klosterchronisten, nur wenige gesicherte Daten; die Leute waren zu sehr mit Sterben beschäftigt, als dass sie ihre Gefühle noch groß in Kunst hätten ausdrücken können. Anhaltspunkte, anhand deren wir uns vor Augen führen könnten, was genau passierte, sind also rar. Von großer Glaubwürdigkeit und wunderbar lebendig ist Hermann Hesses Roman

Narziss und Goldmund, zum Teil spielt er im Kloster Maulbronn, Hesses alter Schule, dem einzigen vollständig erhaltenen Klosterkomplex aus der Periode in Deutschland und noch heute ein berühmtes Bildungsinstitut. Hesse schreibt hier betörend anschaulich; er folgt dem Rezept aller gelungenen historischen Romane und verliert sich nicht in langatmigen Szenenbeschreibungen oder Erklärungen, sondern beschreibt Geschehen und geistige Atmosphäre ganz selbstverständlich, sodass die Ära des Schwarzen Todes Substanz und Plausibilität bekommt, obwohl natürlich alles von vorn bis hinten erfunden ist. Auch Ingmar Bergmans Film über die Pest, *Das siebente Siegel*, wirkt derartig echt, dass man am Ende nicht nur ob des Schicksals der Filmfiguren aufgewühlt ist, sondern auch, weil man plötzlich wieder aus deren Welt hinausgeworfen wird. Dabei war Bergmans eigentliches Anliegen das düstere Schweden der 1950er Jahre, genauso wie es Hesse eigentlich um die Integrität des Individuums in einem Deutschland ging, in dem diese akut bedroht war. Da ich bisher noch keinen historischen Bericht gelesen habe, in dem der Schwarze Tod nicht vollkommen langweilig daherkommt, bin ich hier aber vielleicht zu streng. Den Historikern sind aufgrund Quellenmangels ja zwangsläufig die Hände gebunden. Bei Hesse hingegen ist es alles vorstellbar, konkret und grausig.

Wo eine Million Diamanten funkeln

Der Bergbau spielt eine eigentümliche, zentrale Rolle im Leben der Deutschen. In Großbritannien steht er für das Wunder des 19. Jahrhunderts, das ungeheure industrielle Wunder, als Hunderttausende Männer den Grundstoff für den britischen Reichtum aus der Erde holten. Diese großartige Geschichte, Gründungsmythos und Realität für ganze Grafschaften noch bis vor dreißig Jahren, überlagert die Erinnerung an den Bergbau früherer Jahre und Jahrhunderte (wie zum Beispiel die Zinnförderung in Cornwall). Auch Deutschland hat seine großen Kohlenflöze und Eisenerzadern und eine heroische Industriegeschichte, doch es hat auch eine lebendige, eigentümliche Erinnerung an ein älteres Leben unter der Erdoberfläche, nicht zuletzt natürlich deshalb, weil man damals dort viel pfiffigere Sachen fand: Silber, Edelsteine, Kobolde, Feldspat oder Archäopteryxe. Es entstanden eine Reihe wirkmächtiger Volksmythen, in denen der Bergbau erfindungsreich nicht als grauenvoller, gefährlicher Knochenjob dargestellt wurde, sondern fantasieumwoben von unerhörtem Reichtum, geheimen Zauberformeln und Verwünschungen. Das unterirdische Deutschland wurde Teil der Nationalgeschichte.

Die Welt des historischen und sogar des heutigen Bergbaus ist unsichtbar, und man kommt dem Arbeitsrhythmus, der Kleidung, dem Können und der Kameradschaft nicht einfach mal nahe, wenn man mit Schutzhelm und orangefarbenem Overall mit dem Aufzug nach unten ruckelt. Heine versuchte es 1824 auf seiner Harzreise in zwei Clausthaler Gruben und wurde in Angst und Schrecken versetzt von dieser tropfenden, fremden, glitschigen Welt spezialisierter Wesen, die wussten, wo die Erzschichten waren, und mit dem Mangel an Licht, den auftretenden Giften und den morschen Stützen umgehen konnten. In einem der großen surrealen Momente in der deutschen Literatur des frühen neunzehnten Jahrhunderts wurde Heine in eine Kammer geführt, in der dem Herzog von Cumberland – Königin Victorias nicht gerade sympathischem Onkel, dem zukünftigen König Ernst August I. von Hannover – ein ganz besonderes Bankett ausgerichtet worden war. Umgeben von Festbeleuchtung und Blumen und besungen von Zither spielenden Bergleuten, hatte er auf einem Festsessel aus aufgeschüttetem Erz gethront, den Heine nun leer in der tröpfelnden Finsternis sah. Ob er wohl noch da ist, kalkverkrustet in dem aufgegebenen Bergwerk?

Stieß man auf ein sehr großes Flöz, das leicht auszubeuten war, konnte sich eine ganze Stadt auf dem Fund breitmachen und sich ihrer Privilegien und ihres Reichtums erfreuen, so wie in Sachsen das ungeniert sich »Freiberg« nennende Gemeinwesen, in dem man auch heute noch verschiedene Erze schürft. Die Grube Rammelsberg in Goslar, aus der das Salierreich sein Silber bekam, wurde nach über tausend Jahren 1988 stillgelegt (und man richtete nach Art der Briten ein Besucherzentrum und Museum ein, in denen eine Handvoll ehemaliger Kumpel Arbeit fand).

Am lebendigsten wird einem die Atmosphäre mittelalterlichen Bergbaus in der alten deutschen Klosteransiedlung Kuttenberg vermittelt, jetzt Kutná Hora in der Tschechischen Republik. Wenn man sich der Altstadt nähert, schwankt, sehr verstärkt von Industriedunst, eins von Mitteleuropas seltsamsten architektonischen Kunstwerken ins Blickfeld – eine sehr graue Version der Smaragdstadt aus dem *Zauberer von Oz*. Die Türme des Doms der heiligen Barbara sehen aus wie riesige Hexenhüte, als schwebten sie frei über der Stadt. Der Bau, von deutschen Bergleuten als Symbol ihres Wohlstands und Glücks finanziert, dauerte von Beginn des vierzehnten bis zum Beginn des fünfzehnten Jahrhunderts. Die Stadt selbst ist wie eine nach dem Dreißigjährigen Krieg übliche habsburgische Stadt angelegt samt Barockelementen und einem sinistren alten Jesuitenkolleg. Am deutlichsten verweist ein Kirchturm auf die mittelalterlichen Bergwerke, neigt er sich doch in einem alarmierenden Winkel zur Seite, nachdem Teile von ihm vor vielen Jahren in den durchlöcherten Boden unter der Stadt gefallen sind.

Im Kuttenberger Graduale, einem im sehr späten fünfzehnten Jahrhundert von Matthäus dem Buchmaler illustrierten Gesangbuch, gibt es eine sensationelle Seite, auf der die gesamte Grubenarbeit abgebildet ist. Das untere Drittel zeigt, schon beklemmend, unter Tage herumkraxelnde Figürchen in Kapuzenkitteln. In der Mitte befinden sich Abbildungen von durch Pferde gezogenen Winden und von sich waschenden oder Säcke mit Erz schleppenden Bergleuten. Oben im Bild reiben sich – ein zufälliger urkommunistischer Sarkasmus! – prächtig gekleidete Männer die Hände und hören Musik, während sie zusehen, wie das Erz sortiert wird.

Im Dom der heiligen Barbara befinden sich mehrere schwer beschädigte (aber umso geschätztere) Freskenmalereien von Bergleuten bei der Arbeit, eigentlich nicht sakral und schon gar nicht selbstverherrlichend. Die Bergleute sind so abgebildet, wie sie wirklich waren, unter der Erde in ihrer besonderen Kluft, die heroischen Akteure ihrer eigenen Geschichte, aber unter dem Schutz ihrer Kirche und ihrer Heiligen. Diese Fresken von Nahem zu sehen bringt einen der gefährlichen Plackerei in der Grube natürlich auch nicht näher, aber man begreift etwas ziemlich Diffiziles am Mittelalter. Es gab eine Ebene von alltäglicher, hoch entwickelter Sachkompetenz, die vollkommen vergleichbar mit unserer eigenen heute ist; die Technologie funktioniert immer perfekt im Einklang mit ihren Anwendern, und diese Silberbergleute waren genauso tüchtig, sich ihrer Welt, deren Gefahren und Grenzen, bewusst wie wir heute der unsrigen. Bergleute im Mittelalter waren ein kleines Universum für sich, ebenso spezialisiert wie ihre nahen Cousins der Mineure (auch deren Schutzheilige war Barbara), die unterirdische Stollen unter Stadtmauern gruben, um sie durch Sprengstoff zum Einsturz zu bringen. In einer insgesamt wenig mobilen Welt aber prägten die Bergleute ganze Städte, die Gangart des Lebens, das Spektrum an Werten und sorgten für wirtschaftliche Unabhängigkeit. Unter den Füßen der Deutschen behalten die Bergwerke, deren Anfänge weitgehend mysteriös bleiben (wer grub als Erster an der richtigen Stelle?), eine seltsame Wirkungsmacht.

In der Literatur taucht die erdrückende unterirdische Welt allenthalben auf, von E. T. A. Hoffmanns *Die Bergwerke zu Falun* bis zu Hebels *Unverhofftes Wiedersehen*, einer Lieblingsgeschichte von Kafka, der selbst die unvollendet gebliebene Erzählung *Der Bau* beisteuerte. Bei den Grimms kommen Gestalten plötzlich aus dem Untergrund – kleine schwarze Männchen, am berühmtesten die sieben Zwerge, deren Grube (wo eine Million Diamanten funkeln, wie es bei Disney heißt) sich, zugegeben ziemlich spekulativ, ein paar Kilometer östlich von Bonn befinden soll. Am umwerfendsten muss Wagners Nibelheim sein – begleitet von Musik, die so unerbittlich und erschreckend kaum je komponiert wurde. Wotan und Loge steigen durch einen »Schwefelspalt« in des Schwarzen Alberichs

Zwangsreich, wo die Nibelungenzwerge dazu verdammt sind, ewig zu schuften und Gold zu fördern. Die Schreie der gepeinigten Bergleute und das Klirren der »gestimmten Ambosse« erzeugen eine fiebrige Atmosphäre der Angst.

Ende des neunzehnten Jahrhunderts boomten die deutschen Bergwerke; wie die britischen spuckten sie Millionen Tonnen Kohle und Eisenerz aus. Und wie in England hielten nationalistische Hetzer auch in Deutschland den zugrunde liegenden Zufall, dass man auf riesigen Adern von für die Industrie unerlässlichem Zeugs saß, für einen Beweis der nationalen Überlegenheit. Symbolisch und realiter kam die deutsche Romanze mit der Welt unter Tage zu einem widerlichen Abschluss mit Mittelbau-Dora, den unterirdischen Rüstungsbetrieben, die man in den Bergen des Harz einrichtete, ein von Albert Speer und Wernher von Braun ersonnenes wahrhaftes Nibelheim, wo Armeen von Zwangsarbeitern die V-2-Raketen bauten, was von Thomas Pynchon in *Die Enden der Parabel* erschütternd nachgestaltet wurde. In Mittelbau-Dora herumzulaufen gehört zu den allerschlimmsten Erlebnissen, die in Deutschland und vielleicht der Welt zu haben sind. In den eiskalten Tunneln häufen sich immer noch Tausende Tonnen Schrott von Raketen und zusammengebrochenen Gerüsten, halb überflutet von gespenstischem, kristallklarem Wasser und meist zugemauert – eine ganze unterirdische Stadt, in der jede einzelne Spur von Bohren oder Hacken in den endlosen Korridoren von der Arbeit von Sklaven stammt, von denen um die zwanzigtausend starben. Anders als viele Nazi-Orte fühlt sich Mittelbau-Dora wegen seiner physischen Beschaffenheit so fürchterlich nah an – nur wenige Jahrzehnte trennen uns davon, als es voll in Funktion war. Die V2s haben weitergelebt und sind zu Apollo-Raketen und Raumfähren mutiert, aber das ursprüngliche Böse hinter ihnen liegt hier im südlichen Harz. Die Schöpfer waren Speer und Braun; der eine meinte, sich mit dem Schreiben seiner Memoiren zu entlasten, der andere wurde als Vater der Mondlandung mit Ehren überhäuft.

Viertes Kapitel

Ein kniender Kreuzfahrer
Der Fluch Burgunds
Familienspiele
Stadtgewimmel
Reichskreise
Habsburger

Detail aus dem Lübecker Totentanz des Künstlers Bernt Notke in der Lübecker Marienkirche: Ein selbstgefälliger Hanse-Kaufmann, im Hintergrund seine stolzen Schiffe. Das Fries wurde bei einem Luftangriff der Royal Air Force 1942 vollständig zerstört.

Ein kniender Kreuzfahrer

In Günter Grass' Novelle *Katz und Maus*, die im Zweiten Weltkrieg spielt, trifft sich eine Gruppe Halbwüchsiger in einem Sommer auf einem halb im Wasser liegenden polnischen Schiffswrack, um zu schwimmen und zu schwatzen. Das Schiff ist gleich zu Kriegsbeginn an der Ostseeküste versenkt worden. In einer besonders ekeligen Szene onanieren die Jungen abwechselnd auf dem Schiffsdeck, und Grass gelingt eine grandiose, geradezu phantasmagorische Passage, in der sich die kreischenden Möwen auf das frische, mit Rost vermischte Sperma stürzen. Ich habe *Katz und Maus* vor vielen Jahren gelesen, aber es hat mich ziemlich nachhaltig beeindruckt. Die deutsche Ostseeküste mag das magische Land des Bernsteins sein, des Caspar David Friedrich und der Hanse – Vladimir und Vera Nabokov sind dort am Strand spazieren gegangen, Thomas Manns Schuljungen mit ihren Seehundsränzeln über die Lübecker Wälle gelaufen –, doch immer, wenn ich an die Ostsee fahren wollte, musste ich an *Katz und Maus* denken und überlegte es mir anders.

Eine komische Abneigung, nicht nur wegen der genannten Assoziationen, sondern auch, weil ich als Kind viele Jahre lang ein Poster von einer fantastischen Landkarte des Ostseeraums aus dem sechzehnten Jahrhundert an meiner Zimmerwand hatte. Die Karte war ein Meisterstück ihres Genres, detailreich und dekorativ, doch trotz der trügerischen Sicherheit der Kompasspunkte und der angeblichen Maßstabtreue nichts, mit dem man allen Ernstes in See stechen würde. Aber man erkennt hier das vielleicht Verblüffendste an der Ostsee: Ihr Umriss sieht aus wie ein zum Gebet niederknienender Kreuzfahrer! Im Meer und an Land wimmelt es auf der Karte von Dingen, die man gern in vivo sehen würde – Rentierschlitten, Monster, heidnische Altäre, Ritter, die mit Wisenten, Wölfe, die mit Rentieren kämpfen, hübsche Schilde, die die Königreiche und Bistümer bezeichnen. Links oben in der Ecke ist ein Teil »Grönlands« zu sehen – es wird von zwei Männern mit Speeren, offenbar in chinesischer Kleidung, bewohnt, und auf den Wassern drumherum schwappen, wenig ermutigend, die zerborstenen Reste eines Schiffs. Auf der linken Hälfte der Karte gibt es einen großzügigen Batzen des Europäischen Nordmeers, hauptsächlich als Nachweis der absolvierten Meisterklasse im Zeichnen bizarrster Seeungeheuer, wie ich sie seit jeher liebe, und der eigentliche Grund, warum die Karte sich so lang an meiner Wand hielt. (Begeisterung für alles Ostseemäßige war es nicht.) Gepanzert, bewehrt mit Mäulern, Flossen und schlechten Zähnen, kämpfen die Seeungeheuer gegeneinander, knabbern bedächtig an Schiffen und attackieren seltsamerweise gigantische Hummer; sie haben Stier-, Löwen- und Pferdegesichter und setzen die Messlatte für aufregendes Meeresleben so hoch, dass für mich das offene Meer live immer eine kleine Enttäuschung war.

Im Spätmittelalter war Lübeck die Herrscherin der Ostsee, das Oberhaupt des Städtebundes namens Hanse, dessen Mitglieder miteinander Handel trieben und zu gegenseitigem Schutz verpflichtet waren. Schiffe aus Lübeck und anderen Hansestädten befuhren die Ost- und Nordsee bis ins Nordmeer. Obwohl meine Liebe zu Handelsstädten mit meiner Abneigung gegen die Ostsee in meiner Brust stritt, verbrachte ich schließlich doch ein paar Tage in Lübeck. Die See erfüllte meine schlimmsten Erwartungen. Diese träge graue Masse ohne Gezeiten und richtige Wellen passte perfekt in eine Kindheitsdystopie, in der Sandburgen zu bauen zwecklos war, weil es gar keine einströmenden Wasser gab, die sie bedrohten. Die üblichen Strandaktivitäten konnte man hier vergessen. Das Ideal eines Strandes waren für mich immer die Meeresbuchten in Cornwall, in denen man sich nur bei Ebbe aufhalten kann. Wenn die Flut kommt, hasten Flüchtige mit Liegestühlen und Handtüchern die Klippenpfade hinauf, während Felsen sich wieder in Inseln verwandeln, stinkende Brandungshöhlen sich mit Meerwasser füllen und das von Kinderhand kunstvoll angelegte System von Kanälen und Festungen hinweggespült wird. An der Ostsee gibt es zwar gelegentlich fiese Stürme, aber sie bietet zum Meer um Cornwall einen empörend langweiligen Kontrast, als liege sie unter dem Fluch, eigentlich nicht den Regeln zu entsprechen. Die armen Kinder an dieser Küste können nie über weite nasse Sandflächen rennen und gegen die eindringenden Fluten kämpfen, und zum Spielen müssen sie sich mit spärlichem Strand- und Treibgut begnügen. Metaphorisch hat die Ostsee für manche einen oberflächigen Reiz, aber als Metapher für Stillstand, Unveränderlichkeit, mangelnden Ehrgeiz taugt sie nicht, da zu offenkundig. Munter wurde ich kurz bei dem Gedanken, dass Sibelius sich vom Wasser inspirieren ließ, aber vernünftigerweise von finnischen Seen, als Vorlage schon deutlich anders.

Überrascht war ich von den dicken Pötten im heutigen Lübecker Hafen Travemünde – schwedische und finnische Schiffe befördern im Shuttle-Service massenhaft Container mit allem, was das skandinavische Konsumentenherz begehrt. Über dieses Fortbestehen hanseatischer Traditionen freute ich mich sehr – nach Jahrhunderten einer wechselvollen Geschichte, nach Bränden, Bomben, hartem wirtschaftlichem Konkurrenzkampf und sich wandelnden Strukturen des Welthandels dominiert Lübeck immer noch einen großen Teil des Ostseehandels.

Bei allem, was man zum Mittelalter liest, atmet man bei der Hanse regelrecht auf, weil sie erkennbar modern organisiert war. Endlich haben wir es mit Leuten zu tun, die nicht Könige oder Königinnen, nicht Bauern oder Soldaten waren, sondern sich für Gewichte und Maße, kaufmännisches Handeln, neue und solide handwerkliche Produkte und für Profite interessierten – alles Dinge, die spuckefleckigen Ordensmännern ja doch herzlich einerlei waren. Und mit Städten wie Lübeck, Hamburg, Bremen und Danzig sowie Hanseniederlassungen wie Reval (Tallinn) und Riga entstand eine ganz neue Spannung zwischen der Ästhetik der Handelsstaaten auf der einen und der mittelalterlichen Feudalstaaten auf der anderen Seite. Alle diese Städte waren Republiken, die von einer Gruppe reicher (manchmal steinreicher) Familien regiert wurden. Unabhängig und republikanisch waren sie natürlich nicht im modernen Sinne: Sie waren Mitglieder des Heiligen Römischen Reiches und standen unter dem Schutz des Kaisers, ohne den sie sicher von manch raffgierigem Adelsherrn aus der Nachbarschaft einkassiert worden wären.

Dass das Reich so etwas Puzzlehaftes hatte, bedeutete auch, dass der Charakter der einzelnen Teile von ihrer primären Funktion geprägt wurde: Königliche oder adlige Residenzstädte unterschieden sich sehr von Handelsstädten oder von solchen, die von der Kirche bestimmt waren. Spätmittelalterliche weltliche Residenzstädte wie Meißen oder geistliche Residenzstädte wie Mainz sahen gegenüber einer weltoffenen Stadt von Kaufleuten und Handelsherren wie Lübeck ganz schön alt aus, obwohl natürlich auch sie Handel trieben und bereits wichtige Absatzmärkte hatten.

Als mit der Reformation die Hansestädte fast alle protestantisch wurden, wuchs das hanseatische Selbstbewusstsein wahrscheinlich noch; aber in vielerlei Hinsicht spiegelte das äußere protestantische Drumherum auch nur frühe hanseatische Werte und Gepflogenheiten. Schon auf Bildern aus der Zeit vor Luther tragen Hanseaten nüchterne, dunkle Kleidung. Und im Übrigen versteht man heute angesichts der schlichten, klaren Backsteinfassaden in den Städten sofort, warum Lego im Ostseeraum erfunden wurde; es ist ein durch und durch posthanseatisches Spielzeug. In einer Welt, in der es keinen natürlichen Stein zum Bauen gab und man unverdrossen Millionen Ziegel brannte, musste man einfach irgendwann auf etwas wie Lego kommen, und in manchen Stadtteilen von Lübeck fühlt man sich auch ein bisschen wie in Legoland.

Die strengen Hansekaufleute hatten im Spätmittelalter ihren Einflussbereich immer weiter ausgedehnt; sie kooperierten, setzten aber, wie zum Beispiel in London, auch schon extraterritoriale Rechte durch (wie die Briten später in Hongkong). Handelsgüter waren Holz, Pech, Bernstein, Getreide, Pökelfisch und vieles andere mehr. Während sich Könige und Adelsherren in ihren Palästen möglichst viele Jagdhunde und minderjährige Mätressen hielten, schufen die frommen, ernsten und sicher auch heuchlerischen hanseatischen Handelsherren die Anfänge einer modernen Wirtschaft – mit

Verbindungen, die sich auch später noch als wichtig erwiesen. Man denke nur an die Gründung der britischen königlichen Marine, die durch Warenlieferungen aus dem Ostseeraum möglich wurde. In einer Zeit, in der sich die meisten Menschen kaum vom Fleck rührten, zogen die Hansekaufleute in einem verblüffenden Ausmaß durch die Weltgeschichte und streckten ihre Fühler von Nowgorod bis nach Kingston upon Hull aus, vom Nordmeer bis zu den Flüssen Nordeuropas. Am schönsten sehen all diese Ostseestädte in ihrem üblichen Regenschleier aus; die Dächer Rigas, Lübecks oder Bremens, all das grüne Kupfer und die merkantile Rechtschaffenheit – im sanften Niesel werden sie wunderbar lebendig. Wenn die Sonne scheint, wirkt alles viel uninteressanter und ein wenig schutzlos – vor lauter Busreisegruppen und Straßenschildern sieht man kaum noch die grünen Türme und Backsteinbauten.

Die Hanse zerfiel im sechzehnten Jahrhundert, da war sie schon seit Jahren von den wirtschaftlich erstarkenden Ländern am Atlantik überrundet worden, die die Weltmeere befuhren, und die Italiener hatten zudem ein pfiffiges neues Kreditwesen. Aber sie überlebte auf seltsame Weise: Bremen und Hamburg sind beide separate Stadtstaaten geblieben, die letzten Überlebenden der alten freien Reichsstädte. Auch Lübeck hat seine Eigenständigkeit bis 1937 bewahren können, doch die anderen wurden in Dutzenden von Eroberungskriegen feudaler oder religiöser Natur geschluckt. Danzig hielt sich nach dem Ersten Weltkrieg als hauptsächlich Deutsch sprechende »Freie Stadt« – auch so ein Stachel im Fleisch der Nationalisten –, und zum Schluss wurden, aus bekannten Gründen, die Deutschen aus seinen Ruinen vertrieben, und es erstand als polnische Stadt Gdańsk wieder auf. Andere Hansestädte wie Tallinn und Riga (in denen auch die Deutschordensritter mitgemischt hatten) verloren ein paar von ihren Deutschen nach 1918 (von denen einige besonders bösartige Nazis wurden) und den ganzen Rest 1945. Einige Städte in Deutschland nennen sich immer noch Hansestädte und zieren jede verfügbare Fläche mit ihren Stadtwappen – seht her, hier gelten noch die alten Werte.

Ein eher kurioses Beispiel hanseatischer Kontinuität ist ein panischer, schwitzender Heinrich Himmler, der – obgleich selbst aus Bayern – 1945 im völlig zerstörten Lübeck im schwedischen Gesandtschaftsgebäude illusionäre Versuche startete, über schwedische Mittelsmänner einen Deal mit den Westalliierten zu machen, eine Einheitsfront »Westalliierte und SS« zu bilden und gleich weiter gegen die Sowjetunion zu ziehen. Daraus wurde dann nichts, wie wir wissen.

Der Fluch Burgunds

Auffallend viele Hersteller exzellenter Landkarten kommen aus Deutschland, das es als Produzent von Atlanten für den Rest der Welt vielleicht gerade deshalb zu Ruhm gebracht hat, weil es selbst ständig bemüht war, seine tausend inneren Grenzen, Auf- und Neugliederungen abzustecken. Auch ruft das Bild eines Mannes mit einer Landkarte in der Hand – stets ein Klischee für Könige, Generäle und Geografen – in Deutschland, in dem keine Grenze dauerhaft schien, noch einmal ganz besondere Assoziationen hervor. Man denke an die symbolträchtigen Kriegsfotos von Wilhelm II., der sich mit Hindenburg und Ludendorff über eine Karte beugt, oder die von Hitler und seinen Generälen – ja, Hitler klammerte sich in den schlimmsten Momenten an seine Karten, um die Welt zu verstehen. Die Bilder haben etwas von einem frühen Computerspiel: Ein Finger zeigt auf eine Papierfläche, fährt darüber, und tausende Menschen sind zum Sterben verurteilt.

Die Beschäftigung mit Landkarten kann zur Krankheit werden – anhand ihrer wird mal eben über nationale Zugehörigkeiten, Begehrlichkeiten und Scheitern entschieden. Das passierte nicht nur in Deutschland, doch hier hat es sich sowohl innenpolitisch als auch in den Beziehungen zu den Nachbarn heftig ausgewirkt. Deutschland hatte immer katastrophal instabile West- und Ostgrenzen, während im Norden Meere und widerspenstige Dänen für eine gewisse Stabilität sorgten und im Süden die Alpen verhinderten, dass es sich weiter ausdehnte. Die niedrigeren Bergketten im Osten hielten deutsche Herrscher zwar nicht fern, trugen aber dennoch dazu bei, dass eine eigene tschechische Kultur und Sprache bewahrt wurde. Unglaublich problematisch und kompliziert ist immer die Westgrenze gewesen, und man riskiert einen Nervenzusammenbruch, wenn man sich zu eingehend damit beschäftigt. Doch weil sie für den Verlauf der europäischen Geschichte so lange eine so entscheidende Rolle gespielt hat, sollte man ab und zu über sie nachdenken. Womit wir bei der lothringisch-burgundischen Geschichte sind, die ich hier in einem erledigen möchte, statt immer wieder darauf zurückzukommen.

Beim Tod Karls des Großen 814 konnte man keineswegs von einem Land sprechen, für das die Namen Frankreich oder Deutschland korrekt gewesen wären, auch wenn spätere nationalistische Historiker beider Lager das mit konstanter Beharrlichkeit behaupteten. Karl der Große hatte die Gebiete geerbt, aus denen Nordfrankreich (Neustrien) beziehungsweise Südostfrankreich (Burgund und die Provence) sowie Nordwest- und Mitteldeutschland (Austrasien) werden sollten. Dazu eroberte er Südfrankreich (Aquitanien, die Gascogne und Septimanien), Süddeutschland (Alemannien und Bayern), Norddeutschland (Friesland und Sachsen) plus das Königreich der Lombardei (Nord- und Mittelitalien) und Grenzgebiete weiter im Osten. Da er und seine Nachfahren alle mehr oder weniger aus dem Gebiet des heutigen Belgien kamen, haben sowohl die Franzosen als auch die Deutschen sie stolz als ihre Vorfahren reklamiert. Was die karolingischen Könige beides nicht begriffen hätten. Im Vertrag von Verdun 843 teilten die Enkel Karls des Großen das Reich in drei Teile und schufen damit zwei Reiche, die, grob gesagt, Französisch und Deutsch sprachen, und dazwischengequetscht das Erbland von Lothar I.: Lothringien oder Lorraine – Land des Lothar.

Wenn man das Lothringien der nächsten zwölfhundert Jahre mittels Computeranimation darstellen würde, würde es ganz fantastisch schwanken und schlingern, völlig ab- und dann wieder auftauchen und sich auswölben; je nach Stabilität der Reiche im Westen und Osten blühte und gedieh oder verfiel es. Wenn dem König von Frankreich nach Expansion war, löste es sich auf, doch wenn er schwächelte (wie lange Zeitspannen im Mittelalter), wuchs es. Aber die Franzosen wollten das Land im Osten stets genauso kolonisieren wie die Deutschen polnische und tschechische Gebiete und die Polen ruthenische und litauische – der Drang nach Osten erklärt vieles in der europäischen Geschichte. Der Kaiser des Heiligen Römischen Reiches engagierte sich manchmal heftig in Lotharingien, verstrickte sich dann aber in kriegerischen Auseinandersetzungen im Osten. Oder er war minderjährig oder lebte in Italien und ließ Lotharingien daher aus Achtlosigkeit zerfallen.

Und immer wieder entstanden in dem Gebiet allerlei instabile, halb eigenständige Gebilde mit wandelbaren Loyalitäten. Selbst ein extrem energischer Herrscher wie Otto I. (während dessen Regierungszeit die Grenze zwischen Frankreich und Deutschland eigentlich am plausibelsten wurde) musste sich mit solch unsicheren Kantonisten wie den Herzögen von Lothringen (und viel Ärger in der eigenen Familie) herumplagen. Während Frankreich und Deutschland beide lange Phasen erlebten, die von königlicher Hilflosigkeit geprägt waren und in denen sich mächtige Untertanen oft sehr bedeutende Territorien wie die Normandie, Flandern oder Bayern aneigneten, war die Mitte Lothringens (beziehungsweise Burgunds) eines der Probleme, die Kopfschmerzen bereiteten – oder auch nicht, je nachdem, was sonst noch gerade ablief.

Letztendlich entstand hier eine gravierende europäische Verwerfungslinie, im vierzehnten Jahrhundert war sie aber nur eine von vielen. Dass aus dem Gebiet einmal unabhängige Nationen wie die Niederlande, Belgien und Luxemburg hervorgehen würden, hätte damals sicher viele verwundert, denn es gab jede Menge anderer Staatengebilde, die das ebenso gut hätten schaffen können. Insbesondere das Überleben Luxemburgs ist erstaunlich. Aber niemand konnte wissen, dass Deutschland (das als zusammenhängende Einheit nicht existierte) und Frankreich (ebenfalls fragmentiert) immer wieder mit so schrecklichen Konsequenzen aneinandergeraten sollten.

Der Wendepunkt kam wahrscheinlich mit der etwas merkwürdigen Entscheidung des französischen Königs Johann II., im Jahr 1363 seinen Sohn Philipp den Kühnen mit Burgund zu belehnen. Damit entstand innerhalb einer Generation ein mächtiger Staat zwischen Frankreich und dem Heiligen Römischen Reich, der geografisch mehr oder weniger mit dem ursprünglichen Lotharingien übereinstimmte und sich östlich und westlich der Reichsgrenze erstreckte, das heißt im Wesentlichen über Nordfrankreich, die Niederlande, eine ausgedehnte Version des heutigen Luxemburg und grob das moderne Gebiet von Burgund. (Letzteres bestand wiederum aus dem Herzogtum Burgund im Westen und der Freigrafschaft Burgund im Osten.) Zwischen Luxemburg und Burgund lagen die Ländereien des Herzogs von Lothringen, die mal vor sich hin dämmerten und mal den Takt der europäischen Geschichte entscheidend mitbestimmten, bis 1945 Elsass-Lothringen und ein paar Stücke Ostbelgiens endgültig und fest in französische beziehungsweise belgische Hand übergingen.

Die Details kann und will ich hier nicht alle ausbreiten, aber der unabhängige Staat Burgund von damals ist ziemlich reizvoll; seine Spuren in Gemälden aus dem fünfzehnten Jahrhundert, ja auch die Atmosphäre in Städten wie Beaune und Dijon, Brügge und Brüssel sprechen für sich. Als Burgund im letzten Abschnitt des Hundertjährigen Krieges ein Hauptverbündeter der Engländer war (und half, Johanna von Orléans zu verbrennen!), waren sein Ansehen und seine Macht unter Philipp dem Guten auf einem Höhepunkt, und es entstand eine spezifisch burgundische Ästhetik von Pelz, Samt und Ritterrüstungen, die man auf vielen Bildern von burgundischen Malern wie Jan van Eyck und Rogier van der Weyden bewundern kann. Natürlich war Burgund ein ebenso machtgieriges, gewalttätiges Land wie alle anderen auch, aber wenn es stabil und unabhängig geblieben wäre, wäre die folgende Geschichte gewiss anders verlaufen. Burgund zerbrach mit Philipps Tod und dem Fiasko der zehnjährigen Regierungszeit seines Sohnes, Karls des Kühnen. (Übrigens sind Beinamen wie »der Gute« oder »der Kühne« nur Etiketten, die sich oft nicht in den historischen Dokumenten finden, sondern viel später von anonymen Schmeichlern oder Verleumdern ersonnen und von Historikern des neunzehnten Jahrhunderts beibehalten wurden, damit ein bisschen Leben in die Bude kam.) Karl wurde während seines außerordentlich zügellosen und gewalttätigen Erdendaseins außer »kühn« vermutlich noch vieles andere genannt, und nachdem er auf alle seine Nachbarn irgendwann einmal eingedroschen sowie ausgiebig gebrandschatzt und gemeuchelt hatte, wurde er von rachsüchtigen Lothringer und Schweizer Truppen bei Nanzig (Nancy) geschlagen. Als er in der Schlacht den Tod fand, war seine halbwüchsige Tochter Maria plötzlich die allerbeste Partie überhaupt, und wer sie heiratete, würde alles absahnen. Aber während der französische König wertvolle Zeit damit vergeudete, Teile von Burgund (das Herzogtum!) an sich zu reißen, die historisch zu Frankreich gehörten, holte der habsburgische Kaiser Friedrich III. zwecks umgehender Eheschließung seinen Sohn Maximilian hervor, und über Nacht wurden die Habsburger Europas mächtigste Familie. Maximilian besaß nun Land (mit ein paar befreundeten Lücken) von der Nordsee bis zu den Rändern der Ungarischen Tiefebene.

Die Folgen sind Geschichte. Die habsburgischen Lande (wie sie nun hießen) waren bald ein höchst begehrter, schwer zu verteidigender Landgürtel. Und weil Teile davon sehr reich wurden – besonders die, aus denen langsam die südlichen Niederlande beziehungsweise Belgien wurden –, bekamen viele Herrscher Angst davor, dass sich die Habsburger ganz Europas bemächtigen wollten. Dabei verbrachten diese ihre gesamte Regierungszeit damit, in ihrem zersplitterten, rebellischen Chaosland für Ordnung zu sorgen. Sie regierten es immer unabhängig von ihrer Funktion als Kaiser des Heiligen Römischen Reichs, doch das schiere Gewicht der Herrschaft, besonders nachdem auch das spanische Riesenreich dazugehörte, machte es schließlich notwendig, das Erbe zu teilen. Auf Grund dieser Teilung war im späten sechzehnten Jahrhundert fast fünfzig Jahre lang eine sehr abgespeckte Version von Burgund – die »Spanische Straße« – in spanischer Hand, und man nutzte sie auch weidlich, um Truppen von den Westalpen hinauf bis in die Niederlande zu führen, wo sie sich von aufmüpfigen holländischen Protestanten niedermetzeln lassen konnten. Dass die kastilischen Musketiere ein Auge für die zweifellos erfrischende, abwechslungsreiche Landschaft mit ihren Tälern und Brücken hatten, darf bezweifelt werden.

Das Problem Burgund war eigentlich unlösbar. Die französischen Könige nahmen die Grenze, die ihnen in einer Zeit der Schwäche Frankreichs aufgedrückt worden war, nie ernst, sondern betrachteten das Gebiet bis zum Rhein und sogar noch darüber hinaus als rechtmäßig zu Frankreich gehörig, aber von hinterhältigen Adelsherren und sonstigen Eindringlingen besetzt. Wenn sie mal mehr, mal weniger erfolgreich allzu eigenwillige Adelsherren in Frankreich selbst zur Räson gebracht hatten, waren sie oft versucht, rechtlich umstrittene und manchmal sogar halbwegs glaubhaft zu Frankreich gehörende Gebiete Burgunds ähnlich zu disziplinieren.

Die französischen Namen vieler Städte zwischen Paris und Frankreichs »natürlicher« Grenze am Rhein, wie Mainz/Mayence, Aachen/Aix-la-Chapelle, Trier/Trèves, Koblenz/Coblence, spiegeln nicht nur die frühe gemeinsame Geschichte, sondern auch all die dynastischen und später nationalistischen Fantasien wider, die von Landkarten beflügelt wurden. Ein erster Höhepunkt schien erreicht, als Ludwig XIV. sich so viel von Burgund schnappte beziehungsweise davon demolierte, wie er konnte; doch Napoleon trieb es sogar so weit, dass er alles zum offiziellen Teil Frankreichs machte. Als er auch kräftig mit dem Kuddelmuddel der deutschen Winzstaaten aufgeräumt hatte, überschlugen sich die deutschen Nationalgefühle angesichts der französisch-»burgundischen« Ansprüche.

Nach dem Fall Napoleons erfolgten weitere zum Scheitern verdammte Bemühungen, diesen nervigen Landstrich ein für alle Mal zu befrieden und seine Grenzen festzusetzen. Unter britischem Schutz begann sich 1830 Belgien zu etablieren. Um Luxemburg, das 1867 der französische Kaiser Holland abkaufen wollte, entbrannte fast ein Krieg, und dann wurde es zur Überraschung aller unabhängig. Die verbleibenden Streitfragen um Burgund schürten den französisch-deutschen Hass bis 1956. Die Gebiete an Mosel und Saar waren immer fatal wacklig und wechselten dauernd den Besitzer. Ein großer Teil des Saargebiets, das 1814 in französischer Hand war, wurde – das war zu verlockend – Frankreich als Strafe für Napoleons kurzes Wiederauftauchen wieder abgenommen und Österreich geschenkt, das es wiederum Preußen schenkte, welches es 1870 benutzte, um nach Frankreich einzumarschieren. Ein düsteres Konglomerat aus Wäldern, Kohlebergwerken und Stahlwerken, wurde es auch weiter hin- und hergereicht, bis es 1956 durch eine (hoffentlich) letzte Volksabstimmung an Deutschland zurückkam, obwohl die Franzosen es unbedingt behalten wollten. Der Rest des burgundischen Territoriums, angrenzend an die Gott sei Dank neutrale Schweiz, war dann noch Elsass-Lothringen/Alsace-Lorraine und stand im Mittelpunkt dramatischer Ereignisse, einer von dummköpfiger Mittelalter- und Landkartenbegeisterung ausgelösten, geradezu klassischen Tragödie, in der man jeweils annektierte, was das Zeug hielt, und unzählige Menschen ihr Leben verloren oder vertrieben wurden. Die Franzosen waren mit dem Gebiet zynisch und opportunistisch, also nicht gerade zimperlich umgegangen, hatten aber darauf geachtet, dass die wichtigen Städte Metz und Straßburg jahrhundertelang in ihrer Gewalt blieben. Bismarck, der aus dem französisch-preußischen Krieg mal einen vorzeigbaren Gewinn schlagen wollte, der dem Gegner auch wehtat, annektierte ein großes Stück des Moseltals und des Elsass und schuf das Reichsland Elsass-Lothringen. Ein paar hunderttausend Franzosen wurden vertrieben. Die meisten, die blieben, sprachen deutsche Dialekte, und von Berlin regiert zu werden war vermutlich auch nicht schlechter als von Paris.

Doch *in* Paris veränderte sich nach dem Verlust Elsass-Lothringens alles; Wut und Demütigung waren so groß, dass Deutschland hinfort als schlimmster Erzfeind angesehen wurde. Die erste französische Aktion im Ersten Weltkrieg war dann auch, tausende Soldaten in den selbstmörderischen Sturm auf Elsass-Lothringen zu schicken.

Über fünfhundert Jahre nach dem Tod Karls des Kühnen bestimmten lothringisch-burgundische Fragen Europa noch immer. Wie bekannt, bekamen die Franzosen das Gebiet 1918 zurück und verloren es 1940 aufs Neue. Aber das »Freie Frankreich« kämpfte unter der Trikolore mit dem Lothringer Kreuz, und im Frühjahr 1941, als der Gedanke, Nazi-Deutschland schlagen zu können, in schrecklich weiter Ferne lag, schwor General Leclerc in der Libyschen Wüste, er werde seine Waffen erst dann niederlegen, wenn Metz und Straßburg befreit seien. Und genau das erreichte er im Winter 1944 – seine Sturheit wurde belohnt, und das war dann auch das Ende von mehr als siebenhundert Jahren Traumata und Verbohrtheiten auf beiden Seiten, des Landkarten-Studierens und Die-Geschichte-nicht-ruhen-Lassens.

Ich war einmal in einer Architekturausstellung in Frankfurt, in der Pläne zu sehen waren, wie die Nazis nach ihrem endgültigen Sieg Europa aufzubauen gedachten. Und siehe da: Im Mittelpunkt stand Straßburg als gefeierte Westgrenze des Reichs; auf einem großen, völlig abgedrehten Stadtplan sah man überall Triumphbögen und durch die Altstadt geschlagene, sternförmig verlaufende Aufmarschstraßen. Nach dem so viele Jahrhunderte währenden Unfug bleibt jetzt eigentlich nur zu hoffen, dass den Ländern Europas im Jahr 1945 ein für alle Mal die Lust vergangen ist, sich gegenseitig zu zerfleischen, und solcherlei Streitfragen nie wieder entbrennen.

Familienspiele

Man kann die neuzeitliche Geschichte Mitteleuropas anhand des Schicksals von nur vier Familien erzählen, den nordostdeutschen Hohenzollern, den mitteldeutschen Wettinern, den südostdeutschen Habsburgern und den süddeutschen Wittelsbachern. Diese Familien bestimmten mit ihrem Glanz und Elend vom Hochmittelalter bis zum Ende des Ersten Weltkrieges das Schicksal unzähliger Menschen auf dem europäischen Festland. Je nachdem, wen sie heirateten, besiegten oder schlugen, welche Reformen oder Steuern sie für nötig erachteten, ging es Generationen von Menschen besser oder schlechter. Natürlich hatten viele Deutsche, die nicht in ihrem unmittelbaren Herrschaftsgebiet wohnten, gar nicht viel mit ihnen zu tun; sie lebten in dem Flickenteppich des Reichs (und natürlich oft auf wunderschönen Flicken) vor sich hin, doch meist waren ihre Landesherren entweder mit den Hauptfamilien verwandt (wie zum Beispiel viele Fürstbischöfe) oder sie mussten auf mehr oder weniger unerfreuliche Art vor ihnen kriechen, um im Geschäft zu bleiben.

Nur in einem Computerspiel – das man *Lehnsherr* nennen könnte (und das wahrscheinlich nicht sehr profitabel wäre) – könnte man die unendlich komplexen Strukturen adäquat wiedergeben, die vom Treiben dieser Familien über die Generationen hinweg geschaffen wurden. Manchmal brachen ganze Zweige weg, manchmal entstanden durch günstige Heiraten riesige neue Territorien – politische oder religiöse Entscheidungen konnten beinahe über Nacht zu glänzendem Erfolg oder in den Ruin führen. Die treibende Kraft dieser Familien war die gebärfreudige Mutter. Nur mit einem männlichen Erben samt Zulieferersöhnen und -töchtern für dynastische Eheschließungen konnte die Show weitergehen. Unfälle, Homosexualität oder Wahnsinn mochten verheerende Lücken in die Familienstammbäume sprengen (die man geradezu manisch immer weiterführte und die schon im siebzehnten Jahrhundert irre Verzweigungen aufwiesen), doch solange Kinder kamen, ging es immer weiter mit der Dynastie. Viele Jahrhunderte lang produzierten die Habsburger zum Beispiel eine Myriade von flotten Erzherzögen und begehrten Maderln – Erstere waren Nachschub für Armee und Kirche, Letztere brachten einen kräftigen Schuss sinnenfeindlicher katholischer Frömmigkeit an den zuvor amüsierfreudigen Hof manch eines armen Gatten. Wenn sich die Habsburger aber mal eher zurückhielten oder sogar zeitweise kurz vor dem Aussterben standen, wedelten auf allen Seiten die Aasgeier mit ihren eigenen

Stammbäumen, um ihr heftiges Interesse an diesem oder jenem Thron zu begründen. Die Geschichte von Dynastien zu erzählen ist vollkommen aus der Mode gekommen. Versuche, Geschichte überhaupt anhand nationaler Herrscher, ihrer Heiraten und ihrer Kinder zu erklären, gelten heute als dumm und naiv, als detailversessener Klatsch. Ein Jammer! Aber vielleicht ist nicht die Verklatschtheit selbst das Verhängnis, sondern die Tatsache, dass die Verklatschtheit aus der schieren Unmöglichkeit herrührt, das Leben bei Hofe in seiner kaleidoskopartigen konkreten Vielgestaltigkeit darzustellen: Der Herrscher besaß ungeheure Macht, diese wurde aber auch eingeschränkt, weil die Familie mitreden wollte – nämlich Brüder und Schwestern, die sich für die nächste Generation in Väter, Mütter, Tanten und Onkel verwandelten –; und Menschen mit unterschiedlichsten Lebensaltern, Erfahrungsschätzen und geistigen Eignungen bestimmten über das Alltagsleben am Hof, Entscheidungen über Krieg und Frieden, Ehen, Bauvorhaben und Religionsangelegenheiten. Wir können versuchen, jemanden wie Kaiser Karl V., in seiner Persönlichkeit, seinen Zielen, seiner Frömmigkeit, seinen Interessen zu verstehen – aber können wir auch erfassen, welchen Einfluss seine oft schemenhaft bleibende Verwandtschaft, seine führenden Adelsherren, seine wechselnden, willkürlichen Beziehungen zu den Heerscharen seiner Familienangehörigen und anderer Gestalten über die Jahre hinweg hatten? Es ist schlicht zu viel; zu vieles passiert gleichzeitig. Jede bloß zu einem Viertel stimmige Darstellung der Herrschaft Karls V. müsste Tausende Seiten lang sein, um auch nur ein bisschen was von der Atmosphäre seiner komplizierten, faszinierenden Regierungszeit erstehen zu lassen. Kapitel um Kapitel bräuchte man, um zu vermitteln, warum er mit seinem Großvater verglichen wurde, dem unglaublich klugen, betörenden Maximilian I. Einerlei, niemand kann solche Bücher schreiben, und niemand würde sie drucken oder lesen. Wir halten uns also allein an die Figur des Herrschers, der natürlich seine Kinder gebärende oder nicht gebärende Gemahlin ebenso zur Seite hat wie den einen oder anderen undurchsichtigen Bruder, einen

Onkel oder die Mutter, und alle üben womöglich in beiläufigen, durchweg nicht aufgezeichneten Gesprächen riesigen Einfluss aus. Auch die Heerscharen von Adligen aller Couleur, Beichtvätern, Erziehern und königlichen Besuchern und Besucherinnen, die zu verschiedenen Zeiten womöglich heftig die Realgeschichte Europas mitgestaltet haben oder nicht, lassen wir außer Acht. Der verständnislos vor sich hin starrende oder jagdbesessene Dödel, der zufällig auf dem Thron sitzt, bemerkt sie sowieso nicht.

Auch wenn man also grob vereinfacht, wenn man sich nur an die gekrönten Häupter hält, ist die deutsche Geschichte allein schon deshalb so unendlich interessant und lustig, weil die Wettiner, die Hohenzollern, die Wittelsbacher und Habsburger zusammen einen absoluten Gemischtwarenladen an Geschlechterfolgen hervorbrachten, die miteinander rivalisierten, Beziehungen eingingen, aufstiegen, abstiegen, tot auf dem Schlachtfeld dahinsanken, den Verstand verloren oder einfach gar nichts taten. Die Beschäftigung mit solcherlei Dynastien bereitet ein Vergnügen, das denen verwehrt bleibt, deren Interessen sich auf die zweifellos lehrreiche, aber ermüdend zentralistische Geschichte Frankreichs oder Englands beschränken. Auch die englische royale Geschichte ist nicht ohne, aber letztlich liefert sie einfach nicht genug Futter – nur vier ermordete Könige (eventuell ein fünfter) in fast tausend Jahren, ein klar definierter Machtbereich und dreieinhalb Jahrhunderte lang kaum ernsthafte innere Konflikte. Was ist das im Vergleich beispielsweise zu der Wahnsinnsachterbahnfahrt der sächsischen Wettiner?

Überdies kann man seit dem Tod Wilhelms III. im Jahr 1702 den Monarchen im Prinzip ignorieren – das Heft in der Hand haben das Parlament und ein Netzwerk aus Militärs und Geschäftsleuten. In Deutschland war das anders. Hier konnten auch Herrscher sehr kleiner Territorien schalten und walten, wie sie wollten, und manchmal schufen sie wunderbare Höfe, ohne die die europäische Kultur kaum zu verstehen ist. Andere, größere, befehligten beachtliche Heere und geboten über das Schicksal von Millionen. Die extreme Unterschiedlichkeit ist unmöglich auf einen Nenner zu bringen. Nähme man sich einen beliebigen Monat in Deutschlands Geschichte vor, hätte man vermutlich ein fantastisches Spektrum von Herrschern vor sich: einen Soldaten, der in seiner Jugend mal eine Schlacht vermasselt hat, seitdem diskreditiert ist, aber auch vierzig Jahre später immer noch an seiner trostlosen wackligen Herrschaft festhält, einen aufrichtig frommen Erzbischof, der wie manisch sein eigenes monumentales Grabmal entwirft, einen sichtlich kränkelnden Knaben, dessen Hoffnungen auf künftige Herrschaft sich ohnehin bald zerschlagen, einen halb debilen Geizkragen und besessenen Alchemisten, der Säle voll seit Jahren ungeöffneter Korrespondenz hinterlässt, und dergleichen mehr.

All das war charakteristisch für Deutschland, und all das macht auch seine Geschichte, die in dieser Hinsicht erst nach und nach von Napoleon und dann von Bismarck geändert wurde, so eigentümlich. An entscheidenden Punkten geht es immer wieder um die Frage, wie die zahllosen Einzelherrscher individuell auf die nächste Herausforderung reagieren. Werden sie entschlossen handeln? Ist Entschlossenheit am Ende gar nicht angebracht? Und überhaupt: entschlossen gegen wen? Ist ein Landesherr einfach zu alt oder zu jung, um eine Gelegenheit beim Schopfe zu packen? Oder zu wahnsinnig? Oder dummerweise gerade im Heiligen Land? Oder schlägt er sich mit den Türken herum und kann nicht rechtzeitig zurückkommen? Schuldet er seinem Nachbarn Loyalität, dessen Burg weiter oben am Fluss oder im nächsten Tal ist, oder dem Kaiser in Wien? Oder seinem Bruder, dem Bischof in Würzburg?

Dass ständig solcherlei Fragen bedacht werden mussten, führte dazu, dass alle großen Umwälzungen in der Geschichte Deutschlands, von seiner Entstehung im frühen Mittelalter bis zum Fall der Berliner Mauer (und vermutlich darüber hinaus) merkwürdig reaktiv und instabil waren. Das Nichtvorhandensein einer zentralen Macht (eines London oder Paris) führte einerseits zu Chaos, ließ aber andererseits Raum für große Kreativität und reichlich Abwechslung.

Man kann sich auch zu sehr in diese Sache verbeißen. Unter der Ahnengemengelage in Schwaben, wo auf fast jedem Berg ein anderer Potentat sitzt, kann man sich zum Beispiel eine feudale Version von Jorge Luis Borges' *Die unendliche Bibliothek* vorstellen, eine Welt von so vielen Hundert Herrschern, dass zu jeder gegebenen Zeit jede Verhaltensvarietät möglich, ja eigentlich sicher ist. So verscheidet irgendwo ein Herrscher mit langem grauen Bart, umgeben von schluchzender Familie und Dienstmannen, woanders schießt ein gelangweilter adliger Schnösel Stücke aus den Gipsdekorationen im Ballsaal, ein Dritter nähert sich unsittlich einem Stallburschen, ein Vierter erzählt Anekdoten über die Türkenschlachten, Weitere starren Löcher in die Luft, gürten sich zum Kampf, treten zum Calvinismus über, wünschen sich ein um ein winziges bisschen größeres Schloss und so weiter und so fort. Diese schwindelerregende Diversität macht den Besuch eines jeden der Hunderte Schlösser zu einer beängstigenden Herausforderung – und ich persönlich muss immer damit rechnen, dass mir der Kopf platzt von den Millionen Einzelheiten, die der Führer erzählt: Wie die junge Gräfin in einem Turm eingemauert wurde, weil sie in einem nicht spirituellen Kontext mit ihrem Beichtvater erwischt wurde, oder was dabei herauskam, als die Strelitz-Nortibitzschen Länder überraschend an einen Cousin in Livland gingen, der aber auf dem Weg, die Grafschaft in Besitz zu nehmen, in einer Taverne kurz vor Rothenberg an der Pest dahinschied, womit nun der Anspruch der sehr versponnenen Nichte der Witwe galt, die schon lange in einem Kloster bei Bamberg lebte. Besser, wir fahren fort.

Stadtgewimmel

Im späten Mittelalter wird Deutschland politisch konsistenter und strukturierter. Es entwickelten sich Staaten mit festerer innerer Gestalt, Verwaltung und Gerichtswesen. Darüber, wie sich das konkret im Erscheinungsbild der Städte und Landschaften ausdrückte, kann man natürlich nur spekulieren, denn heute ist alles mehrfach umgebaut, und die Städte haben viele gewaltige Veränderungen erfahren. Doch in manchen Orten ist noch ein Hauch des fünfzehnten Jahrhunderts spürbar, während viele Relikte aus früheren Zeiten – Dome, Klöster, Überreste von Pfalzen – beinahe unweigerlich wie Dinosaurierknochen oder Objekte aus dem All anmuten. Malträtiert, ihrer Funktion beraubt, abgenutzt, überkrustet und gründlich aus ihrem gesellschaftlichen und politischen Kontext gerissen, wirken sie oft auf sehr gewinnende Weise fremd, solitär und unbegreiflich. Doch obwohl seit dem fünfzehnten Jahrhundert so mancher Krieg, manche Pestepidemie und mancher Brand ins Land gegangen ist, ist nicht zu verkennen, dass es in dieser Zeit einen gewissen städtischen Stolz und ein klares Bewusstsein davon gab, wie Gebäude aussehen sollten oder was an einen Marktplatz gehörte, ja, dass ein Ideal von Urbanität geherrscht haben muss, das viele spätere Generationen nach allfälligen Katastrophen nur zu gern wieder erschufen.

Schwäbisch Hall – das eigentlich nur Hall heißt, sich aber in den 1930er Jahren das zeitgemäß volkstümliche »Schwäbisch« wieder zulegte – ist ein perfektes Beispiel dafür. Im Mittelalter war es eine berühmt erfolgreiche und wohlhabende Stadt, in der man Salz gewann und für den Kaiser Münzen prägte. Es blieb bis 1802 Reichsstadt, dann schlug Napoleon es Württemberg zu. Hall mit seinen vielen hohen Fachwerkhäusern liegt an einer steilen Stelle im und über dem schroff eingeschnittenen Flusstal des Kocher. Unmöglich, nicht von seiner schieren Anmut angetan zu sein, den kleinen überdachten Holzbrücken, den mitten in der Stadt fischenden Fischreihern, der Stadtbefestigung, den leuchtenden Farben, den schönen Kirchen. Hall zeichnet sich überraschenderweise auch dadurch aus, dass es die Heimatstadt von Deutschlands einzigem Maler und Kunstschreiber ohne Arme war – er malte mit den Füßen. Und dennoch, hinter all dem Zauber steckt auch, dass die Stadt von Bränden verheert und im Dreißigjährigen Krieg von schwedischen Truppen finanziell zugrunde gerichtet wurde und lange Phasen total darniederlag. Sie hat eine Menge durchgemacht, und man sieht es ihr an. Außerdem hatte sie, wie so oft bei hübschen, properen deutschen Städtchen, in der Nähe ein Konzentrationslager und eine Messerschmitt-Fabrik. Hübsch und gepflegt ist Schwäbisch Hall heute, weil vom unten am Fluss sorgsam aus dem Blickfeld verbannten Hauptsitz der gleichnamigen Bausparkasse viel Geld in die Stadtkasse gespült wird.

Für mich haben diese Städte einen unbändigen Reiz, und weil Deutschland im späten Mittelalter so vielfältig und wohlhabend war, gibt es sie auch überall. Es mochte politisch noch so drunter und drüber gehen, die großen Handelsstraßen von der Britischen Insel in die Türkei oder von Afrika nach Russland verliefen alle durch die deutschen Städte mit ihren Gasthöfen, Märkten und jeweiligen Besonderheiten. Die Wege führten über Bergpässe und durch Flusstäler und um große Wälder herum, aber jede Stadt bot innerhalb ihrer Mauern Sicherheit und Handelsmöglichkeiten für Heerscharen von Fuhrleuten, Gepäckträgern und Kaufleuten. Einige Städte wurden von diesem Verkehr abgeschnitten und entwickelten sich nicht weiter – blieben konserviert –, doch ihr Aussehen wurde zu einem Ideal von Stadt, und auch andere Orte hielten nun an dem Ensemble von Mauern, Toren, Marktplatz, Rathausplatz und großer Kirche durch alle Fährnisse hindurch fest. Im achtzehnten Jahrhundert gestatteten sie sich manchmal ein paar revolutionär neue, edle, klassizistische Gebäude, aber im Allgemeinen ließen sie alles, wie es war. So geschehen in Marburg, Freiberg, Schwäbisch Hall, Hildesheim, Schwäbisch Gmünd, Weikersheim, Goslar – die Liste kann beliebig verlängert werden.

Das Schöne an diesen Städten ist, dass wir sie im Geist bevölkern können. Es gibt bezaubernde realistische Bilder aus dem fünfzehnten und vor allem dem sechzehnten Jahrhundert, Skulpturen, Zeichnungen oder Gemälde mit den Bewohnern; plötzlich wird Nordeuropa durch die Arbeit von Künstlern lebendig, die aufgrund des neuen Geschmacks und der neuen Techniken über ihre eigentlichen Absichten hinaus den Menschen ein ewiges Denkmal gesetzt haben, die über diese Marktplätze liefen oder in diesen Kirchen beteten. Den Anfang machten die Holzschnitzer. Es gab unendlich viele Darstellungen des Leidens und Sterbens Jesu Christi, und wir können geradezu dankbar sein, dass die Schnitzer und Bildhauer es nicht allzu genau damit nahmen, was Jesus und seine Freunde in Hitze und Staub des Heiligen Landes am Leibe trugen. Nach etwa 1500 explodierte der Schaffensrausch der deutschen Künstler dann in Gemälden mit demselben Thema, und heute ist in den Museen unübersehbar, dass anscheinend jede kleine Pfarrkirche um 1505 ein gewaltiges neues Altarbild in Auftrag gab, das aus einer der vielen Werkstätten mit ihren Hautfarbenspezialisten, Fans der beiden Schächer oder Golgatha-Experten kam.

Da die Passionsaltäre für die Gesellschaften und die Zeit geschaffen wurden, in denen Betrachter und Schöpfer lebten – ebenso wie die Gemälde, Feste und Theaterstücke mit religiösen Themen –, sind sie voll der Dinge, die wir heute so mögen. Und wie gut, dass die Soldaten Jesus auf seinem Leidensweg bewachen, verspotten, seine Kleidung unter sich aufteilen und ein Nickerchen vor seinem Grab machen mussten. Nur deshalb können wir uns nämlich nun an ganzen Armeen spätmittelalterlicher Soldaten in ihren bunt zusammengewürfelten Rüstungen erfreuen – an Science-Fiction-artigen Helmen mit weit in den Nacken hinuntergezogenen Schallern, Kettenhemden, gefütterten Wämsern und mit Nieten beschlagenen Bruststücken, an Schwertern, Armbrüsten und Arkebusen. Dieses nicht uniformierte, wilde Durcheinander aus Metall und Lederzeug und gelegentlich sicher auch die verkniffenen, harten Gesichter sah man einst auf tausenden von Stadtmauern mit ihren wehrhaften Toren und Zinnen zur Sperrstunde oder wenn die Alarmglocken läuteten. Zum Glück hatte Jesus auch mit vielen verschiedenen Spöttern aus höheren gesellschaftlichen Schichten zu tun: Kaufleute, Richter, Zuschauer sind in diesen Kunstwerken mit ihren protzigen Hüten, todschicken Umhängen, dekorativen Gürteln und Schnallen und den komischen farbigen Strumpfhosen wie Insekten in Bernstein erhalten.

Bei den van Eycks oder bei Dürer sieht man die dazugehörigen Stadtlandschaften oft deutlich im Hintergrund – imposante Mauer- und Kirchtürme, Brücken aus Stein oder Holz, stattliche Kaufmannshäuser. In *Gelächter im Dunkel*, einem von Nabokovs Berlin-Romanen, kommt ein Millionär vor, der aus Pieter Brueghels des Älteren Gemälde *Die niederländischen Sprichwörter* gern einen opulenten Zeichentrickfilm machen möchte, damit die unzähligen Bewohner einmal aus ihren erstarrten Posen heraustreten können, den Aalschwanz loslassen oder weiter mit der Armbrust auf Pfannkuchen auf einem Dach schießen (dieses flämische Sprichwort recherchiere ich nicht). Natürlich ist die Idee verrückt und sinnlos, aber sie kommt einem immer wieder in den Kopf, wenn man durch Schwäbisch Hall oder Marburgs geheimnisvolle Oberstadt mit den krummbuckligen alten Häusern wandert: Hier ist alles noch so lebendig und konkret, dass die Welt von damals greifbar zu werden scheint.

Als Fantasie ist diese Ära wunderschön, doch als echtes Leben natürlich ein Desaster. Viele Deutsche ziehen jederzeit gern und bereitwillig historische Kostüme an, und in Schwäbisch Hall pflegt man diese Unsitte ganz besonders. Landauf, landab feiert man unzählige Feste, bei denen Menschen sich in seltsamer Aufmachung wie ihre Altvorderen abmühen, nicht mehr gebräuchliche Musikinstrumente zu spielen, mittels unnötig arbeitsaufwendiger Prozeduren Salz zu gewinnen oder ihre Mitmenschen von den Vorzügen von Nahrungsmitteln zu überzeugen, die zum Glück nicht mehr gegessen werden. Das alles wäre vielleicht noch vergnüglich, wenn es in sich abgeschlossen wäre, wenn zum Beispiel alle Schwäbisch Haller Bürger so täten, als lebten sie im 16. Jahrhundert, sie für die Dauer der Festivitäten mit Straßensperren und Polizeihubschraubern von der Außenwelt abgeschnitten blieben und das Ganze sozusagen als nach innen gerichtetes Spiel spielten. Aber nein, man will Touristen anlocken, und es läuft umgekehrt. Die Stadt verschwindet unter Massen von Videokameras schwenkenden Zeitgenossen in Tommy-Hilfiger-Freizeitkleidung, und dazwischen bieten vereinzelte bekittelte Wesen vertrocknete Kuchenstücke feil, oder in dem wirren, aber eindeutig aktuell stattfindenden Gewühle führen »Falkner« mit Stulpenhandschuhen, ganz verloren wirkend, völlig anachronistisch ihre Vögel vor.

Schlimmstenfalls sind diese nostalgisch verklärten Festivitäten harmlos und vielleicht sogar rührend. Von ihrer Nazi-Völkischkeit ist die Verkleiderei lang befreit, aber offenbar deshalb so unwiderstehlich, weil man sich in eine Zeit ohne die Schrecken der Moderne versetzt. Im Schwäbisch Haller Stadtmuseum habe ich ein bezeichnendes Gemälde gesehen, das den makellos intakten Marktplatz, wie er im 16. Jahrhundert aussah, bei Nacht im Jahr 1871 zeigt, als die gesamte Einwohnerschaft die Schaffung des Deutschen Reiches und ihre Eingemeindung darein bejubelt. Das Bild ist fast schwarz, aber eine Lampe dahinter beleuchtet Fahnen, Lampen und Feuerwerk. Eindeutig ist die Botschaft: Der Hauptmarkt dieser zutiefst lokalpatriotischen kleinen Stadt, Schauplatz vieler früherer großer Ereignisse, wird nun Zeuge, wie eine neue Seite in der Stadtgeschichte aufgeschlagen wird. Im Museum gibt es daneben Fotos des Platzes aus den 1930ern, und aus denselben Fenstern und an denselben Fahnenstangen wehen riesige Hakenkreuzflaggen und schmücken Gasthof und Kirche. Menschen aus Schwäbisch Hall verübten bis Mitte der 1940er Jahren schreckliche Gräueltaten in ganz Europa, und sie beziehungsweise ihre Nachkommen wohnen weiterhin hier. Sich an eine hellere, buntere, hoffnungsvollere Vergangenheit zu klammern ist vielleicht ja ganz gut.

Reichskreise

Die gar nicht großen, aber sehr vitalen Städte bildeten wichtige Stationen auf den Verkehrswegen, die von Norditalien bis hinauf zur holländischen Küste verliefen; auf Karren und Lastkähnen, in den Satteltaschen der Pferde und auf den Rücken der Menschen wurden Dinge, aber auch Ideen hin und her verfrachtet. Es war eine gut funktionierende Welt, geordnet und organisiert, schwer bewaffnet und wachsam, und abgesehen von nicht seltenen katastrophalen Ausnahmen konnte man davon ausgehen, dass das Reisen einigermaßen sicher war. Die meisten Menschen bewegten sich nur in einem kleinen Umkreis, sodass Güter von vielen Menschen transportiert wurden und ihr Wert mit jeder Übergabe von einer Hand zur anderen stieg. Richtig Geld verdiente aber natürlich nur der, der seine Waren ohne Dutzende Mittelsmänner, die die Transporte außerdem ungemein verzögerten, auf eigenes Risiko von eigenen Leuten durch die Gegend schleppen ließ. Dabei waren die Vermögen, die sich mit dem lokalen oder dem Fernverkehr machen ließen, höchst unterschiedlich; große Handelsherren in Antwerpen oder Nürnberg standen neben unzähligen kleinen Krautern. Auf manchen Dürer-Zeichnungen kann man in diese Welt eintreten – Wiesen, zerklüftete Mauern, Kirchtürme, die auch als Wachtürme fungieren, holprige Gassen und krumme Ziegeldächer –, und Nachklänge daran findet man in Bamberg oder Quedlinburg oder sogar in den kulissenartigen, wiederaufgebauten Ensembles in Münster oder Frankfurt.

Im fünfzehnten Jahrhundert geriet das Reich gehörig ins Trudeln, weil die Kaiser (insbesondere Sigismund und dann »des Heiligen Römischen Reiches Erzschlafmütze« Friedrich III.) es versäumten, sich ausreichend darum zu kümmern, und sich in ihre Stammlande zurückzogen. Diese Unsicherheit führte später im Jahrhundert zur Erfindung der wichtigen »Reichskreise«: Herzogtümer und kleinere Territorien schlossen sich zur Verteidigung und zur gemeinsamen Vertretung vor dem Kaiser zusammen. Auf den Weg gebracht von Maximilian I. auf dem Reichstag zu Worms 1495, kristallisierten sich die Einzelheiten der Reichsreform während der nächsten Jahre langsam heraus, am Ende aber hatte man unter anderem ein ständig tagendes Reichskammergericht (nach Stationen in Frankfurt und Speyer in Wetzlar ansässig) und den Reichshofrat in Wien, wenn beide auch unselig widersprüchliche Zuständigkeiten besaßen. Im »Heiligen Römischen Reich Deutscher Nation« wurde nun mit dem »Gemeinen Pfennig« auch eine Zeitlang so etwas wie eine Reichssteuer erhoben.

Viele Jahre lang fanden die Reichstage an keinem festen Ort statt, man traf sich in Worms oder Nürnberg, wo es gerade passte. In Regensburg tagte man erst seit Ende des siebzehnten Jahrhunderts, dann aber gleich »immerwährend«, bis Napoleon dem ein Ende setzte. Es ist ein Vergnügen, dort im Reichssaal herumzuschlendern, der nach wie vor durchdrungen ist von einem halbarchaischen Geist offenbar durchaus funktionierender Kompromissfindungen und gegenseitigen Respekts. Der wunderschöne kleine Raum mit der Holzdecke und dem Reichsadler gewinnt noch mal an Leben, wenn man die »Fragstatt« im Keller besucht, lustvoll mit Streckbett, Stock und gruseliger Beleuchtung eingerichtet – ein kleines Kruzifix auf einem Ständer in der Ecke verleiht dem Ganzen noch einen Anstrich besonderer Bigotterie. Trotz dieses herrlichen Extras behält der Reichssaal seine Würde und bleibt interessant.

Wenn man dort sitzt und über das nachdenkt, was hier verhandelt wurde, spürt man unweigerlich auch, welch geballtem Hass das Heilige Römische Reich ausgesetzt war. Schließlich hat es in seiner neuzeitlichen Gestalt mehr als dreihundert Jahre überdauert und davor in allen möglichen Varianten ja auch schon viele Jahrhunderte. Deutsche Nationalisten hassten es natürlich per se, denn es war eindeutig ein dezentraler Vielvölkerstaat. Und darin verfestigte sich nun eine geradezu manische, vermuffte Bürokratie (und man könnte glauben, dass sich Kafkas *Der Prozess* und *Das Schloss* hierauf beziehen und nicht auf die Moderne); manchmal dauerte es buchstäblich Jahrhunderte, bis ein Rechtsfall am Reichskammergericht gelöst wurde, und Wartezeiten für Verhandlungstermine konnten mehr als eine Lebensspanne umfassen. Doch das Reich hielt sich, trotz unglaublichen Drucks während Reformation und Dreißigjährigen Kriegs, trotz unzähliger gewalttätiger Auseinandersetzungen wegen der sich ständig verschiebenden Bündnisse. Bis zum Auftreten Napoleons stand seine Existenz nie in Frage.

Die Reichskreise begrenzten die Souveränität einzelner Mitglieder; das bekamen selbst so bedeutende Staaten wie Sachsen oder das geistliche Kurfürstentum Köln zu spüren. Doch sie schützten auch hunderte Klein- und Splitterstaaten, die halb unabhängigen Klöster und Burgen, die in vielerlei Hinsicht ja gerade das Positive an Deutschland ausmachten – sie garantierten, wenn auch widerstrebend, dass nach der Reformation verschiedene Religionsauffassungen toleriert wurden; und nach vielem Blutvergießen war eine gewisse Vielfalt auch in dem ebenso vielfältig strukturierten Reich verankert. Ein besonderer Fall war etwa der Burgundische Reichskreis mit den Niederlanden (Norden und Süden); dort nahmen die Unabhängigkeitsbestrebungen, die schließlich zur Gründung der Niederlande und (im neunzehnten Jahrhundert) Belgiens führten, ihren Ausgang. Vielleicht wurde durch das System der Reichskreise aber auch, in bedauerlichem Gegensatz zu so dynamischen Ländern wie England und Frankreich, das Entstehen eines deutschen Nationalgefühls behindert; bis Ende des achtzehnten Jahrhunderts sollte es noch dauern, bis man in Deutschland wirklich so weit war. Deutsch zu sein muss immer dann Spaß gemacht haben, wenn sich ein Habsburger Kaiser nach dem anderen abstrampelte, die Vorherrschaft über das Reich zu gewinnen, und regelmäßig Schiffbruch erlitt und man als glücklicher Bewohner der Mergentheimer Besitztümer des Deutschritterordens oder der Grafschaft Öttingen-Öttingen weiter brav und bieder vor sich hin leben und die »teutschen Libertäten« genießen konnte. Für Londoner oder Pariser Anhänger eines starken Zentralstaats wäre ein solches Arrangement der Dinge zwar absolut inakzeptabel gewesen, doch angesichts späterer Entwicklungen in Deutschland scheint es heute durchaus wieder seinen Reiz zu haben.

Habsburger

An meinen sechzehnten Geburtstag kann ich mich gut erinnern, denn er fiel auf dasselbe Datum wie der eines deutschen Schulfreundes. Als ich mich mit ihm über die Ereignisse des Tages austauschte, war ich leichtsinnigerweise vorgeprescht und hatte ihm erzählt, dass ich mit meinen Eltern und Geschwistern und einem

Takeaway vom Chinesen zu Hause gefeiert und Simon and Garfunkels *Greatest Hits* geschenkt bekommen hatte. Was ich natürlich alles total toll fand – »Feeling Groovy«. Der deutsche Freund konterte, er habe ein Motorrad bekommen und mit einer Freundin seiner Mutter geschlafen. Lebhaft erinnere ich mich daran, wie überfordert ich von dieser Mitteilung war, aber ich glaube eigentlich nicht, dass sie solchen psychischen Schaden anrichtete, dass ich daraufhin süchtig nach deutscher Geschichte wurde.

Auch die schon erwähnte Reise ins Elsass und deren Auswirkung auf mich scheint mir keine hinreichende Erklärung. Schlussendlich war die Beschäftigung mit Deutschland vielleicht eine Übersprungshandlung. Mit Mitte zwanzig zog ich nach New York, und so gut es mir dort auch gefiel, stürzte ich mich in der Folgezeit nicht etwa in die US-amerikanische Kultur, sondern schlug eine andere Richtung ein. Ich lernte Deutsch beziehungsweise versuchte es, vertiefte mich in die deutsche Literatur und schrieb selbst über Deutschland. Meine Bibel war Claudio Magris' *Donau. Biographie eines Flusses*. Darin folgt er dem Fluss von einer matschigen Wiese im Schwarzwald bis zum Delta in Bulgarien. Ich las auch jahrelang in lockerer Folge k. u. k. Literatur, insbesondere die zur großen Ernüchterung während und nach den Katastrophen der Weltkriege, als die Vielvölkerwelt zerbrach: Stefan Zweig, Gregor von Rezzori, Joseph Roth, Arthur Schnitzler, Robert Musil und auch Franz Kafka. Besonders beeindruckt war ich von Rezzoris *Blumen im Schnee*, das trotz des dämlichen Titels großartige Skizzen über das Leben in der nördlichen Bukowina und ihrer Hauptstadt Czernowitz enthält, jetzt im äußersten Westen der Ukraine gelegen. Die Provinz war mit ihrer erstaunlichen Mischung aus Deutschen, Juden, galizischen Polen, Roma, Ukrainern und Rumänen fast eine Parodie auf die Habsburger Vielfalt, und Rezzori beschreibt wunderschön, wie die Stadt in den 1920er Jahren rumänisch wurde, nun Cernăuți hieß und die Vielfalt schon bedroht war. Im Zweiten Weltkrieg kamen fast alle Menschen dort um oder flüchteten, und es blieben fast nur die Ukrainer übrig. Im Buch wandert Rezzori zum Schluss durch die Stadt von heute (namens Tscherniwzi) und erkennt sie kaum wieder.

So, über Umwege habe ich nun gesagt, dass ich mein Interesse an allem Deutschen viel weniger an Deutschland festmachen kann als an Österreich oder genauer, an den Habsburger Landen.

Die Habsburger waren immer eher österreichisch als deutsch, und sie regierten ein groteskes Sammelsurium an Territorien, aber erst durch mein Interesse an ihnen rückte Deutschland überhaupt in mein Blickfeld. Ich fand abscheulich, was nach ihrem Verschwinden passierte; dass sich zum Beispiel die rivalisierenden nationalen Gruppen, die sie einmal mit ziemlichem Erfolg gemanagt hatten, bis weit in die 1990er Jahre gegenseitig in Stücke rissen. In der deutschen Geschichte passierte das eigentlich Wichtige oft in Wien, und der Rest des Reichs folgte auf dem Fuße – das galt leider auch mit schlimmsten Konsequenzen bis ins zwanzigste Jahrhundert.

Ich liebe die Habsburger also über alles – trotz der eher enttäuschenden Familienmitglieder, die besonders in den letzten Jahrhunderten ihrer erstaunlich langen Herrschaft auftraten. Selbst kämpferische Kaiser wie Leopold I. (der sich während seiner gesamten fast fünfzigjährigen Regierungszeit wirklich immer mit irgendjemandem balgte) hinterließen ein eigentümlich blasses Vermächtnis und praktizierten, von ihrer Rolle überfordert, eine düstere, inbrünstige Frömmigkeit der weniger unterhaltsamen Art.

Doch ein paar frühe Habsburger ergriffen alle Möglichkeiten, die sich ihnen boten, beim Schopfe, und in Innsbruck kann man das Ergebnis davon heute noch bewundern. Im Prinzip ist die Stadt groß, nüchtern und langweilig; wie in allen Gebirgsstädten haben Eis, Wind und Salz weithin sichtbaren feinen, aber deprimierenden Schaden angerichtet. Doch Trostlosigkeit und Fadheit werden durch zwei spektakuläre Dinge wettgemacht.

1519 starb Kaiser Maximilian I. nach einem langen Leben, das erfüllt war von Kriegführen, Kinderzeugen, Festefeiern und Ehenstiften für seine Sprösslinge. Seine Regierungszeit mutet wie ein ungeheuer in die Länge gezogenes Kartenspiel an, in dem ein Spieler mit Lässigkeit, Glück und Geschick am Ende buchstäblich alles einstreicht. Maximilian lebte sogar so lange, dass er die Zukunft seiner Enkel organisieren konnte und Zeuge wurde, wie daraus eine neue Runde europaweiter Dramen entstand, eine Soap von umwerfender Komplexität. Leider starb er vor den Episoden, in denen aus den sechs Kindern der Ehe seines Sohnes Philipp des Schönen mit der kastilischen Johanna der Wahnsinnigen zwei Kaiser und vier Königinnen wurden. Sensationell! Dank Maximilian ergatterten die Habsburger Spanien, die Neue Welt, die Niederlande, die Franche-Comté (i. e. die Freigrafschaft Burgund), Ungarn, Böhmen, Teile Italiens und größere Gebiete überall in Deutschland. Er verlor nur die Schweiz, die nach der Schlacht von Dornach 1499 ihrer eigenen verrückten Wege ging und in dieser Geschichte nicht mehr vorkommen wird.

Maximilians Lust am Leben ist unendlich bezaubernd, wenn auch vielleicht irreführend. Er wusste sehr viel, er tat sehr viel, er reiste überallhin, genoss die Renaissance beziehungsweise das, was davon über die Alpen kam, er ließ sich von Dürer porträtieren und von speichelleckenden Humanisten umschwänzeln, während er darüber nachsann, ob er sich der Nachwelt auf Deko-Elementen nun eher als Erbe von Äneas oder Noah zeigen sollte. In seinen letzten Lebensjahren pflegte er das einzigartige Hobby, sein Grabmal in Innsbruck zu entwerfen. Im stolzen Bewusstsein seiner großen Leistungen wollte er es so monumental und prächtig gestalten, dass es ewig Bestand haben würde. Nachdem er bei verschiedenen klassischen Gelehrten und Künstlern Rat eingeholt hatte, ersann er ein riesiges Objekt – mit sich selbst als Kniendem obendrauf –, das in der Mitte der von seinem Nachfolger zu erbauenden Hofkirche aufgestellt werden sollte. Und weil das noch nicht imposant genug war, sollten achtundzwanzig Bronzefiguren um das Grabmal stehen, bunt zusammengewürfelte reale Vorgänger, Zeitgenossen und mythische Ahnen. Manche der Modelle lebten noch – und Maximilian überwachte höchstpersönlich die Produktion einiger Statuen. Sie sind weit über zwei Meter groß, und auf Fotos kommt kaum rüber, wie massiv sie sind und wie schön das Material ist: Bronze für Kleider,

Haut und Rüstungen. Leider konnte der Kaiser sein Projekt nicht zu Ende bringen – nicht zuletzt, weil er ganz woanders begraben wurde. Aber manche der Statuen zählen mit Fug und Recht zu den größten deutschen Kunstwerken. König Artus und König Theoderich wurden bei Peter Vischer dem Älteren in Nürnberg wahrscheinlich nach Vorlagen von Dürer gefertigt und sind schwer zu übertreffende Meisterstücke. Dagegen werden die vielen Skulpturen aus dem neunzehnten Jahrhundert, als die Deutschen vergeblich versuchten, den Geist der Gotik und Renaissance wiederzubeleben, zum traurigen, lächerlichen Abklatsch. Andere Statuen von Maximilian sind wunderschöne Beispiele für damalige Kleidung und Frisuren. Ein alter König von Portugal, der kein Abbild von sich hinterließ, wurde in voller Rüstung mit heruntergezogenem Visier gezeigt, weil man ja nicht wusste, wie sein Gesicht aussah, und so steht er hier als Renaissance-Roboter. Aber manches sorgt auch für Heiterkeit, wie etwa Rudolf I. von Habsburg mit seiner wohlgewölbten Schamkapsel, an der die Bronze nur so glänzt, nachdem in all den Jahrhunderten natürlich zahllose Finger darübergestrichen sind, oder die extravagant gekleidete polnische Prinzessin Zimburgis von Masowien (Maximilians Großmutter), die so stark war, dass sie mit bloßen Händen ein Hufeisen gerade biegen und Nägel aus einer Wand ziehen konnte.

Die zweite Attraktion erwartet den Besucher auf Schloss Ambras, Heim von Maximilians Urenkel, Erzherzog Ferdinand II., Herrscher von Tirol und den Vorlanden, einem Potpourri von Territorien um den Schwarzwald herum. Ferdinands Leben war auch nicht ohne: Er kämpfte gegen die Türken, regierte Böhmen, heiratete gesetzeswidrig und klandestin die männermordend schöne Tochter eines Bankers und sammelte emsig Rüstungen, Waffen, Bilder und Kuriositäten, von denen auch heute noch viele in den Räumen sind, die er erbauen ließ, um sie darin auszustellen. Sein großer Sammlerrivale war sein Neffe, Kaiser Rudolf II., der nach Ferdinands Tod 1595 einiges aus dessen Sammlungen auf sein düsteres Schloss in Prag verbrachte, wo dann vieles im Dreißigjährigen Krieg von schwedischen Soldaten gestohlen wurde. Das, was übrig ist, vermittelt aber immer noch einen starken Eindruck von Ferdinand als kultiviertem, rastlosem Mann der Tat. Massenhaft liegen Waffen und Rüstungen herum, irre Helme und berühmte Stücke, wie zum Beispiel eine Rüstung von Ludwig II., König von Ungarn, der zwanzigjährig zusammen mit drei Vierteln des ungarischen Adels 1526 in der Schlacht von Mohács den Tod fand. Die meisten Rüstungen sind natürlich weniger interessant – doch die Tatsache, dass die des berühmten Ludwig, Ferdinands verehrtem Onkel, hier ausgestellt wird, zeigt, was für eine Rolle Familie, Gewalt, Glück und Unglück sowie Erbe und Vermächtnisse im Leben der Habsburger im sechzehnten Jahrhundert spielten.

Ferdinands großer Augenblick war gekommen, als er etwa dreißig Jahre nach Mohács die letzten christlichen Teile Westungarns gegen die Türken verteidigte. Sein gesamtes Leben war von der Möglichkeit eines weiteren Vordringens der Muselmanen überschattet gewesen (und an den Wänden in Ambras fehlt es dementsprechend auch nicht an osmanischen Trophäen, Köchern, Bögen und Schilden), und Dauerthema bei ihm und seinen Gästen waren sicher die verheerenden Rückschläge, der heroische Widerstand und die grässlichen Unfälle in jeder Feldzugssaison. Als er den riesigen »Spanischen Saal« auf Schloss Ambras bauen ließ, kam 1571 die Nachricht, dass christliche Streitkräfte es endlich geschafft hatten, der osmanischen Flotte bei Lepanto erheblichen Schaden zuzufügen. In Ambras gedenkt man dessen mit enormen, ziemlich reißerischen Gemälden der wichtigen Befehlshaber, und immer schwingt mit, dass es hier genauso um familiären Stolz wie um historische Ereignisse ging.

Ambras ist im Übrigen nicht nur wegen der Porträts der Habsburger berühmt (manche davon wunderbar, andere weniger), sondern auch wegen der Kuriosa, die Ferdinand so liebte: Gemälde der am ganzen Körper dicht behaarten Familie von der Insel Teneriffa (ein kleines Mädchen mit Affengesicht, im Stil von Velázquez gemalt), die Rüstung eines Hofriesen, das Bild eines ungarischen Adligen, der eine Lanze im Schädel überlebte (sie steckt noch drin, kommt am Hinterkopf herein und aus einem Auge wieder heraus – unglaublich, wenn man das schreckliche Bild betrachtet, muss man gleich an

Otto Dix denken), das Gemälde eines Zwerges, der bei den Hochzeitsfeierlichkeiten Wilhelms V. von Bayern und Renatas von Lothringen angeblich aus einer Pastete gesprungen ist. Letzteres ein feines Beispiel für den eher kruden Humor der Zeit – nachgeahmt vermutlich an Dutzenden anderer, immer unbedeutenderer Renaissancehöfe, wo betrübte Zwerge wahrscheinlich ständig damit beschäftigt waren, sich Teigbröckchen von den Schultern zu wischen.

Aber Ambras hat noch mehr zu bieten: Es gibt einen gekreuzigten Jesus aus Korallen und Muscheln sowie einen aus einer ausgebleichten Baumwurzel, konkave Spiegel, indische Dolche, einen nordafrikanischen Kaftan von ungefähr 1580, der aussieht wie ein Hippie-Mitbringsel aus dem Jahr 1970, ein schelmisch posierendes Skelett. Schön ist in der gesamten Kollektion sicher nur weniges, dafür aber umso schräger.

Ferdinand und Rudolf schufen dank ihres immensen Reichtums und ihrer grenzenlosen Neugierde freilich auch eine der entscheidenden Grundlagen für die wissenschaftliche Revolution. Sicher, ihre Interessen haben etwas von Jahrmarkt, doch weil sie sich auch intensiv mit Astronomie, Alchemie, merkwürdigen Zweigen der Medizin beschäftigten, merkt man an der Sammlung auf Schloss Ambras, wie gefährlich, hellwach und ruhelos die Zeit war, in der sie entstand, und dass Persönlichkeiten fasziniert waren von den vielen neuen Möglichkeiten, die sich ihnen boten. Spätere Habsburger mögen Langweiler sein, doch in Innsbruck wird man daran erinnert, warum sie einmal so eindrucksvoll und verhasst waren.

Fünftes Kapitel

Spitze, runde, eckige Türme
Ein Geburtshaus und ein Sterbehaus
Des Teufels Dudelsack
Der Herrscher der Welt
Das Neue Jerusalem
Ein unglücklicher Weinhändler

Martin Luther als Türke, Fanatiker, Barbar etc.: katholische Darstellung, Anfang der 1520er Jahre. Anspielung auf das Siebenköpfige Ungeheuer aus der Offenbarung des Johannes.

Spitze, runde, eckige Türme

Die freien Reichsstädte sind die wahren Helden Deutschlands. Im Verlauf des Mittelalters schafften sie es, sich von lokalen Feudalherren freizumachen, oder sie wurden direkt vom Kaiser gegründet und hielten sich von da an, oft mit erheblichem Glück *und* Verstand, als halb unabhängige Staatengebilde. Politisch nur dem Kaiser gegenüber verantwortlich, der meist anderweitig (und wirklich weit weg) beschäftigt war, lagen sie über das Heilige Römische Reich verstreut, ein fröhliches merkantiles Kontrastprogramm zu ihren an die Residenz gebundenen geistlichen oder weltlichen Nachbarn.

Diese Städte sind teilweise deshalb so reizvoll, weil sie mit ihren typischen Ensembles von Rathaus und Rathausplatz, feinen Läden und plätscherndem Brunnen gleichzeitig etwas Spielzeugstadt-Freundliches, Vernünftiges und Reelles haben. In Wirklichkeit waren sie wahrscheinlich oft bigott, erstickend, gesellschaftlich streng hierarchisiert und langweilig, doch da so vieles von dem, was in Deutschland wertvoll und positiv ist, aus den freien Reichsstädten stammt, kann nicht alles falsch gewesen sein, was in ihren Mauern ablief.

Dabei sind sie höchst unterschiedlich. Manche waren kaum Städte und schafften es, wenig entwickelt, wie sie waren, gerade mal, sich ihrer Nachbarn zu erwehren. Andere waren sehr kompakt, und aus einem Pünktchen auf der Landkarte wie beispielsweise Regensburg, nach dem kein Hahn krähte, schossen seltsame, mehrstöckige Kaufmannshäuser wie Pilze aus dem Boden, nachdem die Bürger um das Jahr 1140 die weit und breit einzige Brücke über die Donau gebaut und damit eine wahre Goldmine aufgetan hatten. Auch Ulm und Straßburg waren recht kompakt und dominierten ein Stückchen des Flusses, an dem sie lagen – Ulms Stadtbefestigung an der Donau und daran geschmiegt das Fischerviertel sind zwar reichlich restauriert, aber man merkt immer noch, wie autonom und imposant die Stadt einmal war.

Andere Städte – Nürnberg und Hamburg zum Beispiel – besaßen über ihr Kerngebiet hinaus ausgedehnte, isolierte Territorien, die selbst durchaus bedeutend sein mochten. In vielen Fällen war die Eigenständigkeit der Städte streng begrenzt. Auch wenn sie vor Waffen und Türmen strotzten – sie prosperierten nur, wenn sie wirtschaftliche Umschlagplätze für ihre Regionen blieben, und mussten sich mit ihnen vertragen. Selbst innerhalb der Städte gab es allerlei Enklaven und Merkwürdigkeiten – Klöster oder Domkapitel konnten große Grundstücke besitzen und der Kaiser sowie kaiserliche Beamte hatten eine Vielzahl von Rechten (man denke nur an die Kaiserwahlen in Frankfurt und den »Immerwährenden Reichstag« in Regensburg). In manchen Städten machten sich extraterritoriale Machthaber richtig breit. Nürnberg hatte im späten Mittelalter das Pech, dass die Familie der Zollern die neu errichtete Burggrafenburg mitten in der Stadt erbte. Die Bürger der Stadt bauten darauf ihre eigene Burg mit dem Luginsland, und forthin beäugte man einander misstrauisch (wer tat den ersten Schlag?) von immer aufwendigeren Türmen, Mauern und Zinnen aus. 1427 schließlich verkauften die Zollern ihre geschleifte Burg an die Stadt, aber auch heute noch prägt eine merkwürdige, wunderbare Masse Mauerwerk das Bild Nürnbergs.

Köln war die Hauptstadt des Territoriums des Erzbischofs von Köln, eines der bedeutendsten Landesherren im Heiligen Römischen Reich, Kurfürst und Träger eines der ältesten nordeuropäischen geistlichen Titel. Aber 1288 unterstützte der Erzbischof in einem absolut vertrackten Gebietsstreit die falsche Seite, wurde im Kampf gefangen genommen und für immer aus der Stadt vertrieben. Köln wurde freie Reichsstadt, und die zähneknirschenden Erzbischöfe mussten forthin mehrere Jahrhunderte lang in Bonn schmoren.

Die freien Reichsstädte besaßen trotz ihrer eingeschränkten Eigenständigkeit ein hohes bürgerliches Selbstbewusstsein, das sich in üppiger Prachtentfaltung ausdrückte, in fantastischen Rathäusern, beträchtlichem Mäzenatentum und heftigem Konkurrenzkampf mit den anderen freien Reichsstädten, was den kulturellen Aufschwung insgesamt beförderte. Natürlich trugen dazu auch die Landesherren,

Könige, Erzbischöfe und der kaiserliche Hof selbst in erheblichem Maße bei, doch mit ihren vielen schönen Bauten, dem vielen Gold, den wundervollen Brunnen und einladenden Wäldern von spitzen, runden und eckigen Türmen waren diese Städte in einer Zeit, in der zum Beispiel an Berlin noch keiner dachte, atemberaubend schön. Nürnberg ist in gewisser Hinsicht ein tragisches Beispiel. Natürlich ist und bleibt es die Stadt der nationalsozialistischen Reichsparteitage und Massenaufmärsche, der Rassengesetzgebung und später der Kriegsverbrecherprozesse. Als ich zum ersten Mal nach Nürnberg kam, war ich bass erstaunt, dass ich von dieser schönen Stadt zuvor gar keine Vorstellung gehabt hatte. Diese so lebendige Stadt, für die europäische Kultur einst so wichtig wie Siena, ist heute über deutsche Grenzen hinaus kaum bekannt, und daran zeigt sich, wie sehr andere Länder Deutschland im zwanzigsten Jahrhundert aus ihrem Bewusstsein ausgeklammert haben, wenn es nicht um Krieg und Verbrechen ging. Für die Deutschen ist sie nach wie vor der Inbegriff einer mittelalterlichen deutschen Stadt (und war natürlich bei den Nazis deshalb so beliebt), aber obwohl sie auf einer Million deutscher Geschirrtücher, billiger Drucke, Bierhumpen und Tischsets abgebildet ist, würde sie in Großbritannien oder den Vereinigten Staaten wohl kaum jemand darauf erkennen.

Und dennoch: Die Heimatstadt Dürers war eine der großen Städte der Kartografen, Bronzegießer und Holzschnitzer, Goldschmiede und Hersteller von Rüstungen – in der Renaissance vermutlich eine der interessantesten und spannendsten Städte der Welt. Große Teile der Stadtmauer, Bastionen, Türme besitzt sie heute noch, wenn auch heftig restauriert, ebenso wie düstere kleine Gassen und riesige öffentliche Brunnen. Ein Besuch in Dürers Haus freilich ist erschütternd (»Hier war vielleicht die Küche, vielleicht aber auch nicht«); doch ein paar Patrizierhäuser mit erhaltenen Inneneinrichtungen, hübschen Holzschnitzereien und sonstigem Zierrat, großen Eichentischen und vielen anderen wertvollen und interessanten Dingen, kann man in der durch Bomben im Zweiten Weltkrieg stark zerstörten Stadt noch besichtigen. Mein liebstes Stück in Nürnberg ist der älteste noch erhaltene Globus der Welt, der »Erdapfel«, 1492 angefertigt von dem kosmopolitischen Nürnberger Seefahrer Martin Behaim. Vom Alter und inkompetenter Restaurierung arg mitgenommen, bewahrt der »Erdapfel« wundersamerweise die Zeit kurz vor Kolumbus: Der Atlantik ist übersät mit Fantasieinseln wie St. Brandan, die unwirsche Seeleute noch Jahre danach von ihren Karten getilgt haben müssen; Sansibar und Madagaskar sind gleich groß und – aufgemerkt! – bis Zipangu (Japan) ist es von den Azoren aus nur eine kleine Paddeltour gen Westen.

Behaim suchte mit einer Gruppe, zu der auch Kaiser Maximilian gehörte, einen Sponsor für einen Trip nach Japan und China, und es ist sogar ein Brief aus dem Sommer 1493 erhalten, in dem Maximilian Behaim und andere dem König von Portugal für eine solche Expedition empfiehlt. Doch vier Monate zuvor war Kolumbus – der, dem nämlichen Irrtum über den Seeweg nach Indien erlegen, die Meere befuhr – schon wieder in Spanien gelandet, hatte den gesamten Kurs der Menschheitsgeschichte geändert, und der »Erdapfel« und seine Sicht der Welt sahen alt aus. Schon komisch, dass dieser eine Gegenstand so viele Aspekte des spätmittelalterlichen Nürnberg auf sich vereint: Können und Sachverstand (Metallarbeiten, Kartografie, Malerei, Verbreitung von Wissen), Ehrgeiz (die Stadtwappen schmücken dicht gedrängt den Südpol des »Erdapfels«, der selbst ja auch auf die wichtige Beziehung zu Maximilian verwies) und schließliches Scheitern (er wurde genau zu dem Zeitpunkt hergestellt, als das Mittelalter zu Ende ging, der neue Atlantikhandel begann und eine Welt entstand, in der Nürnberg allmählich zur Provinz verkam).

Fast genauso magisch ist das außergewöhnlich vielgestaltige Bronzegrabmal für den heiligen Sebald (in einer Kirche, die selbst eine der vielgestaltigsten, schönsten und anrührendsten in Mitteleuropa ist), ein Fantasiegebilde von der Größe eines Kleinwagens, auf dem es von Heiligen und Blumen, Drachen und Knaben wimmelt und das von riesigen Bronzeschnecken getragen wird, die den langsamen Weg des Menschen zu Gott symbolisieren. Es wurde nach Plänen Peter Vischers des Älteren in dessen Werkstatt gegossen; auch er befindet sich in Arbeitskleidung unter den Figuren. Was für eine wunderschöne Idee! Da die Reformation in Nürnberg in sehr gemäßigten Bahnen verlief, wurde das Grabmal gerettet und nicht wie so vieles zerschlagen oder eingeschmolzen.

Nichts von all diesen Herrlichkeiten hat auf das Germanische Nationalmuseum abgefärbt, einen monströsen Komplex von Hallen aus dem neunzehnten Jahrhundert, in denen die deutsche Kultur in all ihren Facetten gezeigt werden soll (das heißt, man sieht endlose Reihen von Oboen, Heiligen, Kelchen und Tiroler Masken). Da das Museum einem ermüdenden Vollständigkeitswahn huldigt, gehen schöne Ausstellungsstücke ziemlich unter. Die pure Freude übermannte mich aber, als ich ein pseudomittelalterliches Buntglasfenster entdeckte, das Bismarck gestiftet hat und auf dem er selbst in voller Montur in einer Ecke steht – beides zu Ehren der alten Nürnberger Rüstungsschmiedekunst und mal wieder ein feines Beispiel für die hirnrissige deutsche Manie im neunzehnten Jahrhundert, sich zu sehr mit dem Mittelalter zu identifizieren.

Die freien Reichsstädte spezialisierten sich, wie erwähnt, in der Regel auf bestimmte Produkte oder Dienstleistungen und wurden damit berühmt – Frankfurt und Augsburg mit den mächtigen Bankern, Schwäbisch Hall mit seinen Salzbergwerken und der Münze, Hamburg mit Seehandel und Fisch. Es waren insgesamt etwa fünfundsiebzig Städte; manche florierten, manche gingen irgendwann ein. Andere waren immer unbedeutend, und man versteht gar nicht, wie sie überlebten. Na, vielleicht gerade, weil sie arm und fade waren. (Bopfingen ist so eine Stadt, deren Namen man wohl eher selten in den Mund nimmt.) Nürnberg lag hübsch an einer Kreuzung von Handelswegen, doch als diese sich zunehmend aufs Meer verlagerten und der amerikanische Doppelkontinent und Asien immer beliebter wurden, verlor es wie viele dieser Binnenwirtschaftsstandorte seine Lebenskraft schon vor den Gräueln des Dreißigjährigen Krieges. Heute ist die Stadt aber auch deshalb so attraktiv, weil sie damals in Kraftlosigkeit erstarrte und so Synonym für den Charme des Alten und für ökonomischen Stillstand wurde; heruntergekommen und nur noch ein Schatten seiner selbst, wurde Nürnberg während der Napoleonischen Kriege schließlich als Trostpreis von Bayern einkassiert. Mit einer gewissen Zwangsläufigkeit gingen die freien Reichsstädte, die zu schwach zur Wahrung ihrer Unabhängigkeit waren, eine nach der anderen in ihrer Umgebung auf. Wirten (nun plötzlich Verdun), Metz und Tull (Toul) wurden in den 1550er Jahren von den Franzosen ergattert. Mit vollkommen absurden Rechtfertigungen und übler Gewaltanwendung annektierte in den 1670er/80er Jahren Ludwig XIV. Cambrai, Kolmar (Colmar) und Straßburg (Strasbourg).

Bremen beanspruchte den Status der freien Stadt (also die Unabhängigkeit vom Erzstift Bremen, der weltlichen Herrschaft des Erzbischofs) schon seit dem dreizehnten Jahrhundert, förmlich anerkannt wurde der aber erst 1541 und 1666. Trotz mannigfaltiger Rückschläge schaffte es irgendwie bis heute, halbwegs seine Unabhängigkeit zu bewahren. In einem Anbau des Doms hütet es Attraktionen absonderlicher Art: die mumifizierten Leichen in der Stadt verstorbener Unbekannter oder Reisender, darunter auch die einer englischen Abenteurerin mit orangefarbenen Fingernägeln und entzückend schokoladenfarbigem Teint, als »Lady Stanhope« bekannt.

Gänzlich aufgeräumt wurde mit den Freien Reichsstädten 1803, als das Heilige Römische Reich in den letzten Zügen lag und Napoleon sich hinsetzte und die Städte an seine bereits geifernden deutschen Lieblingsverbündeten verteilte, die damit endlich über vernünftige, zusammenhängende Territorien verfügten. Bremen sank tief, als es von Frankreich besetzt wurde und sich zu seinem Schrecken in Brême verwandelte, Hauptstadt des französischen Departements Bouches-du-Weser. Mit Frankreichs Niederlage hieß es natürlich wieder Kommando zurück, doch viele der von Napoleon neu geschaffenen Staaten blieben bestehen – wenn auch in höchst angepasster Form –, und die freien Reichsstädte, die ihnen zugefallen waren, verblieben in ihrer Hand: Augsburg bei Bayern, Ulm bei Württemberg, Dortmund bei Preußen und so weiter.

Am Ende der Napoleonzeit gelang es nur Bremen, Hamburg, Frankfurt und Lübeck, ihre Unabhängigkeit im Deutschen Bund wiederzuerlangen. Frankfurt verlor sie 1866, weil es das Bündnis der Staaten unterstützt hatte, die mit Österreich gegen Preußen gekämpft hatten. Der Bürgermeister Karl Fellner brachte sich um, als preußische Truppen die Stadt besetzten. Die unendlich schöpferische, hoch entwickelte Stadt (deren Schönheit nach Bombardierung und Wiederaufbau für immer dahin ist) wurde als Bonus von dem Moloch Preußen geschluckt, der sich für ihre spezifischen urbanen Traditionen nicht sonderlich interessierte. Lübeck hielt sich, aber die bewundernswerte Entscheidung seines Stadtrats, Hitler 1925 Redeverbot zu erteilen, rächte sich, und es wurde 1937 der preußischen Provinz Schleswig-Holstein zugeschlagen (als Ausgleich für Land, das Preußen an Hamburg verloren hatte, als dessen Territorium neu geordnet wurde), und dabei blieb es. Am Ende des Zweiten Weltkrieges waren also nur noch das von den Amerikanern besetzte Bremen und das von den Briten besetzte Hamburg als freie Städte übrig, und beide haben ihren Status als Stadtstaaten bewahrt. Dass Bremen mit Bremerhaven immer noch einen territorial separaten Hafen besitzt, ist eine letzte freundliche Erinnerung an den geografischen Wahnsinn, der Deutschland einmal zu so einem verwirrenden, aber spannenden Land gemacht hat.

Ein Geburtshaus und ein Sterbehaus

Martin Luther wurde 1483 in der thüringischen Bergarbeiterstadt Eisleben geboren. Sein Geburtshaus ist eines dieser höchst unterhaltsamen katastrophalen Beispiele eines getürkten Erbes, von denen es in Deutschland so viele gibt. Luthers Familie wohnte nämlich nur ein paar Monate in dem Haus, verließ dann die Stadt, und das Haus brannte im siebzehnten Jahrhundert ab! Viele Eislebener waren nicht gelinde schockiert, als mit größter Sorgfalt ein neues Haus gebaut und zu seinem Geburtshaus deklariert wurde, aber vollkommen anders aussah. In welchem Zimmer der bedeutende Gelehrte geboren war, hatte man ohnehin nie gewusst, denn als die Familie dort so kurzzeitig gewohnt hatte, hatte sich niemand für sie interessiert. Um zu vertuschen, dass die Bande zu Luther nur zart und eigentlich gar nicht vorhanden waren, erbettelten die Betreiber Andenken an den großen Mann und hatten zum Schluss ein paar kurze Episteln, eine wunderschöne Bibel aus dem fünfzehnten Jahrhundert und einige nichtssagende Medaillons zusammengebracht. Dann richteten sie einen hübschen Saal mit den üblichen Gemälden von Kurfürsten und sonstigen Landesherren ein, und das Ganze hielt sich bis ins neunzehnte Jahrhundert. Da interessierte sich plötzlich der preußische König dafür, und Ende des Jahrhunderts ordnete einer seiner Beamten – entsetzt darüber, dass das Haus so dicht gedrängt zwischen anderen nicht »malerisch« genug erschien – den Abriss der umliegenden Gebäude an.

Der Papst höchstpersönlich hätte sich bestimmt zu einem milden Lächeln hinreißen lassen, hätte er gesehen, wie schwer man sich hier damit tat, solch eine jämmerlich unbedeutende, unechte heilige Stätte am Leben zu erhalten – die Geburtshausverwalter waren dann auch vor ein paar Jahren so verzweifelt, dass sie nun volles Risiko gingen. Jetzt können Besucher in einem Raum mit einer hölzernen Wiege und ein paar recht neu anmutenden Möbelstücken herumschlendern. Aus verborgenen Lautsprechern erklingen typische Geräusche aus dem fünfzehnten Jahrhundert: Hufe klappern, Karren räder knirschen, Hunde bellen. Dann – schreit ein Säugling (der kleine Martin!), und seine Mutter singt ein Wiegenlied.

Typisch, ich Pechvogel war zum jährlichen Spektakel anlässlich Luthers Geburtstags in Eisleben. Um die Statue des stattlichen Mannes auf dem Marktplatz versammelt, tranken die üblichen, in Sackleinen gehüllten Mitwirkenden Met und lauschten Bänkelsängern, die unzüchtige Lieder mehr oder weniger aus Lutherzeiten zum Besten gaben. Die Rückkopplungsgeräusche aus den Bühnenlautsprechern hätten den Säugling und Reformator in spe in seiner

Wiege aus dem Schlaf gerissen. Manchmal habe ich den Eindruck, als sei die gesamte Generation der deutschen Studenten mit vagen Sympathien für die Baader-Meinhof-Gruppe in den 1970er Jahren dazu verurteilt worden, den Rest ihres Lebens als Eisenschmiede, Salto schlagende Akrobaten und Fahnenschwenker bei diesen dämlichen Festen zuzubringen und von Stadt zu Stadt zu ziehen, emsig auf der Suche nach trivialen Jubiläen, bei denen sie Kerzen, Honig und Obstler verhökern kann. Und komischerweise tritt die nächste, ganz andere Generation in die Fußstapfen ihrer Eltern. Ob das zu einem immer wieder neu aufgelegten staatlichen Schutzprogramm gehört, dank dessen geläuterte Terroristen und ehemalige DDR-Spitzel zwar ihre Freiheit behalten, aber hinfort lebenslang als Balladensänger oder Stadtausrufer fronen müssen? Ein grimmiger, als Luther verkleideter Mann, der offenbar die Nase total voll hatte, saß in seiner dienstfreien Zeit in der Hotelbar, um sich einen hinter die Bind zu gießen.

Luthers Verbindungen zu Eisleben waren wirklich sehr dünn. Dennoch betonte er immer, dass es sein Geburtsort sei, und als er, schon betagt, einmal dorthin zurückkehrte, um als Schiedsrichter in einem Erbstreit um Grundstücke zu fungieren, hielt er in der wettergegerbten stattlichen Andreaskirche noch ein paar Predigten und verschied. Mit dem Ergebnis, dass man heute mit einem preiswerten »Kombi-Ticket« Luthers Geburts- und Sterbehaus besichtigen kann und nicht einmal hundert Meter weit laufen muss. Angesichts dessen, wie mehr oder minder spannende Luther-Erinnerungsstätten in Deutschland aus dem Boden sprießen, können die in Eisleben wenigstens ein »Von Alpha bis Omega« für sich in Anspruch nehmen. Natürlich war Luther zum Zeitpunkt seines Todes sehr berühmt, und sein Sterbehaus ist, obwohl auch hier Inneneinrichtung und Raumaufteilung nicht original sind, authentischer und damit weniger unterhaltsam.

Zu Luthers Zeiten gehörte Eisleben zur Grafschaft Mansfeld, einem Zentrum des Bergbaus im damaligen Europa; aus gefährlichen Tiefen förderte man Kupfer und Silber. Luthers Vater war Hüttenmeister, und es ist endlos und letztendlich sinnlos darüber spekuliert worden, wie sehr Martin von einer derart kapitalistischen Herkunft geprägt war. Man weiß auch nicht, welche Rolle das neue Handwerk des Buchdrucks spielte. Wäre Luther ohne den Buchdruck überhaupt denkbar? Jan Hus, dem großen, doch erfolglosen, auf dem Scheiterhaufen verbrannten Reformatoren, stand er zu Beginn des fünfzehnten Jahrhunderts noch nicht zur Verfügung. Aber was der entscheidende Unterschied war, warum zu Luthers Zeiten solche gewaltigen Änderungen im religiösen Leben in Europa möglich wurden, ist schwer zu sagen – zu zahlreich sind die Variablen.

Man kann auch Luthers Werk nicht neutral sehen – genauso wenig wie das der Männer um ihn herum, wie Melanchthon, oder derer, die er beeinflusste, wie Zwingli und Calvin. Die Auffassung vieler Generationen von Protestanten, dass eigentlich Luther die Zukunft repräsentiert habe und der Protestantismus in sich immer fortschrittlich und dynamisch gewesen sei, besaß bis vor kurzem weithin große Anziehungs- und Überzeugungskraft. Das nach 1871 vereinigte Deutschland stand lange unter einer regelrechten Zerreißprobe, weil Bismarck die katholischen südlichen Teile des Landes eigentlich für rückständig und unpatriotisch hielt, obwohl man in Baden zum Beispiel nicht minder dynamisch und tüchtig war als anderswo. Max Weber schrieb in seinem berühmt närrischen Werk *Die protestantische Ethik und der Geist des Kapitalismus* bestimmte Tugenden dem Protestantismus zu, obwohl selbst Länder wie das katholische Belgien in Schwerindustrie, Wissenschaft und Forschung, Finanzplanung und Ausbeutung der Kolonien verdächtig reüssierten. Die überwiegende Mehrheit der Christen, die natürlich immer katholisch oder orthodox blieb, betrachtete die eingebildeten Protestanten mit einer Mischung aus Amüsement und Ärger.

Luthers ursprüngliche Anziehungskraft blieb allerdings so mächtig, dass die Geschichte eines Deutschland, das im Sumpf von Rückständigkeit und Verderbtheit feststeckt, aber plötzlich in die schwarz gewandete, nüchterne Neuzeit springt, perfekt passte. Der Katholizismus tat das Seinige dazu, und so konnte es passieren, dass die Hauptkirche von Halle protestantisch wurde, kaum dass Albrecht von Brandenburg, einer der mächtigsten Männer im Reich (erst zusammen mit seinem Bruder Kurfürst von Brandenburg, dann Erzbischof von Magdeburg, dann Kurfürst von Mainz), sie zum Zeichen des Triumphs des Katholizismus über den Protestantismus hatte erbauen lassen. Heute besitzt sie zwei wunderbare Altarbilder aus der Werkstatt Cranachs, auf denen im Vordergrund Albrecht selbst jovial mit ein paar Heiligen zusammensteht, die – sehr hilfreich – die ihnen zugeordneten Erkennungszeichen dabeihaben, Christophorus den kleinen Jesus, Katharina das Rad, auf das sie geflochten wurde. Wenn man bedenkt, wie viele der jungen Frauen auf den Gemälden entweder Freundinnen von Jesus waren oder für seine Sache schreckliche Märtyrertode starben, sieht man doch mit einem gewissen Amüsement, wie der Maler, getreu der Werkstatttradition, Frauen nicht anders als verrucht darstellen kann. Auf jeden Fall sieht Albrecht mit seinen juwelenbesetzten Handschuhen wie der Prototyp eines Katholiken aus, der unter dem Gewicht seiner Klunker kaum stehen kann – schon das Grund genug für eine Reformation! Dass Albrecht in Wirklichkeit ein kluger Kopf und komplexer Charakter war, geht natürlich hier, wo Samt und Seide und lose Mädels dominieren, vollkommen verloren.

Des Teufels Dudelsack

Protestantismus und Katholizismus hielten sich in Mitteleuropa zwar jahrhundertelang im Würgegriff, stützten einander aber auch. Zum Beispiel passte beiden die Auffassung vom Papst als ewiger, über den Menschen stehender Autorität, dessen Unanfechtbarkeit bis zu den Anwürfen des abtrünnigen Wittenberger Mönchs nicht in Frage gestellt worden war, gut ins Konzept. Die Katholiken stilisierten ihr Zurückschlagen als Kampf um die Wiederherstellung der alten, gottgegebenen Stellung des Papstes angesichts der vom Teufel angestachelten Ketzer – unschwer ist das der berühmtesten aller prokatholischen Karikaturen zu entnehmen, auf der Satan einen Dudelsack spielt, der aussieht wie Luthers Gesicht. Die Protestanten wiederum konnten sich ganz besonders tapfer und erhaben fühlen, weil sie es mit einem solch unverbesserlichen Monster der Verderbtheit aufnahmen, das, von Zombie-Soldatenmönchen bewacht, in heuchlerischem Luxus faul in Rom herumlag. Natürlich hatte sich der Papst immer Herausforderungen an seine Autorität stellen müssen; Häretikern, Gegenpäpsten, neuen, verstörenden Gedanken. Ja, die einhundertundfünfzig Jahre vor der Reformation waren überschattet gewesen von bizarren Ideen, kurzlebigen Sekten, Wahnvisionen, Hexerei, Menschen, die sich auf Prozessionen wie Besessene gebärdeten.

Böhmen wurde durch den Kampf gegen eine Reihe buntscheckiger Ketzer zerrissen, die in einer langen Tradition des Aufbegehrens gegen die päpstliche Autorität standen. Irgendwann muss der Papst jede nächste Postzustellung gefürchtet haben – besser gesagt, *die Päpste*, denn nicht selten gab es zwei miteinander rivalisierende. Merkwürdigerweise förderte die Bedrohung durch den Protestantismus eine viel grellere, echtere päpstliche Härte, als sie vorher möglich gewesen war. Je mehr der Protestantismus Fuß fasste, desto brutaler reagierte die katholische Kirche.

Die Reformation selbst begann bekanntermaßen 1517 in Wittenberg, einer heute beschaulichen, kleinen Stadt, doch damals Standort einer neuen, relativ freidenkerischen Universität, zum Unruheherd geradezu prädestiniert. Ein gutes Beispiel dafür, wie spätere Zeitalter die Vergangenheit zu verbessern wähnten (nicht, dass man etwa Judensäue entfernt hätte), ist die ursprünglich ziemlich schlicht gehaltene Schlosskirche, an deren Tür Luther angeblich seine fünfundneunzig Thesen genagelt hat und die im neunzehnten Jahrhundert aufgehübscht wurde. Der riesige, vollkommen verrückte Turm mit den gotischen Lettern, die »Ein feste Burg ist unser Gott« geradezu herausbrüllen, verleiht Wittenberg etwas so überraschend Imposantes, wie es keines der authentischen alten Gebäude vermag. Durch die Stadt ergießt sich ein nicht nachlassender Strom protestantischer Touristen, offenbar die einzige Einkommensquelle. Die berühmte Tür ist ein völlig überkandidelter Ersatz (die echte ereilte ein jähes Ende im Siebenjährigen Krieg), doch trotz allen übertriebenen Dekors ist der Gedanke aufregend, dass diese kleine Stadt Europa in zwei Teile gespalten hat. Die holzgetäfelten Räume, in denen Luther und seine Hausfrau ihre vielen Besucher empfingen, sind erhalten, und die Neugierigen und Frommen stapfen unermüdlich hindurch. (Herrlich, auf einem Holzpaneel ist noch das Autogramm Peters des Großen zu sehen!)

Man kann das Drama der Reformation letztlich nicht von den Ereignissen trennen, die sie dann scheinbar auslöste. Natürlich hätten politische Streitigkeiten, besonders die üblichen zwischen Landesherren und Kaiser, ohnehin stattgefunden, doch von nun an hatten sie alle einen neuen, religiösen Unterton. Nachdem Luther seine überzeugende Kritik am Papst geleistet hatte – die auch aus vielen tatsächlichen oder vorgeschobenen religiösen Gründen von verschiedenen Landesherren geteilt wurde –, hätte im Grunde alles Mögliche passieren können. Unter dem Schutz der Landesherren wurde Luther zur regelrechten Naturgewalt. Er brachte ein Pamphlet nach dem anderen heraus und übersetzte die Bibel ins Deutsche, womit er gleichzeitig den Grundstein dafür legte, dass das Deutsche – bis dahin in regional ziemlich unterschiedlichen Dialekten gesprochen und geschrieben – zu einer einheitlichen Schriftsprache wurde.

Der Protestantismus mutierte rasch zu vielen Formen, die aus vorher schon weit verbreiteter Unzufriedenheit mit der Kirche und Opposition gegen sie sowie eigenen, merkwürdigen religiösen Praktiken entsprangen und deren Entwicklung Luther nicht steuern konnte. Trotzdem wurden alle folgenden Ereignisse betrachtet, als hätten sie etwas mit ihm zu tun. Wie zum Beispiel die Bauernkriege, in denen unter anderem die thüringische Stadt Mühlhausen eine Rolle spielte, in der wiederum viel später Johann Röbling geboren wurde, der Architekt der Brooklyn Bridge (der offenbar das Weite suchte, sobald er konnte).

Auf Luthers Forderung nach Reformen hin erhoben sich in weiten Teilen Mitteldeutschlands von heftigen Glaubensgefühlen aufgewühlte kleine und große Bauern, Knechte und Kirchenmänner und massakrierten ihre Herren. Solche Unruhen hatte es zuvor auch schon gegeben, doch der Streit um die Religion verlieh den Revolten neuen Schwung, und man kann ohne Übertreibung sagen, dass die Bauernaufstände zur größten Erhebung in Europa vor der Französischen Revolution wurden. Szenen von kaum glaublicher Grausamkeit spielten sich in einer Region nach der anderen ab.

Mühlhausen wurde Hauptquartier eines der Führer des Krieges, Thomas Müntzers, der schon aus mehreren Städten wie zum Beispiel Prag ausgewiesen worden war und sich auch in Mühlhausen nur illegal aufhielt. Ein Mystiker und durch und durch unpraktischer Mann, der zwar Utopien hatte, aber eigentlich nie selbst das Ruder übernahm. Jahrhunderte später fiel er Karl Marx und Friedrich Engels auf, die befanden, sie könnten ihn trotz seiner tiefen Religiosität auch grad zum Kommunisten machen. Was wiederum bedeutete, dass die Deutsche Demokratische Republik ihn liebte: Hier hatte man nun einen Deutschen, der Deutschland einen tadellosen kommunistischen Stammbaum geben konnte. Der Glücksfall, dass er auf nun kommunistisch regiertem Gebiet gekämpft hatte und sein fünfhundertster Geburtstag ins Jahr 1988 fiel, bescherte der DDR einen letzten Erregungsschnaufer, und Mühlhausen wurde zum Ort seiner säkularen Anbetung verwandelt. Das hat man teilweise nun wieder zurückgefahren, doch Müntzer bleibt eine merkwürdig omnipräsente Gestalt – und ein faszinierendes Beispiel dafür, wie rapide die Reformation (nur acht Jahre nach Luthers Thesen) vollkommen aus dem Ruder lief.

Es konnten nur deshalb immer wieder neue Aufstände entflammen, weil die Truppen Kaiser Karls V. in Italien waren, wo sie eine Invasion der Franzosen verhindern sollten. Kaum waren diese 1525 in der verheerenden Schlacht bei Pavia geschlagen worden, schickte man die überlebenden Soldaten zurück über die Alpen, wo sie bei Frankenhausen prompt ein Blutbad unter Müntzers zerlumpten, verzweifelten Anhängern anrichteten. (Am Schauplatz des Massakers gab die DDR das vollkommen lächerliche, wenn auch faszinierende größte Ölgemälde der Welt bei Werner Tübke in Auftrag; es wurde in den 1980er Jahren in einem ans sechzehnte Jahrhundert gemahnenden Stil gemalt, verströmt aber eher etwas von der Stimmung eines Fantasyromans von Terry Pratchett. Man gab dem Gemälde einen von den Schlagwort-Titeln, deretwegen die DDR jetzt so verschrullt klingt, und nannte es *Die frühbürgerliche Revolution in Deutschland*.) Das Ganze endete mit Vierteilung und Zerstückelung der urkommunistischen, aber merkwürdig frommen Revolutionäre; Müntzer selbst wurde gefangen genommen, gefoltert und (in Mühlhausen) hingerichtet und sein kopfloser Leichnam ausgestellt, den überlebenden Mühlhausenern zur Mahnung, sich künftig wohl zu verhalten.

Mochte der Papst auch Angst vor weiteren Einbrüchen haben, Luther ließen derartige schlechte Nachrichten kalt. Seine insgesamt doch eher konservativen und gemäßigten Ideen entfesselten bei einzelnen Menschen regelrechten Irrsinn; viele bildeten sich ein, nun stehe die Wiederkunft Christi unmittelbar bevor. Luther war ein hasserfüllter Gegner der Bauernkriege und vehementer Befürworter des Status quo, doch in dem Spektrum zunehmend wahnwitziger Glaubensrichtungen wurde das Luthertum zu einem (wenn auch wichtigen) Glauben unter vielen.

Der Herrscher der Welt

Komplizierter wurde die Reformation mit Regierungsantritt Kaiser Karls V. Von diesem außergewöhnlichen Mann hat man heute nur noch ein verschwommenes Bild, doch für das sechzehnte Jahrhundert könnte man ihn mit Napoleon oder sogar Hitler vergleichen – in dem Sinne, dass seine Entscheidungen und Handlungen auf ganz Europa außerordentlichen Einfluss hatten. Bis zum Auftreten Napoleons gab es niemanden von solcher Größe und Macht, selbst Friedrich der Große war gegen ihn ein Provinzhansel.

Karl war Burgunder aus Gent und sein Aufstieg schwindelerregend; durch mehrere dynastische Zufälle erbte er 1506 zuerst die burgundischen Lande, wurde dann König von Spanien – wobei er natürlich Länder in Süditalien und Amerika bekam –, erbte beim Tode seines Großvaters Maximilian alle Habsburger Lande in Österreich und ergatterte 1519 mit Hilfe horrender Bestechungssummen den Part als Römisch-Deutscher Kaiser. Im Verlauf von neunzehn Jahren wurde er unbeschreiblich mächtig (aus Mexiko kam ja auch ständig Beute nach) und war schließlich davon überzeugt, dass er der von Gott gegebene Herrscher der gesamten christlichen Welt war.

Karl war klug, sehr gebildet und tapfer und verplemperte auch seine freie Zeit nicht. Zum Beispiel schlief er mit einer Regensburger Gürtlerstochter, die ihm einen Sohn gebar, Don Juan de Austria, unter dessen Oberbefehl die osmanische Flotte bei Lepanto zerstört wurde. Regensburg gedenkt dieses Techtelmechtels Karls heute ein wenig verschämt mit einer Statue und einer Plakette. Karl V. steht für etwas Neues und ein wenig Moderneres, das lässt sich nicht nur an den Porträtbildern von ihm erkennen (deren Schein natürlich trügt), sondern auch an seiner hohen Bildung und seinen hohen Zielen. Während sich sein kaiserlicher Vorgänger Maximilian I. wie die englischen Könige Eduard IV. und Heinrich VII. auf Gemälden im burgundischen Schick des fünfzehnten Jahrhunderts ziemlich unnahbar und unergründlich zeigt oder, wie in dem kurz vor seinem Tod von Dürer angefertigten großen ernsten Porträt im feinen Pelz, etwas von einem mittelalterlichen Weisen hat, macht Karl, vor allem in den entschieden neumodischen Bildern von Tizian, einen ganz anderen Eindruck.

Da er während seiner gesamten Regierungszeit unterwegs war, gibt es kaum ein Gasthaus an einem schönen Stadtplatz irgendwo in Deutschland, in dem er nicht irgendwann residiert hat. Hoch motiviert, bar aller Finanzsorgen, klapperte er unermüdlich seine so unterschiedlichen Lande in Europa ab, die sich mit einigen kleineren Lücken von Gibraltar bis Siebenbürgen erstreckten. Karl kämpfte gegen alle und alles; aus Ererbtem und Erobertem richtete er einen neuen Unterstaat in Nordwesteuropa ein und erfand damit unbeabsichtigt, aber gerade rechtzeitig die Niederlande, die sich dann gegen seinen Nachfolger erheben konnten; er kämpfte gegen die Türken, er kämpfte gegen die Franzosen. Vor allem aber hörte er sich auf dem Reichstag zu Worms Luthers Argumente zur Reform an – und lehnte sie ab. Es mag eine Illusion gewesen sein, aber man hielt es für nicht ganz unmöglich, dass Karl mit seiner ungeheuren Macht und seinem Ansehen einen Kompromiss hätte aushandeln können, gemäß dem man hoffte, das Papsttum zu reformieren (viele Papsttreue hätten das ja durchaus gern gesehen) und auch Luther in diesen Prozess einzubinden. Stattdessen entschied sich Karl für Repression. Luther war unter kaiserlichem Schutz nach Worms gereist, und dann musste er Zuflucht auf der Burg des Kurfürsten von Sachsen nehmen.

Karls Entscheidung, den Protestantismus auszumerzen, spaltete Europa und führte sein eigenes Scheitern herbei. Es gelang ihm nämlich genauso wenig wie allen anderen, den Kontinent in der Weise zu vereinigen, wie es etwa die chinesischen Kaiser oder die osmanischen Sultane in ihren Gebieten geschafft hatten. Offenbar löste jeder Versuch, in dieser westlichen Ecke Eurasiens eine solche Einheit zu schaffen, eine beinahe unbewusste, automatische Gegenreaktion aus. Schon aus dem Grund sollte man die Idee einer »europäischen« Kultur mit Skepsis betrachten. Karl hielt es unter Garantie für seine Mission, Europa zu vereinigen und dann den Islam zu vernichten – die Heirat seines Sohnes (des zukünftigen Philipp II. von Spanien) mit Mary I. von England war ein wichtiger Schritt auf diesem Weg. Aber die Hoffnungen scheiterten daran, dass Mary kein Kind bekam und bald starb. Doch allem Anschein nach waren die europäischen Dynastien, einerlei, welche Motive sie selbst für ihr Handeln nannten, fest entschlossen, jeden auszuschalten, der dem chinesischen Kaiser nacheifern und ein einziges, vereinigtes Riesenreich regieren wollte. Das Schreckgespenst für Karl waren die Franzosen, die er wiederholt vernichtend schlug, am fürchterlichsten, wie schon erwähnt, in der Schlacht bei Pavia. Bei der Gelegenheit nahm er sogar ihren König gefangen und schnappte ihnen auch noch Mailand weg. Aber sie ließen nicht locker, bis er gedemütigt und erschöpft aufgab.

In diesem ganzen Zusammenhang ist die Rolle der Reformation undurchsichtig, aber umso interessanter. Eines war klar: Religion war im Kampf gegen Karl V. stets eine großartige Waffe. Im Heiligen Römischen Reich wimmelte es ja von Landesherren, die mit Entsetzen sahen, welche Möglichkeiten sich Karl, dem mächtigsten Herrscher seit seinem Namensvetter, dem Großen, boten. Wir können den einzelnen Beteiligten keine klaren Motive zuordnen (wenn manche Herrscher auch beileibe zynischer agierten als andere), doch ein Bruch mit Rom war eindeutig eine Möglichkeit, Karl in Schach zu halten. Andererseits war natürlich in einer so tief religiösen Gesellschaft der Reiz Luthers und seiner Lehren unmittelbar, genuin und überwältigend. Das Tempo der Ereignisse ist erstaunlich: 1517 stellte der Reformator seine Thesen auf; vier Jahre später, 1521, erging das Edikt von Worms, in dem er in Acht und Bann getan und seine Ansichten verboten wurden, und bald mussten auch schon Menschen für den neuen Glauben sterben.

Übertritte wichtiger Machthaber zum Protestantismus erfolgten in diesen Jahren allenthalben. Ein komischer Konvertit war Ulrich, Herzog von Württemberg, ein alter Haudegen, abgefeimter Gauner und brutaler Mörder, der von seinen entrüsteten Untertanen verjagt worden war, sich zur Reformation bekannte und trotz allerlei Missetaten und unausgegorener abenteuerlicher Unternehmen bei seinem Tode wieder Herr seines Herzogtums war und es unangefochten an seinen Sohn weitergeben konnte. Württemberg ist überhaupt sehr unterhaltsam, passierte hier doch so häufig und beispielhaft das, was an Deutschland grotesk ist. Seine Herzöge und dann Könige waren eine abgefahrene Bande, und das Zentrum Stuttgarts und ihre anderen Burgen und Schlösser sind feine Kulissen für die Dramen eines mittelgroßen bis kleinen Staates, der sowohl vom Schicksal hin- und hergeschubst als auch von seinen unfähigen Herrschern kräftig gebeutelt wurde (was weit schlimmer war). Doch einerlei, was ihm zukünftig beschieden war, zu den Zeiten war er genuin reformiert: Das Alte Schloss in Stuttgart beherbergt die vielleicht erste als lutherisch erbaute königliche Kapelle, einen schlichten, ernsten, zauberhaften kleinen Bau, den Ulrichs Sohn errichten ließ. Einmal betete ich dort mit drei, vier betagteren Pfarrkindern – das war nun übrig geblieben von einer religiösen Bewegung, die Europa jahrhundertelang entzweite. Was Herzog Ulrich, der so viel Mist baute, für Motive leiteten, wird man niemals ergründen, doch die Entscheidungen von Leuten wie ihm, aber auch ernster zu nehmenden Figuren wie Friedrich dem Weisen führten zur bleibenden Spaltung Europas.

Karl V. musste einfach gegen zu viele Leute kämpfen und sich mit zu vielen komplexen politischen Problemen herumschlagen, die nicht zuletzt daher rührten, dass er König von Spanien war, eines Landes, dessen Sprache er nie richtig sprach, doch dessen vielfältige Interessen in Amerika und am Mittelmeer seine Zeit nicht minder in Anspruch nahmen als die Vorgänge im Heiligen Römischen Reich. Was zu der Zeit an Raubgut aus Amerika gebracht wurde, ist unglaublich. Der Nürnberger Albrecht Dürer, der 1520 zu seiner letzten großen Reise aufbrach, um Karls Kaiserkrönung in Aachen beizuwohnen, sah in den Niederlanden die soeben eingetroffenen Goldschätze der geschlagenen Azteken (und außerdem ein Walross, das Fischer aus der Arktis herbeigeschleppt hatten und von dessen Kopf er eine wunderbare Zeichnung anfertigte). Es ist nutzlos, aber interessant, zu überlegen, worüber Karl V. während des Reichstags zu Worms im Jahr darauf mehr nachdachte: über Luthers Irrlehren oder über die Säcke Edelmetall, die er immer bekam und die so wertvoll waren, dass sie den weiteren Verlauf der europäischen Wirtschaft entscheidend beeinflussten.

Aber wie dem auch sei, Karls Abwesenheit im Reich erwies sich oft als fatal. Die Reformation breitete sich aus, als Luther mit Hilfe einer Gruppe ebenso überzeugungskräftiger Prediger und seinen eigenen weit verbreiteten Schriften sowie durch die spektakulären Propagandabilder von Lucas Cranach dem Älteren immer mehr Gebiete in Europa dazu anregte, die Herrschaft des Papstes abzuschütteln. Ganze Staaten wechselten den Glauben, bildeten neue Verteidigungsbündnisse und bereiteten sich auf den katholischen Angriff vor. Es waren Jahre furchtbarer Verfolgungen – die Niederlande standen zum Beispiel unter einer Schreckensherrschaft, in der

Luthers Schriften, ja, jede Erwähnung seines Namens absolut verboten waren. Da Karl viele seiner Territorien nicht direkt regierte und die Pfade im Heiligen Römischen Reich verschlungen waren, gestaltete sich seine Arbeit immer recht kompliziert, und er wusste nie, ob das, was er anstrebte, auch zu erreichen war.

Kurz nach Luthers Tod 1546 ging das größte protestantische Bündnis namens Schmalkaldischer Bund ein ganz kleines bisschen zu weit. Weil Karl gerade mal wieder anderweitig zugange war, setzte der Bund ein paar katholische Territorien unter Druck, protestantisch zu werden – doch diese Provokation war nun zu viel. Karl entledigte sich kurzerhand seiner anderen Plagegeister und schlug das schmalkaldische Heer unter Führung von Johann Friedrich I. von Sachsen, dem Neffen Friedrichs des Weisen, in der Schlacht bei Mühlberg.

Mit der Belagerung Wittenbergs (*der* Stadt Luthers und eines immer noch kampfeslustigen Cranach) endete der Krieg für die Protestanten katastrophal, ihre politische Macht war gebrochen. Auf dem »Geharnischten« Reichstag von Augsburg, das ringsum von Karls spanischen Truppen umgeben war, wurden ihnen nun die Bedingungen diktiert. Trotzdem konnte Karl das Heilige Römische Reich auch jetzt nicht unter seine unmittelbare Gewalt bringen. Zu Ländern wie den Niederlanden und Spanien, seinen persönlichen Besitzungen, konnte er so fies sein, wie er wollte, aber die Kurfürsten und ihre Kollegen gaben ihren halb unabhängigen Status nicht freiwillig auf, und das betraf sowohl die ihm ansonsten freundlich gesinnten katholischen Erzbischöfe als auch die ihm gegenüber eher feindlich Eingestellten. Karl hatte schon in jeden Staat einzeln einmarschieren und die Landesherren und ihre Familien abschlachten müssen, um seinen Willen durchzusetzen. Doch das schaffte er nicht einmal in der Ära seines Triumphs, die Tizian in dem reichlich unrealistischen Gemälde *Kaiser Karl V. in der Schlacht bei Mühlberg* verewigte, das den Kaiser als Streiter für den wahren katholischen Glauben in voller Rüstung zeigt. (In Wirklichkeit war Karl unpässlich gewesen und hatte sich in einer Sänfte zur Schlacht tragen lassen müssen.) Die lutherischen Herrscher konnten bleiben, was sie waren, und das wurde dann auch 1555 im Augsburger Religionsfrieden von Karls Bruder Ferdinand bestätigt.

Nach Mühlberg hätte Karl vielleicht ein geschlossenes Heiliges Römisches Reich in Deutschland schaffen können, doch wieder wurde nichts daraus, und die Masse der größeren und kleineren Staaten behauptete sich. Dann allerdings geschah etwas Dramatisches, ja, Spektakuläres. Karl V. stellte sich im Oktober 1556 in Brüssel vor seine wichtigsten Statthalter und verkündete den Verzicht auf alle seine Titel und seinen Rückzug in ein spanisches Kloster – müde und hoffnungslos, zum Gespött der dreisten Franzosen und Protestanten geworden, warf er das Handtuch und wurde dadurch natürlich zu einer viel spannenderen Figur als die meisten, die nach ihm versuchten, ganz Europa unter einen – ihren – Hut zu bringen. Doch seine späte Kapitulation änderte nichts an der Tatsache, dass seine gesamte Regierungszeit ein Desaster gewesen war – zweieinhalb weitere Jahrhunderte sollte man noch damit beschäftigt sein, seine gewaltbestimmte, chaotische Hinterlassenschaft zu ordnen.

Der Augsburger Religionsfrieden erlaubte eine Art unruhiger Erholung nach kriegerischen Auseinandersetzungen, die eine ganze Generation angedauert hatten. Es wurde Prinzip, dass jeder Landesherr, ob klein oder groß, für sich – und seine Untertanen (»Wes das Land, des der Glaube«) – entscheiden konnte, ob er lutherisch oder katholisch sein wollte, etwas Radikaleres ging nicht, das war absolut verboten. Kalvinisten und andere mussten nun in den Untergrund gehen oder sich an ihnen freundlich gesinnte Territorien halten wie die Schweiz oder die Niederlande – Letztere wurden von jetzt an wirklich zu einem eigenen Land, einem breiten Streifen resoluter Protestanten, der an ein rekatholisiertes, ausgeblutetes Münster im Osten grenzte.

Karl V. hatte im Übrigen verfügt, das Habsburgerreich zweizuteilen, mit Madrid und Wien als Hauptstädten. Das Madrider Reich widmete sich fortan dem Mittelmeerraum und dem amerikanischen Doppelkontinent und kümmerte sich darum, den Widerstand der Niederländer zu brechen und mit den leider immer noch feindlichen Franzosen fertigzuwerden. Wien konzentrierte sich auf den Kampf gegen die Türken und glitt in der langen, uninspirierten, aber künstlerisch fruchtbaren Regierungszeit Rudolfs II. mit seinen Alchemisten und Astronomen mehr oder weniger in düstersten Tiefschlaf. Am besten wird das vielleicht fassbar in dem sensationellen Schriftmusterbuch von Georg Bocskay, Jahre später nach dessen Tod illustriert von Joris Hoefnagel, mit detailliert gezeichneten Raupen, Giftpilzen, Spiegelschrift und – am seltsamsten – einer schwarzen Seite mit weiß geschriebenen Wörtern und einem Faultier, das an einem Zweig knabbert.

Die wahrhaft aufregenden Dinge geschahen also anderswo, und während Rudolf in seinen Traumwelten weilte (die unbeantworteten Briefe stapelten sich in seinen Gemächern), festigten sich viele deutsche Staaten nicht etwa als reife protestantische oder katholische Staaten, sondern gärten weiter vor sich hin.

Das Neue Jerusalem

Wie die Bauernkriege als extremere Folgen der Reformation viele potentielle Konvertiten abstießen und Luther zu einer gemäßigteren Haltung veranlassten, so hatten erstaunliche Vorkommnisse im Jahr 1534 eine ähnliche Wirkung auf Nordwestdeutschland.

Eigentlich gibt es an der westfälischen Stadt Münster nichts zu mäkeln. Ihre trostlose Provinzatmosphäre ist sicher teilweise der Zerstörung im Zweiten Weltkrieg geschuldet, aber besonders aufregend war sie wahrscheinlich nie. Als Sitz des Bischofs Clemens August von Galen spielte sie insofern eine ehrenwerte Rolle, als Galen einer der wenigen führenden Kirchenmänner war, die vehement gegen die Nazis predigten. In krassem Gegensatz zu der heutigen Stadt – unter schwerem, dunklem Himmel schieben sich die Konsumentenmassen durch ihr Zentrum –, war Münster 1534 Schauplatz apokalyptischer

Hoffnungen und Ängste. Sogenannte Wiedertäufer aus ganz Europa begannen sich dort anzusiedeln, extreme Protestanten, die eine vollständige Trennung ihrer Kirche von jeder weltlichen Autorität forderten. Als sie den Rat der Stadt übernommen hatten, machten sie diese zu einem unabhängigen Königreich der Tugend und erwarteten die kurze Phase bis zum Ende der Welt und dem Anbruch der göttlichen Herrschaft.

Ihr Führer Jan van Leiden erklärte sich zum »von Gott gesandten Propheten« und später zum »König über das Haus Israel und über die ganze Welt«. Mit Gegnern wurde nicht lange gefackelt, alles Eigentum zum Gemeinschaftsbesitz erklärt. Männer konnten so viele Ehefrauen haben, wie sie wollten – damit viele Kinder geboren wurden und die Zahl der Täufer so schnell wie möglich auf die ihnen wichtige magische Zahl 144 000 stieg. (Na ja, denkt man unwillkürlich, bestimmt auch, weil die Herrscher des »Neuen Jerusalem« es nicht fassen konnten, was sie sich alles erlauben konnten.) Das blutige, höchst instabile Gemeinwesen hielt sich bis ins Jahr 1535 mit einer unheimlichen Ritualversessenheit, die unangenehm an westdeutsche experimentelle Theaterinszenierungen der 1970er Jahre erinnert. Um ihr Leben in der Stadt mussten die Täufer stets kämpfen – es rückten immer stärkere Belagerungsarmeen an. Doch auch wenn man die Anhänger Leidens in Ruhe gelassen hätte, hätte Münster sich wahrscheinlich zu einem zutiefst grauenhaften Ort verwandelt. Die Sektierer erklärten sich nämlich irgendwann zur letzten auserwählten Gruppe, die keine weiteren Mitglieder mehr aufnehmen würde, und erwarteten das Schwert des Himmels. Stattdessen kam Franz von Waldeck, Fürstbischof von Münster, mit dem Schwert in der Rechten (porträtiert als hinreißende Mischung aus zu allem entschlossenem Krieger und Kirchengranden), der mit den Protestanten sympathisierte, aber für polygame Kommunisten nichts übrig hatte. Mit einer großen Armee landeseigener Kräfte und angeworbener Söldner stürmte er die Befestigungsanlagen der Stadt und zerstörte das Neue Jerusalem.

Generationenlang war die Geschichte der Anabaptisten das abschreckende Beispiel dafür, was passieren konnte, wenn die gesellschaftliche Ordnung zusammenbrach. Als ernstzunehmende Bewegung waren die Wiedertäufer bald zerschlagen, doch aus ihnen gingen ein paar durchgeknallte Banden religiös neurotischer Mörder wie die Batenburger hervor, die durch die Grenzgebiete zu den Niederlanden zogen, Geheimzeichen benutzten, sogenannte Ungläubige niedermetzelten und zwischendurch auch ein bisschen Polygamie betrieben. Sie und ihre immer irreren und widerlicheren Splittergruppen, wie zum Beispiel die schon vom Namen her düster anmutenden Kinder von Emlichheim, waren bis in die 1580er Jahre alle gefangen genommen und hingerichtet worden; doch das Exempel, das immer wieder an solchen Sekten statuiert wurde, sorgte dafür, dass sich die Lutheraner lammfromm und ohne zu murren, um ihre Herren scharten.

Nur die Mennoniten reagierten anders; sie kombinierten einige Wiedertäuferideen mit extremem Quietismus, auch sie lehnten weltliche Herrschaft in jeglicher Gestalt ab und lebten nur in der Gemeinschaft Gleichgesinnter in Verbundenheit mit Gott. Ihre Glaubensgrundsätze – in ihrer Art ebenso frappierend und neu wie alles, was die schillernden Wiedertäufer in Münster propagiert hatten –, standen aber einer lebendigen Zukunft nicht im Wege. Da die Mennoniten von verständlicherweise verständnislosen Landesherren brutal verfolgt wurden, gingen sie in alle Welt, in die Ukraine, nach Manitoba, nach Pennsylvania (die Amischen, die »Amish People«, dort sind eine Splittergruppe), nach Paraguay und Iowa, unbekümmert um Nationen und nationale Zugehörigkeit. Ihr Überleben, manchmal unter grässlichen Bedrohungen, manchmal unter glücklicheren Bedingungen, ist eine der großen Geschichten, die aus den heftigen religiösen Umbrüchen in Deutschland entstanden, wenn diese auch, weil sie so still verlief, nie sonderlich beachtet wurde.

Auch die Familie der Liebe – ein Netzwerk von nach außen hin konformen Menschen, die einem sehr, sehr persönlichen Glauben anhingen und über Nordwesteuropa verstreut lebten – war sich nur allzu sehr darüber im Klaren, dass sie bei immer brutalerer Verfolgung ihren reformierten Glauben am besten im Geheimen praktizierte, um nicht Gefahr zu laufen, aufgeschlitzt und verbrannt zu werden. Zu ihren Mitgliedern zählte wohl Pieter Brueghel der Ältere, aber auch der Löwenwärter im Londoner Tower.

Das Schicksal der gefangenen Führer der Münsteraner Kommune war mit Sicherheit nicht angenehm. Sie wurden lange misshandelt und gefoltert. Jan van Leiden (der nun getrennt war von seinen überlebenden fünfzehn Frauen – eine hatte er wegen Untreue vorher schon selbst geköpft) wurde mit zwei Glaubensgenossen auf eine Tribüne im Stadtzentrum gestellt, wo ihm unter zwangsangeordneter Anwesenheit der gesamten Bevölkerung mit riesigen, spezialangefertigten rotglühenden Eisenzangen Stücke aus dem Körper gerissen wurden. Dann wurde er geköpft und geviertelt. Seine Überreste wurden in riesige Eisenkäfige gelegt, die man an der Lambertikirche hinaufzog, und wenn über die Jahre manchmal Stückchen herunterpurzelten, wurden die Menschen in der Stadt stets an die bösen Folgen von Rebellion und Ketzerei erinnert.

Diese Käfige hängen heute immer noch dort und sind ein guter Grund, Münster zu besuchen. Man schlendert durch die Stadt, mümmelt in Gedanken versunken eine Scheibe Pumpernickel, und plötzlich steht man davor. Obgleich sie wahrscheinlich regelmäßig restauriert werden, haben diese Dinger als ewig makabre Mahnung an die Grausamkeit beider Seiten – die der staatlichen wie die der Rebellen – Jahrhunderte überdauert. Das fand ich schon lange eine schreckliche Vorstellung, und sie nun live zu sehen war merkwürdig.

Zu meiner Enttäuschung gab es allerdings keine Ansichtskarten in der Kirche. Doch wieder einmal kamen mir meine mangelnden Deutschkenntnisse zupass, denn ich musste ewig in meinem Wörterbuch nach Worten suchen, mit denen ich die Ehrfurcht gebietende Dame an der kleinen Kasse hätte fragen können: »Haben Sie eigentlich, in einer Schublade versteckt, Ansichtskarten von den Käfigen mit den Leibern? Ich zahle Ihnen einen guten Preis dafür.«

Als ich mir endlich eine hoffentlich verständliche Variante für »Käfige mit den Leibern« zusammenklamüsert hatte, begriff ich jedoch, dass diese Bitte wohl gar nicht gut angekommen wäre. Und mir fiel ein, wie ich in Dessau einmal Zeit mit dem vergeblichen Starren auf die wenig informative Webseite des Technikmuseums »Hugo Junkers« vergeudet hatte. Man hätte eine lange Strecke mit dem Bus dort hinaus fahren müssen und dann wahrscheinlich nur das Passagierflugzeug, die Ju 52, aus den 1930er Jahren bestaunen können, die berühmte, unaufregende mit der Wellblechbeplankung und den drei Motoren. Ich wollte aber keinen kostbaren Nachmittag bei etwas vertun, bei dem ich den Verdacht hegte, dass auch hier eine Firma (wie Audi in dem Audi-Museum in Ingolstadt) die Ausstellungsbesucher zu Tode langweilen würde. Stattdessen grübelte ich mit Hilfe meines Wörterbuchs darüber nach, wie ich dort anrufen und fragen konnte: »Entschuldigung, haben Sie nicht doch irgendwo eine Ju 87 versteckt, den Sturzkampfbomber?« Aber ach, die kalt formale Erwiderung hätte ich wahrscheinlich sowieso nicht verstanden.

Ein unglücklicher Weinhändler

Von kaum jemandem bemerkt, aber eigenartig genug sind in vielen europäischen Ländern die oben gelegenen nordwestlichen Gebiete im Allgemeinen reizlos, düster und rau, und gen Südwesten wird das Leben schöner. Extrem trifft das auf Skandinavien zu, aber witzigerweise auch auf Spanien, Italien, Frankreich und Griechenland. Oben sind sie winddurchtost, ein bisschen trübselig, wahrlich nicht im Zentrum der Dinge oder sogar so gebirgig, dass dort verstreut nur ein paar zähe Bauern leben wie in Galicien, den Savoyer Alpen, dem Pas-de-Calais oder der Epirus-Region. Aber dann wird es sonniger und angenehmer, es gibt Wein, Melonen, Oliven die Hülle und Fülle, und das Leben spielt sich im Freien ab. Je nach Breitengrad sind die Kulturen also sehr verschieden, geprägt von unterschiedlichsten

Erfahrungen (falls man eine Kultur oder ein Land als Organismus ansehen kann, was sie natürlich außer in wüsten nationalistischen Traktaten nicht sind) und so was wie Hoffnungsfreude und Besitzerstolz auf je spezifisches Essen und je spezifische Lebensstile. Selbstverständlich zieht die gesamte Bevölkerung von Calais nicht in Panik und Todesangst (wie auf einem aus dem Gleichgewicht geratenen Floß) an die Gestade des Mittelmeers, und Wärme suchende, aneinandergekauerte Savoyische Hirten wünschen sich auch nicht sehnlichst fort von den Alpen an den italienischen Absatz. Aber die Zentren dieser Länder (Madrid, Paris, Rom, Athen) sind ein guter geografischer Kompromiss, und der Zugang zu einem warmen oder noch wärmeren Süden und seinen Annehmlichkeiten ist verbunden damit, dass man ihn auf jeden Fall politisch marginalisieren muss.

Da das hier ein Buch über Deutschland ist, dauert es nicht lange, sich darüber klar zu werden, dass dieses anders gegliedert ist. Wollen seine Bewohner der Harschheit und den Rollmöpsen des Nordwestens gen Süden entfleuchen, erreichen sie nicht etwa sonnenbeschienene goldene Weiten, sondern krachen in die unerbittlichen, kahlen, nutzlosen Alpen. Schwer zu sagen, was das für einen Einfluss auf das Leben der Deutschen hat. Später werde ich noch über die glühende Sehnsucht nach Italien sprechen, die die deutsche Kultur so sehr belebte. Die historischen Hauptrivalen Deutschlands waren fast immer mit einem viel reizvolleren Land gesegnet, am auffälligsten mit Wein, einmal abgesehen von Großbritannien – was das betrifft, ein hoffnungsloser Fall.

Viele der europäischen Zivilisationen sind aufs Engste und Glücklichste mit dem Wein verbunden, der aus so mancher Stadt und Kultur, aus so manchem Lebensstil nicht wegzudenken ist. Frankreich, Italien und Griechenland haben zwar eine je unterschiedliche Geschichte, aber gemeinsam, dass sie Wein wie am Fließband produzieren, riesige Mengen selbst trinken wie in weniger glückliche Gegenden exportieren. Deutschland war und ist stolz auf seine Weinproduktion, die allerdings, weil es sich stets mit einem kalten, widrigen Klima und kurzen Sommern herumschlagen muss, mit einem

Sechstel von der des Spitzenreiters Italien bescheiden ist. Gewiss, es hat ein paar fabelhafte Weinanbaugebiete. Wenn man mit der Bahn von Koblenz nach Trier an der Mosel entlangfährt, muss man einfach ein Hohelied auf den Rebensaft anstimmen: Jeder winzige Vorsprung oder fast senkrechte Hang ist mit Weinstöcken besetzt. Nichttrinker empfinden es vielleicht als eher stimmungssenkende Monokultur – sicher war das Moseltal sehr hübsch, bevor der Weinanbau alles ruinierte –, nicht unähnlich einer Fahrt durch eine Ölpalmen- oder Kautschukplantage. Aber für Leute wie mich, die einen guten Tropfen zu schätzen wissen, ist es ein traubenseliges Angkor Wat.

Ich hatte mal einen Freund, der in einem Augenblick liebenswerten Selbsthasses beschloss, Weinhändler in London zu werden, Spezialität: deutsche Weine. Ich habe mich nie zu fragen getraut, wo die tieferen Gründe zu dieser Entscheidung lagen, vielleicht in gravierender Trägheit oder dem krankhaften Wunsch zu scheitern. Einmal besuchte ich ihn in seinem Laden in Londons Nordosten. Das war eine Weile nach dem haarsträubenden Skandal um den mit Frostschutzmitteln gepanschten Wein in Österreich und als der britische Markt allmählich mit billigem australischem und chilenischem Wein überflutet wurde. In Reih und Glied säumten hübsche Flaschen die Wände; aber die gotischen Schriftzüge, tumultuarischen Umlaute der rätselhaften Etikette verprellten jeden außer den hartgesottensten Weinpuristen. Dass mein Freund Karten der verschiedenen, recht kleinen deutschen Weinanbaugebiete an die Wände getackert und die Fenster mit Plastiktrauben und Holzfässchen dekoriert hatte, half dem geopenstischen Mangel an Kunden nicht ab.

Das hatte natürlich auch seine Vorteile, unter anderem konnte er den Laden zwischendurch ohne Weiteres schließen (wenn nicht gleich offen lassen) und irgendwo in aller Gemütsruhe zu Mittag essen. Einmal gingen wir zusammen in ein nahes Café, das von Taxifahrern frequentiert wurde und den ganzen Tag ein Superfrühstück servierte. Wir arbeiteten uns durch pochende Haufen gebratenen Blutpuddings, nebst Speck und gebackenen Bohnen, und leerten dazu ein paar aparte Halbflaschen sehr teuren, süßen deutschen

Weins. Mein Freund erklärte mir trübsinnig, für die meisten Leute in England habe bis zum Ersten Weltkrieg der Genuss von Wein bedeutet, »Hock«, also trockenen Weißen von Rhein und Mosel, oder roten Bordeaux aus Frankreich zu trinken. Als man wegen der Ereignisse im 20. Jahrhundert guten Gewissens keinen deutschen Wein mehr verköstigen konnte, hörte das auch fast schlagartig auf und begann nie wieder von Neuem. Wie ein Historiker es einmal formulierte, »schmeckte deutscher Weißwein zu sehr nach Stahlhelm«. Lediglich das ganz und gar billige Schlusslicht des Marktes hielt sich, nämlich die Liebfraumilch von Blue Nun und ihre Freundinnen, die trotz schlechter Presse über die Jahre so manchem glückliche Stunden beschert haben.

Mein Freund hatte die Vision gehabt, dass seine Expertise gefragt sein würde, da der deutsche Wein zwar in einem gewaltigen Tief feststeckte, doch immer mehr Briten Wein tranken und wie eh und je von der nationaltypischen Gier nach Neuem geplagt waren. Nur ein wenig Begeisterung für Riesling aus dem Rheingau hätte sein Geschäft wieder in Schwung gebracht. Aber das passierte nicht. Die Situation wurde sogar immer prekärer. In den 1990ern habe ich den Kontakt zu dem Freund verloren, aber ich bin sicher, er hat eine Umschulung gemacht.

Die Notwendigkeit, die seltenen Hänge zu finden, auf die zumindest ab und zu die Sonne scheint, bedeutet in Deutschland, dass quasi überall Weinstöcke aus dem Boden schießen. In Städten wie Würzburg wachsen sie bis knapp oberhalb des Bahnhofs und ranken sich um die Festung Marienberg. In der kleinen ehemaligen Reichsstadt Esslingen nicht weit von Stuttgart erstrecken sich die Weingärten von den Burgmauern auf dem Hügel bis zur Straße, und an ihnen entlangzulaufen ist eine reine Freude. Da der Winzerberuf in Deutschland nur eine Randerscheinung ist, schwingt ein bisschen mehr Heldenmut und Beharrungsvermögen mit als bei den von der Sonne geküssten Großproduzenten, und man kann es auch als kulturelle Willensanstrengung deuten, dem römischen Erbe gerecht zu werden. Jedenfalls hat er seinen eigenen Zauber. Ich trinke gern Wein, kann aber auch ohne. Doch an einem Abend in Würzburg trieb mir ein Glas des Rebensaftes die Tränen in die Augen. Zugegeben, ich war nach meinen sehr beschwerlichen Kraxeleien durch diese sagenhafte Stadt schon ganz aus dem Häuschen, aber der Wein war einfach zu köstlich und klar. Und das war noch gar nichts im Vergleich zu einem winzigen Souterrainrestaurant in einem alten Klostergewölbe in Speyer, in dem ein Weißwein serviert wurde, der in Glaskaraffen dekantiert, stundenlang in Eis gelegt worden war und wie ein (hoffentlich vertrauenswürdiger) Zaubertrank aus Grimms Märchen schmeckte.

Der letzte Weinaußenposten liegt um Meißen in Sachsen, und zwar so weit nordöstlich, dass man den Eindruck hat, jede Traube müsse einzeln beschworen und angefleht werden, überhaupt groß und rund zu werden. Ich übernachtete in einer Pension, und zwei struppige, kümmerliche Reben wuchsen direkt vor meinem Fenster, aber die Absurdität, in dieser unmediterranen Umgebung Wein anzubauen, fand man in der Stadt eindeutig schick. Das himmlische, historische Restaurant Vincenz Richter, das stolz seinen Meißener Wein präsentierte, hat für mich etwas von der Atmosphäre einer Mondbasis oder einer Festung in der Sahara: Hier ist der letzte Ort, bevor alles schlimmer wird! Man konnte noch ein Glas Wein genießen, bevor es zu den bleiernen Kornbranntwein-Himmeln Preußens und Polens ging. Ich wäre wahrscheinlich rundum glücklich, wenn ich meine Klöße mit Bratensoße essen würde, um mich herum die Aschenbecher, rostigen Schwerter und landwirtschaftlichen Geräte des Reichspräsidenten Hindenburg, und dazu eine dünne, stahlgraue Flasche Vincenz Richter schlürfen könnte. Ich versuchte sogar, für zu Hause ein paar käuflich zu erwerben, aber weil die Ernte stets sehr gering ausfiel, konnte man mir, freundlich verdutzt, nur eine überdimensionale Ausstellungsflasche Rosé anbieten, die den Tresen offenkundig seit Längerem zierte und selbst in diesem schwachen Sonnenlicht schon sehr ausgebleicht war. Ich habe sie heute noch als eine Art Glücksbringer – mit wohl ungenießbarem Inhalt.

Sechstes Kapitel

Die Goldene Stadt der Gläubigen
Das Land, wo die Zitronen blühn
Schwarze Rüstungen
Der Schwedenschimmel
Überraschungsbesuch eines Asteroiden

Bewegendes Heldenporträt von Gustav Adolf, der zu Pferde herbeieilt, um Europa zu retten.

Die Goldene Stadt der Gläubigen

Gegen Ende des sechzehnten Jahrhunderts scheint mit Deutschland etwas gewaltig schiefzugehen. Nach dem Augsburger Religionsfrieden folgte erst einmal die längste Friedenszeit in der europäischen Geschichte; sie dauerte bis 1618. Normalzustand der Region war eigentlich immer Krieg oder Vorbereitung darauf, nicht nur, weil ihre eigenen Herrscher gern Kriege führten, sondern auch, weil sie eine natürliche Arena für auswärtige Kriegslustige war. Mochten andere Länder versteckt hinter Bergen oder Meeren liegen und jahrhundertelang von Kriegen auf ihrem Boden verschont bleiben – Deutschland wollte offenbar jeder mal verwüsten. Der lange Frieden war merkwürdigerweise keine goldene Ära. Es war eine vergiftete Zeit der (vor allem zwischen protestantischen Gruppen) erbitterten religiösen Dispute, eine Zeit der Brache, in der das intellektuelle und kulturelle Leben ebenso erlahmte wie das wirtschaftliche und allenthalben die Überzeugung wuchs, ein größerer Krieg werde für frischen Wind sorgen.

In Lüneburg, einer der wichtigen im Binnenland gelegenen Hansestädte und einem der größten mittelalterlichen Salzfördergebiete Europas, ist von all dem immer noch etwas zu spüren. Bis Ende des zwanzigsten Jahrhunderts durchlöcherte man den Boden unter der Stadt und förderte riesige Mengen. Salz war eine gefragte Ware im Nordhandel; man brauchte so viel, weil man das Essen für den Winter konservieren musste; Förderung und Herstellung lagen in der Hand eines halben Dutzends Großproduzenten. Die engen Beziehungen Lüneburgs zu Lübeck sieht man deutlich im Stadtbild, an den Backsteinfassaden der Häuser mit den Staffelgiebeln. Und die Lagerhäuser, Kanäle, alten Kräne und schlichten, strengen Kirchen vermitteln immer noch etwas von der Atmosphäre der stolzen Handelsstadt. Gegen Ende des sechzehnten Jahrhunderts aber begann Lüneburg ökonomisch zu stagnieren; sein Salz war weniger gefragt, weil es nicht mehr konkurrenzfähig war, weil es viele neue, weit interessantere Handelsgüter und -wege gab (vor allem mit Amerika und Asien) und sich überhaupt das Zentrum der Welt verlagerte. Diese unschöne Erfahrung mussten die Bürger in vielen deutschen Binnenstädten machen, die zu verfallen begannen, während Städte mit Anbindung an die Küste immer reicher wurden. Offenbar wirkte es sich nicht einmal nachteilig aus, dass die Spanier ständig die abtrünnigen Niederlande attackierten, denn beide Kombattanten (am Meer gelegen und nach außen orientiert) erfreuten sich zunehmenden Wohlstands. Die Niederlande übernahmen sogar große Teile des Ostseehandels, als die Hanse zerfiel. Aber wie so oft sorgte die schrumpfende Wirtschaftskraft mancher deutschen Stadt für die Erhaltung des hübschen, alten Zentrums. Lüneburg verlor vollends an Bedeutung und wurde im Zweiten Weltkrieg nicht einmal von den Alliierten bombardiert, obwohl es doch so günstig lag. Ganz kurz ging es allerdings erneut in die Historie ein, als Himmler nach Kriegsende dort in seiner lächerlichen Verkleidung von britischen Soldaten erkannt wurde und sich umbrachte.

Lüneburg besitzt einen Gebäudekomplex, der von seiner früheren Größe zeugt: das Rathaus, in dessen Innerem vieles von dem erhalten ist, was bis Ende des sechzehnten Jahrhunderts in einem letzten Aufwallen des Bemühens um städtische Prachtentfaltung geschaffen wurde (just in dem Moment, als allmählich Schluss mit der Pracht war). Ich habe an kaum einem vergleichbaren Ort so viel Allegorisches, gemalt oder geschnitzt, versammelt gesehen. Die berühmten Räume bieten einen Blick in eine düstere Welt, in der alles zum Emblem, jede Tugend marktschreierisch verdeutlicht, jeder Herrscher zum Inbegriff der Gerechtigkeit wird. Die Decke des Fürstensaals ist vollkommen bemalt mit Hunderten von standardisierten Bildern großer Könige und Kaiser der Vergangenheit, dunkle Wände ziert eine nicht enden wollende Anzahl von Wappen und Namen der Lüneburger Ratsmitglieder des Jahres 1607.

Geradezu erdrückend und trostlos ist das Durcheinander der muffigen Alten Kanzlei, in der die alten Schreibtische und Wandschränke mit Kisten voller Dokumente stehen, die fortlaufend nach Jahren (1601, 1602, 1603) sortiert sind. Dass sie noch da sind, ist natürlich erstaunlich, aber plötzlich hatte ich das Gefühl, dass ich gern mit dem Selbstbewusstsein eines Fabrikbesitzers, Monarchen oder Bourgeois das Ganze einfach angezündet hätte, nur um von Neuem anfangen zu können. Bestimmt war das doch alles irgendwann mal ziemlich peinlich. Warum hat man in Lüneburg den Wunsch nach Veränderung verloren? Katholische Architekten in Bayern machten sich doch in den nächsten zwei Jahrhunderten auch frohgemut daran, jahrhundertealte Kirchenausstattungen herauszureißen und die Gotteshäuser mit fliegenden weißen Marmorengeln, Zuckerstangensäulen und Deckengewölben mit unmöglich schönwetterblauen Himmeln zu schmücken?

Die Große Ratsstube, wunderschöne alte Bänke, Wände und Decken über und über mit geschnitzten Holzpaneelen geschmückt, hat – man fasst es nicht! – vierhundertundfünfzig Jahre wechselnder Moden, Kriege und betrunkener Nachtwächter überlebt, die ihre Öllaternen hier abgestellt haben. Es ist, als seien die ernsten, dunkel gekleideten Patrizier mit den dichten Bärten und feinen weißen Rüschen und Krausen gerade erst hinausgegangen, nachdem sie über die tiefen Klüfte im protestantischen Lager, die unerfreulich zunehmende Begeisterung für molukkische Gewürze und peruanisches Silber und die schwindende Nachfrage nach den eigenen soliden, praktischen Produkten Rat gehalten hätten.

Der Charakter der Rathausräume ist stark geprägt von der unermüdlichen Arbeit Daniel Freeses, eines Gelegenheitsmalers, der durch Norddeutschland zog und je nachdem, was die Kunden wünschten, Landkarten, Devotionalien, Wappen und Allegorien herstellte. Dass Freese so viele Aufträge bekam, obwohl er nicht sehr gut war, steht für die damalige Krise der deutschen Kultur. Bleibt nur zu hoffen, dass wenigstens ein paar Lüneburger über die Gemälde im Treppenaufgang lachten. Da hilft nämlich die Weisheit dem Herrscher, ein Urteil zu fällen, wenn er es mit Zorn (Flammenschwert in der Hand), Lüge (Teufel hinterm Kopf), Argwohn (blind und ohne Hände), Verleumdung (Pfeil statt Zunge) und Falschheit (Schlangenhaar) samt den üblichen langweiligeren Figuren der Klugheit und des Sieges zu tun hat.

Aber Freeses Gefühl für das Boulevardeske macht seine naiv-unbeholfenen Bilder für die Große Ratsstube heute so beeindruckend, weil sie uns trotz all ihrer Plumpheit geradezu Prototypen der protestantischen Intelligenz des späten sechzehnten Jahrhunderts überliefern. In den 1570er Jahren geschaffen, zeigen sie eine Welt der Letzten Dinge, eines Glaubenskampfes, in dem es nur darauf ankam zu gewinnen und Feinde zu ewigen Höllenqualen verdammt waren. In einer durchgeknallten Vision fegt der wiedergekehrte Christus wie ein eifriges Hausmädchen einen wirren Haufern von Losern beiseite: Figuren, die den Tod, die Türken, den Papst, die östliche Orthodoxie und den Teufel verkörpern. Auf einem anderen Gemälde weichen diese nämlichen Unholde vor der orangefarbigen Glorie einer vieltürmig gigantischen Goldenen Stadt der Gläubigen zurück, über der Gott thront, den Freese in einer Orgie infantiler, greller Farben darstellt – und spätestens jetzt zieht jeder Betrachter, der noch einigermaßen bei Sinnen ist, für sich persönlich ein Plätzchen in dem Haufen von Skeletten und fetten Päpsten vor.

Im Mittelpunkt des Raums ist Freeses berührendstes Werk: ein Gemälde des Kaisers Maximilian II., ihm zur Seite die feierlich-ernsten Kurfürsten, alle mehr oder weniger gleich aussehend und in identischen roten Roben mit Hermelincapes (in Wirklichkeit waren sie natürlich höchst verschieden). Maximilian starb 1576 nach gar nicht langer Regierungszeit, und das Gemälde muss kurz zuvor entstanden sein. Berührend finde ich es deshalb, weil dieser Kaiser vermutlich einen gewissen Religionsfrieden hätte herbeiführen können. Den Lutheranern wohlgesonnen, der päpstlichen Autorität gegenüber skeptisch, hatte er mit dem weihrauchgeschwängerten Jesuitengeraune, dank dessen viele andere Habsburger so dumpfbackig und bigott geworden waren, sicher nicht das Geringste im Sinn. Wie viele wichtige Herrscher in ganz Europa spielte er mit dem Gedanken, den Glauben zu wechseln, und wenn man sich vor Augen hält, wie sehr die Gebiete, die er direkt besaß und regierte – Österreich, Ungarn, Böhmen –, protestantisch durchsetzt waren, wäre das genauso vernünftig gewesen, wie katholisch zu bleiben. Unglaublich (zumindest angesichts der noch heute anhaltenden Unnachgiebigkeit in dieser Frage), aber er drängte den Papst, verheiratete Priester zuzulassen! Da er jedoch so sehr vom Kampf gegen die Osmanen in Anspruch genommen und von der frommeren österreichischen und spanischen Verwandtschaft unter Druck gesetzt wurde, bestätigte er schließlich nur eine Toleranz, die jederzeit aufkündbar war.

In der Regierungszeit Maximilians II. bestand also die Chance, dass Mitteleuropa insgesamt hätte protestantisch werden können, doch schlussendlich enttäuschte er seine Anhänger. Er ließ sogar seine Kinder in Spanien mit der schwarzgewandeten kastilischen Strenge übelster Art erziehen. Er starb plötzlich in Regensburg auf dem Weg zu einer sinnlosen Invasion Polens. Sowohl Protestanten als auch Katholiken hatten inständig auf ein Ende des Schismas gehofft, darauf, dass eine Seite nachgab und (re)konvertierte. Aber nun mussten sie einsehen, dass sich diese Hoffnung erst einmal wieder zerschlagen hatte.

Obwohl der Protestantismus in der Zeit seine weiteste Verbreitung fand, blieben natürlich riesige Teile Deutschlands katholisch, und beide Seiten konnten sich in der Zuversicht wiegen, dass es, wenn es mit missionarischem Eifer nicht mehr klappte, dann eben mit Krieg hinhauen würde. Angesichts der unheilschwangeren Stimmung, die Freeses Bilder heute noch ausstrahlen, seiner Visionen von Pest und Hungersnot und dem Ende der Welt, die aufgrund des ökonomischen Niedergangs und paranoider Glaubensgewissheiten noch virulenter wurden, freut man sich, dass man damals nicht gelebt hat.

Das Land, wo die Zitronen blühn

Wenn ich zufrieden am Herd stehe, in einem Risotto rühre und, high von den Duftwolken aus dem gerade auseinandergerupften Basilikum, Vivaldis *Gloria* höre, liegt der Gedanke doch nahe, dass mein Interesse an Deutschland die falsche Entscheidung war. Hätte ich bei der Flugbuchung »Rom« statt »Berlin« ausgewählt und »Ja« angeklickt, wäre das hier ein vollkommen anderes Buch. Ich wäre gesünder, sportlich gebräunt und voll mediterraner Fröhlichkeit. Ein Freund, der fließend Deutsch und Italienisch kann, behauptet, dass er sich beim Sprechen der jeweiligen Sprache drastisch verändert. Deutsch macht ihn förmlich, reizbar, gallig, wenig nahbar und extrem höflich, Italienisch wiederum gefühlvoll aus sich herausgehend, leichtlebig und ausgesprochen angenehm im Umgang. Ob das nun stimmt oder nicht, man kann sich unschwer einer gewissen Sehnsucht nach dem Süden erwehren, wenn man durch Deutschland streift. Oliven und Zitronen stechen einfach Wurzelgemüse aus, und strahlende Sonne ist allemal besser als düsteres, niedrig hängendes Gewölk. Das finden auch viele Deutsche, die immer schon eine nicht unproblematische, aber wichtige Verbindung mit dem Land verspüren, von dem die Alpen sie trennen – fast zum Spott, scheint es.

Auch deutsche und italienische Historiker hatten so ihre Schwierigkeiten mit der Beziehung der beiden Länder. Zwei der mächtigsten mittelalterlichen deutschen Herrscher, Otto der Große und Friedrich II., verbrachten zum Beispiel lange Zeitspannen nicht in Deutschland, sondern in Italien – Letzterer fast sein gesamtes Leben auf Sizilien, wo er selten Interesse an Deutschland bekundete. Dass auch sonst viele Kaiser ausgedehnte Phasen ihrer Regierungszeit in Italien verbrachten, lag darin begründet, dass seit Karl dem Großen der Papst eminent wichtig für ihr Image war, und darin, dass sie wirklich das Römische Reich zu neuem Leben zu erwecken meinten. Und das verdankte seinen Ruhm natürlich nicht seinem deutschen Anteil, sondern seinem viel bedeutenderen italienischen.

Das italienische Erbe war später nicht mehr so angesagt – jeder anständige deutsche Nationalist ignorierte es tunlichst. Wenn zum Beispiel Friedrich Barbarossa so ausgesprochen deutsch und ein Held wie König Artus war, warum war er dann so oft und lange in Italien hinter seinem Erbe her (und wurde dabei noch von den Italienern geschlagen)? In einem packenden Computerspiel kann man in die Rolle Friedrichs schlüpfen, der sich mit dem Lombardenbund anlegt. Alles da: Burgen, Kriegsflotten, Bliden (die mittelalterlichen Belagerungsschleudern) und der herzhafte Zuspruch Heinrichs des Löwen, der (während ringsum laut die Schwerter klirren und die Gemeuchelten schreien) plötzlich aus dem Off sagt: »Tuot mir leit, Barbarossa, aber nu müez ich Enk verrāten.« Das Spiel ist schadenfroh so konstruiert, dass die deutschen Armeen jedes Mal von denen der Veroneser plattgemacht werden. Schlussendlich gab ich empört auf, weil mir das kriegerische Stehvermögen und die Führungsqualitäten fehlten, mit denen ich so eine inspirierende Gestalt wurde, wie sie im Kyffhäuser schläft und in der Stunde von Deutschlands größter Not erwacht und hilft.

Die Verbindung zwischen Deutschland und Italien manifestierte sich über die Jahrhunderte in allen möglichen dynastischen Verbandelungen, doch mit der Reformation festigten sich vor allem die kulturellen und politischen Kontakte Süddeutschlands dorthin. Die Spaltung in ein nördliches, protestantisches und in ein südliches, katholisches Deutschland im späten sechzehnten Jahrhundert hatte in der Kunst zur Folge, dass man im Norden gemeinhin enge künstlerische Bande zu den Niederlanden und Skandinavien entwickelte, im Süden zu Italien. Und weil Kirche und Landesherren quasi das Monopol auf ernsthafte kulturelle Aktivitäten besaßen – die Gottesdienste, die Schlösser, die Hochzeiten und so weiter mussten den Anforderungen der jeweiligen Konfession genügen –, festigten sich die beiden Welten rasch. Die Tragik des protestantischen Deutschland war, dass großartigen kulturellen und künstlerischen Leistungen nun der Boden entzogen wurde, denn kalvinistische Gebiete wie die Schweiz und die Pfalz verboten und zerstörten alle Kunst in Religion und Kirche. Die Hoch-Zeiten der Malerei in den nord- und mitteldeutschen Städten, während derer vor allem die Cranachs produzierten, was das Zeug hielt, war aber dann auch mit ihrem Tod beendet. Offenbar fehlte es nun an Geld wie an Inspiration. Späteren nationalbewussten Deutschen war das so peinlich, dass sie Rembrandt als deutschen Maler vereinnahmten, wenn sie über das dürre siebzehnte Jahrhundert schrieben – ein verzweifelter Versuch, in dem aber auch zum Ausdruck kam, dass die Niederlande, trotz aller gegenteiligen Beweise, im Reich weiterhin als *fast* deutsch galten. Auch katholische Deutsche ließen es sich nicht nehmen, die Büste eines doch eher widerstrebend anmutenden Rubens in die Ruhmeshalle Ludwigs I. von Bayern bei Regensburg zu stellen.

Auch in Süddeutschland und Österreich scheint die Kultur während des langen Friedens geschwächelt zu haben, aber wenigstens bestanden enge religiöse Bindungen zu Italien. Natürlich war die deutsche Kultur nie ganz von diesem Land abgetrennt gewesen, selbst typisch deutsche Maler wie Dürer, die Holbeins, Albrecht Altdorfer, die Cranachs waren stets sehr und auf vielfältige Weise von Italien beeinflusst gewesen. Doch im späten sechzehnten Jahrhundert erkennt man deutlich, dass die Art turmbewehrter, gespenstischer Düsterkeit, die ich so mag, etwas Glatterem, Bunterem weicht und leibhaftige Italiener auftauchen, die sich in Scharen als Musiker und Maler in den katholischen deutschen Landen verdingten. Am berühmtesten ist wohl Giuseppe Arcimboldo, dessen seltsame Gesichter aus Früchten und Gemüse man für die unglückliche Regentschaft Rudolfs II. In Prag durchaus als symbolisch ansehen kann.

Die Anziehungskraft der italienischen Kunst erfährt man aufs Schönste im Antiquarium, das Herzog Albrecht V. von Bayern in seinem Schloss in München erbauen ließ. An diesem Renaissancesaal, der an eine riesige, ein wenig zerdrückte Biskuitrolle erinnert, hat man viel herumgepfuscht (ihn zum Beispiel nach einem katastrophalen Luftangriff großteils neu gebaut), doch man sieht immer noch, an welch herrlichen Dingen sich die Katholiken durch ihren direkten Draht zu Rom erfreuen konnten, wo das Mäzenatentum und die künstlerischen Ideen mehr als sonstwo in Europa blühten. Wenn man aufmerksam über die Marmorböden läuft und die unendlichen Reihen römischer Porträtbüsten bewundert, spürt man unweigerlich eine große, durch den Glauben genährte Selbstgewissheit, ist aber auch wie üblich verwirrt, in einer lebendigen christlichen Umgebung Gegenstände aus einer heidnischen Kultur ausgestellt zu sehen. Albrecht war schwärmerisch religiös, häufte aber gleichzeitig Massen antiker Münzen und ägyptischer Objekte und Schätze auf. Bei seinem Tod 1579 hinterließ er prompt einen grotesk hohen Schuldenberg.

Zu der Zeit gab es keine ernsthafte künstlerische Alternative zu Italien, der größte Teil des protestantischen Europa war entweder gegenüber Kunst in allen ihren Formen feindlich eingestellt, permanent im Kriegszustand oder wie England aus irgendeinem Grund nicht in der Lage, seine kultivierteren Nachbarn mit seiner exzentrischen Kunst zu beeindrucken; selbst Shakespeare wurde in Deutschland erst richtig zur Kenntnis genommen, als die ersten Übersetzungen von Eschenburg und Wieland Ende des achtzehnten Jahrhunderts erschienen.

Der letzte große ausdrücklich deutsche Maler, Adam Elsheimer, wuchs in den 1580er Jahren als Protestant in Frankfurt auf, zog aber (beinahe zwangsläufig) mit Anfang zwanzig erst nach Venedig und dann nach Rom und starb zehn Jahre später als Katholik. Wie genial er war, kam erst richtig zum Ausdruck, als er mit italienischen Malern arbeitete. Seine magischen Bilder sind noch in gewisser Weise deutsch in der Stimmung (er muss Werke von Altdorfer in München und Regensburg gesehen haben), doch die Anziehungskraft Italiens ist so deutlich, dass man ihn schwerlich für eine deutsche Nationalkultur in Beschlag nehmen kann. Der angeblich, möglicherweise, vielleicht deutsche Rubens war auch in Rom und mit Elsheimer befreundet, doch im siebzehnten Jahrhundert wird dann die leidige Frage der nationalen Zugehörigkeit absurd; die zwei größten »französischen« Maler, Claude Lorrain und Nicolas Poussin, lebten geschlagene fünfzig beziehungsweise vierzig Jahre in Rom! (Claude überzeugt besonders wenig als Franzose; er wurde im zu der Zeit unabhängigen Herzogtum Lothringen geboren, wuchs in der habsburgischen Stadt Freiburg im Breisgau auf und lebte, noch keine zwanzig, in Italien.) Elsheimer hat sehr wenige Gemälde hinterlassen; sie hängen verstreut in Berlin, Wien, München, Braunschweig und anderswo, und ich bin immer auf Ausschau nach einem. (Die Kollektion in Braunschweig hat gerade noch eins bekommen, bezahlt mit Lotto- und Toto-Geldern.) Mein Lieblingsbild hängt in Dresden, heißt *Jupiter und Merkur bei Philemon und Baucis* und hat eine Geschichte aus den Metamorphosen des Ovid zum (bis dahin noch nie gemalten) Thema. Jupiter und Merkur kommen verkleidet zur Erde, um gute Menschen zu finden, die sie vor der Sintflut retten wollen, in der alle Sünder umkommen werden. Nur ein altes Paar, Philemon und Baucis, besitzt den Anstand, sie willkommen zu heißen. Auf dem winzigen, aber unvergleichlich lebendigen, warmen Bild, auf dem die greisen Gastgeber den Göttern in Menschengestalt eine Mahlzeit zubereiten, wirken Jupiter und Merkur sowohl glaubhaft als Menschen als auch unbeschreiblich göttlich. Ich habe das Bild schon oft angeschaut (einmal sogar als schöne Überraschung in London auf einer Ausstellung von Gemälden, die 2002 wegen des Hochwassers in Dresden vorübergehend heimatlos geworden waren) und bin zum Schluss immer erbärmlich verzweifelt darüber, dass ein solcher Maler mit zweiunddreißig Jahren in bitterer Armut in Rom sterben musste.

Als sich mit Ausklingen des sechzehnten Jahrhunderts die Vertreter der verschiedenen Glaubensrichtungen verschanzten und auf den Kampf mit den Waffen vorbereiteten, war das südöstliche, mit Italien verbundene katholische Deutschland im Aufstieg begriffen, zusammen mit den wichtigen katholischen Kurfürstentümern Trier, Mainz und Köln (seit 1583 von Mitgliedern der bayerischen Herzogsfamilie regiert). Eine unangenehme Überraschung für einen Protestantismus, der sich weiter ganz selbstverständlich für die Zukunft hielt.

Der Reiz Italiens ist natürlich immer eine Konstante in der deutschen Kultur gewesen und wurde stets mehr oder weniger kontrovers diskutiert. Speiste sich die deutsche Kultur überhaupt aus eigenen

Wurzeln? Waren Dürer, Nürnberg, die nördliche Düsterkeit wesentlich deutsch? Oder war der Einfluss des Südens übermächtig? Diese Fragen und alle möglichen modischen Wellen machten spätere Nationalisten völlig kirre, und konfuser wurde das Ganze noch dadurch, dass auch das Frankreich Ludwigs XIV. auf die deutsche Kultur einwirkte. Man jammerte darüber, dass Italiener für die Habsburger Musik machten, Schlösser und Kirchen bauten, Kleider entwarfen, Porträts verfertigten und Decken bemalten und Städte wie München, Salzburg und Wien stilistisch prägten. Für diesen eigentlich ja stattfindenden Kultur*austausch* gibt es Hunderte von Beispielen, doch zwei aus dem achtzehnten Jahrhundert bringen es auf den Punkt.

Im Jahr 1706 brach der einundzwanzigjährige Georg Friedrich Händel, der in Halle aufgewachsen war und in Hamburg lebte, nach Italien auf und komponierte dort einige der schönsten Musikstücke des gesamten Jahrhunderts: Kantaten, die in mythenumwobenen, strahlend hellen italienischen Landschaften spielten, in Italienisch gesungen wurden (am vollkommensten wohl *Apollo e Dafne*) und im Grunde die Welt, die Elsheimer in seinen Landschaften ein Jahrhundert zuvor geschaffen hatte, in Musik ausdrückten. Händel war zu der Zeit absolut deutsch, doch seine Musik hätte italienischer nicht sein können. Man höre nur die Kantate *Aminta e Fillide*, die er zur Aufführung in einem Privatgarten außerhalb Roms für die Mitglieder der betörend klingenden Accademia degli Arcadi komponierte. Die Frage, wie deutsch oder italienisch er wirklich war, erledigt sich dann eigentlich von selbst. (Er war eh Brite.)

Ein halbes Jahrhundert nach Händel machte sich Giovanni Battista Tiepolo, der größte lebende venezianische Maler und in vielerlei Hinsicht der Letzte seines Schlages, in die entgegengesetzte Richtung auf. Er war vom Fürstbischof nach Würzburg eingeladen worden, um die Deckengemälde zu entwerfen, die für größeres Ansehen der Stadt im Heiligen Römischen Reich (ein früherer Bischof hatte Friedrich Barbarossa mit Beatrix von Burgund vermählt) und im Rest der Welt sorgen sollten. Aber selbst ohne Tiepolos Deckengemälde wäre die Würzburger Residenz ein erstaunliches Gebäude: ausnahmsweise mal eine wunderschöne Antwort auf Versailles und noch eitlerer Luxus, da der Fürstbischof, im internationalen Maßstab gesehen, ein sehr unwichtiger Mann war. Tiepolo malte die Hochzeit Barbarossas, und alle sahen in ihren prächtigen Seidengewändern venezianisch aus. Zugeständnisse an die kälteren und nördlicheren und vor allem mittelalterlichen Gefilde, in denen das Ganze stattgefunden hatte, machte der Maler nicht; wie üblich waren auch Barbarossas Zwerg und sein Hund mit auf dem Bild. Die Decke im Treppenhaus, die den Fürstbischof glorifizieren sollte und Bilder vom Planeten Erde zeigte, macht einen allerdings völlig fertig: total irre, aber wunderschön, ein Kontinent auf jeder Seite, zum höheren Lobe eines Mannes, bei dem man sich fragt, was er für eine Beziehung zu amerikanischen Alligatorenjägern, nubischen Prinzessinnen oder asiatischen Zauberern hatte. Es ist und bleibt das größte und witzigste Fresko der Welt.

Würzburg wurde im Krieg heftig bombardiert, und es gibt jetzt nur noch wenige Überbleibsel, die an ihre Zeit als Minihauptstadt erinnern, doch durch die Initiative eines amerikanischen Soldaten, der Leintücher über das zerstörte Dach der Residenz legen ließ, wurde das Fresko gerettet, das eine deutsch-italienische Welt barg, die unglaublich entfernt war von dem schrillen ausschließenden Nationalismus, der ihr folgen und solche verrückten Orte wie Würzburg ganz verschlingen sollte.

Schwarze Rüstungen

Gut versteckt in unbeachteten Ecken deutscher Provinzmuseen sind Werke eines flämischen Malers aus dem frühen siebzehnten Jahrhundert, Sebastian Vrancx. Während meiner immer unbesonneneren und chaotischeren Reisen ertappte ich mich oft dabei, dass ich mich an diese Werke sehr genau erinnerte, während ich weit bessere oder schönere Bilder innerlich schon wegsortiert und vergessen hatte.

Vrancx' Gemälde zeugen von einer zutiefst verstörenden Hilflosigkeit. Man sieht Gruppen bewaffneter Männer, die andere Gruppen bewaffneter Männer durch einen Hinterhalt in ihre Gewalt gebracht haben oder weil sie besonders satanische schwarze, offenbar kugelsichere Rüstungen tragen. Vrancx malt die Situation unmittelbar nach dem Überfall: Die Unterlegenen sind entweder tot, und man hat einigen schon Waffen und Kleidung abgenommen, oder sie sehen dem Tod quasi ins Auge und versuchen in panischer Angst zu fliehen oder drehen sich um und stehen den gnadenlosen Angreifern ganz allein gegenüber. Beobachtet wird die Szene von ein paar Siegern, die, in der Gewissheit, dass die Überlebenden von ihren Mitkämpfern aufgerieben und getötet werden, miteinander plaudern oder ihre Rüstungen ablegen.

Es ist die Sachlichkeit dieser Bilder, die ich so verstörend finde: Für die Handelnden darauf ist das Ganze Alltagsgeschäft. Als Betrachter sucht man geradezu zwangsläufig nach einem Überlebenden der geschlagenen Seite, der vielleicht doch noch entkommen kann. Aber das hat Vrancx genau bedacht und jedes freie Plätzchen mit Kämpfen auf Leben und Tod vollgemalt. Wenn die Figuren auch nur fünf Minuten lang lebendig werden dürften, würden am Ende doch alle Verlierer erschlagen daliegen, das sieht man deutlich. Das ungute Gefühl beim Betrachten wird noch unguter dadurch, dass Vrancx kein begnadeter Maler ist: eher eine dumpfere, dunklere Version Pieter Brueghels des Jüngeren, seines Zeitgenossen.

Im Übrigen hat man nie den Eindruck, dass die Sieger auf dem Bild einen moralischen Triumph davontragen; man betrachtet keine feierliche Szene, wie etwa beim Erfolg der Spanier in Velázquez' Gemälde *Die Übergabe von Breda*, auf dem die kapitulierenden Niederländer ihnen den Schlüssel der Stadt überreichen – auch wenn man das Königreich Spanien nicht unbedingt mag und den Niederlanden die Freiheit gegönnt hätte, freut man sich beinahe mit. Vrancx malt dagegen ein bitteres Bild einer fast nebensächlichen, aber tödlichen

Begegnung, und man merkt, wie sehr der Maler selbst leidet. Am schlimmsten ist sein kleines Bild mit einer Gruppe von Reitern in Schlapphüten und wunderschönen Lederwämsen; sie treffen auf eine Gruppe von Männern in schwarzen Rüstungen, die ebenfalls auf Pferden sitzen. Die Reiter tragen zwar Pistolen, die den Rittern aber kaum etwas anhaben können, sodass sie sicher gleich alle von den schwarz Gerüsteten umgebracht werden.

Kaum vorstellbar, dass ein Kunsthändler einem Herzog oder Fürsten ein paar Bilder von Vrancx angeboten und der daraufhin »Okay, nehm ich« gesagt hat. Aber sie müssen einer Realität entsprochen haben. Ich bin einmal durch die eiskalten Räume des Ingolstädter Neuen Schlosses gegangen, und plötzlich sah ich stumme schreckliche Reihen genau dieser schwarzen Rüstungen, die wie deaktivierte schmucke Roboter wirkten. Sie stammten aus dem Dreißigjährigen Krieg, und das war auch das letzte Mal, dass Panzerwesten zum Einsatz kamen (bis zum einundzwanzigsten Jahrhundert!): sperrig, aufwendig, unübertroffen makaber. Als ich durch die Räume wanderte, die außerdem noch mit Piken, Hellebarden, Radschlossgewehren und Luntenschlossmusketen vollstanden, kam mir Vrancx' erbarmungslose Welt vom Beginn des siebzehnten Jahrhunderts plötzlich sehr real und glaubwürdig vor, und das war sie schließlich auch für einen Großteil der Menschen Mitteleuropas.

Der Dreißigjährige Krieg existiert in der Vorstellungswelt der Briten so gut wie nicht, denn Jakob I. hielt sich tunlichst heraus. Damit verriet er zwar seine einzige überlebende Tochter Elisabeth, Gattin des Winterkönigs Friedrichs I. von Böhmen, eines nicht übermäßig mit Verstand ausgestatteten Hauptdarstellers der Frühphase des Krieges. Sich nicht einzumischen war ganz vernünftig, wenn man bedenkt, welches Schicksal alle diejenigen erlitten, die zu verschiedenen Zeitpunkten und selbst in verschiedenen Generationen (so lang dauerte ja das Schlachten) der Illusion erlagen, ihre Teilnahme werde in irgendeiner Weise etwas verändern.

Der Krieg war unter vielem anderen deshalb so entsetzlich, weil er das Handeln aller Beteiligten pervertierte und entwürdigte, einerlei, ob sie ursprünglich tief religiöse oder vollkommen zynische Motive hatten oder hilflos dazwischen hin- und herschwankten. In dem Konflikt verloren alle! Ein Viertel bis ein Drittel der Deutschen war am Ende tot; es muss, bezogen auf den Anteil an der Gesamtbevölkerung, die schlimmste menschengemachte Katastrophe gewesen sein, die man je in Europa erlebte – schlimmer als die des zwanzigsten Jahrhunderts.

Alle die verwickelten Details der Kämpfe sind gerade wegen ihrer letztendlichen Sinnlosigkeit so traurig interessant: Keiner kriegt, was er will, und alle sterben. Die Holländer (ihr achtzig Jahre dauernder Unabhängigkeitskampf überlappte sich mit dem Dreißigjährigen Krieg) gewannen ihre Unabhängigkeit von Spanien, doch erst nach opferreichen Kämpfen und um den Preis der Abtrennung der südlichen Niederlande. Die Franzosen wiederum verwandelten sich in eine ganz neuartige Bedrohung für das restliche Europa, und angesichts dieses Ungetüms, das sich da langsam zu recken begann, nestelten andere Herrscher schon nervös an ihren Halskrausen. Nach einem halben Jahrhundert innerer Wirren, Uneinigkeit und äußerer Machtlosigkeit ging Frankreich aus dem Dreißigjährigen Krieg als so stark hervor, dass es von nun an seinen aggressiven, chauvinistisch-hochmütigen »Sonderweg« beschreiten konnte. Aber auch in Frankreich bekam Kardinal Richelieu, Architekt der neuen Militärpolitik, nicht, was er wollte, und segnete das Zeitliche, bevor die wichtigsten Abkommen unterzeichnet wurden (immerhin starb er eines natürlichen Todes).

Der Dreißigjährige Krieg ist unendlich spannend, man muss aber immer wieder betonen, dass seine Ursprünge wirklich in der Religion lagen. Man hat ihn als Wirtschaftskrieg oder Klassenkampf interpretiert oder simpel die Realpolitik ins Feld geführt, doch die meisten der anfänglichen Kriegsbeteiligten waren überzeugt, dass ihr Handeln durch und durch vom Glauben und ihrem Einstehen dafür durchdrungen war. Der Charakter des Krieges sollte sich mit der Zeit verändern, aber zunächst war er eine Glaubensauseinandersetzung. Eigentlich schrie der Konflikt danach, dass sich einer der großen hegemonialen Herrscher einschaltete. Doch jetzt rächte sich vielleicht, dass Europa Mitte des sechzehnten Jahrhunderts eine alleinige Oberherrschaft der Habsburger (ähnlich der Herrschaft der Ming-Dynastie zur gleichen Zeit) nicht akzeptiert hatte, denn eine starke Macht, die, einerlei, mit wem sie verbündet gewesen wäre, den Krieg hätte beenden oder auch nur im Entferntesten auf die Wiederherstellung einer Ordnung dringen können, gab es nicht. Jedes Jahr fraß sich der Krieg weiter durch Europa, ruinierte die Städte und fegte ganze Landstriche auf viele Jahrzehnte hinaus kahl von Bewohnern.

Ich bin katholisch erzogen worden, ging aber schließlich (so viele katholische Engländer gibt es nicht) auf recht aggressiv protestantische Schulen. Bombardiert von dieser Glaubensrichtung, die dann auch die Oberhand gewann, habe ich den Dreißigjährigen Krieg immer als aufregende Geschichte gesehen, in der der Protestantismus kurz vor dem Abgrund stand und von dem wunderbaren Gustav Adolf gerettet wurde. Den katholischen Feind stellte ich mir immer als gutgläubige österreichische Bauernmassen vor, die von hinterhältigen, lüsternen Jesuiten aufgeputscht wurden. Meine naive Vorstellung wurde in gewisser Weise erschüttert, als ich bei Reisen im katholischen Deutschland sah, dass einem kaiserlichen Feldherrn wie dem Grafen Tilly – einem, wie ich aus zuverlässiger Quelle erfahren hatte, blutbesudelten, berserkerhaften Protestantenschlächter – mittels attraktiver Statuen, nach ihm benannter Gebäude und dergleichen recht öffentlich Anerkennung zuteilwurde. Als ich etwa auf dem Münchener Odeonsplatz die Stelle suchte, an der Hitler auf dem berühmten Foto in der Menge steht, die den Ausbruch des Ersten Weltkriegs bejubelt, sah ich mir auch die Feldherrnhalle an und fand dort die düstere massive Statue von Tilly, dem Retter des katholischen Bayern vor den blutbesudelten, berserkerhaften Protestanten.

In der beiderseitigen Selbstgewissheit im Jahr 1618 liegt der Ursprung des katastrophalen Krieges. Während der langen Friedensperiode hatten Protestanten und Katholiken sozusagen spiegelbildlich die Enttäuschung darüber geteilt, dass ihr einzig wahrer Glaube es noch nicht geschafft hatte, den anderen niederzuringen, und dass alle Kompromisse das Scheitern nur ärger machten, ein Scheitern, für das man sich immerhin im Jenseits verantworten musste. Landkarten vereinfachen stets; man hat die verschiedenfarbigen protestantischen oder katholischen Staaten vor Augen, die in Wirklichkeit von Andersgläubigen oft heftig durchsetzt waren; selbst in den Stammlanden der Habsburger lebten viele Protestanten, arme Bäuerlein ebenso wie reiche Bürger und Adlige. Zutiefst lutherische Städte wie Frankfurt vergaßen nie, dass sie ihre Unabhängigkeit ihrer direkten Beziehung zum Kaiser verdankten (selbst wenn es der komische Rudolf II. war) und dass man der katholischen Religionsausübung einen gewissen Spielraum einräumen musste. Schlimmer war, dass das protestantische Lager wegen des Abendmahlsstreits und der strengen, bilderstürmerischen Variante dieses Glaubens, des Kalvinismus, gespalten war – fast jedes religiöse Bildnis, das je in Ländern wie der Pfalz, Schottland, den nördlichen Niederlanden und einem Großteil der Schweiz angefertigt worden war, riss man heraus und zerstörte es. Mit dem Ergebnis, dass viele Lutheraner die Kalvinisten so bedrohlich und inakzeptabel fanden, dass sie in einem Konflikt eher die (katholischen) Kaiserlichen unterstützt hätten.

Zufällig gibt es ein reizendes Foto meiner grinsenden Gattin vor dem Fenster in der Prager Burg, wo der Dreißigjährige Krieg begann, als wütende protestantische Böhmen die kaiserlichen Gesandten aus eben diesem Fenster stürzten. Die Böhmen hatten Zugeständnisse der schwachen Kaiser Rudolf II. und Matthias genutzt, um einen eigenen König zu wählen: Friedrich, den kalvinistischen Kurfürsten von der Pfalz. Woraufhin die Rachegelüste kochten. Geköchelt hatten sie schon in Gebieten wie Tirol, wo Erzherzog Ferdinand gegen Ende des sechzehnten Jahrhunderts abwechselnd eifrig spektakuläre Bilder sammelte und Protestanten rausschmiss und einigermaßen bestürzt erleben musste, wie zuerst sein relativ vernünftiger Bruder Maximilian II. Kaiser wurde und dann sein Neffe Rudolf II., der sich aber in seine eigene private, düstere Welt zurückzog. Ferdinands Bruder, Karl II., Erzherzog von Innerösterreich, eiferte diesem in der Steiermark insofern nach, als er das Lipizzanergestüt gründete – dessen komisch tänzelnde weiße Gäule bis zum heutigen Tage Touristen in Wien fragwürdige Unterhaltung bieten – und zwischendurch auch Protestanten rausschmiss. Er sprengte ihre Kirchen, entzündete mit ihren Schriften lodernde Feuer und verbreitete Angst und Schrecken. Doch selbst er machte schließlich einen Deal mit den Protestanten. Als Karls Sohn Ferdinand II. 1619 Kaiser wurde, erblühte dann aber eine deutlicher katholische, von Jesuiten beeinflusste Welt.

Die Verbohrtheit Ferdinands II. trug ihren Teil zu den folgenden Ereignissen bei, aber die hochriskante Provokation der Böhmen war auch nicht ohne – der vorsätzliche Versuch, das Reich zu spalten und den katholischen Habsburgern nach der langen Schwächeperiode das Erbe zu verkleinern. Sobald Ferdinand ein Heer ausgehoben hatte, fiel er in Böhmen ein; Befehlshaber der Armee der katholischen Liga war der alte Haudegen Tilly, der die meiste Zeit seines Lebens gegen die Holländer oder Türken gekämpft hatte. Die Böhmen und ihre wenigen protestantischen Verbündeten erlitten ein Desaster. (Viele Protestanten schauten zu, weil sie entweder Angst hatten oder pleite waren wie Jakob I. von England, den kalvinistischen pfälzischen Kurfürsten nicht leiden konnten oder, weise genug, vor einem Krieg zurückscheuten.)

Das heutige Prag scheint ein Stein gewordenes Abbild der großartigen Errungenschaften der tschechischen Nation zu sein. Und wenn man durch die Stadt läuft, mutet es seltsam an, dass viele Gebäude – viele der Kirchen, Verwaltungs- und Regierungsgebäude, Adelspalais, kurz, alles, was die Goldene Stadt so schön macht – in Wirklichkeit von Demütigung und Scheitern der Tschechen zeugt. Die grässliche Schlacht am Weißen Berg zerstörte zunächst einmal die böhmische Identität – viele hohe böhmische Adlige wurden hingerichtet, ihr Besitz beschlagnahmt, alles, was nur von ferne nach Protestantismus oder Gegnerschaft zu den Habsburgern roch, ausgerottet. Ein Land, das auf dem Wege war, ein zumindest halb unabhängiger protestantischer mitteleuropäischer Staat zu werden, verschwand für die nächsten dreihundert Jahre von der Landkarte und wurde österreichische Kolonie, Prag eine deutsche Stadt.

Mit dieser entscheidenden Katastrophe zeigte sich, wie unglaublich viel in diesem Krieg auf dem Spiel stand – ein reicher, bedeutender Teil Mitteleuropas wurde zu einem Experimentierlabor degradiert, in dem sich die Gegenreformation in ihren schlimmsten Formen austoben konnte und das Land mit Jesuitenkollegs und Marienheiligtümern überschwemmte. Die Prager mussten sogar den Bau der Loretokirche erdulden, die nach der absurden Geschichte von der Hütte der Heiligen Jungfrau benannt ist. Angeblich war Marias Hütte in Nazareth im Jahr 1291 von Engeln vor der Zerstörung durch die Ungläubigen gerettet, in die Lüfte gehoben, zunächst in Kroatien abgesetzt worden und nach einer weiteren Zwischenstation 1295 in Loreto gelandet. Es gibt dazu ein meines Erachtens absichtlich urkomisches Gemälde von Tiepolo – aus naheliegenden Gründen kommt Loreto in der Sakralkunst eher selten vor –, das aussieht wie ein Storyboard für die Szene im *Zauberer von Oz*, in der das Haus von Dorothys Tante von einem Tornado gepackt wird. Aber wie dem auch sei, nach der Schlacht am Weißen Berg kam ein Menschenschlag nach Böhmen, der Loreto-Kapellen im ganzen Land baute, und auf neues kulturelles Leben der Tschechen müssen wir bis Smetana und Dvořák warten. In den anderen protestantischen Staaten muss die Gefahr, eine Religion von Leuten aufgezwungen zu bekommen, die an fliegende Hütten glaubten, verzweifelten Widerstand geweckt haben.

Der Schwedenschimmel

Da es kaum eine deutsche Stadt ohne mächtigen Lokalstolz gibt, gibt es auch kaum eine Stadt ohne Stadtmuseum. Manche sind unfassbar langweilig. Ein halbes Dutzend Wissbegierige schleppen sich mit glasigen Augen an Ausstellungsobjekten zur Geologie des Ortes vorbei, an der unvermeidlichen Rekonstruktion eines Apothekerladens,

Lehrmaterial zum Spinnen und zur Tuchweberei, ein paar alten Hüten und einem Stich mit Abbildungen davon, was 1848 falschgelaufen ist. Wenn man von Raum zu Raum wandert, dabei versucht, dem Blick anderer gleichermaßen schlafwandelnder Gestalten (oft schon wenigen genug) nicht zu begegnen und angesichts des nächsten Raums voller Gewichte und Waagen nicht in Panik zu geraten, muss man einfach zu dem Schluss kommen, dass das Ganze ein gemeiner Trick ist, ein tief im Glauben wurzelnder Versuch, hohnlächelnd die Vergeblichkeit menschlicher Existenz auszustellen. Weil sehr vieles in der deutschen Geschichte politisch heikel ist, betonen die Museen im Allgemeinen eher das Nichtpolitische. Begeistert widmen sie sich zum Beispiel den Aspekten frühesten menschlichen Lebens mit allem Drum und Dran. Sie zeigen rekonstruierte Hütten, massenhaft Gegenstände aus Schilfrohr und Feuerstein sowie haarige Schaufensterpuppen, die als Familie um ein Feuer lagern und sich ihr simples Mahl bereiten. Bisweilen sieht man durchaus bezaubernde Rekonstruktionen von Mammuten oder anderen drolligen Kreaturen, aber im Großen und Ganzen steht man am Ende ratlos davor und fragt sich, woher die Kuratoren so genau wissen, wie lang die Frühmenschen das Haar trugen, obwohl sie nur als Skelette auf uns gekommen sind. Ja, und warum sehen sie alle aus wie westdeutsche Unidozenten in den frühen 1970er Jahren?

Die Museen können einem also regelrecht die Sinne rauben, aber man kann nicht anders: Man muss sie weiter besuchen, weil man in der ganzen Eintönigkeit immer ein Kleinod findet. Wie das zwanzigste Jahrhundert dargestellt wird, ist natürlich zwangsläufig interessant und oft sehr unterschiedlich, meist aber wohlüberlegt und verständig, beunruhigend oberflächlich nur sehr selten.

Als ich einmal in einem städtischen Museum dachte, es ginge nicht schlimmer, stieß ich plötzlich auf etwas Lohnenswertes. Mitten in der üblichen, die Intelligenz beleidigenden Ausstellung »Spielzeug von gestern« (Puppen, Holzklötzchen – Ausstellungsstücke, die man gar nicht kunstvoll aufstellen muss, geschweige die Temperatur gleichmäßig und die selten besuchten Glasvitrinen sauber halten) erspähte ich eine Schachtel mit einem Brettspiel von Anfang der 1940er Jahre, und es hieß *Bomber über England*. Der Deckel war nur halb weggeschoben, aber zu sehen waren hübsch gemalt die Britischen Inseln, Irland korrekt als neutral dargestellt, und auf kleinen quadratischen Feldern waren große Städte verzeichnet: ein Würfelspiel. Und man bekam offenbar desto mehr Punkte, je weiter entfernte Ziele wie Glasgow oder Belfast man erreichte. Es war schaurig und verstörend, aber auch aufregend. Ich mochte Brettspiele immer und checkte nach kurzer Bestandsaufnahme des Rests meiner moralischen Widerstandskraft, was für Probleme entstehen konnten, wenn ich *Bomber über England* mitgehen ließ. Als Spiel, mit dem wirklich gespielt wurde, würde es viel mehr Vergnügen bereiten, als hier weggesperrt in einem furztrockenen Museum zu liegen. Dinge werden zum Gebrauch erdacht, nicht zum Ausgestelltwerden, und als Repräsentant einer Siegermacht hatte ich schließlich ein paar Anrechte. Aber Feigheit und im Hinterkopf die Angst, dass bei dem Spiel ein entscheidendes Teil fehlte, hielten mich vom Diebstahl ab.

Wie dem auch sei, das war die Vorrede zu einer ernsthaften Rückkehr zum Dreißigjährigen Krieg. Ingolstadt liegt in Südbayern und ist in vieler Hinsicht der Inbegriff mittelgroßen, selbstbewussten deutschen städtischen Stolzes. Es strotzt vor Geld – vor allem vom höheren Management der Audi-Werke –, und große Gruppen bestens versierter Ladenbesitzer sorgen dafür, dass dieses Geld mittels des Verkaufs von Pelzmänteln, raffinierter Unterwäsche und Fernpauschalreisen in der Stadt zirkuliert. Es gibt großartige Kirchen, beeindruckende Stadtmauern, stilvolle Gasthöfe und ein zaubrisches Schloss, das unter anderem das Bayerische Armeemuseum beherbergt. Letzteres war Manna vom Himmel für mich. Was konnte wohl mehr Spaß machen, als sich die militärischen Kehrtwendungen und Schwenks einer von Europas konfusesten und zuverlässigsten Überläuferkampforganisationen anzuschauen? Es schneite heftig, und als ich kurz vor Mittag durch Schneewehen auf dem großartigen Hauptinnenhof watete, waren ungefähr drei Stunden nach Öffnung des Museums allein meine Fußstapfen zu sehen! An diesem Februartag war ich der einzige Mensch in Europa, der die Mühen der bayerischen Armee unterhaltsam fand.

Am anderen Ende der Stadt befindet sich das viel typischere einschläfernde Stadtmuseum. Ich erinnere mich an keines aus der unendlichen Anhäufung todlangweiliger Ausstellungsstücke. Aber ein genialer Kurator hatte gewusst, wenn man nur eine wirklich tolle Sache zu zeigen hat, will man die Besucher nicht mit anderem erregen. Man lade die Räume mit Stichen von Markttagen voll, Kanonenkugeln und Apothekeneinrichtungen, und sie bilden den Rahmen für etwas Einzigartiges.

Die 1620er Jahre waren für Protestanten ein Albtraum. Nach der Schlacht am Weißen Berg waren die katholischen Heere weitergezogen und hatten alles überrollt, was sich ihnen entgegenstellte. Die Protestanten waren schmerzlich uneins – fatalerweise hielt es Sachsen, ein mächtiger lutherischer Staat, zuerst mit den Kaiserlichen und blieb dann neutral wegen der Koruptheit und Dummheit seines alkoholsüchtigen Herrschers Johann Georg I. (Ich kann mir nicht noch eine Abschweifung erlauben, lasse mich aber später über das erbauliche Thema der politischen und militärischen Inkompetenz Sachsens aus, und zwar so schlüssig, dass ich ein für alle Male widerlegen werde, die Deutschen seien von Natur aus kriegslüstern oder begnadete Krieger.) Auch England blieb neutral, während unter dem Kommando der Protestanten Chaos und Inkompetenz herrschten, was eine Katastrophe nach der anderen heraufbeschwor. In den 1620er Jahren wurde auch der gnadenlose, brutale Charakter des Krieges deutlich, der alle Beteiligten entmenschlichte und entwürdigte. Die meisten der anfänglichen Anhänger des Protestantismus und derjenigen, die bereit waren, dessen Sache zu unterstützen – von den Savoyern zu den Siebenbürgen –, waren außer Gefecht gesetzt, vernichtet oder verjagt, die Kurpfalz zerschlagen und von den Spaniern und Bayern übernommen worden. Ein führender Protestant, der fesche, höchst labile Psychopath und trotzdem Bischof von Halberstadt, der Herzog von Braunschweig-Wolfenbüttel, der durch Nordeuropa düste und beängstigende Bilder von sich malen ließ, starb, wie es die katholische Propaganda wissen wollte, weil ein Riesenwurm seine Innereien auffraß; Ernst von Mansfeld, Befehlshaber verschiedener antihabsburgischer Heere, starb 1626 in Bosnien, auf dem Weg nach Venedig, wo er neue Gelder zur Kriegführung auftreiben wollte. Der dänische König, der (von England und Frankreich angestachelt) den Protestanten zu Hilfe kam, wurde bald von einem überraschend neuen, genialen Feldherrn geschlagen, dem protestantischen Wallenstein, der mal kurz seinem Glauben abgeschworen hatte und böhmischer Katholik geworden war und sich in des Kaisers Dienste begeben hatte, um einen Anteil der immensen einstmals protestantischen Ländereien in Böhmen und Mähren zu ergattern, die Ferdinand II. verteilte.

Dem reinen Elend dieser Phase folgte der Krieg, »der den Krieg ernährt«. Die jeweiligen Heere lebten vom Plündern, ruinierten mit ihrer maßlosen Gier und Zerstörungswut Freundes- wie Feindesland, marschierten immer engmaschiger kreuz und quer durch Deutschland und verheerten Städte und Dörfer, wenn diese nicht bis zur Halskrause gerüstet und neutral waren wie Hamburg. Wallenstein ließ mit besonderem Gusto plündern, sengen und morden – sowohl um seine Truppen zu bezahlen und zu ernähren, als auch, um Angst und Schrecken zu verbreiten. Aber damit unterschied er sich im Prinzip nicht von den anderen Kriegsteilnehmern. Zum Schluss waren die Heere nur noch zombiehafte Mörderbanden wie in Grimmelshausens großem Roman *Der Abentheurliche Simplicissimus Teutsch*, der 1668 erschien, lange nach Ende des Krieges, aber von einem Mann verfasst war, der schon als Heranwachsender in Kriegsdienste unterschiedlicher Herren getreten war. Der *Simplicissimus* driftet zwar zum Schluss ein bisschen sehr ins Fantastische ab, doch vieles mutet gespenstisch authentisch an, zum Beispiel wenn marodierende Soldatenrotten Dorfbewohner abschlachten, sie foltern, um Geldverstecke herauszubekommen (und sie trotzdem abschlachten) oder sich gegenseitig auflauern, alles ohne Sinn und Zweck, ohne Gefühl für Anfang oder Ende – Kriegführen als ewige, unveränderliche Lebensweise.

Nachdem die Dänen 1629 endgültig aus dem Geschehen ausgeschaltet waren, hatte es den Anschein, als besäßen die Protestanten keine Reserven mehr. Woraufhin zunächst einmal die Kaiserlichen verkündeten, dass alle Territorien, die in den vergangenen siebzig Jahren protestantisch geworden waren (meist früheres Kirchenland), wieder katholisch werden müssten und die dann noch bestehenden protestantischen Länder (vor allem Brandenburg und Sachsen) widerstrebend geduldet würden. Diese Phase war für Wien höchst befriedigend, und es wurden viele extra lange Messen gelesen – das halbe Reich lag in Schutt und Asche, aber wenigstens in katholischer.

Der Tiefpunkt (für die Protestanten) war die Zerstörung Magdeburgs – der mächtigen, befestigten protestantischen Stadt, die Tilly buchstäblich dem Erdboden gleichmachte. Etwa zwanzigtausend ihrer Bewohner und Verteidiger waren tot, in dem Trümmerfeld vegetierten vielleicht noch vierhundert Menschen. Diese Schandtat wurde dann auf tausenden billiger, weniger billiger und sehr kunstreicher Stiche verewigt und zu Propagandazwecken gegen die Katholiken genutzt. (Eine lebensechte Darstellung dessen, wie Gebäude und Menschen in Magdeburg in die Luft gesprengt wurden, war allerdings mit den eher groben Mitteln und in Schwarz und Weiß schwierig.)

Doch zu dieser Zeit passierte etwas – zumindest für Protestanten – in der gesamten europäischen Geschichte höchst Aufregendes, beinahe Einzigartiges. Der König von Schweden, Gustav II. Adolf, war im Jahr zuvor, angetrieben sowohl von seinem Wunsch nach persönlicher Größe als auch davon, seinen protestantischen Brüdern und Schwestern zu helfen, mit einem kleinen, aber gut ausgebildeten Heer an der pommerschen Küste gelandet. Und die Folgen waren so umwerfend, dass ich auch heute noch meinen Gustav-Adolf-Bierdeckel nie ohne tief empfundene Gefühle betrachten kann. Anfänglich ignorierten die Kaiserlichen den König als weiteren zum Scheitern verurteilten Eindringling aus Skandinavien. Doch zu ihrem Pech hatte sich schon vor Gustav Adolf das Blatt langsam gewendet, nicht zuletzt, weil die Holländer die schlimmsten Angriffe der Spanier überstanden hatten und nun ein dynamischer, reicher und rachsüchtiger protestantischer Verbündeter waren, und weil die Franzosen ihre internen Querelen gelöst hatten und aus einem nie versiegenden Quell von Antipathien gegen die Habsburger schöpfen konnten.

Die Schweden sorgten für Erstaunen. Dank einer neuen, flexiblen Taktik schlugen sie unter Gustav Adolf das Haupther der Kaiserlichen unter Tilly im Herbst 1631 in der Schlacht bei Breitenfeld und im folgenden Jahr in den Schlachten am Lech (wo Tilly verwundet wurde) und bei Lützen (wo Wallenstein geschlagen wurde) so vernichtend, dass sich die Katholischen in den restlichen sechzehn Jahren Krieg nicht mehr davon erholen sollten. Allerdings fiel Gustav Adolf bei Lützen, sein einflussreiches Wirken in Europa währte also nur etwa vierzehn Monate. Aber das reichte. Die Protestanten wurden zwar auch fürderhin nie so stark, dass sie den Kaiser vollständig besiegen konnten, doch dass Mitteleuropa insgesamt wieder katholisch wurde, war auch nicht mehr wahrscheinlich, ja, mittlerweile geriet sogar die Idee, die Religion als Grund zum Krieg zwischen Christen benutzen zu können, in Verruf und wurde schließlich fallengelassen.

Und hier kommen wir zurück zum Ingolstädter Museum. Nach der Schlacht am Lech nämlich hatten sich die kaiserlichen Heere nach Ingolstadt geflüchtet, wo Tilly dahinschied. Gustav Adolf brach die wenig aussichtsreiche Belagerung der Stadt ab und marschierte weiter nach Lützen in Sachsen, wie man weiß, in den Tod. Um ein Haar wäre er vorher schon umgekommen, als man nämlich sein Pferd unter ihm wegschoss. Aber wie dem auch sei: Nachdem die Ingolstädter sich derart mannhaft gegen ihn verteidigt hatten und die Schweden abgezogen waren, öffneten sie die Stadttore, schnappten sich den toten Gaul des Königs und präparierten ihn für die Nachwelt. Nun, nach fast vier Jahrhunderten, steht er noch immer auf seinen ramponierten Beinen im Städtischen Museum. Sehr gut in Form ist er natürlich nicht mehr – schließlich ist er erschossen worden, und die Ingolstädter konnten nicht mit perfektem Material arbeiten -, und er hat auch eine Menge von Flicken, Nähten und dunklen Flecken, als hätte man ihn in den vergangenen Jahren öfter mal mit Bier bekleckert. Doch obwohl er manches durchgemacht hat, steht er da, konserviert als Gegenstand des Spotts und Zeichen städtischen katholischen Stolzes, Ehrengast bei Festbanketten, ein klassisches Memento mori aus dem siebzehnten Jahrhundert, ein ebenso komisches konserviertes historisches Tier wie Stonewall Jacksons Pferd Little Sorrel im Virginia Military Institute oder das Elefantenskelett, von dem Goethe in Kassel eine Skizze fertigte, aber viel älter, und obwohl er so arg lädiert ist, erzählt er ganze Geschichten.

Überraschungsbesuch eines Asteroiden

Die letzten Jahre des Dreißigjährigen Krieges sind durch die Bank grauenhaft. Die Kriegführung wurde immer komplizierter, die Bündnisse wegen wechselseitig sich ausschließender Sondervereinbarungen über den Besitz dieser oder jener Stadt immer zerbrechlicher, und davon zu lesen ist fast so unerfreulich, wie es selbst zu erdulden. Die Schweden, noch im mittleren Abschnitt des Krieges die Helden, wurden nun zur Landplage, zogen durch Mitteleuropa, verwüsteten alles, was ihnen vor die Füße kam, und verbreiteten Pest und Hungersnot. Falls es aufrichten, neutralen heutigen Schweden ein Trost ist, sei angemerkt, dass die »Schweden«, von denen hier die Rede ist, meist schottische Söldner oder Gefangene aus anderen Heeren waren. Da die Söldnertruppen von niemandem mehr regulär bezahlt wurden, schlossen sie sich immer dem nächstbesten marschierenden Haufen an, stets in der Hoffnung auf etwas zu essen – in Ländern, die ihre Bewohner selbst kaum noch ernähren konnten und in denen viele Städte fast menschenleer waren.

Ein Wendepunkt wurde bei der kleinen schwäbischen Stadt

Nördlingen im Ries erreicht, die zu dem halben Dutzend Orten in Deutschland gehört, die bis heute eine ringsum erhaltene Stadtmauer haben. Darüber hinaus ist sie nicht nur als Schauplatz einer wichtigen Schlacht berühmt, sondern auch wegen einer ganz besonderen Sehenswürdigkeit. Vor knapp fünfzehn Millionen Jahren, als Deutschland ein subtropisches Land mit mildem Klima war, in dem Urelefanten und Riesenschildkröten grunzten und keuchten, ging ein Asteroid mit einem Durchmesser von etwa fünfzehnhundert Metern auf Nördlingen hernieder (das heißt, auf dessen zukünftigen Standort). Die Wucht des Aufpralls entsprach der von fast zweihunderttausend Hiroshima-Bomben (was man sich schon gar nicht mehr vorstellen kann), und es entstand ein kreisrunder Krater von circa fünfundzwanzig Kilometern Durchmesser. Nicht einmal die Rüsselspitze eines Urelefanten blieb erhalten. Komischerweise ist die Form des Kraters immer noch deutlich zu sehen, rund um Nördlingen erstrecken sich hübsche Wiesen und Felder, im Kreis darum herum stehen zerzauste Bäume. Bei dem Aufschlag entstanden Millionen winziger Splitter, die man überall in der geologischen Formation findet und die zusammengepresst ein sogenanntes Impaktgestein bilden, das Suevit heißt. Nördlingens sensationelle St.-Georgs-Kirche ist daraus erbaut. Naiverweise dachte ich ein paar Momente lang, dass es sich um Felsgestein direkt aus dem Weltall handele, doch die Realität ist auch so schon eigenartig genug. Die Stadt in dem Krater ist selbst auch kreisrund, und der riesige Kirchturm befindet sich exakt in der Mitte. Als ich im Uhrzeigersinn über die kreisrunde Stadtmauer lief und eben der Kirchturm die Stunde schlug, befiel mich das eigentümliche, leicht mulmige Gefühl, Teil eines unüberschaubar großen, unbegreiflich alten und vollkommen unbekannten Mechanismus zu sein.

Einen ähnlichen Eindruck machen die Bewohner Nördlingens; die Stadt ist derartig in ihrer Vergangenheit befangen, in ihren erstickenden Mauern und Türmen und jahrhundertealten Häusern, dass man den Eindruck hat, sie sei (wie das nahe gelegene Rothenburg ob der Tauber) nur dazu da, mit Touristen vollgepumpt zu werden, die in einem stetigen Strom durch eine Menge Gasthäuser und minderer Sehenswürdigkeiten geschleust werden, und ihre Bürger seien verpflichtet, in einem chiffrierten Regelwerk der Freundlichkeit zu agieren, das manchmal unerträglich sein muss – als wären sie die kleinen Figuren, die aus den Türen von bayerischen Wetterhäuschen hervortreten und anzeigen, ob es regnet oder die Sonne scheint.

Doch die Schlacht bei Nördlingen war ganz real. 1634 stand die Stadt in Gefahr, zu einem weiteren Magdeburg zu werden – eine isolierte protestantische Hochburg, belagert von kaiserlich-spanischen Söldnern. Seit der Zerstörung Magdeburgs 1631 war ja alles immer noch brutaler geworden, so schlachteten etwa die Protestanten die katholischen Soldaten, die gerade kapituliert und ihnen die wunderschöne Festung in Würzburg ehrenhaft übergeben hatten, am Ende doch einfach ab. Nördlingen hielt verzweifelt aus, aber das Heer von schwedischen und deutschen Verbündeten, das die Stadt retten sollte, wurde grottenschlecht geführt und geschlagen, die Stadt eingenommen und verwüstet.

War dies schon ein schmerzlicher Augenblick für die Protestanten, ging der eigentliche Albtraum aber jetzt insofern weiter, als der Krieg trotz Nördlingen noch vierzehn Jahre dauern sollte! Die Kaiserlichen dachten, ihre Feinde seien in die Flucht geschlagen, doch in Wirklichkeit war es nur ein neuer, aber letzter Höhepunkt im Hin und Her des Krieges gewesen. Hätte Ferdinand II. einen umfassenden Frieden zustande gebracht (was schwierig, aber nicht unmöglich gewesen wäre), hätte der Krieg vielleicht beendet werden können – doch der Kaiser und sein Sohn Ferdinand III. (der in Nördlingen gekämpft hatte) machten weiter, und neue Mächte (nicht zuletzt Frankreich) wandten sich gegen sie. Wie so oft war der psychologische Höhepunkt des Krieges gekommen, und keiner hatte es gemerkt.

Aber allmählich wurden die Heere kleiner. Keine Seite schaffte es, der anderen den entscheidenden Schlag zu versetzen, die Protestanten (nun mit der vollen Unterstützung eines zunehmend außer Kontrolle geratenden Frankreich) hielten den Kaiserlichen zwar stand, brachten sie aber umgekehrt nie ernsthaft in Gefahr. Die Verhandlungen zur Beendigung des Konflikts zogen sich über Jahre hin. In einem schmerzlichen Nachklapp drangen die (hauptsächlich schwedischen) protestantischen Heere zum Schluss doch noch in Böhmen ein und versuchten, Prag zu befreien, wo der ganze Ärger begonnen hatte. Die Schweden versuchten vergeblich, sich über die Karlsbrücke zu kämpfen, deren Zugänge heute von amüsanten, mit Metallfarbe bemalten »menschlichen Statuen« und dilettantischen Jongleuren verstopft sind. Als sie die Verteidigungsanlagen um die Altstadt nicht durchbrechen konnten, zogen sie sich zurück – nicht ohne zuvor die Burg zu plündern (was erklärt, warum so viel aus den Kollektionen Rudolfs II., einschließlich einiger erstklassiger Arcimboldos, heute in Stockholm zu finden ist). Die Schweden kamen nicht durch, weil die Böhmen sie jetzt als Feinde sahen: die Bewohner Prags waren nicht mehr protestantisch – unter den Fittichen der Jesuiten und nach unzähligen Schulausflügen zur Loretokirche waren sie in den achtundzwanzig Jahren seit der Schlacht am Weißen Berg wie die Menschen in *Die Körperfresser kommen* verwandelt worden: in glühende Katholiken.

Der Dreißigjährige Krieg hatte, wie gesagt, seinen anfänglich religiösen Charakter zum Zeitpunkt seiner Beendigung längst verloren, aber zum Schluss festigte sich die Einsicht, dass Protestanten und Katholiken ein für alle Mal zum politischen und religiösen Leben in ganz Europa gehörten und dass dies auch nie mehr Anlass für kriegerische Auseinandersetzungen sein durfte. Von nun an focht man Kriege aus dynastischen und ökonomischen Gründen; die Inbrunst, mit der man die großen Fragen des Jahres 1618 hatte lösen wollen, war erloschen. Die Nachfolger der ursprünglichen Landes- und Feldherren, die nun alle tot waren, handelten viel vorsichtiger oder zynischer.

Den Raum in Münster, wo endlich Teile des Westfälischen Friedensvertrags unterschrieben wurden, gibt es noch – ein nobler, feierlicher Ort, mit den Porträts von Würdenträgern, der Bedeutung dessen, was hier vonstattenging, angemessen. Nur eine vertrocknete menschliche Hand, die auf einem Tisch liegt und angeblich einem Übeltäter irgendwann in der Geschichte Münsters abgehackt wurde, sorgt für eine gewisse Irritation.

Die Gesandten kamen von überall her aus Europa, und die nördlichen Niederlande und die Schweiz gehörten zu den Gewinnern, weil sie als unabhängige Staaten voll anerkannt wurden. Schweden bekam in Osnabrück große Teile ziemlich nutzloser deutscher Nord- und Ostseeküste – das einzig Wertvolle wäre Bremen gewesen, das sich aber erfolgreich gegen eine Vereinnahmung wehrte. Die vielen deutschen Staaten erkannten die Rolle des Kaisers als Oberhaupt des Heiligen Römischen Reiches weiterhin an, behielten sich aber das Recht vor, ihre eigene Außenpolitik zu betreiben, und das sollte auch trotz allergrößten Drucks und vieler Spannungen so bleiben, bis etwa einhundertfünfzig Jahre später Napoleon auf den Plan trat. Der Kaiser verzichtete auf jeden – vielleicht ohnehin nie ernst gemeinten – Versuch, Deutschland zu einem einheitlichen Staat wie Spanien, Frankreich oder England zu machen.

Für die meisten deutschen Territorien war der Krieg nichts als eine einzige Katastrophe gewesen, und viele erholten sich davon erst wieder, als im neunzehnten Jahrhundert das explosionsartige Anwachsen der Bevölkerung sowie die Industrialisierung neuen Schwung brachten. Viele große Städte sanken erst einmal in Tiefschlaf. Im Nürnberger Stadtmuseum hängt ein Gemälde zur Erinnerung an das Bankett zur Feier des endgültigen Abzugs der schwedischen Besatzungstruppen 1649 (nachdem fette Lösegeldsummen geflossen waren). Darauf sieht man ein Meer von Männern in schwarz-weißer Kleidung, die versuchen, tapfere Miene zu der im Grunde doch hoffnungslosen Situation zu machen. Wie viele Deutsche hatten die Bewohner Nürnbergs keine Erfahrung mehr mit einem Zustand, der nicht Krieg war, und die Schweden hinterließen eine vollkommen ruinierte Stadt – eine der großen deutschen Renaissancestädte wurde zum vor sich hin rottenden Freilichtmuseum, wofür wir heute dankbar sein können, was aber die Nürnberger selbst zur Bedeutungslosigkeit verdammte, bis ihre wundersam konservierte Deutschheit im neunzehnten Jahrhundert den Nationalisten in den Blick kam.

Das Trauma des Dreißigjährigen Krieges ist heute von späteren Traumata überlagert. Aber er bleibt ein Schlüsselereignis in der kollektiven Erinnerung der Deutschen. Das schreckliche Drama des Ausgeliefertseins spielte sich ja auch in den Napoleonischen Kriegen wieder ab und wurde seinerseits zum abschreckenden Beispiel und zur Mahnung, die sich dann in neuerer Zeit so schändlich auf Deutschlands Selbstbild auswirkten. Generationen deutscher Historiker hielten es bei den Überlegungen zur Schaffung von Bismarcks Zweitem Reich immer noch für unerlässlich, aus den Erfahrungen des Dreißigjährigen Krieges zu lernen. Ihrer Meinung nach war Gustav Adolf Deutscher ehrenhalber, weil er versucht hatte, ein einiges Deutschland zu schaffen, aber von den katholischen habsburgischen Blutsaugern daran gehindert worden war. Diese schrille protestantische Lesart des Krieges war das gedankliche Pendant zum konkreten Krieg zwischen Preußen und Österreich um die Vorherrschaft in Deutschland und nährte das üble Vorurteil, dass nur Protestanten echte Deutsche sein könnten. Aber viele Herrscher vor Bismarck, die den Westfälischen Frieden wichtig fanden und daran festhalten wollten, konnten Wichtiges aus dem Geschehen lernen: wie ein Staat zu regieren sei und wie man ein solch schreckliches Wüten, das so viel Schaden angerichtet hatte, eindämmen und verhindern konnte.

Es gibt einen berühmten, beunruhigend modernen Propaganda-Druck aus den 1630er Jahren, auf dem ein schick gekleideter, bewaffneter Mann verzweifelt vor einer Figur des Krieges gestikuliert: einem gräulichen Ungeheuer, einer Art Drachen in Metallrüstung, der Feuer spuckt und auf einem Haufen Leichen hockt. 1648 hatte die Kreatur den größten Teil Deutschlands gefressen und fand keine Nahrung mehr; der Krieg endete in bitterer Erschöpfung und Erstarrung Deutschlands, und es sollte Generationen dauern, bis man das Land wieder aufgebaut hatte. Zuletzt war allerdings klar geworden, dass zwar die Glaubensfrage in gewisser Weise gelöst worden war – dadurch, dass die religiösen Motive vollständig diskreditiert waren –, sich durch den Krieg aber etwas viel Schlimmeres entwickelt hatte: Ein expansionistisches, beutegieriges, ungeheuer mächtiges Frankreich sollte in den nächsten zwei Jahrhunderten für die meisten der winzigen Territorien am Rhein eine stetige Bedrohung werden.

Siebtes Kapitel

Wunderkammern und Spinnen, die Vögel fressen
Yatağane aus Damaszenerstahl
»Brennt die Pfalz nieder!«
Die katholische Kirche geht aufs Ganze

Stich Matthäus Greuters aus der Melissographia *(Rom, 1625), nach Zeichnungen von Francesco Stelluti und Mitgliedern der Akademie der Luchse.*

Wunderkammern und Spinnen, die Vögel fressen

Wie sich die politischen Ereignisse des siebzehnten Jahrhunderts auf die Menschen ausgewirkt haben, drückt sich in der schrecklichen Hoffnungslosigkeit der erhaltenen Gemälde und Schriften aus. Natürlich kann man Modewellen nie von den Ereignissen selbst trennen, und in der deutschen Kunst waren bleiche Leichen, blakende Kerzen, Allegorien menschlicher Narretei oder Totentänze immer sehr beliebt, nicht nur nach bestimmten Katastrophen. Aber im siebzehnten Jahrhundert häufen sie sich in ganz Europa. In England verströmt der morbide, aber hochvergnügliche Mystizismus von so unterschiedlichen Leuten wie Robert Burton, Thomas Vaughan und Thomas Hobbes die Atmosphäre eines schummrigen, der Alchemie verschriebenen Lebens, das in der Realität ziemlich harsch gewesen sein muss. Aber das Vergnügen, heute in einem gemütlichen Sessel mit einem alkoholischen Getränk und passend düsteren Gambenklängen aus einer guten Anlage darüber zu lesen, ist grenzenlos.

Melancholisch stimmen auch die mannigfaltigen »Kuriositätenkabinette« oder »Wunderkammern«, Kollektionen, die man, aus der Renaissance überliefert oder von modernen Enthusiasten sorgfältig rekonstruiert, immer noch in vielen deutschen Schlössern bewundern kann und die mittlerweile eine Leidenschaft der Kulturwissenschaften sind. Ich könnte ewig und drei Tage darin verbringen. Sie waren in Europa einst sehr verbreitet, wurden aber oft durch den Lauf der Ereignisse oder Moden zerschlagen oder gingen in Museumssammlungen auf. In Deutschland mit seiner überwältigenden Vielfalt alter, verknöcherter Höfe waren sie allerdings besonders geschützt und bersten noch heute von Dingen, die man in London oder Paris bereits vor Jahrhunderten weggeworfen oder verbrannt hätte.

Herrscher haben immer gern Geld für nutzlose, aber exotische Gegenstände ausgegeben. Wer mit den Kabinetten angefangen hat, weiß man nicht, doch sie sind der Versuch, Dinge, die sonst in irgendwelchen Ecken der Schlösser herumgelegen hätten, in eine bestimmte Ordnung zu bringen und auszustellen. Nicht allein aus echtem wissenschaftlichem Interesse – sie sollten Besuchern ein wohliges Schaudern über den Rücken jagen und Ansehen, humanistische Bildung und Interessen ihrer Besitzer demonstrieren. Da die Raritäten von fern herbeigeschafft wurden, war es natürlich besser, wenn sie knochig oder getrocknet waren und nicht etwa anfingen zu riechen oder zu modern. Und so zeigte sich die große, weite Welt in den Kabinetten seltsam verstaubt in Gestalt von Straußeneiern, Nautilusmuscheln, Narwalzähnen, Korallenstücken, Skeletten oder Schlangenhäuten und dergleichen. Die Dinge kamen über Venedig oder Antwerpen (später über Amsterdam) gewöhnlich als Beipack zur wirklich wichtigen Ladung eines Kaufmanns und waren, bevor sie das Innere Europas erreichten, schon durch viele Hände gegangen. Man fragt sich allerdings, wann auch der Letzte begriff, dass Einhornhörner in Wirklichkeit bloß Stoßzähne von Narwalen waren, und ob betretenes Schweigen entstand, wenn diese kostbaren Objekte auf einmal ihre Magie verloren. Aber sie gehörten sicher zu den Utensilien, die trotz zunehmend begründeter Verachtung durch die Wissenschaften auch weiterhin in traditioneller Medizin, Astrologie und magischen Praktiken Verwendung fanden.

Ein hinreißendes Wunderkabinett befindet sich im Schloss Friedenstein zu Gotha. In schweren Holzvitrinen häufen sich hier Schädel, mumifizierte Frösche, eigentümliche Talismane, Krokodileier und alle möglichen Herrlichkeiten in Flaschen. Besonders an kleineren Höfen muss ein intensiver Wettstreit um stets noch größere Feuerkorallen oder noch seltsamer geformte Früchte und bei großen gesellschaftlichen Ereignissen dann eine entsprechende Spannung geherrscht haben, ob ein zu Gast weilender, noch fixerer herzoglicher Sammler sich angesichts der präsentierten Sammlung nur ein müdes Lächeln abringen würde. Die größte und stolzeste aller Kollektionen befand sich definitiv in Prag, wo Rudolf II. Ende des sechzehnten Jahrhunderts unter seinem fantastischen Plunder fast verschwand. Nachdem aber jeder irgendwann ein Stück Koralle sein Eigen nannte, sie sozusagen zur Standardausstattung gehörte, mit der man sich nicht mehr groß brüsten konnte, ging man beherzt einen Schritt weiter und begann die einzelnen Dinge aufzuhübschen, und die Renaissance wurde zu der Epoche, in der diese unschuldigen tropischen Fundstücke absurden Behandlungen unterworfen wurden. Einst schwammen sie unter strahlender Sonne fröhlich im Roten Meer, jetzt waren sie als vertrocknete Klümpchen den Verschönerungen sehr abstruser Wanderhandwerker in einem zugigen Thüringer Schloss ausgesetzt. Unansehnliche Becher, seltsame Tafelaufsätze für große Bankette, gespenstische Objekte, die man nach dem abendlichen Mahl herzeigte oder in religiös-mystischer Versunkenheit kontemplierte. Mutantenkombis aus Kokosnussschale und Gold oder Tritonshorn und Silber machten die traurige Welt mumifizierter Frösche natürlich rasch vergessen. Doch die Künstler, die diese Dinge herstellten, kämpften bald auch damit, dass diese Objekte keinen mehr vom Hocker rissen, wenn erst einmal alle stolze Besitzer eines Straußeneis mit silbernem Schiffsmodell obendrauf waren. Prompt entbrannte ein regelrechter Rüstungswettlauf, und venezianische Lieferanten mussten säckeweise tropischen Müll herbeischleppen, in den man Edelmetallstückchen und Juwelen stecken konnte, um noch mehr schwachsinnige Gedecke zu fabrizieren. Gleichzeitig übte man sich in den lächerlichsten Varianten der Miniaturschnitzerei und fertigte dreidimensionale Kreuzigungsszenen samt Söldnern und trauernden Hinterbliebenen im Inneren einer Walnuss (eine flämische Spezialität) oder missbrauchte Elfenbein aufs Gröblichste, um Kugeln in anderen Kugeln zu platzieren, die in sinnloser, überschießender Virtuosität aus einem einzigen Stück geschnitzt waren.

Ich rede zu lang über diese Dinge. Ich tue so, als verachtete ich sie, dabei wäre mein Glück ja nur dann vollkommen, wenn ich einen Nautilusmuschel-Trinkbecher mein Eigen nennen dürfte. Wie üblich liegt die Tragik dieser Dinge darin, dass sie in Museen verstauben. Wie kann es sein, dass ein ostpreußisches Backgammonspiel aus ebonisiertem Holz, dekoriert mit mythologischen Szenen, und mit Spielsteinen aus Bernstein, in die die Gesichter griechischer Heroen geschnitzt sind, in einer Vitrine liegt, und niemand spielt damit? Ich hoffe, die Aufsichtsbeamten und Kuratoren lassen mal fünfe gerade sein, nehmen solche Dinge ab und zu heraus und benutzen sie, trinken daraus oder schieben sie zum Vergnügen ein bisschen hin und her und genießen das Privileg, unter Umständen das gespenstische Zersplittern einer Nautilusmuschel auf dem Parkett zu hören. Es ist doch eine solche Schande, dass die Artefakte für immer und ewig hinter Glas vor sich hin rotten.

Das Wettrüsten in Sachen kunstvoll verzierter Dinge erlahmte, als mit August dem Starken (1670 – 1733), Kurfürst von Sachsen, alles immer grotesker wurde. Er wollte es noch mal richtig wissen; das Geld kam aus seiner abscheulichen Porzellanmanufaktur und durch Betrügen der Polen, deren König er durch allerlei Tricks geworden war. Als viele seiner Zeitgenossen Vernunft annahmen und ihre Armeen reformierten, gab er weiterhin Unsummen für Mätressen, wunderschöne Schlösser und alberne Kinkerlitzchen aus. Bei Letzterem half ihm unter anderem der große Badenser Goldschmied Johann Melchior Dinglinger, der horrende Beträge für solche Monstrositäten verpulverte wie »Das Bad der Diana«; die Wanne aus Chalzedon scheint auf Hirschgeweihen zu schweben, bunter Schmuck aus Emaille und gebläutem Eisen hängt davon herab. Hin gucker sind auch die Prunkschale mit dem Kinderbacchanal samt abscheulicher kleiner Zwergenfigur aus unregelmäßig gewachsenen, sogenannten Barockperlen oder das völlig abgedrehte, aber herrliche Teil namens »Der Hofstaat zu Delhi am Geburtstag des Großmoguls Aureng-Zeb«, in dem Dutzende von klitzekleinen Wimmelfiguren aus Edelstein und -metallen dem Mogul huldigen. Auch der Winzhof selbst besteht natürlich aus allen möglichen spektakulären, seltenen Materialien. Dieses wahnhaft fantastische Gebilde wurde von August viele Jahre lang nicht bezahlt, weil ihm das Geld ausging, als eine schwedische Invasion das praktisch ungeschützte Sachsen heimsuchte. Damit endete aber auch die Mode. Wenn man den Hof des Großmoguls heute im Grünen Gewölbe in Dresden anschaut, ist dieses delirierende Kunstwerk doch meilenweit entfernt von der plumpen relativen Unschuld eines vergilbten Walzahns in einem kleinen Schaukasten, doch es gehört zur selben Tradition, nur auf die Spitze getrieben.

Die Wunderkammern insgesamt litten aber nicht nur an solchen Kitsch-as-Kitsch-can-Exzessen, sondern vor allem daran, dass das Wissen in Europa ständig wuchs und der Globus immer weiter erobert wurde. Deutschland spielte dabei zwangsläufig nur eine Nebenrolle – wenngleich eine interessante –, und durch das gesamte siebzehnte Jahrhundert hindurch lässt sich verfolgen, wie sich das bisschen vage Wissen über die Welt durch die Seefahrerei und die anschließenden Veröffentlichungen darüber änderte. Die Zeiten, in denen eine Gruppe Adliger mit offenen Mündern um einen Feuerkorallensplitter herumgestanden hatte, waren vorbei, und aus großen Mengen zunächst oft schlecht verstandener Informationen wurde langsam das große Universum der Wissenschaften. Aber die bescheidenen Wunderkabinette waren, wenn auch noch tapsende, Wegbereiter zur Systematisierung der Natur.

Eigentlich kann man den Beginn schon in einer Arbeit von Adam Elsheimer sehen: einem bezaubernden kleinen, aber höchst ungenauen Bild eines Luchses aus dem Jahre 1603 für die Akademie der Luchse in Rom. Diese erstaunliche Organisation arbeitete als Erste der Welt auf einer erkennbaren wissenschaftlichen Basis und sammelte begierig, sozusagen als Vorspiel zum Verstehen der Welt, Gegenstände der Natur, vor allem natürlich auf Hunderten von Bildern und Zeichnungen. Die »Luchse« waren meist Italiener (der berühmteste Galileo Galilei), doch es gehörten auch interessante Deutsche dazu: Matthäus Greuter aus Straßburg, der beide von Galileo gerade entdeckten Sonnenflecken und das erste Bild, das sich dem Betrachter durch das neu erfundene Mikroskop bot, in Kupfer stach: Honigbienen, eigenartig faszinierend; Johannes Schreck aus Konstanz, der als Jesuit bis nach China fuhr, dort einen chinesischen Namen annahm und den letzten Ming-Kaiser bei der Kalenderreform beriet; Johannes Faber aus Bamberg, der Jahre mit der Herstellung eines riesigen, jämmerlich falschen Handbuchs mit Bildern mexikanischer Tiere verbrachte.

Die Luchse gaben im Grunde den Startschuss zum zunehmend wissenschaftlichen Sturm auf die Welt; sie durchforsteten alles und grübelten darüber nach – von bescheidenen Pilzen bis zu erstaunlichen Mengen an getrockneten, eingelegten und manchmal lebenden Objekten, die in zunehmender Fülle von spanischen und holländischen Seefahrern aus der Neuen Welt mitgebracht wurden. Insofern ist es nicht überraschend, dass Greuter neben vielem anderen an Plänen für einen Globus arbeitete, womit er in die Fußstapfen seiner berühmten Vorgänger Behaim (Schöpfer des schon erwähnten Globus), Etzlaub (Schöpfer der Romwegkarte), Waldseemüller (Schöpfer der ersten Karte, auf der der Name »America« erschien) und Mercator (Schöpfer der ersten winkeltreuen Weltkarte) trat. Schon sehr komisch, wie sehr die Welt von den Bewohnern eines Landes mit so eingeschränktem Zugang zum Meer mitgestaltet wurde.

Der neue Forscherdrang bestimmte die weitere Entwicklung in Europa und bot ein Ventil, denn man hatte ja nicht nur Zugang zu einer sehr viel weiteren Welt, sondern wurde aus dieser Welt auch von einer Masse neuer Informationen überschwemmt. In Deutschland war jedoch alles, was nicht über die Holländer im Nordwesten und die Habsburger sowohl im Norden als auch im Südosten herein kam, aus zweiter Hand. Wie man an der Akademie der Luchse sieht, beschränkten sich deutsche Wissenschaftler nicht darauf, in ihren Heimatstädten zu wirken, und umgekehrt schuf ein Mann aus Flandern wie Mercator, der, der Ketzerei verdächtigt, aus dem spanischen Herrschaftsgebiet hatte fliehen müssen, die meisten seiner bemerkenswerten Werke in der Sicherheit und Behaglichkeit des Herzogtums Kleve. Johannes Kepler wiederum aus Weil, der Stadt in Württemberg, wurde von dem schon einschlägig bekannten zukünftigen Kaiser Ferdinand II. aus Graz vertrieben, weil er nicht zum katholischen Glauben konvertieren wollte, und ging zu dem Astronomen Tycho Brahe nach Prag.

Trotz des furchtbaren Dreißigjährigen Krieges entsteht der Eindruck, dass man in Deutschland im weiteren Verlauf des siebzehnten Jahrhunderts durch Reisende, vor allem aber durch immer zuverlässigere Bücher, Karten und Stiche sehr wohl eine Vorstellung von der Welt und deren für Europa so befremdliche Exotik und Vielfältigkeit, Religionen, Sitten, Gebräuche und Ideen bekam. Das Leben in dieser Zeit (wenn man denn die nötige Muße hatte, in Sicherheit lebte und einigermaßen klug war) muss sowohl wissenschaftlich als auch im Alltag höchst anregend gewesen sein. Paprikaschoten, Ananas und Kartoffeln (die gerade für Deutschland so wichtig wurden) fanden langsam ihren Weg auf die europäischen Speisezettel. Die Muscheln, die in den alten Raritätenkammern immer als kuriose, aber namenlose Prachtstücke ausgestellt worden waren und deren Herkunft niemanden interessiert hatte, wurden nun, in den 1640er Jahren, von dem Böhmen Wenzel Hollar systematisch gestochen und benannt; ja, das Beschreiben und Benennen war nun in allen Wissenschaftszweigen unaufhaltsam auf dem Vormarsch.

Einen bitteren Beigeschmack allerdings hinterlässt die Tatsache, dass die Europäer mit Fortschreiten des Jahrhunderts in immer mehr Dingen, Daten und Geschichten schwammen. Zwar bildete das in solchen Massen hereinströmende Zeug die Basis für die wissenschaftliche Revolution, aber es war auch ein früher Indikator – so wie vor einem Sturm die Atmosphäre plötzlich ganz kalt wird – für Europas künftige Rolle als Plünderer und Zerstörer des gesamten Globus. Was mit ulkigen Korallenstückchen begann, die über Meere und Berge herbeitransportiert wurden, endete mit schwerer Veruntreuung des Planeten Erde. Doch davon abgesehen, hätte ich schon gern mal in dieser sehr engen, unwissenden, aber immer strebenden, aufgeregten Welt des siebzehnten Jahrhunderts gelebt, mit ihren allgegenwärtigen Allegorien von Schädeln, Spiegeln und Seifenblasen, ihrer Begeisterung für die Welt der Antike und dem gleichzeitigen Wunsch, das Alte hinter sich zu lassen. In einer

Welt, in der ein Grüpplein Gelehrter in einem dunklen, von Kerzen kaum erhellten Raum (vielleicht zu sensationell innigen Gambenklängen) eine Zitronenmutation in der Hand herumgehen ließ und über deren Eigenschaften nachdachte. Solche Tagträume sind natürlich immer insofern problematisch, als der Tagträumer davon ausgeht, er sei dann einer der Gelehrten, wiewohl er ebenso gut jemand sein könnte, der in einem anderen Teil der Stadt gerade an der Rotzkrankheit oder einer sonstigen grotesken Seuche verreckt, die man sich beim Umgang mit Pferden holen konnte.

Die komplexe, allmähliche und intellektuell nicht immer geradlinige Entwicklung in dieser Zeit möchte ich wieder einmal anhand einer Einzelperson illustrieren, und zwar mit Leben und Werk Maria Sibylla Merians. Die große Malerin und Erkunderin der Natur studierte viele Jahre lang in Frankfurt und Nürnberg Raupen und Schmetterlinge, zog anschließend in eine pietistische Gemeinschaft im Norden der Niederlande, dann nach Amsterdam und ging 1699 mit Anfang fünfzig – was für ein Szenenwechsel! – in die neue holländische Kolonie Surinam an der Nordküste Südamerikas. Die Begegnung dieser bemerkenswerten, sehr erfahrenen Forscherin und Künstlerin mit dem Dschungel der Neuen Welt mündete in einem der größten Werke der Naturgeschichte, der überwältigend farbenreichen *Metamorphosis insectorum Surinamensium*.

Ehrlich gesagt, ist diese Verbindung von Exotika und der grellbunten traditionellen Blumenmalerei der Zeit erst mal nicht leicht zu verdauen. Wenn wir – selbst mit tränenden Augen – Merians unsterbliche Stiche betrachten, sind wir eindeutig in die Neuzeit eingetreten, bis hin zu ihrer Begeisterung, uns zur Lust Tiere zu zeigen, die aufeinander losgehen: Da verspeist eine Riesenwasserwanze einen Frosch, und ein Brillenkaiman ringt mit einer falschen Korallennatter, die ein unglaublich dekoratives Muster aus verschiedenen quietschbunten panzerartigen Schuppen ziert. Auf einem anderen sehr eigenartigen Bild futtert eine Vogelspinne mit rosa Krallen einen Kolibri – wahrscheinlich geht der Name »Vogelspinne« für die südamerikanischen Riesenspinnen, diese Plüschtiere auf Mescalin, auch genau darauf zurück, denn außer auf Merians Stich gibt es keinerlei Belege dafür, dass sie je Vögel gefressen hätten. Von diesen Bildern zu modernen Fernsehnatursendungen ist es dann nur noch ein kleiner Schritt. Merian stellte Früchte, Blumen und vor allem Insekten auf ihren detaillierten Abbildungen als lebende Geschöpfe und nicht als aufgespießte Exemplare dar und schuf damit etwas ganz Neues.

Die Kuriositätenkabinette wurden innerhalb von zwei Jahrhunderten von der revolutionären Entwicklung, wie die Europäer die Welt nun sahen und sich aneigneten, überrollt. Wie konnte der arme alte Herzog von Sachsen-Gotha-Altenburg seine vornehmen Gäste noch beeindrucken, wenn er durch dunkle Flure taperte und die knarzende Tür zu seiner Sammlung von schimmligem oder halb mumifiziertem Krempel öffnete und dann einer seiner wissenschaftlich beschlageneren Gäste den farbenprächtigen Stich von Maria Sibylla Merian, *Maniok, Riesen-Pfeilschwanz, Nachtfalter und seine Stände Raupe und Puppe*, zückte, ein so fremdes, kühnes, knallbuntes Bild, dass allen, die es betrachteten, ein wohliger Schauer über den Rücken lief.

»Musik, die Toten aus diesem Leben zu geleiten«

Manche kleinen Residenzstädte kann man schlicht nicht schöner machen, und Wolfenbüttel ist eine davon. Steigt man aus dem Zug, lungert gleich, wie eigens für einen selbst zum Empfang, eine Bande Saatkrähen in den Bäumen herum, springen Fische in einem hübschen Bach, und dann steht ein efeubewachsenes Hotel-Restaurant namens Kronprinz vor einem. Schon jetzt kann Wolfenbüttel nichts mehr verkehrt machen, das rosa gestrichene Arsenal, die Herzog August Bibliothek und die Hauptkirche Beatae Mariae Virginis sind fast Zugaben und werden nur noch übertroffen von der Herzog August *Video*thek. (Perfekt, der Name.) Die Stadt ist so vollkommen, weil die Herzöge von Braunschweig sie 1753 verlassen haben und sie seitdem im Wesentlichen einfach konserviert worden ist. Leibniz lebte dort, Lessing lebte dort (als Leiter der großen Bibliothek) und auch der Komponist Michael Praetorius, der 1612 eine Sammlung von 312 größtenteils französischen Tänzen unter dem Namen *Terpsichore* herausbrachte, wunderschöne, anmutige, raffinierte Weisen. Er arbeitete für Herzog Heinrich Julius von Braunschweig-Lüneburg, einen hoch gebildeten, aber lasterhaften, Hexen verbrennenden Trunkenbold. Der Herzog starb, herzlich gehasst, kurz nach Veröffentlichung der *Terpsichore* an seiner Trunksucht.

Ich erwähne Heinrich Julius auch deshalb, weil er und seine Nachfolger beispielhaft zeigen, was für vielfältige Möglichkeiten deutsche Regenten hatten. Sie waren einfach so zahlreich und hatten so breit gefächerte Interessen, dass alles passieren konnte. Selbst in jedem größeren Schloss stößt man auch heute noch auf eine Aura überdrehter Vielgestaltigkeit, chaotischer Stile, stets mangelnder finanzieller Mittel, auf billige, lausige Kunstwerke, Brandschäden und spinnerte Vermächtnisse, und in dem allem spiegelt sich die unendlich kunterbunte Soap-Opera fürstlicher Herrschaft.

Aber auch schon die schiere Größe so manchen Schlosses gibt Rätsel auf. Selbst wenn man einen ganzen Turm mit irren Verwandten und deren Aufsehern vollstopft und einen anderen mit wechselnden Gemeinschaften illegitimer Kinder, geschwängerter Hausmädchen und übellauniger, auf Erpressung erpichter Stallburschen, bleiben immer noch Quadratkilometer an Räumen, die man einem Zweck zuführen muss. Aufmüpfige jüngere Brüder zogen aus, ganze Einrichtungen und Dekorationen gerieten aus der Mode, der eine Regent will Cembali und Perückenpuder, der nächste möchte den ganzen Bau zur Kaserne umgestalten. Die Bediensteten mussten vor allem flexibel sein. Denn manchmal wimmelte es von Kindern, ein andermal verdufteten sämtliche Männer in den Krieg. Das war besonders problematisch für die Herzöge von Braunschweig, die einen stupenden Hang dazu hatten, sich ermorden zu lassen oder in der Schlacht zu fallen. Ganze Regierungszeiten verliefen im Schatten der langlebigen Witwe eines Herzogs von vor zwei Generationen; ihre Persönlichkeit und altmodische Trauerkleidung dominierten den Hof oft jahrzehntelang. Familien be- oder entvölkerten (bisweilen mit Hilfe der Pest) die Schlösser. Eine Regentschaft spielte sich im Bankettsaal ab (Hirsch am Spieß, raffinierte Wackelpuddinge und Hoforchester inclusive), die andere schrumpfte auf einen bleichen, perückenlosen alten Herrn vor seinem Schnitzel und einer einzigen Kerze zusammen.

Perfekt sind diese Wechselfälle in Wolfenbüttel zu sehen, wo auf den nicht betrauerten Heinrich Julius sein Sohn folgte, der sogar noch üblere Friedrich Ulrich, der so viel soff und hurte, dass ihm von seiner willensstarken Mutter sechs Jahre lang die Regierungsgewalt entzogen wurde. Im Dreißigjährigen Krieg zögerte und zauderte er und versagte schließlich so erbärmlich, dass sein Herzogtum von allen durchziehenden und nach immer weniger werdendem Beutegut und Essen suchenden Truppen (katholischen wie protestantischen) verwüstet wurde. Doch Hilfe nahte. Als Friedrich Ulrich 1634 nach einem Unfall ohne Nachkommen starb, entschied sich der Kaiser nach komplizierten Verhandlungen für die Einsetzung eines entfernten Verwandten, Augusts des Jüngeren, als neuen Herzog. Der reizende Mann wurde »der Jüngere« genannt, um ihn von einem verstorbenen älteren Bruder zu unterscheiden, eine zunehmend schräge und verwirrende Bezeichnung, denn obwohl seine Augen immer altersschwächer und sein Bart immer mehr ein Weihnachtsmannbart wurden, blieb er bis zu seinem Tode im hohen Alter von Ende achtzig »der Jüngere«. Er bereitete der Sittenlosigkeit und dem Chaos ein Ende, widmete sich dreißig Jahre lang der Vergrößerung seiner Sammlung rarer Handschriften und brütete obsessiv und lebenslang über Schachzüge und geheime Codes nach. Seine Bücher haben in einem ziemlich pedantischen Haus des neunzehnten Jahrhunderts eine neue Heimstatt gefunden und werden fast zu wunderbar betreut. Hier herrscht nicht die wurmige bibliomanische Atmosphäre, die die Duke Humphrey's Library in Oxford oder die alte Bibliothek der Frankeschen Stiftungen in Halle mit ihren deutsch-persischen Grammatiken aus dem frühen achtzehnten Jahrhundert zu Orten solch perverser Lust machen. Augusts Sammlung mit seiner Handschrift auf den Buchrücken und seinen astronomischen Globen hat allerdings auch ihren Chiaroscuro-Zauber. Doch auf das Ideal des gelehrten Herzogs, der sein Geld gern für Kultur ausgab (und trotz der totalen Erschöpfung der Ära, in der er herrschte, keineswegs für das Allernötigste seiner Untertanen – aber sei's drum), trifft man in ganz Deutschland, und es ist nicht mehr und nicht weniger typisch als der rotgesichtige, jagdbesessene herzogliche Flegel.

Fast genauso alt wie August der Jüngere war Heinrich (II.) Posthumus Reuß, Herr zu Gera, Herr zu Lobenstein und Herr zu Ober-Kranichfeld. Die Bürde seines Zweitnamens ist ähnlich der, der »Jüngere« zu heißen – sein Vater starb vor seiner Geburt. Der reizende Heinrich II. herrschte in dem winzigen Territorium Gera in Ostthüringen und sah auch fast genauso aus wie August, die gleiche düster-dunkle Miene samt weißem Bart. Während seiner umsichtigen Regentschaft baute er über der Stadt und der reißenden Weißen Elster ein großes Schloss für sich und beschäftigte sich während der Endphase seines Lebens hauptsächlich mit dem Auswählen zu ihm passender dumpfer, kurzer Epitaphe, mit denen er seinen Kupfersarg über und über dekorieren ließ. À la »Nackt kam ich aus dem Mutterleib, / nackt kehre ich dorthin zurück«. Hut ab, dass er, während der Dreißigjährige Krieg tobte, seine Privilegien nutzte, einen derart inszenatorischen Glauben an seine eigene Wichtigkeit zu bewahren. Nach seinem Tode beauftragte man seinen Untertan Heinrich Schütz, den größten deutschen Komponisten vor Bach und im Reuß-regierten Köstritz geboren, die Epitaphe zu vertonen, und er komponierte die *Musicalischen Exequien*, im Grunde Musik, mit der man die Toten aus diesem Leben geleitet. Sie gehören zu den schönsten und berührendsten deutschen Chorwerken. Leider stimmt die Geschichte, dass Heinrich Posthumus die Musik vor seinem Tode gehört hat, mit großer Wahrscheinlichkeit nicht. Es wäre auch zu schön, um wahr zu sein, denn er ließ seinen letzten Weg mit massenhaft schwarzem Samt ausrichten, sinnigerweise einem oder zwei Memento mori sowie mit einer verbissenen, schon wieder ans völlig Überkandidelte grenzenden Strenge.

Heinrich Posthumus' Schloss Oberstein bietet jetzt einen traurigen Anblick. Bei einem Bombenangriff wurde es im April 1945 schwer zerstört und die Ruine später gesprengt. Dann baute man in der DDR dort ein ziemlich trostloses Restaurant, das heute die Regel bestätigt: je schöner der Panoramablick, desto schlechter das Essen. Der Prä-Posthumus-Bergfried ist erhalten sowie ein fröhliches Extra, ein Kinderklettergerüst in Form einer Burg, ein witziger, fipsiger Abklatsch des auf vielen Stichen zu sehenden schmucken Original-Ungetüms. Häufig heißt es, dass die Regenten kleiner deutscher Staaten gegenüber Staaten wie Preußen oder Sachsen insofern einen großen Vorteil hatten, als sie zu unbedeutend waren, um groß jemandem zu schaden. Für Reuß-Gera, wie es da so abgelegen in seinen verschlafenen Bergen versteckt ist, traf das allemal zu.

Die Zeit der gepuderten Perücken

Nach Augusts des Jüngeren Tod 1666 kehrte Wolfenbüttel in sein altes Chaos zurück, zwei Brüder herrschten gemeinsam (der Ältere war zwar der Herzog, konnte sich aber nicht dazu bequemen, die Arbeit zu machen), und man knüpfte einige unkluge politische Verbindungen, die nach allen möglichen Drehungen und Wendungen die Invasion einer fremden Macht und eine komplette Demütigung zur Folge hatten. Die Figur im Zentrum all dessen ist Anton Ulrich, der nach dem Tod seines älteren Bruders schließlich, selbst schon betagt, Herzog wurde. Obwohl er längere Phasen seiner Karriere immer an der Katastrophe vorbeischrammte, war er, sogar dynamischer, ein durchaus ebenbürtiger Sohn für August. Er vergrößerte die Bibliothek, stellte Leibniz als Bibliothekar ein, beschäftigte den aus dem heutigen Ghana stammenden Universalgelehrten Anton Wilhelm Amo und baute eine erstklassige Gemäldegalerie auf.

Der Archetyp eines Granden von Ende des siebzehnten Jahrhunderts, lächelt Anton Ulrich in Samt und Seite und schwerer Perücke huldvoll aus Gemälden und als Büste und verabschiedet sich mit hochherrscherlicher Geste von der Mode, in dunklen Räumen Totenschädel zu betrachten. Zur Generation davor scheint es eine unüberbrückbare Kluft zu geben, und der tiefe Abgrund tat sich nicht zuletzt wegen der desaströsen stilistischen Einflüsse des neuen Schlosses Ludwigs XIV. auf. Schlagartig ließ Versailles alle existierenden Bauten unmodern aussehen, mickrig und provinzlerisch, und löste eine gewaltige, aberwitzige Bautätigkeit der verschiedensten Herrscher oft klitzekleiner Territorien aus, wie dem Kurfürsten von Köln oder dem Landgrafen von Hessen-Darmstadt, die Ähnliches aus dem Boden zu stampfen versuchten. Bald kratzten sich lokale Baumeister nur noch verwundert am Kopf, wenn sie wieder mal ein Riesenfass Gips anrühren und ein weiteres Gros steinerner Nymphen ordern mussten, und das Land war mit nutzlosen und oft nicht beendeten Bauten übersät. Weil ein Fürstentum wie Braunschweig-Wolfenbüttel nicht im Traum daran denken konnte mitzuhalten, beschränkte Herzog Anton Ulrich seinen Hof darauf, die eleganten Outfits nachzuahmen, also die staunenswerten Perücken, wunderhübschen Schuhschnallen und die Verwendung endloser Ballen gemusterter Seide.

Der Puder muss Anton Ulrich allerdings nur so aus dem Gesicht geflogen sein, als er von einem veritablen Blitz aus heiterem Himmel getroffen wurde, in der Epoche nicht einmal selten. Mit dem plötzlichen Tod des kinderlosen Wilhelms III. und der Thronbesteigung seiner Schwägerin Anne (gleichfalls ohne Nachkommen nach der horrenden Anzahl von zwölf Fehl- und Totgeburten sowie dem Tod weiterer fünf sehr jung verstorbener Kinder) drohte der englische Thron zu verwaisen. Aber durch eine Laune der Stammfolge, in

Deutschland gar nicht selten, sollte der Topjob nach Annes Ableben an den nächsten passenden Protestanten gehen, und das war nach allgemeiner Ansicht Sophie von Hannover, die kluge, wunderbare Tochter Elisabeth Stuarts, ihrerseits die Tochter Jakobs I., die nach den Nackenschlägen im Dreißigjährigen Krieg lange Zeit im Exil verbrachte und tonnenweise Kinder gebar. Etwa fünfzig Jahre nach Elisabeth Stuarts Tod lief nun endlich alles gut für sie.

Aber nicht für Anton Ulrich, denn der glückliche Gewinner war, nachdem Sophie noch kurz vor Anne verstorben war, ihr Sohn Georg, das Oberhaupt des anderen Welfenzweiges, Herzog von Braunschweig-Lüneburg und dank Zahlung immenser Bestechungsgelder Kurfürst des Heiligen Römischen Reiches. Durch eine dieser dynastischen Kapriolen, mit denen ich meine Leser und Leserinnen im Allgemeinen nicht langweile, gingen zwei eher lächerliche und randständige Stückchen Niedersachsens plötzlich getrennte Wege. Der eine Herrscher regierte von seinen Standorten Hannover und London aus bald den halben Erdball, der andere blieb lächerlich und randständig. Anton Ulrich hatte Glück und segnete das Zeitliche ein paar Monate bevor Georg 1714 zu George I., König von Großbritannien und Irland, gekrönt wurde.

Ich habe von August dem Jüngeren und Anton Ulrich nicht nur erzählt, weil ich sie beide ziemlich sympathisch finde, sondern auch, weil sie weit mehr als die Wunderkabinett-Sammler getan haben für das ganze prächtige, geradezu beängstigende Ambiente der Gemälde und Skulpturen, das in so vielen kleinen Städten immer noch herrscht, das aber von nichtdeutschen oder Nichtexperten-Augen so gut wie nicht wahrgenommen wird. Die schiere, selbst in der tiefsten Provinz verborgene Quantität (und Qualität!) intellektueller und kultureller Meisterwerke ist wahrhaft unfassbar. Anton Ulrichs Bilder wurden nach Braunschweig umquartiert, wo man sie immer noch anschauen kann. Sie bilden den Grundstock für eines der ältesten Museen in Europa. Faszinierend ist die Hängung der Sammlung, im Zentrum sind die Bilder Anton Ulrichs, sein unübersehbarer inbrünstiger Katholizismus eines spät Konvertierten in unguter Nähe zu seinem Faible für nacktes orgiastisches weibliches Sterben. Dido, Kleopatra und Prokris vibrieren sich ihrem Ende entgegen, auch eine überraschend barbusige Kirke, mehrere Venusse, Diana, Potiphars Weib und Eva höchstpersönlich zieren die Wände, und Jesus wird trotz seiner zweifelsohne bewundernswerten Eigenschaften von der reuigen, aber seltsam alle Kleidung verschmähenden Prostituierten, die er bekehrt, die Show gestohlen. Und das alles betrachtet der Herzog als besonders schmeckefuchsige, habichtsnasige Büste.

Wie so viele Kollektionen aus der Zeit war übrigens auch diese keineswegs geschützt gegen die Überflutung mit faden wertlosen niederländischen Werken, die man vermutlich billig nach Wolfenbüttel karren konnte. Man fragt sich, warum solche Sammlungen unangetastet bleiben. Man könnte ohne Weiteres mal mit Feuerzeugbenzin zündeln und sie ausdünnen, dann wären sie garantiert gleich attraktiver. Gerechterweise muss man aber sagen, dass man mit Anton Ulrichs Bildern weniger Arbeit hätte als mit denen der Landgrafen von Hessen-Kassel. Hier könnte man Teams von entschlossenen Männern in Asbestschutzkleidung stecken, mit Flammenwerfern bewaffnen und wochenlang beschäftigen; ihre harten, aber fairen Anweisungen würden lauten, insbesondere Genrebilder mit Schlittschuhläufern und Tavernentreiben sowie sinnentleerte Gemälde flacher Landschaften ins Visier zu nehmen.

Yatağane aus Damaszenerstahl

Hoch über der Stadt Passau steht die kleine Wallfahrtskirche Mariahilf. Man erreicht sie über etwa dreihundertundzwanzig Stufen, schon das ein wichtiger Teil der Wallfahrt. Ich habe ja oft und lange Büßertreppen in Süddeutschland erklommen, aber diese fand ich am schlimmsten. Überall auf dem Weg nach oben saßen Leute, manche beteten, klar, aber andere hätten auch vom Schlag getroffen worden sein und seit Tagen dort festsitzen können. Die Etikette, die man befolgen sollte, wenn man auf keuchende, japsende Leute beim Beten trifft, habe ich nie herausbekommen – doch wenn ein Engländer aus einer Kultur, in der die Privatsphäre alles ist, sich in einem Gebiet Europas bewähren muss, in dem es eher auf Gesten und Körperlichkeit ankommt, wird er ohnehin panisch und scheitert kläglich.

Als er dann allerdings oben anlangte und hinunterschaute, hatte sich alles wieder gelohnt; alle Befürchtungen, dass er gleich Hilfe benötigen und durch steile Berge Erste-Hilfe-Hubschrauber herbeiknattern würden, waren zerstreut. Wie der von weit her aus der Schweiz kommende, hoch angeschwollene grüne Inn sich von der Seite in die eher schmale, blaue – na, blaugraue – Donau einfädelt, bietet für Geografiefreunde einen der tollsten Anblicke Europas, der nur überboten wird, wenn man unten in Passau selbst auf dem schmalen V-förmigen Stück Land steht, wo sich die beiden Flüsse begegnen.

Die Mariahilfkirche war übrigens auch sehenswert, allein wegen der zahllosen Votivbildchen, mit denen man Maria wunderbar anschaulich für die Errettung vorm Ertrinken, vor Blitzen, Feuer, Räubern und durchgegangenen Kutschpferden dankte. Frappierend war eine kleine Plakette von Kaiser Leopold I., der seinen Dank für die Errettung Europas vor der Türkengefahr ausdrückt. Während der Belagerung Wiens 1683 hatte man Passau eine Zeitlang zu einem Zentrum des Heiligen Römischen Reichs erkoren, und Leopold wollte sich nach dem Sieg der verbündeten Truppen über das osmanische Heer erkenntlich zeigen. (»Maria, hilf!« war der Schlachtruf der Habsburger gewesen.) Leopold kämpfte in seiner langen Regierungszeit buchstäblich gegen alle – jede Grenze des Reiches war bedroht –, doch am Ende seines Lebens war er nur damit beschäftigt, den Rest Europas gegen die Osmanen zu verteidigen.

Diese Kernkompetenz des deutschen Kaisers nahmen die Engländer zum Beispiel kaum zur Kenntnis, aber die habsburgische katholische Militanz war als ideologische Waffe im Kampf gegen die Osmanen weit wichtiger als gegen die Protestanten. Während sich der Hof in Wien durch das immer gleiche Jahresprogramm von Messen, Prozessionen, Umzügen von einer Residenz zur anderen arbeitete – und das alles nach raffinierten astrologischen Vorgaben, die denen der Qing-Dynastie in nichts nachstanden –, diskutierte er in den kurzen Pausen dazwischen sicher häufig über die alarmierend nahe Grenze zum Osmanischen Reich.

Jahrhundertelang hatten Polen und Österreicher die Hauptlast der Verteidigung des christlichen Europa getragen. Dabei war die Rolle der Osmanen durchaus ambivalent. Immerhin lebte ein großer Teil Europas, einschließlich Griechenlands, der angeblichen Wiege des Kontinents, unter der langen, stabilen Herrschaft Konstantinopels. Wie konnte man dann behaupten, dass der Teil Europas, in dem Franzosen oder Italiener lebten, europäischer sei als der osmanische? Stellten die Osmanen nicht vielleicht deshalb eine solche militärische Bedrohung dar, weil sie seit mindestens dem fünfzehnten Jahrhundert schlicht und ergreifend mächtiger als andere Europäer waren? Zu einer Zeit, in der sich England in einem endlosen, sinnlosen Krieg verausgabte, nur um ein paar Stücke Land im Westen Frankreichs zu erobern, herrschten die Osmanen über den Mittelmeerraum, von der Adria im Uhrzeigersinn bis Tunesien. In der entscheidenden Schlacht bei Mohács 1526 war das osmanische Heer samt stinkenden, aber tüchtigen Freischärlern fast zweimal so groß wie sein christlicher Widerpart und besaß dreimal so viele Kanonen. Die Haupthere Frankreichs und des Kaisers, die in der fast gleichzeitig stattfindenden Schlacht bei Pavia gegeneinander kämpften (angesichts der unmittelbar bevorstehenden Ankunft der Osmanen kein sonderlich glücklicher Zeitpunkt), waren jeweils weniger als halb so groß wie die Armee der Osmanen bei Mohács. Trotz gelegentlich aufregender christlicher Erfolge wie in der Seeschlacht bei Lepanto 1571 gab es bis Ende des siebzehnten Jahrhunderts nie auch nur einen Funken Hoffnung, ernsthaft mit den Osmanen fertig zu werden. Der Kaiser musste sich damit begnügen, die Grenzen zu halten und nicht noch mehr Land zu verlieren. Jedes Jahr überfielen osmanische Eindringlinge die winzigen noch in habsburgischem Besitz befindlichen Reste Ungarns und das Gebiet östlich Wiens und schnappten sich viele tausend Menschen, die sie versklavten. An der alten Grenze entlang findet man heute noch viele Kirchtürme mit »Türkenglocken«, mit denen vor den Überfällen gewarnt wurde. Wenn Wien fiel, das war allen klar, würden die Osmanen bis nach Passau die Donau hinaufziehen und dann mit Pauken und Krummschwertern in Bayern einfallen. Keine freundlichen Aussichten.

Die österreichische Landschaft zeugt mit ihren vielen Burgen und Zeughäusern immer noch von der damaligen Bedrohungssituation. Und auch die Militärgrenze, das breite Gebiet, das von Slowenien aus ostwärts verlief und mit Glaubensfreiheit und der Freiheit von Leibeigenschaft Siedler anlockte, zeugte davon. Hier taten viele serbische, kroatische und deutsche Truppen Dienst, die von Graz aus kommandiert wurden und die Front gegen die osmanischen Heere halten sollten. Die Militärgrenze wurde von den habsburgischen Kronlanden finanziert, also hauptsächlich von Österreich, doch viele deutsche Soldaten aus dem gesamten Heiligen Römischen Reich lockte der Job an der türkischen Grenze, weil er aufregend war und gut bezahlt wurde. Der Kaiser gebot hier also über ein hochkomplexes, oft angespanntes System, ein labiles Geflecht von Bündnissen, das immer sorgfältig austariert sein wollte, damit die Osmanen in Schach gehalten werden konnten.

Das große Zeughaus in Graz (Hauptstadt des Grenzherzogtums Steiermark), ein düsteres, beklemmendes Gebäude, vermittelt – obwohl natürlich renoviert und umgebaut – dem Besucher rasch, wie gut man auf die ständige osmanische Bedrohung vorbereitet sein musste und es auch war. In mehreren Stockwerken sieht man nichts als Reihe um Reihe Standardwaffen – hunderte Brustharnische, Pulverhörner, Musketen, Eberspeere, Helme, Pistolen, alle auf ihre Weise nützlich und praktisch. An wohl nur wenigen Orten der Welt könnte man so variantenreich vom Leben zum Tode befördert werden. Die Steiermark war eine richtige Front, und die Österreicher konnten sie auch nur gerade so halten – in einem katastrophalen Jahr kamen Heuschrecken, die Pest und die Türken, und wer nicht zu den Tausenden gehörte, die starben, zählte oft bald zu dem Überangebot an christlichen Sklaven, die auf riesigen Märkten feilgeboten wurden. Als sich die Situation in Graz entspannte und die Grenzfeste eine ganz normale Garnisonsstadt wurde, verlor das Arsenal an Bedeutung, doch aus irgendeinem Grunde sind die Waffen heil geblieben und erinnern nun an die gewalttätigen Ursprünge Österreichs und seine besondere Form der Streitbarkeit.

Alles änderte sich, als sich Kaiser Leopolds I. Herrschaft in den 1650er Jahren konsolidierte. Mittlerweile konnten nämlich die Türken zwar noch Armeen aufmarschieren lassen, die nach europäischen Maßstäben riesig waren, aber sie begannen endlich zu wanken, weil sie an mehreren Grenzen unter Druck standen – vor allem an der zu Russland, das die nächsten beiden Jahrhunderte ernsthaft daranging, das Osmanische Reich zu zerschlagen. Die große Belagerung von Wien 1683 war schon ein halb verzweifelter Versuch der Osmanen, die Grenze weiter nach Westen zu verschieben oder wenigstens die Habsburger gefechtsunfähig zu machen. Doch wie bekannt, wurde das osmanische Heer samt den dem Osmanischen Reich untergebenen Verbündeten von der Krim, aus der Walachei, aus Moldawien und Ungarn nach zwei Monaten von einem polnisch-litauischen, österreichischen, schwäbischen, sächsischen, fränkischen und bayerischen Heer geschlagen. Die Belagerung gehört zu den historischen Ereignissen, die leider keinerlei Spuren hinterlassen haben. Wien war damals von riesigen, heute längst abgerissenen Befestigungen umgeben, und das Schlachtfeld ist nun unter Straßen und Häusern verborgen. Vielfach fanden die Kämpfe damals tatsächlich unter der Erde statt, in gespenstischen Tunnelsystemen, die gegraben und wieder neu gegraben wurden, als osmanische Sappeure versuchten, unter Wiens Mauern zu kommen und sie zu sprengen, und kaiserliche, mit Bomben, Pistolen und Messern bewaffnete Sappeure sich nach Kräften bemühten, sie daran zu hindern.

Ludwig XIV. nutzte diese erhebliche Notsituation des Kaisers aus, um im Westen Deutschlands anzugreifen – einerseits eine wirklich verachtenswerte Tat, andererseits ein merkwürdiger Indikator für das Ausmaß, in dem das Osmanische Reich realiter als eine europäische Großmacht wie alle anderen betrachtet wurde, und dafür, dass im angeblich so stabilen christlichen Block nicht alle bei dem Gedanken, dass Wien fallen würde, sofort hektisch wurden.

Die Belagerung Wiens und die folgende Schlacht waren aber das große Ereignis der Epoche, und fast alle Schlösser und Museen in Deutschland besitzen heute Stiche der Schlacht oder Pläne, die den Aufmarsch der Heere der »Heiligen Allianz« zeigen. Der Berg oberhalb Wiens, der Kahlenberg, an dem sich die polnischen und kaiserlichen Truppen sammelten, bevor sie hinunter ins Donautal marschierten, um den Türken den Garaus zu machen, ist immer noch einen Besuch wert; dort gibt es ein Restaurant, eine polnische Wallfahrtskirche und eine sehr anrührende Inschrift aus dem neunzehnten Jahrhundert mit den Namen der Könige, des Kaisers und der großen Landesherren, die an dem Tag den Helm voreinander zogen.

Bemerkenswert ist, wie sehr der Sieg Polen zu verdanken war, dem seine Hilfe für die Österreicher schlecht vergolten wurde; ja, es wurde gar unter deren tätiger Mithilfe im folgenden Jahrhundert so oft geteilt, bis es nicht mehr da war. Wieder zeigt sich, wie wenig man von einer geschlossenen europäischen oder christlichen »Kultur« reden konnte. Die Österreicher, Ungarn und Russen behandelten Polen, ein seit Jahrhunderten katholisches Land, nicht minder als Beute ihrer expansionistischen Politik als ihre neuen, ehedem osmanischen Lande im Südosten.

Der Ort, an dem sich die lebendigsten Zeugnisse der Kriege mit dem Osmanischen Reich befinden (die mit der Übernahme des größten Teils von Ungarn und Siebenbürgen durch die Habsburger endeten), ist komischerweise das weit entfernt am Rhein liegende Karlsruhe. Diese in Maßen reizvolle Stadt ist fächerförmig angelegt; die Straßen bilden, ausgehend von einem Punkt – dem Turm im Schloss der Markgrafen von Baden-Durlach – die Stangen des Fächers. Das Ganze ist ein absolutistischer Spleen, der natürlich nur vom Standpunkt des Schlosses aus reizvoll ist – beim Herumlaufen durch die Stadt fühlt man sich, als taumele man betrunken durch ein Labyrinth. Karlsruhe ist berühmt, weil Fritz Haber Ende des neunzehnten Jahrhunderts dort die Ammoniaksynthese austüftelte, Voraussetzung für die Herstellung von Sprengstoff und Kunstdünger.

Aber um wieder zur allgemeinen Geschichte zurückzukehren – Karlsruhe besitzt die »Türkenbeute«. Diese erstaunliche Sammlung osmanischer Waffen besteht aus der Beute des Markgrafen Ludwig Wilhelm von Baden-Baden, des »Türkenlouis« (gnadenlos verewigt auf den Etiketten lokaler Weine, Schnäpse und Schokolade), die er aus der ersten entscheidenden Schlacht nach der am Kahlenberg heimbrachte – der Schlacht bei Slankamen im Jahr 1691 in der heutigen serbischen Provinz Vojvodina. Ludwigs gemischte deutsch-serbische Truppe schlug eine zahlenmäßig weit überlegene osmanische Armee, hinterließ etwa zwanzigtausend Opfer und machte ein für alle Mal Schluss mit der Offensivkraft der Osmanen. Die »Karlsruher Türkenbeute«, perfekt präsentiert und witzig konterkariert von der modernen Skulptur eines türkisch-deutschen Taxifahrers, der sein Taxi unter dem Arm trägt wie ein Bauer eine kleine Ziege, stellt alle anderen Ausstellungsstücke im Badischen Landesmuseum in den Schatten. Aber auch mit einer Sägefischsäge, einem Krokodilschädel, einer Bernsteinschmuckschatulle oder einem Kunstwerk »Der Untergang Trojas/Wachs auf Glas« würde ich mich köstlich amüsieren. Zu sehen sind zweischneidige Schwerter, Kriegsfahnen, zusammengesetzte Bogen, Kesselpauken, Truhen voller Waffen, Kettenhemden, Lederköcher, Feldzugszelte, Sipahirüstungen, persische Steinschlossgewehre und – Wörter, die man sich auf der Zunge zergehen lassen muss, denn oft kommen sie nicht vor – Yatağane aus Damaszenerstahl, die unendlich eleganten langen Säbel, die manchmal paarweise vor der Brust gekreuzt getragen wurden. Wenn irgendwo in uns ein kleiner Orientalist schlummert, dann kommt er in diesen Kabinetten voller morgenländischen Kriegsgeräts garantiert zum Vorschein.

Auf einem Gemälde von 1879 – detailversessen und bombastisch, wie es eben die Art der offiziellen deutschen Malerei der Kaiserzeit war – blickt der »Türkenlouis« hoch zu Ross voller Verachtung auf den Leichnam seines Hauptkontrahenten, Köprülü Fazıl Mustafa, und auch der unbedarfteste Betrachter sieht, dass hier westliche Stärke (diese Rüstungen!, diese Kriegskameradschaft!, diese überhebliche Rechtschaffenheit!) orientalischer Dekadenz gegenübergestellt wird: Papageien, Turbane, ein verängstigter Afrikaner, eine sich wegduckende, üppige Jungfrau und auch wieder ein paar irre Yatağane mit feinen Mustern. Kopfschüttelnd ob dergleichen beschränkter Widerlichkeit, musste ich aber doch zugeben, dass das Bild den Reiz der prächtigen »Türkenbeute« genau eingefangen hatte.

In einer Vorlesung über große Reiche, die ich einmal besuchte, wurde auf einen eigentlich naheliegenden Punkt hingewiesen, an den ich danach immer wieder denken musste: In deren Grenzgebieten besteht zwischen Soldaten, Bauern und Händlern ein vertrautes Miteinander, während ihre jeweiligen Herrscher und Hauptstädte weit entfernt sind. Was nur eine Linie auf einer Landkarte ist, verläuft durch eine durchlässige, lebendige Wirklichkeit. In den vielen Jahrhunderten, die sich Habsburger und Osmanen Auge in Auge gegenüberstanden, lernten die serbischen und kroatischen Truppen in der Militärgrenze das osmanische Bosnien gut kennen, und die Ungarn des Königreichs in Bratislava oder Pressburg wussten von der prekären Lage der Ungarn unter osmanischer Herrschaft. Auch der Austausch von Gesandten und der Handel über griechische Mittelsmänner war trotz seines nicht übermäßigen Umfangs so rege, dass eine Gesellschaft die andere kannte. Es wird nicht stressfrei gewesen sein, damals habsburgischer Gesandter am osmanischen Hof zu sein; wurde man in normalen Zeiten mit Juwelen überhäuft, lief man bei einer Kriegserklärung möglicherweise Gefahr, als Galeerensklave oder in ähnlich aussichtsloser Position zu enden.

Die habsburgische Propaganda, dass das osmanische Südosteuropa eigentlich nicht Europa sei, dass es mörderischer, geheimnisvoller und irgendwie schlechter sei, wirkt heute noch nach. Dabei lebte dort eine hochkultivierte, entwickelte Gesellschaft, mit den mächtigen Festungen Belgrad und Buda, Handelsstädten wie Saloniki oder Smyrna (Izmir) und natürlich Konstantinopel, einer Stadt, die auch heute als Istanbul noch eine Größe ausstrahlt, die man mit der Wiens absolut vergleichen kann. Was also Kultur und Zivilisation angeht – mit wem hätte man es während der Belagerung von Wien wohl eher gehalten? Mit einer ziemlich toleranten Welt der seidenen Gewänder, der eisgekühlten Fruchtsaftgetränke und Harems, der türkischen Lauten, plätschernden Brunnen und Tulpenfeste, bei denen Schildkröten mit Kerzen auf dem Rücken für die Beleuchtung sorgten, oder mit der Welt eines durch und durch sinistren Brokatkatholizismus, in der die Wiener Juden sonntagmorgens nicht aus dem Haus durften, weil sie die Mörder Jesu waren?

Also ich finde den Gedanken reizvoll, in schnörkeligen Pantoffeln meinen Mokka zu schlürfen und zuzusehen, wie die Artillerie mit Kamelen vorüberzieht. Witzigerweise – allerdings kaum überraschend – führt Österreich den Block der Länder in der EU an, die heftig gegen den Beitritt der Türkei sind – es hat also noch nicht sein Ende mit dem »Türkenlouis« und seinen Heldentaten.

»Brennt die Pfalz nieder!«

In der schwierigen, desolaten Gemengelage nach dem Dreißigjährigen Krieg kam auch noch der schreckliche Ludwig XIV. über Europa. Als die traumatisierten Überlebenden des Krieges versuchten, ihre Städte wieder aufzubauen und die Straßen mit neuem und diesmal unblutigem Treiben zu beleben, wuchs dieser scheußliche Mann auf und rieb sich die Hände beim Anblick des Finanz- und Militärapparats, den Richelieu und Mazarin für ihn aufbauten. Dann schickte er sich an, dem Westen Deutschlands und vielen anderen Gebieten das Leben zur Hölle zu machen.

Das Schöne an Kultur ist ja, wie sich immer wieder zeigt, dass sie spezifisch für eine Nation, eine gesellschaftliche Klasse, Region oder eine Zeit bleibt und man sie letztendlich nicht kopieren kann. Ludwig XIV. hatte nie viele englische Bewunderer, und es fällt mir leicht, die lange Tradition fortzuführen, ihn *nicht* zu bewundern. England hatte das Vergnügen, ihm die letzten Jahre seiner Regentschaft zu vermiesen, doch die eigentliche Frage ist: Warum war Ludwig derartig stilprägend in Architektur, Musik und Modedesign? Heute kann man das kaum noch nachvollziehen. Ja, nach so vielen Jahrhunderten kann man ihn auch kaum mehr als das Ungeheuer vor sich sehen, das er war, und die Abscheulichkeiten, die er beging, ermessen. Nachdem ich in meinem Leben viel zu viel Zeit in Versailles vergeudet habe, einem eiskalten, inhumanen Albtraum von Schloss, muss ich allerdings zugeben, dass Ludwig uns trotz allem auch noch dreihundert Jahre nach seinem Tod in Bann hält. Die schiere Absurdität seines Hofes, wo man dem König zeremoniell beim Scheißen zusah, ihn, als Sonne verkleidet, beim Balletttanzen bewundern oder stundenlange Historienspektakel anschauen musste, in denen die Flüsse Europas, die Rhone, die Donau, sich vor der Seine verbeugten – hat da denn wirklich keiner gelacht?

Ludwig regierte von seinem fünften Lebensjahr an und bis wenige Tage vor seinem siebenundsiebzigsten Geburtstag, und als er einmal richtig losgelegt hatte, hörte das Elend gar nicht mehr auf, im Militärischen wie im Kulturellen. Aus deutscher Perspektive bestand das militärische Elend darin, dass Ludwig, wie so viele unattraktive Leute, zu viel und zu lange auf Landkarten starrte. Aus den fadenscheinigsten Gründen wünschte er Frankreich bis zu seinen »natürlichen« Grenzen auszudehnen, bis zu den Pyrenäen, den Alpen und dem Rhein. Die menschlichen Kosten für diese vollkommen willkürliche, ja wahnhafte Idee waren immens; Tausende verloren ihr Leben, nur damit die Grenzen Frankreichs bis in Gegenden vorgeschoben werden konnten, die heute mehr oder weniger marginale, verschlafene Touristenziele sind. Eine Ausnahme bildete ein Stückchen im Norden an der belgischen Grenze, wo es, wie sich später herausstellte, beträchtliche (wenn auch wieder nicht *so* beträchtliche) Kohlevorkommen gab. Ob Ludwigs Bemühungen sich gelohnt haben, weil sie Zola einen passenden Schauplatz für *Germinal* lieferten? Komisch ist eigentlich, was für magere Ergebnisse Ludwig einfuhr, abgesehen von dem kaum besiedelten und später ohnehin verkauften Louisiana. Immerhin eroberte zu der Zeit England die Gebiete der späteren Vereinigten Staaten von Amerika, und Österreich sackte ganz Ungarn und Siebenbürgen ein. Aber die sogenannten geografischen Grenzen waren eben nicht immer natürlich und Ludwig bald überall so verhasst, dass stets aufs Neue kernige Bündnisse gegen ihn zustande kamen.

Deutschland musste in den 1680er Jahren allerdings erleben, dass Ludwig in seine westlichen Grenzgebiete eindrang und sich, mit Urkunden wedelnd, die ihm schamlose Advokaten gefälscht hatten, verschiedene Städte, darunter das bisher unabhängige, hübsche Straßburg, einverleibte. Die Stadt, die es geschafft hatte, sich während des gesamten Dreißigjährigen Krieges neutral zu halten, fiel jetzt Ludwigs unersättlicher Raubgier zum Opfer, und der Hass, der allmählich zwischen Frankreich und Deutschland entstand, schwand erst nach 1945 langsam. Ludwig behauptete immer, sein Motiv sei der »Ruhm«, ein Ruhm, dem dann in kindischen Antikenspektakeln, Deckengemälden mit den ewig gleichen allegorischen Elementen und Ähnlichem gehuldigt wurde. Der Tiefpunkt für Deutschland kam Ende der 1680er Jahre, als französische Truppen über den Rhein marschierten und alle schutzlosen größeren Städte in Schutt und Asche legten, weil Ludwig das Reich zwingen wollte, seine Raubzüge an der Grenze entlang und seinen Kandidaten als neuen Kurfürsten-Erzbischof von Köln zu akzeptieren. Unter dem Schlachtruf »Brûlez le Palatinat!« wurden Mainz, Koblenz, Worms und Speyer zerstört, wobei besonderer Wert darauf gelegt wurde, sie als Zentren der Zivilisation zu vernichten, damit sie, selbst wenn sie nicht in den Besitz Frankreichs übergingen, Teil einer verheerten Zone bildeten, die die Grenze schützte. Die Bewohner wurden aus ihren Städten getrieben und jedes nur irgendwie wertvolle oder bedeutende Gebäude in Brand gesteckt. Der schwer getroffene Dom zu Speyer war zum

Beispiel erst 1850 wieder vollständig restauriert. (In den Revolutionskriegen hatte er übrigens noch einmal ordentlich etwas von den gallischen Nachbarn abbekommen.) In den 1940er Jahren wurden alle diese Städte abermals zerstört, weshalb heute schwer zu erkennen ist, wie schlimm genau die Verwüstungen durch Ludwig XIV. waren. Die berühmteste Ruine, die seine Soldaten hinterließen, ist natürlich das malerische Gemäuer des Heidelberger Schlosses, seit Jahrhunderten bei Touristen und Malern beliebt, aber Zeugnis brachialer, blinder Zerstörungswut.

Schuld daran waren allerdings nicht allein die Franzosen; jede Menge Ludwig-Fans unter den deutschen Landesherren stachelten ihn – treulos, wie sie waren – gern an. Die Kriege wurden wegen solch lächerlicher Annexionen geführt, dass man sich unweigerlich nach dem eigentlichen Warum und Weshalb fragt. Viele Leute sind der Meinung, dass die meisten Kriege und kriegerischen Auseinandersetzungen seit den Napoleonischen Kriegen einen Sinn gehabt hätten, dass es klare, wenn auch anfechtbare Motive und plausible, wenn auch oft tragische Abfolgen von Ereignissen gegeben habe. Auf die Kriege zwischen der Anfangsphase des Dreißigjährigen Krieges – der religiös motivierten – und dem Ausbruch der Französischen Revolution trifft das meines Erachtens nicht zu; für die sind eigentlich nur lauter grauenhafte Halunken mit gepuderten Perücken verantwortlich. Ludwig hat diese schlimme Periode wirklich in Gang gesetzt; immer wieder ging es um das »Gleichgewicht der Macht«, aber selbstredend um ein Gleichgewicht, das, je nach Land, anders interpretiert und bei dem Territorium immer noch wie ein persönlicher Besitz behandelt wurde.

Aber wenn man der Politik dieser Ära einen Hauch Positives abgewinnen möchte, sollte man vielleicht nach den seltsamen, oft kleinen Zeichen vor allem im weiteren Verlauf des achtzehnten Jahrhunderts Ausschau halten, in denen die Auffassung, dass die Herrscher ihre Länder besaßen, langsam von echtem Nationalgefühl unterminiert wurde, dem Gefühl, dass man zu einem Land und nicht dessen Besitzer gehörte. Historikern entfährt immer ein Stoßseufzer der Erleichterung, wenn sie etwas in der Richtung erspähen: Gegen Ende des achtzehnten Jahrhunderts regte sich nicht nur bei den Herrscherhäusern Unmut, als Kaiser Joseph II. vergeblich versuchte, das Österreich gehörende, weit entfernte, nervige Belgien gegen Bayern einzutauschen. Er wollte den Kurfürsten von Bayern nach Brüssel abschieben und dessen Land einkassieren. Sowohl Belgier als auch Bayern reagierten empört, womit wir nun schon vor der Französischen Revolution erwachende nationale Gefühle in Europa feststellen können. Der Kaiser bekam als gefällige Entschädigung ein kleines, fast menschenleeres landwirtschaftliches Gebiet, ein Viertel am Inn, das Österreich später die Schande bescherte, Hitlers Geburtsland zu sein. Die grauenhaften und weitreichenden Folgen von Hitlers Geburt aber wollen wir hier nicht weiter erörtern, sondern zurück zu Ludwig gehen.

Das andere Elend seiner Regierungszeit betraf, wie eingangs gesagt, die Kultur. Wenn man den eisigen Klotz von Versailles heute betrachtet, kann man sich nur noch schwer vorstellen, wie stilprägend der hier ansässige Hofstaat war und wie sehr sich alles an seinen Perücken, prachtvollen Mänteln, unzähligen sinnentleerten Ritualen und grotesk ausufernden Jagdvergnügen orientierte. Die Perücken haben übrigens dem Bild, das uns von dieser Periode überliefert ist, ungeheuer geschadet. Die Herrscher aus der Zeit des Dreißigjährigen Krieges werden noch mit ihrem echten Haar abgebildet, ob gestutzt oder lang und strähnig. Doch dann verschwand es einhundertundfünfzig Jahre lang unter Perücken, sodass die früheren Machthaber im Gegensatz zu ihren bizarr gelockten Nachfolgern immer seltsam neuzeitlich anmuten. Das unechte Haar lässt leider viel weniger Rückschlüsse auf den Charakter des Trägers zu, besonders wenn schmeichelnde, oft mäßig begabte Hofmaler noch das Ihrige dazutun. Ludwig XIV. hatte entscheidenden Anteil an der Verbreitung dieses absurden Kopfschmucks, sodass sogar ein nüchtern kalkulierendes Schlitzohr wie der englische König Wilhelm III. eine Mähne trägt, die eindrucksvoller als sein Gesicht ist. Da man sich so schwer ein individuelles Bild von diesen Herrschen machen kann, hält man sie fast unwillkürlich alle für aalglatte Zyniker. Sie präsentieren sich in einem Stil, der einem heute unendlich fremd ist. Das Publikum, dem die ideologischen Botschaften in den Gemälden absolut vertraut waren, ist lange tot, und wir reagieren auf dergleichen Zurschaustellung aggressiv oder gelangweilt; da nützen die weißen Seidenstrumpfhosen und kruden Vergleiche mit Mars oder Apollo auch nichts mehr.

Was bleibt, sind die riesigen Bauten, die Versailles nachahmten. Ob diese Monstren nun entstanden, weil die Herrscher mehr Geld hatten, oder ob man der Bevölkerung mehr Geld abpresste, damit man sie bezahlen konnte, lassen wir mal dahingestellt. Als sich jedenfalls das siebzehnte Jahrhundert dem Ende zuneigte, das achtzehnte begann und Deutschland sich wirtschaftlich erholte (selbst wenn immer noch irgendwo von irgendwem was in die Luft gejagt wurde), trennte man sich überall in Deutschland von netten, vieltürmigen, schönen großen Burganlagen und baute sich rechteckige Kolosse mit in Stein gemeißelten Waffen obendrauf. Die waren sicher auch zum Teil von Italien beeinflusst oder als deutsche Barockarchitektur etwas ganz Eigenes, aber den Schlössern in Kassel und Ludwigsburg meint man doch die kulturelle Dominanz des damaligen Frankreich anzusehen – eine unnahbare Autokratie, einschüchternd und deprimierend.

Die katholische Kirche geht aufs Ganze

Wie erwähnt, wuchs ich katholisch auf, ging auf protestantische Schulen und war zum Schluss mehr oder weniger Protestant. Es würde ja meinem Selbstbild sehr schmeicheln, wenn ich mich mit Vorliebe in eine nüchterne, kühle, weißgetünchte lutherische Hallenkirche setzte und eine kleine Weise von Bach vor mich hinsummte, doch wie ein trockener Alkoholiker, der sich sofort auf die Kognakbohnen stürzt, setze ich mich aus unerfindlichen Gründen immer wieder in ein Flugzeug nach Süddeutschland, checke rasch in einem Hotel ein und laufe in die nächste barocke Sünde von Wallfahrtskirche. Ich würde auch gern sagen, dass mein Lieblingsbild im Wiener Kunsthistorischen Museum Rembrandts strenges Selbstporträt ist, aber ich weiß, zu Hause fühle ich mich erst, wenn ich vor Rubens' delirierendem Schinken *Der Heilige Franciscus Xavier predigt* stehe. Bevor der sich den versammelten Kranken und Gebrechlichen widmet, lässt er mit ausholender Geste eine Art Laserstrahl vom Himmel in einen chinesischen (na, was Rubens für chinesisch hielt) Tempel fahren, zum Entsetzen der gelbhäutigen Götzendiener mit Haarknoten zerbirst das Idol, und ein Trupp Engel beobachtet das Ganze von oben. Wenn ich beim Betrachten dieses Bildes richtig in mich ginge, müsste ich zugeben, dass ich alberne Spezialeffekte schon immer mochte; im wiederbelebten Katholizismus, wie er nun auf dem Vormarsch ist, findet man sie zuhauf.

Die Gegenreformation war nämlich erstaunlich selbstbewusst im Glauben. Viele alte, wichtige Kirchen – die Klosterkirche von Großcomburg, der Freisinger Dom – wurden im siebzehnten und zu Beginn des achtzehnten Jahrhunderts mittels weißen Stucks, schimmernden Marmors und Blattgolds bis zur Unkenntlichkeit herausgeputzt. Auf schockierend geniale Weise brachten das die Brüder Asam zuwege, die zu den theatralisch begabtesten Raumgestaltern Europas gehörten und das Innere von Kirchen zur Hochburg von Spezialeffekten verwandelten. Man sieht Lichtstrahlen, fliegende Babys, riesige heldenhafte Bischöfe, dramatische Wolken, Märtyrer, Zuckerstangensäulen. Wenn es funktioniert – wie in der winzigen Kirche in München, der Asamkirche, die die Herren für sich selbst erbauten –, ist das wunderbar, aber man braucht schon starke Nerven und muss ständig restaurieren. Ich machte einmal den Fehler und wanderte in die Kirche St. Emmeram in Regensburg, wo mich jählings das Gefühl überfiel, ich sei an einem Unfallort und müsste gleich Erste Hilfe leisten. (»Den frühen Märtyrer hier können wir nicht mehr retten, aber die Putte hier atmet noch; Himmel, hat denn nicht irgendjemand etwas Goldfarbe?«) Weit davon entfernt, gen Himmel zu streben, gemahnte alles, was die Asams in St. Emmeram aufgeboten hatten, an eine Explosion in einer Fabrik für chemische Waffen.

Die Stimmung in der Kirche wird noch gehoben durch die bis heute erhaltenen Skelette von unwichtigeren Heiligen, die sich, zusammengehalten von vergammelnden braunen Bodystockings und mit Rheinkiesel-Augen, in provokanten Posen à la Rita Hayworth reihenweise in Glaskästen an den Wänden lümmeln. Die meisten solcher Schreckgestalten wurden schon vor Ewigkeiten auf den Müll geworfen (manchmal im Zuge revolutionärer Gewaltaktionen, manchmal aber auch durch katholische Erneuerungsbewegungen, die diese Art Selbstdarstellung nicht gar so vorteilhaft fanden), doch hier und dort haben welche überlebt.

Wer noch Schlimmeres als St. Emmeram sehen und angesichts heute nicht mehr üblicher Propaganda der Gegenreformation mal richtig das Gruseln lernen will, sollte ins Diözesanmuseum in Freising gehen. Komischerweise war ich der einzige Besucher – ja, auch der nicht mehr junge Kartenverkäufer war bald enteilt –, was die gespenstische Atmosphäre noch gespenstischer machte. Als ich ein paar harmlos aussehende Treppen hinunterging, befand ich mich plötzlich inmitten von sehr alten, wunderbar ausgestalteten Krippenszenen und einer schier unendlichen Anzahl wächserner Jesuskindpuppen. In dem trüben, gedämpften Licht dachte ich natürlich gleich, dass der abgängige Kartenverkäufer weggerannt war, um den Hauptschalter umzulegen. Mich würde man am nächsten Morgen tot auffinden, und dann würde eine solch grandiose Szene wie in einem Science-Fiction-Film folgen, wo der Pathologe sich zum Kommissar umdreht und sagt: »Dieser Mann ist nicht an einem Herzinfarkt gestorben, Inspector, sondern vor Angst.« Erst dann würden sie bemerken, dass meine Haut von Tausenden Abdrücken winziger Patschhändchen bedeckt wäre.

Man kann freilich nicht sagen, dass die Welt singender Babys auf Gipswolken und Heiligenleichen in Pin-up-Girl-Posen nur eine lächerliche Randerscheinung ist. Aber der Glaube der Zeit war auch sehr gelehrt, zuversichtlich und kraftvoll, und die Habsburger und Wittelsbacher waren darin genauso feste Säulen wie der Papst; man verfügte über enorme Mittel, und im ideologischen Zentrum stand die Mission, die Türken zu schlagen und die Ketzerei auszurotten. Und dieser Glaube führte sowohl zum seltsamen Aufbrezeln von Kirchen als auch dazu, dass man die großartigste Musik, die je komponiert wurde, in Auftrag gab und aufführte.

Barocker als Salzburg geht's nicht; mit seiner ganzen Existenz atmet das Erzbistum katholische Siegesgewissheit. In den 1670er Jahren schuf der böhmische Geiger und Komponist Heinrich Ignaz von Biber seinen großen Zyklus der »Rosenkranzsonaten« – eine für jedes Mysterium –, die bei Rosenkranzandachten für den Erzbischof und seinen Kreis gespielt wurden. Die Wirkung dieser seltsam beängstigend erhabenen Musik muss wahnsinnig gewesen sein (noch wahnsinniger allerdings ist, dass die letzte Passacaglia die gleiche Basslinie hat wie die Titelmelodie des James-Bond-Films *Im Geheimdienst Ihrer Majestät*). Biber war übrigens nicht nur ein Meister solcher ekstatischen Töne, sondern er komponierte auch Spaßmusik, die wie betrunkene Musketiere oder Schlachtenlärm klingt – wahrscheinlich für die soldatischeren Typen unter seinen Zuhörern. Auf Haydns von gleicher Inbrunst beseelten, großartigen Messen, wie zum Beispiel der ein Jahrhundert später geschriebenen *Nikolaimesse*, sind eindeutig – auch wenn wir es nicht wahrhaben wollen – winzige Abdrücke von Wachsfingerchen.

Zum Schluss versuchten die Katholiken selbst, in dieser Welt mal aufzuräumen. Hauptaufgabe Josephs II., des durchaus frommen, eifernden, freudlosen Reformers, der 1790 wegen Überarbeitung das Zeitliche segnete, war es traditionell eigentlich, den Katholizismus der Klöster, Eremitagen und des Wunderglaubens zu schützen. Aber die endlosen Sonderregelungen trieben ihn in den Wahnsinn.

Selbst Kleinststädte besaßen alle möglichen Steuererleichterungen und Privilegien, und kaiserliche Beamte mussten sich mit deren Berücksichtigung abplagen, während aristokratische Müßiggänger in riesigen, wohlversorgten Klöstern luxurierten. Ein bisschen von dieser Welt spürt man heute auch noch in Oxbridge Colleges. Sie haben so unterschiedliche Privilegien, dass in derselben Straße womöglich ein College kurz vor dem Bankrott steht, während in einem anderen gefüllter Giraffenhals und Château d'Yquem serviert werden und an jedem Tisch eine Bauchtänzerin die Hüften schwingt. Joseph rückte dieser oft im Verborgenen blühenden Ausnahmenhuberei in seinem Land kräftig zu Leibe, schloss mehr als fünfhundert Klöster, klaute dem Bischof von Passau (als der Mann noch nicht mal kalt war) die Ländereien und verbot den Verkauf von Weihnachtskrippen.

Er starb verhasst und verunglimpft und hinterließ auch wieder nur eine Anzahl dürftig zusammengestoppelter Regelungen. In Süddeutschland (und am Rhein) findet man noch zahlreiche Zeugnisse der katholischen Glaubensreform Joseph'scher Prägung. Massige Klostergebäude beherbergen heute Ämter oder Weinlokale, sind aber noch in großer Anzahl erhalten, und in erstaunlich vielen leben auch immer noch Mönche, die trotz Josephs und Napoleons umfassender Bemühungen, ihre Vorgänger davonzujagen, wieder da sind. Die oft bizarren Kirchen sind vernachlässigt, zerbombt, abgebrannt, überholt oder umgestaltet worden, und das alles hat seine Narben hinterlassen. Doch letztlich zeugen sie von einem weiteren vergeblichen Versuch, den Glauben vernünftiger und verbindlicher zu machen. Allerdings erweist sich der Wirrwarr aus persönlichem Wunderglauben, in zahllosen Heiligenfiguren sich manifestierender Vielgötterei und billigen Lichteffekten als unverwüstlich und hat selbst die schlimmsten Bedingungen überlebt.

Achtes Kapitel

Die Nachkommen Kyros' des Großen
Ein Tässchen Schokolade mit Straußen
Noch mehr tolle Gräber
Chromatische Fantasie und Fuge
Die sächsischen Auguste

Irrsinn am Sachsenhof: Johann Melchior Dinglingers Elefant aus Holz, Silber, Blattgold, Emaille, Edelsteinen, Perlen und Lack, ein winziges Teil aus dem Ensemble Der Thron des Großmoguls Aureng-Zeb, 1701–1709, *dessen Kosten den Staatshaushalt sprengten.*

Die Nachkommen Kyros' des Großen

Ich saß in Südbayern und las friedlich eine hervorragende Kurzbiografie über Kaiser Joseph II., da kapierte ich bei einem nebensächlichen Satz plötzlich, was den grässlich antisemitischen nationalistischen Historiker der Bismarckzeit, Heinrich von Treitschke, an dem pränapoleonischen Deutschland so in Rage versetzt haben muss. Sein ganzer Hass galt den winzigen Staaten, die nichts vorzuweisen hatten, sich aber ruhm- und protzsüchtig aufplusterten, und ganz besonders waren ihm die überkandidelten, grotesken Statuen der Fürsten von Hohenlohe im Park ihres Schlosses zu Weikersheim ein Dorn im Auge. Kaum hatte ich das gelesen, enterte ich auch schon ein, zwei aufreizend langsame Regionalzüge und starrte ungeduldig und vor Erregend keuchend aus dem Fenster, um gleich einen ersten Blick auf das zu erhaschen, was mir als so lohnend beschrieben worden war.

Das Territorium der Grafen von Hohenlohe-Weikersheim war zeitweise so klein, dass es auf der Karte aussah, als sei es eingeklemmt zwischen den zwei »Nasen« seiner nun wirklich auch nicht weiträumig zu nennenden Nachbarn Mainz und Mergentheim, dem Hauptsitz des Deutschen Ordens. Hohenlohe-Weikersheim ist im Grunde nur ein einziges hübsches fränkisches Tal, durch das die idyllische Tauber fließt. Carl Ludwig, der regierende Fürst in der ersten Hälfte des achtzehnten Jahrhunderts, verlor seinen einzigen Sohn bei einem Reitunfall. Aus heutiger Sicht passte das gerade gut, weil die Linie nun ausstarb und das Fürstentum anderen Hohenlohes zugeschlagen wurde (eine im Rest der Welt nicht weiter beachtete Flurbereinigung). Die Stadt Weikersheim lag nun unbeachtet am Rande eines ohnehin schon am Rande liegenden Territoriums mit einer eigenen Winzhauptstadt, und so blieben die Früchte von Carl Ludwigs umtriebigem Wirken eher aus Versehen in Weikersheim erhalten.

Seine Familie war auch nur eine Randerscheinung. Ein genialischer Vorfahr hatte um 1600 den wunderbaren »Rittersaal« im Schloss Weikersheim geschaffen, in dem die Jagd in all ihren mörderischen Spielformen ausgiebig verherrlicht wird. Auf Dutzenden Deckengemälden sieht man, wie sämtliches Getier, vom Wildschwein über den Luchs bis zum Strauß, abgeschlachtet wird, und die Wände sind mit lebensgroßen Gipsbären, Elchen, Rotwild und – unglaublich! – einem Elefanten geschmückt, der einzigartig ausgebeult aussieht und echte Stoßzähne hat. Der Sohn des erlauchten Waidmanns hatte eine zu vernachlässigende Rolle als protestantischer Führer im Dreißigjährigen Krieg gespielt, und das Schloss war fast komplett geplündert worden – doch 1709 trat Carl Ludwig auf den Plan.

Und heraus kam eine zutiefst seltsame, beinahe neurotische Antwort auf Versailles, die aber zur Abwechslung einmal absolut bezaubernd ist. Man sieht sofort, warum Treitschke so sauer war, die Schlossanlage verkörpert nämlich genau das, was an Deutschland so unterhaltsam ist. Die lebensgroße goldene Statue von Carl Ludwig hoch zu Ross ist leider, leider nicht mehr da, doch ansonsten ist alles noch an Ort und Stelle – die Statue stand am Ende des formalen Gartens, in der offenen Exedra der symmetrisch angelegten Orangerie, ihr zur Seite und wie Beifall klatschend Statuen von Carl Ludwigs angeblichen Vorgängern: Kyros der Große mit Turban, Nimrod mit Zepter, Julius Cäsar in Rüstung und Alexander der Große mit seiner hübschen Lockenfrisur. Und als sei das noch nicht verrückt genug, sitzen alle wichtigen antiken Götter auf dem Dach der wunderschönen Orangerie und schauen wohlwollend auf unseren Edelmann hinab – Zeus mit seinen Blitzen, Mars mit gezücktem Schwert und so weiter. Es gibt auch eine schlaffe, plumpe, vollkommen lächerliche Figur des Friedens sowie eine Dame, von der ich beim besten Willen nicht wusste, wo ich sie hinstecken sollte. Dido? Sie saß auf einem Elefanten, der fast so imposant war wie sein Kumpel, der nette Dickhäuter im Rittersaal. Hinter diesem Ensemble von Heroen liegen Hopfenfelder, Obstgärten und Weinberge. Eine Gruppe von Statuen, lustige Zwerge, den Commedia-dell'Arte-Figuren von Jacques Callot nachempfunden, verrichtet häusliche Tätigkeiten; Vorläufer der späteren thüringischen Massenware, die die ganze Welt beglücken sollte: des Gartenzwergs. Weikersheim hat einfach etwas so wunderbar Albernes, das uns allen zum Ideal werden sollte. Wenn man auf dem Haupt- und einzigen Platz der kleinen Stadt sitzt, der Brunnen plätschert und ein Pfau auf den Stufen zu der winzigen Sparkassenfiliale herumscharrt, fühlt man sich zwangsläufig wie in einer Märchenfantasie.

Treitschke hackte natürlich auf dem armen Weikersheim herum, weil es für ihn in kläglichem Gegensatz zu seinem männlichen, geliebten Preußen stand. Heute werden Preußen und die preußischen Tugenden weithin für die Katastrophen des zwanzigsten Jahrhunderts verantwortlich gemacht, ein Großteil seines ehemaligen Gebiets ist polnisch und russisch, seine Menschen tot und vertrieben, und 1947 wurde es von den Alliierten aufgelöst. Aber Treitschke war, wie viele andere Nationalisten Ende des neunzehnten Jahrhunderts, eben der Meinung, dass – während Carl Ludwig noch emsig überlegte, welchen heldischen Vorfahren er wo aufstellen sollte – es der wieselartige Friedrich der Große gewesen war, der die wirklich weltbewegenden Aufgaben erledigt hatte; Friedrich, der nie den Hals vollkriegte und mit seiner epochemachenden Invasion Schlesiens im Jahr 1740 den weibischen katholischen Österreichern den Fehdehandschuh hingeworfen hatte. Die Frage, wer die Deutschen regieren sollte, wurde 1866 in der Schlacht bei Königgrätz zugunsten Preußens beantwortet. Danach spielten die Österreicher keine Rolle mehr in deutschen Angelegenheiten, und der Weg für die deutsche Einheit unter preußischer Herrschaft war frei. Dass es das Schicksal so wollte, war auf widerwärtige Art logisch und faszinierte Hitler, der sich – aus welchen Gründen auch immer – als Nachfolger Friedrichs des Großen sah und seinen Bunker schließlich mit dem Bild des Mannes schmückte, der sein Handeln gewiss von vorn bis hinten empörend, abgefeimt oder absurd gefunden hätte. Dass das reale Preußen auch in vielerlei Hinsicht fortschrittlich, sehr verletzlich und zuweilen gänzlich unbedeutend war, wird allerdings oft unterschlagen.

Umgekehrt kann man es mit dieser Sichtweise ebenfalls übertreiben. Vor ein paar Jahren war ich in Potsdam und besuchte das neue Haus der Brandenburgisch-Preußischen Geschichte, das gerade ganz bescheiden eröffnet hatte. Hier nun bot sich mir geradezu eine Parodie der Beschaulichkeit – Preußen als das Land der Bauernkarren, Volkskunst und bestickten Kleider. Eine Sonderausstellung widmete sich preußischen Sammlungen gepresster Blumen und der Kräutermedizin in preußischen Klöstern, und wenn man an kleinen Knöpfen ruckelte, umwehte einen der Duft von Rosmarin oder Süßem Lavendel. Eine absonderliche Schau – selbst wer Preußens komplexe Realität mit größtem Wohlwollen betrachtet, wird nicht verhehlen, dass in diesem Staat mal so was wie Militarismus vorkam.

Doch so manches in Preußen war Weikersheim näher, als deutsche Nationalisten es je eingeräumt hätten. Es hatte nämlich stets auch starke nach innen gewandte, bewundernswerte Züge, wofür zum Beispiel die Pietisten in Halle mit ihrer Glaubens- und Bildungsmission stehen. Dort befindet sich die wunderbar erhaltene Sammlung von Unterrichtsmaterial der Franckeschen Stiftung, darunter – um etwas abzuschweifen – eine Mansarde voll mit Perücken, Bildern von Basilisken, einem riesigen Modell des Sonnensystems, eingelegten Geckos, einem kleinen Hund aus Muscheln, Wachsköpfen, einem getrockneten Kuhfischlein, einem sensationellen Stich der Bundeslade, einer Opiumpfeife, Schuhen aus aller Welt und, von den Dachsparren hängend, das beste, größte Krokodil, das wohl je ausgestopft wurde, ein uralter, knorziger Koloss, der, sollte er herunterfallen, in einer großen Wolke übelriechenden Staubes explodieren würde.

Doch auch der preußische Militarismus war natürlich ebenso ein Zeichen von Schwäche wie von Aggressivität. Das Land war im Laufe seiner Geschichte wiederholt von Auslöschung bedroht, sein Kurfürst der Geringste unter den sieben, Berlin eine sehr kleine Stadt, und die Hauptachse in Deutschland verlief von Köln über Frankfurt und München nach Wien (mit Abzweigungen nach Dresden und Hamburg). Deutschland und das Leben dort waren viele Jahrhunderte lang nicht auf dieses unwirtliche, düstere, flache Land im Nordosten angewiesen. Brandenburg, das Herz Preußens, wurde häufig von fremden Heeren überrannt, und der Dreißigjährige Krieg war eine Katastrophe für den wehrlosen Staat – Schweden und Kaiserliche missachteten seine Grenzen und sengten und mordeten, wie es ihnen beliebte.

Eine Generation lang war es freilich anders, und das lag an Friedrich dem Großen (1712 – 1786). Er baute auf der Arbeit seiner cleveren Vorgänger auf (deren Porträts auf einer Serie kleiner Streichholzschachteln prangen, die jetzt beim Schreiben vor mir liegen – eine wertvolle Gedächtnisstütze, da sie alle Friedrich oder Wilhelm oder beides heißen) und nutzte einen Zufall: Kaiser Karl VI. hatte keine männlichen Nachkommen. Er hatte zwar einen Großteil seiner Regentschaft allerzähesten Verhandlungen gewidmet, damit alle maßgeblichen Leute im Reich die »Pragmatische Sanktion« unterzeichneten, nach der das Haus Habsburg an seine Tochter gehen konnte (nach frühmittelalterlichem und nie in Frage gestelltem Recht ein Ding der Unmöglichkeit). Doch die Wünsche von Eltern helfen nur, solange sie leben, und der Versuch der jungen, frommen Maria Theresia, nach dem Tod ihres Vaters das Erbe anzutreten, war eigentlich aussichtslos. Friedrich, der gerade den Thron bestiegen und von seinem borderline-irren Vater Friedrich Wilhelm I. nicht nur hervorragend ausgebildete Truppen, sondern auch einen ansehnlichen Staatsschatz geerbt hatte, beschloss Preußens Status ein für alle Mal zu heben – indem er nach Schlesien einmarschierte. Heute beherbergt Schlesien ein in Maßen bedeutendes Industriegebiet und liegt in Polen, doch 1740 war es eine wichtige habsburgische Provinz mit einer großen, wohlhabenden Bevölkerung, die man steuerlich kräftig zur Kasse bitten konnte. Dieses Gebiet zu annektieren machte also Preußen viel größer und mächtiger und schadete den Habsburgern dauerhaft, denn Schlesien hatte auch immer enge Verbindungen zu den benachbarten habsburgischen Besitzungen Böhmen und Mähren gehabt.

Friedrich der Große erzielte in weiteren (Angriffs-)Kriegen, an denen zuletzt auch Großbritannien und Braunschweig beteiligt waren, manchmal gegen weitaus schlagkräftigere Bündnisse glänzende Siege – den denkwürdigsten im Dritten Schlesischen, dem Siebenjährigen Krieg, in dem Frankreich, das russische und habsburgische Reich, das Römische Reich, Schweden und Sachsen gegen ihn antraten. Mit Glück und brillanter Feldherrnkunst behielt Friedrich Schlesien, und Preußen wurde im Grunde genommen zur Großmacht. Aber erstaunlicherweise wurde es nach Friedrichs Tod rasch wieder zu einem unbedeutenden, schutzlosen Land mit geradezu jämmerlichen Königen (deren Konterfeis, wie gesagt, meine bescheidene Streichholzschachtelsammlung zieren – eigentlich besteht die ganze Mischpoke aus aufreizend schwächlichen oder engstirnigen Gestalten bis 1918, und da hört's mit den Schachteln natürlich auf). Napoleon machte mit Preußen kurzen Prozess, zerstörte dessen Heer, besetzte große Teile und erwog schon, es ganz auszulöschen, was aber durch Intervention des Zaren höchstpersönlich abgewendet wurde. Nach Napoleons Niederlagen in Russland gewannen die Preußen neuen Schwung und mischten auch bei dem endgültigen Sieg über ihn kräftig mit (berühmt geworden sind Leipzig und Waterloo), doch im Grunde waren sie bloße Nutznießer von Ereignissen, die außerhalb ihres Einflussbereiches lagen. Russen, Briten und Österreicher schlugen Napoleon, Preußen hatte kaum was zu melden.

Nach der Schlacht bei Waterloo siegte es bis zum Sturm auf die Düppeler Schanzen 1864 in keiner weiteren Schlacht mehr. Den Krieg mit Dänemark hatten noch dazu seine österreichischen Verbündeten ausgeheckt, damit Preußen trotz seiner leistungsschwachen Armee mal wieder ein bisschen Selbstbewusstsein tankte. Sieht man also von den nur gut zwei Jahrzehnte währenden Eruptionen hektischer friderizianischer Gewalt ab, war Preußen immer ein schutzloser und wenn auch kein unbedeutender, so sicher kein zentral wichtiger Staat; ähnlich wie Schweden ein unsicherer Kantonist und nicht im Entferntesten vergleichbar mit Frankreich oder Großbritannien.

Zu einer Zeit, als Kaiser Qianlong ganz Xinjiang annektierte, die

Briten durch Bengalen und Kanada marschierten, die Russen Ostsibirien und Alaska eroberten und erforschten und in den Vereinigten Staaten in spe fast täglich ganze Landstriche besiedelt wurden, sind zum Beispiel die Aktivitäten des sehr schrägen Flötenspielers, der in der Norddeutschen Tiefebene herumgaloppierte, während ihm rauchende Stücke preußischer Landser um die Ohren flogen, vielleicht nicht gar so eindrucksvoll. Im Dritten Schlesischen Krieg kam ihm schließlich auch nur der glückliche Umstand zu Hilfe, dass die ihn hassende Zarin Elisabeth starb und durch einen kurzlebigen prussophilen Irren ersetzt wurde. Hätte sie weitergelebt, wäre Preußen wahrscheinlich vernichtend ge- und vollständig zerschlagen worden. Aber wie das so ist, vergaß man bald, was man für einen Dusel gehabt hatte, und erinnerte sich nur noch daran, wie glänzend man sich verteidigt hatte, und spätere Generationen bekamen ein vollkommen irreführendes Bild preußischer Stärke.

Der Tod der Zarin spielte 1945 plötzlich wieder eine Rolle. Da hatten die Nazis eine Idee: Hitler verglich nämlich, kaum dass er vom Tod Roosevelts hörte, ziemlich gewagt Roosevelt mit Elisabeth und meinte, nun werde das gegen ihn kämpfende Bündnis zerfallen, wie damals das gegen Preußen. Seltsam, dass so viele deutsche Nationalisten eher schauriger Couleur sich immer wieder auf Friedrich bezogen – die Lehren, die man aus seiner angeblichen Größe zog, schufen ein Trugbild, das Generationen von Herrschern samt ihren Gefolgschaften verführte und ins Verderben stürzte. Die Lektion, die man von Friedrich hätte lernen können, war vielleicht, dass Deutschland gegen seine großen Nachbarn letztlich schutzlos war; trotz all seiner taktisch glänzend errungenen Siege war es am Ende weniger bedeutend als die ressourcenreichen Länder ringsum, die einfacher zu verteidigen waren.

Heute sind Friedrichs Hauptvermächtnis Schloss Sanssouci und der dazugehörige Park – was seine Regierungszeit sonst politisch oder konkret ausmachte, wurde im zwanzigsten Jahrhundert weitgehend ausgelöscht. Das hübsche Schloss mit seiner sinnenfreudigen Atmosphäre atmet einen ähnlichen Geist wie die Orangerie des Fürsten von Hohenlohe; verschnörkelt, große Fenster und viel mythologischer Nippes, plus natürlich die Hinzufügungen des Rokoko. Ich könnte Wochen im Park von Sanssouci herumbummeln; das chinesische Teehaus dort ist ein direkter Abkömmling des wunderschönen chinesischen Spiegelkabinetts in Weikersheim. Zuletzt war ich in Potsdam, kurz nachdem Friedrichs Leichnam nach vielen würdelosen Stationen endlich wieder seinem Wunsch entsprechend begraben worden war: neben dem Schloss und neben den letzten Ruhestätten seiner Lieblingswindhunde. Mehrere ältere Angehörige einer großen Gruppe deutscher Touristen, denen der neue Grabstein gezeigt wurde, hatten Tränen in den Augen. Warum, wusste ich nicht, aber gewiss waren sie von einem ganzen Spektrum heikler, konfuser Gefühle bewegt.

Friedrichs Politik führte *nicht* geradewegs zum Bismarck-Reich. Bis dahin ereignete sich viel zu viel anderes, das – besonders in den 1860er Jahren – Friedrich II. vollkommen fremd und rätselhaft gewesen wäre. Man mag eher ihn denn Carl Ludwig aus Weikersheim als Nachkommen von Mars, Alexander dem Großen und so weiter gepriesen haben, letztendlich hat er jedoch mit der reizenden Marginalität Carl Ludwigs mehr gemein, als spätere und auf unangenehme Art reizbare Figuren uns weismachen wollen.

Ein Tässchen Schokolade mit Straußen

Die späten Habsburger sind ein erstaunlicher Haufen von Weicheiern. Es scheint, als hätte das Geschlecht mit der Verteidigung Wiens gegen die Türken seinen Leistungszenit überschritten und als hätten die Nachfolger Leopolds I. nun gemeint, dass es auch mit ein bisschen weniger Kraftaufwand ginge. Unter den bedauerlich drögen oder inkompetenten Kaisern bis hinein in den Ersten Weltkrieg gab es jedoch zwei potentiell herausragende Männer: Leopolds Sohn, Kaiser Joseph I., und seinen Enkel, Kaiser Leopold II., beide, wenn auch auf verschiedene Weise, dynamisch, weitsichtig und interessant. Seltsam, beide regierten nur so kurz und starben so jung, dass man fast an eine vatikanische Verschwörung denkt (und an Giftpulver in Fingerringen), mit denen kluge Entscheidungsträger aus dem Weg geräumt wurden.

Was die habsburgischen Herrscher für Persönlichkeiten waren, war wegen der besonderen Organisationsform des Reiches nämlich nicht unwichtig. Großbritannien oder Frankreich konnten (in Maßen) ein paar schwächelnde Monarchen wegstecken, weil sie Nationen mit einer Identität waren, die über den König – so mächtig er auch war – hinauswiesen. Es stellt sich zudem die Frage, wieso im Verlauf des achtzehnten Jahrhunderts die Monarchen so inkompetent wurden – quer durch Europa fand sich auf einmal eine ganze Parade von schlechten Herrschern. Sieht man die Ursachen für die Revolutionen am Ende dieses Jahrhunderts gemeinhin zwar in den ökonomischen und gesellschaftlichen Verhältnissen, haben zumindest teilweise auch die eigenartig hilflosen angeblichen Stützpfeiler der Reiche (von Frankreich über die Toskana bis nach Sachsen-Polen) etwas damit zu tun, deretwegen eine solch allgemeine Atmosphäre des Verfalls überhaupt erst entstanden war.

Im Reich kam es besonders auf die Persönlichkeit des Kaisers an, weil ja so vieles zu Spaltungen führen konnte und der Kaiser alles im Gleichgewicht halten musste, und zwar nicht nur in Deutschland selbst, sondern auch in den nichtdeutschen Reichsteilen. Schließlich war der Kaiser auch König von Böhmen und König von Ungarn – Letzteres ebenfalls ein Sammelsurium von Territorien, die sich von den Karpaten bis nach Slowenien erstreckten. Die einzige Habsburgerin, die einem wirklich Respekt abnötigt, ist komischerweise Maria Theresia samt ihrem unterhaltsamen Gatten Franz I. Stephan. Meist kommt Maria Theresia im Vergleich zu den beiden anderen großen europäischen Herrscherinnen im achtzehnten Jahrhundert, den Zarinnen Elisabeth und Katharina, nicht so gut weg, weil sie so bieder und frömmelnd aussieht. Wozu auch ihre Vorliebe für besonders uninspirierte Hofmaler beiträgt (die von vielen späteren Habsburgern geteilt wird, deren Züge unter Kleidung und klischeehaften Symbolen beinahe verschwinden). Doch obwohl sie sich nicht so pompös in Szene setzte wie die russischen Damen, hat sie etwas Heroisches und gleichzeitig Liebenswertes. Die widrigen Umstände ihrer Thronbesteigung waren aufregend genug: umringt von den treulosen Scharfmachern, die ihrem Vater versprochen hatten, sie zu beschützen, kämpfte sie als Halbwüchsige um ihr Erbe. Schon wie sie als allererste Frau eine solche Position übernimmt, sich weigert aufzugeben, ihre Generäle und adligen Herren um sich versammelt, eine Niederlage nach der anderen wegsteckt und ihre Feinde trotzdem irgendwie militärisch in Schach hält, ist eine der großen, vollkommen überraschenden Geschichten der europäischen Historie. Und wie sie die hinterhältigen Bayern demütigt, ist besonders vergnüglich. Unter tätiger Mithilfe seiner französischen Freunde verspielte Herzog Karl Albrecht nämlich den gesamten Staatsschatz und das Leben Tausender seiner Untertanen, um mit Gewalt an die Spitze des Reiches zu gelangen und sich als Karl VII. zum Kaiser krönen zu lassen. Aber dann wurden seine hochmögenden Pläne zunichtegemacht, als Maria Theresias Truppen München besetzten und er selbst – nach nur drei Jahren im Job – starb und keiner ihm eine Träne nachweinte.

Solcherlei Wechselfälle des Glücks, tollkühne Unternehmungen und erstaunliche Schlachten machen das achtzehnte Jahrhundert halbwegs spannend, doch weil es keinen großen Streit der Ideen gab und die Motive der Akteure alle so kindisch waren, fällt es einem dann doch schwer, es ernst zu nehmen. Dass Europa auf der Grundlage des persönlichen Territorialbesitzes funktionierte und Ruhm und Ehre des Herrschers Sinn und Zweck von Geschichte waren, wird durch ständige Wiederholung zum immer weniger überzeugenden Mantra. Aber bei Maria Theresia sieht man, was auf dem Spiel steht: ihre Legitimität als Herrscherin in einer Welt von Aasgeiern mit Mantel und Perücke. Dass sie an ihrem Erbe festhalten konnte (wenn sie auch Schlesien letztendlich an Friedrich verlor) und Wien tatsächlich zu einer großartigen Stadt und ihre Stammlande zu einem Zentrum westlicher Kultur machte, ist sicher ein schönes, überraschendes Ergebnis.

Nachdem der bayerische Rokoko-Bankrotteur, der sogenannte Karl VII., in Schmach und Schande seines Ehrgeizes gestorben war, musste – so viel war klar – ein neuer Kaiser her. Und hier nun bekommt der entzückende Gatte Maria Theresias seinen Auftritt. Franz Stephan war Herzog von Lothringen gewesen, doch in einem internationalen Tauschhandel – der so kompliziert war, dass einen ernsthafte Zweifel befallen, wie interessant es ist, sich mit geschichtlichen Details zu beschäftigen – wurde er nach dem Hinscheiden des schier unglaublich ekelhaften, inkompetenten letzten Medici Großherzog der Toskana. Dieses Geschacher beendete im Übrigen die ehrenvolle Geschichte Lothringens als unabhängiger Staat, denn dessen neuer polnischer Souverän erhielt den Posten nur unter der Bedingung, dass Lothringen nach seinem Ableben zu Frankreich kam.

Angesichts der vielen Agierenden in dieser Phase ist es schwer, ihre jeweilige Persönlichkeit zu beurteilen – und auf den Bildern verschwindet sie geradezu unter den martialischen oder geistlichen Accessoires und riesigen Mänteln und Hüten. Doch in Wien taucht Franz Stephans Bild immer wieder auf Schlosswänden auf, und wie aufwendig er auch mit Perücken und Orden herausgeputzt ist, hat man doch immer den Eindruck, dass er ein liebenswürdiger Trottel war; der Blick sympathisch, der Mund genießerisch geschwungen – ein angenehmer Zeitgenosse.

Nachdem also die Österreicher den Bayern in der Schlacht bei Pfaffenhofen ordentlich was aufs Mützchen gegeben (und ungarische Freischärler München geplündert) hatten, einigte man sich darauf, dass Franz Stephan der neue Kaiser des Heiligen Römischen Reiches wurde, Maria Theresia mithin Kaiserin. Dieses Arrangement täuschte aber niemanden darüber hinweg, dass sie die Hosen anhatte und immensen (wenn auch manchmal chaotischen und reichlich engstirnigen) Einfluss ausübte.

Maria Theresia und Franz Stephan sind deshalb so reizend, weil sie einander wirklich liebten. In der Geschichte von Dynastien stößt man häufig auf großes menschliches Leid; üble, eiskalte und sogar mörderische Heiratsvereinbarungen, hunderte von Frauen, die einen hohen Preis dafür zahlten, dass ihnen stets bezaubernde Schoßhunde und hübsche Teeservice zur Verfügung standen. Kaum ein Schloss, in dem nicht Grausamkeit und Lieblosigkeit an der Tagesordnung waren. Aber Maria Theresia und Franz Stephan produzierten einen Haufen Kinder (die meist Maria hießen) und verbrachten so viel Zeit miteinander, wie es ging (wenn die Kaiserin nicht gerade ihre Truppen inspizierte, bevor diese von den Preußen niederkartätscht wurden, und der Kaiser nicht gerade Schürzen hinterherjagte oder Mineralien sammelte).

Auf bezaubernde Art ist das – ausgerechnet – noch im Tiergarten Schönbrunn zu sehen, der sich direkt neben dem gleichnamigen Sommerschloss befindet. Er verdankt sein Entstehen Franz Stephans Begeisterung für alle Zweige der Naturwissenschaften, und es gibt noch den Rokokopavillon, in dem er und seine Gemahlin genüsslich frühstückten und in Gesellschaft von Papageien, Zebras und Straußen, diesen ultimativen Rokoko-Tieren, heiße Schokolade tranken. Selbst die Tierhäuser, die strahlenförmig um den Pavillon herum angelegt sind, gibt es noch. Kann es glücklichere Geschöpfe geben als die Flusspferde und Giraffen, die in dieser schmuckvollen alten Anlage gefangen sind?

Franz Stephans Tod hatte ähnlichen Einfluss auf Wien wie sein Leben. Um sich stets an ihn zu erinnern, gab die Witwe Porträts in Auftrag und sorgte dafür, dass seine riesigen, wenn auch kunterbunten Sammlungen von Mineralien, Kuriositäten und Tieren erhalten blieben. In all seiner Herrlichkeit erblickt man ihn – beziehungsweise sein Bild – im Herzen des Naturhistorischen Museums in Wien, inmitten von Gelehrten, Fossilien und Sammelvitrinen, und er sieht so knuffig aus, als lebe er heute noch.

In der langen Tradition von Habsburgern, denen sich die Chance bot, den Doppelsarkophag für sich und ihr Ehegespons zu entwerfen, hatte Maria Theresia (die in den verbleibenden fünfzehn Jahren ihrer Regierungszeit nur noch schwarz trug) ganz besonderen Spaß, denn sie konnte an dem ausgeflipptesten von allen arbeiten. Und so ist es denn heute ein unübertreffliches, unvergessliches Vergnügen, in der Kapuzinergruft herumzuwandern, in der viele, viele tote Habsburger liegen. Maria Theresia musste im Übrigen in puncto Sargdesign aufs heftigste mit ihren eigenen Eltern konkurrieren. Der Vater – der gescheiterte Karl VI. (dem wir aber die Karlskirche und die habsburgischen Prunkräume in der Albertina, zwei der unterhaltsamsten architektonischen Sehenswürdigkeiten, verdanken) – und die Mutter, Elisabeth Christine von Braunschweig-Wolfenbüttel, waren offenbar völlig übergeschnappt, als sie ihre Särge orderten, es sind die reinsten Gothic-Wunder: Karls mit gekrönten Totenschädeln, Elisabeth Christines mit bronzenen Frauenköpfen mit zartbronzenen Gesichtsschleiern an allen vier Ecken. Derart unter Zugzwang gesetzt, plante Maria Theresia einen noch viel gewaltigeren Sarg und entschied sich für ein Bett mit Figuren von ihr und Franz Stephan, wie sie am Jüngsten Tag aufwachen und einander begrüßen und am liebsten gleich aufspringen und gemütlich im Pavillon – der nun Kaiserpavillon heißt – frühstücken gehen würden. Albern, aber sehr anrührend – und ein liebenswerter Schlusspunkt zu einer schönen Regierungszeit.

Noch mehr tolle Gräber

In Mainz fühle ich mich immer pudelwohl. Viele, viele Jahre lang habe ich meine Aufenthalte bei der Frankfurter Buchmesse durch eine kurze Zugfahrt mainabwärts aufgepeppt. Seit seinen Anfängen als Häuflein römischer Militärzelte ist Mainz wiederholt von Invasoren heimgesucht worden, und viele Bürger der Stadt haben bestimmt ein Gen, dank dessen sie nur schicksalsergeben mit den Augen rollten, wenn wieder mal eine Horde Wandalen, Hunnen, Schweden, Franzosen, Hessen oder Kaiserliche einfiel. Am Rheinufer an der Flussmündung des Mains gelegen, unangenehm nah zu Frankreich, das stets drohte, es in Mayence zu verwandeln, strotzte die Stadt vor letztlich nutzlosen Zinnenmauern, Gräben und Türmen. Ihre leicht lokalisierbare Lage am Fluss führte dazu, dass sie im Zweiten Weltkrieg heftig bombardiert und danach großteils trist und zweckmäßig wieder aufgebaut wurde. Angesichts der damaligen Umstände sollte man wie auch bei ähnlichen mittelgroßen Städten wie Hannover darüber nicht meckern. Der deutsche Nachkriegsstaat konnte aber wenigstens seiner Begeisterung für traditionelle Kleinhändler freien Lauf lassen und sie mit restriktiven Öffnungszeiten für ihre Innenstadtläden unterstützen und außerhalb der Stadt liegende riesige Supermärkte benachteiligen, sodass in Orten wie Mainz oder Hannover sich immer noch die urdeutsche Kompetenz, ohne Sinn und Verstand tonnenweise Kram zu kaufen, austoben kann. Weit mehr als die alten Gebäude vermittelt – zumindest mir – diese Einkaufsmanie ein Gefühl von Kontinuität mit dem alten Mainz. Obgleich seine Bürger früher natürlich Sachen wie Holzschuhe oder zum Abendessen Schweinefüße erstanden und nicht etwa Pelzunterwäsche oder unappetitliche Pauschalreisen nach Thailand.

Mainz ist die Geburtsstätte des Buchdrucks – und dessen wird hier mit einer hervorragenden Statue von Gutenberg und einem bemerkenswert langweiligen Museum gedacht (wenn es auch nicht gar so langweilig ist wie das mit unendlich vielen, absolut uninteressanten römischen Objekten vollgestopfte Römisch-Germanische Zentralmuseum). Berühmt ist Mainz zweitens als Hauptstadt des alten geistlichen Kurfürstentums gleichen Namens. Auch dieses Kurfürstentum bestand aus einer chaotischen Masse geografischer Absonderlichkeiten, besaß große umliegende Ländereien und Pachten in anderen Gebieten und sogar die weit entfernte thüringische Stadt Erfurt, in der man auf einem Tummelplatz von Nullbock-Skateboardern noch einen recht verloren wirkenden kleinen Obelisken für einen der letzten Kurfürsten bewundern kann (als Relief mit steifer Perücke).

Das Kurfürstentum Mainz war nie sehr groß, aber immer sehr bedeutend, da sein Herrscher, der Erzbischof von Mainz, der wichtigste kirchliche Würdenträger des katholischen Deutschland war und Mainz sich »Heiliger Stuhl« nennen durfte – noch nach 1803 als einzige Stadt außer Rom. Der Erzbischof war auch Erzkanzler des Heiligen Römischen Reichs, womit er den Vorsitz über mehrere wichtige Ereignisse innehatte, nicht zuletzt über die feierliche Kaiserwahl in Frankfurt. Außerdem war er Direktor des kurfürstlich-rheinischen Kreises. Die Reichskreise waren ja, wie schon erwähnt, wichtig bei den vergeblichen Versuchen, Invasoren abzuwehren, und sie fassten die Streitkräfte aller zusammen: die größerer (oder zumindest bedeutender) Territorien wie Hessen-Kassel, Kurköln, und Frankfurt und die kleinerer wie der Abtei Prüm, die sich einmal gegen eine Invasion nur mit einem Paar Sandalen wehren konnte, das angeblich Jesus getragen hatte.

Wie alle bis zu ihrer Abschaffung nach der Französischen Revolution wichtigen geistlichen Territorien (Köln, Mainz und Trier als Kurfürstentümer am politisch einflussreichsten) ist Kurmainz ziemlich merkwürdig. Zuvörderst fällt ins Auge, dass es nicht auf Sex basiert; alle seine Herrscher waren per definitionem (und mit dem einen oder anderen spektakulären Ausrutscher auch praktisch) zölibatär, und wenn sie starben, musste eine neue Wahl stattfinden. Es war also kein dynastischer Staat (wenn auch Dynastien gern darin herumpfuschten) und deshalb sogar einen Hauch progressiv, obwohl vor Wahlen regelmäßig herzzerreißend große Summen Bestechungsgeld flossen. Diese Abwesenheit von Sex schuf in der Regel eine einzigartige Atmosphäre, bestimmt durch inbrünstige Frömmigkeit, unersättliche, doch eindeutig sublimatorische Bautätigkeit und nicht geringen Alkoholkonsum.

Schon lange vor ihrer Auflösung wurden diese geistlichen Territorien von vielen als mittelalterliche Schandflecke angesehen, insbesondere natürlich von den weltlichen Herren, die davon träumten, sie unter sich aufzuteilen. (Hessen-Darmstadt hatte am Ende Glück und konnte Mainz schlucken.) Die Geier wurden aber in Schach gehalten, weil die großen und kleinen Kirchenterritorien für die Habsburger wichtig und unentbehrlich beim Regieren waren. Zu den Merkwürdigkeiten der Reformation gehörte es ja, dass viele der wichtigsten Landesherren Protestanten geworden waren – die großen Ausnahmen waren die Habsburger selbst, die Wittelsbacher in Bayern und am Ende des siebzehnten Jahrhunderts die albertinischen Wettiner in Dresden, die skandalöserweise katholisch wurden, damit sie Könige von Polen werden konnten. Die vielen geistlichen Territorien waren außerhalb der Einflusssphäre der Protestanten und Teil eines separaten katholischen Gefüges, das mit den Habsburgern verbunden war.

Damit hatten die unglaublich vielen Reichsritter freie Hand; Herrscher winziger Territorien, deren Ursprünge tief im Dunkel der letzten Tage des karolingischen Reiches lagen. Von komisch unbedeutendem, aber rechtmäßigem Adel, durften die Ritter in der katholischen Kirche ein wichtiges Wort mitreden, wenn Posten besetzt wurden. Sie lebten oft in Städten (vorzugsweise in Mainz, einst berühmt wegen seiner immer baufälligeren ritterlichen Stadtpaläste), besuchten ihre angestammten Familiensitze nur in den Sommermonaten und erfreuten sich einer zahlreichen Nachkommenschaft, die gern und häufig Kirchenämter bekleidete, welche sie, je nachdem, glänzend, gleichgültig oder auch sehr korrupt versah.

Weil diese Leute erhebliches Gewicht im Reich besaßen, war dieses mitsamt den Regierungsinstitutionen trotz der großen protestantischen Territorien heftig katholisch geprägt, und der Kaiser selbst war ja auch immer katholisch. Dass Bismarck und Hitler die Katholiken undeutsch, illoyal, unsympathisch und inakzeptabel fanden, war merkwürdig unhistorisch gedacht von zwei Männern, die doch sonst so auf Historisches versessen waren. Die Herrschaft der Fürst- und Fürsterzbischöfe sorgte aber auf jeden Fall dafür, dass der rheinische Katholizismus stets so tief im Reich verwurzelt war, dass ihn die Protestanten nie tilgen konnten.

Im Mainzer Dom herrscht eine Atmosphäre, wie sie sich Science-Fiction-Regisseure für die Szene erträumen, in der der Held den Frachtraum eines lange verlassenen Raumschiffs betritt – es schlägt einem eine grandiose kalte Traurigkeit entgegen. An den Wänden befinden sich fünfundvierzig Epitaphe, darunter die der Erzbischöfe vom vierzehnten bis zum siebzehnten Jahrhundert, und auch sie sehen aus wie Aliens in Stein- oder Marmorhülsen. Wir sehen die deutsche Bildhauerei im Wandel der Zeiten, angefangen mit den monolithisch strengen Grabmälern der auch mit der Waffe agierenden Bischöfe über die mit den Renaissanceemblemen freundlicherer Zeitgenossen bis hin zu denen mit der Halskrausenschlichtheit des siebzehnten Jahrhunderts. Dann allerdings wird es vollkommen abgefahren mit lebensgroßen weißen Marmorskeletten, Figuren von Vater Chronos, geflügelten Totenschädeln, plärrenden Putti und extravaganten wallenden Gewändern – alles so angeordnet, dass es von den eindringenden echten Sonnenstrahlen ins rechte Licht gerückt wird. Einem Freund, mit dem ich einmal dort herumging, wurde bereits um 1680 vor Entsetzen übel, und er gab auf, doch ich, völlig unbeeindruckt, war immer begeisterter, auch weil das Ganze ein deutlicher Vorgriff auf den feinen Moment in Fellinis *Roma* war, in dem der Vatikan eine aufregend moderne kirchliche Modenschau veranstaltet und neonfarben gewandete Priester auf Rollschuhen über den Catwalk rollen und Ganzkörper-Reliquienskelette von Heiligen wie die Andrews Sisters auf Truppenbetreuung an den Türen eines Jeeps hängen.

So wie die Grabmäler, unter denen diese Herrscher abgelegt wurden, amüsant waren, war das gesamte achtzehnte Jahrhundert für sie Entertainment pur. Sie hatten eine Wahnsinnsauswahl an Kostümen und reichlich hochfeierliche kirchliche wie auch politische Gelegenheiten, zu denen sie sich auftakeln konnten. Da in der Zeit aber auch mit großen Heeren eifrig Krieg geführt wurde und immer mehr Entscheidungen in Berlin und Wien gefällt werden mussten, hatten sie gar nicht so besonders viel zu tun, was ihre Jobzufriedenheit wahrscheinlich noch erhöhte.

Ein typisches Beispiel für den unaufhaltsamen Aufstieg einer Adelsfamilie in der Zeit waren die Schönborns, ein rheinisches Rittergeschlecht, das unermüdlich Nachkommen im Land verteilte und am Ende eine irre Anzahl Bistümer und Erzbistümer besetzte. Die Schönborns verbanden eine energische, aber auch gehörig zur Schau gestellte Frömmigkeit mit einem ausgeprägten Erwerbssinn und bekleideten bald die entscheidenden Stellen der traditionellen katholischen Kirche, wodurch natürlich ihre Macht exponentiell wuchs. Erst 1918 konfiszierte der neue Staat Tschechoslowakei eine halbe Million Morgen Schönbornland; und heute ist ein Schönborn, der als Kind mit seiner Familie aus der Tschechoslowakei flüchtete, Erzbischof von Wien – auch eine Art von Kontinuität.

Drei Schönborns allerdings ist die Welt zu einigem Dank verpflichtet – Lothar Franz und seinen Neffen Johann Philipp Franz und Friedrich Karl. (Charakteristisch für diese Familien sind natürlich verwandtschaftliche Beziehungen, die zwangsläufig über Eck gehen.) Die viele Zeit, die profane Herrscher des achtzehnten Jahrhunderts dafür aufwandten, ihre Kinder günstig zu verheiraten, ihre Untertanen als Soldaten zu verhökern oder zu versuchen, sich gegenseitig in die Luft zu sprengen, konnten die geistlichen Herrscher nutzen, um schöne Bauten zu errichten, Kunst zu sammeln und Geld für Musik auszugeben. Und am berühmtesten ist da wohl der Mann mit dem klingenden Namen Hieronymus von Colloredo, Erzbischof von Salzburg und zeitweilig Mozarts Dienstherr.

Lothar Franz von Schönborn erklomm sowohl den Rang des Kurfürsten von Mainz als auch den des Bischofs von Bamberg und ließ gern Schlösser bauen und Parks anlegen. Das Lustschloss Favorite war zum Beispiel ein verrücktes Ensemble von Brunnen, Pyramiden und Pavillons mit Blick auf Main und Rhein, wurde aber von den humorlosen Franzosen während der Belagerung 1793 in Schutt und Asche gelegt. (Zugegeben, in dem Jahr zerschoss die preußische Artillerie auch einen der Domtürme, und 1857 explodierte dann noch das Pulvermagazin – Mainz war eine wichtige Festung des Deutschen Bundes – und nahm einen großen Teil der

Straßen und Gebäude mit sich – na, die Stadt ist an Wiederaufbau gewöhnt.)

Lothar Franzens faszinierendstes erhaltenes Erbe ist die Neue Residenz in Bamberg, ein wahres barockes Wunderland neben dem Dom. Die Neffen bemühten sich erfolgreich, es mit der Residenz in Würzburg zu toppen, wo sie abwechselnd Bischöfe waren, und sie ist auch ein Weltwunder. Doch das Schloss in Bamberg hat etwas Beklopptes, sodass es mehr Spaß macht, es Raum für Raum zu durchwandeln.

Vor allem den Kaisersaal. Solche eigentümlichen Räume gibt es in Deutschland zuhauf, sie sollten demonstrieren, was für eine einzigartige Rolle der Kaiser im Leben der jeweiligen Landesherren spielte – der prächtigste Raum war einem Besuch des allergrößten Herrschers von ihnen vorbehalten. Natürlich ist Bamberg, objektiv gesehen, keine wichtige Stadt (so gern ich auch dort leben würde), und als der Kaisersaal fertig und das letzte Jahrhundert des Reichs angebrochen war, hat es nie ein Kaiser geschafft, sie zu besuchen. Vielleicht auch besser so. Denn dieser riesige, fantastische Raum war den langjährigen Bemühungen des Tiroler Malers Melchior Steidl ausgeliefert, der das ultimative illusionistische Deckengemälde der Weltreiche schaffen wollte – samt gigantischer Porträts einschlägiger deutscher Kaiser. Von einem bestimmten Punkt im Fußboden aus soll man nämlich sehen, wie Hunderte von Figuren, Wolken, plumpen allegorischen Elementen und so weiter gen Himmel schweben. Das Schöne ist, dass die Illusion überhaupt nicht funktioniert – die Farben und Figuren sind total läppisch und weit davon entfernt, dem Betrachter die schwindelerregende Erbauung zu bescheren, die Cortonas und Tiepolos Spezialität waren. Eigentlich wird einem nur übel, und man hat die entgegengesetzte Illusion: dass man nämlich, wenn man darunter steht und hochschaut, gleich von einer Masse grellkitschigen Ramschs erschlagen wird.

Es gibt ein bemerkenswertes Foto des Kaisersaals aus dem Ersten Weltkrieg. Da wurde er als Lazarett benutzt (einer der merkwürdigeren Kriegsbeiträge der bayerischen Königsfamilie, die sich

Bamberg in dem allgemeinen Gerangel um Länderbesitz im neunzehnten Jahrhundert einverleibt hatte), und man muss vermuten, dass die Frontsoldaten nicht nur ganz normal litten, sondern auch noch einem erstaunlichen psychologischen Druck ausgesetzt waren, als sie da auf dem Rücken liegend dieses knallbunte Machwerk anstarren mussten, das miese Geistesprodukt eines lange toten Geistlichen.

Chromatische Fantasie und Fuge

Leider ist es meist so, dass eine Stadt einem so in Erinnerung bleibt, wie sie war, als man sie besucht hat. Für mich werden die Weiten des Hindenburgparks in Ingolstadt immer dunkel und verschneit sein, während in den Vororten von Magdeburg, wo ich mal ein paar glückliche Sommertage als Gast bei einem älteren Paar von Blumenfreunden verbrachte, alles leuchtend bunt bleibt. Selbst das berüchtigt trostlose stalinistische Stadtzentrum kam mir bunt vor wie die Stiefmütterchen und Wicken meiner Gastgeber. Das eher willkürliche Abstempeln einzelner Städte (die eine als windig und düster, die andere als hell und funkelnd) machte meine Kreuz- und Querreise durch Deutschland mit regelmäßiger Rückkehr nur in die wirklich großen Städte problematisch, aber sie verlieh jedem Ort eine Extradimension von Alltagslebendigkeit, die bei sorgfältigen, jahreszeitlich geplanten Visiten nicht entstanden wäre.

Auch Köthen in Sachsen-Anhalt, weiland das führende Gemeinwesen im Minifürstentum Anhalt-Köthen, besuchte ich an einem Wintersonntagmorgen bei tristestem Wetter. Wie viele solcher Städte hat es Momente von Größe und (trauriger) Berühmtheit erlebt. Es ist die Heimat des Ornithologen Johann Friedrich Naumann und des Naumann-Museums, einer Pilgerstätte für europäische Vogelliebhaber, voller wunderschöner Aquarelle und unheimlicher, ausgestopfter alter Vögel in überfüllten Glaskästen. Selbst für jemanden, der sich keinen Deut für unsere gefiederten Freunde interessiert, gibt es einen sensationellen Kasten mit hunderten auf Drähte gezogenen Glasvogelaugen für Tierpräparatoren, Augen für Vögel jeglicher Ausmaße, von der Grasmücke bis zum Uhu – für mich eines der großen (wenn auch unfreiwilligen) Kunstwerke des zwanzigsten Jahrhunderts.

Köthen war auch einige Jahre lang der Wohnort von Samuel Hahnemann, der offenbar vollkommen willkürlich viele Grundsätze der Homöopathie ausheckte, als er dort seine wunderliche medizinische Kunst praktizierte. Jetzt ist es eine zutiefst schwermütige Stadt, die innerhalb einer Generation mehr als ein Viertel ihrer Einwohner eingebüßt hat. Das und der weiterhin wie in der DDR unübliche sonntägliche Kirchgang führten dazu, dass am Sonntagmorgen niemand einen Grund hatte, das Bett zu verlassen. Als ich durch die Straßen ging, hatte ich ein Gefühl, Köthen sei von einem furchtbaren vernichtenden Unglück leer gefegt worden und ich würde mit der ermüdenden Unweigerlichkeit des Genres Gruselfilm an der nächsten Ecke von rotäugigen, Menschenfleisch essenden Zombiekindern attackiert.

Das einzige Zeichen von Leben waren entfernte, aber angenehm gespenstische Jahrmarkt-Leierkastenklänge, und durch ein Gewirr menschenleerer, heruntergekommener Straßen kam ich schließlich zum Marktplatz. Da stand eine wahrlich tolle Kirche, eine spillerige, schwärzliche Kuriosität mit schmalen Türmen, bedeckt von kleinen hutartigen Dächern und an den Ofen eines Riesen gemahnend, der alchemistische Versuche macht. Die Kirmesmusik kam von einer sehr ramponierten Bühne neben der Kirche, und darauf warf befremdlicherweise ein Trupp Mädchen im Teenageralter und in paillettenbesetzten Majorettenkostümen zu einer Auswahl preußischer und österreichischer Marschmusik die Beine hoch, während ein riesenhafter, schlecht rasierter Zeremonienmeister am Mikrofon anzüglich grinste und kicherte, wie der Puppenspieler in *Pinocchio*. Das Spektakel beobachteten ein paar vereinzelte miserabel aussehende, verkaterte Männer und einige deutlich sich unbehaglich fühlende Mütter, die offenbar nur gekommen waren, um die Mädchen zu unterstützen und anzufeuern. Ich fühlte mich wie in einem besonders nervtötenden Kunstfilm aus den 1960er oder 1970er Jahren mit einer höhnisch antikapitalistischen Message.

Ich selbst war wegen des trostlosen, ramponierten, verwahrlosten Fürstenschlosses in Köthen, dessen Schlossgraben mit Laub vollgestopft war und wo selbst die paar Enten es schafften, ihrem Quaken einen deprimierten Ton zu verleihen. Fürst Leopold, der kalvinistische Herrscher von Anhalt-Köthen, hatte 1717 die hervorragende Idee, Johann Sebastian Bach zum Hofkapellmeister zu bestallen – ein paar Spitzenkräfte aus dem aufgelösten Orchester des preußischen Hofes hatte er sich schon geschnappt. Bach hatte eine unglückliche Zeit in Weimar hinter sich, wo er viel geistliche Musik komponiert (und kurzzeitig im Gefängnis geschmort) hatte, und freute sich, für einen Mann zu arbeiten, dessen Religion ihm verbot, in der Kirche überhaupt irgendwelcher Musik zu lauschen. Sechs Jahre lang saß Bach in Köthen, und schuf einige der großartigsten, herrlichsten Werke der Musikgeschichte – dafür sollten wir Fürst Leopold danken, solange Musik auf dieser Welt erklingt. Mit den Stücken, die Bach hier komponierte – einige der später so benannten *Brandenburgischen Konzerte*, Teile der Orchestersuiten, Solostücke für Violine und Cello, den ersten Teil des *Wohltemperierten Claviers* –, begann, was einmal das Universum der deutschen säkularen Musik werden sollte, in dem man sein Leben verbringen möchte. Es könnte sogar sein, dass Bach hier auch mein Lieblingsstück für Tasteninstrumente, die *Chromatische Fantasie und Fuge* schrieb. Auf dem Klavier gespielt, kommt es meist sanft, wenn auch virtuos daher, aber auf dem Cembalo klingt es wie pure Hexerei – Klänge aus einer anderen Welt. Wahnsinn! Ich bin ja eher der Meinung, dass man sich nur für die Musik eines Komponisten interessieren und seine oft wenig aufschlussreiche Biografie außer Acht lassen sollte, aber ich fand es doch höchst aufregend, regelrecht zu spüren, dass die *Fantasia* einmal in eben diesem Raum erklungen war, nachdem der Mann selbst über diesen Hof und dann die Wendeltreppe hinauf in die feuchtkalte, karge Kapelle getreten war. Wunschlos glücklich schlurfte ich in den übergroßen Filzpantoffeln durch das wunderbare kleine Bach-Museum; selbst wenn Bach die *Fantasia* in Wirklichkeit in einer Eckkneipe geschrieben hätte, wäre mir das egal gewesen. Hier an diesem Ort wurde Deutschlands komische politische Struktur einmal triumphal rehabilitiert – in dem kalvinistischen Kleinststaat Anhalt-Köthen, der es zuwege brachte, anderen kleinen und mittleren Staaten wenigstens für kurze Zeit einen berühmten Komponisten und ein Orchester der Spitzenqualität, mit dem er arbeiten konnte, vor der Nase wegzuschnappen und damit sein Leben zu ändern und das Leben aller Menschen, die klassische Musik auch nur ein wenig mögen, entscheidend zu bereichern. Als Bach Köthen schon verlassen hatte und der Fürst, kaum älter als dreißig, starb, spielte der nunmehrige Thomaskantor bei dessen Beerdigung – und zwar einige Teile der zukünftigen *Matthäus-Passion*.

Ich muss zugeben, dass ich es angemessen fände, zum Zeichen meiner aufrichtigen Dankbarkeit Bach gegenüber den Rest meines Lebens wie ein Hare-Krishna-Jünger in den puscheligen Pantoffeln durch diese Räume zu walzen.

Die sächsischen Auguste

Wenn man an diesem Punkt der deutschen Geschichte angelangt ist, fällt normalerweise der Name Preußen, und alle können vor Angst anfangen zu stammeln und die Augen zu verdrehen. Ich aber will jetzt von Sachsen erzählen, denn Sachsen gehört zu meinen Lieblingsländern. Es ist eines der ersten, das ich kurz nach dem Fall der Mauer besuchte. Ich wohnte in einem Zimmer einer Studentenwohnung im Südosten Dresdens, wo die rußgeschwärzten Ladenfronten und

Mietshäuser, die Zeitungskioske und abgenutzten Straßenbahnen – das Ganze aber entlang einem besonders schönen Abschnitt der Elbe – für mich doch nachdrücklich für die Wunder des urbanen Lebens sprachen, selbst unter den harschen Bedingungen der damaligen Zeit. An der Außenwand eines Wirtshauses, leichtsinnig nahe am Flussufer, waren trutzig die Höhen markiert, bis zu denen das Wasser bei den Elbüberschwemmungen der letzten Jahrhunderte gestiegen war. Wie benommen vor Glück ließ ich mich durch Dresden, Leipzig und Meißen treiben.

Dass ich so glücklich war, rührte zum Teil von meinem Gefühl her, dass ich tief in das eigentliche Deutschland eingetaucht war, hier in einem für die großen, Europa definierenden kulturellen und politischen Momente wesentlichen und doch so abgelegenen Landstrich, in dem ich mich trotzdem ganz allein fühlte. Warum ich das so toll fand, weiß ich nicht. Aber im Kontext des kürzlichen Zusammenbruchs Ostdeutschlands (auf den Zügen stand überall noch, dass sie von der Deutschen »Reichsbahn« betrieben wurden, unverändert seit dem Dritten Reich) schien der Boden hier sozusagen historisch noch warm zu sein, und es war aufregend – zumindest für mich, wenn schon für niemand anderen sonst –, ein direkteres Empfinden für die Geschehnisse hier zu entwickeln.

Im Prinzip ist Sachsen gerade deshalb so vergnüglich, weil es so ein hoffnungsloser Fall ist. Typisch deutsch wie Preußen, hat es politisch immer wieder alles vermasselt. Auch in der Geschichte Deutschlands taucht es stets am Rande auf, doch es hat uns Schumann, Wagner und Nietzsche geschenkt. Trotz beklagenswerten Leichtsinns, trotz Demenz und Missmanagement bewahrte es sich seine Unabhängigkeit und ging wirklich erst dann unter, als der letzte König, um den es keinem leid war, Ende des Ersten Weltkriegs abdankte. Solange man sich in Sachsens Grenzen aufhält, kann man sich zumindest ein anderes Deutschland vorstellen – eigenwillig, eigensüchtig und stümperhaft auf eine Weise, die Anlass zu den schönsten Hoffnungen bietet.

Wie die Geschichte aller bedeutenderen deutschen Staaten ist auch die Sachsens umso spannender, je mehr man darüber herausfindet. Mit ihren grotesken Akteuren und Ereignissen kann man sie durchaus analog beispielsweise zu den Geschichten Englands und Spaniens sehen, doch wenn man zu sehr ins Detail geht, schreibt man aus Versehen ein ganzes Buch. Wie allseits bekannt, beginnt die Story Sachsens mit dem Raub der Prinzen: 1455 stahlen sich der teuflische Kunz von Kauffungen (brillanter Name!) und seine Kumpane in die große Feste Altenburg, schnappten sich Ernst und Albrecht, die beiden kleinen Erben der mächtigen Familie der Wettiner, der Kurfürsten von Sachsen, und entführten sie. Sie wollten mit dem Vater, dem regierenden Kurfürsten, aus einem sicheren Versteck in den höchst instabilen sächsisch-böhmischen Grenzlanden heraus verhandeln und ein nach Kunz' Meinung uraltes Unrecht bereinigen. Aber alles ging schief: Die Prinzen wurden gefunden und Kunz einen Kopf kürzer gemacht. Neun Jahre später starb Kurfürst Friedrich der Sanftmütige, und Ernst und Albrecht regierten Sachsen nun gemeinsam bis 1485; sie gewannen sogar westliche Territorien zurück, die in früheren Zwisten verloren gegangen waren.

1485 aber fällten die beiden Brüder eine wichtige Entscheidung: Sie teilten ihr Land. Ernst wurde Kurfürst von Sachsen mit Sitz in dem schon bald berühmten Wittenberg, und Albrecht wurde Markgraf von Meißen und herrschte über die Städte Leipzig und Dresden. Schon ein Jahr später starb Ernst in Colditz bei einem Unfall, wodurch die Teilung eigentlich ganz überflüssig wurde, aber wie das bei solchen dynastischen Entscheidungen ist, hielt man daran fest. Die ernestinische Wettiner Linie und die albertinische Wettiner Linie existierten getrennt voneinander weiter, und der Stammbaum der Nachkommenschaft beider war schon bald weit verzweigt. Weil die Ernestiner sich auf die Seite Luthers stellten (und der Kurfürst – wir erinnern uns – Luther auf der Wartburg versteckte) und von den kaiserlichen Truppen in der Schlacht bei Mühlberg geschlagen wurden (die geliehenen spanischen Soldaten überschwemmten Wittenberg), verlieh der Kaiser die Kurwürde an die albertinische Linie. Historisch gesehen, hatten die Ernestiner ihre große Tat getan: Ohne Unterstützung des Kurfürsten wäre Luther höchstwahrscheinlich von den Katholiken gefunden und zusammen mit seinen Anhängern umgebracht worden wie vorher die Katharer und Hussiten.

Wenn man ein Kurfürstentum besaß, konnte man seine Besitztümer in der Regel leichter zusammenhalten, denn der Würde des Amts entsprechend sollte das Territorium durchaus groß sein. Die ernestinische Linie, die sich jetzt auf ein paar Hügel und Täler in Thüringen beschränken musste, teilte aber ihre Länder immer noch weiter unter ihren Söhnen auf, sodass ein Kuddelmuddel von Winzstaaten entstand, die alle »Sachsen« im Namen hatten. Ökonomisch waren sie unbedeutend, kulturell und dynastisch aber bisweilen erstaunlich wichtig, wie am offenkundigsten Sachsen-Weimar, aber auch (für manch eine königliche Familie – unter anderem die englische) Sachsen-Coburg und Gotha und, ein Pünktchen auf der Landkarte, Sachsen-Hildburghausen. Eine Prinzessin von Sachsen-Hildburghausen heiratete im Oktober 1810 den Kronprinzen von Bayern und begründete mit ihm das Münchner Oktoberfest.

Klar, dass es trotz alter, ehrenvoller gemeinsamer Ursprünge bis zurück ins Mittelalter zwischen den Ernestiner und Albertiner Wettinern auch zuweilen weniger fröhlich und harmonisch zuging. Das mittelalterliche Erbe wird in den herrlichen, wenn auch albernen historisierenden Malereien in der Albrechtsburg in Meißen gefeiert, einer klasse Burg, in der obendrein auch noch skurrile Statuen aller Wettiner Vorfahren stehen, die mit ihren sprechenden Beinamen wie »der Gebissne«, »der Strenge«, »der Streitbare« oder »der Entartete« wie erfunden klingen. Sie schauen alle böse von ihren Podesten herab und haben eine Ahnentafel mit den Geschicken aller folgenden Wettiner neben sich, ein derart kompliziertes Schaubild, dass der Maler darüber den Verstand verloren haben muss.

Als die Albertiner den Kurfürstentitel hatten, waren sie sich viele Jahre lang sehr wohl darüber im Klaren, dass diese Würde sehr gefährdet war, und für die Ernestiner wurde es ein unterhaltsamer Zeitvertreib, mit allen möglichen Mitteln gegen die neuen Kurfürsten zu intrigieren und ihre Stellung zu untergraben. Die waren allerdings auch keine sonderlich bewundernswerten oder interessanten Leutchen, sondern grausam, schwere Trinker, entscheidungsschwach. Die Entscheidungsschwäche machte sie den Protestanten so verhasst. Denn da der Besitz des Kurfürstentitels von der Gunst des Kaisers abhing, bedeutete das, dass Sachsen zwar ein durch und durch protestantischer Staat war, als Verbündeter der Protestanten aber nutzlos. Dieses Problem samt dem Dilemma, dass Sachsen zwar nicht stark genug war, um sich selbst nachhaltig verteidigen zu können, aber groß genug, dass andere eine Invasion lohnend fanden, quälte die Kurfürsten – wenn sie nicht gerade dem Alkohol zusprachen oder Kinder in die Welt setzten. Nach dem Dreißigjährigen Krieg erholte sich das Land langsam wieder, und Dresden nahm nach einem großen Brand im Jahr 1685 allmählich seine Gestalt mit den merkwürdig verkitschten Türmen und Kirchen an.

In Sachsen geht es wunderbar entspannt zu, die großen Fragen, die sich bei Aufenthalten in Berlin oder Wien stellen, sind weit entfernt. Ich gab mich sogar während ein paar glücklicher Tage in Meißen der rührenden Illusion hin, ich könnte die herrlichen Anblicke hier in Buntstiftzeichnungen verewigen. Ich setzte mich an die Elbe, machte eine Skizze der Albrechtsburg und hoffte, das sauteure Papier und die nicht minder sauteuren Stifte, die ich mir besorgt hatte, würden mein mangelndes Talent wettmachen. Eingedenk mir bekannter, bisweilen erstaunlicher Werke en plein air anderer Amateurkünstler saß ich hochzufrieden da und setzte in die verworrene Stadtlandschaft, die meine Finger hervorgezaubert hatten, hier und da kleine Akzente. Als ich allerdings an der bloßen Körpersprache Vorübergehender bemerkte, dass sie mich für einen Freigänger aus einer Heilanstalt hielten, legte ich meine stümperhaften Schreckensbildchen beiseite.

Sachsens große Erfindung war das Porzellan. Ab 1704 wurde es von einem Mathematiker und einem Alchemisten in Diensten Friedrich Augusts I., Augusts des Starken, entwickelt, und bald mussten die Europäer ihr Porzellan nicht mehr aus China importieren. Die Meißener Porzellanmanufaktur ist nach wie vor produktiv: zickige Schäferinnen, ein klavierspielender Fuchs, ein auf einer betrunkenen Ziege mit Brille reitender betrunkener sächsischer Hofbeamter –

grauenhaft! Ich wusste, es war ein Fehler, dort hineinzugehen, aber mir war gar nicht klar gewesen, dass seit mehr als dreihundert Jahren konsequent furchtbare Objekte aus Meißen auf die Menschheit gekommen sind. Andere Herrscher taten es August im Übrigen nach, und schon bald gab es mehrere verlustreiche Porzellanmanufakturen in ganz Deutschland. Um auf genial widerliche Weise die Verluste des Berliner Hofes ein wenig geringer zu halten, mussten in Preußen ansässige Juden viele Jahre lang, um von oberster Stelle eine Heiratserlaubnis zu erhalten, ein potthässliches Prunkservice aus der Königlich Preußischen Porzellanmanufaktur kaufen.

Ganz Sachsen macht einen merkwürdig porzellanhaften Eindruck; auch die Bauten in Dresden haben etwas Sprödes, Zerbrechliches. Sachsens großer Reichtum kam von der Landwirtschaft und dem Bergbau, und es bot immer einen eigenartigen Kontrast zu seinem armen Nachbarn Brandenburg. Doch während die großen Städte in Sachsen immer extrem kultiviert waren, sieht man an ihnen auch die Folgen von Inkompetenz. Die Herrscher Sachsens waren auf eigenartige Weise unfähig zu regieren. Nach der einigermaßen erfolgreichen militärischen Karriere Johann Georgs III., der den Wiederaufbau Dresdens befahl und 1690 an der Pest starb, ging's bergab. Die Regentschaft seines Sohnes Johann Georg IV. war kurz und irre. Der junge Mann war besessen von seiner halbwüchsigen Mätresse (die womöglich auch seine Halbschwester war) und versuchte, seine angetraute Gattin zu ermorden, woraufhin sein jüngerer Bruder Friedrich August jedoch beherzt eingriff und ihn daran hinderte, sich dabei aber eine Hand dauerhaft verletzte. Als Johann Georg und seine Mätresse kurz darauf an den Pocken verschieden, saß auf einmal Friedrich August auf dem Thron; ein junger, reicher, hoch motivierter Herrscher – da blitzte sogar mal wieder etwas wie Größe auf.

Zu dieser Zeit, im siebzehnten und achtzehnten Jahrhundert, holten sich die Brandenburger Hohenzollern große Territorien in Nordeuropa und wandelten sich zu einer bedeutenden Macht; die Habsburger taten es ihnen gleich und nahmen den Türken, wie erwähnt,

Ungarn und Siebenbürgen ab. Die Wettiner bekamen ihre Chance, als Friedrich August (nach Zahlung riesiger Bestechungssummen und einem atemberaubenden Übertritt zum Katholizismus) zum König von Polen gewählt wurde und hinfort als August II., der Starke, firmierte. Er gab Unmengen dafür aus, Dresden zu einem großen Zentrum der Kunst und des Hoflebens zu machen, unter anderem mit der kindischen Geste, eine riesige Steinversion der polnischen Krone als Dekoration auf sein neues Schloss, den Zwinger, zu setzen – ein Kunstwerk, das die gesamte Anlage bis zum heutigen Tage dominiert. Die Folgen waren entsprechend ruinös. August verwickelte Polen in katastrophale Kriege, verschleuderte sein Geld für Bernstein- und Elfenbeinkunstwerke, zeugte angeblich über dreihundert Kinder, war auf Partys immer gut für eine Showeinlage, wenn er mit bloßen Händen ein Hufeisen auseinanderbog, und machte Sachsen zu einem bemitleidenswert schutzlosen, verschuldeten Land. Um 1700 hatten Preußen und Sachsen etwa gleich starke Heere besessen – in den 1740er Jahren, als Preußen sich anschickte, Sachsens Ambitionen einen Dämpfer zu verpassen, war das preußische Heer um das Dreifache gewachsen.

August III., Augusts des Starken Sohn, war eine hilflose, desaströse Gestalt. Er sah in seiner langen Regierungszeit zu, wie Sachsen-Polen als bedeutende Macht zerschlagen wurde. Die Wettiner schafften es nie, die polnische Krone erblich zu machen, und wurden letztendlich von den intelligenteren und gierigeren Preußen, von Österreich und Russland überrollt – ja, die Unfähigkeit der Wettiner trug viel zu den polnischen Teilungen bei; August III. hatte es ja auch nicht einmal der Mühe wert befunden, das Land zu besuchen. Verständlich, dass die Polen die sächsischen Könige ihres Landes zutiefst verabscheuen. Augusts III. Enkel Friedrich August III. spielte ganz in der Tradition seiner Vorväter seine Karten so schlecht aus, dass er nach den Kriegen mit Napoleon 1815 mehr als die Hälfte seines Besitzes an Preußen verlor, unter anderem Wittenberg, die Geburtsstätte des Glaubens, den die Wettiner so schäbig verraten hatten, als sie unbedingt Könige von Polen werden wollten.

August III. war ein erbärmlicher König und Kurfürst, hatte aber einen Sinn für schöne Gemälde und holte den großen venezianischen Maler Bernardo Bellotto, genannt Canaletto, nach Dresden, der uns die herrlichsten Bilder von Sachsen bescherte – von seinen Häusern wie von seinen Menschen. Viele zeigen Schlösser und Palais und haben etwas von nachträglich kolorierten Sepiafotografien. Bellottos größtes Werk ist allerdings sein ungeahnt aussagekräftiges Gemälde von 1765, *Die Ruine der Kreuzkirche in Dresden*. Man sieht ein Meer von Trümmern, Arbeitern und Brettern vor nur noch einer einzigen, halb abgetragenen Wand der alten Kirche; der Zeitpunkt, bevor man mit dem Bau der heutigen Kirche begann, ist auf ewig festgehalten. Auf die gespenstischen Assoziationen an 1945 muss man wohl kaum hinweisen – das Bild mutet an wie eine entsetzliche Vorahnung der Stadt als Trümmermeer (und tatsächlich sollte die Kreuzkirche erneut ausbrennen).

Die infantile Politik der sächsischen Kurfürsten im achtzehnten Jahrhundert führte zur Auslöschung Polens und reduzierte ihr Stammland zu einem Nichts. Friedrichs des Großen Raubgier und Zynismus mit ungutem Gefühl zu betrachten – und auch den Keim der späteren deutschen Katastrophen darin zu sehen –, ist leicht, doch bei richtigem Hinschauen wird auch das Handeln Sachsens kurioser und interessanter. Und es war natürlich nicht so, wie Wilhelm II. und Hitler glaubten: dass Deutschland im zwanzigsten Jahrhundert an die Größe Preußens unter Friedrich dem Großen anknüpfen werde. Im Gegenteil, Deutschland folgte der Tradition Sachsens unter August III. und seinen Nachfolgern und wurde geschlagen, verwüstet, besetzt und geteilt, nachdem es zweimal die gegen es aufgebotenen Kräfte und Mittel falsch eingeschätzt hatte. Vielleicht eignet sich Sachsen viel besser als Preußen zur genaueren Bewertung der modernen deutschen Politik und ist längst nicht so harmlos, wie es zunächst den Anschein haben mag.

Neuntes Kapitel

Die kleine Sophie von Zerbst
In Goethes Fußstapfen
Eine Glaspyramide mit Rotkehlcheneiern
Überraschungsauftritt einer Seekuh
Deutsche als Opfer

Ein Standfoto aus Sternbergs unsterblichem Film Die scharlachrote Kaiserin *(1934), mit Marlene Dietrich in der Rolle Katharinas der Großen und John Lodge als glühendem slawischem Liebhaber Graf Alexej (im wahren Leben wurde Lodge später Gouverneur von Connecticut.*

Die kleine Sophie von Zerbst

Bis zu den Napoleonischen Kriegen – und in gewissem Maße auch danach – herrschten in Deutschland Dynastien. Alle nationalen, vaterländischen Gefühle eines Menschen in Sachsen waren zum Beispiel weniger wichtig als die Pläne und Wünsche seiner Obrigkeit. Die konnte nach Herzenslust Territorien tauschen, sie durch Heirat oder Eroberung verschmelzen, aufteilen, wenn Brüder sich nicht einigen mochten. Wie in einem absurd in die Länge gezogenen Kartenspiel, bei dem jede Generation in unregelmäßigen Abständen die Karten der vorhergehenden erbt, konnten Herzöge, Kurfürsten und Könige ihr Blatt besser oder schlechter ausspielen; geografische und finanzielle Gegebenheiten, persönliche Tüchtigkeit oder Untüchtigkeit und eben schieres Glück spielten eine Rolle. Manchmal verlief das Spiel im Schneckentempo. Jahrzehntelang wartete man etwa auf das Ableben Karls II. von Spanien, dessen Kinderlosigkeit dann den Spanischen Erbfolgekrieg auslöste; Kaiser Karl VI. verbrachte, wie erwähnt, ein Gutteil seiner langen Regierungszeit wenig würdevoll damit, bei den maßgeblichen Stellen dafür zu werben, dass sie seine Tochter Maria Theresia als Nachfolgerin auf dem Thron anerkannten. Heute noch sieht man überall in Deutschland die Ergebnisse tollkühner Bauprojekte, die sich auf kurzlebige Aussichten auf riesige Erblande gründeten. Staaten wie Preußen und Österreich führten zwar viele Kriege, gewannen aber auch viel durch Glück beziehungsweise Heiraten.

Ironie der Geschichte ist, wie lange deutsche Kleinstaaten als Lieferanten für Ehepartner attraktiv blieben, zum Teil deshalb, weil Partner aus richtig großen Dynastien mehr Ärger brachten, als sie wert waren (siehe die Heirat Ludwigs XVI. mit Maria Theresias Tochter Marie Antoinette). Als im vorindustriellen Zeitalter sogar winzige Staaten so reich waren, dass sie Juwelen und ein paar hübsche Jagdgründe einbrachten, lohnte es sich für einen bedeutenderen Herrscher durchaus, ein Kleinstaatengeschöpf heimzuführen, das so manches Auge zudrücken, nie ernsthaften diplomatischen Schaden anrichten und sein Schloss einigermaßen zuverlässig mit Kindern füllen würde. Nachdem die Hannoveraner Könige von Großbritannien geworden waren, agierten sie ganz in dieser Tradition und sorgten in den nächsten zweihundert Jahren mit nur zwei Ausnahmen regelmäßig für überrascht-entzücktes Quieken bei Prinzessinnen und Dragonermüttern in Ministaaten. Von George I. an haben sie (in der Reihenfolge) geheiratet: eine Herzogstochter der Familie Braunschweig-Lüneburg-Celle, eine Prinzessin von Brandenburg-Ansbach, eine Prinzessin von Sachsen-Gotha, eine Herzogstochter von Mecklenburg-Strelitz, eine Herzogstochter von Braunschweig-Wolfenbüttel (die unglückliche Caroline, die erfolglos an die Tore von Westminster Abbey schlug, um der Krönung ihres seit langem getrennt von ihr lebenden Gatten George IV. beizuwohnen), eine Prinzessin von Sachsen-Meiningen, einen Prinzen von Sachsen-Coburg und Gotha, eine Prinzessin von Schleswig-Holstein-Sonderburg-Glücksburg und eine Prinzessin von Teck. Dass die Wahl immer wieder auf Deutsche fiel, lag zum Teil an den engen Beziehungen zwischen Großbritannien und Deutschland – die englischen Könige regierten in Personalunion das Königreich Hannover immerhin von 1714 bis 1837 (mit mehrfach heftigen militärischen Folgen), und dann verteilten Königin Victoria und ihr Albert umgekehrt ihre Nachkommenschaft großzügig auf Deutschland. Zum Teil ließ sich diese offensichtliche Vorliebe für Deutsche jedoch auch darauf zurückführen, dass die Braut eines englischen Königs sowohl protestantisch als auch von Adel sein musste, womit ganze Heerscharen potentiell weniger frostiger und sinnenfreudigerer Partnerinnen aus dem Mittelmeerraum ausgeschlossen waren. Das Kaleidoskop der vielen deutschen Kleinstaaten bot aber stets eine gefällige Auswahl, bis 1918 mit der deutschen Revolution Schluss damit war und die Prinzessinnen alle in schäbige europäische Strandhotels entschwanden. Auch vor diesem Hintergrund muss man die katastrophale Entscheidung Edwards VIII. sehen, eine geschiedene Frau aus

Maryland zu ehelichen, statt eine so clevere Wahl wie sein jüngerer Bruder zu treffen und die eiserne jüngste Tochter eines schottischen Aristokraten zu heiraten. Die derzeitige Königin hat allerdings an die guten alten Zeiten angeknüpft und sich – sehr zu jedermanns Erleichterung – einem Mitglied der Familie Schleswig-Holstein-Sonderburg-Glücksburg verbunden.

Ich lasse mich so eingehend darüber aus, weil es amüsant ist und absonderlich (die Fakten wie die Namen), aber auch, weil Sprösslinge aus diesen kleinen Territorien zu erheblicher Macht und erheblichem Ansehen gelangen und aus den bescheidensten Verhältnissen zu Glanz und Glorie aufsteigen konnten. In einer Art Asteroidengürtel deutscher Prinzessinnen und eher engstirniger, schnurrbärtiger Prinzen aus niederem Adel war jederzeit Platz für echte Überraschungen. Geradezu alarmierend in dieser Hinsicht ist die hübsche kleine Sophie Auguste Friederike aus dem lächerlichen Fürstentum Anhalt-Zerbst, das so klein war, dass man sich kaum darin umdrehen konnte. Ihr Vater war preußischer Feldmarschall, und als Schachfigur im Spiel der preußisch-russischen Beziehungen wurde sie zur Verbesserung derselben in den 1740er Jahren nach Russland expediert, wo sie nach einigen Aufs und Abs den Großherzog Peter ehelichte, Russisch lernte, russisch-orthodox wurde, Peter ermorden ließ und Katharina die Große wurde, kurzen Prozess mit den Türken, Schweden und Polen machte und von Lettland bis zur Krim riesige neue Gebiete erobern ließ. Ja, man könnte vielleicht sogar sagen, sie sei die erfolgreichste deutsche Alleinherrscherin aller Zeiten – nur herrschte sie eben nicht in Deutschland. Seltsam, aber passend, steht sie in Ludwigs I. Walhalla, der Ehrenhalle der deutschen Heldengestalten über der Donau bei Regensburg, als eine von einer Handvoll weiblicher Marmorbüsten. Sie hat vermutlich mehr dazu getan als alle anderen, aus Russland die vollkommen unregierbare Supermacht zu machen, die in den folgenden beiden Jahrhunderten kein reiner Segen für Deutschland sein sollte.

Wenn man einmal die unzähligen ziemlich steifen und unspannenden Bilder von Katharina aus ihrer Lebenszeit beiseiteschiebt, ist und bleibt der traumhafte Film *Die scharlachrote Kaiserin* die gültige Schilderung dessen, wie sie zu solcher Macht aufstieg. Unbekümmert um historische Einzelheiten ist er vielleicht die herrlichste Frucht der Zusammenarbeit der Berlinerin Marlene Dietrich und des austro-ungarisch-US-amerikanischen Josef von Sternberg und schafft es, deutschen Russlandhass in eineinhalb Stunden in den grellsten Farben zu komprimieren – wobei Hollywood für die geisteskranke Inszenierung verantwortlich zeichnet, für eine süperbe einminütige Zusammenfassung der russischen Geschichte als Jahrmarkt der eisernen Jungfrauen, Massenenthauptungen, zufälligerweise gerade nackten Mädchen, die auf dem Scheiterhaufen verbrannt werden, menschlichen Glockenklöppeln und dergleichen. Die Dietrich hat als kampfgestählte Mimin gewisse Schwierigkeiten, die kleine Sophie als lockenköpfiges junges Ding zu spielen, aber als sie erst einmal als die »berüchtigte Messalina des Nordens« im Sattel sitzt, schreitet sie samt Perücken und Pelzen unbeirrt von allen russischen Grausamkeitsexzessen durch Sternbergs erstaunlich expressionistische Bühnenbilder (riesige Statuen mit schmerzverzerrten Gesichtern, Türen, die alle menschlichen Dimensionen sprengen). Das letzte Bild einer grinsenden Dietrich in einem hinreißenden schneeweißen Kosakenkostüm, umringt von jubelnden Truppen und wehenden Fahnen, ist eine der schrägsten Phantasmagorien deutscher Größe und russischen Barbarentums aus den 1930er Jahren. Der Film ist so eindringlich und brutal, dass die reale Katharina natürlich dahinter verschwindet, aber man wäre doch ein Schelm, wenn man nicht seine Freude daran hätte und zugeben würde, wie lebendig Geschichte wird, wenn die Dietrich im satellitenschüsselähnlichen Outfit mit Pompons ihre strammen Soldatenjungs mustert.

Klein Sophie von Anhalt-Zerbsts Schicksal ist der helle Wahn, aber man sieht, den Träumen minderer deutscher Adelstöchterlein waren keine Grenzen gesetzt. Aber aus wie vielen Türmen mussten die vergeblichen Seufzer minderer Adelstöchter hallen, um all die juwelenbesetzten Kleider, türkischen Eroberungen und Sex mit Pferden am Zarenhof an der Ostsee aufzuwiegen. (Ich weiß, ich weiß – aber von wem sonst hören wir solche Geschichten, auch wenn sie unwahr sind?) Langfristige Eheplanung war im achtzehnten Jahrhundert eben angesagt; da entschied sich, wer über wen herrschte, in wessen Heer man kämpfte, wer wem die Ernte stahl. Ganze Staaten konnten sich aber auch ruinieren, wenn sie illusorische dynastische Ambitionen verfolgten. Bayern zerriss sich fast bei seinen regelmäßigen fruchtlosen Versuchen, aus seinem Status einer mittleren Macht auszubrechen; Hannover stieß auf eine Goldader; Sachsen machte eine Bauchlandung und brannte ab. Das leider nicht profitable Computerspiel *Lehnsherr* könnte auch mit der Gesamtzahl der deutschen Prinzessinnen gespielt werden und mit den wechselnden Gelegenheiten, die sich Herrschern boten, als da wären: der polnische Thron, ein Bündnis mit den Habsburgern, sofortiger Einmarsch in ein benachbartes Land.

Parks und ihre Zierden

Tagelang bin ich durch deutsche Parks getigert, die glücklichen Erinnerungen daran drängen sich jetzt in einer Lustregion meines Hirns, und ich kann jederzeit von ihnen zehren. Wenn man von diesen magischen Orten träumt und ihnen nachsinnt, denkt man eigentlich auch über Zivilisation überhaupt nach. Ich bin bei jedem Wetter, zu allen Tages- und Jahreszeiten in Parks gewesen, und dieses heitere Sichtreibenlassen – sowohl tatsächlich als auch in der Erinnerung – ist für mich vielleicht das, was für andere Drogen oder Musik sind. Leider lässt mich mein Konzentrationsvermögen im Stich, sonst könnte ich mich absolut getreu an die Brücken und Wege des Parks in Weimar erinnern: hinaus zu Liszts Haus, zum sowjetischen Friedhof, dem Dessauer Stein, errichtet zu Ehren der Freundschaft Herzog Karl Augusts von Sachsen-Weimar-Eisenach mit Fürst Franz von Anhalt-Dessau, Goethes Gartenhaus (an sich ein bisschen langweilig, aber auf einer Ansichtskarte veredelt durch einen älteren Thomas Mann, der im eleganten Zweireiher davor posiert), zu den an einem Hang liegenden tollen Villen im Südosten der Stadt mit dem allerersten Bauhaus-Wohngebäude. (Das eigentliche Bauhaus befindet sich auf der anderen Seite des Parks.) Zugegeben, der Park in Weimar strotzt vor interessanten Dingen, so vieles ist an einem Ort versammelt, was ich in Deutschland schön finde. Langweilige Parks gibt es aber ohnehin nicht, und in vielen verbergen sich kleine, aber feine Überraschungen.

Auch die großen Parks sind Begleiterscheinungen der uneinheitlichen, zersplitterten politischen deutschen Verhältnisse. Jeder noch so poplige Herrscher drückte seine Herrschaft gern durch sie aus. Sie waren praktisch zum Jagen, zum Anbau von Lebensmitteln für das Schloss, zum Exerzieren und Pferdebewegen, Festefeiern und Erholen. Das Schloss war immer der Mittelpunkt der Stadt, und der Park als wichtiges und ausschließlich feudalherrscherliches Element gehörte dazu. Stadtplätze, -märkte und Boulevards waren für die Kaufleute und andere nicht vertrauenswürdige Stadtbewohner. Manche Herrscher gewährten breiten Zugang zu ihren Grünflächen, andere hielten ihre Untertanen weitgehend fern. In vielerlei Hinsicht zeugen die Anlagen auch davon, wie wunderbar billig Arbeitskraft war. Die sprudelnden Brunnen und grünen Oasen kann man eigentlich auch als Versionen von Pyramiden, Tempeln und Zikkuraten aus dem achtzehnten Jahrhundert betrachten, als Ausdruck der Macht über das Leben wahrhafter Arbeiterheere, die sie schufen, wenn auch unter weniger Gewaltanwendung und mehr mit Gänseblümchen übersät.

Mir als Engländer fällt natürlich auf, wie wahnsinnig englisch diese Parks sind. Der englische Gartenstil, immer im Gegensatz zum geometrischen, kiesellastigen französischen, wurde in Deutschland schon sehr früh zum Symbol nicht unbedingt für die große Freiheit, aber doch dafür, mal über Liberalität nachzudenken, und für antifranzösische Affekte. Und die deutschen Regenten bewiesen ihrem Volk auch gern mal, wie durchaus in Vernunft begründet es war, für sie zu arbeiten und ganze Jahre hindurch kleine Talsenken und natürlich wirkende Seen auszubuddeln, Hügel aufzuwerfen und mit Bäumen zu bepflanzen sowie intime kleine Teehäuschen zu errichten. Die Fürsten von Reuß-Gera zeigten nie irgendwelche Anwandlungen freiheitlicher Gesinnung außer einem unverwüstlich Hass auf Bismarck, aber unten am Flüsschen in Gera liegt ein perfekter englischer Park, weit weg von England am Berghang mit Blick auf die Stadt, mit Trauerweiden, kunstvoll angelegten Blumenbeeten und Blässhuhnbanden, die sich mit Fadenwürmern vollfressen. Im neunzehnten Jahrhundert wurden solche Anlagen wie in England meist für das Publikum geöffnet und gingen ganz in öffentliches Eigentum über, als ihre Besitzer 1919 ihre Standesprivilegien verloren. Jetzt sind sie »grüne Lungen« im Alltag und gemahnen an eine gar nicht so lange zurückliegende feudale Vergangenheit.

Englisch wurde und ist aber beileibe nicht alles. Europas vielleicht merkwürdigster Park befindet sich in Kassel, wo die Landgrafen von Hessen-Kassel auf die widerwärtig absolutistische Idee kamen, von der Spitze eines Berghangs außerhalb der Stadt eine schnurgerade Linie hinunter zu ihrem anderen Ende zu ziehen. Auf dem Gipfel ragt eine eigenartig klobige, aber uninteressante Statue von Herkules in die Höhe, entlang der Linie strömt eine Folge von Wasserfällen hinunter, und schlussendlich mutiert das Ganze zu einer ins Stadtzentrum führenden Straße. Zu diesem Symbol absoluter herrscherlicher Kontrolle passten hochartifizielle Gärten an den Seiten der Kaskaden. In seiner gnadenlosen Sinnlosigkeit ist das grässliche Gesamtkunstwerk ebenfalls durchaus vergleichbar mit den Pyramiden; bezahlt wurde es mit dem Geld, das die Landgrafen aus der Vermietung ihrer Untertanen als Soldaten an andere Mächte bekamen. Ein späterer Landgraf machte Schluss mit dem Spuk, ließ die geometrischen Gärten zerstören und englischere, liberalere anlegen, aber der Schaden war angerichtet. Irgendwie bereitet einem Kassel Kopfschmerzen, als sei man in einem De Chirico-Gemälde gefangen. Der Wiederaufbau der Stadt nach den verheerenden Bombardierungen im Zweiten Weltkrieg verstärkt das noch, zu Grunde liegt aber das düstere Erbe der landgräflichen Herrschaft.

Die beiden großen Parks in Berlin und Potsdam sind auch sehr englisch im Geschmack. Ich stellte Überlegungen zum Schreiben meines ersten Buches an, während ich durch das hohe Gras in dem riesigen Park von Sanssouci lief. Mit seinen Partien von außerordentlicher Schönheit und Muße (Schloss Sanssouci, das chinesische Teehaus) und denen, die den peitschenknallenden preußischen Autoritarismus ahnen lassen (das Neue Palais), hat er etwas von einem Erlebnispark und verkörpert die ganze Schizophrenie Preußens.

Wenn sich die Geschmäcker änderten, änderten sich oft auch Parks von Grund auf, ihr jetziges Aussehen zeugt meist von dem Zeitpunkt, an dem sie in öffentlichen Besitz übergingen und nicht mehr verändert wurden. Mich erinnert das an die letzte Runde bei der Reise nach Jerusalem. Überall in Deutschland fochten es die Modelle Versailles und Blenheim aus, als ginge es um einen Streit zwischen den großen Gartenbaumeistern André Le Nôtre und Capability Brown. Beide brauchten unzählige Arbeiter, eine Superhydraulik, nach Länge oder Gewicht bezahlte Skulpturen und Gartenarchitekten sowie den Wunsch und Willen, die Natur in einem Maße umzugestalten, wie es heute vielleicht nur noch bei neuen Flughäfen oder Einkaufszentren geschieht. Am Ende gewannen die englischen Ideen, weil die unzähligen Duodezfürsten in den Anlagen der Aristokraten in England ein interessantes und scheinbar fundiertes Muster sahen, aber auch weil die Gärten, erst einmal angelegt, leichter zu pflegen sind. Die Achillesferse der absolutistischen Parks ist nämlich, dass man nicht nur ewig und drei Tage Kies rechen und ungeliebte Venusstatuen im Winter mit Brettern verschalen muss, sondern dass auch die Reparatur der komplizierten Fontänensysteme teuer zu stehen kommt.

Zelebriert wird die Spannung zwischen offener Künstlichkeit und schwer erarbeiteter, aber vordergründiger Natürlichkeit im Wörlitzer Gartenreich, in mehreren vor interessanten Dingen geradezu berstenden Parks an der Elbe entlang, angelegt vom Fürsten von Anhalt-Dessau, Freund des Herzogs von Weimar, der seinerzeit als großer Gärtner galt. Mein Aufenthalt in Wörlitz litt unter meinem sehr schrägen Hotel, in dessen Speisesaal acht menschengroße Plüschkaninchen um einen Tisch saßen und Plastikessen fraßen. Dazu erklangen von einem alten Plattenspieler dudelige Orchesterweisen von Pophits im Stil von »Tie a Yellow Ribbon Round the Ol' Oak Tree«, und ein Kellner musste unter dem wachsamen Auge des Hotelbesitzers die Nadel immer wieder neu auflegen, wenn die Seite abgespielt war. Mir wurde bang und bänger, dass die Leichen früherer Gäste des spärlich frequentierten Hotels in den Kaninchenkostümen steckten und jeden Moment Blut aus den Pfoten rinnen und sich wie eine grässliche Sauce über das Plastikeis ergießen würde. Diese Erinnerung löscht die an die Gärten leider aus, aber dass sie sehr schön waren, weiß ich noch.

In Goethes Fußstapfen

Die Landstriche in Deutschland, die nicht von halbwegs vernünftigen größeren Herrscherhäusern gemanagt wurden, sind so dicht übersät mit Schlössern und Burgen, dass man irgendwann keine Lust mehr hat, noch solch einen überdimensionalen Kasten mit Festsaal, pummeligen Statuen, schattigen Spazierwegen, Geschenkeshop und unübersehbar ausgeschilderten Toiletten zu besichtigen. Einmal kam ich spätnachmittags in Ansbach an und empfinde heute noch eine Mischung aus Schuldbewusstsein und Erleichterung, weil ich soeben die letzte Führung im Schloss verpasst hatte und den üblichen prächtigen, aber öden Spiegelsaal, das Schlafgemach der Markgrafenwitwe und dergleichen nicht mehr würde bewundern müssen. Da sich diese Gebäude mit jeder Sekunde weiter von der Zeit entfernen, in der sie eine Funktion hatten, muss einmal der Punkt kommen, an dem sie ausgemustert werden. Ansbach werde ich nie vergessen – nicht wegen seines Schlosses, das bar jeglichen Lebens und geschlossen war, sondern wegen eines Hausmeisters, der mir frohgemut eine finstere, verriegelte Tür unter der Kirche aufmachte, um mir die letzte Ruhestätte der Markgrafen von Brandenburg-Ansbach zu zeigen, einer total deprimierenden, teilweise unter Wasser stehenden Gruft, vollgestellt mit Särgen – ein paar mit barockem Dekor aus Zink oder vergoldet, hauptsächlich aber einfache Metallkisten –, die anmutete wie eine aufgegebene Autoreparaturwerkstatt. Es war sehr kalt und sehr nass, und die allgemeine Verwahrlosung zeigte natürlich deutlich, wie lange es mit eitler herrscherlicher Prachtentfaltung in Deutschland vorbei ist.

Ansbach war zu Zeiten seiner Selbständigkeit ein bizarres Häuflein verstreuter Ländchen westlich und südwestlich von Nürnberg, von denen manche buchstäblich nur aus einzelnen Feldern bestanden, und seine Bewohner mussten schmählich erleben, dass der letzte Markgraf sie 1791 einfach an Preußen verkaufte. Er strich das Geld ein, heiratete seine Mätresse und trollte sich nach Newbury, wo auch damals schon die wichtigen Pferderennen stattfanden. (Das letzte bisschen Selbstachtung raubte Preußen den Ansbachern, als es 1806 nach der Niederlage gegen Napoleon mit Bayern die Fürstentümer Ansbach und Bayreuth gegen das Herzogtum Berg tauschte.) Dass die Gruft der Markgrafen so trostlos war, sollte einen vielleicht insofern nicht überraschen, als die Geschichte des eigentlich doch ganz wackeren, unabhängigen Ansbach so demütigend endete. In der Reformation stand es mit an vorderster Front, war freilich auch Heimat des teuflischen »Wolfs von Ansbach«, der Ende des siebzehnten Jahrhunderts die Bewohner verschlang, dann aber eingefangen, getötet und als mit Perücke und Mantel kostümierter Leichnam als vermeintlicher Werwolf durch die Straßen geführt und gehängt wurde. Gut, damit ist nun nicht so viel Staat zu machen, und vielleicht hatte der Markgraf recht, zu dem Zeitpunkt zu verkaufen. Wie dem auch sei, Napoleon machte hunderten Herrschaften wie Ansbach den Garaus.

Ein anderer läppischer deutscher Staat wäre natürlich das Herzogtum Sachsen-Weimar-Eisenach, versteckt in Thüringen und Ende des achtzehnten Jahrhunderts ein Musterbeispiel dafür, was in dieser arg beschränkten Welt möglich war. Herzog Karl August genoss seine Herrschaft weidlich, er hatte seine Jäger, die eine eigens für sie gefertigte Uniform trugen, seine Mätressen und seinen reizenden Park (Letzterer bereits beschrieben). Er liebte das Militär und bestand auf seiner eigenen leichten Kavallerie, auch die mit extra designten Uniformen, doch er konnte sich nur eine schwach bemannte leisten. Nachdem er kurzzeitig sogar mal eine etwas größere Miniaturarmee unterhalten hatte, zwangen ihn die Staatsschulden, sie auf bloße 38 Kavalleristen und 136 Mann Fußtrupp zu reduzieren. Diesem liebenswerten, begeisterungsfähigen Mann stand viele Jahre Goethe zur Seite, und der kleine Hof mit seiner Atmosphäre zog die außergewöhnlichsten literarischen Größen an.

Goethe in Weimar ist ein hochkomisches, aber auch anrührendes Thema. Angesichts seiner ernsthaften, wohlüberlegten Versuche, Prioritäten zu setzen und in die Finanzen dieses kleinen Staates ein wenig Ordnung zu bringen, kommen einem förmlich die Tränen. Abgründe tun sich auf, wenn er seine durch und durch vernünftigen Vorschläge machte, sein Herr Karl August aber nichts Besseres zu tun hatte, als wieder Wildschweine im Land anzusiedeln, weil die Jagd auf die Schwarzkittel solch einen Spaß machte, oder auf ständiger Begleitung seiner Jagdhunde zu beharren, die dann ungestraft in Konzerten jaulten und knurrten. Dass die Begeisterung des Herzogs für Jagdhunde in der Züchtung der hübschen Weimaraner mündete, hat aber etwas Versöhnliches.

Es gibt einen phänomenalen Spazierweg durch den Thüringer Wald westlich von Weimar, am Stadtrand von Ilmenau, den Goethe auf seinen häufig vergeblichen Trips benutzte, um die dortigen Kupferbergwerke wieder in Gang zu bringen (und mit den Erträgen das Futter für die Weimaraner finanzieren zu können). Frustriert und vergnügt zugleich spazierte Goethe immer hinauf in die unglaublich schönen Berge, und man sieht noch den riesigen verwitterten Felsbrocken, den er studierte. Man hat auch die gleichen schönen Aussichten wie er und kann den Ort (plus Gedenkhütte im Retrostil) auf dem Kickelhahn besuchen, wo er sein kurzes *Wandrers Nachtlied II (Ein Gleiches)*, schrieb. Ich hatte zu dem Zeitpunkt wahrscheinlich zu viele von Grimms Märchen gelesen. Nach jeder Biegung auf dem Goethepfad rechnete ich damit, plötzlich vor einer geheimnisvollen Köhlerhütte oder einem winzigen grauen Männlein zu stehen, zu dem ich besser höflich war. Die von Goethe für die Nachwelt geschaffene Atmosphäre und die Aussicht, vielleicht noch ein, zwei Zwergen zu begegnen, machen die Wanderung einzigartig.

Was der reizende, vernünftige, große Mann tatsächlich dachte, wenn er durch diese Berge wandelte, bleibt natürlich für immer im Dunkeln (womöglich beschäftigte es ihn, dass ihn ein paar unfähige Kupferbergleute ausgelacht hatten), aber man meint doch zu spüren, dass der Geist, der diesen Weg und große Teile Thüringens durchwehte und dieses Kleinstaatendeutschland für Goethe und die anderen, die Weimar zu etwas so Außergewöhnlichem machten, von Schiller und Herder über Liszt bis zu Nietzsche und den Bauhausleuten, eminent wichtig waren. Als die Kriege mit Napoleon ausbrachen, marschierte der Herzog mit seinem winzigen Heer als entsprechend winzigem Kontingent in der preußischen Armee mit (er und Goethe waren bei der Belagerung von Mainz dabei). Das blinde Schicksal (und ein unvermeidlicher Seitenwechsel Karl Augusts) wollte es dann, dass das Heer, klein, wie es war, auch noch auf französischer Seite gegen Preußen kämpfen musste. Aber nach der endgültigen Niederlage Napoleons gelang es Karl August, die Eigenständigkeit Sachsen-Weimar-Eisenachs einigermaßen zu bewahren, und sie währte bis zum Ende des Zweiten Reichs 1918, als der allseits verhasste, sadistische letzte Herzog wie die übrigen adligen Landesherren in Deutschland entmachtet wurde. Als die Nationalversammlung aus dem von revolutionären Unruhen zerrissenen Berlin flüchtete und symbolträchtig im friedlichen Weimar zusammentrat und dort die Verfassung verkündete, sorgte das dann leider und ungerechterweise dafür, dass »Weimar« im zwanzigsten Jahrhundert ein Synonym für Scheitern und Katastrophe wurde.

Eine Glaspyramide mit Rotkehlcheneiern

Die fränkische Stadt Bamberg besuche ich in Gedanken immer und immer wieder. Im Krieg beinahe unzerstört geblieben, liegt sie auf sieben Hügeln und hat neben vielen herrlichen Gebäuden und einer wunderbaren Stimmung auch ein Rauchbier zu bieten, das einem Langmut und Respekt abverlangt.

Ich muss einfach, wenn auch nur zwischen Tür und Angel, von dem wunderschönen Michelsberg erzählen, einem von Bambergs sieben Hügeln, auf dessen Gipfel es eine Klosteranlage gibt, die eine Wirklichkeit gewordene Fantasie mittelalterlicher Herrlichkeit ist und in der jetzt, wie es sich gehört, mit dem Betreiben eines Altersheims die uralte Hospitaltradition fortgeführt wird. Ich würde nicht nur gern in Bamberg leben, sondern sogar meine nächsten paar Jahrzehnte aus schierer Ungeduld hergeben, um mich gleich in der glückbegünstigsten aller Seniorenresidenzen auf diesem Planeten einzumieten. Das abwechslungsreiche Vergnügen, wann immer ich wollte, Bambergs Dachlandschaft von Türmen und roten Dachziegeln zu betrachten, wäre schon genug, aber es gibt auch noch den Klostergarten mit allen möglichen aus der Bibel bekannten Pflanzen: Aloe, Buchs, Minze, Ysop, Wermut, Kürbis. Dieser »biblische Garten« ist sogar noch schöner als der großartige in Bremen, aber die Probleme sind ähnlich, wenn die Blumen und Bäume – manchmal zu ihrem Leidwesen – merken, dass sie jetzt in einer nicht palästinischen Umgebung mit Dauernieselregen festsitzen.

Das Deckengewölbe der Klosterkirche Michelsberg ist mit Dutzenden und Aberdutzenden Feldern mit unter anderem wunderschönen Arzneipflanzen bemalt, sodass die Mönche während der ständigen Messen mal nach oben schauen und memorieren konnten, welches Kraut gegen was gewachsen war. Das Glanzstück aber – abgesehen von einigen erstaunlichen Grüften – befindet sich in einer Nebenkapelle, der Heilig-Grab-Kapelle. Ein aufwendiges, weiß-goldenes Ensemble mit dem Leichnam Jesu, athletischen Engeln und

Soldaten und einer von Schlangen umwundenen, surrealistischen riesigen Weltkugel. Man sollte das Ganze nur bei Kerzenflackern und Mönchsgesang bewundern. Ich musste auch hier wieder an einen Spezialeffekt in einem alten Film denken, der heute aber nicht mehr überzeugt. Sogar noch besser ist die Decke dieses Raums, auf der in hellblau-weißem Stuck ein Rokoko-Totentanz zu sehen ist, mit kleinen Bildern zum Beispiel eines stolzen Malers, der sein Werk auf der Staffelei beendet und gar nicht merkt, dass hinter ihm der Tod als kennerhaft spöttisches, bekleidetes Skelett lacht. Woanders malt der Tod als Skelett, in eine Toga gehüllt, eine letzte Stuck-Seifenblase auf die Decke. Deutschland steckt voller höhnischer Skelette, aber die hier sind die besten – teuflisch tuntig, und sie würden schon ausreichen, mich selbst dann bei Laune zu halten, wenn meine klapprige alte Gestalt ihrem Ende entgegensiecht. (Letzteres in Klammern gesagt, wie eigentlich das ganze Buch.)

Der eigentliche Grund, Bamberg mal wieder zu erwähnen, ist freilich, dass es den allerschönsten Raum der Welt besitzt. Es gibt grandiosere, originellere und eindrucksvollere Räume, doch falls ich – was zugegebenermaßen unwahrscheinlich ist – einmal aus unerfindlichen Gründen einen einzigen Raum für mich wählen müsste, wäre es das Naturkundemuseum des Fürstbischofs von Bamberg (und Würzburg!), Franz Ludwig Freiherr von Erthal. In einem Akt sehr später Wiedergutmachung, als kapiere er allmählich, dass die ganze Fürstbischoferei mit der Französischen Revolution zum Auslaufmodell geworden war, befand er, dass er seine Schäflein bilden müsse. Er leitete also einiges In die Wege, darunter den Bau eines Museums, das ausschließlich Schönheit und Nutzen der fränkischen Flora und Fauna gewidmet sein sollte. Nach seinem Tod 1795 (er hatte nur einen Nachfolger, dann verlor Bamberg seine Eigenständigkeit) arbeitete man weiter an dem kleinen Museum, bis es 1810 in seiner heutigen Gestalt dastand. Ich weiß nicht, warum es, ohne Schaden zu nehmen, überlebt hat – Trägheit (ein unbesungener Freund und Helfer der Deutschen) muss wie so oft eine Rolle gespielt haben, vielleicht auch die schiere Schönheit des

Museums, die aber jederzeit den Launen der Mode hätte zum Opfer fallen können.

Vielleicht ist meine Liebe zu diesem Raum eine Marotte von mir. Aber ich bin auch grenzenlos tolerant gegenüber den urältesten, nie veränderten, mottenzerfressenen Ausstellungsstücken in dem unglaublichen Naturgeschichtsmuseum in London und könnte einzig deshalb stundenlang unter dem Dach dort hocken, weil ich den großen Raum mit den Diplodociden unter mir sähe. In der Bibliothek dort habe ich mir tagelang alte Bände mit Stichen von Tieren, Pflanzen und indigenen Völkern zu Gemüte geführt. Und da Alexander von Humboldt mein Idol ist, war es nur folgerichtig, dass ich das Museum des Bischofs mochte. Auch es ist – ebenso eine glückliche Fügung von Kontinuität an vielen der besten Orte in Deutschland – buchstäblich menschenleer, sodass ein Besuch etwas von einer Zeitreise hat, die man verpassen würde, wenn es seine ursprüngliche erzieherische Funktion zeitgemäßer erfüllte.

Außer einem an prominenter Stelle hängenden Porträt des Fürstbischofs ist der Vogelsaal samt allen Ausstellungsvitrinen in schönstem Weiß und Gold gehalten. Die Vitrinen zeugen von einem besonderen, hübschen klassizistischen Moment in der Geschichte des Designs, in dem Pyramiden, Bommeln und hohe kleine Galerien hoch im Kurs standen. Überall liegen ausgestopfte Tiere, Skelette, Haufen von Vogeleiern. Wie üblich in solchen Museen versucht man eine gewisse Ordnung einzuhalten – im Prinzip sollte und soll es ja mit seinen Exemplaren aus der fränkischen Tier- und Pflanzenwelt und deren Beschreibungen praktischen Zwecken dienen. Dieses grundsolide Anliegen wird allerdings von lustigen Extras konterkariert: einem Orang-Utan, einem Glasobelisken mit Kolibris und, warum auch immer, einem Walkieferknochen. Der Raum braucht keinen Soundtrack wie viele historische Räume, die man sich innerlich mit ein wenig Bach oder Mozart anreichern muss. Die ausgestopften Kreaturen und die feine Einrichtung haben das gar nicht nötig, hier ist man exakt im stillen Zentrum der menschenfreundlichen Ideale der Aufklärung. In einer kleinen Vitrine liegen sämtliche meisterhaft in Wachs modellierten essbaren Früchte Frankens (und bewahren ganz nebenbei einen Eindruck davon, wie klein Früchte einmal waren). Sie wurden geschaffen, um mit dem Durcheinander der volkstümlichen Namen für verschiedene Pflaumen- oder Birnensorten aufzuräumen und einen bestimmten Namen für ein bestimmtes Aussehen festzulegen. Manche der Früchte sehen ein wenig mitgenommen aus, und die Löcher in dem zarten Wachs zerstören die Illusion, dass sie echt und gerade reif zum Essen sind, machen sie aber deshalb auch wieder zauberhaft schön.

Unter den Bewohnern Bambergs, die sich vielleicht einmal an dem Museum erfreuten, waren im Übrigen so unterschiedliche wie Stauffenberg, Mann des 20. Juli 1944, oder der geniale Flugzeugkonstrukteur Willy Messerschmitt. Ein merkwürdiges Männlein aber lebte in Bamberg, als das Museum noch gebaut wurde und die Kriege mit Napoleon Deutschland zerrissen: der preußische Meisterzauberer E. T. A. Hoffmann. Wann ich das erste Mal etwas von Hoffmann gelesen habe, weiß ich nicht mehr, aber seit meiner Jugend fühle ich mich als sein Bruder im Geiste. Als ich im Regen vor seinem alten Wohnhaus in Bamberg stand und feststellte, dass es geschlossen war (natürlich zu meiner Erleichterung, denn Dichterhäuser sind immer eine einzige Enttäuschung), hatte ich ein winziges bisschen das Gefühl, als dürfe ich mit meinem Helden, der die meiste Zeit seines Lebens gesellschaftlich und intellektuell ausgeschlossen war und sozusagen im Regen stand, ein Leid teilen.

Hoffmann war Karikaturist, Theaterkapellmeister und Direktionsgehilfe, Essayist, Komponist, Jurist und preußischer Staatsdiener sowie Autor von Erzählungen und Libretti und schlug sich, von unglaublichem Pech verfolgt, von Stellung zu Stellung durch. Wo immer er hinging, von Berlin bis Warschau, wurde er wie viele andere Deutsche von Napoleons Truppen vertrieben. (Das damals herrschende Chaos ist ja eine der Ursachen für das spätere verkorkste Nationalgefühl der gedemütigten, traumatisierten Deutschen.) Als Hoffmann in Bamberg inmitten übler Klatschorgien vergebens das dortige Theater zu leiten versuchte (was nicht leichter wurde, als er sich hoffnungslos in eine seiner jungen Musikschülerinnen verliebte), fand er zu seinem eigentlichen Metier und begann zu schreiben. Unter psychischem Druck und aus überbordender Fantasie schuf er Geschichten, die Meilensteine in der europäischen Literatur wurden.

Ich finde Hoffmanns Sicht der Welt in vielem sehr deutsch – da sticht ein Sandmann Kindern die Augen aus, es gibt Automatenmenschen, grinsende Türklopfer, gläserne Gesichtsmasken und Zauberschlangen. Krumme Gassen und schiefe Häuser werden furchterregend lebendig – Hoffmann bevölkert mit seinen Fantasien ganze harmlose Kleinstädte. Dabei sind seine Geschichten bisweilen höchst merkwürdig konstruiert, ja, ergeben oft gar keinen Sinn. Und ganz gewiss hat er auch manchmal danebengegriffen wie zum Beispiel mit der quälend langweiligen venezianischen Fantasieerzählung *Prinzessin Brambilla*. Man kann ihn nicht in eine Schublade stecken und schon gar nicht vereinnahmen, das ist das Reizende an ihm – er ruht und kreist in sich und ist vollkommen autark. Seine Werke sind illustriert und zu Balletten und Filmen verarbeitet worden, doch die Adaptionen haben alle nicht den Zauber, der jedem seiner Sätze etwas so Bodenloses und Haarsträubendes verleiht. Kafka oder auch Grass kann man sich ohne Hoffmann nicht vorstellen, aber schlussendlich ist er doch er selbst und macht alles um sich herum unheimlich; Augen spähen durch Fenster, Gestalten huschen über die Straße, das absolut Böse kriecht die Treppe herauf.

Während also Napoleon Europa umgestaltete, als viele tausend elegant uniformierte Männer elend auf den Schlachtfeldern zugrunde gingen, als Preußen am Abgrund entlangtaumelte und Hunderte deutscher Ritter, Grafen, Bischöfe und Herzöge ihre Koffer packten, wurde in einer kleinen fränkischen Stadt ein kleiner weißgoldener Tempel der Aufklärung und Menschenfreundlichkeit vollendet, und gleich nebenan wohnte der Mann, der *Die Bergwerke zu Falun* erträumte.

Überraschungsauftritt einer Seekuh

Wenn E. T. A. Hoffmann für die sonderbareren Seiten Preußens steht, steht sein Zeitgenosse Alexander von Humboldt für die rationalen, aber durchaus auch romantischen. Humboldt und Hoffmann sind auffallend unsoldatische Figuren, und obwohl ihr Leben von den Kriegen Napoleons geprägt war, taten sie das, was sie berühmt machte, trotz der Ereignisse um sie herum. Humboldt verbrachte fünf Jahre in der Neuen Welt, und als er 1804, kurz nachdem Napoleon sich zum französischen Kaiser gekrönt hatte, nach Europa zurückkam, waren die meisten ihm vertrauten deutschen Staaten von der Landkarte verschwunden.

Humboldt scheint überhaupt keine Schattenseiten zu haben, er ist und bleibt eine der bewundernswertesten Gestalten, die sowohl unser Wissen von der Welt erheblich erweiterten als auch mit ihrer Arbeit halfen, die angewandten Naturwissenschaften und den internationalen Abenteuertourismus auf neue Füße zu stellen, und das alles ausgehend von Deutschlands trotz seiner ozeanfernen Lage interessantem Wissen von der Welt. Sein unmittelbarer Vorgänger war Georg Wilhelm Steller aus Nürnberg, der in den 1730er und 1740er Jahren für Vitus Bering, den dänischen Forscher in russischen Diensten, gearbeitet und den nördlichen Pazifik erforscht und kartografiert hatte. Er beschrieb zahllose für die Europäer neue Tiere wie den Seeotter. Ich bin oft zu Besuch bei der Familie meiner Frau im pazifischen Nordwesten der USA, und wenn ich von England um den halben Erdball dorthin fliege und im Garten sitze, in dem sich der große, ungestüme, lärmige, auffallend blaue Diademhäher (Cyanocitta *stelleri*) tummelt, habe ich immer das Gefühl, Steller kommt aus der anderen Richtung herüber. Er entdeckte auch die Stellersche Seekuh (wie sie heute genannt wird), ein riesiges, aber ganz unbewegliches Viech, von dem eine Restpopulation in ein paar kleinen sibirischen Buchten die menschlichen Jäger überlebt hatte, aber nach der Entdeckung binnen dreißig Jahren vollkommen ausgerottet wurde. Steller hinterließ auch das Mysterium des »Seeaffen« – dieses seltsame Tier tollte angeblich im Nordpazifik um sein Schiff herum, seine Existenz ist aber nie zufriedenstellend verifiziert worden.

Johann Reinhold und Georg Forster, Vater und Sohn und Abkömmlinge schottischer Immigranten, die sich im siebzehnten Jahrhundert in dem polnischen Teil Preußens niedergelassen hatten, nahmen nach einer Reihe bizarrer Zufälle als Wissenschaftler an James Cooks zweiter großer Fahrt (1772 – 1775) teil und wurden damit die ersten Europäer, die die Antarktis erblickten (eine herbe Enttäuschung, weil man gehofft hatte, sie werde sich als neues Australien erweisen). *Reise um die Welt* des jüngeren Forster ist immer noch ein ehrwürdiger, geachteter Klassiker in Deutschland, bei dessen Lektüre man nur sehr, sehr neidisch werden kann auf diesen Mann, der mit Anfang zwanzig zwischen Eisbergen und Palmeninseln hin- und herschipperte und in ein Märchenland kleiner tropischer Welten eintauchen konnte, viele tausend Meilen entfernt von den Kohlfeldern der winddurchtosten Ostseeküste und dem nebligen London.

Georg Forster lehrte in Kassel und Wilna und bekam dann die Stelle des Chefbibliothekars an der Mainzer Universität. Hier geriet er in die aufregenden Zeiten Anfang der 1790er Jahre und engagierte sich in der revolutionären Republik Mainz. Als die von den preußischen Truppen zerbombt wurde, flüchtete er nach Paris, wo er, erst neununddreißig, krank wurde und starb. Forster war der große Held des jungen Humboldt und sein Vorbild, denn auch Humboldt wollte in der Welt etwas bewirken und brach nach Südamerika auf. Einen Großteil seines Erwachsenenlebens verbrachte er dann damit, über diese Forschungsreise zu schreiben; es wurde ein einundzwanzigbändiges Epos mit wissenschaftlichem und privatem Material und stellte das Studium Süd- und Mittelamerikas auf eine neue Grundlage.

Seine *Reise in die Äquinoktial-Gegenden des neuen Kontinents* ist auf jeder Seite eine reine Freude. Er interessiert sich schlichtweg für alles, von den Einzelheiten des venezolanischen Wahlrechts über die Beschaffenheit von Flussbetten bis zur Vielfalt von Bergpflanzen. Er erzählt jede Menge über Piranhas, Jaguare und Kaimane, und geradezu sensationell ist die Schilderung, wie er versucht hat, ein paar

Zitteraale zu fangen. Mit Harpunen bewaffnete indianische Cowboys zu Pferd und Maultier trieben die Aale in eine Flussbiegung, wo diese zum Gegenangriff übergingen und ihren Angreifern Stromschläge verpassten, sodass bald lauter betäubte und ertrunkene Tiere im Wasser lagen, man aber zum Schluss ein paar erschöpfte und mittlerweile niedrig geladene Aale ans Ufer ziehen konnte. Typisch: Zuerst studierte Humboldt die Aale, dann kochte er sie: »Ihr Muskelfleisch schmeckt zwar nicht übel, aber der Körper besteht zum größten Teil aus dem elektrischen Organ, und dieses ist schmierig und von unangenehmem Geschmack.« Was will man mehr?

Während seines reichen, wunderbaren Lebens sorgte Humboldt dafür, dass seine Gedanken und Erkenntnisse zu Biologie, Meteorologie, Geophysik und Anthropologie in ganz Europa bekannt wurden (er machte den Begriff »Azteken« allgemein gebräuchlich). Er lebte teils in Paris, teils in Berlin und trat mit sechzig in die Fußstapfen Georg Wilhelm Stellers und bereiste Russland bis zum Jenissei. Humboldt ist eine der spannendsten Figuren des neunzehnten Jahrhunderts, der, nur einen Monat jünger als Napoleon, die Welt mit seinen Leistungen vielleicht stärker geprägt hat als der große Franzose.

Deutsche als Opfer

Das herzogliche Schloss in Gotha ist stolzer Besitzer eines Hutes von Napoleon. Und tatsächlich, da liegt er, der Hut, den wir alle von Bildern kennen, in einem Glaskasten, nun fast zweihundert Jahre alt. Wenn ich solche modrigen Dinge betrachte, muss ich immer an die Szene in W. G. Sebalds *Schwindel. Gefühle.* denken, wo hoch in einem bayerischen Alpental eine Tante des Erzählers die Uniform eines Tiroler Soldaten auf ihrem Dachboden aufbewahrt, der während der Napoleonzeit in habsburgischen Diensten stand. Sie hängt auf einer

Schneiderpuppe und ist viele Jahrzehnte lang nicht angerührt worden, und als der Erzähler hinaufgeht und das Tuch betastet, passiert die Katastrophe: Die Uniform zerfällt ihm unter den Fingern zu Staub. Napoleons Hut ist sicher ähnlich bedroht, doch in einem fort werden die Kuratoren, bewaffnet mit Belüftungsanlagen und Insektenvernichtungsmitteln, gegen das unaufhaltsame Verstreichen der Minuten, Stunden, Jahre ankämpfen.

Vermutlich ist der Hut schon ewig dort ausgestellt, und die meisten Betrachter fanden es sicher auch aufregend oder beunruhigend, die Kopfbedeckung des großen Mannes zu sehen, der erst zwei oder zwanzig oder fünfzig Jahre zuvor durch Gotha marschiert war. Weil er in Deutschland so rabiat aufräumte und, überhaupt, französisch war, war er hier eigentlich nicht erste Wahl als Objekt der Bewunderung, doch als General und Mann der Tat wurde er fast in einem Atemzug mit Friedrich dem Großen genannt.

Für die Deutschen nahmen die Napoleonischen Kriege letztlich ein gutes Ende (so wie für die Briten im Großen und Ganzen der Zweite Weltkrieg): Nach all den Niederlagen, Demütigungen und der Machtlosigkeit fasste man langsam neuen Mut, fand neue Verbündete und war schließlich auch dabei, als dieser Albtraum Europas mit den Schlachten von Leipzig und Waterloo für immer beendet wurde. Die erniedrigten deutschen Länder hatten Napoleon große Zugeständnisse machen müssen, sie waren besetzt gewesen und mussten am Feldzug nach Russland teilnehmen, bei dem viele tausend Deutsche umkamen. Doch die Welt, die 1815 herauskam, hatte kaum noch etwas gemein mit der von 1792, als die preußische Armee unter dem Kommando des Herzogs von Braunschweig so zuversichtlich und, wie sich erwies, so naiv über die französische Grenze getrottet war, um der Französischen Revolution ein Ende zu bereiten. Im Jahr 1815 waren die Deutschen aber auch gezwungen, etwas Neues zu versuchen.

Die große Neuordnung Deutschlands im Jahr 1803, der letzte Akt in der Geschichte des Heiligen Römischen Reiches, wird oft als die traumatische Folge der haushohen Niederlagen verschiedener deutscher Armeen gegen Napoleon und der Tatsache gesehen, dass er die

Länder am Rhein schluckte. Doch das Kind war schon viele Jahre früher – bei der Teilung Polens – in den Brunnen gefallen. Von heute aus betrachtet wirkt die Politik, den polnischen Staat zu zerschlagen, komplett irre. Seit Beginn des achtzehnten Jahrhunderts und den Siegen Peters des Großen war, wenn auch überraschend, klar, dass Russland eine ebenso wichtige Rolle in der europäischen Politik spielte wie Großbritannien; beide Länder lagen an den Rändern des Kontinents und waren aus verschiedenen Gründen gegenüber herkömmlichen Angriffen gefeit. Es hätte im Interesse aller gelegen, Polen als fröhlichen, florierenden Puffer zwischen Russland und Preußen zu belassen. Aber aus kurzsichtigen, unüberlegten Gründen teilten die Preußen, Österreicher und Russen Polen auf. Abgesehen davon, dass es völlig widerrechtlich war, den Polen ihren alten und seit Jahrhunderten erfolgreich bestehenden Staat zu nehmen, bedeutete dieses multinationale Piratenstück auch, dass die Deutschen und Russen nun eine gemeinsame Grenze hatten – ein determinierender Faktor in der internationalen Politik. In der Polnischen Teilung von 1772 bekam Preußen Danzig/Gdańsk und Westpreußen, Österreich Galizien mit Lemberg/Lwiw und Russland einen Batzen von Weißrussland und der Ukraine; in der zweiten 1793 bekam Preußen Posen/Poznań und Russland Minsk; in der dritten 1795, als man die Sache angesichts eines verzweifelten polnischen Aufstands schnell zu Ende bringen wollte, bekam Österreich Lublin und Krakau/Kraków, Russland Litauen und Preußen eine kurzzeitig existierende Provinz Südpreußen um Warschau herum.

Die Aufteilung war schon ein Indiz dafür, dass Aggression und Gewalt und das kalte Festsetzen von Grenzen die Zukunft sein würden. In ganz Deutschland grassierte die Angst, wer von wem geschluckt werden würde. Der Garant für die Aufrechterhaltung des Systems war eigentlich der Kaiser des Heiligen Römischen Reiches, Joseph II., aber der war gelangweilt von seinen panteutonischen Aufgaben, und nachdem er sich ein schönes Stück Polen angeeignet hatte, schaute er sich um, wo er sonst noch zuschlagen konnte. Zum großen Beschützer der vielen ängstlichen Staaten warf sich seltsamerweise Friedrich der Große auf, der, nachdem er sowohl Schlesien als auch Westpolen erbeutet hatte, mit Vorliebe die Österreicher ärgerte, indem er sich als der wahre Sachwalter des kleinen Mannes gebärdete. Jedes Mal, wenn Joseph weitere Rationalisierungsmaßnahmen durchsetzen wollte – wie Territorien tauschen oder Klöster schlucken –, zeigte sich Friedrich schockiert und indigniert, tat, als sei er einzig um das Reich besorgt, und zog sogar gegen Joseph in den Krieg, als der Bayern einnehmen wollte. Die Angst unter den Kleinstaaten aber wuchs: Wenn der Kaiser sich an einen so alten und für das Reich zentralen Staat wie Bayern heranwagte, dann hatte die Äbtissin von Quedlinburg oder der Graf von Quadt-Isny allemal was zu befürchten. Und Joseph II. griff ja auch ständig kirchliche Institutionen an oder schloss sie (ähnlich wie Napoleon im folgenden Jahrzehnt), bevor er nach fieberhaft emsigem Regieren 1790 erschöpft ins Grab sank. Wenn also schon das Heilige Römische Reich die wehrlosen kleinen, wenn auch manchmal beileibe nicht armen Mitgliedsstaaten nicht mehr schützte, dann war zappenduster.

Napoleon marschierte in ein altes, abgehalftertes Reich ein, in dem viele gierige, oft unfähige Kleinstherrscher in der Hoffnung auf ein oder zwei Klöster gern und zahlreich zu seinen Fahnen eilten. So recht einsichtig war vielen nie, warum sie sich Napoleon widersetzen sollten. Gut, großes Interesse, Ludwig XVI. zu unterstützen, hatte nie bestanden; eine Zeitlang nach der Revolution hatte man sogar schadenfroh, wenn auch fälschlich geglaubt, Frankreich, das vielen Menschen in Europa das Leben so vermiest hatte, sei nun endgültig erledigt. Aber Napoleons Hut in Gotha hätten die Spitzen der preußischen Armee sicher gern ihre Aufwartung gemacht, denn sie hassten ihn vielleicht als Franzosen, waren aber bestimmt von der Leichtigkeit hingerissen, mit der er – anfänglich mit einer Gruppe leidenschaftlich ergebener, genialer Offiziere, zuletzt mit einem Haufen kaputter, übergewichtiger Miesepeter mit gescheiterten Ehen und Hämorrhoiden – eine Armee nach der anderen schlug. Die Bedingungen oder die Chancen schienen immer vollkommen einerlei zu sein, Napoleon machte jedes noch so mühsam zusammengestellte österreichische Heer nieder, bis er 1809 bei Aspern seine erste Schlappe erlitt. Während britische Marineoffiziere nach 1805 den Rest des neunzehnten Jahrhunderts mit Albträumen von einem zweiten Trafalgar verbrachten – das nie kam –, träumten preußische Generäle wie Moltke davon, einmal eine Schlacht wie Napoleon zu schlagen – was ihnen mit den Siegen über Österreich 1866 und Frankreich 1870 in diesem für schlecht geführte Schlachten und gewaltige Blutbäder bekannten Jahrhundert auch tatsächlich gelang. Diese Siege setzten 1914 neue Maßstäbe für napoleonisch glänzende Schlachtenlenker wie die unseligen Nachfolger Moltkes (einschließlich seines Neffen), die den Maßstäben aber – zumindest im Westen – nie gerecht wurden.

Wie hektisch in der Napoleonzeit in Deutschland Loyalitäten und Seiten gewechselt wurden, wird in all seiner Konfusheit in dem kleinen, aber wohlhabenden Hessen-Darmstadt deutlich. Vor der Französischen Revolution ließ sich Landgraf Ludwig X. traditionell mit Kurzperücke, Schärpe und kostbaren Gewändern malen, doch als Napoleon wie ein Berserker in Deutschland einfiel, spielte Ludwig seine Karten perfekt aus; er wurde Großherzog Ludwig I., legte Perücke, Schärpe und kostbare Gewänder ab, sah auf den neuen Bildern plötzlich auffallend wie Napoleon aus, trug praktische Frisur und dunkle, soldatische Kleidung und bekam riesige Brocken am Rhein und in Westfalen, als Napoleon deutsche Lande umverteilte. Nach der Niederlage des großen Korsen musste Ludwig allerdings sein ganzes hartnäckiges Verhandlungsgeschick aufbieten, um nicht wie der König von Sachsen untergepflügt zu werden. Zum Ausgleich dafür, dass er einige seiner leicht erworbenen Territorien in Nordwestdeutschland wieder abgeben musste, konnte er beträchtliche Gebiete behalten – unter anderem Mainz – und bekam den schrägen neuen Titel »Großherzog von Hessen und bei Rhein«.

Welchen Preis seine Untertanen dafür zahlen mussten, sieht man an dem Denkmal für die Napoleonischen Kriege, das in einem der herrlichen Parks in Darmstadt steht. Ein nackter Wikinger mit gehörntem Helm, der Penis hinter dem Schild versteckt, steht in etwas Kirchturmähnlichem, geschmückt mit den Namen der unzähligen Schlachten, in denen die Hessen auf Seiten desjenigen fochten, der gerade im Sattel saß. Dabei wurden sie in den meisten Schlachtenberichten gar nicht erwähnt, weil ihre Zahl zu gering war; sie fielen mehr oder weniger sinnlos in Spanien, Russland, Deutschland und Frankreich. Das Denkmal wurde in den 1840er Jahren errichtet und versprüht den nämlichen Charme wie andere frühe nationalbewusste Monumente, bildet aber einen schönen Gegensatz zu der ausgereiften Absurdität der Neo-Olmeken-Monstrositäten, mit denen man die deutschen Lande später im Jahrhundert übersäen sollte. Wie belämmert müssen die Veteranen bei seiner Enthüllung davor gestanden haben – erst hatten sie für die Reaktion gekämpft, dann für das Napoleonische Kaiserreich, dann wieder für die Reaktion. Die Gefahren und Chancen, die Napoleon darstellte beziehungsweise bot, blieben für die kleineren Staaten doch einigermaßen verwirrend. Die Franzosen, die in der Ära Napoleons nach Deutschland kamen, hatten ähnlichen Einfluss wie die Amerikaner in den 1940er Jahren: Mit ihren neuen Ideen wirbelten sie existierende Hierarchien durcheinander und brachten rasch so viele Veränderungen in die Welt der Deutschen, dass das Heilige Römische Reich vollkommen antiquiert aussah. Hunderte von Staaten verschwanden ein für alle Mal, und die, die überlebten, wie Hessen-Darmstadt, Baden oder Württemberg, gewährten mit ihren Herrschern vielleicht eine dynastische Kontinuität, aber alle müssen doch genau gewusst haben, aufgrund welcher oft geradezu grotesken Zugeständnisse sie sich halten und ihre Nachbarn schlucken konnten.

Spekulationen darüber anzustellen, wie Deutschland sich entwickelt hätte, wenn Napoleon nicht beschlossen hätte, 1812 nach Russland einzumarschieren, oder wenn er dort nicht gescheitert wäre (was, geradezu als Vorgriff auf 1941, unter anderem auch vielen tausend Deutschen den Tod brachte), ist müßig. Kurze Zeit mussten Mittel- und Westeuropa diese gewaltige Invasionsarmee mit allem Erforderlichen unterstützen, und als die geschlagen war, erlebten sie eine russische Invasion. Was allerdings viel zu wenig beachtet wird, ist der beharrliche Widerstand Österreichs gegen Napoleon. Da es auf ein sogar noch größeres Hinterland als Frankreich zurückgreifen konnte, war es teuflisch schwer zu attackieren und wurde eigentlich nur dann geschlagen, wenn es ins Zentrum Deutschland vorstieß. Dann konnte es sich aber zumindest immer wieder zurückziehen und neu formieren. Zum Schluss waren es eine österreichische und eine russische Armee, die den (seit dem Mittelalter) ersten erfolgreichen Angriff ausländischer Mächte auf Paris anführten und leiteten. Preußen überlebte, weil es unter den Schutz des russischen Zaren geriet, der aus Loyalität zu Friedrich Wilhelm III. – der diese gar nicht verdiente – Napoleon davon abhielt, es aufzulösen. Wahrscheinlich rührt Berlins neurotische Arroganz im neunzehnten Jahrhundert nicht so sehr von der Tatsache her, dass Preußen wenigstens bei den schlussendlichen Siegen über Napoleon mitfocht, sondern vielmehr aus seinem Bewusstsein darüber, wie knapp es der Zerschlagung entgangen war und dann den gleichen Kuriositätenwert wie das erloschene Kurfürstentum Köln gehabt hätte.

Napoleons Erfindungen wie das Königreich Westfalen mit der Hauptstadt Kassel oder die neuen französischen *départements*, die dem Rheinland und Norddeutschland ein ganz neues Gesicht gaben, hatten nur wenige Jahre Bestand, sorgten aber für große Verunsicherung in den Köpfen späterer Generationen, die sich einfach nicht von der Furcht vor erneuter Demütigung befreien konnten. Dass ein einzelner Franzose so viel Geschichte auslöschen, mehr oder weniger nach Belieben neue Staaten bilden, sich witzige Namen für sie ausdenken, sie Verwandten zum Regieren geben und, wenn ihm danach war, französische Truppen hineinschicken konnte – dieses hilflose Ausgeliefertsein erinnerte heftigst an den Dreißigjährigen Krieg, verstärkte den Wunsch nach Selbständigkeit und führte zu einem nicht unverständlichen Hass auf Frankreich, der Europas Zukunft prägen sollte.

Da Napoleons Politik ein derart klägliches Ende genommen hat, mutet sie insgesamt unweigerlich traurig und vergeblich an, doch in der Zeit selbst herrschte gewiss viel Begeisterung und Euphorie. Ein trauriges und jetzt überholtes Zeichen dafür ist die Gedenkplakette für Marschall Berthier in Bamberg. Berthier hatte um die fünfunddreißig Jahre lang das aufregende Leben eines hohen französischen Militärs geführt – er kämpfte gegen die Briten in Amerika, schützte die französische Königsfamilie, setzte den Papst gefangen, kämpfte in Ägypten und war sehr an dem komplexen und, wie sich herausstellte, weltverändernden Verkauf Louisianas beteiligt. Dann nahm er an den Schlachten bei Austerlitz, Jena und Friedland sowie denen in Spanien und Russland teil. Doch in den verwirrenden Monaten nach Napoleons Rückkehr aus dem Exil, als dieser sein Reich neu formierte, aber von einer Verbündetenarmee nach der anderen geschlagen wurde, steckte Berthier, der solch ein ereignis- und abwechslungsreiches Leben gelebt hatte, in Bamberg fest, in der befestigten Bischofsresidenz. Ratlos, was er tun sollte, und ohne die Möglichkeit, Napoleon zu kontaktieren, stürzte er zwei Wochen vor Waterloo aus einem schwindelerregend hohen Fenster zu Tode. Man wird nie herausfinden, ob es ein Unfall oder Absicht war, doch die Stelle, an der sein Leichnam gefunden wurde, ist als solche markiert und gibt dem Ganzen einen nicht unangenehmen Hauch von Vergeblichkeit. Wenn man das heute noch spürt, wie verbreitet war wohl dann das Gefühl von Trostlosigkeit damals, sowohl bei Verlierern wie Gewinnern (und ganz Deutschland war ja zu irgendeinem Zeitpunkt von der politischen Zerschlagung bedroht)? Ein vielschichtiges, seltsam abenteuerliches Unterfangen, das eine ganze Generation verschlungen hatte, war endlich zu einem Ende gekommen und hinterließ eine eigenartige, fragile neue Welt.

Hähnchen zum Spottpreis

Als ich eines Abends über einen Straßenmarkt in Hannover bummelte, hatte ich wieder mal das herrliche Gefühl, das hier sei nur eine upgedatete Version eines Bildes von Brueghel. Die gleichen gutgläubigen Leutchen, die auf Abgefeimtheit und Gerissenheit treffen, auf eine Welt der Feilscher und Marktschreier, die sich zwecks Verhökerns ihres Kokoswassers, ihrer Plastikpuppen und seltsamen Wandzierden gegenseitig zu übertönen versuchen, und wo nur geschickte Händler den Kauf irgendeines der angebotenen Dinge halbwegs einleuchtend machen. Stundenlang beobachtete ich einen Mann, der mit Kopfbügelmikrofon auf einer Bühne hin- und herstolzierte und ein Metalltablett mit Hähnchenteilen vor sich herbalancierte, die aussahen, als wären sie schon eine Weile lang durch die Restaurants gezogen. Mit seiner Sprücheklopferei schlug er eine große Menschenmenge in Bann. Und seine wackelnden Augenbrauen, anzüglichen Gesten und das Spektrum meisterlich beherrschter komischer Dialekte hätten selbst mich – der ich kaum ein Wort verstand – um ein Haar dazu gebracht, mich, mit einem Geldschein wedelnd, nach vorn durchzudrängen und mit Müllsäcken voll alter Hühnerschenkel wieder von dannen zu ziehen.

Diese urdeutsche Kunst ist wunderbar bewahrt in den Kalendergeschichten von Johann Peter Hebel aus der Zeit der Napoleonischen Kriege, im 1811 erschienenen *Schatzkästlein des Rheinischen Hausfreundes*. In Dutzenden kurzer Schilderungen, Geschichten mit Moral oder nützlichen Informationen, beschreibt Hebel (Lehrer und Dichter, der einen Großteil seines Lebens in Karlsruhe verbrachte) einen Kosmos von Schlitzohren und Tunichtguten, schlauen Dienern, listigen Husaren, betrogenen Gastwirten und unerschütterlichen Henkern. Oft herrscht eine Jahrmarktsatmosphäre, alle möglichen Gauner übertölpeln Stadtwachen und schröpfen blöde Bürger. Quacksalbereien, versteckte Münzhaufen, zwielichtige Fremde, die Gasthäuser am Marktplatz betreten, das kennen wir auch alles von Brueghel, und es ist gar nicht so weit entfernt von der Welt des modernen Marktes in Hannover und zahllosen ähnlich gearteten.

Von den sonnigeren und fröhlicheren, d. h. Märkten in den südlicheren Ländern, unterscheiden sie sich insofern, als es hektischer zugeht, schließlich wissen alle, dass jederzeit ein Regenguss niedergehen und die Kundschaft eines ganzen Tages vertreiben kann. Auch die Palette lokaler und regionaler Produkte ist unter Umständen extrem begrenzt. An einem stürmischen Herbstsamstag in Darmstadt sah ich eigentlich nur Kürbisse und Honig, mit denen die örtliche Nachfrage vermutlich bald befriedigt war. Diese Abhängigkeit von den Jahreszeiten ist mehr oder weniger fremd in Großbritannien oder auch den Vereinigten Staaten. Wenn ich im Oktober am Rhein nur an Ständen mit ekligem Apfelwein oder im Mai an welchen mit später die Speisekarten der Restaurants dominierendem weißem Spargel entlangschlendere, kommt es mir immer vor, als sei ich in einer komplizierten astrologischen Uhr voller Symbole gefangen, die gebietet, dass man *jetzt* Gans essen kann (Stolz des Altenburger Ratskellers) und dass die Ladenbesitzer *jetzt* die kleinen Gespenster- und Hexenmodelle aus ihren Schachteln nehmen und ihre Schaufenster damit dekorieren können. Ein zwar reizender, aber unter Umständen auch kirre machender Rhythmus, als müsse man ein und dasselbe Jahr immer und immer wieder durchleben.

Gigantische jährliche Volksfeste sorgen zusätzlich dafür, dass man sich wie in einem Uhrwerk der Jahreszeiten fühlt. In Deutschland sind sie immer noch weit beliebter als in anderen Ländern, von den schrecklichen pseudofröhlichen Weihnachtsmärkten wie in Nürnberg, Esslingen und Dresden bis zu den Handelsmessen in Köln, Frankfurt und Leipzig. Um sie zu besuchen, muss man kreuz und quer durch Deutschland fahren. Auf den Leipziger Messen fand jahrhundertelang ein lebhafter Austausch von Waren aus Deutschland, Italien, den Niederlanden und Frankreich mit solchen aus Polen und Russland statt, und über ein schwindelerregend kompliziertes Netz verbanden Frachtkähne, Maultiere und Fuhrwerke Stadtmärkte, einzelne Läden und ambulante Händler. Pelze und Pferde, Barometer und Schwerter, Nägel und Spieluhren wurden dorthin transportiert, wo sie gefragt waren. Das riesige Leipziger Messegelände hat im zwanzigsten Jahrhundert einiges erlebt, blieb unter den Kommunisten die wichtigste Messe im Ostblock und bietet auch heute noch Händlern mit verrückt vielfältigen Angeboten einen Veranstaltungsort. Wie perplex mit den Augen rollend räumen wohl die Angestellten dort nach einer Hühnershow, einem Kongress der Augenheilkundler, Ausstellungen zu neuen Abwassertechniken, Gartenmöbeln, Tiefkühlkost oder der Weltkonferenz der Baptisten auf?

Meine unmittelbarste und kontinuierlichste einschlägige Erfahrung ist die Frankfurter Buchmesse im Oktober, wo sich Leute aus aller Welt versammeln und Buchrechte kaufen und verkaufen und viele doch recht nahe Geistesverwandte des Hannoveraner Hähnchenteilehändlers sind. Das schiere Ausmaß der Buchmesse befeuert oder deprimiert, je nachdem, ob man den Buchkommerz goutiert oder nicht. Über eine Viertel Million Menschen aus aller Herren Länder, ständig auf der Suche nach dem nächsten internationalen Bestseller, wandern wie betäubt durch nicht enden wollende Reihen mit Ständen. Ich selbst kann mir tatsächlich nichts Launigeres vorstellen, als von einem zum andern zu gehen – der Geist des *Schatzkästleins* feiert fröhliche Urständ. Die Schlitzohren und Marktschreier tragen heute zwar überwiegend schlecht sitzende globale Businesskleidung, halten aber immer noch Ausschau nach den Leichtgläubigen und schlecht Informierten. Myriaden von Welten, die eigentlich nichts miteinander zu schaffen haben, treffen hier aufeinander, ihre einzige Gemeinsamkeit besteht in ihren Waren aus Papier: Fotobüchern von Krabbelkindern, als Blumen verkleidet, oder Kalendern mit halb nackten, babyölglänzenden Feuerwehrmännern. Ganze Stände sind dem Thema niedliche Tiere gewidmet, Che Guevara oder Mangas, oder sie sind bestückt mit einer kritischen vollständigen Neuausgabe der Werke Thomas Manns, Büchern mit Oldtimer-Motorrädern, Models mit abrasiertem Schamhaar und billig aufgemachten, deprimierenden Kinderreimsammlungen. Im Prinzip sieht man hauptsächlich Zeugs, das sich finanziell nur rechnen kann, wenn man jemanden aus einem anderen Land dazu verführt, es zu kaufen. Am Ende der Messe sind viele Tausend Deals abgeschlossen, und unnütze Bücher – *Stricken mit Hundehaaren* oder *Kochen mit Insekten* – werden jetzt nicht minder unnütz ins Spanische oder Koreanische übersetzt. Und im Hintergrund halten sich diskret schon die Herren bereit, die es organisieren können, dass die ganze Druckauflage im Hafen von Lagos ins Meer gekippt und die Versicherungssumme halbe, halbe geteilt wird. Aufgeputscht, leichtgläubig oder misstrauisch benutzen die Verleger die uralte Form der mittelalterlichen Handelsmesse, um ihr verderbliches Werk fortzuführen und den ganzen Planeten mit Gedrucktem zuzumüllen.

Zehntes Kapitel

Militärmärsche
Karl und Albrecht
Turmeinsamkeit
Von Helden und Eicheln
Siegessäulen
Größe und Elend des nationalen Prinzips

Ein typisch verrücktes, deprimierendes Foto der Bauarbeiten am Völkerschlachtdenkmal (Deutsche Fotothek).

Militärmärsche

Die Periode zwischen dem Sieg über Napoleon und den Revolutionen von 1848 ist von Historikern, sowohl von links als auch von rechts, immer mit Geringschätzung betrachtet worden – von Ersteren wegen der gespenstischen Atmosphäre gemütlichen Unpolitischseins und von Letzteren, weil Deutschland offenbar fest entschlossen war, sich nicht um heldenhaftes Handeln zu bemühen, sondern sich auf den eigenen kleinen Kreis zu beschränken. Als das Deutsche Reich erst einmal im Entstehen begriffen war, galt das Biedermeier geradezu als Farce vornehmer Beschränktheit. Die heldenhaften jungen Studenten mit ihren Degen und Kappen, die gelobt hatten, ein einiges Deutschland zu schaffen, sah man nun als gescheiterte Propheten – in einer Gesellschaft, in der hübsche Teeservice, Rüschenservietten und klimpernde Pianinos angesagt waren. Natürlich kann nach den Ereignissen des zwanzigsten Jahrhunderts von Geringschätzung keine Rede mehr sein, doch Dinge, die aus der Biedermeierzeit überlebt haben – zierliche Tischlein, Damenfächer, hübsche Blumenteller –, langweilen immer noch und reizen dazu, sie an die Wand zu werfen. Und man muss sich regelrecht hüten, nicht in die nationalistischen Töne einzustimmen, dass es sich hier um einen schändlichen Irrweg handelte, der von der vom Schicksal doch deutlich gewiesenen Richtung abführte. In Wirklichkeit war das, was in London, Paris, Leipzig und München aufkeimte, das erste zaghafte Bemühen um eine bürgerliche Gesellschaft; sozusagen das Warm-up dazu, dass wir nun alle in unseren schönen Eigenheimen sitzen und Glotze gucken können. Bis es so weit war, wurden aber leider noch viele schreckliche Irrwege beschritten.

Unter größter Kraftanstrengung versuchte man in der Biedermeierzeit auch, vernünftige neue Staaten aus dem von Napoleon hinterlassenen Trümmerfeld zu schaffen. Die kurzlebigen

Umwälzungen hatten solche politischen und geografischen Verheerungen angerichtet und so viele Menschen das Leben gekostet, dass eine Zeit ruhiger Konsolidierung notwendig und sogar sehr reizvoll erschien. Ähnlich wie die Europäer nach dem Zweiten Weltkrieg – wenn ihre Situation es zuließ – ganz zufrieden waren, einfach mit ihren Familien herumzusitzen und Konsumgüter zu kaufen, konnten die neuen und alten Herren nach 1815 über eine der Turbulenzen müde Bevölkerung herrschen. Ja, man könnte eine »Parallelgeschichte« Europas schreiben, in der Familienleben und ein fester Arbeitsplatz als wesentlicher Motor der Zivilisation fungieren. Darin wären dann allerdings Kriege und Revolutionen schreckliche, kranke Abweichungen von der Norm, und die Historiker müssten ein paar handfeste Erklärungen dafür liefern und könnten die Perioden der Besinnung auf das Privatleben nicht länger lediglich als langweiliges Vorspiel zum nächsten sensationell spannenden Blutbad ansehen.

Das Herz des Biedermeiers schlägt in Wien, eindeutig. Die Habsburger hatten, wie erwähnt, Napoleon bis auf einige Situationen, in denen es brenzlig wurde, brav widerstanden und wurden dafür 1815 reich belohnt. Ihr Besitz der riesigen Territorien, ihre besondere Position im deutschsprachigen Europa sowie ihre überragende kulturelle Macht wurde gefestigt, obwohl das Heilige Römische Reich nicht mehr bestand. Eine Ära, die mit Beethovens *Fidelio* und Schuberts Liedern und Sonaten beginnt und mit dem *Radetzky-Marsch* von Johann Strauß dem Älteren endet, kann so übel nicht sein. Schuberts Militärmärsche für Klavier zu vier Händen mit ihrem komisch unmilitärischen Höhere-Töchter-Klavierstunden-Flair bringen sie in vielerlei Hinsicht auf den Punkt – man konnte in diesen Jahren wirklich hübsche Uniformen tragen und musste nicht einmal großartig in den Krieg ziehen.

Österreichs Selbstgewissheit hinsichtlich seiner Zukunft drückte sich vehement in seiner neuen Rolle in Italien aus. Napoleon hatte zwar die Herrschaft Österreichs über Italien und die Adriaküste heftig erschüttert, aber nun wurde sie sehr ausgeweitet, am sensationellsten über die alten venezianischen Territorien – die Stadt selbst, das nordöstliche Hinterland und die dalmatinische Küste samt der alten Republik Ragusa, die vergeblich versuchte, ihre Unabhängigkeit wiederzuerlangen. Auf lange Sicht stellte sich das als Katastrophe heraus (wie der britische Erwerb der Kolonien im Nahen Osten nach dem Ersten Weltkrieg): Was von vielen empfunden wurde, als sei ein Traum wahr geworden, wurde rasch zum kräftezehrenden, unentwirrbaren Problem. Österreichische Militärs und Regierungsbeamte liebten Venedig, und die Spitzenposten in der Armee waren meist die in Italien – die Erfüllung langgehegter deutscher Träume von Sonne, Grappa, südlichen Schönen und Dolce Vita. Die Habsburger hatten immer ein Stück Land an der nördlichen Adriaküste besessen, das sogenannte österreichische Küstenland oder Litorale mit dem Zentrum Triest, es galt aber seit langem als hinterste Provinz. Durch den viel größeren Besitz an der Adria sah man sich nun gezwungen, auch eine größere Präsenz im Mittelmeerraum zu zeigen, und verwirklichte allerlei entzückende Projekte – Festungen zuhauf, wie gesagt, todschicke Uniformen, eine Marine! –, schwächte dadurch aber die eigene Position in Deutschland beinahe genauso, wie jede noch so fiese Aktion der Preußen ihm schadete. Zwar vergnügten sich die Österreicher bald ganz besonders gern damit, die Italiener in Schlachten zu besiegen (der *Radetzky-Marsch* entstand nach dem Sieg Feldmarschall Radetzkys bei Custozza), doch diese irregeleiteten Aktivitäten führten zu nichts, da es Italiens mächtigeren Unterstützern, besonders Frankreich, regelmäßig gelang, die Österreicher wieder aus Italien hinauszudrängen.

Österreichs Präsenz an der Adria sollte alle möglichen Konsequenzen haben. Die Kämpfer für einen italienischen Nationalstaat betrachteten die Territorien Venedigs als italienisch, und als die Österreicher nach ihrer Niederlage gegen die Preußen im Jahr 1866 erst einmal aus dem Rest von Venetien hinausgeworfen worden waren – nur die kroatische Küste behielten sie –, wurde der Küstenstreifen des venezianischen Dalmatien zur höchst instabilen Zone nationalistischer Begehrlichkeiten – obwohl dort nur sehr wenige Italienisch sprechende Menschen lebten. Und das hatte, wie bekannt, katastrophale destabilisierende Folgen in beiden Weltkriegen. Aber Österreichs Besitz der Küste hatte imperialistischen Gelüsten in Richtung des balkanischen Inlands Auftrieb gegeben: Mit der letztendlichen Annexion Bosniens und der Herzegowina 1908 gebärdete sich die k. u. k. Monarchie noch einmal als entschlossen und nicht zu stoppen. Dass damit aber eine sinnvolle Barriere zwischen den Habsburgern und den Serben wegfiel, bedachte man nicht, und die Konflikte hier wurden zu einer der Ursachen des Ersten Weltkrieges.

Doch wie so häufig in der facettenreichen mitteleuropäischen Geschichte mit ihren unbeabsichtigten weitreichenden Folgen von Entscheidungen tritt dann auch wieder eine politische Lähmung ein – zu Einheit und Uniformität wie der des chinesischen Kaiserreichs oder der Vereinigten Staaten ist dieser kleine, zerstrittene, dicht besiedelte Kontinent aus irgendeinem Grunde unfähig, ja, er scheint dagegen allergisch zu sein. Die Verschiedenheit, die Europa so faszinierend macht, führte leider auch immer wieder zu Aggression und Tod. Wenn sich eine europäische Macht zur Supermacht hätte aufschwingen können oder wollen, demütigten und zerstörten die anderen Mächte sie. Das schlagendste Beispiel dafür waren Napoleon und Frankreich, doch in kleinerem Umfang erlebten auch die Habsburger (von denen so mancher Ahn heftige Dämpfer verpasst bekommen hatte), wie sich ihre Wahnsinnsgewinne von 1815 rapide in deprimierende Belastungen verwandelten.

Ein unlösbares Problem für die neuen politischen Auffassungen nach Napoleons Niederlage war die Frage der Legitimität. War es – wenn auch zynisch – Sinn und Zweck der Neuordnung Europas durch Napoleon gewesen, dass die Fähigen herrschen sollten, dann rissen die Kaiser, Könige und sonstigen kleinen und großen Dynastien diese Idee 1815 mit den Wurzeln aus, die sie gerade erst geschlagen hatte. Das Prinzip der Legitimität stand nun wieder auf der Tagesordnung – die Herrschaft einer Familie strikt nach Geburtenfolge.

Historisch hatte es stets sehr verschiedene Herrschaftsformen in Europa gegeben, von Republiken bis Wahl- und Erbmonarchien, aber 1815 war mit dieser Vielfalt Schluss. Die meisten freien Reichsstädte mit ihren Kaufmannsoligarchien waren aufgelöst und genauso wenig wieder hergestellt worden wie die vielen mal eher pompösen, mal eher nüchtern bescheidenen geistlichen Territorien, die sich fast alle eher auf das klerikale Leben als auf Machtpolitik konzentriert hatten. Raritäten wie das kaiserliche freiweltliche Reichsstift Quedlinburg, dessen reale Selbständigkeit sicher schon lange bedroht und eingeschränkt war, waren dem Reichsdeputationshauptschluss zum Opfer gefallen und wurden Preußen ebenso zugeschlagen wie das drei Quadratmeilen große Reichsstift Essen neben der gleichnamigen Stadt, in der gerade die außerordentlich rührige Familie Krupp tätig zu werden begann.

Paradox in der Biedermeierzeit war das ungute Phänomen eines auf archaischem Recht beruhenden Anspruchs auf Legitimität von Herrschern, die einem Land oktroyiert wurden, dessen Bevölkerung aber ganz genau wusste, dass diese Ansprüche ein rechter Witz waren. Die Herzöge von Württemberg und ihre Machtlosigkeit waren zum Beispiel beliebter Gegenstand des Spotts, weil sie sowohl von ihren eigenen Untertanen als auch von den Bewohnern Dutzender oft wohlhabender Enklaven auf ihrem Territorium ständig in nicklige Rechtsstreitigkeiten verwickelt wurden. Und in den Napoleonischen Kriegen war der Herzog ein ums andere Mal gedemütigt worden. Als er sich aber endlich all die Enklaven schnappen konnte, die ihn immer geärgert hatten – wie Heilbronn, Esslingen, Gmünd, Ravensburg und Hall –, musste er dafür Napoleon unterstützen – und der Supergau passierte, als er mehr als sechzehntausend Württemberger mit nach Moskau schicken musste, von denen ein paar hundert zurückkehrten. Gut, dafür wurde er nun *König* von Württemberg, doch sein Königreich war entvölkert und verwüstet, und er hatte sein Volk verraten. Zum Glück starb dieser Schuft, der heute als König Friedrich I. bekannt ist (und im Übrigen um die zweihundert Kilo wog), kurz nach dem Wiener Kongress, und man konnte einen neuen Anfang machen. Aber angesichts solcher Vorkommnisse das Wort Legitimität überhaupt noch in den Mund zu nehmen ist schon dreist.

Selbst wenn der neue Deutsche Bund nur noch aus neununddreißig Staaten bestand und nicht aus den Hunderten, die vor Napoleons Auftreten existiert hatten, gab es darin immer noch die unterschiedlichsten Herrscher, die meinten, die Legitimität sei auf ihrer Seite, und dies als hinreichendes Argument für ihre weitere Existenz sahen. Leider waren viele von ihnen grottenschlecht und unfähig und brachten selbst den apathischsten Intellektuellen oder borniertesten Lokalpolitiker ins Grübeln.

Ein wahrhaft grauslicher Mann war der König von Hannover, Ernst August I. Als jüngerer Bruder des englischen Königs George IV. erbte er das Königreich Hannover, als Victoria den englischen Thron bestieg und die Verbindung über die männliche Linie zwischen Großbritannien und Hannover erloschen war. Ernst August, ein Reaktionär der allerdebilsten Sorte, wurde bei seinem Weggang aus London (wo er als Herzog von Cumberland bekannt gewesen war und unter dem Verdacht des Mordes und Inzests stand) von der britischen Presse höhnisch bejubelt. Er gehörte zu den Mitbegründern des Oranierordens in Irland, und als aggressiver Kämpfer wider den Katholizismus und jedwede Reform erstickte er alle noch so zaghaften Versuche der Bewohner seines Königreichs Hannover, ihre politischen Rechte zu verteidigen. Stichwort Göttinger Sieben: Er verwies sogar den einen der Brüder Grimm zusammen mit zwei anderen Professoren der Göttinger Universität des Landes und enthob den anderen Bruder und drei weitere Professoren ihrer Ämter – ein unverzeihliches Schurkenstück. Ernst August war wirklich ein wandelndes Beispiel für die Widersprüchlichkeit und Grenzen der Legitimität.

Was nicht minder für den grässlichen Herzog von Braunschweig, Karl II., gilt, der es trotz des ultimativen Einsatzes seines Vaters (des Schwarzen Herzogs) und Großvaters – die beide im Kampf gegen Napoleon fielen – schaffte, von einer wütenden Menschenmenge, die auch sein Schloss abfackelte, davongejagt zu werden. Preußen hatte nach Friedrich dem Großen auch kein Glück mehr: Zwei Mal hintereinander wurde ihm pure prinzipienlose Mittelmäßigkeit beschert (im Grunde waren alle sechs Herrscher bis zum Ende der Dynastie 1918 nicht so toll). Und in Wien selbst zog der farblose, engstirnige, öde Franz I. sein fragwürdiges, fades Dasein auf Erden (das selbst bei den unterwürfigsten Hofmalern aufs trefflichste zum Ausdruck kommt) ewig in die Länge und überließ bei seinem Ableben die Regierungsgeschäfte Ferdinand I., einem epilepsiekranken Einfaltspinsel, den man kaum in der Öffentlichkeit sah – und die sogenannte Legitimität wurde wieder einmal zur Farce. Allerdings soll Ferdinand ein richtig netter Kerl gewesen sein; während der achtundvierziger Revolution zog man ihn stillschweigend aus dem Verkehr, und er verbrachte den Rest seines langen Lebens von Ärzten umgeben in der Prager Burg. Es gab zwar auch andere wie Leopold I., Großherzog von Baden, oder Ludwig I. von Bayern (dem allerdings sein reiches und augenscheinlich schönes Sexleben – Lola Montez! – zum Verhängnis wurde), doch Inzucht und Pech dräuten immer, und auch die badischen und bayerischen Königshäuser blieben von Wahnsinn nicht verschont, aber so gewalttätig und primitiv wie die Hannoveraner waren sie nie.

Karl und Albrecht

Zwei für das neunzehnte Jahrhundert typische Deutsche, in einem Abstand von nicht einmal eineinhalb Jahren in wohlhabenden Verhältnissen geboren, gingen höchst unterschiedliche Lebenswege. Dabei hatten sie viele Interessen gemeinsam (zuvörderst die an Wissenschaft und Fortschritt), studierten beide an der Universität in Bonn, waren beide protestantisch und verbrachten den größten Teil ihres Lebens in London. Sie begegneten einander nie, hätten sich aber sicher, wenn auch mäßig amüsiert, über Beschränktheiten und aufreizende Marotten der Engländer ausgetauscht.

Karl Marx' hübsches, wenn auch heftig umgebautes Geburtshaus in Trier hat einige Aufs und Abs erlebt. Am schlimmsten muss die demütigende Nutzung als hakenkreuzgeschmücktes Trierer Nazihauptquartier im »Dritten Reich« gewesen sein. Aber obwohl der westdeutsche Staat fast ebenso sehr als antikommunistisches wie antifaschistisches Bollwerk errichtet wurde, war das Karl-Marx-Haus für Westlinke immer eine gern besuchte Pilgerstätte – so mancher Genosse aus dem Ostblock durfte zu seiner Enttäuschung niemals dorthin reisen. Die besten Zeiten dieses Hauses, als chilenische Trotzkisten und italienische Stalinisten sich auf der ziemlich engen Treppe anfauchten, sind lange vorbei. Und als die Genossen aus dem Ostblock endlich Reisefreiheit hatten, kollabierte leider (zumindest aus dem engen Blickwinkel der Betreiber des Karl-Marx-Hauses) gleich die ganze Ideologie, die einen Ausflug nach Trier zur Priorität ersten Ranges gemacht hatte. Ein großes Fragezeichen bleibt die Volksrepublik China, aus der in willkürlichen Abständen enthusiasmierte Reisegruppen in die Trierer Hotels einfallen. Was diese Gruppen machen, nachdem sie durch das nicht gerade hochinteressante Haus getrottet sind, würde ich schon gern wissen. Immerhin haben sie einen weiten Weg auf sich genommen, nur um das alte großbürgerliche Heim eines preußischen Rechtsanwalts mit angeschlossenem Café zu sehen. Und selbst wenn das Leben in China jetzt einen Hauch entspannter ist, fragt man sich doch, was die Partei davon hätte, wenn ihre verdienten Genossen durch die umliegenden Weinberge oder um die Porta Nigra wanderten. Vielleicht kommt einer auf die Idee, Letztere nach China zu verschiffen und irgendwann eine Ausstellung »Gescheiterte Reiche der Vergangenheit« in einem Neuen Beijing à la *Flash Gordon* im späten einundzwanzigsten Jahrhundert zu organisieren.

Mein beklagenswertes Unvermögen, abstrakte Ideen aufzunehmen, würde mich zu einem hilflos mit den Armen rudernden, armseligen Führer durch die Philosophie machen, die aber im deutschen Leben eine eminent wichtige Rolle spielt. Um Schmach und Schande gar nicht erst auf mich zu laden, meide ich das ganze Gebiet beziehungsweise lese vollkommen zufrieden die handfesteren Texte wie die Aphorismen (zur Lebensweisheit) von Schopenhauer und Nietzsche, aber weiter schaffe ich es nicht. Mit Marx' Theorien zur Rolle des Staates und seiner Analyse der kapitalistischen Wirtschaft kann mein krudes Hirn nichts anfangen, doch als Journalist und Polemiker ist und bleibt er einer der bissigsten, spöttischsten und amüsantesten Kommentatoren der Zeitläufte, die er von seinem Nordlondoner Exil aus beobachtete. Napoleon III. mag vielleicht, vielleicht ein schöpferischer, intelligenter, progressiver Mann gewesen sein, der Besserungen für Frankreich herbeiführen wollte (und das in verschiedener Hinsicht auch schaffte), doch wie Marx ihn verspottet, ist tausendmal besser. Marx' Ideen gewannen, wie bekannt, in der Folgezeit ungeheure Bedeutung, wir werden nie wissen, wie die kleineren und größeren Revolutionen ohne sie verlaufen wären. Die Menschen hätten sich vermutlich trotzdem erhoben, Russland wäre 1917 allemal zusammengebrochen, doch Marx lieferte die Ideologie, die zur Begründung eines starken, zentral regierenden Staatsapparats führte, den man sich im neunzehnten Jahrhundert noch nicht einmal im Traum hätte vorstellen können.

Die Deutschen veranstalteten im Ersten Weltkrieg allerlei kurzsichtigen, dämlichen Unfug, doch Lenin in einen verplombten D-Zug-Wagen zu stecken und aus der Schweiz nach Schweden zu verbringen (von wo es weiter nach St. Petersburg ging), muss ihnen erst mal einer nachmachen. Der Wunsch, die Unruhen in Russland dadurch zu schüren, dass man den berühmten Revolutionär auf das Land losließ, hatte ungeheure Konsequenzen für das gesamte zwanzigste Jahrhundert: Und nie wieder in der Menschheitsgeschichte wird man wohl noch einmal so nahe miterleben können, was sozusagen unter Laborbedingungen passiert, wenn eine Ideologie die Macht übernimmt. Lenin war sicher überzeugt, dass er die Erkenntnisse des kettenrauchenden Weisen aus Highgate verwirklichte (nicht ohne sie durch ein paar Zusätze aus eigener Produktion zu ergänzen). Aber aufgrund dieser Ideen, ihrer Inhalte, ihrer Wucht und Totalität meinten Regierungen in einer Weise handeln zu können, die selbst das Handeln des geiferndsten, hinrichtungsfreudigsten, golden uniformierten absolutistischen Herrschers über Nacht aussehen ließ wie das eines liebenswürdigen, unfähigen Kneipenquizmasters. Marx' jüdischer Vater war zum Protestantismus übergetreten, und Religion – hofft man schon um der Glaubwürdigkeit willen – spielte in Karls Leben nur eine geringe Rolle. Doch dass der Marxismus etwas Jüdisches hatte, davon war so mancher in Deutschland überzeugt, und das hatte Folgen. Auch deshalb ist das Karl-Marx-Haus mit seinem Geschenkeshop in einer Reihe von Läden, die Staubsaugerersatzteile und Kinderschuhe verkaufen, so witzig dann auch wieder nicht.

Marx' thüringischer Zeitgenosse Albrecht war der zweite Sohn Ernsts I., Herzogs von Sachsen-Coburg und Gotha. Wie schon erwähnt, pickten sich die Angehörigen der britischen Königsfamilie traditionell gern Mädels von kleineren Höfen heraus, doch da sich diesmal in England eine Prinz*essin* (Victoria) für den ganz großen Job warm machte, musste Albrecht das Mädel spielen. Ratzfatz war er in London, wurde in Albert umgetauft, ehelichte seine Cousine ersten Grades und wurde ihr Prinzgemahl. Auf den eigenartig uninteressanten Hofporträts dieser Zeit sieht Albert immer selbstgefällig-dümmlich und wie eine Wachsfigur aus – was auch daran gelegen haben mag, dass man für eine Daguerreotypie ewig still stehen musste. Doch ab und zu und wie zufällig sieht man auf Fotografien, die in einem unbemerkten Moment aufgenommen wurden, hinter der Fassade den knallharten, cleveren, arroganten deutschen Macher. Zu Lebzeiten war er nicht sonderlich beliebt, was aber durch den Kult, der nach seinem Typhustod 1861 um ihn betrieben wurde, in Vergessenheit geriet.

Die deutschen Gattinnen der britischen Könige hatten sich entweder im Hintergrund gehalten oder wurden Boulevardpresselieblinge wie die schon im vorherigen Kapitel erwähnte Caroline von Braunschweig-Wolfenbüttel, Gemahlin Georges IV., deren trauriger, mit rotem Samt bedeckter kleiner Sarg in der engen, finsteren Gruft im Braunschweiger Dom steht. Alberts Umtriebigkeit wie auch sein deutscher Akzent waren allerdings politisch nicht unbedingt willkommen – mit welcher Befugnis reformierte er die Armee, mischte sich in die Politik seiner ausländischen Verwandten ein oder plante die Weltausstellung 1851? Seine Begeisterung für Naturwissenschaften und Museen macht ihn mir von Herzen lieb. Als er bei Planung und Aufbau der Weltausstellung (wie paradiesisch es gewesen sein muss, sich die anzuschauen!) und der Museen im Londoner Stadtteil Kensington eine entscheidende Rolle spielte, machte er sich die begeisterte Zustimmung der Briten zunutze, doch in beiden finden sich auch viele Anklänge an deutsche Jahrmärkte und Kuriositätenkabinette, von denen ich bekanntlich nie genug kriegen kann. Das ganze Gelände für die Museen wurde mit den Gewinnen aus der Weltausstellung 1851 in London erworben, und obwohl man sie im Wesentlichen nach Alberts Tod erbaute, würden sie ohne ihn nicht existieren. Wie klug er war, kann man auch daran ermessen, dass er nach Veröffentlichung von Darwins *Über die Entstehung der Arten* 1859 vorschlug, den Autor in den Adelsstand zu erheben. (Er scheiterte.)

Alberts vielfältige Interessen sind ja sehr nett und in der Steinwüste des intellektuellen Lebens der britischen Royals ein Lichtblick, doch in dynastischen Belangen war er altmodisch. Er verheiratete seine halbwüchsige Tochter Victoria mit dem preußischen Kronprinzen Friedrich Wilhelm und löste damit, wenn man so will, eine der großen Tragödien des deutschen Kaiserreichs aus. Victoria machte ihren Gatten nämlich mit einem am Berliner Hof nicht so verbreiteten Liberalismus bekannt, und die Hoffnungen auf eine Liberalisierung Preußens waren groß. Doch das Paar musste Jahrzehnte auf den Tod des fantastisch langlebigen Wilhelm I. warten, und als Friedrich Wilhelm ihm 1888 endlich als Friedrich III. auf den Thron folgte, war er selbst schon todkrank. Er regierte drei Monate – verzweifelt, er hatte Kehlkopfkrebs, konnte nicht mehr sprechen und kommunizierte mit kleinen Zetteln – und machte dann viel zu früh den Weg für seinen und Victorias unappetitlichen Sprössling frei, der als Kaiser Wilhelm II. regierte. Letztlich besteht Friedrichs und Victorias einziges echtes Vermächtnis in einem psychisch sehr unausgeglichenen Erben und einem wunderbaren Marmormonument in ihrem Mausoleum in Potsdam. Alberts dynastische Pläne scheiterten furchtbar: Kaiser Wilhelm meinte, als Königin Victorias Enkel mit Großbritannien konkurrieren zu müssen, fühlte sich aber ständig unterlegen, was durch die Prachtentfaltung und herablassende Haltung seines Onkels, des dicken Weiberhelden Edward VII., noch verstärkt wurde.

In der englischsprachigen Welt ist Albert im Übrigen berühmt, weil er den Weihnachtsbaum aus Deutschland mitbrachte. Die britische Königsfamilie hatte zwar auch schon auf Wunsch der Gattin Georges III., die aus Mecklenburg-Strelitz kam, einen gehabt, doch erst nach der weidlich zur Schau gestellten britischen Biedermeieridylle – Weihnachten zu Hause bei Victoria und Albert und den Kindern – meinten Betuchtere, nun nicht mehr auf einen Baum verzichten zu können. Ich fand und finde es ein zweifelhaftes Vergnügen.

Zu meinen weihnachtlichen Aufgaben gehört es, loszuziehen und unseren Baum zu besorgen, und die Händler auf den Parkplätzen schaffen es unheimlicherweise immer wieder, mir eine Kiefer mit einer verborgenen, tödlichen Krankheit anzudrehen. Am ersten Weihnachtstag glänzen also die Wohnzimmerfenster aller Häuser in unserer Straße kieferig freudevoll, während unser Baum aussieht, als sei er mit Agent Orange besprüht worden. Daran ändert sich auch nichts durch unseren selbst gebastelten Schmuck. Unförmige Pappmachéklumpen und mit Watte beklebte und Plakatfarbe bemalte Kartonrechtecke aus den lange zurückliegenden Kindergartenzeiten unserer Sprösslinge baumeln Seit an Seit mit skurrilen Souvenirs von Reisen in den Nordwesten der Vereinigten Staaten, zum Beispiel einem kleinen Fährschiff aus Seattle oder einem Spielzeugelch, der zwar keine Beine und kein Geweih mehr hat, aber marode in den eh schon maroden Kiefernzweigen hängt. Insgesamt wirkt unser Weihnachtsbaum – samt ein paar vereinzelt darüber geworfenen verknitterten Lamettastreifen und erratisch blinkenden Lichtern – wie ein verrußtes, in etwa pyramidenförmiges Objekt, auf das sich der Krampus erbrochen hat. Und so ist selbst unser bescheidenes Heim eine Allegorie auf Prinz Alberts Versuche, die Zukunft der preußischen Königsfamilie bzw. deutschen Kaiserfamilie mitzugestalten.

Im historisch bedeutsamen Jahr 1848 setzten Karl Marx und Prinz Albert sehr verschiedene Prioritäten; Ersterer war emsig damit beschäftigt, die Diktatur der herrschenden Klassen zu beseitigen und das *Kommunistische Manifest* zu schreiben, Letzterer war auf Grundstückssuche in Balmoral, weil er ein neues Schloss für seine wachsende Familie in Schottland brauchte.

Die Revolutionen von 1848 fanden in der einen oder anderen Form überall, von Irland bis Schweden, statt, wenn die Ursachen auch unterschiedlich waren und die Erhebungen mit Fortschreiten des Jahres zunehmend als Abklatsch voneinander erschienen. Da sie fast überall scheiterten, wurden sie letztlich sowohl von der Linken als auch von der Rechten mit Hochmut und Geringschätzung abgetan. Es ist leicht, sich über einen Aufständischen wie den jungen Opernkomponisten Wagner auf den Barrikaden in Dresden lustig zu machen (der seinen späteren Ruhm dann durchaus einem monarchischen Mäzen verdankte). Aber es ging um sehr viel (alles vibrierte vor Aufregung und vor Freude über die neuen Möglichkeiten), wenn auch nur wenige Beteiligte schlüssig hätten erklären können, worum genau. Über die Abscheu vor kalter Repression hinaus – wie es sie im Kaiserreich Metternichs gab – gab es keine einheitliche Meinung dazu, was man anstreben sollte. Das lag vor allem auch an der Angst der Bürger, die politische Repräsentation verlangten, die Arbeiterklasse aber fein außen vor halten wollten.

1848 bestand auf allen Seiten eine oft hemmende Zögerlichkeit. Bei wohl nur wenigen historischen Ereignissen hat man so sehr den Eindruck, dass die Handelnden nach einem Drehbuch agierten und ihre Taten schon bald in den unzähligen preiswerten Drucken der damaligen Zeit verewigt sehen wollten. In Deutschland folgte man dem, was Frankreich vorgemacht hatte – zum einen war man besessen davon, das, was dort 1789 richtig oder falsch gelaufen war, korrekt zu interpretieren, und zum anderen hatten die Franzosen im Februar 1848 den Ball mal wieder ins Rollen gebracht, indem sie ihren König Louis-Philippe davonjagten, was eine Warnung für alle europäischen Monarchen war. Aber ebenso wie die Könige immer das schaurige Bild von Ludwig XVI. und Marie Antoinette unter der Guillotine vor sich sahen, so war auch vielen bürgerlichen Aufständischen übel vor Angst, von verrohten Prolls in Stücke gerissen zu werden, die sie aber brauchten, um die Barrikaden zu bemannen und das nötige Bedrohungsszenario aufzubauen. Die Arbeiter wiederum hielten sich gegen den unvermeidlichen Verrat der Bourgeoisie gewappnet. Die Mischung aus Aktionismus und Zögern verlieh 1848 etwas Traumähnliches – den Kräften der Reaktion war nicht klar, dass sie eigentlich sehr gute Karten hatten, und dem Bürgertum nicht, dass es nach nur wenigen Zugeständnissen der Herrscher die Seiten wechseln und wieder kuschen würde. Letztendlich sorgte Bangigkeit auf beiden Seiten dafür, dass die feudalen militärischen Kräfte zurückschlugen – an ihrer Spitze solche Hassfiguren wie der Fürst zu Windisch-Grätz, der die Aufständischen in Prag und Wien niederkartätschte und die Ordnung wiederherstellte.

Die Entscheidung, in Frankfurt ein Parlament eines geeinten Deutschland einzuberufen, verschärfte das Problem, das Deutschland und damit Europa bis zur Durchsetzung einer neuen Ordnung nach 1945 zerreißen sollte: Wenn mit der Masse kleiner Länder mit Deutsch sprechenden Minderheiten Schluss sein und ein vereintes Deutschland geschaffen werden sollte, wie sollte das dann aussehen? In Prag fanden deutsche Aufständische, dass Böhmen trotz seiner mehrheitlich slawischen Bevölkerung dazugehören müsse, weil die Deutschen hier politisch dominant waren. Deutsche Nationalisten in Wien wollten auf keinen Fall, dass Österreich fehlte, wurden aber von den Habsburgern mit beinahe ebenso viel Hass betrachtet wie die revolutionären Ungarn: Die Habsburger mochten ursprünglich selbst einmal Deutsche gewesen sein, doch Sinn und Zweck ihres Reiches war gerade, dass Deutsche, Kroaten und Rumänen ihnen gleichermaßen untertan waren; national-deutsche Bestrebungen konnten es nur zerstören (was letztlich ja auch der Fall war).

Die Stimmung in der Paulskirche zu Frankfurt, wo die erste deutsche Bundesversammlung 1849 zusammentrat, war nicht nur von Idealismus und demokratischen Hoffnungen geprägt, sondern es erklangen von allen möglichen Gruppen auch Töne des Antisemitismus, Hetztiraden für einen Krieg gegen Dänen und Polen, dringende Rufe nach »Germanisierung«. Die Bitte an den König von Preußen, Erbkaiser eines vereinigten Deutschland zu werden, prallte an Hohn und Verachtung des Königs ebenso ab, wie sie an der wackligen Legitimität des Parlaments selbst scheiterte. Als Friedrich

Wilhelm IV. die Krone, den »imaginären Reif, aus Dreck und Letten gebacken«, ablehnte, überraschte das eigentlich niemanden. Aber kaum merkten die Herrschenden, wie zögernd und konfus die Repräsentanten der Revolutionen waren, traten sie mit aller Brutalität in Aktion. Zuerst schlugen sie diese mit dem loyalen Militär, dann nutzten sie die entflammten Nationalgefühle, um sie abzulenken und auf falsche Fährten zu locken. Ein letzter, kläglicher Aufstandsversuch wurde im Juni 1849 in Baden mühelos von preußischen und badischen Truppen zerschlagen, jeder zehnte sich ergebende Aufständische wurde erschossen, die Übrigen verbrachten ihr restliches Leben hinter Gittern.

1848 war für deutsche Demokraten immer ein sehr wichtiges und sehr schmerzliches Thema. Die von der Frankfurter Bundesversammlung vorgeschlagene Flagge wurde diejenige der Weimarer Republik und des westdeutschen Staates nach 1945 sowie – mit Hammer und Zirkel – auch der DDR; die Paulskirche gehörte zu den ersten Gebäuden, die nach dem Krieg in Frankfurt wieder aufgebaut wurden. Aber es ist sicher illusionär zu meinen, dass Deutschland 1848 demokratisch, einig und friedlich geworden wäre und das nur wegen des Egoismus und der Bigotterie der herrschenden Elite verspielt wurde, die sich dann ihrerseits 1918 ins Verderben ritt und den Weg dazu bereitete, dass Deutschland viel üblere Mächte anbetete. In Frankreich gab es jede Menge Regimewechsel und trotzdem kein goldenes Paradies, das Deutschland versagt blieb. Man könnte sogar argumentieren, dass Deutschland nach der Niederschlagung der Revolution bemerkenswert friedlich war; abgesehen von Bismarcks kurzen Kriegen war es über mehrere Generationen nicht in ernsthafte gewaltsame Konflikte verwickelt. Die Forderungen von 1848/49 – gute wie schlechte – blieben aber für viele Deutsche sowohl der Linken als auch der Rechten virulent.

Marx erwies sich sein Leben lang als maßgebliche Stimme, die diese Fragen artikulierte, besonders als das Ruhrgebiet sich so rasant entwickelte und zuerst Preußen und dann das Deutsche Reich ein weit, weit mächtigeres Land wurde, als es je gewesen war. Prinz Albert starb zu früh, um den erstaunlichen Wandel in Deutschland in dem Jahrzehnt seines Todes zu erleben. Zu sehen, wie sein älterer Bruder Ernst II. es hindeichselte, dass Sachsen-Coburg und Gotha ein richtiger, wenn auch winziger Teil des neuen Bismarck'schen Kaiserreichs wurde und nicht in Preußen aufging, hätte ihn gewiss sehr gefreut.

Nachfolger des kinderlosen Ernst wurde übrigens Alberts zweiter Sohn Alfred, Herzog von Edinburgh, ein weitgereister Mann, der in Australien, Indien und Afrika gewesen war, Geige spielte, Glas sammelte, eine russische Gattin nahm, den griechischen Thron ablehnte und sich plötzlich, für die letzten neun Jahre seines Lebens, in dem mickrigen Coburg wiederfand.

Weniger erfreut wäre Albert über seinen Enkel Charles Edward gewesen, der, nachdem Alfreds Sohn an den Folgen eines Selbstmordversuchs gestorben war und alle, die in der Erbfolge näher standen als Charles Edward, den Titel dankend abgelehnt hatten, noch als Etoner Schuljunge auf den kleinen Thron befördert wurde. In einer extrem ungerechten Folge von Ereignissen und nach seiner an sich vernünftigen Entscheidung, sich im Ersten Weltkrieg auf die Seite seiner »Wahl«heimat zu stellen, ging Karl Eduard (wie er jetzt hieß) aller seiner britischen Titel verlustig. In der Revolution von 1918/19 wurde er dann seines Besitzes und seiner deutschen Titel beraubt und schließlich zu einem überzeugten Anhänger Hitlers. An Georges V. Begräbnis 1936 nahm er in SA-Uniform teil, und sein Verhalten im Zweiten Weltkrieg verdient große Verachtung; als Präsident des Deutschen Roten Kreuzes muss er vom Euthanasieprogramm der Nazis zumindest gewusst haben.

Aber diese Familienschande lag noch in weiter Zukunft und war auch nur das Ergebnis unvorstellbar verzwickter Schicksalswendungen, die nicht im Scheitern der achtundvierziger Revolution begründet lagen. Victoria und Albert zogen damals übrigens vorsichtshalber auf die Isle of Wight für den Fall, dass es in London Aufstände geben sollte, wozu es aber nicht kam. Alberts englische Familie lebte weiterhin in Frieden in einem sich dynamisch entwickelnden, reichen, vitalen Großbritannien – wie auch Karl Marx.

Turmeinsamkeit

Ich stand einmal friedlich vor einem Kebab-Stand in Regensburg, als mir blitzartig ein scharfer Schmerz durch den Kopf schoss, begleitet von einem schrecklichen, fast elektrisch zischenden Geräusch. Selbst in dem Moment, in dem ich kapierte, dass das Zischen von einer kaputten Neonreklame kam und nicht aus meinem Hirn, fühlte ich mich plötzlich sehr allein und kriegte Panik. Niemand, den ich kannte, hatte die leiseste Ahnung, in welcher Stadt ich mich befand, und mein Handy war wie immer mausetot. Plötzlich erschien mir meine glückselige Isolation bedroht und eigentlich dumm.

Bald war ich allerdings wieder obenauf. Denn ich finde, als Tourist allein zu reisen sollte jeder einmal ausprobieren. Es ist natürlich keine echte Einsamkeit. Man kann sie genießen, weil sie von begrenzter Dauer ist und man eine fröhliche Basis hat, die man nur sehr zeitweilig verlässt. Im Job werde ich für meine Qualitäten als aufgedrehter Dampfplauderer in tumultuarischem Gerede über Bücher und deren Meriten bezahlt, und der Sound zu Hause ist auch nicht dezent. Alle schreien und blödeln herum, jede Entscheidung wird erst nach erhitzten Konsultationen von UN-haften Ausmaßen gefällt. Und dann stehe ich plötzlich im Schatten eines monströsen, halb verfallenen Flakturmes in Wien und bin vollkommen allein. Aber Langeweile kommt bei touristischem Alleinreisen gar nicht auf.

Mit anderen zusammen bin ich manchmal wie gelähmt vor Angst, dass sie vielleicht alles sturzlangweilig finden, lieber woanders essen würden, sich insgeheim ärgern, dass wir schlussendlich diese Straße entlanggehen und nicht eine andere und dass sie über meine Interessen nur die Nase rümpfen. Reist man allein, kann das alles nicht passieren. Wenn ein Museum über die Maßen fade ist, muss man kein Interesse heucheln, sondern geht einfach. Ich schlendere zum Beispiel gern planlos stundenlang und hochzufrieden, wie in Trance, kreuz und quer durch eine Stadt; um die nächste Ecke könnte ja was Kurioses kommen. Eigentlich, und da bin ich immer total zuversichtlich, kommt *stets* etwas Kurioses um die nächste Ecke (mein Wort darauf!). Wenn aber jede Straße, jede Kneipe, jedes Volkskundemuseum immer erst Gegenstand langwieriger zwischenmenschlicher Verhandlungen wird, entsteht eine vollkommen andere Dynamik.

Eine Freude des Alleinseins ist ein geschärftes Bewusstsein für Tiere. Man kann ohne Weiteres einfach mal stillstehen und keinen Muckser von sich geben, wenn man nur in der borderline-langweiligen Gesellschaft von sich selbst ist. In Lübeck suchte ich einmal Schutz vor einem Regenschauer unter einem blühenden Holzapfelbaum, in dem massenhaft Blaumeisen herumhupften, und ein anderes Mal beobachtete ich, wie sich eine Spitzmaus den Drachenfels hinaufarbeitete, einen bescheidenen Hügel am Rhein, doch für sie eine Annapurna, aber mit Larven. Einmal ging ich eine lange Straße in Hildesheim entlang und wurde von einer Fledermaus begleitet, die Angst vor Licht hatte. Sie flatterte herum, flitzte unter einem Auto her, kriegte wieder Panik und schoss über meinen Kopf hinweg, als sei ich ein Hexenmeister und sie als meine ständige Begleiterin versage gerade kläglich.

So, genug des Nature Writing, doch in solchen und ähnlichen Momenten weiß ich, dass mein simples Begehr, allein gelassen zu werden, absolut was für sich hat. Die ständige Notwendigkeit, mich selbst zu unterhalten, brachte mich zum Beispiel auch dazu, im Groben schon mal Themenkomplexe für dieses Buch auszuspinnen: Astrologie und Innenarchitektur, Angst vor Bären, Eis in der deutschen Kultur, nie errichtete Statuen, Zauberei und Alchemie, der Landsknechtskult, Präparieren von gefakten Tieren, wie den abscheulichen bayerischen Wolpertingern, Wiener Romane zwischen den Kriegen, Altenburg und seine Spielkartenfabrik, die Gemälde von Albrecht Altdorfer. Ich kam auf ein endloses, geradezu erdrückendes Sammelsurium, und vieles wurde gekippt, doch eine Handvoll brauchbarer Ideen blieb.

Gut möglich, dass meine Lust am Alleinreisen in ein paar anderen Ländern schwer durchzusetzen wäre, besonders in den beharrlich auf Geselligkeit pochenden wie Italien. Einsamkeit – wenn auch zeitlich begrenzte – gehört zur deutschen Kultur und wird oft theatralisch zelebriert. Vielleicht ist das ein großes Geschenk. Je nachdem, in welcher

Stimmung ich bin, finde ich, dass man einfach nur deutsche Schriftsteller aus der ersten Hälfte des neunzehnten Jahrhunderts lesen muss, und schon wird man mit einem unerschöpflichen Reservoir an Verhaltensweisen bekannt für Situationen, in denen man mal gern allein gelassen werden will. Ich kann es mir gar nicht anders vorstellen, als dass alle Menschen zumindest hin und wieder wie Rapunzel in einem Turm ohne Treppen und Türen leben und nachdenken wollen – ganz abgesehen von dem sexuellen Kick, den man sich bei einem solch komplizierten Arrangement holen kann. In Deutschland gibt es unendlich viele mit Efeu überwucherte, Einsamkeit verheißende Erkertürme – Kepler betrachtete die Planeten über Prag, Faust beschwört in vielen Inszenierungen dort Geister herauf –, wahrscheinlich wurde manch ein Turm im neunzehnten Jahrhundert als Reaktion auf die umfassende Literatur gebaut, die sich dem Thema widmete. In Lübeck gibt es einen haarsträubend unechten Erker an einem Wachtturm – der wäre mir für den Rest meines Lebens gerade recht.

Charaktere, die die Einsamkeit lieben, gibt es eigentlich nicht in der englischen Literatur – den freien Gelehrten in seinem Turm, den Handwerksburschen, der von einer Stadt zur anderen wandert, die Jungfrau in der Burg, den fahrenden Spielmann. Vielleicht liegt das an der besonderen politischen Struktur Deutschlands mit den Hunderten verschiedener kleiner Länder und Städte. Zu Deutschland gehörte das Wandern über die langen, breiten Chausseen, Feldwege, kaum markierten Pfade, Bergpässe (wie die, die Adalbert Stifter so beeindruckend in *Bergkristall* beschreibt). Arbeiter, Kaufleute, Bettler, Quacksalber, Soldaten zogen durch eine Landschaft, die dicht besiedelt und, je nachdem, bisweilen ungefährlich und bisweilen sehr gefährlich und abgeschieden war.

Grimms Märchen, die großteils in der relativ ruhigen, heilen Welt Hessens gesammelt wurden, beschwören schon Angst und Schrecken herauf, wenn die Protagonisten sich mutterseelenallein in weglosen Wäldern verirren und Hexen und Zauberern zum Opfer fallen. Alles in allem aber teile ich die Liebe der Deutschen zu den einsamen Wäldern. Ein Spaziergang in einem englischen Wald ist, wie schon einmal angemerkt, in aller Regel kurz, und immer gibt es bald was Leckeres zur Teatime. Wirft man einen Stein, trifft man mit hoher Wahrscheinlichkeit jemanden, der Kaffee und Walnusskuchen verkauft. Herrlich – ein Spaziergang in einem deutschen Wald, selbst wenn der noch so gepflegt und gut ausgeschildert ist, ist immer gleich auch eine Begegnung mit einer unendlich reichen Tradition.

»Es jagte einmal ein König in einem großen Wald und jagte einem Wild so eifrig nach, dass ihm niemand von seinen Leuten folgen konnte. Als der Abend herankam, hielt er still und blickte um sich; da sah er, dass er sich verirrt hatte.« Kann eine Geschichte schöner beginnen? Oder wie finden Sie diese Sätze aus Friedrich de la Motte Fouqués unübertroffener *Undine* aus dem Jahr 1811: »Das Schwarztal liegt tief in die Berge hinein. Wie es jetzo heißt, kann man nicht wissen. Damals nannten es die Landleute so wegen der tiefen Dunkelheit, welche von hohen Bäumen, worunter es vorzüglich viele Tannen gab, in die Niederung heruntergestreut ward. Selbst der Bach, der zwischen den Klippen hinstrudelte, sah davon ganz schwarz aus ...« Beim Lesen solcher Sätze muss man sich doch nur noch zurücklehnen und warten, dass ein einsamer Ritter auf der Suche nach dem Heiligen Gral herbeigaloppiert.

Die Gedichte über dieses Thema erreichen fernste, dunstigste Horizonte und waren ein Jahrhundert lang Vorlage für deutsche Lieder. Das großartigste ist vielleicht Mahlers Vertonung eines Gedichts von Rückert. »Ich bin der Welt abhandengekommen, mit der ich sonst viele Zeit verdorben«, ein erschütterndes Werk, das man nur unter kontrollierten Bedingungen hören sollte. Ob bei Goethe, Mörike, Rückert oder Heine – Thema ist immer das Alleinsein, in einem Wald, auf einem Berg, in einem wild wuchernden, üppigen Garten oder auch nur im eigenen Kopf und fast immer als winzige Pause, bevor man sich wieder in die Welt der Liebe und des alltäglichen menschlichen Treibens begibt. Das ist, wenn man so will, natürlich ein eher unpolitischer Tick, und manche Autoren haben es als Passivität gesehen, als typisch deutsche Gefügigkeit und das Unvermögen, sich dem Leben zu stellen – mit den bekannten desaströsen

Folgen. Eine solche antipolitische, vehement private Haltung ist aber inhärent auch immer Widerstand gegenüber Fanatismus oder Massenmanipulation. Schuberts Lieder als frühe Alarmzeichen für das Versagen anzusehen, dem Nationalsozialismus entgegenzutreten, wird ihnen nicht gerecht.

Etwas ganz Besonderes ist auch Schumanns ultimative Waldmusik, die »Verrufene Stelle« aus den *Waldszenen* (1848); in drei Minuten entsteht eine heitere, bedrohliche, beklommene, melancholische Stimmung. Auch Eichendorffs Novelle *Aus dem Leben eines Taugenichts*, die 1826 veröffentlicht wurde, gehört in diesen Kontext. Eichendorff ist im Übrigen einer von den netten Preußen, die man all den Militärs mit dem Bürstenhaarschnitt und den klirrenden Sporen entgegenhalten kann, noch dazu hat er – anders als Humboldt und Hoffmann – an den Schlachten gegen Napoleon teilgenommen. Seine vielen Gedichte waren begehrt bei Liedkomponisten von Mendelssohn bis Richard Strauss, mit dem die Tradition dann auch zu Ende ging; Eichendorffs *Im Abendrot*, das 1948 vertont wurde, ist das letzte der *Vier letzten Lieder*.

Aus dem Leben eines Taugenichts ist eine irre Geschichte, ein erzählerisches Wunder. Der Ich-Erzähler, ein Chaot und Leistungsverweigerer, nimmt den Leser mit auf seine fantastischen Abenteuer; es wimmelt von Kutschen, Schlössern, wunderschönen Frauen mit Geheimnissen, Schurken, rauschenden Brunnen, stillen Plätzen und raunenden Wäldern – die romantischen Zutaten sind alle da. »Ich ging also in das Haus hinein und holte meine Geige, die ich recht artig spielte, von der Wand, mein Vater gab mir noch einige Groschen Geld mit auf den Weg, und so schlenderte ich durch das lange Dorf hinaus.« In den Schlossszenen wird die vornapoleonische Welt der kleinen Höfe mit ihren banalen Sorgen, ihren Schönheiten und Liebeshändeln ebenso heiter-nostalgisch verewigt wie eine Generation später in Mörikes Novelle *Mozart auf der Reise nach Prag*. In einer überraschenden Wende schickt Eichendorff seinen Helden nach Italien, fast eine Parodie auf die deutschen Sehnsüchte nach dem Land, in dem »einem die Rosinen von selbst in den Mund wüchsen«. Es ist wie in einem unerträglich farbig leuchtenden Traum, mit bunt gefiederten Singvögeln, unergründlichen, bedrohlichen Fremden, unverständlichen Jagden durch verlassene Gassen in Städten. Mit jedem neuen Absatz hat der Erzähler wieder einen Grund, glücklich zu sein, und überschlägt sich schier in seiner Wanderlust.

Leider bin ich beim Wandern am Donauufer entlang oder in den Bergen des Harz nie von einer Kutsche mitgenommen worden. Macht nichts. Ich fühle mich trotzdem bei jedem Schritt wie ein übermütiger fahrender Gesell, der zu seinen Wanderjahren aufbricht, oder ein Ritter mit einem unmöglich zu erfüllenden Auftrag. Und bei einem bloßen Gang durch den Wald brumme ich mehr schlecht als recht das Siegfried-Vorspiel vor mich hin. Ein Drachen muss weit und breit gar nicht in Sicht sein. Als ich außerhalb Kölns einmal einen Bus zum Kloster Altenberg in einem zauberhaften Waldtal bestieg, pfiff ich beim Entwerten meiner Fahrkarte ein, zwei Takte aus »Siegfrieds Rheinfahrt«. (Pendler in der Straßenbahn zwischen Köln und Bonn wiegen sich bestimmt auch, sie leise summend, hin und her, und die gesamte Fahrt wird von diesem Soundtrack begleitet.) Eingehüllt wie alle anderen auch in diese vielen musikalischen, visuellen (Caspar David Friedrich!) und gelesenen Erinnerungen – wie unjugendlich oder unheroisch auch immer –, ist das Ganze natürlich keine ursprüngliche Erfahrung des Alleinseins mehr.

Von Helden und Eicheln

In starkem Gegensatz zu dem melancholischen Wunsch nach Einsamkeit steht die übertriebene Begeisterung der Deutschen für Gruppenaktivitäten. Durch Städte kommt man fast nicht durch, weil ihre historischen Zentren von Reisegruppen überlaufen und die Kirchen verstopft von den Heerscharen kleiner Gesangsvereine und Ausflügler aus Kirchengemeinden sind. Bei einem schlichten Spaziergang durchs Gebirge wird der die Einsamkeit suchende Wanderer von wahren Gnuherden hochgerüsteter wandernder Deutscher fast vom Weg gefegt. Umgekehrt kann man sich aber auch immer einer Gruppe in einem Ratskeller zugesellen, wenn alle lächelnd ein bisschen zusammenrücken und so offen und einladend Platz machen, dass Engländern vor Entsetzen die Sinne schwinden. Für mich haben diese Trupps etwas halb Geselliges, halb Tyrannisches. Die Leute tragen alle die gleichen Jacken und Wanderstöcke mit den angeklebten Metallabzeichen, und mir wird immer etwas mulmig, als würden sie in einem Augenblick alle plaudern und sich gegenseitig Geschichten über Kreuzfahrten erzählen und im nächsten ausrasten à la *Clockwork Orange*.

Sie haben auch eine geradezu grenzenlose Freude daran, in Schiffen zu sitzen und Flüsse auf und ab zu fahren. An kurzen Abschnitten des Rheins oder der Donau tuckern ganze Flottillen von glasüberdachten Booten sinnlos an sehr mäßig interessanten Felsklippen oder gelinde reizvollen Burgruinen auf und ab. Die schiere Anzahl Letzterer entwertet sie natürlich rapide. Aber auf diesen Trips soll man auch nicht mehr als einen kurzen Blick auf diese nicht unbedingt weltbewegenden Stätten werfen. Sie dienen nur als fadenscheinige Ausreden dafür, dass man gesellig um Tische sitzen, große Mengen Würstchen, Kuchen und Bier vertilgen und blindwütig rauchen kann. Mich hat oft das heikle chemische Gleichgewicht auf diesen Booten beeindruckt. Die Glut der Zigaretten leuchtete hell in der methanangereicherten Luft, und es verbrannte zum Glück ein bisschen was von dem unvermeidlichen gefährlichen menschlichen Ausstoß nach dem Verzehr der Kombination der genannten Lebensmittel. Fast rechnete ich immer damit, im Dämmerlicht, am Fluss entlang verstreut, plötzlich glänzende zinnoberrote Leuchtgeschosse hochschießen zu sehen, wenn die Boote wegen des unglücklichen fatalen Zusammentreffens von akkumuliertem Methan und dem Anzünden eines einsamen Rauchers schließlich doch explodierten.

Bei einem dieser riskanten Ausflüge ins menschliche Leben ging ich die Walhalla anschauen. Aus Anfang des neunzehnten Jahrhunderts weitverbreiteter überbordender Liebe zu allem Griechischen beschloss Prinz Ludwig von Bayern, dass er, wenn er erst einmal König war, eine Kopie des Parthenons auf einem Hügel über der Donau bauen, sie zu einer Halle für Helden, einer Walhalla, machen und Büsten der größten Deutschen hineinstellen würde, die von den nach seinem und dem Urteil seiner Freunde größten Bildhauern geschaffen werden sollten.

Vom Inneren des stickigen Schiffs aus mutete der Tempel mit den üppig grünen Laubbäumen darum herum, stellvertretend für das ausgedörrte, brütende Athen, total komisch an. Aber er ist nicht unschön und hat den enormen Vorteil, nicht wie das Original ganz traurig und kaputt auszusehen. Als das Schiff ankerte, stiegen ein paar von uns aus, der Rest futterte die Kuchenvitrinen leer und amüsierte sich anderweitig. Der Gang hinauf zur Walhalla, inmitten rülpsender, keuchender Freizeitanzügler, über Wege, die unter Millionen Eicheln von den allenthalben angepflanzten Heldeneichen verschwanden, war recht beschwerlich. Aber sobald man oben den nicht übermäßig interessanten Ausblick genossen und drinnen anerkennend die Fußbodenheizung bemerkt hat (noch eine klare Verbesserung gegenüber dem griechischen Original), wird es ernst.

Die Ausstattung ist etwa zu zwei Dritteln Aufklärungszauber und zu einem Drittel alles, was an Deutschland durchgeknallt ist. Das Licht strömt in den neogriechischen, rechteckigen Raum, auf den prächtigen Marmor überall, gestrenge Karyatiden, eine alberne Statue von König Ludwig I. Man braucht ein paar Augenblicke, sich mental einzukriegen und auf Sinn und Zweck des Ortes konzentrieren zu können, auf die Reihen um Reihen weißer Marmorbüsten, die ganz im Stile einer klassischen Science-Fiction-Vision wie tiefgefrorene Genies aussehen, deren Hirne durch ein Signal jederzeit wieder aktiviert werden können. Als Ludwig mit seiner ursprünglichen Liste ankam, muss er eine Mordsgaudi gehabt haben, denn er hatte blutrünstige frühmittelalterliche absurde Gestalten wie Totila, den Ostgotenkönig, und Hengist, den Führer der ersten angelsächsischen Siedler in England, ein paar Generäle, die er bewunderte, und reichlich Könige (Heinrich I., Otto den Großen, Karl den Großen, Friedrich den Großen) darauf gesetzt. Unter »deutsch« verstand er »germanisch« oder sogar nur so lala »germanisch«, sodass auch Schweizer, holländische und belgische Helden mit dabei sind. (Rubens sieht besonders unglaubwürdig aus.) Seit Eröffnung der Halle sind immer wieder neue Büsten dazugekommen, und alle, ganz einerlei, wie pseudo sie sind, werden wie Nobelpreisträger präsentiert. Von Anfang an haben sich Besucher über offensichtliche, bösartige oder ignorante Auslassungen beschwert: Wir sehen keinen Schumann, keinen Daimler, weder Heinrich noch Thomas Mann, keinen Heine – der aber später dazukommen durfte. Spaß macht einfach das willkürliche Arrangement; Wissenschaftler und Komponisten in fröhlichem Durcheinander mit Bismarck und mittelalterlichen Spinnern. Frauen sind kaum dabei, doch eine, die es, wie schon erwähnt, geschafft hat, bildet allein schon (mehr oder weniger) ein Gegengewicht zu allen anderen zusammen: Katharina die Große, sicher die Mächtigste aller Deutschen, wenn auch mächtig in Russland. Natürlich muss das Ganze modernisiert werden, das Produkt eher jugendlicher Torheit vom Beginn des neunzehnten Jahrhunderts wirft doch manche Fragen auf. Aber wie stets muss man sich auf einiges konzentrieren und nicht kopflos alles zurückverfolgen wollen. Es ist gespenstisch, aber auch erfrischend und erfreulich – fast wie beim Autoquartett, nur nicht so handlich.

In den letzten Jahrzehnten sind zaghafte Versuche unternommen worden, der Übermacht von Königen und Generälen etwas entgegenzusetzen, etwa mit einem fast nicht zu erkennenden Einstein. Doch der große und wirklich berührende Coup war, 2003 eine Büste von Sophie Scholl aufzustellen, der großartigen, mutigen Münchner Studentin, die als Mitglied der Weißen Rose 1943 von den Nazis enthauptet wurde. Sie ist eine der Handvoll Menschen im Deutschland der Nazizeit, auf die man mit Stolz verweisen kann. Die Plastik selbst ist schrecklich. Sophie Scholl sieht aus wie eine Tiny-Tears-Puppe, aber das macht nichts. Dass sie einfach so unter den Kants und Gneisenaus, den van Dycks und Straussens steht, scheint etwas von der deutschen kulturellen und moralischen Größe zu retten.

Aus Sophie Scholls letzten Worten (»So ein herrlicher, sonniger Tag, und ich soll gehen. Aber wie viele müssen heutzutage auf den Schlachtfeldern sterben, wie viel junges, hoffnungsvolles Leben ... Was liegt an meinem Tod, wenn durch unser Handeln Tausende von Menschen aufgerüttelt und geweckt werden.«) klingt heraus, dass sie und ihre Kameraden genau wussten, was sie taten, wussten, dass sie ihr Land durch ihr moralisch mutiges Handeln buchstäblich retteten. Sophie Scholls Büste in dieser bizarren Zeitkapsel zweier Jahrhunderte deutschen Nationalismus macht den Ort zu einer echten Halle der Helden: Die Macht der Hitlerzeit wird nicht siegen.

Als ich auf einer Lawine rollender alter Heldeneicheln den Berg wieder hinuntertaumelte und -stolperte, war ich davon, was aus Ludwigs exzentrischer Vision geworden ist, doch gerührt. Viele andere deutsche Monumentaldenkmäler aus dem neunzehnten Jahrhundert haben sich noch nicht in dieser Weise befreit.

Knapp zweihundert Kilometer nördlich von Ludwigs komischem Tempel aus den 1830er Jahren steht etwas viel Schlimmeres, das, selbst mit allen Vorbehalten betrachtet, symbolisiert, was in Deutschland in den folgenden sechzig Jahren falsch gelaufen ist. Ich äußere ja hier und da in diesem Buch mein Unverständnis gegenüber manchen Eigenheiten der Deutschen und ihrem Tun, aber wenn das irgendwo berechtigt ist, dann beim Völkerschlachtdenkmal in Leipzig, dem größten, massivsten und hässlichsten Denkmal Europas.

Dieses historisierende Ungetüm wurde 1913 zum einhundertsten Gedenktag der Völkerschlacht bei Leipzig errichtet, der bis dato größten Schlacht in der europäischen Geschichte, in der mehr als eine halbe Million Soldaten kämpften und die die Zerschlagung des Napoleonischen Reiches entscheidend beförderte. Bei der feierlichen Einweihung war die übliche straußenfederngeschmückte Menge an Militärs und royalen Herrschaften anwesend. Dass es vollkommen in Privatinitiative gebaut wurde, macht alles nur noch schlimmer. Leipzig ist eine Stadt der Musik und des Handels, und es ist komisch, dass nur eine Straßenbahnfahrt von Schumanns etwas müffelndem Lieblingsrestaurant entfernt ein Objekt von solch immenser, humorloser Aztekendüsterkeit herumsteht. Es hat viel durchgemacht und ist eine der historisch am meisten aufgeladenen Sehenswürdigkeiten in Deutschland. Es erinnert an diese wichtige Schlacht und an die damit verbundenen Werte; hier wurden die letzten Hurras für den Kaiser der Friedenszeit ausgebracht, hier hielt Hitler gern Reden und die Volksarmee ihre Paraden ab. Es ist das Machwerk eines Bruno Schmitz, des schlimmsten Architekten der Welt, der seine spärlichen Talente darauf verwenden durfte, mehrere vordem reizende Orte wie den Kyffhäuser und den Zusammenfluss von Rhein und Mosel in Koblenz zu verschandeln, indem er sie mit industriell verfertigter Pseudomythologie überzog.

In Leipzig ist der Kontrast zwischen der hübschen Parkanlage und dem monströsen Monument aus rauem, schwarzem Granit mittendrin zutiefst verstörend. Etwas, das im tiefsten Dschungel verborgen sein sollte, von Schlingpflanzen und giftigen Blumen überwuchert, von Fledermäusen umflattert und Schlangen überkrochen, hat man an einer Stelle deponiert, die einem stillen Eckchen im Central Park ähnelt. Die schiere Masse ist allein schon sinnlos; es ist im Grunde ein amorpher Klotz und kein Bauwerk, und bereits wenn man darauf zuspaziert, resigniert man bei der Aussicht, dass man gleich vor haufenweise abstrusen allegorischen Skulpturen steht. Und auch drinnen erwarten einen wehrhafte, überdimensionale steinerne Giganten, am schlimmsten die vier neuneinhalb Meter großen »Totenwächter« in irrer, mittelalterlicher Rüstung, die wie in einem B-Horrorfilm nur darauf zu warten scheinen, einen anzufallen.

Erhebliches Vergnügen bereiten freilich Verfall und Vernachlässigung, die allenthalben zu bemerken sind, die alten Gerüste und Bretterverkleidungen, das ständig tröpfelnde Wasser. Nach 1945 beschlossen die Kommunisten, das Denkmal zu bewahren, weil es zwar imperialistisch war, aber in der Völkerschlacht von Leipzig wenigstens die Russen und ein paar Deutsche auf derselben Seite gekämpft hatten. Die Verantwortlichen im wiedervereinigten Deutschland kamen mit ihrer üblichen Dampfwalzenernsthaftigkeit zu dem Schluss, sie hätten gegenüber späteren Generationen, deren ästhetische Ansprüche auf einen Nullpunkt gesunken seien, die Pflicht, es mit einem Kostenaufwand von mehreren Millionen Euro zu restaurieren. Ein Leipziger Pfarrer schlug vor, einen Teil des Geldes für ein Café mit Blick auf das Denkmal auszugeben, weil im Verlauf des nächsten Jahrhunderts Gäste, wenn sie denn Glück hätten, beobachten könnten, dass mal ein richtig großer Brocken herabstürzt und das ganze Ding zerfällt. Und das Völkerschlachtdenkmal von einem teuren missratenen Kitschmonstrum zu einem mächtigen Symbol für die Sinnlosigkeit von Kriegen wird! Doch die Idee des Pfarrers kam nicht an, und Dutzende Steinmetze müssen nun Bart oder Brustmuskeln der massigen Kraft-durch-Glauben-Statue trimmen oder das Schwert eines Totenwächters renovieren.

In der ganzen deutschsprachigen Welt entstanden in der Zeit vor dem Ersten Weltkrieg alle möglichen grausigen Denkmäler und Bauten im Stil wie das Völkerschlachtdenkmal, von dem entsetzlichen Berliner Dom zur Neuen Burg in Wien. Der einzig rettende Umstand an diesen Bauten ist, dass sie heute als Monumente des Scheiterns dastehen; die Kultur, die sie hervorgebracht hat, ist passé. Die Neue Burg ist für immer verurteilt, auf den Heldenplatz zu schauen, der nie, wie vorgesehen, ganz umbaut wird und nur deshalb berühmt ist, weil Hitler hier das Ende des unabhängigen Österreich verkündet hat. Und der Berliner Dom? Vielleicht unterschätzt man ja Figuren wie Wilhelm II. immer, und es war ihnen in Wirklichkeit eine heimliche, absolut tabuisierte Lust, diese uninteressanten, hässlichen, aber sehr kostspieligen Bauprojekte in dem Wissen zu verwirklichen, dass sie schon bald zu Symbolen für dynastische Vergeblichkeit werden würden. Die Hohenzollerngruft mit den Sarkophagen von etwa achtzig Mitgliedern der preußischen Königsfamilie erinnert, vollbelegt und wenig einladend, an die unterirdischen Stockwerke eines Parkhauses. Wie Fahrzeuge liegen hier Dutzende und Aberdutzende von beinahe identischen Särgen nebeneinander wie zusammengepackt nach einem halben Jahrtausend an der Macht. Nur die Bestattung eines Familienmitgliedes (eines Kindes) fand überhaupt noch hier statt; Wilhelm II. ist im Exil in den Niederlanden begraben. Die Monstrosität des Ganzen ist mit Händen greifbar – hier liegen Angehörige einer sehr traditionell eingestellten Herrscherfamilie, die sich und ihre Haltung mit modernen Finanzierungsmethoden, Materialien und Dimensionen ausdrücken wollen.

Auf etwas sehr Ähnliches stößt man in den Rathäusern Hamburgs (von 1887) oder Hannovers (1913) – diese Gebäude sind so riesig und hässlich, dass man sich des Eindrucks nicht erwehren kann, sie seien nur dorthin gesetzt – und sogar noch nach dem Krieg wieder aufgebaut worden –, um spätere Generationen zu düpieren. Im Übrigen wurden kurz vor 1914 überall in Europa große, langweilige, »restaurative« Gebäude errichtet; sie verschandeln Rom oder Brüssel, und ein plumpes Gebilde wie den Buckingham-Palast könnte man auch dazu zählen – wirklich eines der banalsten und unbeeindruckendsten Gebäude Europas. Wenn man vor solchen Horrorbauten steht, freut man sich aber wenigstens, dass die Architekten, die mit diesem Wahnsinn Schluss machten, schon überall im deutschen und österreichisch-ungarischen Kaiserreich, in Weimar und Wien in den Startlöchern saßen. (Die kleinen Säugetiere flitzten ja auch schon herum, als der Triceratops noch über die Ebenen schlich.)

Siegessäulen

Weil es in Deutschland so viele Landesherren gab, gab es auch so viele Monumente, die an große Individuen und Familien erinnern sollten. Sie waren aus Stein oder Bronze und sollten ewig halten, und manche hatten auch wahrlich lange Bestand. Die unheimliche Löwenstatue in Braunschweig, die erste frei stehende Statue in Nordeuropa seit dem Imperium Romanum, gibt es seit 1166. Das Exemplar vor der Burg Dankwarderode und dem Dom ist allerdings ein Nachguss. Auch der Bamberger Reiter und der wenige Jahrzehnte jüngere Magdeburger Reiter haben überlebt. Die Bedeutung der Löwenstatue bleibt im Verborgenen: Sicher, sie bezieht sich auf Heinrich den Löwen und die Macht der Welfenfamilie, wir wissen aber nicht mehr, zu welchem Anlass sie entstand. Die beiden Reiterstandbilder sind tatsächlich die ersten Figuren hoch zu Ross, die im Norden nach denen im Römischen Reich geschaffen wurden – was man eindrucksvoll finden oder als Beweis dafür ansehen mag, wie sehr man im mittelalterlichen Deutschland italienische Modelle lediglich kopiert hat. Obwohl man einige Vermutungen anstellen kann, gibt es für die Identität beider Reiter keinerlei Hinweise, auch nicht dafür, warum diese Standbilder geschaffen wurden. Irgendwie irgendwann, nach einer Katastrophe oder einem Unfall oder aus purer Gleichgültigkeit, hat man die Namen dieser zweifellos sehr bedeutenden Männer vergessen.

Nachdem ich viel zu viel Zeit in meinem Leben damit verbracht habe, solche Monumente zu betrachten, in Grüfte zu spähen und Inschriften zu entziffern, ist mein Lieblingsstück in Prosa Sir Thomas Brownes wunderbar gelassenes, düsteres *Urne-Burial*, eines der Wunder des siebzehnten Jahrhunderts, in dem Browne in einer überwältigend reichen verstaubten Sprache über die Vergeblichkeit aller menschlichen Monumentenbauerei nachsinnt. Beim Betrachten so mancher verwitterten, vernachlässigten Säulen, steinerner Tafeln und Kriegerdenkmäler fallen mir jedes Mal seine Gedanken ein. »Pyramiden, Bögen, Obelisken sind nur die Absonderlichkeiten des Dünkels und der wilden Auswüchse vergangener Großmut«, oder »Der Frevel des Vergessens aber verstreuet seine Mohnblume blind und behandelt das Andenken an Männer ohne Unterschied, verdienten sie die Ewigkeit oder nicht. Wer fühlt denn kein Mitleid mit den Erbauern der Pyramiden?« Natürlich teilt sich die Botschaft der menschlichen Vergänglichkeit auf vielen beschädigten Denkmälern noch stärker mit; bestes Beispiel sind vielleicht die Epitaphe in Kirchen, auf denen die Buchstaben vollkommen verwittert und nur noch ein Schädel oder ein Stundenglas übrig sind. Durch das Verschwinden der Inschrift kommt die *Vanitas* ungebremster heraus, als es die Familie des Verstorbenen je beabsichtigt hat.

Die Monumente haben zweierlei Funktion. Am wichtigsten waren sie zu Lebzeiten derer, die sie bauten – die im Übrigen wussten, dass sie blufften, wenn sie Materialien verwendeten, die bis in alle Zukunft halten sollten. Die Überlebenden eines Krieges oder die unmittelbaren Nachfahren eines kürzlich verstorbenen Herrschers wollen in der Gegenwart ein Zeichen setzen. Insofern sind wir alle unwissende taktlose Betrachter, wir genießen die Ironie, verstehen aber nicht, worum es geht. Das passiert eigentlich jedes Mal vor den eilig errichteten Monumenten, die den neuen Königreichen nach dem Sieg über Napoleon Bedeutung verleihen sollten. Da diese Königreiche nur über wenige Herrschergenerationen wirklich unabhängig und in der Zeit auch noch schwach und meist unpopulär waren, müssen die Sieges- oder Gedenksäulen schon immer wenig überzeugend gewirkt haben. Aber sie waren doch Ausdruck der Trauer derer, die während der Ereignisse, derer gedacht wird, gelebt hatten. Natürlich sollten die riesige Waterloosäule in Hannover oder der schwarz-goldene Obelisk auf dem Löwenwall in Braunschweig – der an den schon erwähnten Schlachtentod der beiden Herzöge erinnert, die gegen Napoleon gekämpft haben – in der herkömmlichen nationalistischen Art an den Blutzoll erinnern, der gemeinhin für die Gründung neuer Staaten entrichtet wird, aber sie sollten auch einen Ort des Trauerns bieten, für die Tausende, die Verwandte oder Freunde verloren hatten. Eine ähnliche Funktion haben britische Gedenkstätten für die beiden Weltkriege. Zu den Erinnerungstagen rund um diese Orte versammelte sich in meiner Kindheit Reihe um Reihe älterer Veteranen aus dem Ersten Weltkrieg, jetzt sieht man auch nicht mehr ganz junge aus dem Zweiten, die ihrerseits sicher alsbald ausbleiben werden. Dann werden die unverwüstlichen Denkmäler den Menschen, die sie in Zukunft betrachten, kaum noch etwas bedeuten.

Das schrägste dieser erhaltenen Denkmäler ist die Siegessäule in Berlin (aus deren Sockel sowjetische Granatsplitter Stücke herausgerissen haben). Dieses hässliche, eher abstoßende Ding verkörperte viele Jahre lang alle möglichen Hoffnungen und Ängste. Man begann mit der Planung, um der siegreichen Feldzüge gegen Dänemark (1864) zu gedenken. Die preußische Armee war seit 1815 zum ersten Mal wieder ernsthaft in Aktion getreten, und da brauchte es ein entsprechend großes Memorial. Noch während der Planung zerstritten sich Preußen und Österreicher (auch wegen Schleswig-Holstein, aber natürlich ging es hauptsächlich um die Vorherrschaft in Deutschland), und nach der verheerenden Niederlage Letzterer 1866 konnte man mit der Säule auch gleich noch dieses Sieges gedenken. Aber da vor ihrer endgültigen Fertigstellung der 1870/71er-Krieg mit Frankreich erledigt werden musste und Deutschland geeint wurde, musste die Säule nicht mehr nur für das Gedenken an eine kleine Polizeiaktion in Dänemark herhalten, sondern auf einmal auch für Ereignisse von unglaublicher, welthistorischer Bedeutung. Man stellte also auf die ohnehin schon plumpe, düstere Säule eine massige vergoldete Bronzefigur. Die Nazis versetzten das Gesamtkunstwerk von seinem ursprünglichen Standort vor dem Reichstag auf den Großen Stern, peppten es noch ein wenig mehr auf und gruben finstere Tunnels unter den Straßen, durch die man es ungehindert vom Verkehr erreichen konnte. 1945 dann pfuschten die Franzosen – sie waren nun eine der Besatzungsmächte – weiter an der Säule herum und entfernten schadenfroh einige der hämischeren Reliefs am Sockel, die an ihre demütigende Niederlage von 1871 erinnerten.

An der Siegessäule hat man sich so viel zu schaffen gemacht, dass sie von ihren chauvinistischen Anfängen ganz befreit ist – ja, eigentlich auch von allem ursprünglichen Gedenken, das man ihr zu Füßen abhielt, wenn sich die großen Gestalten der Ära, Bismarck, Moltke, Wilhelm I., Roon, der Kronprinz, dort versammelten und der Ereignisse gedachten, für die sie verantwortlich waren. In der deprimierenden Ausstellung im Inneren wird darauf hingewiesen, dass die Säule mit ähnlich grandiosen Bauten der Zeit wie der Freiheitsstatue oder der Tower Bridge vergleichbar ist, aber sie ist natürlich unendlich viel unheimlicher und so, wie sie heute dasteht, das genaue

Gegenteil der Absichten ihres Erbauers und Finanziers, weil sie sich während so vieler Jahre der von Deutschen ausgelösten Katastrophen verändert hat. Nun steht sie da als grimmiges, angeknackstes Mahnmal für menschliche Torheit, sinnlose Zerstörung und blinden Wahn. Und dass hier die Abschlusskundgebung der alljährlichen Schwulendemonstration stattfindet, ist nicht nur typisch berlinerisch-subversiv, sondern es wirkt, wie oft im modernen Deutschland überhaupt, dem Unheil, das mit dem Denkmal assoziiert wird, ganz wunderbar entgegen.

Größe und Elend des nationalen Prinzips

Natürlich packt mich wie alle meine Mitmenschen ab und zu schnödes Nationalgefühl. Ich muss nur den ruhigen, zutiefst erhebenden Teil von Sibelius' *Finlandia* hören und breche ein. Denke wehmütig an die kurze Saison zum Moltebeerenpflücken, genieße dankbar den kühlenden, von den unzähligen finnischen Seen herwehenden Sommerwind, habe auf der Zunge den Geschmack von geräuchertem Rentierfleisch und kämpfe Schulter an Schulter für die Unabhängigkeit eines Landes, in dem ich in Wirklichkeit nie war.

Nationalismus ist eines der verwirrendsten Themen des neunzehnten Jahrhunderts, und je mehr man darüber nachdenkt, desto schlimmer wird es. Das Hauptproblem besteht in der Überzeugung, Nationalgefühle seien etwas besonders Dynamisches und Neues in Europa gewesen, die sich dort herauskristallisiert und dann, im zwanzigsten Jahrhundert, über den Rest der Welt verbreitet hätten. Schon ein flüchtiger Rückblick zeigt, dass dem nicht so war. Wenn man den im siebzehnten Jahrhundert verfassten *Simplicissimus* liest, der den Dreißigjährigen Krieg aus zeitgenössischer Sicht schildert, merkt man, dass die Figuren einen Begriff von Nation haben – sie sind stolz, gesellige, kameradschaftliche, unvoreingenommene Badener oder Schweden oder Franzosen zu sein, und blicken verächtlich auf die engstirnigen, kniepigen, gehässigen anderen – Badener oder Schweden oder Franzosen – herab. Obwohl die herrschenden Familiendynastien ihre Territorien als Eigentum betrachteten und gar nicht auf die Idee gekommen wären, ihre Untertanen könnten sich als Angehörige einer Nation fühlen, haben sich diese in der Praxis offenbar nicht daran hindern lassen. Die Vorstellung, dass eine Braunschweiger Armee einer bayerischen nur als amorphe Masse braver Untertanen gegenübertrat und die Soldaten nicht ihre eigenen lebhaften Ansichten zu deren Religion, Gesellschaft, Sprache und Moral gehabt hätten, ist gegenüber dieser Vergangenheit doch arg herablassend.

Das Argument mit der Nation war für die Preußen und ihre über ganz Deutschland verstreuten Verbündeten – ob liberal oder reaktionär – ungemein nützlich, weil damit die Schaffung eines einigen Deutschland quasi unvermeidlich wurde (trotzdem blieben manche deutschsprachigen Teile des Habsburgerreichs ausgespart). Nationale Auffassungen und Nationalismus sind in Deutschland durch Chaos, gegenseitige Ressentiments und schließlich Mord in ihrem Namen zu einem außerordentlich ernsten Thema geworden, trotzdem kann man sich einen gewissen Spott über ihre Ansprüche kaum verkneifen. Der erfolgreichste europäische Staat im neunzehnten Jahrhundert war sicher Großbritannien, das sich von Grund auf als multinational verstand, sowohl im Inneren als auch in den Kolonien, wo die Engländer nichtsdestoweniger mit grässlicher Arroganz auftraten und sich immer auf Kollaborateure stützten, denen sie auch noch Bewunderung zollten. Portugal und Spanien brachen als alte Nationalstaaten ins neunzehnte Jahrhundert auf, aber mit all den Völkern ihrer riesigen Besitzungen in Übersee, die ihre Auffassung von Nation und nationaler Zugehörigkeit beeinflussten und prägten. Frankreich hätte nach jahrhundertelangen Kriegen allmählich zu einer sprachlichen Einheit finden können, schien aber von einer unstillbaren Begierde getrieben, sich Stücke des ganz und gar unfranzösischen Rheinlands unter den Nagel zu reißen. Das Habsburgerreich war, weit mehr noch als Großbritannien, von ganzem Herzen multinational, Russland ein hoffnungsloses Durcheinander von Nationalitäten und Italien mit Ende des Imperium Romanum ohnehin zerfallen. Deutschland, über Jahrhunderte ein Flickenteppich von Kleinstaaten, hatte gute und schlechte Zeiten erlebt, aber seine trotz der Zersplitterung erstaunlichen Errungenschaften konnte man kaum als bedeutungslos abtun. Preußen, selbstbewusst genug, den deutschen Nationalismus zu seinem Vorteil zu nutzen, herrschte über Millionen von Polen und setzte sich aus einem Puzzle einzelner Dynastien zusammen.

Nachdem heute der erschreckende, militante Nationalismus in Europa verebbt und auch der Kalte Krieg, der ihn eingefroren hat, vorbei ist, wird in Deutschland immer deutlicher erkennbar, dass der Einheitsgedanke stets Kräften entsprang, die weit über die Kopfgeburten bestimmter Intellektueller oder Politiker hinausgingen.

Die Farben Schwarz-Rot-Gold, die erstmals in den Befreiungskriegen Verwendung fanden, werden gemeinhin als eines der ersten Symbole für den sich entwickelnden deutschen Nationalstaat betrachtet. Aber das Seltsame daran ist, wie langsam und, ja, wie unvollkommen er sich entwickelte.

Wenn man ihn als sprachliche Einheit definierte, konnte er sich nur während der kurzen Einverleibung Österreichs von 1938 bis 1945 entfalten, ansonsten war er Wandlungen und Ausnahmen unterworfen. Auch das Kaiserreich bestand ja immer noch aus den halbautonomen Königreichen und sonstigen Staaten, den »verbündeten Regierungen«. Überspitzt gesagt existierte ein kompakter deutscher Nationalstaat nur zwischen dem Anschluss Österreichs im März 1938 und der Besetzung dessen, was von der Tschechoslowakei übrig geblieben war, ein Jahr und zwei Tage später, als ein sprachlich definierter Nationalismus in einen wüsten, widerwärtigen Imperialismus umschlug. Als zum Teil deutschsprachige Gebiete wie Danzig oder Posen nach dem Überfall auf Polen »heim ins Reich« geholt wurden, befand Deutschland sich bereits auf einem Weg, der jeder Vorstellung eines als Sprachraum definierten Staates spottete. Mit

Ausnahme dieser dreihundertsiebenundsechzig Tage gehörte das Wechselspiel politischer Gegebenheiten über viele Jahrhunderte – vom Ende des Ottonischen Reichs bis heute – zum normalen Leben der überwiegend deutschsprachigen Gebiete in Europa. Pardon, jetzt habe ich wieder die Schweiz vergessen: föderal, multilingual und vollkommen uninteressiert, bei anderen einzumarschieren, ein Hohn auf all jene, die im neunzehnten Jahrhundert von einer uniformen Nation träumten.

Die Gründe für den Zusammenschluss von – wenngleich nicht allen – Deutschen, zu einem einigen Deutschen Reich waren eigentümlich und spezifisch. Baden, das nach der Niederlage Napoleons Königreich geblieben war, hätte sich zum Beispiel leicht zu einem Land wie die Schweiz entwickeln können. Auch andere, wie das durch Gebietsgewinne gestärkte Bayern, hätten sich unabhängig halten können – Bayern war immer reich genug gewesen (wenn dieser Reichtum auch von seinen Herrschern missbraucht wurde), und im Europa des beginnenden einundzwanzigsten Jahrhunderts könnte man sich Bayern neben Lettland oder Slowenien durchaus als eigenständigen Staat vorstellen. Die Überreste an Klein- und Kleinstherrschaften aus dem frühen neunzehnten Jahrhundert, wie die Besitzungen der Fürsten Reuß oder meiner Lieblinge, derer von Schaumburg-Lippe, waren immer gefährdet, schon der leiseste Windhauch brachte sie ins Wanken, aber auch sie hätten harmlose Anomalien werden können, wie Liechtenstein, Andorra oder Monaco – albern, aber nicht undenkbar.

Preußen hatte mehr als alle anderen von Napoleons Abgang profitiert. Als Staat am Rande des Abgrunds, fast ausgelöscht und nur noch ein trostloser französisch besetzter Satellit, hatte es nach dem Desaster der Grande Armée in Russland den Sprung aus der napoleonischen Abhängigkeit gewagt, und da Berlin so weit von Paris entfernt war, blieb es von sofortiger Vergeltung verschont. Die Entscheidung einiger preußischer Offiziere, sich nicht an die Bündnisverpflichtungen gegenüber Frankreich zu halten und den unschlüssigen König zum Handeln zu zwingen, war ebenso heroisch wie riskant, führte aber nur mit Hilfe von Kräften zum Erfolg, die unabhängig von Preußen agierten. In den letzten Schlachten gegen Napoleon spielte Preußen zwar eine nicht unerhebliche Rolle, war aber, egal mit welchen Verbündeten, nie so wichtig wie Russland, Österreich oder Großbritannien.

Bei der Aufteilung der Beute freilich machte Preußen einen riesigen Reibach, was ihm über alle Rückschläge hinweghalf und auch noch im weiteren neunzehnten Jahrhundert entscheidend bleiben sollte. Alle Seiten waren überzeugt, dass Frankreich, nachdem Napoleon endlich vollständig und vernichtend geschlagen war, nur vorübergehend gebändigt werden konnte und dass man mit dem seit zwei Jahrhunderten virulenten französischen Expansionismus auch weiterhin rechnen müsse. (Interessanterweise wurde 1919 eine ähnliche Prognose für Deutschland gestellt. Nur dass man daraus politisch nicht die richtigen Konsequenzen zog, denn, wie wir alle wissen, wurde sie wahr.) Zur Vorbeugung sorgten die Briten dafür, dass die alten österreichischen Niederlande, das spätere Belgien, den Niederlanden zugeschlagen wurden und im Norden Frankreichs ein solider, einheitlicher Pufferstaat entstand, dem Großbritannien gegen jede künftige französische Invasion Waffenhilfe garantierte. Um auch an der Ostgrenze Frankreichs einen Schutzwall einzurichten, bekam Preußen, das im westlichen Deutschland bisher nur Sprenkel besaß, jetzt wertvolle große Stücke, damit es dort eine permanente Wächterrolle übernehmen konnte.

Auf dem Wiener Kongress waren die Schwierigkeiten, die sich daraus ergeben würden, nicht erkennbar, ganz allmählich dämmerte nur die Erkenntnis, dass Paris als Ausflugsziel immer beliebter wurde, je weiter das Jahrhundert voranschritt und Frankreich sich geopolitisch ausgetobt hatte und keine ernste Bedrohung mehr darstellte. Der neu geschaffene starke Staat im Norden, das Vereinigte Königreich der Niederlande, zerbrach nach einem Volksaufstand, Belgien spaltete sich ab und wurde 1830/31 das kleine, leicht angreifbare, verlockende Land, das in den beiden Weltkriegen besetzt und überrollt wurde. Nach geraumer Zeit stellte sich heraus, dass Preußen mehr oder weniger aus Versehen das gesamte Ruhrtal bekommen hatte, das vorher harmlose Kleinstaaten wie das kurkölnische Vest Recklinghausen oder die Herrschaft Limburg-Styrum beherbergt hatte. Einige davon hatte Preußen in glücklicheren Zeiten von Napoleon bekommen, der Rest wurde ihm vom Wiener Kongress zugesprochen – nur merkte unglücklicherweise niemand, dass einem eher dürftig ausgestatteten, aber reizbaren kleinen Militärstaat kurz vor Polen zufällig das Herzstück der industriellen Revolution in die Hände gefallen war, die bald aus Kohle und Stahl geboren werden sollte.

Es ist ein seltsamer Zufall, dass Mary Shelley ihren *Frankenstein* genau zur selben Zeit schrieb, als Preußen sich seine neuen Gebiete angliederte: eine ähnliche Geschichte vom Zusammenflicken fremder Teile. Die Inspiration zu diesem Buch kam ihr vor allem bei einem Besuch der medizinischen Fakultät von Ingolstadt mit ihren up-to-date-konservierten Leichen, mit bunten Drähten als Venen und Nerven – dazu der übliche Horror an Gläsern voller eingemachter, in Alkohol schwimmender Präparate. Sie sind immer noch dort zu sehen, unschlagbar grausig und komisch. Ergänzt werden sie durch eine schlicht umwerfende Ausstellung von Modellen des kranken menschlichen Auges; entfärbt, aufgedunsen, auslaufend, eingetrübt – je nach pathologischem Befund. Aber das sei nur am Rande bemerkt.

Dem Anschein nach war nichts grundsätzlich Schlechtes daran, dass Preußen sich aus Bestandteilen so unterschiedlicher Kulturen neu formierte – andere Staaten waren damit zurechtgekommen, nicht zuletzt Österreich, das Gebiete von Ostende bis Dubrovnik beherrscht hatte. Das alte Preußen war viele Jahre lang im Besitz kleiner, aber wertvoller Herrschaften in westlichen Gegenden gewesen, so etwa der Grafschaft Mark. Es war nicht dazu bestimmt, ein Frankenstein-Monster zu werden, es hätte einfach ein nettes, schizophrenes Durcheinander werden können. Im Inneren des Königreichs gab es auch immer eine einflussreiche und ziemlich anrührende Tendenz, Preußens Vormachtstellung in Deutschland zu verschmähen oder zu fürchten. Friedrich Wilhelm III. und dessen

Sohn Friedrich Wilhelm IV. mögen unfähige Könige gewesen sein, aber ihre Schwäche drückte Preußen seinen Stempel auf, bis Letzteren 1857 der Schlag traf. Beide waren – jeder auf seine Art – gegenüber einem vereinigten Deutschland höchst misstrauisch und hatten zu Recht Angst, in einem Deutschen Reich könne das Land, das ihnen am Herzen lag, untergehen. Dem Habsburgerreich begegneten sie mit Bewunderung und Respekt – was unter ihrem Nachfolger, Wilhelm I., geschah, hätte sie entsetzt.

Leider entwickelten sich die Nationalgefühle nicht einfach so weiter, wie es den Monarchen gefallen hätte, sondern sie gingen mit der Industrialisierung einher, die alles bisher Dagewesene überrollte. Mit den Kanälen, Flüssen und besonders den Eisenbahnen wurden die auch von den allerkleinsten Territorien erhobenen Zölle und Wegegebühren zur Farce. Innovationen wie der Schienenverkehr vertrugen sich nicht mit der Kleinstaaterei, jetzt bedurfte es einer größtmöglichen zollfreien Zone. Der Zollverein, dem um 1852 die meisten deutschen Staaten beigetreten waren, wurde bald auch zur politischen Waffe. Anfangs stärkte er die einzelnen Länder, doch als das übergreifende System einmal etabliert war, dachten auch die Finanz- und Kaufleute allmählich national.

Nach wie vor war die Angst vor den Franzosen groß, die – obwohl sie offenbar an einer Art innerer Auszehrung litten – immer noch ein Auge auf das Rheinland warfen. Der neue Deutsche Bund, der eine militärische Kooperation der Mitglieder vorsah, hätte die Sicherheit der einzelnen Länder garantieren sollen. Aber da sich am Rhein viele kleine Territorien wie Baden und das Großherzogtum Hessen befanden, war absehbar, dass gegen die Franzosen im Notfall nur preußische Truppen helfen würden. Denn auch für die Habsburger, die man sich immer am wenigsten als Feind Frankreichs hatte vorstellen können, war die »Front« am Rhein nur noch von begrenztem Interesse, seit sie Belgien und die Exklaven im Schwarzwald nicht mehr besaßen und sich vermehrt auf dem Balkan und in Italien engagierten. Die Bundesfestungen wie Luxemburg, Mainz und Rastatt wurden zwar mit umfangreichen Mitteln aufgerüstet, doch falls Frankreich ernsthaft angriff, würden sie garantiert sofort nach preußischer Hilfe schreien. In dieser Periode bereitete man sich auf manchen Krieg vor, der nie stattfand. Sowohl die Briten als auch die Amerikaner waren überzeugt, dass sie nach dem Frieden von Gent 1814 erneut gegeneinander kämpfen würden, und verbrachten einen guten Teil des Jahrhunderts damit, Schlachtpläne zu schmieden. Briten und Franzosen steckten immense Summen in ihre Flotten, krank vor Angst, der Gegner könne durch eine neue Erfindung plötzlich die Oberhand gewinnen und ein zweites Trafalgar entstehen – aber alles völlig umsonst.

Ähnlich schlug sich die Schreckensvision eines neuen Einfalls der Franzosen auf die deutsche Gesellschaft nieder; am stärksten wohl 1840, als wieder einmal eine französische Regierung – unbedacht und unverbesserlich – erklärte, sie betrachte den Rhein als Frankreichs natürliche Ostgrenze. Das rief einen deutschlandweiten Sturm der Empörung hervor, und es entstand das Lied, das im nächsten Jahrhundert von vielen Millionen deutscher Soldaten gesungen werden sollte, *Die Wacht am Rhein*: »Reich, wie an Wasser deine Flut, ist Deutschland ja an Heldenblut ...«

Manchmal schien es, als wollten die Franzosen Deutschland in die Einheit treiben, denn Länder wie Württemberg und Hessen-Darmstadt wimmerten vor Angst, wenn sie solche Töne aus Paris hörten. Als 1870 dann schließlich der Deutsch-Französische Krieg ausbrach, blieben die Briten neutral; mutlos von einem Sieg der Franzosen ausgehend, aber in der Hoffnung, dass die Preußen ihnen wenigstens schwere Verluste beibringen würden. Diese Haltung, Deutschland als eine Art Thermostat zu sehen, an dem man drehen müsse, um Frankreich auf die rechte Temperatur zu bringen, sollte sich als spektakuläre Fehleinschätzung erweisen, als preußische Truppen marodierend durch die Normandie zogen – woraus ein paar ausgezeichnete Kurzgeschichten von Guy de Maupassant hervorgingen. Dass es so ausgehen würde, war allerdings eine echte Überraschung, überraschend auch für viele Deutsche, die den Ereignissen bis dahin ablehnend und skeptisch gegenübergestanden hatten.

Elftes Kapitel

Schneekugel-Partikularismus
Lämmer und Marienkäfer
Ein Märchenschloss
Jägermeister
Eine Abwesenheit

Bauarbeiten an Schloss Neuschwanstein (Blick von Südosten, nach einer Zeichnung von Robert Assmus, 1886).

Schneekugel-Partikularismus

Versteckt in einer Ecke Nordwestdeutschlands liegt das ehemalige Fürstentum Schaumburg-Lippe, ein absurder kleiner Trabant mit weniger als fünfzigtausend Einwohnern, der sich durch Glück und Verstand bis zur Novemberrevolution von 1918 über die Runden gerettet hat und wo das Herrschergeschlecht bis heute sein Schloss in dem hübschen, wenn auch unbestreitbar winzigen Städtchen Bückeburg bewohnt. Genau wie an anderen deutschen Fürstenfamilien, etwa den steinreichen Thurn und Taxis in Regensburg, sieht man an den von Schaumburg-Lippes schnell, wie langweilig es wäre, wenn irgendeine dieser Familien tatsächlich bis in unsere Zeit reale Macht bewahrt hätte. Wir können nur froh sein, dass sie 1918 alle fortgejagt wurden und so auf immer als glubschäugige, schnurrbärtige Uniformfetischisten in Erinnerung bleiben. Die modernen Schaumburg-Lippes zeigen sich auf Fotos in ihrem schönen Schloss – mit allem, was dazugehört: Entengrütze im Schlossgraben, scheußlichem Ballsaal aus dem späten neunzehnten Jahrhundert und Goldenem Salon voller mythologischer Figuren– scherzend mit König Hussein von Jordanien oder königlich mit ihrem hinreißenden Labrador, immer mit dem gleichen leicht dümmlichen Gesichtsausdruck, mit dem auch andere, bedeutendere europäische Herrscherfamilien gestraft sind. Im Laden verkauft man Schaumburg-Lipper Chocolade, CDs mit Musik, die in dem scheußlichen Ballsaal zur Aufführung gebracht wurde, sowie eine Schneekugel »Weihnacht auf Schloss Bückeburg«, die einen festen Platz auf meinem Computertisch hat. Ob der Fürst – wagen wir zu träumen? – sie selbst gemacht hat?

Draußen vor dem Bückeburger Bahnhof – und die Stadt ist so klein, dass man, ehe man sich's versieht, am Schloss vorbeigelaufen ist – steht eine klobige Statue, von einem talentlosen Künstler zum Gedenken an den Deutsch-Französischen Krieg geschaffen, in dem fünf Untertanen des Fürsten gefallen sind. Dieses Denkmal in Bückeburg ist interessant, weil es im Kleinen die Eigentümlichkeit der deutschen Vereinigung zeigt. Es war nicht einfach ein Kriegerdenkmal, das die Stadt errichtet hatte, sondern sollte an das Opfer gemahnen, das das Fürstentum, ein Gründungsmitglied des Deutschen Reichs, erbracht hatte. Fürst Adolf I. hatte in den 1860er Jahren seine Karten insofern gut ausgespielt, als er sich genau im richtigen Moment, ehe sein Fürstentum mir nichts, dir nichts von dem tausend Mal größeren Preußen geschluckt worden wäre, zu dessen militärischem Verbündeten erklärte, während sein mächtiger Nachbar, das Königreich Hannover, unter dem blinden, autokratischen Throninhaber Georg V. alles verkehrt machte und für immer verschwand.

Die 1860er Jahre waren in ganz Deutschland eine Zeit komplizierter, erregender Veränderungen. Die Preußen hatten die absolute Vormachtstellung über die viel kleineren norddeutschen Staaten errungen und nun die gewichtigeren süddeutschen Königreiche samt deren Beschützern – Österreich und Frankreich – im Visier. Der Entschluss des mächtigen, knallharten preußischen Ministerpräsidenten Otto von Bismarck, die deutsche Einheit durch Kriege zu vollenden, erscheint im Rückblick als schrecklicher Vorbote all dessen, was im zwanzigsten Jahrhundert schiefgegangen ist, aber damals war er sehr viel weniger umstritten. Die Länder wechselten regelmäßig ihre Bündnisse, zogen in den Krieg und taten einander, ohne mit der Wimper zu zucken, abscheuliche Dinge an. Der Raub unglaublich großer Gebiete war überall an der Tagesordnung. Ein frappierendes Beispiel aus den 1840er Jahren liefert der Mexikanische Krieg, wie er in den USA genannt wird, oder die Invasion der Vereinigten Staaten, wie man in Mexiko sagt. Mit der Waffe in der Hand und beseelt von haarsträubend unerschütterlicher puritanischer Glaubensgewissheit rissen die Amerikaner sich riesige Territorien unter den Nagel. Kalifornien? Her damit! Texas? Ja, auch!

Die Briten ließen kaum ein Jahr verstreichen, ohne im Namen des Freihandels und ihrer moralisch-sittlichen Überlegenheit irgendwo auf der Welt einen Haufen Menschen zu erschießen. Und die multinationalen Truppen der Briten, Franzosen und Sarden marschierten in den 1850er Jahren ebenso einfach mal nach Südrussland und in die Provinz Kamtschatka ein, wie Bismarck in den 1860er Jahren Kriege begann. Kriegführen – den Schluss kann man wohl ziehen – wurde, so riskant es auch war, im 19. Jahrhundert in Europa (und anderswo) allgemein akzeptiert und gehörte zum Leben. Die Eliten waren militärische Eliten – was die Briten bloß nicht so merkten, weil sie von einer Frau regiert wurden, die während eines großen Teils ihrer Regierungszeit Trauerkleidung trug, doch ihre historisch heute mehr oder weniger obskuren männlichen Sprösslinge waren stets von Kopf bis Fuß mit Orden, Sporen, Schärpen und Säbeln gerüstet. Der Entschluss zu einem Krieg wurde dennoch nicht immer auf die leichte Schulter genommen (außer in Afrika und Asien), aber er war eine Option, und der Ruf nach höheren Staatseinnahmen wurde meist dann laut, wenn man mehr Geld für noch höher entwickeltes Kriegsgerät brauchte. Bei dem schier unbändigen Erfindungsreichtum im neunzehnten Jahrhundert wurde das sehr teuer, weil eigentlich jedes neue Waffensystem innerhalb von zehn Jahren veraltete. Da konnten manche Staaten nicht mithalten. Das Habsburgerreich blieb ein dynamischer, brillanter und im Licht späterer Ereignisse bewundernswerter Teil Europas, aber seine Vormachtstellung bröckelte rasch, weil es im Wettstreit mit Frankreich oder Preußen viel geringere industrielle Ressourcen und Steuereinnahmen hatte (wozu nicht zuletzt die vielen nicht gerade fortschrittsfreundlichen ungarischen Adligen beitrugen).

Dank all der wohl verborgenen Stärken und Schwächen – wie schnell man eine Armee mobilisieren konnte, ob sie neue Waffen besaß, ob die Moral stimmte – war um die Mitte des Jahrhunderts jeder Krieg eine absolute Überraschung. Die Militärmanöver, die neben der Jagd Zeit und Geld der Herrschenden verschlangen, gaben keine Antwort auf diese Fragen, und bei allen großen Konflikten sahen beide Seiten dem Krieg mit einem ähnlichen Maß an Selbstvertrauen entgegen; wessen Selbstvertrauen wen in die Irre geführt hatte, sah man ja dann am Ergebnis. Allzu oft endete ohnehin alles in einer Sackgasse. Besonders kurios verlief die Seeschlacht von Lissa im Jahr 1866 vor der dalmatinischen Küste, bei der die Flotten der Habsburger und der Italiener aufeinandertrafen; beide hatten keine glorreiche Marinetradition, und das chaotische Getümmel endete mit einem Sieg der Österreicher, weil sie ihre Schiffe benutzten, um die Italiener zu *rammen* – eine Technik aus den Tagen der antiken Galeeren. Die Konsequenz war ein großes Umrüsten auf Rammtechnik; jahrelang wurden Kriegsschiffe mit Spornen am Bug versehen, kamen aber – trotz großen Geldaufwands und viel vergeblichen Trainings – nie zum Einsatz. Insgesamt endeten die kriegerischen Auseinandersetzungen von 1866 mit einer Niederlage der Habsburger, die, nachdem sie die Italiener besiegt hatten, von den Preußen geschlagen wurden. Allerdings blieb die habsburgische Vormacht an der dalmatinischen Küste nach der Schlacht von Lissa erhalten, während der Rest der alten venezianischen Gebiete auf Drängen Preußens an Italien fiel. Die trickreiche Idee eines Kapitäns, einen Rammsporn zu benutzen, stellte nebenbei die Weichen für die Geschichte des zukünftigen Jugoslawien und Kroatien.

Preußen erwarb sich in den drei Kriegen, die es führte – gegen Dänemark, gegen Österreich mit seinen falsch orientierten deutschen Verbündeten und gegen Frankreich mit einem letzten Aufgebot falsch orientierter deutscher Verbündeter –, einen glänzenden militärstrategischen Ruf. Aber, und das möchte ich doch noch einmal betonen: Dieser Ruf war neu. Jeder wusste, dass die Dänen gegen die Preußen nicht gewinnen konnten, doch die meisten Beobachter gingen davon aus, dass Österreich und später Frankreich es schaffen würden, was in der Tat mit etwas mehr Glück, Intelligenz und Planung gut möglich gewesen wäre. Der preußische Militärapparat – das Werk von Roon und Moltke – stand auf wackligen Füßen. Die Abwehrschlachten Friedrichs des Großen um die Mitte des achtzehnten Jahrhunderts waren lange her, und die Kriegsziele von damals erschienen jetzt eher banal. Es ging ihm nicht darum, die Habsburger in die Knie zu zwingen – er wollte sie einfach nur daran hindern, sich Schlesien zurückzuholen. Wien anzugreifen oder sogar Paris oder Petersburg, lag gar nicht im Bereich des Möglichen. Auch der preußische Beitrag zur Abwehr Napoleons war erst einmal nicht der Rede wert. Geschlagen und gedemütigt sowohl im Kampf gegen die Franzosen als auch gegen Russland an der Seite der Franzosen, ging Preußen nach einigen grundlegenden innerstaatlichen Reformen als herausragendes und tapferes, aber offensichtlich weniger entscheidendes Mitglied der Koalition aus den Kriegen gegen Napoleon hervor. Man könnte sogar weiter gehen und behaupten, dass die moderne deutsche Kriegführung außer in der kurzen Periode von 1864 bis 1871 immer – auch in den beiden Weltkriegen – unter der eigentümlichen Unfähigkeit ihrer strategischen Befehlshaber litt, einen Krieg überhaupt zu gewinnen. Wenn man einen Krieg deshalb führt, weil man sich vor allem günstigere politische und ökonomische Bedingungen verschaffen will, dieses Ziel aber immer wieder verfehlt, muss an der militär(und außen)politischen Planung grundsätzlich etwas faul sein. Und weil das in Deutschland so war, stand die Welt schlussendlich vor den bekannt grauenhaften Konsequenzen.

Die Kriege der 1860er Jahre wurden nachträglich »Kabinettskriege« genannt: Die Operationen gegen Dänemark dauerten neun, die gegen Österreich zwei und die gegen Frankreich zehn Monate. In der ersten kämpfte Preußen gemeinsam mit Österreich, um zu verhindern, dass die Dänen das schleswig-holsteinische Gebiet vollständig vereinnahmten – es war zwar immer halb dänisch, halb deutsch gewesen, was Nationalisten auf beiden Seiten aber nun zunehmend ein Dorn im Auge war. Die beiden anderen Kriege hatten größere, für die deutsche Geschichte sogar zentrale Bedeutung, weil mit ihnen das Deutsche Reich entstand; sie stellten aber jedes Mitglied des Deutschen Bundes vor die Frage, ob es für oder gegen Preußen war, und die Herrscher – vom König von Bayern bis zum Fürsten von Schaumburg-Lippe – mussten sich ruck, zuck entscheiden. Keiner der Kleinstaaten besaß allerdings die militärischen Mittel, um eine entsprechende Rolle zu spielen – schon gar nicht angesichts der Geschwindigkeit dieser Waffengänge –, obwohl Preußen sich richtig anstrengen musste, selbst kleine Gegner zu schlagen. Für den katholischen Süden, insbesondere für Bayern und Baden, war die Idee, zu

Preußen zu gehören, ein absoluter Graus. Nicht nur die Herrschenden, sondern praktisch das ganze Volk war mit einem traditionellen Preußenhass groß geworden – die Injurie Friedrichs des Großen, Bayern sei »das irdische Paradies, bewohnt von wilden Tieren«, saß tief. Dennoch blühten hier und da Sympathien für Preußen oder, wichtiger, für die deutsche Vereinigung.

Wie sich herausstellte, hatten die Kräfte des Partikularismus der preußischen Militärmacht (mit Kleinstalliierten wie Braunschweig oder Oldenburg im Schlepptau, die auf diese Weise fröhlich ihre Zukunft sicherten) nichts entgegenzusetzen. Die Freie Reichsstadt Frankfurt erteilte Preußen eine Absage und wurde prompt von preußischen Truppen besetzt und annektiert. Das Königreich Hannover unterstützte die Österreicher, wurde aufgelöst, und obendrein klaute Bismarck ihm, wie schon einmal erwähnt, den Welfenschatz. Liechtenstein wiederum erklärte sich urplötzlich für neutral und unabhängig und kam damit durch. Im Gefolge der Niederlagen der großen Schutzmächte kleiner Staaten und der damit einhergehenden politischen Veränderungen wurden überall in Deutschland panische Entscheidungen getroffen. In der gewaltigen Schlacht bei Königgrätz 1866 erlitten Österreich und sein Bündnispartner Sachsen eine verheerende Niederlage, und bei Sedan gelang den Preußen 1870 ein so glänzender Sturm auf die französische Armee, dass diese zum Teil aufgerieben, zum Teil derart vollständig ausmanövriert wurde, dass die überlebenden, noch intakten Einheiten sich nicht mehr rühren konnten.

In beiden Kriegen, gegen Österreich und Frankreich, staunten die Preußen genauso wie alle anderen, dass die Schlachten so schnell geschlagen waren – und eine weitere furchtbare Wahnvorstellung wurde geboren. Die Idee des Blitzangriffs, mit einem einzigen strategischen Schlag einen Konflikt zu beenden, stieg den europäischen Militärs zu Kopf. Im Gegensatz zum Elend des Krimkriegs oder des Amerikanischen Bürgerkriegs konnte man es ja vielleicht wieder wie in den Zeiten Napoleons versuchen, das preußische-deutsche Militär würde schon mit Glanzleistungen für schnelle Siege sorgen. Generationen deutscher Generäle war es aber nie vergönnt, aus dem Schatten Moltkes und seines Stabs herauszutreten – nach der Niederlage Frankreichs konnten sie über vierzig Jahre lang nicht in den Krieg ziehen. Paul von Hindenburg kämpfte als Jugendlicher bei Königgrätz und wurde dann 1914, mit Ende sechzig, aus dem Ruhestand zum Kampf gegen Russland einberufen. Graf von Schlieffen verbrachte die meiste Zeit seines Lebens damit, den nächsten Krieg zu planen, starb aber mit fast achtzig Jahren noch vor Ausbruch des Ersten Weltkriegs, auf den er einen so tiefgreifenden Einfluss haben sollte.

Es ging aber immer nur um »Kabinettskriege«, man glaubte, dass auch zukünftige Waffengänge in wenigen Wochen erfolgreich beendet werden würden. Und Deutschland war auch beileibe kein Soldaten- und Kasernenstaat, sondern einfach nur verliebt in die Idee von einem mühelosen Sieg. Nach den paar Wochen Krieg, in dem die eine Seite haushoch überlegen gewesen war, entstand ein flächendeckender Kult von Freiwilligeneinheiten, Kriegervereinen, Schützenvereinen und Sonderprivilegien für jedermann in Uniform. Schön war, dass man die Vereine meist nur benutzte, um sich dort richtig zu besaufen – der bierbäuchige Reservist wurde zur allseits verspotteten Standardfigur der Satiriker und Karikaturisten. Bismarck, der nie im Krieg seinen Mann gestanden hatte, und Kaiser Wilhelm II., der nicht einmal in der Kadettenschule gewesen war, marschierten voran mit Reihe um Reihe absurder Orden, die aussahen wie mittelalterliche Brustharnische, verzierten Schwertknäufen und albernen Helmen. Es wäre interessant, einmal eine Mikrogeschichte des Deutschen Reichs zu lesen, die aus der Perspektive der womöglich recht amüsanten Individuen geschrieben ist, die diesen ganzen Klimbim entwarfen oder meinetwegen auch nur die Straußenfedern verhökerten, die jetzt so beliebt waren.

In den überraschend schnell gewonnenen Kriegen hatten auch überraschend viele Menschen ihr Leben verloren, doch in so kurzer Zeit und in einem solchen Strudel patriotischer Euphorie, dass man es – einerlei, wie viel privates Leid es für Einzelne bedeutete – als angemessenen Blutzoll für die Einheit betrachtete. Auf meiner gesamtdeutschen Suche nach unbekannten Denkmälern, die an das zweite

Deutsche Reich erinnern, fand ich in einer dunklen Ecke einer Kirche in Mühlhausen eine an eine Wand gelehnte, große, halb zerfallene Holztafel, auf der in weißer Fraktur die Namen der Männer aus der Stadt verzeichnet waren, die im Krieg gegen Österreich gefallen waren. Für eine so kleine Stadt eine erschreckend große Zahl. Die Holztafel war, soweit ich in Erfahrung bringen konnte, ein in dieser Form seltenes Zeugnis, aber jede Stadt hat ihr Kriegerehrenmal für die Toten des Deutsch-Französischen Kriegs, und die Namen wurden immer mehr: fünfzig hier, hundert dort. In mehreren Schlachten des am Ende erfolgreichen Krieges waren eben auch viele Preußen hingemetzelt worden. Eigentlich konnte man sich an den fünf Fingern abzählen, dass die Jahr für Jahr mörderisch verfeinerten modernen Waffen in einem Krieg, der weniger einseitig verlief, für viel mehr Opfer sorgen würden. Am eigenen Leib erfuhren das dann die Enkel der Sieger von Königgrätz und Sedan, die Kinder der harmlos säbelrasselnden Saufkumpane der Kriegervereine aus den 1880er Jahren. Über die Frage, was in einem langen Krieg passieren würde und was mit einem so grausigen Einsatz von Menschenleben eigentlich erreicht werden sollte, zerbrachen sich die militärischen und politischen Führer nach den wunderbaren Siegen ihrer neuerdings so mächtigen Armee nicht unbedingt den Kopf.

Aber schon im Deutsch-Französischen Krieg fiel es den militärischen Befehlshabern Preußens und dann – gegen Ende des Krieges – Deutschlands schwer, ihre Belange und die der Politik auseinanderzuhalten. Die Schlacht von Sedan war so brillant geführt worden, dass sofort danach ein Friedensvertrag hatte geschlossen werden müssen. Stattdessen belagerten die Truppen ohne jeden Sinn und Zweck Paris und waren bald in einen Guerillakrieg mit der zunehmend aufgebrachten französischen Bevölkerung verwickelt. Der Krieg endete schließlich mit einem Frankreich in Aufruhr, als bitter umkämpftem Katastrophengebiet, und mit der schicksalhaften preußischen Entscheidung, Elsass-Lothringen zu annektieren – einerseits mit dem üblichen fadenscheinigen Argument der strategischen Sicherheit (Hitler hat am Ende fast ganz Europa annektiert, ohne seine strategische Position zu verbessern), andererseits wegen des Fluchs der Geschichte: zu viele nationalistische Mittelalterfanatiker wollten diesen alten, von den Ludwigen XIII, XIV und XV geraubten Teil des Heiligen Römischen Reichs wieder in der Heimat begrüßen. Die Österreicher waren 1866 beinahe froh über ihre Niederlage gewesen und übernahmen bald eine Schlüsselrolle als Bündnispartner der Deutschen. Das fanden die Franzosen unmöglich – der unheilvolle Kurs für die kommenden achtzig Jahre war festgelegt. Egal, was Chauvinismus und soldatische Heldenverehrung bei Schaffung des Deutschen Reiches für einen Schaden angerichtet hatten, es war nichts gegen die Erbsünde, sich an Elsass-Lothringen zu vergreifen.

Das Nachspiel der Kriege in den 1860er/70er Jahren war die Ausrufung des Deutschen Reichs 1871 im Spiegelsaal von Versailles. Dass an dieser Zeremonie einiges merkwürdig war, ist oft kommentiert worden. Zum einen lag das daran, dass der Krieg noch gar nicht beendet war und die meisten deutschen Fürsten sich sowieso noch in Frankreich herumtrieben, zum anderen an dem nun offensichtlich werdenden Problem, dass es innerhalb Deutschlands gar keinen geeigneten Ort gab, der von allen akzeptiert worden wäre. In Berlin, dem Herzen des Preußentums, mit heißen Gesichtern die Schwerter zu schwingen und ewige Reichstreue zu schwören – das wäre den Badenern, Sachsen oder Bayern sauer aufgestoßen.

Mit viel Mühe wurde versichert, dass der neue Kaiser rein zufällig auch König von Preußen sei und das neue Reich zumindest auf »königlicher Ebene« weiterhin ein bisschen föderal sein werde – wer den preußischen König unterstützt und sein eigenes kleines Fürstentum unbeschadet durch das Chaos der 1860er Jahre gebracht hatte, brauchte sich keine Sorgen zu machen. Innerhalb Deutschlands wurden auch nach 1871 Botschafter ausgetauscht, als wären Bayern oder eben auch Schwarzburg-Rudolstadt immer noch eigenständig. Der Leipziger Hauptbahnhof – heute ein Einkaufsmekka mit rund zweihundert Läden – wurde zum größten der Welt, weil man es beiden, der preußischen Staatsbahn und der sächsischen Eisenbahn, recht machen wollte und zwei getrennte hochherrschaftliche Eingangshallen brauchte: eine für den Kaiser und eine für den König – was für ein Possenspiel! Kein deutscher Kaiser (na ja, es waren nur drei) wurde im Übrigen je gekrönt, man hätte sich niemals auf eine wirklich angemessene Zeremonie einigen können. So blieb also auch das geeinte Deutschland stur föderal, was viel zu seinem heutigen Charme beiträgt. Nur während des kurzen Zwischenspiels in den Jahren 1933 bis 1945 wurde es »gleichgeschaltet« – obwohl man es noch in Gaue aufteilte, also auf den mittelalterlichen Begriff »Gau« als scheinbar vernünftige Bezeichnung für die neuen Verwaltungsbezirke zurückgriff. Die Schrullen der Kleinstaaterei überlebten aber auch das.

Womit wir wieder bei denen von Schaumburg-Lippe wären. Das absurde kleine Fürstentum ist heute ein winziger verschlafener Landkreis irgendwo in Niedersachsen. Adolf I. hatte es mit List und Tücke durch die traumatischen Umstände der deutschen Einigung geschleust, und er konnte sich Schulter an Schulter mit Kaiser Wilhelm oder scherzend mit Ludwig II. von Bayern präsentieren. Doch das unscheinbare Ehrenmal für die Toten des Deutsch-Französischen Kriegs mit seiner schäbigen kleinen Siegesstatue, die aussieht wie aus einer verfallenen Orangerie gerettet und recycelt, steht nun für weit mehr als beabsichtigt. Auch die kleinsten Territorien in der hintersten ländlichen Region mussten einen hohen Preis dafür zahlen, dass sie nun zum Deutschen Reich gehörten.

Lämmer und Marienkäfer

Die zweifelhaften Freuden über Deutschlands Einigung gingen untrennbar einher mit einer Explosion an »deutschen Dingen«. Was bisher nur von lokalem Interesse war, konnte nun über neue Verkehrswege überallhin expediert werden, und Waren und Geschmäcker wurden allerorten verfügbar. Leben müssen wir heute noch damit.

Am schlimmsten finde ich Marzipan, eine sehr spezielle Substanz, die ich unter kontrollierten Bedingungen in einem englischen Weihnachtskuchen gerade noch verknusen kann, die aber eigentlich eher die Eigenschaft von Katzenkot hat – Berühren nicht ratsam. Ich bin natürlich extrem befangen, doch Zucker wird offenbar in allen möglichen Formen missbraucht, und Menschen verschwenden ihre kostbare Zeit und ihr kostbares Geld darauf. Aber abgesehen von solch grausigem Zeugs wie weißem Nougat, Edinburgh Rock oder scheußlichen Zuckerdragées, ist der ultimative Horror Lübecker Marzipan samt seiner Weihestätte, dem Niederegger-Laden in der Hansestadt. Niederegger ist ein Paradebeispiel dafür, wie es einer Firma, die bis dato nur ein lokales Problem war, im Laufe des 19. Jahrhunderts gelang, Eisenbahngesellschaften und Zeitungsanzeigenredaktionen zu manipulieren, damit sie ihre Erzeugnisse über ihre engen Grenzen hinaus anbieten kann. Meine schon nicht einfache Beziehung zu Thomas Mann verschlechterte sich noch einmal drastisch, als ich in einem seiner Briefe den Bericht las, wie ihn nach dem Umzug seiner Familie nach München der Empfang einer Schachtel Niederegger-Marzipan in Begeisterung ausbrechen ließ, sein Weihnachten werde erst dadurch schön.

Der Niederegger-Laden war ein Ausbund an ganz speziellem Kitsch, vielleicht zu einem Drittel lustig und zu zweien künstlerisch wertvoll gemeint. Riesige Modelle des Brandenburger Tors, des Eiffelturms, des englischen Parlaments aus zentnerweise Marzipan drängten sich in den Schaufenstern, und drinnen gab es endlose Reihen von Miniaturmarzipanfrüchten, Bauernhoftieren, Hummern, Gurken und ähnlichem. Ich vertrage Zucker in robusten Mengen, aber schon bei der Vorstellung, einen Krümel Marzipan*kartoffel* zu mir zu nehmen, ist mein ganzer Körper kurz davor abzuschalten. Ich empfand trotzdem eine unbändige Lust, die Marzipanblumenkohlköpfe oder die Körbchen mit Marzipanfischen in die Hand zu nehmen und zu spüren, wie meine inneren Organe, die die bevorstehende Gefahr witterten, sofort pochten und schlingerten.

In einem Lüneburger Süßwarenladen begegnete ich dann aber

unverhofft einem Marzipanlamm, das ich nicht ohne einen Anflug von Selbstverachtung kaufte. Sein Gesichtsausdruck war und ist dermaßen glückselig dämlich, dass ich ein Foto von ihm vor einem kleinen Streichholzschachtelbild von Wilhelm II. aufnahm. In letzter Zeit verstecken die Kinder es an den aberwitzigsten Stellen im Haus, auf der Toilette, im Kühlschrank, in einer Müslischachtel. Es verweilte auch längere Zeit auf dem Armaturenbrett im Auto und schmolz ein bisschen. Gewann aber an bildungsmäßigem Wert für die Familie, weil man der Evolution bei der Arbeit zusehen konnte: Dank eines glänzenden genetischen Handstreichs entgeht ein Lamm allen Gefahren, gegessen zu werden, weil es marzipangeboren ist.

Wie dem auch sei, Marzipan ist eines der vielen nicht überall erwünschten Dinge, die sich durch die Verkehrsadern der neuen Märkte in Deutschland mogelten. Als da wären: das unmögliche Skat-Spiel, Anfang des neunzehnten Jahrhunderts in Altenburg erfunden und seitdem unerklärlicherweise zur Prosperität dieser reizenden Stadt beitragend, die Legionen von Holz-Nussknackern und Gartenzwergen aus Thüringen, die bis dato nur lokale Landplagen gewesen waren, oder die fast ungenießbaren Nürnberger Lebkuchen. (Als ich mit denen Bekanntschaft machte, hatte ich vielleicht aber Pech.) Die Verbreitung vieler Waren hatte nicht Uniformität zur Folge; bis heute gibt es zum Beispiel eine klare Demarkationslinie zwischen Wein-Deutschland und Nichtwein-Deutschland. Gleichermaßen merkt man sofort, wenn man den Brezelgürtel mit dem Zentrum Worms verlässt oder sich durch die Mitte Deutschlands von Sachsen nach Hessen begibt, wo man auf der Straße eine anständige Bratwurst bekommt. Die nicht unterzukriegenden lokalen Eigenheiten machen den Charme Deutschlands natürlich ganz wesentlich aus. Marzipan und Lebkuchen mag man überall kriegen, doch gleichzeitig besteht man überall auch auf lokalem Bier, lokalem Wein und bestimmten Sorten Kuchen. Die Evolution ist auch hier oft am Werke. Manche Dinge blühen und gedeihen länderübergreifend, andere schaffen es nie irgendwohin. In Bremen gibt es etwas merkwürdig Schwarz-weiß-Kuchenartiges, das man vielleicht erfunden hat, um sich dem Würgegriff des Nürnberger Lebkuchens zu entwinden, doch über ein paar desolate Bäckereien östlich des Bremer Doms hinaus werden sie zu Recht gemieden.

Unzählige Sorten geistiger Getränke wurden im Laufe des 19. Jahrhunderts in immer größeren Mengen produziert. Die Herstellung von Schnaps, bisher in geringem Umfang und lokal begrenzt, war plötzlich auf nationaler Ebene möglich, und nun ist er ebenso ein deutsches Massenprodukt wie Klaviere und Waffen. Als furchtsamer, aber verlässlicher Freund von Hochprozentigem habe ich so vieles verköstigt, dass ich keine Unterschiede mehr merke. Oder vielmehr nur noch, ob sie im Abgang brennen oder kleben. Ausgedehnte Abende lang habe ich mich in einer der gemütlichen Kneipen rund um das Denkmal Kaiser Friedrichs III. in Bremen durch die erstaunliche Auswahl des Wirts im Gasthof Zum Kaiser Friedrich getrunken; eine echte Überraschung war der wenig bekannte Likör Preußenschluck, den ich zu dem spätabendlichen Zeitpunkt so rasend komisch fand, dass ich dieses Buch sofort *Preußenschluck* nennen wollte. Leider ließ ich mich davon abbringen. Was vielleicht verkehrt war. Der Preußenschluck schmeckt wie etwas, mit dem man Metallträger entrosten kann, empfehlenswert ist er nicht.

Vor vielen Jahren kehrte ich einmal triumphierend mit einer Flasche Rigaer Balsam aus dem damals sowjetisch beherrschten Lettland zurück. Er wurde im 18. Jahrhundert angeblich aus Versehen von einem deutschen Apotheker kreiert, war aber nun für meine Eltern, damals durchaus ausgepichte Scotch-, Calvados- oder auch Cointreau-Trinker, ein diabolisches Geschenk. Gelegentlich gossen wir ein bisschen in ein kleines Glas (der Balsam sieht wie mittelschweres Rohöl aus) und berieten, ob wir ihn nicht besser mit was anderem mixen sollten oder ob seine wenig appetitliche Zähflüssigkeit bedeutete, dass er schlecht und nun wirklich gefährlich geworden war. Meine Küche quillt über von kurz geöffneten, aber schnell wieder verschlossenen Flaschen Korn, Kümmel, Aquavit und sonstiger Schnäpse, und es versteht sich von selbst, dass ich nicht mal eben so händereibend vorschlagen kann, wir sollten uns alle bei einem aus Pflaumen gequetschten Tröpfchen puren Ekels entspannen. Der Gipfel dessen, was ich für ein harmloses, alkoholisches Trinkabenteuer gehalten hatte, ein bayerischer Obstler in einer Flasche aus Steingut mit Salzglasur, erfüllte die Luft schon bald nach dem Öffnen mit dem unerträglichen Geruch nach dem Sekret, das Marienkäfer absondern, wenn sie sich gegen Feinde wehren.

Eigentümlich an diesen Getränken ist, dass sie national spezifisch sind. Das liegt zum Teil auch an der Geschichte des zwanzigsten Jahrhunderts. Es wäre doch sehr abartig, wenn einer von Deutschlands Nachbarn eine besondere Gelegenheit mit einem schnellen Fürst-Bismarck-Doppelkorn begehen wollte. Aber der Rest der Welt ist auch gar nicht gefragt angesichts der Begeisterung, mit der die Deutschen zu den Produkten eines schlichten industriellen Prozesses greifen, bei dem man sich an Getreide und vielleicht ein paar unglücklichen Früchten vergeht. Der stolzeste deutsche Likör ist der Jägermeister, ein Kräuter-Wurzelgebräu, das von einer Fabrik in Wolfenbüttel unter die Menschheit gebracht wird. Es gibt auch einen urkomischen Firmenshop, in dem man Jägermeister-Sportkleidung, -Campingausrüstung oder -Bademäntel erstehen kann. Jägermeister ist ein relativer Nachzügler und erst seit 1935 auf dem Markt. Neue Getränke kann man natürlich jederzeit erfinden, aber dass etwas so Dämliches mehr oder weniger zufällig mit der Nazizeit verbunden ist, ist doch ein kurioses Beispiel dafür, wie normale Sachen in alles andere als normalen Zeiten passieren.

Jägermeister ist der einzige Likör, der es jemals in Flughafenläden schaffte, die gemeinhin mit Gesöffen wie Bacardi mit Himbeergeschmack oder Wild African Cream, einem Sahne-Whisky-Likör in einer Flasche mit künstlichem Leopardenfellmuster, zugestellt sind, aber Klassiker wie Fürst-Bismarck-Doppelkorn verschmähen. Es könnte daran liegen, dass selbst Deutsche das Stöffchen hinter sich lassen wollen, wenn sie ins Ausland fliegen. Oft frage ich mich, ob ich der Einzige bin, der noch Würstchen isst, während die Deutschen sich fröhlich den Bauch vollschlagen mit Fischsaucen-Gerichten,

Nam Pla oder Vindaloo-Paste und ihr Balti mit chilenischem Shiraz oder einem Nastro-Azzuro-Bierchen hinunterspülen. Ich als Einziger verschlucke mich dann wohl noch am Preußenschluck.

Land der sadistischen Puzzles

Berge habe ich nie besonders interessant gefunden. Aufgrund verschiedener Zufälle haben sie in meinem Leben keine große Rolle gespielt. Einmal habe ich über eine indirekte, abseitige und anstrengende Route den Scafell Pike im Lake District erklommen – Englands höchsten Berg –, und als ich mich mit brennenden Lungen und nach Luft japsend zum Gipfel hochgequält hatte, musste ich feststellen, dass meine kurzzeitige schulterklopfende Hochstimmung – schließlich hatte ich meinen inneren Schweinehund überwunden – komplett verflogen war. Ich befand mich nämlich inmitten eines Tohuwabohus von Kindern, manche wirklich erst im Krabbelalter, Senioren, hingeschmissenen Supermarktwagen, Kranken und Siechen. Schlagartig begriff ich, dass ich einen intelligenteren Gebrauch von meinem Leben hätte machen können, wenn ich einfach nur dem Familiencredo gefolgt und mit einem Buch und ein paar Drinks in dem hübschen Hotel geblieben wäre – Bibliotheken und Kneipen sind unsere Zivilisation und nicht eine mit Schiefergeröll bedeckte Anhöhe samt kulturell völlig wertlosem Ausblick.

Das Gefühl verstärkte sich mal wieder, als ich eine Dampfeisenbahn hoch zum Brocken bestieg. Ein Pfeifen ertönte, es roch nach brennender Kohle, die Bahn tuckerte los, Vorübergehende winkten fröhlich – es war sicher (vier Minuten lang) unterhaltsam. Doch oben angekommen, überfiel mich wieder das Gefühl der Sinnlosigkeit. Berge *sind* der Feind; öde, meist brache, in der Landschaft verstreute Wucherungen, die sie unbewohnbar machen. Das tritt besonders krass zu Tage am Brocken, denn er sah aus wie ein mit schmutzigem Eis bedeckter scheußlicher Tumor, während man von seinem Gipfel auf eine idyllische Landschaft mit Bauernhöfen und kleinen Städten hinunterschaute, wozu zugegebenermaßen das an den Hängen herunterströmende Wasser beitrug. Der Brocken war immer ein Ort der Hexerei und des Unheimlichen, aber das in der vergnügungssüchtigen Fantasie von Leuten, die in Gasthöfen unten in der fernen Ebene saßen. Kurzweilig am Gipfel war nur, dass man hin- und herüberlegen konnte, warum um alles in der Welt sich Menschen in dem Hotel dort einquartierten, und die oben auf den alten Fernsehturm aufgesetzten, riesigen elektronischen Anlagen bewundern konnte. Ansonsten gipfelte die Manie der Deutschen, alle Straßenschilder als reine Piktogramme zu gestalten, hier in einer außergewöhnlichen Monstrosität, die in einem einzigen Bild die Information vermitteln sollte, dass Gefahr drohe, wenn man dem Fernsehturm zu nahe käme. Denn je nach Wetterbedingungen konnten sich riesige, merkwürdig geformte Eisblöcke davon lösen, auf einen krachen und schreckliche Verstümmelungen und Tod zur Folge haben. Als ich, jederzeit gefasst auf herabplumpsende merkwürdig geformte Eisbrocken, über die überfrierenden Wege darum herumstapfte und die Füchse beobachtete, wie sie die Hotelmülleimer durchstöberten, wurde dann doch der Wunsch in mir übermächtig, künftig von Bergen die Finger zu lassen.

Das ist in Deutschland aber gar nicht so einfach. Das Land ist zwar großteils flach (mal ausgenommen die reizenden Gebirgsausläufer des Harzes ohne Brocken und den Thüringer Wald), aber Südbayern kann natürlich nicht auf sie verzichten. Mehrere Jahre habe ich mich von dort ferngehalten und fand mich in dieser Entscheidung bestätigt, als mir Leute in aller Unschuld vorschlugen, ich solle mir doch mal Berchtesgaden und die Überreste von Hitlers Alpenresidenz anschauen. Für mich war das ein weiteres Argument für meine Auffassung, dass Berge ästhetisch weit überschätzt werden (Hitler liebte sie) und dass man den Besuch von Orten, an denen Obernazis Erholung suchten, nicht in die engere Wahl ziehen sollte.

Ein übelwollender Verwandter schenkte meiner kleinen Schwester, ein wenig jünger als ich, eines Sommers einmal ein riesiges Ravensburger Puzzle mit dem üblichen Alpenpanorama: Zwiebelturmkirche inmitten dichter, sonnenbeschienener, gleichförmig grüner Bäume, im Hintergrund ein zerklüfteter weißer Berggipfel und hektarweise blauer Himmel. All das noch gespiegelt in einem totenstillen Teich, der die untere Hälfte des Bildes in Beschlag nahm. Die Beschäftigung mit diesem sadistischen Geschenk raubte meiner Schwester fast ihren noch jungen Verstand. Einen ganzen Sommer lang okkupierte das verdammte Puzzle den Tisch, während sie von früh bis spät jedes einzelne der Tausenden Teile begrübelte. Es war, als sähe man einer mentalen Version des Spektakels zu, bei dem sich die böse Königin in *Schneewittchen* in rot glühenden Schuhen zu Tode tanzen muss. Diese sinnlose Puzzle-Tragödie weckte in mir natürlich auch keine Liebe zu Bergen. Ja, Kompositionen wie Straussens *Alpensinfonie* oder sogar die aufregenderen frischluftigen, pantheistischen Passagen in Mahlers Dritter wirken auf mich wie klingende Ravensburger Puzzles und sind mir deshalb total verleidet. Man hätte bei der Potsdamer Konferenz 1945 ruhig auf die Tagesordnung setzen sollen, dass ein paar Soldaten zur Stilllegung der Puzzle-Fabrik nach Ravensburg zu entsenden seien.

Zum guten Schluss blieb mir nichts anderes übrig, als mich meinen inneren Dämonen zu stellen, denn ich konnte unmöglich ein Buch über Deutschland schreiben, ohne wenigstens Neuschwanstein besucht zu haben. Da die Bahnreise weitgehend durch dichten Nebel erfolgte, waren die Alpen mehr oder weniger unsichtbar – ich hätte auch durch die mittelenglischen Chiltern Hills fahren können. Das Allgäu ist vollgepackt mit großen Herden sehr hübscher Kühe mit bimmelnden Glocken und wunderschönen Augen. Doch nach einer Weile merkt man, dass hier eine Monokultur herrscht, die auf ihre Art genauso ungut anmutet wie die Weinberge an der Mosel. Statt Spaliere sieht man hier Beine mit Hufen, und mittendrin hockt eine große, rülpsende Nestlé-Fabrik. Da ich aber Vollmilchschokolade genauso mag wie Wein, drückte ich angesichts dieser immer invasiveren Industrialisierung, die sich als liebreiches Alpenland gerierte, ein Auge zu.

Neuschwanstein ist aus zweierlei Gründen berühmt. Zum einen ist es die spektakulärste Hommage Ludwigs II. an Richard Wagner, und zum anderen hat es die Geduld des bayerischen Finanzministers weidlich erschöpft. Ludwig wurde entmündigt und starb kurz darauf unter mysteriösen Umständen; ihn und seinen Arzt fand man tot im Starnberger See; möglich, dass Ludwig sich gedemütigt und verzweifelt hineingestürzt und den anderen gleich mit ertränkt hatte. Außer Ludwig hat nie jemand in Neuschwanstein gewohnt, es wurde nicht vollendet und sogar wenige Wochen nach Ludwigs Tod schon fürs Publikum geöffnet. Es war die Vorlage zum Märchenschloss in Disney World, und offenbar aufgrund einer lustigen Rückkopplung kopieren seine Besitzer jetzt Disney World mit termingebundenen Eintrittskarten und Megakitsch jeglicher Art. Bei einem Rundgang durch das Schloss merkt man gleich, dass das, was Ludwig von seinem verehrten Wagner übernommen hat (und dem er beim Bau des Bayreuther Festspielhauses finanziell tatkräftig unter die Arme griff – was Wagner aber für Ludwig empfand, wollte ich nicht mehr recherchieren), ziemlicher Schund war – allenthalben im Schloss breitet sich eine Welt holder Mägdelein und tumber Helden auf riesigen Wandbildern aus, die von keinerlei malerischem Talent zeugen. Jeder Saal hat eine andere Oper zum Thema, und bei der Besichtigung macht es Spaß zu raten, wer wohl was ist. Ist diese immense, erdrückende, wenig ansprechende Waldszene aus *Siegfried*? Oder *Parsifal*? Wer ist das Mädchen, das so blöde aus dem Schleier guckt? Ich war nie ein besonderer Wagner-Fan, aber die folgende Frage drängt sich mir sofort auf: Gefielen Wagner diese Fresken? Wenn der Komponist selbst nämlich glaubte, Ludwigs Wanderburschenträume gäben seine Musik – die einen in ihrem Schöpferreichtum ja manchmal fast erschlägt – adäquat wieder, ist die Sache gelaufen! Ich habe den leisen Verdacht, dass er sie tatsächlich mochte – bei den Entwürfen der ursprünglichen Szenenbilder zu *Lohengrin* schwant (sic!) einem Fürchterliches. Vielleicht veraltet ja Bühnenkunst ebenso grausam und unweigerlich wie Spezialeffekte im Film, ich stelle mir die musikalische Bilderwelt vor Wagners geistigem Auge jedoch Lichtjahre von dem entfernt vor, was damals konkret auf der Bühne umgesetzt werden konnte. Aber eigentlich will ich gar nichts Genaueres wissen.

Als Hommage an Wagner war Neuschwanstein sowieso ein grandioser Fehlschlag. Obwohl man im Museumsladen bis zur Halskrause durch Ludwig-Ramsch watet (Mauspads, Geschirrtücher, voluminöse Biografien, Kühlschrankmagnete, Aschenbecher, alle mit den makabren Gesichtszügen des Monarchen), gibt es fast nichts zu Wagner.

Während der kindische Märchenkönig hier weiter Kult ist, ist der Komponist vollkommen an die Seite gedrängt und das, was einmal als Weihestätte für ihn gedacht war, nur eine nie fertig gewordene überkandidelte Nobelherberge – man betrachte nur den mit Tausenden von Mosaiksteinchen dekorierten, auf immer unvollendeten Thronsaal einer erloschenen Dynastie, bedenke die Türmchen um Türmchen, die nie mehr gebaut werden, oder gehe in das Zimmer mit den abscheulichen Holzschnitzereien, in dem Ludwig lesend angetroffen wurde, als man ihm die Nachricht überbrachte, dass er nun wirklich gefeuert sei.

Das Einzige, was für Ludwig spricht, ist die Tatsache, dass er, nachdem er das Ende der bayerischen Unabhängigkeit durch seine Unterschrift besiegelt hatte, nicht zu dem widerwärtigen Kaiserjubel nach Versailles gefahren ist. Interessant ist er auch noch, weil man an ihm sieht, wie sehr man in Deutschland von Mittelalterschwärmerei geradezu zerfressen sein konnte. Komplett schwachsinnig finde ich, dass er in Linderhof die Hundinghütte aus der *Walküre* bauen ließ und dort altgermanische Rauschgelage veranstaltete.

Die Wittelsbacher-Dynastie torkelte weiter dahin, zunächst mit Ludwigs bedauerlichem, pro forma auf den Thron erhobenem Bruder Otto, dann dem nicht mehr jungen Prinzregenten Luitpold, der –

insbesondere während Bismarcks absurder antikatholischer Agitation – lobenswert kühl Distanz zu Preußen hielt. Mit dem ähnlich betagten Ludwig III. hatte dann 1918 alles ein gnädiges Ende, und ein bayerisches Herrschergeschlecht trat ab, das sich bis ins zwölfte Jahrhundert – oder je nachdem, wie größenwahnsinnig man war, bis ins neunte Jahrhundert – zurückverfolgen ließ. Es gab Höhen und Tiefen, und so manches Mal waren die Herrschaften untreu oder inkompetent, aber dass man sich heute an sie eigentlich nur noch als infantile Älpler mit Disneyschloss erinnert, ist traurig.

Jägermeister

In meiner Kindheit in Südostengland unternahmen wir bisweilen Familienspaziergänge auf dem Land, mal ohne, mal mit bestimmtem Ziel, zum Beispiel auf der Suche nach den verschiedensten Wildblumen. Mein Vater hatte die liebenswürdige Angewohnheit, diese eher langweiligen Ausflüge recht aufregend zu gestalten, indem er beim leisesten Rascheln in einem Busch am Wegesrand stocksteif stehen blieb und uns durch Gesten bedeutete, das Gleiche zu tun. Dann hielten wir den Atem an und warteten, was passierte. Natürlich niemals etwas auch nur halbwegs Elektrisierendes, schließlich waren wir in England. Meist pickte eine Drossel im Laub. Doch einen kleinen Moment lang dachten wir Kinder immer, dass gleich eine Gila-Krustenechse aus dem dürren Weißdornstrauch wanken würde.

Ich glaube, wegen dieser Ausflüge rechne ich auch als Erwachsener immer noch damit, dass bei einer Wanderung Schreckliches dräut. All mein Schlendern durch deutsche Wälder und Gebirge litt unter der unbegründbaren Furcht vor einer – wenn auch noch so geringen – Gefahr. Und im Harz kriegte ich beim Anblick der großen Schilder mit Luchsen und Wildschweinen prompt rasendes

Herzklopfen. Immerhin schnaufte ich mutterseelenallein daher und hatte nicht mal einen Spazierstock, um mich dieser Killermaschinen zu erwehren. Aber wenn ich bedenke, wie oft ich durch knöcheltiefe Bucheckernschichten (der Lieblingsspeise der Schwarzkittel) gewatet bin und zwischen den Bäumen vergeblich nach ihnen Ausschau gehalten habe, würde es schon einem Liebestod gleichkommen, wenn mich wirklich ein Wildschwein meuchelte. Selbst wenn es mir die Eingeweide herausrisse, würde ich sicher über die Ironie lachen, dass ich nun endlich, endlich diesen stoßzahnbewehrten Herrn der sommergrünen Forsten getroffen hatte.

In den geradezu unendlichen mitteldeutschen Wäldern, in denen man, wenn auch nur mit einer gut entwickelten artistischen Gewandtheit, den Blick auf Zehntausende von Bäumen im Dunstschleier erwischt, kriegt man übrigens eine lebendigere Vorstellung von der uralten Megafauna in Europa als in Großbritannien, wo man schon bis zum Mittelalter alles, was größer als ein Dachs oder ein Reh war, ausgerottet hatte. Wölfe und Bären haben bis in die frühe Neuzeit eine wichtige Rolle im Leben vieler Menschen gespielt, auch in den waldreichen mitteldeutschen Gegenden, wo man, jedenfalls mit einigem Geschick, heute noch nichts als Bäume bis zum dunstigen Horizont sieht. Das Darmstädter Landesmuseum beherbergt einen traurigen kleinen Gedenkstein für den letzten Wolf, der in Hessen erlegt wurde, und der letzte Wolf von der oberen Donau steht ausgestopft in Sigmaringen, ziemlich zurechtgeflickt mit einem Zeug, das aussieht wie billiges Teddybärfell. Weiter östlich und südöstlich waren die Wölfe noch im neunzehnten Jahrhundert ein ernstes Problem, besonders nach den großen Kriegen. Nach dem Venezianisch-Österreichischen Türkenkrieg, der 1718 endete, wurden in den brutal entvölkerten Regionen jenseits der Militärgrenze, im heutigen Serbien, den Berichten nach Rudel von tausend Tieren gesichtet, und die wenigen Reisenden, die dieses Gebiet durchquerten, schützten sich mit starken Militäreskorten. In jedem längeren Krieg stiegen die Wolfsbestände rapide an, und jedes Mal folgte danach eine Ausrottungskampagne. Aber die Isegrims konnten auch in den mehr oder weniger unbewohnten tiefen Wäldern Mitteldeutschlands, Österreichs und Böhmens verschwinden und nach mehreren Generationen bei geeigneter Gelegenheit wieder auftauchen. Doch spätestens im siebzehnten Jahrhundert kannten die meisten Deutschen Wölfe nur noch aus der mündlichen Überlieferung. Die muss aber so eindrucksvoll gewesen sein, dass die Märchen und Geschichten auch im neunzehnten Jahrhundert noch lebendig waren; tief im Thüringer Wald mit seinen düsteren Lichtungen, der beklemmenden Stille und den sorgfältig markierten Wanderwegen überrieselt einen heute noch manchmal ein wohliger Schauder.

Einer besonders spektakulären Fauna aber konnten sich die Menschen in Ostpreußen erfreuen, besonders in der Rominter Heide (heute geteilt zwischen Polen und der russischen Exklave um Kaliningrad, das ehemalige Königsberg). Dies war das Land, in dem die Ritter des Deutschen Ordens jahrhundertelang gegen die Litauer gekämpft hatten – dichte, neblige Wälder, Sümpfe und Heideflächen, an sich wertlos, aber so unüberschaubar, dass Stoßtrupps sich verirren, verzweifeln und verhungern konnten. Hier und in den sich scheinbar endlos nach Süden ziehenden Gebieten verbargen sich damals die erstaunlichsten Geschöpfe – nur gelegentlich von verdutzten Menschen im Kettenhemd gestört – Tarpane, Elche, Auerochsen oder Wisente, da mochte man Kleinvieh wie Wölfe, Luchse oder Wildschweine schon mal übersehen.

Als sich Ostpreußen im siebzehnten Jahrhundert zu einem einigermaßen friedfertigen und unkomplizierten Stück deutschen Landes entwickelte, war es für den Tarpan schon zu spät: das letzte Urwildpferd wurde dort 1627 gesichtet (das allerletzte starb 1918 in einem ukrainischen Zoo, wahrscheinlich bereits hoffnungslos mit Hauspferden gekreuzt). Der Auerochse, der ungetüme Vorfahre unserer Rinder, von dem nur ein paar Skelettreste geblieben sind, ist noch früher aus Preußen verschwunden – ein paar Abschiedsgrüße hinterließ er Anfang des siebzehnten Jahrhunderts in Polen. Der letzte preußische Wisent wurde 1755 gesichtet.

In der Rominter Heide lebte die Erinnerung an diese mächtigen Tiere fort, und für die Zeichner des neunzehnten Jahrhunderts gab es kein schöneres Motiv als Auerochsen, die Wolfsrudel vertreiben. Kaiser Wilhelm II. war von Rominten besessen und ließ sich dort ein extravagantes Jagdschloss bauen, wo er so viel Zeit wie möglich verbrachte, um in einem jämmerlich einseitigen, sinnlosen Zweikampf Elche und andere kapitale Viecher mit riesigen Geweihen abzuknallen. Wie immer bei Wilhelm ging offenbar alles etwas übereifrig und eigentlich eher bedrückend zu – die Rominter Atmosphäre von Waffenöl, Flachmännern, zünftigen grünen Gamsbarthüten und ewigen Männerwitzen kann nicht besonders komisch gewesen sein. Aber Wilhelm fand hier sein Ideal eines tiefgründigen, feudalen, mythischen Deutschland, eines Deutschen Reichs der Ordensritter und Waldszenen aus *Siegfried*, und der Drache lauerte in einer weit, weit entfernten Höhle.

Wie immer bei solch deutscher Mittelalterverklärung war natürlich nie die Rede davon, dass die Erschließung des Waldes überhaupt erst mit Hilfe von Telefonen, Elektrizität, Verbrennungsmotoren und erheblichen Steuergeldern möglich war. Vielleicht ist Wilhelm auch deshalb eine so verquere Gestalt, weil während seiner Herrschaft der Kult um Uniformen und Pferde und der tief verankerte Untertanengeist durch Erfindungen angeknackst wurde, die ihre ganze Sprengkraft im Ersten Weltkrieg entfalten sollten, aber schon in dem Jahrzehnt zuvor alles umgekrempelt hatten. Während die überwiegende Mehrheit der Europäer in den 1880er Jahren noch gewohnheitsmäßig Pferde benutzte, war um 1918 klar, dass die Zukunft der Mannheim-Stuttgarter Erfindung, den Autos und Motorrädern, gehörte. Hitlers Wahnvorstellungen atmeten ja bereits den Benzingeruch eines Viertakters – Pferde tauchten in der Bilderwelt des »Dritten Reichs« kaum noch in militärischem Kontext auf, sondern höchstens als Ackertiere auf der »Scholle«, wenngleich man sie an der Ostfront in Massen als Pack- und Zugtiere brauchte. Sicher wäre es niemandem in den Sinn gekommen, Hitler mit einem Reiterstandbild zu ehren – im Übrigen ein Problem, mit dem sich die Militärbildhauerei hinfort beschäftigen musste: Ein Bronzeauto mit Bronzechauffeur war ja wohl nichts.

Aber als Wilhelm II. mit Doppelbüchse und aristokratischen Liebedienern durch die Rominter Heide pirschte und kaiserlich Hirsch um Hirsch niederstreckte, wäre er nie auf die Idee gekommen, dass diese uralte, seit jeher mit dem Adel verbundene Tradition bald ihr Ende finden würde. Es wurde ja auch behauptet, dass deutsche Adelsherren ihre Zeit lieber mit Jagen als mit dem Regieren verbrächten, was sehr schnell zu der unbequemen Frage führen konnte, wozu Adel und Königtum eigentlich noch gut seien. Schon im achtzehnten Jahrhundert hatten deutsche Fürsten mittleren Ranges vom Jagdeifer Ludwig XIV. gehört und daraufhin außer fröhlichem Jagen kaum etwas getan. Ganze Landstriche waren übersät mit hübschen Jagdhäusern, nur Wild wurde zur Mangelware. Wer allerdings meint, der Kaiser habe das Verhältnis von Mensch zu Tier mit seiner Riesenflinte ganz besonders aus dem Gleichgewicht gebracht, sollte daran denken, dass die Jagden in der Barockzeit nicht weniger lächerlich waren. Da standen der erlauchte Gastgeber samt geladener Gesellschaft am Ende eines eingezäunten Areals und brachten das Wild zur Strecke, das Treiber hineinscheuchten. Es gab auch andere, heute verschwundene Lustbarkeiten, wie etwa den sächsischen Königssport namens Fuchsprellen, bei dem hunderte glückliche Zuschauer im Stallhof zu Dresden erleben durften, wie Dutzende von Füchsen auf gespannten Tüchern so lange in die Luft geschleudert und wieder aufgefangen wurden, bis sie tot waren.

Natürlich nahm es mit Rominten und der Rominter Heide ein böses Ende. Während des Ersten Weltkriegs war die Gegend kurz vom Einmarsch der russischen Armee bedroht, und die hungrigen, gelangweilt in polnischen Wäldern versteckten deutschen Truppen hatten – beinahe eine Parodie auf die alte Preußentradition – nichts Besseres zu tun, als mit ihren Haubitzen auf Wisente zu feuern und viele der letzten überlebenden zu töten – dass moderne Artillerie und schwerfällige, schnuffelnde Pflanzenfresser hier so aufeinandertrafen, ist doch sehr erschütternd.

Unter den Nazis trat Hermann Göring am direktesten das Erbe der preußischen Jagdlust an und kürte sich selbst zum Reichsjägermeister. Wilhelms Jagdschloss in der Rominter Heide bekam er nicht, der Ex-Kaiser in seinem holländischen Exil (wo er auf seinem Anwesen wiederum auf alles schoss, was da kreuchte und fleuchte) verkaufte es ihm nicht, und der Reichsjägermeister ließ sich selbst dort eins bauen. Das eher triste, aber nicht uninteressante Ostpreußische Landesmuseum in Lüneburg – einer Stadt, viele hundert Kilometer von Ostpreußen entfernt, die nach 1945 zur Wahlheimat vieler Vertriebener von dort geworden ist – verfügt über eine riesige Sammlung von Geweihen des Rotwilds, das Görings Lieblingsgäste noch spät im Zweiten Weltkrieg erlegt haben (darunter auch die Trophäe des »Matador«, eines legendären Supertrumms aus dem Jahr 1942). Görings größter Kummer war die fehlende Megafauna (seine Waidmannskluft war im Übrigen genauso bekloppt wie die des Kaisers), und so unterstützte er das naive Projekt der Brüder Heck aus München, die sich seit den 1920er Jahren an der »Rückzüchtung« ausgestorbener Arten durch selektive Kreuzung versuchten, um Tarpane und Auerochsen »wiederzuerschaffen«. Dabei kamen zwar einige etwas merkwürdig aussehende Pferde und große Bullen heraus, aber genetisch war das natürlich ein Witz.

Neben dem kaiserlichen Jagdschloss stand eine königliche Kapelle, St. Hubertus, dem Schutzheiligen der Jagd geweiht – eine typisch hirnverbrannte wilhelminische Idee. Ihr Schmuckstück war ein bronzener Hirsch, der nach unglaublichen Kriegsabenteuern auf einem Spielplatz in Smolensk gelandet ist; wenigstens hat ein Stück dieser befremdlichen deutschen Hinterlassenschaft ein Happy End gefunden. Der ins Exil verbannte Kaiser starb im Sommer 1941, drei Jahre bevor es mit der geschichtsträchtigen Präsenz der Deutschen in der Rominter Heide – wo schon Wilhelms Groß-groß-groß-groß-Großonkel Friedrich Wilhelm I., König von Preußen, in der ersten Hälfte des achtzehnten Jahrhunderts ein Jagdhaus hatte errichten lassen – durch die Niederlage im Zweiten Weltkrieg ein für alle Mal zu Ende ging.

Eine Abwesenheit

In Braunschweig gibt es ein kleines Museum, das in den Räumlichkeiten des alten Klosters hinter der zerstörten St.-Nicolai-Kirche untergebracht ist und über eine erstaunliche Sammlung verfügt, die uns vom Leben der Juden in Deutschland über die Jahrhunderte erzählt. Sie stammt aus dem Vaterländischen Museum für Braunschweigische Landesgeschichte, dessen übrige vermutlich äußerst kuriose Bestände aus dem neunzehnten Jahrhundert zerstört, eingelagert oder weitergegeben wurden. Die Kernstücke des heutigen Museums, die das »Dritte Reich« überlebt haben – Toraschrein, Ewiges Licht, Lesepult – stammen aus einer 1925 aufgegebenen Synagoge im benachbarten Hornburg, deren Einrichtung nach Braunschweig gebracht wurde.

In diesem Buch erzähle ich meist von Dingen, die heute in Deutschland zu sehen sind – kaum noch zu sehen sind Zeugnisse jüdischen Lebens. Das alte Hornburger Synagogengebäude steht heute seltsam allein da. In Worms kann man hilflos erschüttert den uralten Friedhof betrachten, und ein weit größerer existiert noch in Berlin-Weißensee, aber ansonsten sind die Spuren jüdischen Lebens in Deutschland weitgehend vernichtet worden – anders als in Prag, wo dank der Nazi-Pläne, ein Museum für eine ausgelöschte Rasse zu errichten, sehr viel mehr erhalten ist. Viele Mahnmale, Hinweise auf ehemaliges jüdisches Leben oder wiederaufgebaute beziehungsweise instandgesetzte Gebäude sollen helfen, die Lücken zu schließen, betonen aber im Grunde vor allem eins: Abwesenheit.

Am anderen Ende der deutschen Lande, in Eisenstadt, an der österreichisch-ungarischen Grenze, hat eine kleine Synagoge überlebt. Aber auch das nur, weil die Behörden nach dem Anschluss so aggressiv darauf bedacht waren, die alteingesessene jüdische Bevölkerung zu vertreiben und das übliche Spruchband »Juden unerwünscht« über der Hauptstraße aufzuspannen, dass man das Wertheimerhaus, heute Sitz des Österreichischen Jüdischen Museums, in dessen Obergeschoss sich die Synagoge befindet, zum Zeitpunkt der Reichspogromnacht am 9. November 1938 längst seinen jüdischen Besitzern weggenommen hatte und es darum nicht zerstört wurde. Es ist eine kleine Genugtuung, zu wissen, dass die Synagoge von jüdischen Soldaten der sowjetischen Besatzungsarmee bis zu deren Abzug aus Österreich im Jahr 1955 intensiv benutzt wurde – aber mehr auch nicht. In dem Museum daneben gibt es eine Ausstellung über jüdische Feste. Ein großes Foto von 1946 zeigt Holocaust-Überlebende bei der Purimfeier in einem DP-Camp. Alle tragen ihre alte Häftlingskleidung, nur einer ist in Naziuniform und als Hitler zurechtgemacht. Dass die Menschen diese Maskerade veranstalteten und sich in all ihrem Trotz und Schmerz auch noch fotografieren ließen, zeugt wirklich von tiefschwarzem Humor.

Angesichts des Schicksals der Juden im Nationalsozialismus und der wenigen Bruchstücke, die von ihrem Leben übrig geblieben sind, ist man immer geneigt, die davorliegende deutsche Geschichte als Vorspiel dazu oder als Paradies der Ahnungslosen zu sehen. Dem zu widerstehen, was schwierig, aber notwendig ist, ist Anliegen dieses Buches, sofern es überhaupt eines hat. Es klingt vielleicht frivol, wenn ich sage, dass wir beim Nachdenken über die Deutschen und ihre Geschichte zu oft und zu schnell auf die Nazizeit zu sprechen kommen, aber ich glaube, es ist etwas daran. Der Vernichtung der europäischen Juden wurde von einer Handvoll schwachsinniger Fanatiker mit ihren erbärmlichen Ideologien der Boden bereitet. Durch die verheerenden militärischen und ökonomischen Ereignisse war die deutsche Führungsschicht, wenngleich auch oft im »traditionellen« Sinne antisemitisch, ausgedünnt – tot oder diskreditiert –, und es wurden solche kläglichen Gestalten nach oben gespült. Virulenter Antisemitismus war ein wichtiges Bindemittel im aufkommenden Nationalsozialismus, der aber die Unterstützung der Massen vor allem dank Hitlers Versprechen, Deutschland wieder groß zu machen, bekam und nicht in erster Linie, weil es nun gegen die Juden gehen sollte. Wie verzweifelt und konfus die Menschen in dieser Zeit waren, zeigt sich allerdings darin, wie bereitwillig sie die Idee aufnahmen, die Niederlage von 1918 und der Aufstieg des Kommunismus hätten etwas mit »den Juden« zu tun – doch auch wer das dachte, war noch meilenweit davon entfernt, gutzuheißen, was in Auschwitz geschehen sollte. Dass sich schließlich doch so viele Deutsche an der Vernichtung der Juden beteiligt haben oder einfach wegschauten, ist ein entsetzliches Beispiel dafür, wie Menschen sich führen und irreführen lassen. Aber man sollte sich nicht mit dem Gedanken zufriedengeben, dass nur die Deutschen besonders anfällig dafür und verführbar seien und dies ein exklusiv und unvermeidlich deutsches Phänomen sei. Andere Nationalitäten sehen es gern so, dann müssen sie sich nicht mit ihren eigenen Abgründen beschäftigen.

Die Geschichte der Juden in Deutschland und Österreich ist im neunzehnten Jahrhundert trotz fortgesetzter Diskriminierungen sogar einigermaßen glücklich verlaufen. Natürlich, man ist immer wieder versucht, darin nur einen trügerischen Schein zu sehen und darauf hinzuweisen, dass die zerstörerischen Keime alle da waren – aber so einfach ist es nicht. Deutschland und Österreich mussten erst gebrochen, geschunden und geschlagen werden, eine Generation krepiert und die Wirtschaft so ruiniert sein, dass sie moralisch, politisch und gesellschaftlich ausgehöhlt waren. Dann konnte das Ungeheuerliche in das Vakuum strömen. Ohne den vollkommen unerwarteten, mörderisch-verhängnisvollen Stellungskrieg, der 1914 begann, wäre vielleicht alles anders gekommen. Man muss die Welt des neunzehnten Jahrhunderts auch für sich betrachten und deren Ereignisse und Ansichten losgelöst von dem grässlichen Geschehen ansehen, das uns, aus der Perspektive »nach Auschwitz«, immer in direkter Verbindung damit zu stehen scheint.

Um meine Auffassung zu illustrieren, möchte ich die antijüdischen »Hep-Hep-Krawalle« anführen, die in vielen deutschen Städten nach den Napoleonischen Kriegen stattfanden. Warum diese grauenhaften Hetzjagden losgingen, hat man eigentlich nie verstanden – die Zeitgenossen waren fassungslos, und die Ausschreitungen haben sich im Laufe des Jahrhunderts auch nicht wiederholt. Preußische Städte waren nicht betroffen, und die Hassausbrüche des Pöbels ebbten genauso unvermittelt ab, wie sie gekommen waren. Sie begannen in Würzburg im Sommer 1819, verlagerten sich nach Frankfurt und Darmstadt und verbreiteten sich dann wie ein Lauffeuer rheinaufwärts und rheinabwärts. Eigentlich liberale Städte wie Karlsruhe oder Köln und auch das weit im Norden gelegene Hamburg wurden erfasst. Aus der Hansestadt flohen viele Juden aus Angst um ihr Leben nach Dänemark, aber auch in Kopenhagen gab es Unruhen. In Deutschland wurden Läden und Häuser in Brand gesteckt, zahlreiche Juden ermordet, weitaus mehr schwer misshandelt und so terrorisiert, dass sie gingen. Die Armee sorgte schnell für die Wiederherstellung der Ordnung, und die Obrigkeiten scheinen allenthalben über die Vorkommnisse schockiert und empört gewesen zu sein. Die Hetzkrawalle zeigten, wie sonderbar die Rolle der Juden in der deutschen Gesellschaft immer noch war. Angeblich war der schreckliche Ruf »Hep-Hep! Jud' verreck!«, mit dem der Pöbel durch die Straßen zog, ein Akronym der Kreuzfahrerparole *Hierosolyma est perdita!* (»Jerusalem ist verloren«) bei den Pogromen im Rheinland siebenhundert Jahre zuvor. Sollte das wirklich stimmen, wäre dies ein gutes Beispiel dafür, was entstehen kann, wenn man sich zu sehr auf die Geschichte bezieht – und es erinnert stark an die aggressive, rechtslastige, pseudomittelalterliche Engstirnigkeit der Studenten, die sich zu der Zeit auf der Wartburg ewige Bruderschaft schworen.

Die Krawalle scheinen zum Teil eine Reaktion auf den ungeklärten Status der Juden in Deutschland gewesen zu sein. Napoleon hatte ihre Gleichberechtigung verkündet, aber sein Sturz führte dazu, dass viele deutsche Staaten einen neuen Katalog von Benachteiligungen aus der Schublade zogen und manche – wie etwa Frankfurt – die Diskriminierungsgesetze sogar auf einen Stand wie im Mittelalter zurückdrehen wollten. Weil viele Herrscher die Emanzipation der Juden immer mit Napoleon assoziierten, vergaßen sie völlig oder wollten nicht wahrhaben, dass einige aufgeklärte Monarchen schon lange vor der Französischen Revolution eine Reihe rechtlicher Diskriminierungen der Juden aufgehoben hatten. Deutsche Staaten, die sich – aus Tradition, aber auch im Gegensatz zur Gottlosigkeit der französischen Revolutionäre – immer noch durch ihr Christentum definierten, taten sich äußerst schwer, mit dieser ihnen unangenehmen nichtchristlichen Minderheit in ihrer Mitte umzugehen. Der wenig beeindruckende, aber sehr fromme preußische König Friedrich Wilhelm III. weigerte sich, einen jüdischen Soldaten zu befördern – nicht weil er an dessen Tapferkeit oder Patriotismus zweifelte, sondern weil er von ganzem Herzen glaubte, der Soldat müsse erst zum Christentum übertreten. Tatsächlich war er so besessen von dieser Idee, dass er sogar alle Versuche der Berliner Juden, sich selbst zu reformieren, unterdrückte. Er missbrauchte sogar seine ohnehin nur fiktive Rolle als ihr Schutzherr, weil er befürchtete, dass Juden, die sich aus orthodoxer Aufklärungsfeindlichkeit und Rückständigkeit befreiten, sich kaum noch zum Christentum bekehren würden. Die Art von Friedrich Wilhelms Denken – nach außen hin regelrecht gestört, aber in sich konsistent – sollte noch Geschichte machen.

Bis 1933 bewegten sich die deutsch-jüdischen Beziehungen in diesem explosiven Gemisch aus Beleidigungen und Unsicherheit. Bis zur endgültigen Emanzipation durch die Reichsverfassung von 1871 waren die Juden immer noch hin- und hergerissen zwischen dem Wunsch, ihre eigene – separate – Identität zu bewahren, und dem Wunsch, die unzähligen großen und kleinen Benachteiligungen, die ihnen das Leben schwer machten, durch Übertritt zum Christentum zu überwinden. Im Gegensatz zu den jahrhundertealten antisemitischen üblen Nachreden waren die meisten deutschen Juden im frühen neunzehnten Jahrhundert bitterarm. Eine erstaunliche Ausnahme bildeten die Rothschilds, die dem Elend des Frankfurter Ghettos entrannen. Doch auch dies konnte nicht darüber hinwegtäuschen, dass die meisten Juden sich – per Gesetz aus weiten Bereichen der deutschen Gesellschaft ausgeschlossen – mit schwerer und niedriger Arbeit durchschlugen. Wie sie stufenweise und dann ziemlich rasch die diskriminierenden Auflagen und Verbote abschütteln konnten, ist eine der großen Geschichten des neunzehnten Jahrhunderts, die man aber im Gesamtzusammenhang betrachten sollte. Dieses Jahrhundert war für viele Deutsche, einerlei, welchen

Glaubens, eine ungeheuer aufregende Zeit mit einer Flut neuer Möglichkeiten, die ihnen Wohlstand und Mobilität gewährten, wie sie in der morschen, in sich geschlossenen lokalen Welt, in der sie fast alle gelebt hatten, unvorstellbar gewesen waren. Städte, die über Jahrhunderte kaum gewachsen waren, erkannte man kaum wieder, Bildung und Erziehung wandelten sich grundlegend. Bankwesen, Medizin, Wissenschaft oder Juristerei bekamen eine enorme Bedeutung – und die Tätigkeiten der Menschen, die in diesen Bereichen arbeiteten, hatten mit denen ihrer im Rückblick quacksalbernden, rückständigen und unwissenden Vorgänger der 1770er Jahre kaum noch etwas gemein. Die Juden, die Berufe in diesen Sparten ergriffen und berühmt wurden, waren nur Teil eines deutschlandweiten Phänomens und in allem, was sie taten, zahlenmäßig ohnehin eine kleine Minderheit. Dass im Nachhinein dann immer ihre hervorstechende Rolle betont wurde, war bestenfalls in Bezug auf einzelne Personen berechtigt, deren Bedeutung sich zudem meist auf einen recht überschaubaren lokalen Rahmen beschränkte.

Im fortschreitenden neunzehnten Jahrhundert wird es immer schwieriger, die Juden überhaupt als eine in sich geschlossene Gruppe zu begreifen. Die Orthodoxen hatten mit denen, die sich assimilieren wollten, kaum etwas zu tun – aber beide Gruppen waren bestürzt über die vielen osteuropäischen Schtetl-Juden, die gegen Ende des Jahrhunderts in verplombten Eisenbahnwaggons quer durch Deutschland nach Hamburg oder Bremen fuhren, weil sie nach Amerika auswandern wollten. Viele Juden sahen kein Problem darin, jüdisch *und* deutsch zu sein, zumal sich Kirche und Staat immer mehr voneinander trennten. Sie waren es schließlich gewohnt, Juden zu sein, und wie mit ihnen umzugehen sei, war ja nicht ihr Problem, sondern das der Herrscher, die sich einbildeten, im Auftrag oder unter dem kritischen Auge des Jesuskinds zu herrschen, und sich ihre wirren Schädel darüber zerbrachen. Sobald sie jedoch keine Zeit dafür hatten, ließ auch ihr Druck auf die jüdische Bevölkerung nach – egal, ob sie nun Napoleon oder Bismarck hießen.

Die Frage, ob Juden wirklich so deutsch wie die Protestanten seien, konnte eigentlich erst dann gestellt werden, als der Nationalismus selbst zur Religion geworden war – und man zu den erbärmlichen Vorstellungen bezüglich der Sprache ein paar noch erbärmlichere über die Rasse gepackt hatte.

Ein berühmtes Symbol dafür, dass man deutsch und jüdisch sein konnte, war ein Stich von einer Jom-Kippur-Feier auf einem Schlachtfeld bei Metz während des Deutsch-Französischen Krieges. Er hing einst häufig in deutsch-jüdischen Häusern: Man sieht eine große Zahl jüdischer Soldaten zum Gebet versammelt, während ihre christlichen Kameraden den Gottesdienst in einiger Entfernung bewachen. In dem Krieg mit seinen vielen Tausenden jüdischer Soldaten – von denen dreihundertdreiundsiebzig das Eiserne Kreuz erhielten – sowie im gesamten Prozess der deutschen Vereinigung zeigte sich eigentlich, dass es am Jüdischsein nichts gab, das einen daran gehindert hätte, deutsch zu sein.

Aber natürlich war und blieb die deutsche Gesellschaft keineswegs frei von Antisemitismus. Der Begriff selbst wurde von Wilhelm Marr geprägt, einer heillos verwirrten, kläglichen Figur; er gebrauchte ihn 1879 in seinem Pamphlet *Der Sieg des Germanenthums über das Judenthum*. Marr kam aus Magdeburg, trieb sich in Österreich, der Schweiz, Frankfurt, Hamburg und Costa Rica herum und erklärte sich abwechselnd zum Anarchisten, Kommunisten oder Nationalisten. 1848 war er Abgeordneter in der Nationalversammlung und trat in unangenehmster Weise als Erbe der Burschenschafter von der Wartburg in Erscheinung. Seine Ideen und die von ihm gegründete Antisemitenliga waren nie sehr einflussreich, und im hohen Alter schwor er dem Antisemitismus ab – bei genauerer Betrachtung hatte er ihn offensichtlich als unrichtig erkannt –, aber er hatte etwas losgetreten, das von anderen gern aufgenommen wurde.

Obgleich es in Deutschland sowohl gelegentlichen als auch sozusagen offiziellen Antisemitismus gab, fanden die Juden, dass sie sich eine einigermaßen stabile Existenz schaffen konnten und sich nicht weiter darum kümmern mussten. Ähnlich wie Preußen gegen Ende des neunzehnten Jahrhunderts so lebendig und pluralistisch geworden war, dass es sich neben überzeugten militanten deutschen Nationalisten auch deren schärfste Spötter und Kritiker leistete, leisteten sich auch die deutschen Juden jede erdenkliche Haltung – von der des großäugigen Mit-Gott-für-König-und-Vaterland bis hin zu der des dogmatischen Kommunismus. Doch die unsichtbare große Mehrheit führte ihr ruhiges deutsches Leben. Ja, in dieser Welt war so sehr Platz für alle und alles, dass in ihr sogar der Zionismus erfunden wurde – jene erstaunliche, seltsame Einsicht des Österreichers Theodor Herzl, das jüdische Volk müsse seine eigene Heimstätte haben. Am Anfang dieser Idee, die in so vieler Hinsicht tief im traditionellen deutschen Partikularismus verwurzelt scheint, stand die gewissermaßen ebenfalls traditionelle Hoffnung, der Kaiser – als fragwürdiger Schutzherr der Juden – könne den Juden ein Protektorat in Palästina verschaffen.

Wilhelm II. war sehr angetan von dem Gedanken, aber auch aus sehr eigenen Gründen – nicht zuletzt wegen der Illusion, er könne dann jede Menge jüdischer Kommunisten, Satiriker und Intellektueller, die ihn so krass und grotesk fanden, loswerden. Doch es nützte nichts, dass der Kaiser sich einschaltete, in Deutschland machte man sich über die zionistischen Ideen weidlich lustig. Die unter schlimmen Pogromen leidenden osteuropäischen Juden griffen sie freilich begeistert auf. Herzl berief 1897 im Baseler Stadtcasino den Ersten Zionistenkongress ein und plante schon mal den Staat Israel samt Nationalhymne. Macht und Wirkung dieser Idee sieht man an der Karriere von Herzls radikalem Nachfolger Kurt Blumenfeld, einem ostpreußischen Juden, der 1911 Generalsekretär des Zionistischen Weltverbands wurde. »Normalerweise« wäre er als Jude durch die Hand der Nazis umgekommen oder als Ostpreuße von den Sowjets ermordet oder vertrieben worden, stattdessen starb er 1963 in Israel – dem Land, das seine Existenz sozusagen sowohl den kreativsten und fantasievollsten als auch den allerschlimmsten Seiten der Deutschen verdankt.

Manche jüdischen Familien traten zum Christentum über oder ließen einfach von den strengen Glaubensregeln ihrer Religion ab, aber irgendwann ist es nur noch lächerlich, bei Leuten wie Karl Marx, Gustav Mahler, Fritz Haber oder Ludwig Wittgenstein – die auf ganz unterschiedliche Weise und in ganz unterschiedlichem Maß Juden waren –, immer wieder darauf herumzureiten, dass sie jüdisch waren, was sie selbst ohnehin anödete oder was sie gar ablehnten. Es ist absolut sinnlos und müßig, ständig zu fragen, ob es für den Erfolg Einzelner auch nur die geringste Bedeutung gehabt hat, dass sie jüdisch waren – unter Umständen schlägt zu große Neugierde sogar in eine seltsame Form von Antisemitismus um. Unbestreitbar ist, dass Personen mit mehr oder weniger ausgeprägtem jüdischem Hintergrund im frühen zwanzigsten Jahrhundert im Deutschen wie im Habsburgerreich ganz entscheidend zu einer in der europäischen Geschichte beinahe einmaligen, wunderbar vitalen und vor Kreativität sprühenden Kultur und Zivilisation beitrugen – auf dem Gebiet der Literatur, Philosophie, Medizin, Musik oder Wissenschaft. Fast könnte man es als deutsch-jüdisches Gemeinschaftsprojekt betrachten – aber manchmal scheint es mir wichtiger, gar nicht darauf zu achten. Jedenfalls gebrauchten Menschen mit den vielfältigsten Hintergründen die deutsche Sprache einmal ganz revolutionär und veränderten die Welt. Der vernichtende Sturm, der 1914 bis 1918 über diese Welt hinwegfegte, hinterließ die deutsche Kultur verheert, aber noch nicht gänzlich unfähig, brillante Leistungen hervorzubringen – doch dann kam die Weltwirtschaftskrise und mit ihr ein autodidaktischer Fantast, der diese Kultur verabscheute, die Errungenschaften der Moderne in all ihren nichtmilitärischen Formen zerstören wollte, und der ganz besondere Vorstellungen davon hatte, wer an Deutschlands Schwierigkeiten schuld war.

Ich sitze in dem kalten, staubigen Braunschweiger Museum und betrachte die verwaisten Gegenstände aus der Hornburger Synagoge, und mich überkommt eine große Traurigkeit. Ich habe selbst keine Beziehung zum Judentum und betrachte etwas, das ich, wenn überhaupt, höchstens auf eine nüchterne, unbeteiligte Art verstehe, doch die Menschen, die es mir erklären könnten, sind nicht mehr da.

Zwölftes Kapitel

Am Meer
Texanische Wenden
Deutsche Kolonialträume
Thomas und Ernie
Berliner Piefigkeit
Gesichter des Militarismus

Vier Kinder Ludwigs IV., Großherzog von Hessen-Darmstadt, ca. 1875. Von links: Prinzessin Viktoria, zukünftige Ehefrau Prinz Ludwig von Battenbergs, Mutter des 1. Earl Mountbatten von Burma und Großmutter des Herzogs von Edinburgh; Prinzessin Elisabeth, zukünftige Frau des Großfürsten Sergei Alexandrowitsch Romanow, Sohn Zar Alexanders II., die nach der Ermordung ihres Manns 1905 Nonne wurde und in den Armenvierteln Moskaus arbeitete, 1918 von den Bolschewiken ermordet und später von der russisch-orthodoxen Kirche heiliggesprochen wurde; Prinzessin Alix, die zukünftige Kaiserin Alexandra Fjodorowna, Ehefrau Zar Nikolaus' II., befreundet mit Rasputin, 1918 von den Bolschewiken umgebracht und ebenfalls von der russisch-orthodoxen Kirche heiliggesprochen, wenn auch vielleicht mit weniger Berechtigung als ihre ältere Schwester; Ernst Ludwig, zukünftiger bisexueller Großherzog mit Todesobsessionen und großer Förderer von Jugendstilkünstlern.

Am Meer

Viele Nichtdeutsche verbinden mit Deutschland eine besondere Kargheit, und ja, es gibt in Mecklenburg-Vorpommmern und Brandenburg Landstriche, die man durchaus mit Saskatchewan oder Caithness vergleichen kann, weil man sich schlicht nicht dorthin wünscht. Ins Strafbataillon versetzt, würde ich persönlich mich aber in Wilhelmshaven fühlen. Diese auffallend verlassene, hoffnungslose Stadt ist tatsächlich der Ort, wo Deutschland auf Abwege geriet und einen ruinösen Kurs mit seiner eigenen, aber katastrophalen Logik einschlug.

Wilhelmshaven verdankt seine Existenz der Überzeugung, dass Preußen eine ordentliche Kriegsmarine brauchte, um von den anderen Großmächten ernst genommen zu werden. In den 1860er Jahren beschäftigte sich Preußen mit der Frage der Einigung des Deutschen Reiches, die es zunehmend als seine Mission betrachtete. Die Hindernisse, die gleich mehrfach im Wege standen, lösten sich alle binnen weniger als zwanzig Jahren in Wohlgefallen auf.

Zum einen musste Preußen immer mit einer Seeblockade rechnen: So exzellent seine Armee auch sein mochte, Frankreich brauchte nur ein paar Flussmündungen zu bedrohen, und der preußische Überseehandel konnte buchstäblich einpacken. Zudem lagen die preußischen Häfen allesamt gerade günstig für die Dänen (die Feindschaft mit ihnen sollte im Deutsch-Dänischen Krieg besiegelt werden), für die es leicht war, preußische Schiffe in der Ostsee einzuschließen. Die einzigen echten deutschen Nordseehäfen waren im Besitz der beiden Stadtstaaten Bremen und Hamburg, auf die in militärischen Dingen kein Verlass war. Der Bau eines preußischen Nordseehafens wurde also immer dringender, und man begann über der Landkarte zu grübeln. Der Jadebusen, für den man sich entschied, gehörte zu dem verschlafenen Kleinstaat Oldenburg und ist eine große, halbrunde Nordseebucht, bei deren bloßem Anblick von der windumtosten Strandpromenade aus den meisten Menschen jeglicher Lebenswille abhandenkommen würde, ganz besonders denen, die durch ein verhärmtes Einkaufszentrum dorthin gelangt sind, in dem die Hauptattraktion ein Mann in bayerischer Tracht ist, der auf dem Saxophon den von Django Reinhardt bekannten Song »The Sheik of Araby« spielt.

Aber in Wilhelmshaven begann der Irrsinn, der jeden guten Liberalen die deutsche Einigung herbeisehnen ließ: die quälend verzwickten Verhandlungen, die Preußen zunächst mit Oldenburg führen musste, um das Land zu kaufen, und dann mit dem mächtigen Königreich Hannover, um zur Versorgung des neuen Hafens eine Straße durch dessen Hoheitsgebiet bauen zu dürfen.

Oldenburg nahm das Geld, aber Hannover verweigerte – aus reinem Spaß an der Freud – die Genehmigung für die Straße, sodass der komplette Hafen Stein für Stein und Arbeiter für Arbeiter auf dem Seeweg herangeschafft werden musste und sich der Bau um viele Jahre verzögerte. In der Zwischenzeit wurde im Deutsch-Dänischen Krieg von 1864 Dänemark besiegt, und Preußen konnte sich den hervorragenden Ostseehafen Kiel unter den Nagel reißen (den es kurz zuvor zusammen mit den Österreichern besetzt hatte). Hannover schlug sich im Krieg von 1866 mit einiger Verspätung auf die Seite Österreichs und ging mit fliegenden Fahnen mit ihm unter: Es wurde von Preußen annektiert, das nun endlich eine richtige Straße zu dem geplanten Hafen bauen konnte. 1866, mit der Gründung des Norddeutschen Bundes, dem auch Bremen und Hamburg beitraten, war er dann aber schon nicht mehr nötig. Zu spät: Er war im Bau und wurde ohne viel Fantasie nach König Wilhelm benannt.

Wer heute durch Wilhelmshaven mit seinen adretten Beamtenhäusern, der Garnisonkirche und den alten Statuen schlendert, spürt den Stolz und die Wertschätzung immer noch, die dieser neuen preußischen Stadt entgegengebracht wurden. Letztendlich jedoch erwies sich der ganze Aufwand als gewaltiger Fehler. Nachdem der Hafen für eine Kriegsflotte gebaut worden war, musste auch eine Kriegsflotte her, und nachdem so viel Geld für eine Kriegsflotte ausgegeben worden war, musste ein überzeugender Feind her. Was man mit dem

Hafen sinnvollerweise hätte anfangen können, war nicht leicht zu entscheiden, weil sich die Beziehungen Preußens zu seinen Nachbarn ständig heftig änderten: Seine drei Hauptfeinde – Dänemark, Österreich und Frankreich – hatte es zum Beispiel in der Zeit zwischen dem Beginn des Baus und dem zweiten Hafengeburtstag mühelos besiegt. Aber auch die technischen Fortschritte im Schiffsbau gestalteten sich ab den 1870er Jahren geradezu schwindelerregend rasant: Schiffe, die gewaltige Summen verschlungen hatten, waren im Nu veraltet. Dass sich Deutschland nun seltsam unbedeutende und sinnlose Territorien in Übersee zulegte, lag nicht zuletzt in dem Wunsch begründet, der eigenen Kriegsmarine eine halbwegs vernünftige Aufgabe zu geben, und heute ist die Wilhelmshavener Garnisonkirche voll von Denkmälern, die an unschöne Kriege in Namibia und China erinnern.

Doch in Wilhelmshaven hegte man noch weit kühnere Träume. Die immer größer werdenden Schiffe konnten den ansonsten großartigen neuen Nord-Ostsee-Kanal kaum mehr befahren, und Wilhelmshaven wurde weiter ausgebaut. Und dann machten um 1900 ein paar Marinefantasten plötzlich in Großbritannien den neuen Feind aus. Eigentlich aus keinem besonderen Grund – im Großen und Ganzen ergänzten sich britische und deutsche Interessen –, sondern weil eine Hochseeflotte nur dann sinnvoll war, wenn Großbritannien der Feind war. Den gewöhnlicheren Feinden war leicht mit dem traditionellen Heer beizukommen.

Und so wurde ein Hafen, der an einem tristen, verlassenen Stück Küste aus dem Boden gestampft worden war, zum Mittelpunkt eines maritimen Wettrüstens, das mehr als alles andere dazu beitrug, das Verhältnis zu Großbritannien zu belasten – einem Land, das sämtliche deutschen Einigungskriege mit wohlwollender Zurückhaltung begleitet hatte. Die schier endlosen Gefallenenlisten erzählen den Rest der Geschichte.

Die deutsche Kriegsmarine war nie etwas anderes als ein teurer und dummer Missgriff. Deutschland hatte schlichtweg nie genug Geld, Stahl oder Männer, um es mit Großbritannien aufzunehmen, das sich ja schon seit Jahrhunderten geradezu über die weltweite Präsenz seiner Flotte definierte, egal, welche Theorien unrealistische Spinner mit Gabelbart wie Großadmiral von Tirpitz aus dem Hut zauberten.

Zu Anfang des zwanzigsten Jahrhunderts kam in Wilhelmshaven dann noch ein Problem dazu, das beinahe schon wieder lustig war: Es war als Kriegshafen vollkommen ungeeignet. Wegen einer Sandbank vor der Einfahrt konnten große Schiffe nur bei Flut aus- oder einlaufen, und die gesamte Flotte brauchte dazu sogar zwei Gezeitenwechsel! Die Briten konnten also in aller Ruhe erst die eine, dann die andere Hälfte des stolzen Geschwaders in die Luft jagen. Dieses Albtraumszenario wurde niemals Wirklichkeit, aber die deutsche Flotte war auch grundsätzlich zu schwach. Ein ernsthafter Versuch, sie dennoch zum Einsatz zu bringen, war die Skagerrakschlacht von 1916, doch die Befehlshaber mussten zu ihrem großen Verdruss schnell erkennen, dass sie den Briten zwar technisch eindeutig überlegen, diese aber ebenso eindeutig zu viele waren. Dass die deutsche Flotte einem Massaker entging, lag nur an der Zaghaftigkeit und Verwirrung auf Seiten der Briten; ein zweiter Versuch war undenkbar. Ja, wie ein Historiker erst kürzlich nicht ohne Häme bemerkte, hatte der Kaiser mit den vielen Millionen Goldmark, die er in seiner nicht zu überbietenden Eitelkeit in die Hochseeflotte investierte, die Organisation geschaffen, die ihn am Ende stürzen sollte.

Als Deutschland 1918 vor der Niederlage stand und man in typisch wahnwitziger Manier die gesamte Kriegsflotte in den »ehrenvollen Untergang« schicken wollte, meuterten die zu Tode gelangweilten Matrosen. Es gibt großartige Fotos von den Massen wütender Matrosen im kaiserlichen Beamtenstädtchen Wilhelmshaven, und es sieht aus, als schwömmen all die Statuen und Beamtenhäuser auf einem Meer von Meuterern. Als mit den Matrosenaufständen der Zusammenbruch der gesamten Ordnung dräute, dankte der Enkel des Gründers von Wilhelmshaven doch lieber ab und ging nach Holland ins Exil. Der Hafen, mit dem man einen Neuanfang hatte machen wollen, wurde keine fünfzig Jahre später der preußischen Krone zum Verhängnis. Natürlich war seine Geschichte damit nicht vorbei – das größte Schlachtschiff der Nazis, die *Tirpitz*, wurde auf der Wilhelmshavener Kriegsmarinewerft gebaut. Doch auch im Zweiten Weltkrieg zeigte sich, dass sowohl der Mangel an Geld als auch die geografische Lage dagegen sprachen, dass Deutschland eine Kriegsflotte unterhielt. Die U-Boote waren eine gefürchtete, aber natürlich auch sehr verwundbare Waffe, doch alles Deutsche, das aus dem Wasser herausschaute, wurde schon in den ersten beiden Kriegsjahren versenkt oder außer Gefecht gesetzt. Da Wilhelmshaven unübersehbar an der Küste lag, war es während des gesamten Krieges bevorzugte Zwischenstation des Bomber Command, das die Stadt in jeder freien Minute mit Bomben eindeckte. Die in Trümmern liegende Stadt (drei Viertel der Gebäude waren zerstört) ergab sich bei Kriegsende alliierten polnischen Truppen. Die nächste Schmach bestand darin, dass alles, was von den Werften noch übrig war, von deutschen Kriegsgefangenen demontiert werden musste und als Reparationsleistung in die Sowjetunion ging. Wegen der geografischen Lage Deutschlands im Kalten Krieg verfügt Wilhelmshaven heute wieder über einen großen Hafen, obgleich es eigentlich besser wäre, es hätte gar keinen mehr. Es ist ein eigenartiges Gefühl, durch eine Stadt zu laufen, die auf einem derart katastrophalen Fehler gründet und an deren Stelle eigentlich nur versalzenes, mäßig brauchbares Weideland sein sollte. Wilhelmshaven hat wirklich eine sehr unglückliche Geschichte – aber das gilt, wie sich im weiteren Verlauf des zwanzigsten Jahrhunderts zeigen sollte, auch für viele andere Städte.

Texanische Wenden

Der Impuls, so was Deprimierendes wie Wilhelmshaven zu bauen, kam auch daher, dass Preußen und dann Deutschland meinten, ein Weltreich errichten zu müssen, und dass die deutschsprachigen Länder diesbezüglich schlecht versorgt seien. Dabei spricht es doch zu ihren Gunsten, dass man kein Weltreich anstrebte, sondern in dieser

Hinsicht, eher aus geografischen denn ethischen Gründen, relativ wenig Unheil anrichtete. Gut, im sechzehnten Jahrhundert versuchte eine Gruppe Augsburger Banker, Venezuela zu besiedeln (Klein-Venedig), scheiterte aber. An der westafrikanischen Küste, im heutigen Ghana, gab es auch von 1683 bis 1717 eine (stolz Groß-Friedrichsburg genannte) brandenburgisch-preußische Feste, von der aus Sklaven deportiert wurden. Sie war aber immer ein finanzielles Fiasko, angewiesen auf ein paar gemietete Lagerhäuser auf den dänischen Jungferninseln und von den Holländern attackiert, wann immer es diese überkam. Den moralischen Sündenfall Sklavenhandel müssen sich in der Hauptsache Spanien und dann England zuschreiben lassen. Deutschland konzentrierte sich immer sehr auf die Angelegenheiten in Mitteleuropa, exotischere Waren bezog es auf dem Umweg London und Amsterdam.

Wie vielen anderen europäischen Ländern waren Deutschland und seinen Vorgängerstaaten indes verschiedene Arten von Kolonisierung nach innen nicht fremd. Sie behandelten Polen, Tschechen und Slowenen weitgehend so wie Engländer die Iren im britischen Empire. Man fühlte sich über sie erhaben und diskriminierte und unterdrückte sie; sie vermischten sich mit den dominierenden Gruppen, trugen aber zu Kultur, Geistesleben und Militär kräftig bei. Ethnische Minderheiten gab es in der Hauptsache in Preußen und Österreich (und der Schweiz); in den meisten deutschen Staaten spielten sie keine Rolle. Es war nicht so, dass die Deutschen keine Ahnung von der weiten Welt hatten, sie waren geografisch nur schlecht positioniert, um sie sich politisch oder ökonomisch zunutze zu machen. Georg Forster hat zwar mit *Reise um die Welt* einen Klassiker der deutschen wissenschaftlichen Reiseliteratur geschrieben, doch er war Gast von Captain Cook, der auf seinen Fahrten Australien, Neuseeland und viele pazifische Inseln für Großbritannien erbeutete und nicht etwa für Hessen-Kassel, wo Forster sich nach seiner Rückkehr nach Deutschland erst einmal niederließ. Das muss ein ganz schöner Kontrast zu all den Brotfrüchten, nackten Brüsten und gegrillten fliegenden Fischen gewesen sein, die ihm bestimmt immer noch im Kopf herumschwirrten.

Von 1799 an reiste unser aller Lieblingspreuße Alexander von Humboldt durch Süd- und Mittelamerika und amüsierte sich mit Piranhas und Zitteraalen, doch politisch ergab sich daraus nichts. Trotzdem sind wir ihm dankbar für die wunderbaren Berichte von seinen Abenteuern. Eine königlich-bayerische Expedition nach Brasilien im Jahr 1817 hatte zur Folge, dass ein sensationeller Ara nach Johann Baptist von Spix benannt wurde, dem sympathischen Expeditionsleiter, und eine königlich preußische Exkursion nach Ägypten 1842 resultierte darin, dass die Cheops-Pyramide überhaupt erst mal Hieroglyphen bekam, von niemand anderem hineingekritzelt als von Carl Richard Lepsius, der dem preußischen König (zum Geburtstag) huldigte. »Heil dem Adler, Schirmer des Kreuzes, dem Könige, Sonne und Fels Preußens, dem Sohne der Sonne, die das Vaterland befreite, Friedrich Wilhelm dem Vierten« et cetera pp. Die genannten Trips machten zwar Spaß, erweiterten aber nicht unbedingt den globalen Einflussbereich Bayerns oder Preußens. Die Österreicher erkundeten in den 1870er Jahren Teile des Nördlichen Eismeers (nachgestaltet in Christoph Ransmayrs großartigem Roman *Die Schrecken des Eises und der Finsternis*) und kartierten und benannten eine unbewohnte, tödliche Ödnis Franz-Josef-Land (wie sie heute immer noch heißt). Eine prächtige Parodie auf koloniale Vergeblichkeit. Aber die Deutschen trauten sich nur, überaus zögerlich nicht politische Handelsstützpunkte einzurichten, wie den Hafen von Douala in Kamerun, von Hamburger Handelshäusern initiiert.

Die koloniale Unschuld war politischer Schwäche geschuldet, nicht deutscher Anständigkeit. Dass Staaten wie Hessen-Kassel nach einem Weltreich gestrebt hätten, wäre blanker Unsinn gewesen, und die Stadtstaaten Hamburg und Bremen, wirklich weltoffen und bis 1871 vom Rest Deutschlands unabhängig, waren an freiem Handel interessiert und hatten eine enge Beziehung zu Großbritannien, was sich mit hirnrissigen nationalistischen Bestrebungen schlecht vertrug. Es war die Ära immer mehr ausgeweiteten Handels Hamburgs mit der Welt und wunderschöner deutscher Landkarten, auf denen die großen Handelsstädte getreu verzeichnet waren – San Franzisko,

Neu-York und Neu-Orleans, Kamerunstadt und Schanghai –, obwohl Deutschland keine kolonialen, sondern lediglich immer blühendere wirtschaftliche Beziehungen mit ihnen hatte. In spannendem Gegensatz zu dem imperialen Nichtinteresse stand das große Ausmaß, in dem die Deutschen als Individuen emigrierten. Und wenn sie auch die Länder, in die sie einwanderten, nicht in Besitz nahmen, trugen sie doch maßgeblich zu deren Erfolgsgeschichte bei.

Die Ströme der Siedler mündeten in winzigen Gemeinschaften wie der von Preußen in Südaustralien bis zu der von Westfalen im Inneren Jamaikas. (Dort bereitet man bei besonderen Gelegenheiten heute noch einen traditionellen deutschen Schweinebraten zu, wenn auch durch zweihundertfünfzig Jahre Heiraterei untereinander die Gemeinde schwarz geworden ist.) Es gab richtige Massenbewegungen. George Washington und seine Freunde machten sich einen Heidenspaß daraus, den für die Engländer kämpfenden, verdutzten hessischen Söldnern wahnsinnige Belohnungen an Geld und Land anzubieten, und die verstanden den Wink mit dem Zaunpfahl, brachen zu Tausenden auf und waren beim Aufbau Pittsburghs und Detroits behilflich.

Wie aus England auch begaben sich viele Glaubensgemeinschaften nach Amerika, wo sie einen Ort zu finden hofften, an dem man sie in Ruhe und nach dem ganzen Spektrum ihrer verschrobenen Offenbarungen selig werden ließ. Sie waren oft erfolgreich, und ihre Nachkommen leben immer noch in den Bergen von Pennsylvania oder Manitoba, Zeugen der für sie typischen Beharrlichkeit. Insgesamt strömten Millionen »normaler« Deutscher nach Nordamerika, zwar immer eine Minderheit, die die politische Macht den Englischsprachigen überließ, die aber in ihrem eigenen Lebensbereich oft wohlhabend und mächtig wurde und sich zum Beispiel zahlreich in Yorktown in Manhattan oder in Germantown in Cincinnati ansiedelte. Manchmal versuchte man gezielt, etwas dauerhaft Deutsches zu begründen. Prinz Carl zu Solms-Braunfels, »Texas-Carl«, ging 1845, dem Jahr, in dem Texas seine Unabhängigkeit aufgab und sich den Vereinigten Staaten anschloss, in den neuen Bundesstaat und gründete im Osten Neu-Braunfels. Bis heute verströmt die Stadt eine geballte Ladung teutonischer Gemütlichkeit.

Millionen Amerikaner sprachen lange zu Hause und mit Freunden Deutsch und mit der weiteren Welt Englisch. Bedenkt man, dass es nicht leicht war, an der Verbundenheit etwa mit Schwarzburg-Rudolstadt festzuhalten oder auch nur die Erinnerung daran zu bewahren, nimmt es nicht wunder, dass Deutschamerikaner so bedingungslos loyal zu den USA waren. Mit den deutschen Gemeinschaften war allerdings im Ersten Weltkrieg Schluss, denn damals wurde Deutsch in der Öffentlichkeit schon bald nicht mehr akzeptiert, und die deutschsprachigen Zeitungen gingen ein. Als kurz darauf das zweite Desaster folgte, die Prohibition, zerfiel die gesellschaftliche Gruppe, die riesige Brauereien besaß und zu deren Kerngeschäft die Bier- und Weinfeste gehörten. Die Namen leben weiter: Miller (na, eher Müller), Pabst, Schlitz, Anheuser und Busch, aber die Art der Geselligkeit, die sie reich gemacht hatte, verschwand erst einmal. Als sie mit dem Ende der Prohibition wieder auflebte, war sie amerikanisiert und besaß das alte deutsche Flair nicht mehr. Die Deutschen haben deshalb auch mit den Engländern die merkwürdige Nichterrungenschaft gemeinsam, dass sie eine der sehr wenigen ethnischen Gruppen sind, für die es keine jährliche Parade in New York gibt. Ich erbleiche, wenn ich daran denke, wie viel Zeit ich während meines Aufenthalts dort mit erregten Debatten im Freundeskreis über Themen und Motti für die albernen Festzugswagen verschwendet habe, mit denen man einen English Pride-Umzug hätte veranstalten können. Aber vermutlich ist es ganz gut, dass niemand im Verlauf des 20. Jahrhunderts deutsches Volkstum feiern wollte, indem er oder sie Festzüge nach Downtown karjuckeln ließ, denn die fröhliche Spontaneität, die sich viele andere ethnische Gruppen so hart erarbeiten, würde ihnen sicher fehlen.

Im Institute of Texan Cultures in San Antonio wird eine traurige Geschichte erzählt. Das wunderbare Museum schafft es, mit einem Minimum an falscher Volkstümlichkeit zu vermitteln, wie verschieden die Besiedelung von Texas war. Ich erfuhr hier von den texanischen Wenden. Die Sorbisch sprechende slawische Gruppe der Wenden lebt an der oberen Spree, jetzt hauptsächlich in der Lausitzer Braunkohlenregion. Im 19. Jahrhundert war sie teils unter preußischer, teils unter sächsischer Herrschaft, und man behinderte sie schon zwei Jahrzehnte vor der deutschen Einigung in Ausbrüchen von Nationalismus immer mehr beim Benutzen ihrer Sprache und Ausüben ihrer Religion und unterdrückte sie ähnlich, wie man die Waliser in Großbritannien und die Bretonen in Frankreich unterdrückte. In den 1850er Jahren beschloss eine Gruppe von etwa sechshundert Wenden unter einem charismatischen Pfarrer namens Jan Kilian, ihre Kultur durch Auswanderung nach Texas zu retten. Viele von ihnen starben schon auf dem Weg in den texanischen Hafen Galveston an Cholera, doch die Überlebenden gründeten die kleine Stadt Serbin weiter landeinwärts in der Nähe von New Braunfels. Nicht sehr nachhaltig, denn die Gemeinde ging letztlich in der sie umgebenden riesigen Spanisch und Englisch sprechenden Bevölkerung auf. Die letzte sorbische Zeitung musste 1921 aufgeben – weil sie in gotischer Schrift erschien, hatte sie schon 1917 den damals üblichen Hass auf sich gezogen, da man – Ironie der Geschichte – meinte, sie verbreite deutschen Wortschatz.

Wenden landeten auch als winzige Gruppe in den neuen Boomtowns der Zwischenkriegszeit am Golf von Mexiko, im Golden Triangle an der Grenze zu Louisiana, eine beängstigende Gegend, in der, als ich sie einmal besuchte, die von Hurrikans verheerten Strände mit Portugiesischen Galeeren, Teerklumpen und riesigen, fleischigen, schimmernden, unerschütterlichen Kakerlaken übersät waren und das Wasser nach Schwefel stank. Den Wenden, die in den kargen Wäldern ihrer gemäßigten Breiten geblieben waren, wurde in allen Formen des deutschen Nationalismus übel mitgespielt, vom Zweiten zum Dritten Reich bis in die Deutsche Demokratische Republik. Viele ihrer Dörfer fielen dem Braunkohlentagebau zum Opfer, und ihre Landsleute, die hinter der 1945 geschaffenen Grenze zu Polen lebten, wurden in die sowjetisch besetzte Zone vertrieben. Aber im Gegensatz zu Jan Kilians Gemeinde haben die Wenden irgendwie überlebt und müssen nun ihr Glück erstmals seit Generationen unter einer Regierung suchen, die sie nicht diskriminiert. Was letztlich genauso eine Bedrohung für den sorbischen Zusammenhalt ist wie die Verlockungen der Fremde in Texas.

Die texanischen Wenden haben es als eigene kulturelle Gemeinschaft nicht geschafft. Doch wie Millionen andere Deutsche, die die Überfahrt erst über britische Häfen und später mit der Norddeutschen Lloyd mit Sitz in Bremen sowie der mächtigen Hapag aus Hamburg machten, fanden sie ein potentiell erfreuliches und ruhiges Leben in den Vereinigten Staaten. Ja, als Hitler mit seiner gottserbärmlichen Idee ankam, nach einer doch recht langen Pause Deutschlands mittelalterliche Ostkolonisation wieder anzukurbeln, gab es fast keine »überzähligen« Deutschen mehr, mit denen er das hätte bewerkstelligen können. Viele waren heil und sicher in Amerika, hatten sie doch eine Entscheidung getroffen, die ihnen und ihren Nachkommen die moralische Katastrophe ersparte, die den Daheimgebliebenen bevorstand.

Deutsche Kolonialträume

Eine neue und unselige Ära brach für Deutschland während des chaotischen Ringens um unbedeutendere Kolonialgebiete in den 1880er Jahren an. Wenn es stimmt, dass die Franzosen ein Kolonialreich besaßen, das aus den Stücken bestand, die die Briten nicht wollten, dann nahm das frisch geeinte Deutschland die, die sogar die Franzosen verschmähten. Das merkwürdige, völlig untypische Streben nach einem Weltreich war auf seine Weise ein genauso beunruhigendes Zeichen wie die Errichtung Wilhelmshavens dafür, dass der neue deutsche Staat zunehmend an Großmannssucht litt. Es wurde zur Farce. Auf Teufel komm raus wollte man weit entlegene, unwirtliche Landstücke haben, nur damit man sie auf der Landkarte herzeigen konnte.

In dem unvergleichlichen Bayerischen Armeemuseum in Ingolstadt gibt es neben vielen anderen Schätzen eine lächerliche Blechuhr mit grobschlächtigen, winzigen Malereien von Palmen und Stränden, und darüber steht geschrieben, dass im Deutschen Reich die Sonne nie untergehe. Da ist man doch versucht, an eine Verschwörungstheorie zu glauben – vielleicht bestachen die Hersteller der Uhr Bismarck heimlich, damit er ein Deutsches Weltreich zusammenkaufte und -tauschte, weil sie vielleicht als Einzige davon profitierten. Dass die Sonne nie untergeht (in Wirklichkeit muss sie doch die ganze Zeit irgendwo untergegangen sein), war vielleicht der einzige Grund, sich ein so verrückt weit entfernt gelegenes Gebiet wie Westsamoa unter den Nagel zu reißen. Plötzlich hatten die verblüfften Samoaner einen neuen Boss, Kaiser Wilhelm II.

Die Ausdehnung der Macht, um Samoa zu beherrschen und eine einigermaßen gute Figur im Südpazifik abzugeben, lieferte eine weitere Begründung für die Einrichtung einer deutschen Kriegsmarine, auf die man hätte verzichten können, wenn man von vornherein auf das Kolonialabenteuer verzichtet hätte. Von den Jap-Inseln bis Neupommern – Bismarck konnte nur versprechen, dass aus den pazifischen Gebieten eine gewisse Menge Kaffee und eine unendliche Menge an Kokosmatten kommen würden. Den Menschen, die auf den Inseln zu Hause waren, ging es vermutlich unter den Deutschen nicht schlechter als unter x-beliebigen anderen Herrschern; auch waren sie schon dezimiert von tödlichen Krankheiten, die die Europäer eingeschleppt hatten. Ganz kurz sollte man aber auch an die Kolonialbeamten denken, denen man eigentlich nichts vorwerfen konnte. Sie hatten wahrscheinlich eine Karriere als lokale Verwaltungsbeamte in Münster oder Wuppertal ins Auge gefasst, wo sie sesshaft zu werden und ein ortsansässiges Mädchen zu ehelichen gedachten. Und plötzlich wateten sie, schon ernsthaft krank, in eilig zusammengeschusterter, schwer sauber zu haltender weißer Uniform auf Truk (heute Chuuk) oder Blup Blup an Land, mit Maultierladungen unwirksamer Medikamente und kistenweise Würstchendosen.

Einzige Ausnahme und im Grunde, wenn auch kurzlebig, Herzstück des pazifischen Preußen war der Konzessionshafen Tsingtau (Qingdao) an der nordostchinesischen Küste. Dies ist immer noch ein rätselhafter Ort. Viele Jahre lang hatte ich auf meinem Schreibtisch eine schlecht kolorierte Ansichtskarte mit der imposanten Gouverneursresidenz, der protestantischen Kirche und der Brauerei, die bayerisches Bier in China verbreitete und trotz langer magerer, nachkolonialer Zeiten heute noch das Tsingtao-Bier exportiert. Qingdao hätte das deutsche Hongkong werden können, aber es blieb immer nur eine Bürde und ein Stück Dekoration, weil Deutschland keine wirklich globale Macht wurde.

Im Jahr 1900 erschien das mal wieder möglich, denn da passierte der widerlichste aller kolonialen Auftritte (und es ist kein Mangel daran), der internationale Feldzug, um den Boxeraufstand in China niederzuschlagen und eine Fremdherrschaft über die Regierenden in Beijing zu etablieren. Beteiligt war ein ungewöhnlicher Mix aus britischen, japanischen, US-amerikanische, russischen, französischen, italienischen, deutschen und österreichischen Marinesoldaten. Bei Letzteren tat der zukünftige Korvettenkapitän Georg Ludwig Ritter von Trapp mit, der später mit der *Trapp-Familie* zu Ruhm kam. Wilhelm II. rief in einer Rede, die deutschen Truppen sollten in China »wie die Hunnen« keine Gnade zeigen. Was sie pflichtschuldigst befolgten, und alle anderen Truppen standen ihnen in nichts nach. Die Rede des Kaisers ist eines der eindeutigsten Beispiele für die deutsche Weltsicht, die offenkundig hochgefährlich wurde. Die brutale Niederschlagung des Aufstands, das Morden und Plündern wurden in Deutschland mit Paraden und Denkmälern und exotischen Bildern enthusiastisch gefeiert. Auf einer Ansichtskarte habe ich mal deutsche Kavallerie vor der Großen Mauer gesehen, ein abartiger Höhepunkt europäischer Selbstherrlichkeit.

Aber die kühne Einträchtigkeit der Europäer, gemeinsam hilflose chinesische Bauerntruppen mit Maschinengewehren niederzumähen, währte nicht lange, und schon 1914 hatte Deutschland, diplomatisch völlig chaotisch und inkompetent, im Pazifik keine Verbündeten mehr. Die Briten, die viele hatten, konnten die teuren deutschen Außenposten leicht schlucken und gaben sie nie wieder her. Ja, wie abgrundtief verwurzelt das wirre strategische Denken der Deutschen war, sieht man daran, wie schwachsinnig das Ausdehnungsgebiet von Anfang an gewesen war. Verwalten konnte man es nur mit Schiffen, die sich an unzähligen britischen Stützpunkten vorbeischmuggeln mussten. Schon wenn die Briten nur einen Tick feindselig waren, wurden Deutschlands Ambitionen im Fernen Osten (ohnehin inmitten der riesigen britischen Kolonien Indien und Australien) vollkommen ad absurdum geführt. Die eigentliche Tragödie des westpazifischen Raums war dann aber, dass durch Leichtfertigkeit und Nachlässigkeit aller politischen Akteure in der Region viele der ehemals deutschen Inseln in japanische Hände gerieten, was wiederum dazu beitrug, dass das japanische Kaiserreich seine eigene katastrophale, in die Irre führende Entwicklung nahm. Insgesamt war das also eines der vielen Abschiedsgeschenke des zweiten deutschen Reiches an das 20. Jahrhundert.

Die deutsche Präsenz in Afrika war greifbarer und dem gleichen erbarmungslosen Druck geschuldet, den Europa verspürte, als es zur profitablen Verwertung seiner ökonomischen und technologischen Entdeckungen im Gewand der rassischen Überlegenheit Afrika einer brüchigen, kurzlebigen Hegemonie unterwarf. Die deutschen Gebiete in Afrika waren alles andere als Filetstücke, und die Wut des Kaisers über die abscheulich eigennutzige und brutale Einverleibung der Burenrepubliken durch die Briten (die sich damit die Hauptgold- und -diamantenvorkommen auf der Welt sicherten) gewissermaßen verständlich. Seine eigenen imperialistischen Vorkämpfer starben derweil an Malaria oder versanken nach und nach im Morast verstreuter, darniederliegender afrikanischer Gebiete, aus denen man nichts herausholte, das die erforderlichen Investitionen gerechtfertigt hätte. Viel billiger wäre es gewesen, mit den Bewohnern einfach nur Handel zu treiben. Das hatten die Deutschen während des gesamten 19. Jahrhunderts auch in geringem Umfang entlang der Küste getan, sie fügten sich nahtlos ein in die hauptsächlich von den Briten betriebenen gruseligen Transaktionen. Eines freilich war ein besonderer Stachel im Fleische der Deutschen: Sie besaßen in der Karibik keine Zuckerinseln und waren gezwungen, mit »Rum« zu handeln, der in Wirklichkeit gefärbter preußischer Kartoffelschnaps war. An den Küsten handelten jeweils bestimmte Gesellschaften, Bremische mit Togo, Hamburgische mit Kamerun. Nach Namibia gingen Missionare aus dem Rheinland, doch über einen schmalen Küstenstreifen hinaus gelangten sie nicht ins Landesinnere. Bismarck war das mehr oder weniger egal, er wusste nur, dass die kolonialen Rivalen das Gebiet noch nicht an sich gerissen hatten und er, welche Freude, dort die deutsche Flagge wehen lassen konnte – mit weniger freudigen Folgen für viele Tausende Afrikaner.

War das Chinesen-Abschießen schon ein deutliches Indiz dafür, dass mit Deutschland (und Europa!) etwas schieflief, ging man von 1904 bis 1908 in dem ausgedörrten deutschen Territorium in Südwestafrika einen Schritt weiter. Lothar von Trotha, gebürtig aus dem von Preußen beherrschten Magdeburg, war in die preußische Armee eingetreten und hatte während seiner typisch deutschen Karriere sowohl im Österreichisch-Preußischen als auch im Französisch-Preußischen Krieg gedient, stand aber dann vor dem ebenso typischen Problem, dass Bismarck keine Lust mehr zum Kriegführen hatte. Für Armeeangehörige brach eine lange Periode mit wenigen Arbeits- und Aufstiegsmöglichkeiten an und führte zu den eigenartigen Frustrationen, die sich im 20. Jahrhundert auf so schreckliche Weise ein Ventil suchten. Ob die lange Phase fast völliger Untätigkeit für die deutsche Armee von 1871 bis 1914 der Katastrophe zugrunde liegt? Praktisch unmöglich, es zu analysieren, doch die Verquickung von sehr hohem Ansehen, einem immer belastenderen und zum Mythos werdenden Vermächtnis zu Kopf steigender, überraschender Erfolge in drei schnell gewonnenen Kriegen und dann einer totalen Flaute von dreiundvierzig Jahren muss eine Rolle gespielt haben.

Wie dem auch sei, Trotha packte die noch verbliebenen Gelegenheiten beim Schopfe, killte erst die Menschen, die gegen die deutsche Herrschaft in Ostafrika, in Tanganjika, protestierten, und beteiligte sich dann an der Gaudi in China. In Südwestafrika geriet er schließlich komplett außer Rand und Band. Er schlug den Widerstand der Herero und Nama gegen die deutsche Herrschaft mit einer Grausamkeit nieder, vor der sogar die Briten in Transvaal zurückgeschreckt wären. Trotha ließ Tausende Afrikaner zum Sterben in die Wüste treiben, was mit Fug und Recht als Völkermord angesehen wird. Zur »Verteidigung« der Deutschen kann man bestenfalls anführen, dass man in Berlin empört war, als man von den Geschehnissen hörte, aber die einschlägige Geisteshaltung änderte sich nicht. Die Massaker an den Herero und Nama wurden von außen im Nachhinein und kurzschlüssig als Teil der wesensmäßig deutschen Brutalität gesehen. Dabei gingen die Europäer woanders in Afrika genauso mörderisch vor. In der überall herrschenden technikbesoffenen, vergifteten moralischen Atmosphäre verloren sie offenbar jeglichen Verstand. Ob im Transvaal, im Kongo, in Marokko oder dem Sudan – sie steigerten sich in einen Rausch der Gewalt, besonders aufgeputscht von ihren verachtenswerten religiösen und patriotischen Überlegenheitsgefühlen. Die Bestialität, die Denkweise, man könne anderen Menschen ihr Land einfach wegnehmen und sich dann mit Recht entrüsten, wenn die so unverfroren sind, Widerstand zu leisten, ist ein Phänomen, über das noch nicht genügend nachgedacht worden ist. Die Depeschen-, Kanonenboot- und Maschinengewehr-Hysterie, die schon im Vorfeld des Ersten Weltkrieges in so vielen Ländern herrschte, bildete in ganz Europa einen Tiefpunkt, es war eine Krankheit, die große Teile des Kontinents erfasste und deren Folgen er am Ende selbst ausbaden musste.

Im deutschen »Weltreich« gab es viele Absonderlichkeiten. Zwei seien erwähnt. Zum Beispiel waren die schwitzenden Kolonialbeamten an der afrikanischen Küste stinkwütend, dass als Folge der Jahrhunderte britischen (Sklaven-)Handels in den deutschen Besitzungen in Togo und Kamerun Pidgin-Englisch gesprochen wurde. In einer klassischen Aktion deutschen Wahnwitzes arbeitete man lange und gewissenhaft daran, ein künstliches deutsches Pidgin zu schaffen, das man den in Besitz genommenen Küstengebieten aufzwingen wollte. Das geistige Kind eines Münchner Juristen war auf ungefähr tausend Wörter zusammengestutzt und sollte natürlich ein Gegengewicht zu dem beleidigenden Status quo bilden. Der Vorteil des Pidgin liegt einzig und allein in seiner Nützlichkeit, aber die Idee, dass alle deutschen Kolonialbeamten eine vereinfachte Form des Deutschen lernen und sie Händlern und analphabetischen Fischern vermitteln sollten, ist so brüllend komisch, dass es regelrecht schade ist, dass der Erste Weltkrieg dazwischenkam. Bevor nämlich das Kolonialdeutsch eingeführt werden konnte, übernahmen die gegen Deutschland Verbündeten das gesamte deutsche Südwestafrika plus das deutsche Westafrika, und die Deutschen kamen nie zurück.

Als die unternehmungslustige britische Forschungsreisende Mary Kingsley 1895 als erste Europäerin den »Kamerunberg« bestieg (was sie in ihrem unsterblichen *Reisen in Westafrika* schilderte), bemerkte sie, dass sich mehrere blonde Deutsche am Bau von Straßen durch den Urwald abrackerten, die offenbar ins Nichts führten. Die sehr temporäre deutsche Präsenz in Afrika endete als Farce wie auch der gleichermaßen unrealistische wie bisweilen tödliche Versuch der Europäer, die afrikanischen Gebiete zu »beherrschen« – die britischen, französischen und belgischen Erben der deutschen Kolonialgebiete wurden nur eine Generation später davongejagt.

Absonderlich ist auch der Inseltausch zwischen Deutschland und Großbritannien im Jahr 1890. Die Deutschen behaupteten vage Ansprüche auf Sansibar vor der Küste des gerade kreierten Deutsch-Ostafrika. Solche behaupteten die Briten aber auch, denn der Sultan von Oman in Maskat, der tatsächliche Besitzer, saß mit seinem Sultanat in ihrem Machtbereich. Sie fanden Sansibar (mit seiner Muskaternte) so wertvoll, dass sie den Deutschen die Nordseeinsel Helgoland dafür gaben. Die Insel, ein Beutegut, das die Briten während der Napoleonischen Kriege den Dänen gestohlen hatten, war eine umstrittene Landmasse von begrenztem Nutzen als Flottenstützpunkt, doch wenn die Briten sie im Ersten Weltkrieg noch besessen hätten, wäre von dort aus eine hochgradige Bedrohung für die Deutschen ausgegangen. 1890 konnte sich natürlich niemand vorstellen, wohin die Entwicklung im zwanzigsten Jahrhundert führen würde – am allerwenigsten die glücklosen Bewohner der Insel, denn die endete 1945 in Schutt und Asche. Was allerdings auch unter britischer Herrschaft hätte passieren können. Jahrein, jahraus werden merkwürdige Entscheidungen mit unkalkulierbaren Folgen getroffen. Zu sehr darüber nachzudenken treibt einen in den Wahnsinn.

Thomas und Ernie

Bei meiner ständigen Suche nach günstigen und doch interessanten Unterkünften habe ich viele deutsche Städte kennengelernt, insbesondere die Ende des neunzehnten Jahrhunderts erbauten Wohnviertel, an denen man sehen kann, dass es in vielen Städten nach Jahrhunderten des Stillstands endlich wieder aufwärts ging. Diese Häuser wurden für die Wohlhabenden erbaut und wirken entsprechend massiv und gediegen: Häuser für Rechtsanwälte, Bankiers, Industrielle. Sie sind alle verschieden, aber nur im Dekor: Sinnsprüche, Jugendstilelemente aus Industriestuck, monströse Säulen und buntes Glas. Ich brauche mich nur zwischen diesen Häusern zu bewegen und habe sofort das Gefühl, mich in einen deutschen Bankier zu Beginn des zwanzigsten Jahrhunderts zu verwandeln. In einen engen Frack gezwängt, tupfe ich mir mit einem Taschentuch aus feinstem Leinen den Schweiß von den Speckrollen im ausrasierten Nacken, während meine Kragenknöpfe schier abzuspringen drohen, weil ich mich so über die vaterlandslosen Gesellen von der Sozialdemokratie ereifere, mich frage, ob ein wenig Elektroschocktherapie meiner Gattin wohl gut tun würde und warum um alles in der Welt meine Tochter neuerdings Reformkleider trägt und das Wahlrecht für Frauen verlangt.

All diese Häuser haben etwas Schwermütiges. Sie sind ja Zeugen jener kurzen Phase aggressiv-selbstgewissen Wohlstands, der dann eine Zeit mit fürchterlichen politischen Ideen, todtraurigen Telegrammen und endlosen Aufrufen zu öffentlichem Handeln folgte, die das Private vernichteten. Ein Ihriges trägt die Liebe der Deutschen zu kleinen Kakteen bei, die sich in ihrer verschwollenen Trostlosigkeit an die Scheiben Hunderttausender Vorstadtfenster drücken, wie eine sadistisch eingesperrte Spielzeugversion des Saguaro-Nationalparks. In den alten Vororten Ostdeutschlands muss man sich mit einem weiteren Missstand herumschlagen. Denn vielleicht wird in den kleineren Städten wie Eisenach, Eisleben oder Meißen das volle Ausmaß des deutschen Desasters deutlich, nämlich dass seit den 1900er Jahren im Grunde nur ein privater Albtraum auf den anderen folgte, bis schließlich die Mauer fiel. In regelmäßigen Abständen sieht man in den Vorstädten im Osten verlassene Häuser – und industriell hergestellter Jugendstil sieht nach erstaunlich kurzer Zeit sehr schäbig aus –, die aufgrund rechtlicher Ungeklärtheiten in einem misslichen Schwebezustand sind und ein Hohn auf all das eifrige Restaurieren im Rest der Straße.

Ein großer Teil der noch stehenden Häuser stammt aus der überhitzten Ära der Gründerzeit, und das sieht man auch noch oft in den Läden. Aber selbst die malerischsten, altmodischsten Apotheken sind letztlich übrig gebliebenes Treibgut der Periode des Historismus der 1890er Jahre. Die Jahre der Blockade im Ersten Weltkrieg, die Weltwirtschaftskrise, der totale Krieg und der Kommunismus boten wenige Gelegenheiten, irgendetwas zu ersetzen oder auch nur instand zu halten. Hinzukommen dann noch die allzu verständlichen Zweckbauten nach der Bombenzerstörung.

Aus heutiger Sicht hat dieses Vorkriegsdeutschland etwas beinahe Herzzerreißendes, das sich nicht zuletzt in den Altbauten ausdrückt, die ungerührt von den traurigen Erfahrungen ihrer Bewohner einfach weiter dastehen. Auch die beiden wichtigsten Kanzler dieser Zeit, Caprivi und Bülow, die insgesamt gut dreizehn Jahre unter Kaiser Wilhelm regierten, zeichnet eine gewisse selbstzufriedene Arglosigkeit aus, die ohne Zweifel ein aggressives, anmaßendes Deutschland hervorgebracht hat, aber kein beispiellos oder grauenhaft deformiertes.

In den frühen Romanen Thomas Manns ist diese Atmosphäre perfekt eingefangen. Meine Beziehung zu ihm war immer durchwachsen. Den *Zauberberg* habe ich unklugerweise am südöstlichen Rand der Wüste Gobi gelesen, und da verloren dessen wunderschön gestaltete philosophische Dialoge schnell ihren Reiz im Vergleich zu den Trampeltieren und Jurten, dem Hammeleintopf und einem freundlichen han-chinesischen Führer, der hervorragend Französisch, aber kein Englisch sprach. Die ernsthafteste Schlappe bei meiner Mann-Lektüre erlitt ich indes in einer Zeit, in der ich täglich mit der Bahn durch ein langweiliges Stück Südmittelengland pendelte und beschloss, die Gelegenheit zu nutzen und *Joseph und seine Brüder* zu lesen, die gewaltige Tetralogie über die Welt der Genesis. Doch eines Tages sprang ich mit einer Mischung aus Scham und Triumph in Woking aus dem Zug, warf wie aus einem inneren Zwang heraus *Joseph und seine Brüder* in einen Abfallkorb auf dem Bahnsteig – es schepperte sehr befriedigend! – und sprang zurück in den Zug.

Mal abgesehen von diesen Niederlagen, greife ich immer wieder zu seinen Büchern, den *Buddenbrooks*, der *Königlichen Hoheit* oder den Erzählungen aus der Vorkriegszeit, die vielfältig die Freuden und Probleme einer Ära veranschaulichen, die zwar schon angeknackst war, aber eigentlich verheißungsvoll begann und im Lichte der Ereignisse der folgenden dreißig Jahre derart tragisch zuversichtlich und sympathisch wirkt. Thomas Manns Bücher sind Welten entfernt vom rotgesichtigen, pickelhaubigen Deutschland des Exerzierplatzes – wie ja auch vieles andere. Dennoch war gerade das rotgesichtige Deutschland im Vorfeld des Ersten Weltkriegs überaus präsent. Von der (auch in körperlicher Hinsicht) übermächtigen Heldenfigur Bismarcks angeregt, wollten die Herren der herrschenden Klassen in Deutschland es nun auch wissen. Sie waren bald alle von ähnlicher Statur und brezelten sich immer grotesker auf. Zugleich entwickelten sich die Geschlechter in ihrem Aussehen in entgegengesetzte Richtungen: Während die Frauen immer kleiner, schmächtiger und kränklicher wurden, Korsetts trugen und in Heilbädern kurten, nahmen die Männer dank zahlloser Runden Bier zum Hirschbraten monströse Formen an und präsentierten sich bei ihren zunehmend derben Regimentsfeiern mit gewaltigen Schnurr- und Backenbärten, todschicken Hüten mit wippenden Federn und mittelalterlich angehauchten Uniformen. Auf wie vielen hitzigen Versammlungen müssen sich diese Herren voller Ingrimm lang und breit über Deutschlands Größe, seine einzigartige Mission, die Abscheulichkeit der Juden und Polen etc. pp. ausgelassen haben! Und so groß ist ihr Schatten (der des schon erwähnten Tirpitz mit seinem äußerst eigenwilligen Bart und Moltkes des Jüngeren mit seinem Schmerbauch), dass man geneigt ist, sie als ultimative Verkörperung ihrer Zeit zu sehen. Ohne Zweifel hat sich Hitler sehr bewusst zu ihrem genauen Gegenteil stilisiert: winziger Schnurrbart, Regenmantel, Vegetarier. An die Barttracht des Kaisers und seiner Generäle gewöhnt, müssen die Menschen Hitler, noch bevor er überhaupt den Mund aufmachte, seine Radikalität schon angesehen haben.

Aber im wilhelminischen Deutschland taten sich auch Dinge, die eindrucksvoller oder aufregender nicht hätten sein können. Besonders in Erinnerung geblieben ist mir Darmstadt, die alte Hauptstadt von Hessen-Darmstadt, der Feind Hessen-Kassels im Süden (im Grunde, seit Hessen im Jahr 1567 unter den Söhnen des Landgrafen Philipp I. aufgeteilt worden war). Haarsträubende Versuche, sich gegenseitig in die Knie zu zwingen, wechselten mit Phasen der Kooperation oder des gleichgültigen Nebeneinanderherlebens ab, aber letzten Endes trug Hessen-Darmstadt den Sieg davon. Der feindliche Bruder überlebte zwar mit Ach und Krach die Napoleonischen Kriege (trug aber wesentlich zum Aufstieg der Familie Rothschild aus der nahen Freien Reichsstadt Frankfurt bei), verbockte es freilich dann vollends, als er sich 1866 auf die Seite Österreichs schlug und von Preußen geschluckt wurde. Hessen-Darmstadt agierte geschickter und überlebte als politische Einheit bis in die Weimarer Republik.

Vereint, um es einmal zynisch auszudrücken, sahen sich Kassel und Darmstadt dann wieder als Ziele der verheerenden Bombardements im Zweiten Weltkrieg: In Darmstadt beispielsweise wurden in einem einzigen furchtbaren Luftangriff in wenigen Minuten sechzehntausend Menschen getötet und die komplette Altstadt in Schutt und Asche gelegt. Es gab nicht mehr oder weniger Gründe, Darmstadt zu zerstören, als jede andere deutsche Stadt, aber zumindest in der Zeit vor 1914 hatte es für jene leicht beschränkte Weltabgewandtheit gestanden, die Thomas Mann in *Königliche Hoheit* beschreibt. Der unleidliche schwule Großherzog Ernst Ludwig (genannt Ernie) gehört mit seinem ausgeprägten Todestrieb zu den faszinierenden, leider seltenen Figuren, bei denen ein Interesse am modernen Adel reich belohnt wird. Er quälte sich lange mit der Einbildung, für den Tod seiner Mutter verantwortlich zu sein, und hatte einen Bruder (tragischer Unfall) und eine Schwester (Diphtherie) überlebt. Er ehelichte eine Enkelin Königin Victorias, die den Spitznamen Ducky trug und im Kampf gegen die zahllosen Affären und die verbitterte Melancholie ihres Mannes keinen ganz leichten Stand hatte. Die beiden hatten zwei Kinder, einen totgeborenen Sohn und eine Tochter, die kurz nach der Scheidung ihrer Eltern an Typhus starb (in einem Darmstädter Park wird noch heute mit einem rührenden, wenn auch reichlich seltsamen Relief, das sie als Schneewittchen umringt von trauernden Zwergen zeigt, des »Prinzesschens« gedacht).

Eine Serie privater Schicksalsschläge bestimmte also das Leben derer von Hessen-Darmstadt in den 1890er Jahren, aber wie üblich werden auch hier die Menschen begraben, und es bleiben die Gebäude, genauer: eine Handvoll nun weitgehend rekonstruierter Gebäude. Ernst Ludwigs bleibendes Vermächtnis allerdings sind seine Begeisterung für den Jugendstil und die Gründung der Darmstädter Künstlerkolonie Mathildenhöhe, die Darmstadt zum Paradies modernen Designs vor 1914 und zum Vorläufer des Bauhauses machte. Natürlich sind beide Institutionen in gewisser Weise unerträglich: Das schiere Vergnügen der Künstler an der Arbeit mit den unterschiedlichsten Medien und ihre in ganz Deutschland verteilten Auftragsarbeiten (zumeist für Gönner, die für ihren Enthusiasmus eine ordentliche Stange Geld hinblättern mussten) stehen in derart krassem Widerspruch zu dem, wofür das Deutschland der ersten Hälfte des zwanzigsten Jahrhunderts gemeinhin bekannt ist, dass einem die flotten Uhren, Schrifttypen, Statuen, Schränke und Wandteppiche manchmal einfach zu viel werden. Der Stil und seine Schöpfer lassen sich auch oft nicht gänzlich vom Aufstieg der Nazis abgrenzen, deren Ästhetik ihnen in mancherlei Aspekten verpflichtet ist.

Da erscheint einem der frühe und unbelastete Tod eines Joseph Maria Olbrich schon beinahe als glückliche Fügung. Er entwarf erst das Haus der Wiener Secession und später einige der gelungensten und seltsamsten Darmstädter Gebäude wie den Hochzeitsturm mit der wundersamen Sonnenuhr des großen Typografen und Grafikers Friedrich Wilhelm Kleukens. Peter Behrens, der in Darmstadt ein Haus baute, das er bis zum letzten Handtuch designte (was für ein unfassbares Talent!), entwarf die AEG-Turbinenhalle in Berlin, erfand das, was man heute Corporate Design und Logo nennt, unterrichtete Le Corbusier, Gropius und Mies van der Rohe und war durchaus anfällig für nationalsozialistische Ideen, hatte aber Glück und starb 1940. Unsere moderne Welt ist ohne die genannten Männer nicht denkbar, und der Anstoß für diese Entwicklung kam nicht zuletzt von Ernie! Ansonsten erinnert der wilhelminische Adel an durchgedrehte Soldaten, die nur noch auf den Tod warten und sich derweil bis zur Übelkeit überfressen und betrinken oder auf Häschen und Rehlein schießen. Ernie dagegen führte die Tradition des Erzherzogs Ferdinand II. aus Innsbruck nach dreihundert Jahren aufs trefflichste weiter, auch wenn er privat um sich herum noch so viele Trümmer hinterließ.

Tatsächlich sind die Leistungen dieses randständigen Deutschland gar nicht hoch genug einzuschätzen, ist es doch dieses Deutschland, das überlebte, während das politische Deutschland sich selbst zerstörte. Man sollte auch Menschen wie Albert Ballin erwähnen, den jüdischen Millionär und Generaldirektor der größten Reederei der Welt, der Hamburg-Amerika-Linie Hapag, die einen erklecklichen Anteil der fünfeinhalb Millionen Auswanderer nach Amerika verschiffte, die in den hundert Jahren vor 1914 ihr Land verließen und damit das Schicksal ihrer Kinder und Kindeskinder von Grund auf veränderten. (Vielleicht ein Thema, über das man hier nicht weiter nachdenken sollte: Welche vermeintlich vernünftigen Entscheidungen, die ähnlich dramatische, erfreuliche Folgen haben oder nicht, treffen wir heutzutage?) Ich möchte auch Paula Modersohn-Becker erwähnen, die in der Künstlerkolonie Worpswede bei Bremen lebte und wunderbare Selbstporträts und Landschaften schuf – Bilder von kleinen Mädchen und Darstellungen des Lebens auf dem Land – und dann im Alter von 31 Jahren kurz nach der schwierigen Geburt ihres ersten Kindes an einer Thrombose starb. Sie hat sich selbst nackt und als Schwangere gemalt, stolz und ein wenig ängstlich, eines der großen Selbstbildnisse der Moderne, das für uns natürlich überschattet ist von ihrem Schicksal. Oder man denke an Albert Einstein aus Ulm. Oder an Gustav Mahler, jenen deutschsprachigen Juden aus Mähren, der im Dienste des Habsburger Hofes stand und 1911 starb, sodass er die Vernichtung der Juden, den Untergang der Habsburger und die Vertreibung der Deutschen aus Mähren nicht mehr miterlebte. Ja, so vieles, was Mahlers Existenz prägte, brach nach seinem Tode weg, dass wir Heutigen uns glücklich schätzen können, in einer Kultur zu leben, die überhaupt noch Berührungspunkte mit ihm hat, im Gegensatz zu den Menschen der Renaissance, die, wie erwähnt, wegen des Schwarzen Todes keinerlei Kontakt mehr zu Kultur und Zivilisation des Mittelalters hatten.

Wollte man die Lebensfreude und den Elan der Welt vor 1914 in einem einzigen Bild zusammenfassen, so könnten darauf Mahler und Richard Strauss zu sehen sein, wie sie im Jahr 1905 in einem Straßburger Klaviergeschäft ausgelassen aus der Partitur der kurze Zeit später uraufgeführten Strauss'schen Oper *Salome* spielen – ein Beweis, dass selbst im besetzten Reichsland Elsass-Lothringen magische Momente möglich waren. Oder der von mir höchst geschätzte deutsche Maler August Macke. Müsste ich mein Lieblingsgemälde nennen, dann wäre es Mackes *Walterchens Spielsachen*, das im Städel in Frankfurt hängt: Simple Farben und Formen, die Ecke eines Tischs und ein Stück Tischtuch, darauf eine Handvoll Gegenstände: eine Matroschka, zwei Bälle, ein Blumentopf, ein Plüschhase und ein kleines Stoffmeerschweinchen. Es gibt Tausende von Gemälden auf dieser Welt, die grandioser, kraftvoller und genialer sind, doch ich würde mich immer für *Walterchens Spielsachen* entscheiden – nicht zuletzt wegen der wahrhaft revolutionären Entscheidung, das Meerschweinchen zu einem Gegenstand der Kunst zu erheben. Macke hat sein ganzes kurzes Leben lang Bilder der Glückseligkeit geschaffen: Geschäfte, Basare, Parks, Papageien und wunderschöne Hüte in den erstaunlichsten und schönsten Farben. Er fiel in der Champagne, wenige Wochen nach Beginn des Krieges, der alledem ein Ende setzte.

Berliner Piefigkeit

Das Schloss Charlottenburg, ursprünglich vor den Toren Berlins gelegen, wirkt trotz der Straßen, Häuser und Fabriken, von denen es längst umstellt ist, noch immer irgendwie ländlich. Sein »englischer Garten« mit den versteckten Statuen und Pavillons und dem wuchernden, stark duftenden Gestrüpp ist, wie so oft in Deutschland, ein erfolgreicherer Vertreter seiner Art als die in England selbst. Hinzu kommen solche Kuriositäten (für englische Augen) wie gruselige Nebelkrähen und fast zahme rote Eichhörnchen mit zauseligen Haarbüscheln und hektischem Blick, was ihnen eine gewisse Ähnlichkeit mit dem üblichen Berliner Obdachlosen verleiht.

Das Schloss wartet mit allen möglichen schönen Dingen auf und repräsentiert seit seiner Erbauung Ende des siebzehnten Jahrhunderts die fröhliche, normale Seite Preußens. Im Mausoleum liegen zahlreiche preußische Monarchen begraben, von denen keiner allzu verrückt oder schrill war. Anfang des neunzehnten Jahrhunderts arbeitete auch Karl Friedrich Schinkel an den Gebäuden, dessen gesamtes Werk (er starb 1841) für die zivilisierten, vielgestaltigen und anziehenden Seiten Preußens steht – genau wie Leben und Werk von Männern wie Kleist, Alexander und Wilhelm von Humboldt oder E. T. A. Hoffmann. Ganz unbeschadet haben die Früchte von Schinkels Arbeit die diversen Artilleriebeschüsse nicht überstanden, doch was überlebte, ist durchweg ansprechend und noch immer überraschend. Noch erquicklicher allerdings ist es, in die Fantasiewelt seiner nicht realisierten Projekte einzutreten – zum Beispiel in die wahnwitzigen Entwürfe für einen gewaltigen Palast für Otto von Wittelsbach, König des erst seit kurzem unabhängigen Griechenland. Als dekoratives Beiwerk sollte dem Palast nämlich der gesamte Parthenon einverleibt werden. Daneben betätigte sich Schinkel auch als Maler, und auf seiner *Gotischen Kirche auf einem Felsen am Meer* (in der Alten Nationalgalerie in Berlin) ist alles versammelt, was das deutsche Mittelalterherz höher schlagen ließ: tapfere Ritter, riesige Banner, ein Schloss, ein Regenbogen, ein alter deutscher Wald, und das alles mit den unglaublichsten Lichteffekten. Es liegen Welten zwischen diesem 1815 gemalten Bild und dem infantilen, obszönen mittelalterlichen Universum eines Heinrich Himmler, dennoch gewährt es – genau wie die Gemälde Caspar David Friedrichs – besorgniserregende, wenn auch unschuldige Ausblicke auf das, was im späteren deutschen Nationalismus so schrecklich aus dem Ruder laufen sollte.

Schinkels Arbeiten in Charlottenburg prägen die gesamte Anlage, insbesondere der Neue Pavillon, den er für Friedrich Wilhelm III. im italienischen Stil erbaute und der von allen deutsch-italienischen Bauwerken als einziges nicht suizidal reizlos und fehl am Platze wirkt. Beim Streifzug durch das Schloss erwartet den Besucher eine freudige Überraschung: eines der Heldengemälde Jacques-Louis Davids, *Bonaparte beim Überschreiten der Alpen*, das Marschall Blücher als Kriegsbeute nahm, hängt nun an einer Wand, die für seine irrwitzige Größe entschieden zu klein ist. Aber die Freude vergeht einem, sobald man in das stickige Zimmer gelangt, in dem das monströse Silberbesteck ausgestellt ist, das Kronprinz Wilhelm und Gemahlin 1905 als Hochzeitsgeschenk überreicht wurde. Der Anblick dieses schier endlosen Arrangements schweren, hässlichen, unbenutzbaren und sinnlosen Bestecks ist eine unsanfte Landung in der widerwärtigen Welt des Mr. Podsnap aus Dickens' *Unser gemeinsamer Freund* mit ihren unmenschlich schweren silbernen Tafelaufsätzen, Löffeln, die für den normalen Mund viel zu breit sind, und den unerträglich selbstgerechten Sprüchen Mr. Podsnaps von der Überlegenheit seiner Nation und der Niederträchtigkeit der Armen.

Womöglich bewerte ich die paar Messer und Gabel bei weitem über, aber die Atmosphäre beiläufiger Maßlosigkeit in diesem Zimmer ist ehrlich bedrückend und trägt schnell zu dem größeren Unbehagen an der Selbstwahrnehmung des offiziellen Deutschland jener Zeit bei. Überragendes Beispiel dafür ist noch immer der Berliner Dom, der auf Befehl Wilhelms II. erbaut wurde, um die Frömmigkeit der Hohenzollern zur Schau zu stellen und als letzte Ruhestätte mehrerer Hohenzollern-Bleisärge zu dienen, die bis dahin in alle Winde zerstreut waren. Natürlich kann man sich angesichts dieser wahrlich grauenhaften historistischen Steingruft ganz kurz an der Ironie erfreuen, dass die Dynastie, zu deren Ruhm sie erbaut wurde, gut zehn Jahre nach ihrer Fertigstellung abdanken musste, aber davon hat man nun auch nicht viel. Während des Krieges wurden einige Anstrengungen unternommen, die eine oder andere Bombe auf den Dom zu werfen, und die kommunistischen Machthaber hätten diese Bemühungen honorieren und die Überreste in die Luft jagen sollen, aber aus irgendwelchen Gründen ist der Dom erhalten geblieben, und bereits in der DDR begann man, ihn aufwendig zu restaurieren. Was ich damit sagen will, ist, dass das Berlin Wilhelms II. mit den Wunderwerken Schinkels oder der barocken Fröhlichkeit des alten Charlottenburger Schlosses nichts gemein hat. Dem offiziellen Preußen Wilhelms II. ist etwas durch und durch Dröges und Freudloses eigen, das sich auch auf die Fotografie jener Zeit überträgt. Der Kaiser selbst mag ein enthusiastischer Freund von Wissenschaft und Technik gewesen sein – Zeppeline, Schlachtschiffe, das Kino –, aber genau wie die Romanows und die Habsburger wirken er und seine Umgebung immer wie gefangen in einer starren Ästhetik, die mit der modernen Welt, die überall um sie herum erblüht, nichts zu tun hat: der vitalen Konsumgesellschaft, der Arbeiterbewegung, den Künsten.

Selbstverständlich hatten die preußischen Herrscher und ihr Militär kein Monopol auf instabilen und verstörenden Nationalismus, dennoch hat das offizielle Deutschland etwas entschieden Manisches und extrem Unattraktives, das sich nicht zuletzt ausdrückt in einer unerschütterlichen Besessenheit von Uniformen, stümperhaften Prachtbauten, Besteck für Riesen, ausuferndem Zeremoniell, hohlem Pathos, Piefigkeit und Chauvinismus.

Gesichter des Militarismus

Als Aufsatzthema können die Ursachen des Ersten Weltkriegs einen in den Wahnsinn treiben. Die Generation der Briten, die diesen Krieg geführt hat, und diejenigen, die es mit seinem noch übleren Nachfolger zu tun bekamen, sahen in dem in Großbritannien so genannten Großen Krieg das Resultat des deutschen Militarismus. Jede halbwegs vernünftige Geschichtserzählung musste für das Jahr 1914 einen Schurken finden, weil die Vorstellung, das gewaltige Morden könne Ergebnis einer unglücklichen Verkettung von Umständen gewesen sein, schlichtweg unerträglich war. Das berühmte amerikanische Poster, auf dem Deutschland als riesiger Gorilla mit Pickelhaube und einer toten Frau in der einen und einer blutigen Keule (Aufschrift: »Kultur«) in der anderen Hand in einer verwüsteten Landschaft steht, verfolgt mich, seit ich es als Kind in einem Schulbuch zum ersten Mal gesehen habe. Hunderte von Karikaturen zeigen den

Kaiser, wie er das Morden bejubelt, wie er die Welt zu verschlingen versucht und dergleichen mehr.

Je mehr die Hassgefühle jener Zeit abgekühlt sind, desto befremdlicher wirken sie. An den katastrophalen Folgen des Krieges kann es keinen Zweifel geben: Er hat die Weltwirtschaft ruiniert und alle möglichen Varianten eines kranken, gruseligen Chauvinismus ausgebrütet, die wiederum einen Weltkrieg zur Folge hatten, in den eine solch erbärmliche und bösartige Figur wie Hitler die Welt hineinmanövrierte.

Doch das wirklich grauenhafte dunkle Zeitalter Deutschlands, das um 1933 anbrach, lag 1914 noch in weiter Ferne. Heute irritiert uns eher die Tatsache, dass der deutsche Militärismus auf so tönernen Füßen stand. Man gab sich angriffslustig, hatte aber seit der Reichsgründung 1871, abgesehen von ein paar kleinen, abscheulichen Kolonialkriegen (Großbritannien und Frankreich ließen sich in der Hinsicht auch nicht lumpen), wie etwa 1905 in Namibia, gegen niemanden mehr gekämpft. Die Russen hatten dagegen zwei ernstzunehmende Kriege hinter sich gebracht: 1876/77 zusammen mit Serben, Rumänen und Bulgaren gegen das Osmanische Reich und 1904/05 gegen Japan. Beide Kriege brachten die beteiligten Länder ans Ende ihrer Kräfte: Selbst auf Seiten der Sieger waren die Belastungen für die Gesellschaften hoch, die Zahlen der Toten gewaltig und die Schäden enorm. Die völlige Zerstörung der russischen Hochseeflotte durch die Japaner binnen weniger Minuten ließ Admirale auf der ganzen Welt vor Angst erbeben. Als Geste der Solidarität mit Russland hatte auch Montenegro Japan den Krieg erklärt, was praktisch so gut wie keine Auswirkungen hatte, der Welt aber als kleine Warnung vor den mystischen und irrationalen Banden zwischen Russland und den kleinen Balkanstaaten hätte dienen sollen. Zur gleichen Zeit baute Russland ein dreihunderttausend Quadratkilometer großes zentralasiatisches Reich auf, dessen Industrialisierung nicht zuletzt dank französischer Investitionen erschreckend schnell voranschritt. Und die Armee war der herrschenden Klasse Russlands eine Herzensangelegenheit; die meisten Staatsausgaben flossen ins Militär.

Wenn ich hier über Russland rede, dann nicht, um eine von vielen simplen Zusammenfassungen der Kriegsgründe zu liefern, sondern um den unleugbaren Militarismus Deutschlands in einen größeren Kontext zu stellen. Deutschland hat seine Armee zwar verehrt, großzügig mit Geld ausgestattet und adrett eingekleidet, sie aber im Gegensatz zu Russland nicht eingesetzt. Widersprüchlich und interessant ist auch Großbritannien. Es glaubte ja, auf eine Kriegsflotte angewiesen zu sein, und besaß auch die größte der Welt. Um sich einen Anteil an der weltweiten Gold- und Diamantenproduktion zu sichern, hatte es einen Konflikt mit den unabhängigen Burenrepubliken Oranje-Freistaat und Südafrikanische Republik (Transvaal) vom Zaun gebrochen. Ungefähr fünfundsiebzigtausend Menschen fielen diesem Krieg zum Opfer, darunter viele burische Zivilisten, die in Konzentrationslagern festgehalten wurden, um dem Guerilakrieg ein Ende zu setzen, der auf die Niederlage der regulären burischen Truppen folgte. Die Deutschen hatten viel Geld in die Burenstaaten investiert, waren aber vor Kriegsbeginn von einem britischen Gesandten darüber in Kenntnis gesetzt worden, dass, sollten sie sich einmischen, Großbritannien Deutschland den Krieg erklären, die deutsche Flotte zerstören, eine Blockade über Hamburg und Bremen verhängen und das Land aushungern werde; sehr taktvoll und eine aufschlussreiche Vorschau auf das Verhalten Großbritanniens im Jahr 1914. Diese einzige Drohung reichte Leuten wie Admiral von Tirpitz, den Bau einer deutschen Kriegsmarine zu forcieren, die all dies verhindern sollte.

Solch widerwärtige Gestalten wie Cecil Rhodes und der Oberkolonialherr Lord Milner (erstaunlicherweise ein Deutscher aus Hessen-Darmstadt) mochten Großbritannien als wiederauferstandene Seemacht noch so wunderbar und glorreich finden – andernorts reagierte man weniger angetan, und Politiker auf der ganzen Welt holten nun das Klischee des aggressiven, glattzüngigen Engländers wieder aus der Schublade und polierten es auf. Kaiser Wilhelm war nicht der Einzige, dem ein solches Gaunerstück vor Wut und Abscheu den Atem verschlug, weil er liebend gern auch dort unten zugeschlagen hätte, die Stärke Großbritanniens ihn aber daran hinderte. Schweigen wir von den Feldzügen der Franzosen in Marokko und Südostasien, der italienischen Invasion in Libyen oder der britischen Racheexpedition gegen den Sudan (wo mahdistische Gefangene kollektiv hingerichtet und das Grabmal des Mahdi beschossen wurden) und dem Einmarsch der Briten in Tibet. Ein internationales Expeditionskorps verwüstete 1900 weite Teile Chinas, und ich möchte es an dieser Stelle erwähnen, weil es zeigt, dass die Staaten Europas nur allzu gern bereit waren, von ihren Armeen Gebrauch zu machen, und sie nach wie vor als legitimes Mittel zur Durchsetzung staatlichen Willens in Situationen ansahen, die uns eher überraschen – na, zumindest bilden wir uns gern ein, wir wären überrascht.

Natürlich, Deutschland hegte in dieser Zeit eine besorgniserregende Begeisterung für das Soldatentum, aber auch nicht übermäßiger als andere: Der Prozentsatz der Franzosen in Uniform war höher, die Kriegsflotte der Briten größer, und die russischen Aufrüstungspläne nach der Niederlage gegen Japan drohten alles andere in den Schatten zu stellen. Nur die Österreicher konnten aufgrund politischer Uneinigkeit und einer schwachen Industrie nicht mithalten, was ihnen in der Zeit vor 1914 etwas Unbeholfenes, Rührendes verleiht, das man beispielsweise in den Werken Joseph Roths wiederfindet. Aber wie wir alle wissen, ist der Inkompetente nicht unbedingt der moralisch Überlegene: Hätten die Österreicher militärisch massiver agieren können, hätten sie es wohl auch getan – und die Deutsch-Österreicher, die während des Zweiten Weltkriegs für kurze Zeit wieder Teile ihres ehemaligen Reiches regierten, waren nicht im Geringsten zimperlich. Alle Nationen der damaligen Zeit bewunderten Uniformen, hörten gern Heldengeschichten und erzählten ihren Kindern von militärischem Ruhm und Opferbereitschaft. Dabei gab es durchaus Unterschiede, aber das moralisch zu bewerten und eine Nation als besser einzustufen als eine andere, wäre Unsinn. Niemand zog 1914 in den Krieg, ohne sich der Ernsthaftigkeit der Lage in hohem Maße bewusst zu sein – ein leichtfertiges

Spiel mit dem Feuer war es nicht. Aber zugleich konnte niemand die albtraumhaften Ausmaße erahnen, die dieser Konflikt annehmen sollte; alle sahen in dem Waffengang die Feuerprobe für ihren jeweiligen Staat und nicht als etwas, das zum Untergang Europas führen würde.

An dieser Stelle muss ich eine für mich persönlich peinliche Geschichte erzählen, aber mittlerweile habe ich ja jedes Schamgefühl verloren. Mit neunzehn machte ich mit ein paar Freunden eine Wanderung im Lake District. Eine komische Mischung aus den *Fünf Freunden* und sexuellen Spannungen, stapften wir mehrere Berge hinauf und wieder herunter und gingen dann in einen Zeitungsladen, um uns was zu essen zu holen. Da erfuhren wir von der argentinischen Invasion der Falkland-Inseln. Von diesen Inseln hatte ich im Grunde nie gehört, aber – und ich übertreibe nicht – ich wollte mich sofort als Freiwilliger melden. Ganz unerkannt hinter meiner nach außen zur Schau gestellten ironischen Grundhaltung war ein kleiner Lord Milner in mir herangewachsen. All die Jahre, in denen ich in nach Wellington und Churchill benannten Schulschlafsälen genächtigt hatte, die ganzen *Commando Comics* und Geschichtsbücher hatten mich zu einem lächerlichen Nationalisten gemacht, und ich wollte nun, dass Buenos Aires zu einer schwelenden, verstrahlten Trümmerwüste zerbombt wurde. Als Lektion für zukünftige Generationen, dass niemand, aber auch niemand sich erdreistete, Großbritannien herauszufordern und ihm ungestraft ein paar Quadratkilometer subantarktisches Gestrüppland wegzunehmen.

Natürlich will ich die absurde Missachtung internationalen Rechts nicht verharmlosen. Von dem folgenden Krieg hatten fast alle was. Aber eigentlich meine ich, dass ich so oft, wenn ich etwas über den Anfang des Ersten Weltkriegs lese, an mich selbst denken muss, wie ich da im Lake District stand und am liebsten ins nächste Rekrutierungsbüro gerannt wäre. Es ging damals um eine ferne, irrelevante Sache, als Rekrut Nummer eins war ich gar nicht gefragt und hätte mich auch nirgendwo dort melden können. Der europäische Wettstreit um Kolonien, in dem solche Wünsche entstanden und von ihm auch hervorgerufen wurden, war zudem schon lange passé. Trotzdem war ich, eine blödsinnige Randerscheinung, gerade im Alter, mich freiwillig melden zu können, und high vom Aufputschmittel eines durchgeknallten Nationalismus. Solcherlei Reaktionen und das Ausmaß, wie sie von Zeitungen angefacht werden konnten, geriet im Verlauf des neunzehnten Jahrhunderts fast außer Kontrolle der europäischen politischen Führer. Aber sie kannten sie nur allzu genau und manipulierten sie entsprechend, was zum Entstehen eines nicht kleinen patriotischen Milieus führte, das nicht stabil, aber mächtig war. Die Hysterie, mit der die Schlachten der 1860er Jahre in Deutschland bejubelt worden waren, lieferte nur einen Vorgeschmack auf den Kriegshunger der Öffentlichkeit in den Jahren um 1914. Das politische System gründete auf dem Kaiser und dem Militär auf der einen sowie den mehr oder weniger kriegslüsternen, aber patriotischen Politikern auf der anderen Seite. Dieses Arrangement hatte seit einer Generation friedlichen Bestand, und Männer wie Wilhelm II. oder Moltke der Jüngere waren sich nur unzureichend der Kräfte bewusst, die ein erhöhter Druck auf dieses System freisetzen konnte.

Einen Eindruck von der Begeisterung, die in Deutschland (zumindest unter den Gebildeteren) bei Ausbruch des Ersten Weltkriegs herrschte (und ähnliche Bilder gibt es aus allen größeren beteiligen Ländern), liefert Heinrich Hoffmanns berühmtes Foto vom Odeonsplatz in München. Dieser herrliche Platz war schon damals derart mit Bedeutung überfrachtet, dass man sich als Individuum immer klitzeklein fühlen musste. Eine Seite des Platzes wird von der Residenz beherrscht, in der so mancher unkluge Krieg ausgeheckt und die dynastischen Geschäfte geführt wurden. Gegenüber steht die Theatinerkirche, Ende des siebzehnten Jahrhunderts aus Dankbarkeit für die lang ersehnte Geburt eines kurfürstlichen Erben erbaut, des späteren Maximilian II. Emanuel, eines großen Kunstmäzens und Türkenkämpfers. In Großbritannien hat er allerdings als der bayerische Herrscher Berühmtheit erlangt, der in den Schlachten von Höchstädt und später bei Ramillies vom Herzog von Marlborough vernichtend geschlagen wurde. In der Theatinerkirche wurde er am Ende auch neben einigen ebenso glücklosen Nachkommen zur letzten Ruhe gebettet. An der Südseite des Odeonsplatzes befindet sich die Feldherrnhalle, eines der erfreulichen, von König Ludwig I. in den 1840er Jahren erbauten Monumente. Darin stehen nur zwei Statuen von Feldherren aus der wechselvollen Geschichte Bayerns: Graf von Tilly (eigentlich Belgier), der wenig sympathische »geharnischte Mönch« und Protestantenschlächter im Dreißigjährigen Krieg, sowie Karl Philipp von Wrede (ursprünglich aus Heidelberg), der in den Napoleonischen Kriegen zuerst gegen die Franzosen, dann für die Franzosen und später wieder gegen die Franzosen kämpfte (und dabei zu guter Letzt in der Schlacht von Hanau von Napoleon geschlagen wurde).

In der Mitte der Feldherrnhalle steht eine Statuengruppe, die an den Deutsch-Französischen Krieg erinnert und die die Menschen, die in der ekstatischen Menge auf Hoffmanns Foto, in diesem Meer aus winkenden Händen und Hüten, gestanden haben, genau im Blick gehabt haben müssen. Es war sicher ein berauschendes Gefühl, als Teil dieser Menge live dabei zu sein und – umgeben von den Ehrenmälern des Dreißigjährigen Krieges, des Spanischen Erbfolgekrieges und der Napoleonischen Kriege sowie des legendären Krieges, der eine Generation zuvor Frankreich zerstört und das Zweite Kaiserreich begründet hatte – den aufregendsten historischen Moment seit Generationen zu bejubeln. Das Foto ist berühmt geworden, weil es in exemplarischer Weise den nationalistischen Irrsinn einfängt, der damals ganz Europa gepackt hatte, aber auch weil sich Hoffmann und der Münchner Agitator Adolf Hitler nach dem Krieg einmal unterhielten und Hitler erzählte, auch er sei an jenem Tag auf dem Odeonsplatz gewesen. Da hatte Hoffmann sich das Foto noch einmal vorgenommen und jedes einzelne Gesicht darauf angeschaut und Hitler wahrhaftig gefunden: mit buschigem Schnauzer, dunklem Hut in der Hand, begeistert.

DER WAHRE JACOB

Im Dreadnought-Fieber.

Dreizehntes Kapitel

Scheitern
Das Ende der deutsch-englischen Ehe
Katastrophe
Niederlage und Revolution
In Erinnerung an die Toten
Königliche Nachbeben

Anonymer Farbdruck aus einer Ausgabe der Zeitschrift Der wahre Jacob *von 1909, zeigt das Flottenwettrüsten zwischen Deutschland und Großbritannien: Dreadnougth-Fieber (sic!) als Totentanz.*

Scheitern

Franz Ferdinand verbrachte ungefähr fünfundzwanzig Jahre seines Erwachsenenlebens damit, auf den Tod Kaiser Franz Josephs zu warten. Genau wie Kronprinz Friedrich Wilhelm, der spätere Kaiser Friedrich III., in Deutschland (oder, weniger dramatisch, Prinz Charles heute) litt er darunter, dass sich der regierende Monarch eines ausgesprochen langen Lebens erfreute. Franz Ferdinand arbeitete derweil an detaillierten und, wären sie umgesetzt worden, aller Wahrscheinlichkeit nach erfolgreichen Plänen für die Gründung der Vereinigten Staaten von Groß-Österreich, die mit dem Chaos des Habsburgerreiches aufräumen und mit einer föderalistischen Lösung dem Nationalismus der einzelnen Gruppen entgegenwirken sollten. Dank Franz Josephs unglaublichem Durchhaltevermögen (er saß seit 1848 mehr oder weniger tatenlos auf dem Thron!) war Franz Ferdinand eines Tages dazu verdammt, zum Zeitvertreib nach Sarajevo zu fahren, der Hauptstadt der erst kurz zuvor von Österreich-Ungarn annektierten ehemaligen osmanischen Provinzen Bosnien und Herzegowina. Und so fügte es sich nach den unbeschreiblichsten, unseligsten Zufällen (von Kompetenz konnte bei den von Serbien unterstützten Attentätern wirklich keine Rede sein), dass all die Jahre, in denen sich Franz Ferdinand auf sein Amt vorbereitet hatte, ihm schließlich nur den Tod brachten.

Die Bestürzung, die das sofort bei anderen Monarchen auslöste, war ehrlich: Viele waren gut mit Franz Ferdinand bekannt gewesen und verstanden nur zu sehr, wie ungeduldig er wegen des senilen Franz Joseph war. Er war ein ernstzunehmender und wichtiger Mann und sein Tod nach den Attentaten auf König Umberto I. von Italien und den US-amerikanischen Präsidenten McKinley gut zehn Jahre zuvor wieder ein großes Verbrechen, nur hatte es sehr viel weiter reichende internationale Folgen. Die Deutschen fanden es selbstverständlich, dass nun alle ihre Kriegspläne aus der Schublade holten. Die Gefahr war ja, dass die Österreicher militärische Maßnahmen gegen Serbien ergriffen und sich Russland gezwungen sah, ihm beizustehen. Das wiederum würde den russischen Bündnispartner Frankreich auf den Plan rufen, und die Deutschen hätten die Wahl, entweder danebenzustehen und zuzusehen, wie ihr größter europäischer Verbündeter geschlagen wurde, oder sich dem Unausweichlichen zu stellen und auch mobilzumachen.

Nun hatte das Deutsche Reich das Pech, dass es einfach nicht so bedeutsam war wie seine Nachbarn. Es konnte noch so viele riesige Hochöfen, Großkampfschiffe wie die britische Dreadnought, Chemiefabriken und monströse Bismarcktürme bauen – zur Weltmacht wurde es nicht. Es war also mitnichten die vermeintliche Übermacht Deutschlands, die die europäische Kultur zugrunde richtete, sondern seine relative Bedeutungslosigkeit. Frankreich, Russland und Großbritannien besaßen riesige, wertvolle Kolonialreiche, die sie auch behalten wollten: Russland und Großbritannien hatten ihre Differenzen über Zentralasien beigelegt, Großbritannien und Frankreich die über Afrika, aber Deutschland war nur am Rande in diese Gespräche involviert worden. Außerdem hatte sich Großbritannien nach Jahren der gepflegten Feindschaft endgültig mit der Erkenntnis abgefunden, dass es, realistisch betrachtet, niemals gegen die Vereinigten Staaten ankommen würde, und verkleinerte seine Flottenstützpunkte in Kanada, wodurch zahlreiche Schiffe und Besatzungen für einen zukünftigen Krieg andernorts frei wurden – vielleicht eine der für das zwanzigste Jahrhundert folgenreichsten Entscheidungen. Nicht zuletzt durch diesen Schritt entstand auch eine immer engere Zusammenarbeit zwischen Großbritannien und den Vereinigten Staaten, bei der Deutschland nicht einmal ansatzweise dazwischenfunken konnte.

Da für Frankreich eine Zusammenarbeit mit Deutschland so lange undenkbar war, wie sich Elsass-Lothringen in deutscher Hand befand, freuten sich die Franzosen demonstrativ an ihrer Allianz mit Russland, wussten sie doch, dass genau das Deutschlands schlimmster

Albtraum war. Die üppigen französischen Investitionen in Russland hatten zur Folge, dass sich Russland unweigerlich von Deutschland weg orientierte (zu dem es in der Vergangenheit zumeist gute Beziehungen unterhalten hatte). Alles in allem war Deutschland also weit davon entfernt, das legendäre Schreckensgespenst zu sein, zu dem es stilisiert wurde. Vielmehr stand es mit einer Armee da, die zu Lebzeiten der allermeisten Deutschen noch nie richtig zum Einsatz gekommen war, und war zugleich von Feinden umgeben; nur Österreich-Ungarn und vielleicht Italien und die Türkei (in der die Deutschen heftig investierten) waren potentielle Verbündete. Sicher trug die humor- und sinnlose diplomatische Aggressivität der Deutschen ihren Teil dazu bei, die Atmosphäre in den Jahren vor 1914 zu vergiften, brachte ansonsten aber nicht mehr ein, als dass sich die Beziehungen ihrer europäischen Feinde untereinander festigten und Frankreich ein kleines Gebiet im Kongobecken an sie abtrat (Neukamerun, das als politische Einheit noch kurzlebiger war als das 1793/95 entstandene Südpreußen).

Alle Regierungen des europäischen Festlands sahen, wie eine Situation heranreifte, angesichts deren über kurz oder lang der Einsatz der Armee sinnvoll war, und alle entwarfen militärische Strategien zur Vernichtung ihrer Gegner. Mittlerweile standen ihnen nun auch Mittel zur Verfügung, die durch die Industrialisierung auf ungesunde, nie geahnte Größenordnungen angeschwollen waren. Aber wer am Ende den Sieg davontragen würde, stand in den Sternen – niemand, außer vielleicht der eine oder andere Österreicher, erklärte den Krieg in dem Glauben, ihn womöglich zu verlieren.

Die Deutschen waren überzeugt, mit dem Schlieffen-Plan Frankreich so schnell wie bereits 1870 besiegen zu können – nur diesmal noch umfassender. Danach sollte Russland an die Reihe kommen. Was man in den Planungen ganz vergessen hatte, war Großbritanniens Haltung im Falle eines solchen Kriegs. Die Deutschen gingen davon aus, dass die britischen Neutralitätsbekundungen ehrlich waren. Sie wussten, dass Großbritannien und Frankreich keinen gegenseitigen Beistandspakt hatten, dass Großbritannien sich in den 1860er und

1870er Jahren wohlwollend neutral verhalten hatte und dass die vielfältigen verwandtschaftlichen Beziehungen zwischen dem britischen und dem deutschen Herrscherhaus auch für eine gemeinsame Interessenlage sorgten. Viele Briten teilten diese Annahme, aber weder sie noch die Deutschen erfassten das ganze Ausmaß der Schäden, die schon durch das Tirpitz'sche Flottenwettrüsten entstanden waren, und wie sehr die zerstörerische deutsche Feindseligkeit Großbritannien und Frankreich zusammenschweißen würde, wenn die Lage ernst wurde. Leichtfertigkeit und die spezifisch deutsche Ungeduld, es mit Russland und Frankreich aufzunehmen, bevor diese noch mächtiger werden konnten, gehören zu den zentralen Ursachen für 1914; aber es war auch fatal, dass die Briten ihre Karten erst auf den Tisch legten, als es längst zu spät war.

In dem Moment, in dem Großbritannien in den Krieg eintrat, waren die deutschen Schlachtpläne schlichtweg hinfällig. Deutschland lag im Zentrum Mitteleuropas, und zu den ersten Kriegshandlungen Großbritanniens gehörte es dann auch, die deutschen Unterseekabel durch den Atlantik zu kappen und das weltweit operierende deutsche Nachrichtenwesen ohne großen Aufwand lahmzulegen, sodass das Kommunikationssystem des Planeten jetzt in britischer Hand lag. Deutschland hatte es geschafft, sich mit seinen Ambitionen auf See und als Kolonialmacht Großbritannien zum Feind zu machen, aber nie irgendwelche ernstzunehmenden Strategien entwickelt, wie mit den Folgen dieser – wie sich herausstellen sollte – missglückten Großmannssucht umzugehen sei. Die taktische Vorgehensweise für den Fall einer britischen Intervention stand in den Plänen zur Niederschlagung Frankreichs und Russlands höchstens unter ferner liefen, aber man hatte ja ohnehin die Illusion, Letzteres könne so schnell zu bewerkstelligen sein, dass sich die Gefahr einer britischen Seeblockade als irrelevant erweisen werde.

In der unendlich spannenden Abteilung zum Ersten Weltkrieg im unvergesslichen Bayerischen Armeemuseum in Ingolstadt wird die dramatische Lage im Herbst 1914 anhand einer hübschen zeitgenössischen Landkarte nicht etwa als Geschichte des Schlieffen-

Plans dargestellt (mit dem man nicht einmal, wie vorgesehen, Frankreich besiegte), sondern als Geschichte der erfolgreichen Verteidigung Deutschlands gegen den zeitgleichen Einmarsch der Russen und der Franzosen. Sobald nämlich der Krieg erklärt war, fielen die Franzosen in Elsass-Lothringen und die Russen in Ostpreußen ein – womit just das Szenario entstand, das den Deutschen schon seit über einer Generation schlaflose Nächte bereitete. Wider Erwarten konnten die Russen ihre Truppen derartig schnell mobilisieren, dass die grandiose deutsche Idee, erst Frankreich und dann Russland zu schlagen, schon nach wenigen Tagen reif für den Papierkorb war.

Letztlich erwies sich der Besitz der kleinen Stückchen deutschen Territoriums für Franzosen wie Russen als nur vorübergehend (führte aber zu Massenpanik in Ostpreußen, wo die Deutschen ihr Hab und Gut auf Karren luden und gen Westen strömten; ein Vorgriff auf 1944). Die Franzosen konnten ein paar Tage im elsässischen Mulhouse/Mühlhausen verbringen – was hysterische Freudenausbrüche auf Pariser Straßen zur Folge hatte –, mussten die Stadt dann aber wieder aufgeben. Dass sie mit ihrer Invasion so scheiterten (kein Wunder bei dem ängstlich und zaghaft wirkenden »Plan XVII«), war für die deutsche Armee aber eine echte Katastrophe, weil die überlebenden französischen Soldaten (die, hätten sie gesiegt, möglicherweise in irgendein Posemuckel vorgestoßen wären) nach Frankreich zurückbeordert und in die Marneschlacht geschickt wurden. Im Osten besiegten die Deutschen bei mehreren verheerenden Zusammenstößen, die sie später unter dem Namen »Schlacht von Tannenberg« zusammenfassten, nach einigen brenzligen Situationen zu Beginn dann doch zwei komplette russische Armeen, und die Gefahr einer Invasion war endgültig abgewendet. Wie schon erwähnt, begründete die Schlacht den überragenden Ruf der beiden Befehlshaber Hindenburg und Ludendorff, die im letzten Kriegsjahr praktisch zu Militärdiktatoren aufstiegen und später teils willentlich, teils unwillentlich Hitlers Weg zur Macht entscheidend beförderten.

Die »Schlacht bei Tannenberg« verdankt ihren Namen jener Mittelaltermanie, die Deutschland so schlecht zu Gesicht steht. Genau genommen kam die Stadt bei den Kampfhandlungen kaum vor, aber man wollte ja, wie gesagt, an die gewaltige Schlacht bei Tannenberg im Jahr 1410 anknüpfen. Einer irrwitzigen Logik folgend glaubte man, dass man mit dieser neuen Schlacht, bei der die Deutschen endlich die slawischen Horden besiegt hatten, die »Scharte von 1410« ausgewetzt hatte. Außerdem sollte Tannenberg den Deutschen sagen, dass ein neues heroisches Zeitalter angebrochen und vernichtende Schlachten vom Kaliber Königgrätz oder Sedan noch immer möglich seien und dass ein Krieg, bei dem es noch mehr Ruhm und Ehre von solcher Art zu holen gebe, kein Fehler sein könne. Der Sieg bei Tannenberg hinderte viele Deutsche daran, die volle Bedeutung der Schlacht an der Marne wenige Tage später zu erfassen, die nämlich alle Aussichten auf zukünftigen Ruhm und Ehre zunichtemachte und den Einmarsch nach Frankreich stoppte. Tannenberg lebte auf vielfältige Weise weiter: Für die Ostpreußen bedeutete es, dass sie von russischer Sklaverei verschont blieben, den Nazis galt es in ihren Mythen von der Ostfront als Schlüsselereignis (das schon bald von eigenen Siegen überstrahlt wurde), und auch sonst tauchte es in allen möglichen Formen und Varianten wieder auf: von der schönen, aber verstörend nationalsozialistischen Schrifttype »Tannenberg«, die nach 1933 entwickelt wurde, bis zur Tannenbergallee in Berlin, die Nabokov in *Die Gabe* seinem russischen Emigranten als Adresse verpasst.

Letzten Endes wurde Russland im Laufe des Ersten Weltkriegs von deutschen Truppen verwüstet, gedemütigt und zerschlagen, bevor es unter kommunistische Herrschaft fiel. Es war also weit von jener Supermacht entfernt, die deutsche Militärstrategen vor 1914 in ihm gesehen hatten, aber auf seinem Weg in den Abgrund gelang es ihm doch noch, das Habsburgerreich zu zerstören. Die Deutschen verloren den Ersten Weltkrieg, aber nicht im Osten, und die riesige, wenn auch kurzfristige Ausdehnung des deutschen Reichsgebiets beispielsweise bis in die Ukraine im Jahr 1917 kündete von großen, aber trügerischen Möglichkeiten, von denen sich die Nazi-

Strategen irreführen ließen, die auf der Grundlage scheinbar handfester Beweise im Jahr 1941 glaubten, Gleiches oder mehr erreichen zu können.

Das Ende der deutsch-englischen Ehe

Zur allgemeinen Überraschung prägte die desaströse Entfremdung zwischen Großbritannien und Deutschland die europäische Geschichte in der ersten Hälfte des zwanzigsten Jahrhunderts. Für keinen der an den beiden Weltkriegen Beteiligten war Folgendes denkbar, es ist also eine unnütze Hypothese, aber trotzdem: Wäre Großbritannien 1914 neutral geblieben, kann man sich durchaus vorstellen, dass Deutschland den Krieg binnen kurzem auf mehr oder weniger konventionelle Weise für sich entschieden oder doch seinen Feinden standgehalten hätte und Europa die darauf folgende Katastrophe erspart geblieben wäre. Schließlich waren nach dem Deutsch-Französischen Krieg von 1870/71 im Grunde alle damit beschäftigt, einfach nur ihr Leben zu leben, Sachen zu kaufen und Familien zu gründen – und im Übrigen wäre ein vom Deutschland von 1914 dominiertes Europa einem Europa unter der Herrschaft des Deutschland von 1939 deutlich vorzuziehen gewesen.

Bereits mehrere Generationen britischer Strategen hatten an Plänen für einen Krieg gegen Frankreich gearbeitet, genau wie die Deutschen ihren Angstgegner in Frankreich sahen (und nicht zuletzt deshalb zur Einheit fanden). Und dass Frankreich in regelmäßigen Abständen durchdrehte und alle anderen attackierte, war allen noch im Gedächtnis. Die Briten steckten weiterhin gewaltige Summen in eine Kriegsflotte, die ausdrücklich gegen Frankreich gerichtet war. Und in vielen bisherigen Kriegen waren die natürlichen Verbündeten Großbritanniens Preußen oder Österreich gewesen (im Idealfall beide, wenn sie sich nicht gerade gegenseitig an die Gurgel gingen). Im neunzehnten Jahrhundert hatte sich die Beziehung zu einem dichten Knäuel praktisch unhinterfragter Annahmen verfestigt, die sich aus den großen gemeinsamen Momenten der Vergangenheit speisten: dem glorreichen Sieg der Briten und Österreicher über die Franzosen bei Höchstädt 1704 und dem glorreichen Sieg der Briten und Preußen über die Franzosen bei Waterloo 1815. Die neue europäische Ordnung nach Waterloo war in weiten Teilen das Werk britischer und österreichischer Unterhändler, und hier stellt sich nun wirklich die spannende und viel zu wenig beachtete Frage, warum Großbritannien und Österreich nach so langer Partnerschaft bei Ausbruch des Ersten Weltkriegs scheinbar in so gänzlich unterschiedlichen und kaum einander berührenden Welten lebten. Wie bereits erwähnt, waren die Briten bei der Entwicklung Preußens zur westeuropäischen Großmacht durch Neutralität behilflich gewesen. Außerdem waren sich Briten und Deutsche einig in ihrer Abscheu gegen die halbseidenen Könige und Kaiser Frankreichs, die dortigen Unruhen und Revolutionen, die ja in sich schon oft auch einen Affront gegen die legitimen (und durch zahlreiche Eheschließungen miteinander verflochtenen) britischen und deutschen Herrscherfamilien bedeuteten.

Die Beziehungen zwischen dem Deutschen Reich und Großbritannien verschlechterten sich in atemberaubendem Tempo. Keine Seite verfügte über eine überzeugende Strategie, um den Kampf gegen die andere aufzunehmen. Großbritanniens wichtigste Flottenstützpunkte Plymouth und Portsmouth waren über Jahrhunderte für den Kampf gegen Frankreich gerüstet worden, und die neuen Häfen an der englischen Ostküste, die man nun für den Krieg gegen Deutschland brauchte, wurden nur halbherzig ausgebaut und waren sehr angreifbar. Sogar Großbritanniens weiter bestehende Verpflichtung, die belgische Neutralität zu verteidigen, war immer eher als Stolperdraht für die Franzosen gedacht gewesen, falls sie mal wieder angreifen würden – eine über zweihundert Jahre alte Strategie und ein Überbleibsel aus der Zeit, als Belgien noch unter österreichischer

Herrschaft stand. Niemand hatte jemals ernsthaft die für verrückt gehaltene Möglichkeit bedacht, dass Belgien von Osten her überfallen werden könnte, wie es nun geschah. Der Krieg zwischen Großbritannien und Deutschland hatte noch gar nicht richtig angefangen, da hatten sich beide Seiten bereits die Vernichtung des anderen auf die Fahnen geschrieben. Die britische Öffentlichkeit war schockiert über den Übergriff auf Belgien und wurde mit abstrusen Geschichten von belgischen Nonnen gefüttert, die von den Deutschen an die Klöppel von Kirchenglocken gebunden wurden und beim Läuten elendig zu Tode kamen. An dem brutalen Vorgehen der deutschen Truppen in Belgien ist nicht zu deuteln, aber den Briten war dergleichen nicht fremd; in China und Südafrika verhielten sie sich auch nicht besser. Die deutsche Öffentlichkeit (und die Regierung) verbiss sich in die Behauptung, dass man im vollen Vertrauen auf die britische Neutralität in den Krieg gezogen, die niederträchtigen und verlogenen Krämerseelen einem aber in den Rücken gefallen seien, um sich unter dem scheinheiligen Verweis auf die Neutralität Belgiens ihres natürlichen Nachfolgers als europäische Vormacht zu entledigen. Das Vertrauen der Deutschen war leichtsinnig und fast kindisch gewesen – als müsse man es sich nur doll genug wünschen, dann würde Großbritannien Frankreich nicht beistehen und die deutschen Kriegspläne würden aufgehen. Man musste einfach davon ausgehen, dass Großbritannien neutral bleiben würde, das allerdings auch widersprüchliche Signale ausgesandt hatte und dessen winziges Heer nicht einmal für einen nur einjährigen Krieg gerüstet schien.

Es ist alles teuflisch diffizil, aber unzweifelhaft trug auch Großbritanniens weltweite Vormachtstellung zu der Dampfkochtopfatmosphäre von 1914 bei. Einige weitsichtige russische Offiziere hatten schon in den letzten Phasen der Napoleonischen Kriege dafür plädiert, die Kampfhandlungen einzustellen, weil jeder neue Sieg Russlands über Napoleon die Welt nur weiter in die Arme Großbritanniens treiben würde. Ähnliches war im Siebenjährigen Krieg passiert, als Preußen sich in schweren Schlachten abrackerte, während

Großbritannien sich gierig große Teile vom Rest des Planeten einverleibte. Dem viktorianischen Großbritannien war es trotz des Verlusts der Vereinigten Staaten gelungen, zu einer imperialistischen Macht sondergleichen aufzusteigen. Doch die britischen »Besitzungen« waren zu keinem Zeitpunkt vor anderen Räubern sicher, und das ganze neunzehnte Jahrhundert hatte man geschickt verhandelt oder gedroht, um alles beieinanderzuhalten. Als Großbritannien im Jahr 1900 auch den Rest Südafrikas an sich riss, drängte sich die Frage auf, wie es mit dem Britischen Empire (und damit einem beträchtlichen Teil der Welt) weitergehen sollte und ob Großbritannien sich dabei nicht vielleicht doch übernahm. Viele Angehörige der britischen Oberschicht waren entsetzt über den Burenkrieg und wie sehr er ihrem Land in den Augen der Welt zur Schande gereichte und es isolierte, entsetzt über die Kosten und die Brutalität gegenüber einem vermeintlich schwachen Gegner und über die enormen Opferzahlen. Hielt die Zukunft immer mehr solcher Kriege bereit? Derartige Befürchtungen waren es, die zu den Kolonialabkommen mit Russland und Frankreich führten: Der Wunsch, die Zukunft Afrikas und Asiens ohne weiteres Blutvergießen zu regeln, verband die drei Vertragspartner aber letztendlich auf eine Art und Weise, die ein weit schlimmeres Blutvergießen in Europa zur Folge haben sollte.

Die Deutschen neideten den Briten ihre Vormachtstellung und wurden immer stärker von dem Gefühl beherrscht, in der Welt keine Rolle zu spielen. Ein ganz ähnlicher Affekt lässt sich noch heute beispielsweise im französischen Antiamerikanismus beobachten, der, aus welchen Gründen auch immer, vieles vom Missbehagen an der eigenen Kultur den USA anlastet. In Deutschland nahm das Gefühl, zu wenig beachtet zu werden, pathologische Züge an, was gern als Auswuchs der Minderwertigkeitskomplexe des Kaisers und seiner Abneigung gegen die britische Familie seiner Mutter und deren in der Tat recht herablassende Attitüde erklärt wird. Natürlich ist Wilhelm II. eine entscheidende Figur, und ein netterer, sinnenfreudigerer und weniger pflichtbesessener Monarch hätte Deutschland wohl in eine ganz andere Richtung geführt, aber seine Haltung spiegelte auch die Überzeugungen vieler gestörter wutschnaubender deutscher Chauvinisten wider.

Ohne überhaupt zu den Waffen gegriffen zu haben, hatte Deutschland vor 1914 durchaus eine Vormachtstellung in Europa inne: Erzeugnisse aus deutscher Fabrikation wurden in die ganze Welt verkauft. Ein herrliches Gefühl davon vermittelt noch heute der Hamburger Freihafen. Bei den Verhandlungen über ihren Beitritt zum Deutschen Reich hatten die Hamburger darauf bestanden, einen eigenen Freihafen einrichten zu dürfen, um der Stadt ihren unangefochtenen Status als wichtiger Umschlagplatz Europas zu sichern: eine steuerfreie Insel, wo Waren eingelagert und nach dem Diktat von Preis und Nachfrage auf den Markt geworfen werden konnten. In der Speicherstadt, die eigens zu diesem Zweck erbaut wurde – vom Rest der Stadt durch Kanäle und eine eigene Polizeitruppe getrennt (auch das geeinte Deutschland schuf sich seine Enklaven, Ausnahmen und Wunderlichkeiten) –, lebt in geradezu schmerzhafter Weise die Atmosphäre eines Deutschland fort, wie es hätte bestehen können. Die grandiosen Speicher, in denen es nach Schlick riecht und die teilweise noch heute genutzt werden (hauptsächlich als Lager für Orientteppiche), sind ein Gewirr aus engen Korridoren und stählernen Brandschutztüren. Da ich eine wehmütige Vorliebe für Kolonialwaren aller Art hege, fühlte ich mich im Speicherstadtmuseum inmitten von Kaffeesäcken, Teekisten und Kautschukballen pudelwohl. Es gibt sogar ein Schaubild etwas jüngeren Datums, das die Fracht eines deutschen Handelsschiffes auf dem Weg nach Fernost (Maschinenteile, Drahtrollen für Zäune, Industriegüter) sowie auf der Rückfahrt auflistet (Bauxit, Kopra, Kautschuk). Gewichte und Maße, Flaschenzüge, Kräne, Stauerhaken, Karren, Sackleinen: Darauf hätte Deutschland seine Zukunft bauen sollen und nicht auf noch mehr Eisenbahnwaggons für Truppentransporte und Belagerungsgeschütze. Man könnte anhand von Schiffspassagier- und Lagerlisten fast die ganze Weltgeschichte rekonstruieren. Im alten Hamburger Freihafen findet man im Grunde alles konzentriert, was die meisten Menschen wertschätzen, und im Deutschland von 1900 war es vorhanden. In der Speicherstadt kamen unermessliche Mengen Überseegüter an, wurden von dort in zahllose spezialisierte Fabriken befördert und verarbeitet und wieder in der ganzen Welt verkauft. Das Ganze funktionierte mit zahllosen Zwischenhändlern und aufgrund ganz normalen, internationalen freien Handels; das deutsche Kolonialreich spielte dabei so gut wie keine Rolle – und sorgte dennoch für bittere Konflikte und Feindseligkeit.

Leider schwang aber immer das starke Gefühl mit, man stehe im Wettstreit mit Großbritannien. Dabei hatte Deutschland in mancher Hinsicht die Nase vorn, die deutsche Industrieproduktion war kurz davor, die britische zu überholen, aber auf einem rasch expandierenden Weltmarkt hätten beide erfolgreich sein können. Dennoch wuchs sowohl in britischen als auch in deutschen Kreisen die sich gegenseitig bestärkende Überzeugung, dass sie nicht länger friedlich nebeneinander bestehen könnten. Ihren sinnfälligsten Ausdruck fand diese Überzeugung im Flottenwettrüsten: Deutschland baute gewaltige neue Schlachtschiffe, die gar nicht anders denn als militärische Drohung gegen Großbritannien verstanden werden konnten, und die Briten wandten ungefähr ein Viertel ihrer Staatseinnahmen dafür auf, dieses Wettrüsten zu gewinnen, was dann auch gelang. Beide Länder aber wurden dadurch immer paranoider. Hätte man in den 1890er Jahren eine Meinungsumfrage durchgeführt, wäre die Vorstellung von einem Krieg zwischen Großbritannien und Deutschland in beiden Ländern als aberwitzig abgetan worden. 1910 jedoch schien sie schon sehr viel plausibler.

Bei Ausbruch des Krieges nahmen die Briten Deutschland nur noch als Bedrohung schlechthin wahr und drehten völlig durch. Die Königsfamilie, die bis dahin durchaus innige Beziehungen zu vielen Deutschen gepflegt hatte, meinte, sie müsse sich ein wenig umorganisieren. Fotos, auf denen George V. mit Pickelhaube zu sehen war, verschwanden, und aus dem Haus Sachsen-Coburg und Gotha wurde das Haus Windsor. Als Kaiser Wilhelm davon erfuhr, schlug er in einem seltenen Anfall von Esprit vor, man solle das berühmte Shakespeare-Stück von nun an unter dem Titel *Die lustigen Weiber von Sachsen-Coburg und Gotha* laufen lassen. Seine Durchlaucht Prinz Ludwig Alexander von Battenberg (von dem der abartige, aber süchtig machende hellgelb-rosa britische Kuchen seinen Namen hat), ein intelligenter und fähiger adeliger Abenteurer, der den Großteil seiner Karriere in der Royal Navy gedient hatte und 1914 Erster Seelord und damit Oberbefehlshaber der Marine war, musste wegen seines deutschen Namens zurücktreten und benannte sich drei Jahre später um in Mountbatten. Dabei konnte man gar nicht britischer sein als er: Er war im Alter von vierzehn Jahren britischer Untertan geworden und mit einer Enkelin Königin Victorias verheiratet – und dennoch galt er plötzlich als unerwünschter Deutscher.

Leichtsinn und falsche Entscheidungen mögen den Ausbruch des Krieges befördert haben, doch man begann sofort, ihn rigoros und uneinsichtig zu rechtfertigen. Die Deutschen, das wusste man jetzt, waren eben extrem militaristisch (obgleich prozentual gesehen weniger Bürger unter Waffen standen als in Frankreich), despotisch (wenn auch in eklatant geringerem Maße als die Russen) und materialistisch (obwohl die Entente-Staaten sehr viel reicher waren als die Mittelmächte). Deutschlands bislang so geschätzte Philosophen galten nun als die allerletzten Schwachköpfe; seine beliebten Weine waren auf einmal längst nicht so gut wie die französischen und wurden von den Tischen verbannt; seine schöne Sprache zum kehligen Knobelbecherschnarren einer Exerzierplatzkultur. All das gehört so unausweichlich zum Kriegführen wie die Uniform, aber deprimierend ist dieses ermüdende intellektuelle und kulturelle Verrammeln sämtlicher Fenster und Türen, mit dem wir Briten seither leben, trotzdem; Deutschland ist für viele von uns heute noch Terra incognita. Der Nationalsozialismus hat diese Sichtweisen in jeder Hinsicht bestätigt: Wäre das Ganze nicht so ernst, könnte man fast versucht sein, ihn als Parodie auf die Vorstellungen der Briten von 1914 über den hässlichen Deutschen zu sehen.

Am Ende machte der Umstand, dass sich dieser Krieg nicht gewinnen ließ, alles zunichte. Die »Hamburger Zukunft« Westeuropas wurde so lange aufgeschoben, bis nach 1945 eine Konsumgesellschaft alltäglich wurde, die an die von Anfang 1914 anknüpfte, aber da war Hamburg selbst dem Erdboden gleichgemacht worden. Trotzdem, selbst in den dunkelsten Momenten des Ersten Weltkriegs, der, zumindest an der Westfront und in Italien, eine ausschließlich militärische Auseinandersetzung, wenn auch ein unbarmherziger Kampf mit knappem Ausgang war, ahnte niemand von dem spezifisch deutschen Bösen, das nur wenige Jahre später freigesetzt werden sollte.

Die Deutschen selbst sahen sich in diesem Ersten Weltkrieg als Bewahrer des europäischen Erbes im Kampf gegen einen Haufen vulgärer Materialisten (die Briten), offenkundiger Revanchisten (die Franzosen) und betrunkener Barbaren (die Russen). Zum Ausdruck brachten sie das prompt mittelalterlich-wagnerianisch: Der deutsche Soldat war der fahrende Ritter, der kultivierte, besonnene Mann, der sich gezwungen sieht, zur Verteidigung des Vaterlandes zur Waffe zu greifen. Vor 1914 hätten sich die allermeisten britischen Intellektuellen gegen den Vorwurf des vulgären Materialismus verwahrt, wären aber mit der Charakterisierung ihrer neuen Verbündeten einverstanden gewesen und hätten Deutschlands zentrale Stellung in der europäischen Kultur anerkannt. 1914 wurde das mit einer Kampagne vom Tisch gefegt, die an sämtlichen britischen Universitäten »deutsches« Denken und jede Ahnung davon ausmerzte, dass Deutschland, außer vielleicht in einer fernen Vergangenheit, je ein Land der Hochkultur gewesen war. Auf einmal war jeder suspekt, der sich überhaupt für Deutschland interessierte. Briten und später auch Amerikaner höhnten, worin denn die Kultur der Deutschen überhaupt bestehe, und setzten Verweisen auf jahrhundertealte Epen und Ritterlichkeit die angeblichen deutschen Kinderfresser und Nonnenschänder entgegen. Die Deutschen waren außer sich vor Wut und ließen ein sonderbares Plakat drucken (zu besichtigen im Ingolstädter Museum), auf dem die Zahlen der des Lesens und Schreibens mächtigen Schulkinder und der Hochschulabsolventen sowie der neu veröffentlichten Bücher in beiden Ländern miteinander verglichen wurden (nicht ohne passende dekorative Elemente wie die weise Eule der Minerva). Man wollte natürlich zeigen, dass Deutschland um Längen gebildeter, innovativer und empfindsamer war – was vermutlich stimmte. Heute, da die Leidenschaften von 1914 weitgehend verpufft sind, kann es nur verwundern, wie groß die Schäden sind, die damals angerichtet wurden. Entscheidungen, die von schwitzenden Offizieren und nervösen Politikern aus ganz bestimmten – und, wie sich herausstellte, grotesk falschen – Gründen getroffen wurden, griffen auf alle Bereiche des Lebens über: eine Art totale Mobilmachung, in der zumindest wir Briten in gewisser Hinsicht noch heute leben.

Katastrophe

Der August 1914 brachte stündlich neue militärische Schreckensmeldungen. Nur die borniertesten Mitglieder der verschiedenen Oberkommandos glaubten an einen kurzen Krieg, aber alle hatten sie mit einem entscheidenden Sieg gerechnet, woraufhin die Sache in einigen Monaten erledigt gewesen wäre. Doch die Technologie, insbesondere die Artillerie, hatte eine aberwitzige Entwicklung hinter sich; Hunderttausende von Soldaten verloren ihr Leben. Alle Offensiven, egal, von wem und wie massiv geführt, blieben im gegenseitigen Artilleriebeschuss stecken; der Bewegungskrieg wurde, wie bekannt, zum berüchtigten Stellungskrieg.

Nichts in diesem Krieg lief nach Plan – selbst die österreichisch-ungarische Offensive gegen Serbien ging total daneben. Und zu genau diesem Zeitpunkt entstand die Auffassung, dass Deutschland ein so einzigartig unheilvoller Part in der modernen Geschichte zukomme. Nach dem Sieg der Franzosen in der Schlacht an der Marne entwickelten die Deutschen einfach keine neuen Kriegspläne mehr. Doch selbst wenn sie die Franzosen noch irgendwie hätten schlagen können, hätten sie es auf jeden Fall mit den quasi unendlichen

Ressourcen Großbritanniens und des Britischen Empire aufnehmen müssen, womöglich sogar noch mit den Amerikanern. Da man über die unendlich vielen Toten schockiert war, die dieser Krieg jetzt schon gefordert hatte, hätte Deutschland nun um Friedensverhandlungen ersuchen sollen. Dass das nicht geschah (obwohl Deutschland sogar über einen nicht unerheblichen Teil französischen Territoriums als Verhandlungsmasse verfügte), wurde für alle zum Verhängnis. Gewiss, eigentlich war es allen Seiten unmöglich, gegen die öffentliche Meinung den Krieg zu beenden, aber die Weigerung der Deutschen, einen Sachverhalt überhaupt nur zur Sprache zu bringen, der später offensichtlich werden sollte – dass sie nämlich angesichts der realen Umstände überhaupt nicht gewinnen konnten –, zeigt, wie starrköpfig und gefährlich sie waren. Deutschland gebot eben über eine immens starke Landstreitkraft und Waffentechnik; bei den grauenhaften Blutbädern wie dem Kampf um Verdun verloren Menschen auf eine Art und Weise ihr Leben, bei der man nur noch zynisch auf den alten preußischen Schneid verweisen konnte, auf den die deutschen Heerführer immer geschworen hatten. Wie Kaiser Ferdinand II. im Dreißigjährigen Krieg hielt der deutsche Generalstab jetzt an der irrigen Hoffnung fest, der nächste Feldzug werde den großen Durchbruch bringen, dabei wurde der Krieg in Wahrheit nur immer fürchterlicher und radikaler.

Viel mehr lässt sich über den Ersten Weltkrieg nicht sagen, ohne dieses Buch aus dem Gleichgewicht zu bringen. Frappierend ist allerdings, wie sich die ganze deutsche Strategie von vor dem Krieg, auch zur Welt- und Kolonialmacht zu werden (die Großbritannien auf die Seite Frankreichs brachte), als vollkommen verfehlt erwies. Zum Kolonialreich brachte es Deutschland nie, und zu den wenigen heimlichen Freuden der Briten in diesem Krieg gehörte, wie rasch man ihm auch die wenigen Kolonien nehmen konnte. Die japanischen Verbündeten Großbritanniens übernahmen die deutschen Gebiete in China und viele Pazifikinseln, und mit der infamen, brutalen Kolonialherrschaft der Deutschen in Afrika machten nun andere, nicht minder brutale, infame Kolonialherren weiter. Nur in

Ostafrika hielt sich der (militärisch brillante) General Lettow-Vorbeck mit seinen »Schutztruppen« bis zum Waffenstillstand von 1918, was aber hauptsächlich der afrikanischen Bevölkerung Elend und Tod brachte.

Für eine der Überraschungen dieses Krieges sorgte die deutsche Kriegsflotte, in die enorme Mengen an Stahl, Männern und Ingenieurskunst investiert worden waren, die aber letztendlich keine entscheidende Rolle spielte. Die Briten hatten nicht die geringste Mühe, eine Seeblockade gegen Deutschland zu verhängen; sie versperrten mit ihrer Grand Fleet einfach nur die beiden engsten Stellen des Ärmelkanals und die nördlichen Zugänge zur Nordsee. Die Deutschen wiederum blockierten Großbritannien mit ihren U-Booten (und mäßigem Erfolg). Während britische Schiffe auf allen Weltmeeren kreuzten, waren sämtliche deutschen Kreuzer auf hoher See Ende 1914 schon zerstört, und an die allermeisten britischen Handelsrouten kamen die U-Boote gar nicht heran. Die britische Seeblockade erwies sich jedenfalls als sehr viel effektiver: Im dritten Kriegswinter hungerte man in ganz Mitteleuropa, während die Briten den Gürtel lediglich ein klein wenig enger schnallen mussten. Eine beeindruckende Phalanx von Schiffen blockierte außerdem die südliche Ausfahrt der Adria zwischen Italien und Korfu und hielt die k. u. k. Marine in Schach. U-Boote konnten die Blockade durchbrechen, aber die Schiffe, die mit so großen und sinnlosen Kosten erbaut worden waren, kamen während des gesamten Krieges praktisch nicht zum Einsatz. Natürlich war das nur ein Nebenschauplatz, aber er verdeutlicht das Dilemma, mit dem sich die Mittelmächte konfrontiert sahen: Sie hatten im Verlauf ihrer Geschichte, im Prinzip jahrhundertelang, nur darum gekämpft, wer über diesen oder jenen Teil eines weitgehend von Land eingeschlossenen Winkels der Welt herrschte. Die Ungarn, denen damals Fiume (heute Rijeka) gehörte, hatten ein Vermögen für den Bau ihres eigenen Großkampfschiffs, der *SMS Szent István*, ausgegeben, und dann wurde sie doch nur von einem italienischen Torpedoboot versenkt. Gebracht hat das alles lediglich, dass Flottenkommandant Admiral Horthy ab 1920, nachdem aus Ungarn ein Land ohne Zugang zum Meer geworden war, fast fünfundzwanzig Jahre lang als Reichsverweser diente – nicht immer zum Wohl der Magyaren und des Rests der Menschheit. Der Erste Weltkrieg wird im Übrigen Weltkrieg genannt, weil die Alliierten fast den ganzen Globus beherrschten – Deutschland und Österreich-Ungarn kamen aus ihrer kleinen Ecke Mitteleuropas kaum heraus.

Diese Beschränkung ist den Deutschen in regelmäßigen Abständen zum Verhängnis geworden. Die Skagerrakschlacht von 1916, die ein glorreicher Sieg für die britische Flotte hätte werden sollen, den Briten aber – nach einem Jahrhundert ohne ernstzunehmenden Gegner – zu einem kompletten Tohuwabohu geriet, erwies sich als letztlich bedeutungslos: Die Begegnung endete mit der Rückkehr der deutschen Schiffe in den Hafen. Im Grunde war es ein Sieg für die Briten, weil die Befehlshaber der deutschen Hochseeflotte nun einräumen mussten, dass man nie aus der Nordsee würde ausbrechen können. Die Kriegsmarine, die vor 1914 erheblich dazu beigetragen hatte, die internationalen Beziehungen zu vergiften und Deutschland und Großbritannien zu entzweien, hatte fortan eigentlich nur noch eine Aufgabe: Sie lag schmollend in Wilhelmshaven und Kiel fest und wartete darauf, zu meutern und das Kaiserreich zu stürzen, das sie überhaupt erst aufgebaut hatte. Am Ende wurden gut fünfzig deutsche Schiffe, darunter solche Trumms wie die *Kronprinz*, nach ihrer Internierung durch die Briten im Juni 1919 in der Bucht von Scapa Flow von ihrem deutschen Kommandanten selbst versenkt – ein letzter, sinnloser Akt eines deutschen Kaiserreiches, das sich selbst wider besseres Wissen eingebildet hatte, eine bedeutende Seemacht zu sein. Besonders haarsträubend ist der Gedanke, dass, wären die Ressourcen nicht in die Flotte gesteckt worden, ausreichend Metall vorhanden gewesen wäre, um so viele Geschütze zu produzieren (denn wie viele Waffen lassen sich aus einer schwimmenden Stadt aus Stahl wie der *Kronprinz* bauen?), dass man die Schlacht an der Marne vielleicht sogar gewonnen hätte.

Niederlage und Revolution

Nach über vier Jahren entsetzlichster Ermattungsschlachten endete der Krieg mit einer deutschen Niederlage, die strukturell bereits im Herbst 1914 angelegt war. Im Vergleich zu diesem Konflikt wurden sämtliche vorherigen Kriege, in denen es gemeinhin noch darum gegangen war, politische Vorteile zu erringen, zur Farce. Die Deutschen hatten zu keinem Zeitpunkt eine Vorstellung von dem, was sie, über einen vage definierten mitteleuropäischen Machtblock hinaus, mit diesem Krieg eigentlich erreichen wollten; Briten und Franzosen wussten immerhin, dass man die Deutschen besiegen und Nordfrankreich und Belgien befreien müsse. Kaiser Wilhelm wurde schon zu Beginn der Kampfhandlungen politisch kaltgestellt und nie wieder reaktiviert. Deutschland baute sich selbst zu einem Militärstaat um, dessen Sinn und Zweck darin bestand, zu siegen und Millionen junger Männer mit der richtigen Ausbildung und Ausrüstung an die verschiedenen Fronten zu schicken. Grundsätzlich neu war dieser Konflikt insofern, als bis ins achtzehnte/neunzehnte Jahrhundert schon auf die allererste Provokation hin Truppen sämtlicher europäischer Nationen durch deutsche Länder marschiert waren. In diesem Sinne war die Reichsgründung ein Erfolg: Nachdem der französische und der russische Einmarsch zurückgeschlagen waren, wurde das Land nie besetzt. Die meisten Deutschen bekamen vom Krieg nur mit, dass sie selbst zunehmend schwächer wurden, weil es nicht genug zu essen gab, und dass eine erschreckende Flut von Telegrammen selbst noch die verschlafensten ehemaligen Residenzkaffs überschwemmte und von immer noch mehr Gefallenen kündete. Am Ende hatten auf deutscher Seite 6,5 Millionen Menschen ihr Leben verloren, oder, anders ausgedrückt: Ungefähr alle zehn Tage hatte es so viele Tote und Verwundete gegeben wie im ganzen Deutsch-Französischen Krieg von 1870/71.

Österreich-Ungarn hatte ungefähr fünf Millionen Tote zu beklagen, bevor es auseinanderbrach. Die Behauptung, das Habsburgerreich sei schon vor 1914 brüchig gewesen, lässt sich aber mit den Tatsachen nur schwer begründen. Sicherlich hätte es nach Franz Josephs Tod (1916, entschieden zu spät) eine grundlegende Neuordnung erfahren, aber nichts deutete darauf hin, dass es in eine Vielzahl aggressivster winziger Staaten zerfallen würde. Wahrscheinlich waren unter den eineinhalb Millionen im Kampf Gefallener viele, die an dieses Reich – das seit jeher nicht nur auf dem dynastischen Prinzip gründete, sondern sich auch als militärische Einheit verstand – glaubten, und die waren nicht zu ersetzen. Mit der Zerschlagung der Armee war nichts übrig geblieben, und das Reich zerfiel in Bestandteile, die sich nun gegenseitig kolonialisierten: Die böhmischen Tschechen warfen sich zur Oberherrschaft über die Mähren, Slowaken und die Ruthenen der Karpato-Ukraine auf, die Serben über die Slowenen, Kroaten und Bosnier. Aus den spätmittelalterlichen deutschsprachigen Stammlanden der Habsburger wurde in Ermangelung anderer Alternativen ein neuer österreichischer Staat; mit seiner Existenz – noch dazu mit Wien als Hauptstadt, die unverzüglich zur Provinz wurde – erfüllte sich ein lang unterdrückter und potentiell gefährlicher Traum deutscher Nationalisten. Das kulturelle Leben der Vorkriegszeit war nicht ganz erloschen, doch schon vor dem sogenannten Anschluss lag unmissverständlich das Gefühl in der Luft, dass es bergab ging.

Ludwig Wittgenstein hatte als k. u. k. Soldat mutig an der russischen und italienischen Front gekämpft, ja, sich ausgezeichnet – in Italien nur ein kleines Stückchen westlich von dem jungen Erwin Rommel und dem jungen Friedrich Paulus, die im nächsten Krieg eine so bedeutende Rolle spielen sollten –, und Robert Musil, dessen Schriften über seine Erfahrungen an der italienischen Front (in *Nachlass zu Lebzeiten*) zu den großartigsten Stücken Literatur über den Krieg zählen, nur um ein Haar verpasst. Doch Wittgenstein verlor keine Zeit und ging nach England, Schönberg und Roth gingen nach Berlin; Loos blieb und fristete eine traurige, einsame Existenz; Klimt und Schiele waren schon 1918 gestorben. Es gab mehrere Versuche, einen vitalen österreichischen Staat zu schaffen, aber immer auch politische Unruhen – das mit der Republik und der Demokratie wollte einfach nicht klappen –, und die Deutschnationalen hörten nie auf, von einem Beitritt zum Deutschen Reich zu träumen – was die Habsburger nie befürwortet hatten.

Die Revolutionen, die nach Beendigung der Kampfhandlungen an der West- und der italienischen Front über Mitteleuropa hinwegfegten, wurden in Großbritannien kaum verstanden, mussten aber in fataler Weise zur Rechtfertigung der Ereignisse der nächsten zwei Jahrzehnte herhalten.

Abgesehen von einigen wenigen rasch gefallenen französischen und russischen Soldaten im Jahr 1914, dem einen oder anderen Spion und Kriegsgefangenen, hatte während des gesamten Ersten Weltkriegs kein einziger Angehöriger der alliierten Truppen deutschen Boden betreten. Und der Waffenstillstand vom November 1918 war im Grunde das Eingeständnis, dass das auch auf lange Sicht kaum zu bewältigen sein würde – die Deutschen waren geschlagen und ihre Armee am Ende, doch ein Einmarsch der Siegermächte, wie es früher nach Niederlagen in einem Krieg üblich gewesen war (siehe die Napoleonischen Kriege oder den Deutsch-Französischen Krieg), wurde als zu problematisch erachtet. Das wiederum hinterließ bei den britischen Heerführern einen bleibenden Eindruck und wirkte sich 1939/40 so aus, dass sie psychologische Probleme hatten, die Einnahme Deutschlands mit einer nun sehr viel kleineren Armee ins Auge zu fassen.

Doch schon vor 1939/40 hatte die widersprüchliche Haltung – das Wort »Waffenstillstand« für Feuerpause klingt ja auch deutlich grandioser als »Kapitulation« – in Deutschland eine verheerende Legendenbildung zur Folge. Unmittelbar nach dem November 1918 hatte Ludendorff seine Hände reingewaschen und sich in der Annahme, dass der Niederlage die soziale Revolution auf dem Fuße folgen werde, nach Schweden verabschiedet, um in Ruhe seine Krimis zu lesen. Die Suche nach den Schuldigen wurde ja auch unverzüglich aufgenommen. Die herrschenden Schichten in Deutschland hatten eindeutig versagt und mussten gehen, der Kaiser geriet in Panik und floh ins niederländische Exil. Alle anderen regierenden Häuser suchten ebenfalls das Weite oder handelten aus, dass sie unbehelligt irgendwo auf dem Land leben durften: ein erstaunlich schneller und vollständiger Zusammenbruch einer Herrschaft, die 1914 noch so robust gewirkt hatte.

Das von der Blockade betroffene, verschanzte und abgeriegelte Deutschland, das ab 1919 langsam wieder zum Vorschein kam, war kaum wiederzuerkennen. Die Grippe hatte gewütet, ein Großteil der Bevölkerung war dem Hungertod nah, Millionen waren tot oder verwundet: Wer wollte da noch ernsthaft bezweifeln, dass Deutschland besiegt worden war? Trotzdem entstand, nicht zuletzt vom Kaiser aus dem Exil heraus lanciert, die Legende vom »Dolchstoß«: Die Armee sei mitnichten geschlagen, sondern von Sozialdemokraten, Kommunisten, Profiteuren und Kriegsgewinnlern verraten worden – zudem nicht von »echten« Deutschen, wie einige behaupteten), sondern vom »internationalen Judentum«! Praktisch über Nacht wurde eine kleine Gruppe, aus der so viele Individuen trotz nie nachlassender Diskriminierung zu den genialsten und innovativsten Menschen im Deutschen Kaiserreich gehörten, als »undeutsch« abgestempelt.

In vielen Großstädten brachen chaotische Kämpfe aus, besonders in Berlin und München. Gerade die Ausschreitungen in München versetzten allen einen tiefen Schock. Die Stadt, die auf ihre hierarchische, ordnungsliebende, katholische und rechtsstaatliche Tradition so stolz war, auf ihre schönen Läden und die öffentlichen Plätze, verwandelte sich in ein Katastrophengebiet. Wie ganz Deutschland geschwächt vom Hungerwinter 1916/17, in dem hunderttausende Zivilisten umgekommen waren, ging München in der wirren Woche vor dem Waffenstillstand, in der Ludwig III. die Monarchie auflöste und ins Ausland floh, in Straßenkämpfen unter. Überall herrschte die Angst, es könne dem Bolschewismus anheimfallen (der vielen, auch vielen, die ihn nicht unterstützten, als unaufhaltsamer Trend der Zukunft galt). Vor 1914 hatten ernstzunehmende umstürzlerische Gruppen in Mitteleuropa so gut wie keine Rolle gespielt. Nur ein paar Konservative malten das Schreckgespenst der Revolution an die Wand, weil es ihnen politisch in den Kram passte. Im Grunde war damals nur der Anarchismus eine relevante Bewegung, und obwohl er von Natur aus eigentlich ineffizient und schlecht organisiert war, hatte ein italienischer Anarchist immerhin einen Erfolg zu verzeichnen: das Attentat auf Kaiserin Elisabeth, vulgo Sissi, im Jahr 1898. In seinem Roman *Der stumme Prophet* (geschrieben 1929) schildert Joseph Roth das ausbleibende Drama des Revolutionärs vor 1914 in der Figur des rastlosen galizischen Kommunisten Chaikin, der in seinem winzigen habsburgischen Grenzkaff einen gewaltsamen Umsturz herbeizuführen versucht, die Wachpolizisten als »kapitalistische Lakaien« beschimpft und die »proletarischen Massen« anstachelt, circa 120 Bürstenmacher. »Nichts hätte ihn glücklicher machen können, als verhaftet zu werden«, schreibt Roth. »Aber niemand hielt ihn für gefährlich.« Bis zum Zusammenbruch im Winter 1918 war die bedeutendste revolutionäre Tat von den deutschen kaiserlichen Behörden selbst verübt worden, und zwar mit der schon erwähnten Entscheidung, Lenin die Ausreise aus der Schweiz zu ermöglichen und ihn nach Petersburg zu expedieren. (Die gleiche Gruppe von Beamten – ein wahrer Hort der Intelligenz – hatte sich erst kurz zuvor mit der Idee hervorgetan, die Mexikaner zum Angriff auf die USA aufzufordern und ihnen im Gegenzug Unterstützung bei der Rückgewinnung der verlorenen Gebiete in Texas, Arizona und New Mexico zuzusichern. Das entsprechende Telegramm, die Zimmermann-Depesche, mutet an wie aus einer schlechten Komödie, wurde von den Briten abgefangen und den empörten und stetig weniger neutralen USA unter die Nase gehalten.)

Die soziale Revolution aber, die 1918/19 in ganz Deutschland ausbrach, war real, und das nirgendwo so sehr wie in München, wo nach Monaten gewalttätiger Auseinandersetzungen im Frühjahr 1919 die Bayerische Räterepublik ausgerufen wurde. Sie währte weniger als einen Monat und besaß außerhalb ihres winzigen Territoriums so gut wie kein Gewicht und wurde mit der von 1914 bis 1918 eingeübten Brutalität niedergeschlagen. Gut tausend Anhänger der Räterepublik kamen in den Gefechten um, mehrere hundert wurden nach Gefangennahme hingerichtet. Unseligerweise gehörten nicht wenige Juden zu den Verfechtern dieser Republik (genau wie beim gescheiterten Spartakusaufstand in Berlin im Januar des gleichen Jahres), was den Leuten, die nach einer überzeugenden Geschichte suchten, um der traumatisierten Bevölkerung zu erklären, warum das Kaiserreich den Krieg verloren hatte und in die Anarchie abgerutscht war, reichlich Material lieferte. Natürlich hätte man auch darauf verweisen können, dass die Mitglieder der Räterepublik in ihrer überwältigenden Mehrheit nicht jüdisch gewesen waren – aber irgendwie fiel das unter den Tisch.

Heute hat München seine selbstgefällige Fassade so vollständig wieder hergestellt, dass die unheilbar vergiftete Stadt von damals nur noch schwer zu erkennen ist – dabei wurde dieses Gift erst durch die Zerstörung und den Einmarsch der Amerikaner 1945 neutralisiert. München ist nun eine liebenswerte, von Studenten bevölkerte, wohlhabende Kapitale und eine moderne Version jener Stadt, die Thomas Mann für die Zeit vor 1914 beschreibt (bis hinunter zu den Läden, die talentfreie Gemälde feilbieten). Dabei fand in der Zwischenkriegszeit hier, weit mehr als in Berlin, sozusagen exemplarisch statt, was Europa schließlich in Trümmer legen sollte: Eine polarisierte, gewaltfixierte Gesellschaft, die von ihren alten Wurzeln in der opportunistischen, aber politisch erfreulich erfolglosen Welt des Königreichs Bayern vollkommen losgelöst war, wusste einfach nicht, wie man sich als ganz normale deutsche Stadt verhielt.

Die Gewalt, die sich in den 1920er und 1930er Jahren in regelmäßigen Abständen in Deutschland und Österreich (und anderen ehemals habsburgischen Staaten) entlud, lässt sich vielleicht am besten als eine Serie von Bürgerkriegen beschreiben, bei denen, anders als später in Spanien (obgleich auch dort am Schluss nicht mehr), immer ein deutliches Übergewicht zugunsten der Rechten bestand. Alle Versuche, die Sowjetunion zu kopieren, scheiterten kläglich, und die »Ordnungsmächte« brauchten stets nur wenige Wochen, um die Linke zu zerschlagen. München demonstrierte das beispielhaft – sowohl durch die Wirkungslosigkeit der Linken als auch mit der Haltung weiter Teile der Mittel- und Arbeiterschicht, die sich lieber mit Gesetzwidrigkeit und Gewalt auf den Straßen abfanden, als den Bolschewismus zu riskieren. Die Weimarer Republik hat es allen Anstrengungen zum Trotz nie vermocht, den Menschen die tiefsitzende Angst vor dem Kommunismus zu nehmen, das Bedürfnis nach militärischem Schutz vor dem Ungeheuer, das für kurze Zeit in München sein Gesicht gezeigt hatte.

Die Briten hatten ihre Blockade 1914 im Grunde gegen geltendes Völkerrecht verhängt, um Deutschland auf möglichst leichtem Wege zu schaden und ihre schlagkräftigste Waffe, die Kriegsflotte, zum Einsatz zu bringen. Militärtaktisch sollte die Blockade Deutschlands Kriegführung zusätzlich erschweren. Doch genau wie alles andere in diesem Krieg eskalierte diese an sich kluge Maßnahme, und nach vier Jahren Krieg hatte es der Hauptverfechter des Freihandels geschafft, den freien Handel zunichtezumachen. Deutschland, vor 1914 eine vitale Größe im Welthandel, bestand jetzt nur noch aus heruntergewirtschafteten Fabriken, die vorwiegend Ersatzlebensmittel und Waffen für den Schützengraben produzierten (die Freikorps und die neuen mitteleuropäischen Staaten zehrten noch jahrelang von diesen Vorräten). Seine zuvor wichtigsten Handelspartner waren verarmt (die Länder des ehemaligen Habsburgerreichs) oder zu Feinden geworden wie Großbritannien, Frankreich und Italien, die vergleichbare Waren nun in den USA einkauften. Auch die UdSSR als neues autarkes Gebilde machte dem Welthandel zu schaffen: Ein gewaltiger Markt blieb vielen Ländern nun dauerhaft verschlossen.

Erst mit dem Zusammenbruch des Ostblocks 1989 löste sich auch dieses Problem – seither handeln die meisten Länder der Welt regulär miteinander und stehen im Wettbewerb wie auch vor 1914. 1919 jedoch war alles anders, und viele Alliierte witterten ihre Chance, nachdem ein so starker Konkurrent scheinbar für immer vom Spielfeld vertrieben worden war. Diese Haltung fand ihren Niederschlag im Versailler Vertrag, der, unter anderem, Deutschland immense

»Reparationsleistungen« aufbürdete – eine ungeheuer aufgeblasene Version der Entschädigungen, die Deutschland 1871 Frankreich abverlangt hatte. Begründet wurde das mit der deutschen »Kriegsschuld« – folgenschweres Exempel einer Siegerjustiz, die die Alliierten von jeder Verantwortung für 1914 reinwusch, in Deutschland aber als eine unglaubliche Verzerrung der Wahrheit empfunden wurde und alarmierend viele Menschen aller Gesellschaftsschichten nur noch mehr verbitterte.

Die Zusammenhänge zwischen Reparationsleistungen und Hyperinflation in den Jahren 1921 bis 1923 sind nicht immer eindeutig, aber unter der Doppelbelastung, beispielsweise ein Viertel aller Exporterlöse an die Alliierte Reparationskommission abführen und zugleich ein Land stabilisieren zu müssen, das immer neue wirtschaftliche Probleme bekam, wurde für die Deutschen zum zweijährigen Horrortrip, der als kaum weniger schlimm empfunden wurde als die Kriegstoten, die Grippe und die Revolutionskämpfe. Viele hatten einfach nicht mehr das Gefühl, dass ihr Staat überhaupt noch funktionierte. Es gibt in ganz Deutschland kein einziges noch so kleines städtisches Museum, das keine Exponate über die furchtbaren Folgen der Inflation für den Ort zeigt. Wie die Iridiumschicht, die den Übergang von der Kreide- zur Tertiärzeit markiert, markiert die Hyperinflation einen Wandel, der vielleicht noch tiefgreifender ist als der durch den Krieg. Mit der Niederlage hatte sich die Inkompetenz der herrschenden Klasse offenbart, mit den gescheiterten Revolutionen, wie verletzlich und fragil das gesellschaftliche Gefüge des Landes war, aber die Hyperinflation riss den Menschen nun buchstäblich den Boden ihrer Existenz weg: Altersrenten und -pensionen lösten sich in Luft auf, Geldrücklagen wurden zum Witz, die gesamte deutsche Tradition der Sparsamkeit und das Vertrauen in die einheimischen Banken zerfielen. Hinter den berühmten Fotos von Menschen, die ihre Öfen mit Geldscheinen heizen, weil das billiger war als mit Brennholz, oder ihre Wände mit Geldscheinen tapezieren, steht eine durch und durch traumatische Erfahrung, deren Narben noch immer nicht völlig verheilt sind. Bei der Betrachtung des

»Dritten Reiches« sollte man deshalb auch nicht erst mit den späten 1920er und frühen 1930er Jahren beginnen, sondern mitberücksichtigen, wie stark die Erfahrung der Hyperinflation von 1923 im kollektiven Gedächtnis präsent gewesen sein muss.

Auf der erbarmungslosen Jagd nach Reparationsgütern besetzten französische und belgische Truppen im Januar 1923 die Ruhr. Statt abzuwarten, bis sich die deutsche Wirtschaft erholt hatte, wurden Waren und Vorräte einfach auf die Schiene verladen und gen Westen gefahren. Die Besetzung des Ruhrgebiets, die 1918 erfolgreich abgewehrt worden war, stellte eine Demütigung dar, die eine überwiegend liberale Region Deutschlands radikalisierte und zugleich historische Schreckgespenster von der Schutzlosigkeit Deutschlands vor französischen Raubzügen heraufbeschwor. Dass das Saarland, das kleine Gebiet mit den reichen Kohlevorkommen, das – nach einigem Hin und Her – erst 1957 wieder endgültig an Deutschland ging, ausgerechnet französischer Verwaltung unterstand, verstärkte diese Angst. Und angesichts der (erfolglosen) französischen Bemühungen, das Rheinland aus dem Reichsgebiet herauszulösen und einen unabhängigen Staat zu schaffen, sah es auch ganz so aus, als habe die Zeit, in der Deutschland Frankreich nicht hatte fürchten müssen, kaum eine Generation angedauert.

Als es Ende 1923 mit der Rentenmark endlich wieder eine stabile deutsche Währung gab, war der Schaden bereits geschehen. Das Leben vieler Menschen war ruiniert, aber einige hatten auch profitiert, darunter auch Juden. In extremistischen Kreisen der Rechten und der Linken, aber auch in alltäglichen Unterhaltungen und Zeitungskarikaturen kursierte ein ganzes, immer mehr an Überzeugungskraft gewinnendes Bündel an Verleumdungen: Die Juden seien als Strippenzieher, Ränkeschmiede und Fremde schuld an der Demütigung Deutschlands. Die Linke war zwar zu einer Massenbewegung geworden, aber zerrissen und verwundbar. Die Kommunisten und Sozialdemokraten wurden in Deutschland 1933, in Österreich 1934 ohne große Schwierigkeiten, aber mit Unrecht und Gewalt von der Bildfläche verdrängt. Übrig blieb der rechte Antisemitismus, der sich, angereichert mit vielen auch in der Linken gern gepflegten Hirngespinsten über Juden und Kapitalismus, immer stärker ausbreitete.

In Erinnerung an die Toten

In jeder neuen deutschen Stadt, die ich besuche, muss ich immer als Allererstes das Denkmal für die Gefallenen des Ersten Weltkriegs ausfindig machen. Aus naheliegenden Gründen gibt es, über einen allgemeinen Ausdruck von Schmerz und Bedauern hinaus, so gut wie keine Mahnmale zur Erinnerung an den Zweiten Weltkrieg. Die Schmach nach 1918 lag eher in der Niederlage selbst als in Demütigung und Demoralisation, wie sie so ein geschlagenes Land noch nicht erlebt hatte. Einige österreichische Kriegerdenkmäler (beispielsweise das im burgenländischen Rust) gleichen verstörenderweise britischen: Man sieht die Statue eines Soldaten und dazu eine Liste von Namen der Gefallenen aus dem Ersten Weltkrieg, der man die aus dem Zweiten Weltkrieg hinzugefügt hat, als sei es das Natürlichste der Welt. Das einzige ähnliche Exemplar, das ich in Deutschland angetroffen habe, ist die schöne Statue eines knurrenden Löwen in Darmstadt, dem eine gebrochene Lanze in der Brust steckt (von vorn, immerhin). Die bizarre Entscheidung, diesem Denkmal die Namen der Schlachtfelder von 1939 bis 1945 einzumeißeln, hat es unwiderruflich ruiniert – die kollektive, fast ausschließlich militärische Katastrophe des ersten Krieges wird hier mit den Massakern an der Zivilbevölkerung und dem Völkermord des zweiten vermengt. Das unvorstellbare Ausmaß privater Trauer in Deutschland nach 1945 fand ansonsten natürlich seinen Ausdruck in persönlichem Gedenken, Gedenkbüchern, in Rathäusern verwahrten Listen und Gottesdiensten, nicht aber in größeren öffentlichen Mahnmalen.

In der bitteren Zeit nach 1918 fand jede Stadt eine eigene Lösung, wie sie sich der erschreckend hohen Zahl ihrer Gefallenen erinnern wollte. Und so gibt es außerordentlich interessante, aber auch banale und manchmal zeitlos brillante Arbeiten in Stein, Holz und Metall, die ursprünglich als Orte gedacht waren, an denen man das tief empfundene Leid ausdrücken konnte, die aber schon bald hochgradig politisch wurden, heftig umstritten waren und nach der noch größeren Katastrophe nach 1939 mehr oder weniger in Vergessenheit gerieten. In Deutschland gibt es keine Richtlinien für die Gestaltung öffentlicher Denkmäler wie in Großbritannien und Frankreich, und so ist ihre Vielfalt enorm. Die nach dem Ersten Weltkrieg entstandenen knüpften in gewisser Weise an die bereits existierenden Ehrenmale zur Erinnerung an den Deutsch-Französischen Krieg an – unter Einsatz unfassbarer Mengen an Bronze stellten diese zumeist ärgerliche allegorische Figuren dar, und dazu gab es jede Menge Reliefs von Wilhelm I. und Bismarck –, aber geschaffen wurden sie natürlich im Bewusstsein des nationalen Scheiterns und der Krise. Manche sind erheiternd rückwärtsgewandt (Kavalleristen zu Pferde), andere historisierend bis zum Gehtnichtmehr, und in Lübeck kann man sogar eine neoassyrisch anmutende Schale bewundern. Andere stehen eher in der großen Tradition der Kunst am Bau, wie der wunderschöne, aber sich in seiner Umgebung seltsam ausnehmende Springbrunnen in Speyer. Das großartigste aller dieser Mahnmale war für mich viele Jahre lang das sogenannte 118er-Denkmal des Vierten Großherzoglich-Hessischen Infanterieregiments in einer Grünanlage in Worms: fünf Steinsoldaten mit Mantel und Helm. Ich fand sie ungeheuer anrührend, weil den Statuen da, wo die Steinhelme über die Stirn ragen, schwarzes Moos über die Augen gewachsen war. Als Lektor war ich einmal intensiv an der Publikation einer neuen Übersetzung von Ernst Jüngers *In Stahlgewittern* beteiligt und bemühte mich intensiv, aber erfolglos, für den Umschlag Fotos von diesen moosgeblendeten Statuen zu finden, obwohl ihre traurige Botschaft ja ganz im Gegensatz zum Text stand. Kürzlich war ich wieder in Worms und musste zu meinem Bedauern feststellen, dass die Figuren gereinigt worden waren und ohne das Moos reichlich klobig und unoriginell wirkten. Unüberlegte Entscheidungen konnten sich empfindlich auf die Haltbarkeit eines Denkmals auswirken. Eine lange Gefallenenliste in einer der Hauptkirchen Wolfenbüttels ist immer noch gut lesbar, während die vor einer Kirche in Augsburg so verwittert ist, dass viele Namen fehlen. Dennoch ist sie sehr beeindruckend, weil in der Kirche ein Foto von König Ludwig III. von Bayern hängt, wie er im Sommer 1914 in Augsburg eintrifft, um das neue Regiment feierlich zu verabschieden, von dessen Soldaten, die an jenem Tag in der Kirche waren, später sicher viele auf der Namensliste in dem verwitterten Marmor draußen verewigt wurden. Wie bei allen Mahnmalen dieser Art kommt man sich schnell taktlos vor, schon beim flüchtigen Betrachten. Die meisten haben bestimmt nie größere oder anhaltende Bedeutung erlangt. Sie waren Anfang der 1920er Jahre errichtet worden, nachdem die Ordnung nach bürgerkriegsähnlichen Wirren wiederhergestellt war. Und die Ereignisse überschlugen sich ja auch weiterhin; die Atmosphäre, die bei den Einweihungszeremonien geherrscht haben mag, ist kaum mehr nachzufühlen. Die Politiker der Weimarer Republik waren zwar ausgesprochen bedacht darauf, dass die Menschen nach vorn schauten – doch das taten die Leute nicht. Die vielen Millionen Toten, die Grippeepidemie, der Verlust von deutschen Gebieten, die Hyperinflation machten es schwer, Hoffnungen für eine Zukunft zu entwickeln. Jahr für Jahr versammelten sich die Einwohner ganzer Städte um ihr Mahnmal und gedachten der Tragödie Deutschlands, ihrer Stadt, ihrer Familie. Dann wurden diese Denkmäler von den Nazis für ihre Zwecke missbraucht und anderes wichtiger.

Das erste deutsche Mahnmal, das ich je gesehen habe, und zwar bei meiner allererstens Reise nach Deutschland 1991, ist für mich noch immer das großartigste. Ich war mehrere Tage in Magdeburg, und die Wiedervereinigung war damals noch nicht sehr weit vorangeschritten: überall menschenleere stalinistische Plätze, dazu Geschäfte, in denen es nichts als Dosenfleisch zu kaufen gab. Obwohl

Magdeburg sicher eine der trostlosesten dieser Städte war, habe ich meinen Aufenthalt dort sehr genossen: In dieser Stadt gab es so viele Schichten von Vergangenem, und die Wiedervereinigung weckte die Hoffnung (die sich ja auch weitgehend erfüllte), dass sich die dunklen Jahre Deutschlands endlich ihrem Ende zuneigten. Man hatte auch schon ein paar zaghafte Verschönerungsversuche unternommen, die aber eher makaber wirkten. Das rußgeschwärzte, deprimierend düstere alte wilhelminische Postamt mit den zerbröckelnden Statuen von Otto dem Großen und seinen Freunden war mit Aufklebern der Post versehen, auf denen gelbe Handschuhe mit Augen fröhlich die Einführung der neuen Postleitzahlen ankündigten, die nun, in der wiedervereinigten Bundesrepublik, fünfstellig wurden (für jede Stelle ein Finger!).

Allen Widrigkeiten zum Trotz hat auch der gebeutelte und oft geflickte Dom die Zeiten überdauert, und mit ihm, trotz jahrelanger Diskussionen und zeitweiliger Verbannung ins Magazin, das von Ernst Barlach geschaffene Magdeburger Ehrenmal. Barlach gehört zu den vielen hochinteressanten Figuren der Weimarer Republik, die, genau wie die Darmstädter Künstler vor 1914, Deutschland eine neue Perspektive gaben – wenngleich diese auch kurz darauf unter einem beispiellos folgenschweren Massenmilitarismus begraben wurde. Barlach hatte sich von der Kriegsbegeisterung von 1914 mitreißen lassen, beendete seinen Waffendienst aber als überzeugter Pazifist. Das Ehrenmal, das er geschaffen hat, glorifiziert den Krieg nicht; vielmehr zeigt die Figurengruppe aus Holz trauernde, verängstigte oder tote Soldaten, die sich um ein Kreuz versammeln. Wenn es im Dom dunkel wird und vor dem Ehrenmal zahlreiche Kerzen angezündet werden, dann scheinen in ihm das ganze Entsetzen und die Angst lebendig zu werden, die der Erste Weltkrieg hervorgerufen hat. In der zusehends bedrohlicheren Atmosphäre der Weimarer Republik rief das Ehrenmal empörte Reaktionen hervor und landete nach 1933 in den Tiefen eines Magazins. Später tauchte es in Ostdeutschland wieder auf, wurde erneut aufgestellt und im Zuge der Wiedervereinigung natürlich wieder in ganz neuer Weise betrachtet. Wie so viele große Denkmäler Deutschlands zeigt es einen Weg auf, der nicht beschritten wurde, und gewinnt damit eine fast unerträgliche, zusätzliche Bedeutungsschicht.

Königliche Nachbeben

Als ich mal wieder in einem winzigen Bahnhof aus dem Zug stieg und meine flotte Schweinsledertasche voller Bücher und Unterwäsche schwang, merkte ich, dass mir die Orientierung in kleinen Residenzstädten in Fleisch und Blut übergegangen war. Die Hauptstraße vom Bahnhof ist nämlich in der Regel überraschend weit entfernt vom Zentrum. Der lokale Potentat wollte sich die Eisenbahn offenbar vom Leibe halten, den Lärm und die Gefahr meiden. Ein spitzer oder runder Turm ziert gemeinhin die Hauptkirche, die wiederum unweit des Marktplatzes (meist des einzigen) steht, das Schloss ist ein paar Straßen davon zurückgesetzt. Wenn ich, ein Liedchen pfeifend, besagte Reisetasche schwenke (oder in letzter Zeit, meiner Gesundheit zuliebe, einen kleinen Rollkoffer hinter mir herziehe), empfinde ich einfach immer wieder die reine Freude an der Harmlosigkeit des Ganzen. Diese reizenden kleinen Städte bieten, selbst wenn die adligen Oberhäupter preußische Feldherren waren, ein überaus angenehmes Gegengewicht zu den brutaleren Strömungen in der deutschen Geschichte. Wenn Sachsen uns lehrt, wo politische Inkompetenz hinführt, dann sind die kleinen Städte ein Hohelied auf reine echte Bedeutungslosigkeit, eine wichtige, von Historikern unterschätzte Eigenschaft. Sie sind insofern wie Kartoffelchips, als es keine Obergrenze gibt dafür, wie viele man mit Genuss schnabulieren kann.

Immer wieder zieht es mich in meine alte Lieblingsstadt Bückeburg, Sie wissen schon, dahin, wo die von Schaumburg-Lippes residieren. In dieser Stadt war praktisch immer tote Hose, aus dem leicht nachvollziehbaren Grund, dass hier einfach nicht genug Menschen lebten, die mal mehr als einen banalen Streit vom Zaun hätten brechen können. Aber, wie nicht anders zu erwarten, hält auch Bückeburg eine Kuriosität bereit: eine manieristische Schlosskapelle, deren Wände über und über mit Fresken bedeckt sind, mit Blumen und Früchten und Putten und den grandiosesten, verrücktesten Wappen, die man sich nur ausdenken kann. Dazu ein Altar, der von zwei riesigen Goldengeln gehalten wird, die über die dort beigesetzten Herzen der Grafen und Fürsten von Schaumburg-Lippe wachen.

Führungen durch diese Schlösser sind höchst aufregend, denn so langweilig die einzelnen Räume auch sein mögen, es besteht immer die Chance, hinter der nächsten Ecke auf eine Skurrilität zu stoßen, und es bedarf einiger Disziplin, auf der Suche nach einem solchen Sahnehäppchen nicht gleich vorauszupreschen: einem ausgestopften Wolf vielleicht oder einer Miniaturkanone, einem Narwalzahn oder dem missglückten allegorischen Gemälde eines einheimischen Künstlers. Bückeburgs Glanzlicht ist die Galerie der Grafen- und Fürstenporträts (nach Ende des Heiligen Römischen Reiches waren aus den Grafen Fürsten geworden), ein grandioser Schnelldurchlauf durch den Modegeschmack unbedeutender Absolutisten vom siebzehnten bis zum Anfang des zwanzigsten Jahrhunderts: Auf die üppige dunkle Perücke folgt eine kurzhaarige weiße, auf den praktischen Haarschnitt zum Stehkragen der männliche Bart zur Militäruniform, danach Monokel, Schnauzer und Abendgarderobe – und Ende aus! Eher verstörend wirkt dagegen die Sammlung von Stühlen mit den von der jeweils neuen Braut des jeweiligen Grafen/Fürsten gestickten Sitzkissen – eine an König Blaubart gemahnende Kollektion, bei der man unwillkürlich einen ganzen Schwarm panischer junger Mädchen mit ungelenken Stickfingern vor Augen hat, die inzwischen längst den Weg alles Irdischen gegangen sind.

Ich erwähne diesen Ort, um zu zeigen, wie faszinierend wenig Zeit vergangen ist, seit eben jenes Schloss und andere seiner Art der Mittelpunkt mancher Kleinstadt waren, ja im Grunde sogar deren wirtschaftlicher Daseinszweck. Die Menschen, die in Flecken wie Bückeburg oder Sigmaringen oder Altenburg lebten, waren dazu da, der Fürstenfamilie wirtschaftlich und untertänigst zu Diensten zu sein. Mancherorts entstand gegen Ende des neunzehnten Jahrhunderts eine lokale oder sogar regionale Industrie, und spätestens mit der Gründung des Deutschen Reiches 1871 ging diesen Herrscherhäusern jegliche politische Macht verloren. Dennoch hielten sich viele – sofern sie dynastische Querelen und Todesfälle überstanden – noch bis 1918. Wer sich in ihren beeindruckenden Schlössern umschaut, bemerkt, dass in vielen noch bis zum Ersten Weltkrieg neuer Wohlstand angesammelt und Aus- und Umbauten vorgenommen wurden. Die mit den 1871 noch vorhandenen Herrscherhäusern getroffene Abmachung besagte mehr oder weniger, dass sie erst einmal in unangenehmer Abhängigkeit vom Kaiser auf unbestimmte Zeit an Ort und Stelle blieben – und genau so benahmen sie sich auch, indem sie für ihre Kinder und Kindeskinder immer neuen dynastischen Firlefanz anhäuften.

Der Bachsaal des erstaunlich großen und pompösen Schlosses Altenburg sieht auf alten Fotos zweckmäßig, farblos und neoklassizistisch aus. Nach einem Brand um das Jahr 1900 wurde er im Neorenaissance-Stil mit industriell gefertigten Teilen wiederhergestellt, mit einer verschwenderischen Fülle an Holzschnitzereien, aufwendigen Kaminen und anzüglich grinsenden Wilden. Hätten die Herzöge von Sachsen-Altenburg Gelegenheit bekommen, den Saal vor ihrem Hinauswurf etwas ausgiebiger zu nutzen, dann würde das Ganze jetzt, gut hundert Jahre später, mit den entsprechenden Schrammen und Macken vielleicht nicht ganz so irreal anmuten. Auf Schloss Sigmaringen, das ebenfalls nach einem Brand wieder aufgebaut wurde, gibt es den Schwarzen Salon, das Herren- beziehungsweise Raucherzimmer mit der revolutionären schwarzen Graphitdecke, die den Tabakqualm absorbieren sollte; der Raum atmet heute noch eine äußert unsympathische Variante backenbärtiger, breitärschiger wilhelminischer Bonhomie. Höhepunkt aller Führungen durch solche Schlösser ist im Übrigen stets das königliche/fürstliche/gräfliche Badezimmer, in dem das Prunkstück bewundert werden kann, eine Toilette, wie sie in den 1890er oder 1900er Jahren en vogue war.

Ich muss aufhören, sonst lasse ich mich noch dazu hinreißen, lang und breit das Duschbad der Kaiserin Zita zu beschreiben, das während des Ersten Weltkriegs auf Schloss Schönbrunn installiert wurde. Ich will ja eigentlich nur darauf hinaus, dass die ganze Chose in den chaotischen, angsterfüllten Wochen, in denen erst Kaiser Karl I. und dann Kaiser Wilhelm II. abdankten, in sich zusammenbrach. Die Herrschergeschlechter, die über Jahrhunderte Bestand gehabt hatten, waren am Ende. Viele, insbesondere die größeren, hatten sich gern der Illusion einer gewissen Autonomie hingegeben, aber in der Praxis besaßen sie die alle nicht. Sie waren ebenso sehr Teil des inzwischen gescheiterten und verachteten Systems, das die Mittelmächte in den Ruin getrieben hatte, wie der Kaiser.

Einige verschlossen die Augen vor dem Wandel und flohen ins Ausland, andere inszenierten kurze, aber das gebotene Ritual befolgende Abdankungszeremonien, wieder anderen gelang es, vernünftige Abmachungen zu schließen und sich zurückzuziehen. Die Welle der Veränderungen, die Mitteleuropa zur Zeit der Verkündigung des Waffenstillstands überrollte, war entschieden umwälzend und zugleich seltsam nichtig. Anscheinend hatte niemand ein Interesse am Verbleib dieser träge über Badezimmerausstattungen nachsinnenden Figuren, und das gesamte, nur noch durch Rituale, Symbole und Verwandtenehen zusammengehaltene Gefüge zerfiel – in vielerlei Hinsicht recht unerwartet – in seine Einzelteile. Für kurze Zeit entstanden daraus Absonderlichkeiten wie beispielsweise der Volksstaat Reuß, ein däumelinchengroßes Nest des Bolschewismus, das nach dem Abdanken der letzten Fürsten Reuß ausgerufen wurde und bereits 1920 im Land Thüringen aufging.

Einige Familien schafften es, sich nach 1918 umzuorientieren und neue öffentliche Aufgaben für sich zu finden: Prinz Friedrich Karl von Hessen-Kassel zum Beispiel war zwei Monate lang König von Finnland, und sein Sohn Prinz Philipp von Hessen spielte eine unschöne

Rolle im »Dritten Reich«. Viele zogen sich in ein wohl abgepolstertes Privatleben zurück, andere hielten an einem eigentümlichen dynastischen Zwieleben fest. Die Familie Hohenzollern-Sigmaringen beispielsweise hatte von ihrem verboten schönen Schloss an der oberen Donau aus mit ansehen müssen, wie der andere, protestantische Zweig der Familie zum preußischen Königshaus avancierte. In den Nachwehen der Revolutionen von 1848 hatten sie ihre Ländereien verloren und waren praktisch, ohne dass es sonst jemanden scherte, von Preußen annektiert worden. Das Schloss und den Titel der Fürsten von Hohenzollern hatten sie behalten dürfen, und diese Trümpfe zogen sie nun aus dem Ärmel (gegen Ende unter eben jener schwarzen Graphitdecke).

Fürst Karl Anton konnte eine Tochter mit dem König von Portugal vermählen, eine zweite mit einem Sohn des Königs von Belgien; ein Sohn starb 1866 im Deutschen Krieg, einem zweiten wurde der spanische Thron angeboten – was letztlich den Deutsch-Französischen-Krieg auslöste. Der Sigmaringer Postbote hat zwischen 1840 und 1880 sicher keine langweilige Woche gehabt. Doch der große dynastische Coup, neben dem die anderen reichlich blass dastehen, war, dass Karl Antons Sohn Karl zuerst Fürst und später König von Rumänien wurde – da hieß er dann Carol I. Als sich Rumänien im Ersten Weltkrieg auf die Seite der Entente schlug, hatte das unschönerweise zur Folge, dass rumänische Hohenzollern gegen preußische Hohenzollern kämpften. Nachdem Kaiser Wilhelm ins Exil entschwunden war, wurden die Rumänen trotz des für sie katastrophalen Kriegsverlaufs mit großen Teilen ehemals habsburgischen und russischen Territoriums entlohnt, und ein letztes irrsinniges Mal blühte die Macht der Hohenzollern-Sigmaringen auf, eben nun am Schwarzen Meer. Dass König Carol in Sigmaringen geboren wurde, verkündet im Übrigen eine Schiefertafel in einem der weiter oben gelegenen Innenhöfe des Schlosses (direkt hinter einer ziemlich einzigartigen Hakenbüchsen-Ausstellung). Angebracht wurde diese Tafel zum 100. Geburtstag Karls im Jahr 1939, kurz vor Ausbruch des Krieges, der das Herrscherhaus endgültig entmachten sollte.

Wider Willen hat Sigmaringen nicht zuletzt dadurch Berühmtheit erlangt, dass die Nazis es zum letzten Sitz der Vichy-Regierung erkoren, die nach der Landung der Alliierten in der Normandie in dem Land, das sie eigentlich regieren sollte, nicht mehr sicher war. Die verbliebenen Mitglieder der Familie Hohenzollern wurden in einem nahegelegenen Schloss der Familie Stauffenberg untergebracht, das nach dem 20. Juli 1944 enteignet worden war. Es gibt wenige bessere Beispiele für Sinnlosigkeit und Terror politischer Macht als die entschleunigten Monate, die die Vichy-Regierung auf Schloss Sigmaringen zubrachte, wo die Herren im Schwarzen Salon oder unter schweren Kronleuchtern aus böhmischem Glas auf- und niederschritten und taten, als würden sie Frankreich regieren, und sich gegenseitig die Schuld an der Entwicklung der Dinge in die Schuhe schoben. Durch einen glücklichen Zufall war der Kollaborateur und geniale Schriftsteller Céline als Pétains Leibarzt dabei und konnte seine Erfahrungen in dem brillanten, wenn auch schwer verständlichen Roman *Von einem Schloss zum andern* zu Papier bringen.

Im Stile der taiwanesischen Regierung, die mit großem Ernst über Staudammprojekte in Sichuan debattiert, als hätte sie in China noch immer etwas zu sagen, sah sich die Vichy-Regierung dazu verdammt, so zu tun, als spiele sie im Leben der Franzosen noch eine Rolle. In Wahrheit lebten ihre Mitglieder im goldenen Käfig einer nicht enden wollenden, albtraumhaften Schlossführung: hier der Gelbe Salon, der seinen Namen der kanariengelben Ausstattung verdankt, dort das Zimmer der Fürstenwitwe, wo sie ihre Freundinnen zur heißen Schokolade bat, hier wieder einmal der Schwarze Salon – bitte beachten Sie die revolutionäre schwarze Graphitdecke! – ein ums andere Mal, Monat für Monat, während man auf das Eintreffen der Alliierten wartete, und darauf, ins Exil geschickt oder erschossen zu werden.

Je mehr Zeit vergeht und je weiter der ursprüngliche Sinn und Zweck all dieser Schlösser in eine immer fernere und unverständlichere Vergangenheit rückt, umso mehr verschmelzen sie zu einer einzigen Schlossführung, der man bis zur finalen Katastrophe nicht mehr entrinnen kann: dem ewig gleichen Einerlei aus fleckigem Glas, handbestickten Kissen, Gemälden von Männern mit Schärpe, Toiletten ohne Wasserspülung, wurmstichigen Betten, lächerlichen alten Waffen und mottenzerfressenen Elchköpfen. Und zum Schluss, nach einem letzten »Und durch diese Tür, bitte, geht's zum Gelben Salon«, neigt sich das Ganze langsam zur Seite und stürzt hinab in den Schlossgraben, -park oder -teich.

Vierzehntes Kapitel

Ein reizloser See
Putsche und Sockenhalter
»5, 4, 3, 2, 1 …«
Der Tod der Wissenschaft
Letztes Aufbäumen
Ende

Eine Szene aus Paul Wegeners Horrorstummfilm Der Golem, wie er in die Welt kam *(1920): Eine panische Menge rennt durch die Straßen des mittelalterlichen Prag. Dieser unglaublich wirkmächtige, schöne und komplexe Film vereint praktisch alle Themen dieses Buches in sich, aber auf eine Art und Weise, die ich am Ende dann doch zu holzschnittartig finde. Wenn Sie tatsächlich so weit gekommen sind, dass Sie diesen Absatz lesen, dann kann ich Ihnen nur dringend ans Herz legen, sich diesen Film sofort anzuschauen.*

Ein reizloser See

Nachdem ich schon meinem Mitleid für die Europäer Ausdruck verliehen habe, die an den Gestaden der brackigen, wenig einladenden Ostsee Ferien machen, wurde meine Empathiefähigkeit beim Anblick der Trauben von Familien an den Stränden des im Schilf erstickenden Insektenparadieses Neusiedler See noch einmal neu justiert. An der Grenze zwischen Österreich und Ungarn gelegen, ist er überaus flach (so flach, dass er manchmal einfach verschwindet), und wenn man mit einem tristen Bötchen darüber tuckert, sieht das Wasser aus wie sanft hin- und herschwappende, glänzende Hühnerbrühe. In einer zutiefst binnenländischen Welt ist diese Wasseroase trotz ihrer Reizlosigkeit dermaßen begehrt, dass die kleinen Städte darum herum durch Röhricht und Schlamm einen Weg gehackt und am Ufer Betonplattformen errichtet haben, von denen aus ihre Feriengäste die überschaubaren Freuden des Sees genießen können. Plötzlich fand ich die Ostsee so schön wie Waikiki.

Das südliche Ende dieses surrealen Sees gehört zu Ungarn, und obwohl er eher nicht zum Schwimmen einlädt, ist die gesamte Region absolut faszinierend. Nach der Schlacht bei Mohács 1526 ging sie nicht an die Osmanen, sondern blieb immer ungarisch beziehungsweise habsburgisch, bis sie wie viele andere der Auflösung der Doppelmonarchie 1918 zum Opfer fiel. Heute ist sie die östlichste Gegend, in der Deutsch gesprochen wird, und Teil einer der großen Sprachgrenzen. Jemandem, der nicht so vernarrt in die mitteleuropäische Kultur ist wie ich, ist kaum zu vermitteln, wie ich in den letzten Jahren geradezu militärische Disziplin aufbringen musste, um keine kaum zu rechtfertigenden Trips in Gegenden außerhalb des deutschen Kerngebiets zu unternehmen. Wie gern möchte ich Joseph Roths Galizien besuchen, Rezzoris Bukowina, Danilo Kiš' Vojvodina, Handkes Karst, die Landschaft, die Bartók zu der von ihm so genannten »Nachtmusik« inspirierte. Als ich im Deutsch sprechenden äußersten Südosten war, fand ich es auf einmal unfair und verrückt, dass ich mich selbst auf eine Sprachgrenze beschränkt hatte, die jetzt – so empfand ich beim panischen Nachdenken wie ein tricksender Junkie – völlig unnötig war. Als ich in der kleinen österreichischen Stadt Rust saß, meine Kürbissuppe löffelte, zahllose kleine Insekten dabei beobachtete, wie sie auf meinem Hemd kopulierten, und dem irren Geklapper der Störche in ihren Schornsteinnestern lauschte, spürte ich fast die magische Anziehungskraft Ungarns. Nach Fertörákos war es über die Landstraße nur ein Katzensprung. Aber um den erst gar nicht machen zu können, hatte ich meinen Pass mit Absicht in Wien gelassen, und diese vielleicht doch falsche Entscheidung samt Selbsthass trug wahrscheinlich viel dazu bei, dass ich den schuldlos vor sich hin plätschernden Neusiedler See so niedergemacht habe.

Die Bewohner des Königreichs Ungarn wurden gemeinhin von ungarischen Adligen beherrscht, sprachen aber selbst oft Deutsch, von Pressburg im Norden bis nach Ödenburg (Sopron) und zahllosen anderen kleinen Städten, deren Namen so häufig auf -burg endeten, dass man das 1918 neu geschaffene österreichische Bundesland dann auch flugs Burgenland nennen konnte. Doch Ende des Ersten Weltkrieges hatten die Menschen in solchen Regionen in Mitteleuropa schlechte Karten. Plötzlich wurde verschlafenes Bauernland, mochte es im Inneren Österreich-Ungarns oder an friedlichen, völlig harmlosen Grenzen liegen, zur sprachlichen oder ethnischen Kampfzone. Das Gebiet, in dem man am Neusiedler See kein Deutsch mehr spricht, hat dramatische Zeiten hinter sich; einige Kilometer westlich des Sees liegt Eisenstadt mit seiner alten ungarischen Aristokratie und deren deutschen, jüdischen, kroatischen Untertanen (darunter in viel glücklicheren Zeiten Haydn), aber auf der anderen Seite gibt es eigentlich nur noch eine Handvoll mikroskopisch kleiner Orte, bevor die weite Tiefebene mit ihren Weingärten und Sonnenblumenfeldern beginnt und man eindeutig auf dem Weg nach Ungarn ist. Dies war mehr oder weniger das Land, auf dem im Mittelalter deutsche und ungarische Siedler aufeinanderstießen und die Slawen verdrängten; aus denen, die im Norden landeten, wurden die Tschechen und Slowaken, und aus den in den Süden Vertriebenen die Slowenen und Kroaten.

Kaum war das Habsburgerreich nach dem Waffenstillstand 1918 implodiert, gab es gewaltsame Auseinandersetzungen und Unruhen darum, wer in dieser Region zu wem gehören sollte, sowie viel Armut, während die Siegermächte versuchten, eine Entscheidung zwischen dem mickrigen neuen österreichischen und dem nicht minder demoralisierten, zurechtgestutzten ungarischen Staat herbeizuführen. Die Tschechen brachten komischerweise das Kunststück fertig, so zu tun, als seien sie immer auf Seiten der Siegermächte gewesen, schnappten sich die nördlich des Burgenlandes gelegene Stadt Pressburg und nannten sie Bratislava. Eine unter großen Spannungen abgehaltene, heftig umstrittene Volksbefragung machte den Teil des Burgenlandes um Ödenburg ungarisch und verwandelte es in Sopron. Plakate und Flugblätter aus der Zeit (1921) erinnern uns daran, wie schnell und wie verheerend in der Politik etwas total schiefgehen kann. Das Verhältnis zwischen Österreich und Ungarn war natürlich immer angespannt und schwierig gewesen, doch man hatte gemeinsam die Osmanen besiegt, vier Jahrhunderte lang eine unermesslich wichtige Rolle in der europäischen Kultur gespielt und soeben mit riesigen beiderseitigen Opfern einen Weltkrieg durchgefochten. Innerhalb weniger Wochen nach Ende der Doppelmonarchie rissen die Klüfte nun erneut auf. Die proösterreichische Propaganda suggerierte den Wählern von Ödenburg/Sopron, dass sie sich zwischen österreichischer »Freiheit, Nationaler Einheit, Wohlstand« und ungarischer »Brutalität, Krieg, Hunger« entscheiden müssten, und auf einem Flugblatt sieht man, wie ein als Zigan verkleidetes Skelett die unbedarften Ödenburger mit feurigem Gefiedel verführen will, für das abscheuliche Ungarn zu stimmen. Von der leicht schläfrigen Schönheit der *Ungarischen Melodie* Schuberts ist das weit entfernt.

Zum Schluss verließen Tausende ihre Heimat; die Szenen, die

während der nächsten Jahrzehnte schrecklich vertraut werden sollten, besaßen damals noch etwas schockierend Neues. Mit Beginn des Kalten Krieges machten die Einwohner Bratislavas und Soprons dann die schmerzliche Erfahrung, dass sie aufgrund der von ihren Eltern und Großeltern getroffenen Wahl auf der falschen Seite des Eisernen Vorhangs saßen, während die Burgenländer in teuren Autos herumdüsen und die Segnungen der Waschmaschinen und Kühlschränke im Nachkriegskapitalismus genießen konnten.

Die Welt von vor 1914, in der die Sprache wichtig, aber nicht entscheidend gewesen war, wich nach dem Ersten Weltkrieg einzelnen Nationalstaaten, in denen sprachliche Uniformität Gebot der Stunde war. Und nachdem durch den Nationalismus der Sprachen ein paar gute Opern entstanden, ein paar Statuen errichtet und ein paar Straßennamen geändert worden waren, wendete man ihn aggressiv gegen alles, was als ethnisch nicht zugehörig betrachtet wurde. Der Staat Tschechoslowakei begründete seine Existenz einzig mit der Sprache, praktisch aber war und blieb er ein sprachliches Sammelsurium. Selbst die relativ moderaten Tschechen sahen sich nach der Logik ihrer eigenen Nation gezwungen, nicht sehr nett zu ihren riesigen Minderheiten zu sein. Die vergifteten Beziehungen mit ihnen fanden ein extrem gewalttätiges Ende, wofür natürlich der Nationalsozialismus verantwortlich war, doch denen, die in den neuen Staaten auf die Nation bauten, gelang es niemals, ihrem Staat eine stabile, legitimierte Basis zu verschaffen.

Kaiserlich-königliche Offiziere im Habsburgerreich hatten noch (wenigstens gebrochen) viele Sprachen sprechen müssen, aber mit derlei sprachlicher Vielfalt war nun Schluss. Nach 1918 zwangen Rumänen Ungarn und Deutsche, Rumänisch zu sprechen, diskriminierten Tschechen ihre deutschsprachigen Landsleute und so weiter. Regionen oder Provinzen, die in engem Austausch mit anderen gelebt hatten, wurden plötzlich zu Staaten, die von anderen feindlichen Staaten umgeben waren, und ihre nie besonders starke, aber nun vom Krieg geschwächte Wirtschaft brach einfach zusammen. Der herkömmliche Ausweg aus solch einer misslichen Lage lag für die Menschen darin, in die großen Städte zu ziehen oder in die Vereinigten Staaten auszuwandern, doch als die großen Städte selbst einen Niedergang erlebten (Wien verlor nach 1918 etwa dreihunderttausend Einwohner) und die Vereinigten Staaten die Einwanderung beschränkten, war das nicht mehr ohne weiteres möglich.

Jedes kleine Land hatte seine eigene widerwärtige, explosive, dogmatische Ideologie. Alle möglichen deutschsprachigen Minderheiten, die abgeschnitten in einem breiten Streifen in Mitteleuropa, von Danzig bis hinunter in das zukünftige Jugoslawien, unter der Oberhoheit anderer Sprachgruppen lebten, die zu verachten man sie in ihrer eigenen nationalistischen Kultur gelehrt hatte, gerieten in einen Schockzustand – ihre ehemalige Sprache der Herrschaft gereichte ihnen nun nur zur Schande. In dieser üblen Situation waren dann noch Gruppen gefangen, die man ohnehin schon immer als außerhalb nationaler Zugehörigkeiten gesehen hatte: Juden und Zigeuner. Deutsche Organisationen hielten regelmäßig aufwendige Feierlichkeiten an den neuen Grenzen ab, um ihre Verachtung kundzutun. Das Schicksal von Städten, die man als deutsch betrachtete, wie Pressburg, Posen, Riga oder Ödenburg, verfolgte man mit ähnlich fetischistischer Rührseligkeit wie die Franzosen das von Elsass-Lothringen nach dem Verlust 1871.

Selbst nach so langer Zeit befällt einen angesichts der Ergebnisse des Ersten Weltkriegs die pure Verzweiflung. Traditionell sieht man Deutschland in diesem Krieg immer als gebunden an die verrottende k. u. k. Monarchie an, doch wenn man schaut, wie der Krieg dann geführt wurde, ist es umgekehrt logischer: Das Habsburgerreich war an die schwachsinnigen, vollkommen unrealistischen Ziele der Deutschen gebunden. Die Habsburger wollten nur Serbien bestrafen, weil es ihren Thronfolger umgebracht und versucht hatte, Bosnien zu destabilisieren. Wenn das die Russen zum Einmarsch veranlasst hätte, hätten die Habsburger verloren, und es wäre ein Vertrag geschlossen worden, nach dem sich, wie üblich, einiges geändert hätte. Doch Deutschlands hirnrissige Versuche, die halbe Welt zu besiegen, einschließlich großer und wichtiger Teile, welche die Truppen Wilhelms II. überhaupt nicht erreichen konnten, brachten die Katastrophe über die Habsburger. Weder ihre unvorstellbar opferreichen Niederlagen, von der Belagerung Przemyśls (einhundertfünfzigtausend Mann tot oder gefangen genommen) bis zur Brussilow-Offensive (eineinhalb Millionen tot, verwundet oder gefangen genommen), noch die in schöner Regelmäßigkeit errungenen Siege über die Italiener wirkten sich auf den Verlauf eines Krieges aus, dessen Ausgang ganz woanders erkämpft wurde.

Das Habsburgerreich wäre ohnehin irgendwann kollabiert, aber 1914 gab es kaum Anzeichen dafür, dass es mit derart verheerenden Folgen auseinanderbrechen würde. In Wien deutete manches auf eine fabelhafte Zukunft hin, es war voll auf der Höhe der Zeit. Es hatte sogar seinen eigenen »Luxusmodernismus« kreiert: Klimt, Freud, Berg, Hoffmann, Loos und viele andere hätten die europäische Kunst und Architektur und europäische Ideen ohne weiteres ein paar Jahrzehnte lang prägen können. Ach, man sollte eigentlich eher wütend darüber sein, als nur zu bedauern, dass ein so merkwürdiger Krieg dem allem ein Ende bereitete. Der letzte Satz in Bergs herrlichen *Drei Orchesterstücken* mit dem schleppenden, makabren Militärmarsch, geschrieben im Frühjahr und Sommer 1914, wird allgemein als großartige Vorahnung des kommenden Konflikts gesehen. Aber wirklich vorhersehen konnte ihn niemand. Ebenso falsch wäre es, Klimt vorzuwerfen, dass er sich irrte, weil die Zukunft nicht lauter halbnackten Gesellschaftsdamen gehörte. Die meisten großen Werke Mitteleuropas nach dem Krieg wären ungeachtet der politischen Verwicklungen mehr oder weniger so entstanden. Allein im Bereich der Musik hatten Leute wie Bartók, Szymanowski, Janáček und Schönberg schon vor dem Krieg oder währenddessen wunderbare neue Wege beschritten, und das spätere Entstehen ihrer Länder hatte nichts damit zu tun, wie sehr Nationalisten es auch begrüßten. Ohne das Zerbrechen des Habsburgerreichs (und den russischen Bürgerkrieg und seine Folgen) wären diese Komponisten vielleicht nur glücklicher und produktiver gewesen, aber jedenfalls nicht wie Bartók geendet, der sich in New York mit amerikanischen Frühstücksflocken herumplagte, oder Schönberg, der in seinem Garten in Los Angeles die Blumen goss.

Putsche und Sockenhalter

Das Berlin der zwanziger Jahre ist eines der großen Klischeebilder der Moderne. Die steifleinene preußische Hauptstadt der Kasernen wurde fast über Nacht ein Märchenland des Lasters. Die gewalttätige Energie der Bilder von Grosz, Dix oder Beckmann mit ihren roboterähnlichen schweinegesichtigen Kriegsgewinnlern, Straßenprostituierten und kriegsversehrten, verstümmelten Bettlern machen das Bild der Epoche so anschaulich, dass man kaum noch bedenkt, dass das nicht die Lebenswelt aller war. Ich persönlich befürchte, dass ich mich mit Sockenhaltern, altem Freikorpshelm und ungeschickt aufgetragenem Rouge nicht lange in der Ecke eines Herrenclubs gehalten hätte. Allein wäre ich indes nicht gewesen. Doch ein typischeres Bild der 1920er Jahre ist vermutlich das einer verarmten Familie, deren große Hoffnungen aus dem Jahr 1913 zuschanden geworden sind und deren klägliches Leben nun ganz von anhaltender Arbeitslosigkeit und dem Tod von Angehörigen überschattet ist, die in den Schützengräben starben, im Bürgerkrieg, in der Grippeepidemie oder durch Hunger. In den 1920er Jahren war Berlin auf privater wie öffentlicher Ebene eine Stadt der Gespenster, man hatte ihr das militärische, imperiale Herz herausgerissen. Die berauschende Atmosphäre, die Fremde so genossen, gründete auf Leere.

Die Goldenen Zwanziger behalten sicher vor allem deshalb ihren erstaunlichen Glanz, weil das, was folgte, so entsetzlich war, und weil man diese eine Dekade als trügerische, herrliche Luftblase und nicht so sehr als Brutstätte der Entwicklungen danach sehen kann. Natürlich war das kulturelle Leben extrem vielfältig und verführerisch, doch es rührte auch aus einem seltsamen Vakuum der Sitten her und war schon gar nicht typisch für das übrige, vor allem ländliche Deutschland, das umgekehrt die Vitalität Berlins als widerwärtig lax und verdorben geißelte und die Weimarer Republik als ähnlich halbseiden empfand. Fritz Langs spektakuläre, höchst erfolgreiche Werke, *Das Testament des Dr. Mabuse* und *M*, sowie ganz besonders der delirierende Film *Spione* stellen Berlin und die Republik immer als Bühne dar, auf der Kriminalität, Drogengebrauch und sexuelle Zügellosigkeit gefeiert wurden – ein Mix, der den Nazis mit ihren Ordnungsvorstellungen bei den Menschen auf dem Land und in den Kleinstädten vielleicht genauso viel Unterstützung einbrachte wie die ökonomische Situation oder der gekränkte Nationalstolz. Natürlich fanden viele Deutsche die Hauptmaler der Zeit mit Bildern des Boshaften, der Prostitution und der verkrüppelten oder gemordeten menschlichen Kreatur zunächst einmal widerwärtig, und die spätere Nazi-Ausstellung zur sogenannten »Entarteten Kunst« und die Entfernung expressionistischer Bilder und Skulpturen aus Museen und Sammlungen wurden dementsprechend weithin gutgeheißen. Angespanntheit, Intoleranz und schnelle Gewaltbereitschaft waren der künstlerischen Avantgarde ebenso wenig fremd wie den kommunistischen oder nationalsozialistischen Straßenbanden. Der Spielraum für besonnene und wirklich demokratische Politiker blieb entsetzlich klein, selbst in der kurzen Periode zwischen dem Eintritt Deutschlands in den Völkerbund 1926 und dem Börsenkrach an der Wall Street drei Jahre später. Der freilich machte alle Chancen auf eine Festigung der Republik zunichte.

Wenn man der Weimarer Zeit nachspüren will, sollte man einmal den Weg abgehen, auf dem Hitler und seine Anhänger bei ihrem gescheiterten Putsch im November 1923 durch Münchens Innenstadt marschiert sind. Der Putsch war der reinste Witz, ging vom übrigen Land völlig unbeachtet vonstatten, und Hitlers markige Worte, die Regierungen in Bayern und Berlin seien abgesetzt, drangen nicht über die Wände des Bürgerbräukellers hinaus, wo er und seine Kumpane den bayerischen Generalstaatskommissar von Kahr, den Chef der bayerischen Landespolizei von Seißer und Generalleutnant von Lossow als Geiseln genommen hatten. Hitler hatte sich von Mussolinis »Marsch auf Rom« im Jahr zuvor inspirieren lassen, und weil die italienische Regierung danach sofort zerbrochen war, meinte er, er könne Ähnliches erreichen. Angesichts der Tatsache, dass er immer noch eine Randfigur und ein lächerlicher Provinzfanatiker war, erstaunt es, dass auch Exgeneral Ludendorff (der seine Krimis weggelegt hatte und aus Schweden zurückgekehrt war, als er es für opportun hielt) eine tragende Rolle in dem Putsch übernahm. Dass im statusbesessenen Deutschland ein vegetarischer Exgefreiter gemeinsame Sache mit einem Mann machen konnte, der noch fünf Jahre zuvor das Reich praktisch diktatorisch geführt hatte, zeigt, dass das Leben nach der militärischen Niederlage und dem wirtschaftlichen Zusammenbruch vollkommen irre geworden war und alles drunter und drüber ging.

Als Ludendorff merkte, dass man sich in der großen weiten Welt nicht für den Putsch interessierte, versuchte er, ihm mit einem Marsch durch München ein wenig Dramatik zu verleihen. Ungefähr zweitausend Nazis aller Arten trampelten durchs Stadtzentrum, und wenn man heute zu der Verengung in der Residenzstraße kommt, mit der Residenz auf der einen und den hübschen Pralinengeschäften auf der anderen Seite, möchte man hier nicht unbedingt verweilen. Diese Stelle, bevor es zum Odeonsplatz und zur Feldherrnhalle weitergeht, nutzte die Polizei nämlich, um den Marsch zu stoppen. Beide Seiten eröffneten das Feuer, und ein anonymer Polizist verfehlte Hitler nur um ein paar Zentimeter und erschoss den Mann, der ihn unterhakte. Angesichts des elenden Todes von Millionen in Nationalsozialismus und Zweitem Weltkrieg empfindet man dieses unheimliche, enge Stück Straße als einen der schlimmsten Orte der Welt.

Der Putsch endete kurios. Ludendorff marschierte im wahrsten Sinne des Wortes tollkühn weiter, bis er verhaftet wurde, Hitler lief weg. Hinfort verachtete Ludendorff Hitler zutiefst, wurde bei seinem Prozess freigesprochen und in der weiteren Geschichte des Nationalsozialismus eher zu einer Randfigur. Der Putschist Hitler hatte eigentlich schon so viel auf dem Kerbholz, dass er bis weit in die 1950er Jahre im Knast hätte schmoren müssen, doch mit Deutschland war es schon so weit gekommen, dass ein skandalös parteiischer Richter ihn – ganz offensichtlich aus Bewunderung für einen Mann der Rechten, der antikommunistisch, antijüdisch und militaristisch war – lediglich zu einer kurzen Haftstrafe verurteilte. Die öffentliche Aufmerksamkeit rund um den Prozess gab Hitler eine Plattform, die er nie wieder hergab, doch am Anfang der Verwüstung Europas stand ein fast komödienhafter Misserfolg.

Obgleich zwischen dem Treiben in den Berliner Varietés und dem Münchner Putschversuch Abgründe klafften, waren sie doch beide typische Reaktionen auf den Zusammenbruch von 1918. In Großbritannien und den Vereinigten Staaten ging die große Masse der Millionen Überlebenden des Kriegs nach Hause und gebärdete sich als Veteranen nur bei gelegentlichen bierseligen Zusammenkünften. Eine Minderheit erholte sich nie von ihren Erlebnissen, blieb den Rest ihres Lebens in riesigen, eigens dafür gebauten Sanatorien oder konnte sich nie in die Nachkriegswelt integrieren. Die meisten waren jedoch erleichtert, dass der Krieg vorbei war, und hatten außer ihrer zackig-adretten Art, über die spätere Generationen viel lachten, kein Interesse, etwas aus der schrecklichen Zeit zu bewahren. Sie lebten allerdings in Ländern, die nicht nur gelitten, sondern auch triumphiert hatten. Doch auch in denen reagierten die Menschen unterschiedlich. Auch Italien gehörte zu den Siegern, doch viele Italiener waren der Auffassung, dass sie wegen des schändlichen Versagens ihrer Führung so viele Kriegstote (proportional mehr als Großbritannien) zu beklagen hatten. Es mündete in den Kollaps der rechtmäßigen Regierung und den Aufstieg Mussolinis – übrigens eine Figur, die bis 1938 außenpolitisch bei der Zerstörung Europas viel infamer agierte als Hitler und als Herrscher für den Frieden so bedrohlich war wie Napoleon III. in den 1850ern und 1860ern.

Die Deutschen reagierten auf die Niederlage mit ungläubiger Wut. Die Entscheidung der neuen Regierung, die von der Front heimkehrenden Truppen nach dem Waffenstillstand durch Berlin marschieren zu lassen – als seien sie Sieger und nicht bloß die kläglichen Überreste einer nun für immer ausgelöschten Militärtradition –, zeigte eine fatale Verwirrtheit, die sich auch bis 1945 nicht auflöste. Es gab natürlich in der neuen deutschen Republik jede Menge bierselig-harmlose Kriegervereine, aber überall auch militante kleine Gruppen wie die um Hitler in München, die die Ereignisse des November 1918 stets aufs Neue durchlebten. Wenn es einmal länger anhaltende gute Nachrichten aus der Wirtschaft gegeben hätte, wären diese Gruppen vielleicht an den Rand gedrängt oder Hitler doch mit einem bisschen Glück erschossen oder länger inhaftiert worden. Auffallend ist, dass keiner der Männer in seinem Gefolge es ohne ihn jemals zu mehr als einem brutalen südamerikanischen Caudillo gebracht hätte. Der wirre, sehr spezifisch missionarische Cocktail in Hitlers Kopf war entscheidend für das, was folgte.

Im krassen Gegensatz zu diesen wütenden Deutschen gab es immer noch ruhigere, nachdenklichere, die aber am Ende überhaupt nichts ausrichteten. Berühmt war die Wandervogelbewegung, in der Tausende hinaus in die Natur zogen, Lieder zur Klampfe sangen und Lagerfeuer anzündeten. Diese Bewegung war zwar schon vor dem Ersten Weltkrieg entstanden, gewann aber in den 1920ern ungeheuren Zulauf, als jeder nur begehbare Waldweg mit langen Kolonnen pfeifender Gestalten mit Wimpeln verstopft gewesen sein muss. (Die Nachbeben dieser Bewegung machen auch heute noch das Wandern zu einer riskanten Angelegenheit. Bei einem meiner lachhaften Versuche, auf Goethes Pfaden zu wandeln, dieses Mal über der Stadt Thale im Harz, fing alles überaus erfreulich an, doch am Vormittag strömten dann wie eine lustige Version einer Ork-Armee unendlich viele Wanderer in Spezialneonausrüstung den Berg hinunter.)

Das Anwachsen der Wandervogelbewegung war sowohl eine

unmittelbare Reaktion auf den Krieg als auch mal wieder ein Ausdruck weitverbreiteter romantischer Sehnsüchte, die nun durch bessere Verkehrswege gefördert wurde. Die Züge, die Millionen Soldaten an die Ost- und Westfront befördert hatten, waren nun zum Bersten voll mit ähnlichen Massen von fröhlichen Wandersmännern, die aber später ebenso wie die Pfadfinder von den Nazis verboten wurden. Manche begeisterten sich daraufhin sofort für die Frischluftaktivitäten, die das neue Regime bot, andere wandten sich ab, sich selbst zu. Wie oft in der deutschen Geschichte flüchteten sich viele Menschen ins Leise und Lebensferne, was sich tragischerweise als unzureichende Antwort auf die aggressive neue Welt erwies.

Auch die künstlerische Avantgarde lebte in verschiedenen Formen weiter, wenn auch bescheidener. Die Vitalität der deutschen Musik war nie von dem beschränkten Hof in Berlin abhängig gewesen und spürte den Verlust nicht. 1921 wurden unter der Schirmherrschaft der Familie von Fürstenberg die Donaueschinger Musiktage im tiefen Südwesten Deutschlands gegründet, und dort erklang in dem Jahr *das* Musikstück der Weimarer Zeit zum ersten Mal, Paul Hindemiths *Kammermusik Nr. 1*: ausgelassen klimpernde Xylophone, Sirenen und eine mit Sand gefüllte Blechdose, ein geradezu frenetischer Glücksausbruch. Auf diesem ältesten Festival für Neue Musik gab es die erstaunlichsten Klänge zu hören, bis die Weltwirtschaftskrise ihm ein Ende bereitete. Wie kurz die Nazis eigentlich an der Macht waren, wird einem klar, wenn man sich vor Augen hält, dass man zu Zeiten der Weimarer Republik auf dem Festival die Gläser zu Ehren Strawinskis erhoben hatte und dass dieser dann in den 1950ern wieder da war und sein wunderbares *Epitaphium für das Grabmal des Prinzen Max Egon von Fürstenberg* komponierte. Andere hatten natürlich weniger Glück. Man muss sich schon anstrengen, diese kulturellen Strömungen nicht nur als ahnungslose Intermezzi zwischen den Kriegen zu betrachten, aber kühlen Kopf, den Sinn für Verhältnismäßigkeit und den eigenen Wert der Epoche zu bewahren ist doch wichtig.

»5, 4, 3, 2, 1 ...«

Was könnte man nicht alles über den Ausbruch von Ideen in der Weimarer Zeit schreiben, obwohl es sich in viel kleinerem Rahmen abspielte als vor 1914. Das Bauhaus überbot sich praktisch laufend selbst mit exzellenten Neuerungen im gesamten modernen Design, und auch heute noch ist es aufregend, durch die baumgesäumte Straße mit den Meisterhäusern in Dessau zu laufen. Auch in anderen Ländern strebte man gemäß der Wagner'schen Idee nach Integration aller Künste, die auch auf das Leben ausstrahlen sollten (hier sozusagen in einer leichteren, »rostfreien Stahl«-Version), doch in Deutschland warf man sich nun rückhaltlos darauf, was nicht zuletzt von der Darmstädter Künstlerkolonie Mathildenhöhe aus der Vorkriegszeit herrührte. Das Bauhaus prägte eine ganze Ära, man entwarf vom Briefpapier bis zu Fabriken alles, und die Künstler bewegten sich wie die Wilden zwischen den Sparten und Ideen.

Oskar Schlemmer ist das Paradebeispiel dafür. Als Maler und Bildhauer wandte er eine Art Bauhausstil in vielen künstlerischen Bereichen an; er schuf das *Triadische Ballett*, zu dem Hindemith die Musik komponierte und in dem sich die Tänzer in todschicken farbenprächtigen, halb roboterhaften Kostümen bewegen, von denen man heute noch einige in der Stuttgarter Neuen Staatsgalerie sehen kann. Bei Schlemmer kommt eine ganze Welt sehr experimenteller, kurioser Ideen zusammen, die das Bauhaus (wo er lehrte) mit vielen anderen Kunstrichtungen und Werten verbanden, die sich alle gegenseitig befruchteten. Die roboterhaften Tänzer im *Triadischen Ballett* gehörten zu einer weitverbreiteten Begeisterung für Automaten, die auch für diese Ära typisch zu sein scheint. Karel Čapek hatte das Wort »Roboter« in seinem modernen Sinn in seinem Stück *R. U. R.* in tschechischer Sprache 1921 zum ersten Mal verwendet, und mechanisch oder ruckartig sich bewegende menschliche Gestalten tauchten nun auch in der deutschen Kultur auf, in der alles neu, beunruhigend und sehr amüsant wurde. Nabokov lässt in seinem genialen Berlinroman *König Dame Bube* Roboter-Schaufensterpuppen erfinden; Maler wie Schlemmer oder Klee malten Menschen als Puppenmodelle oder Automaten; in zweien der eindrucksvollsten deutschen Filme, *Der Golem, wie er in die Welt kam* und *Das Cabinet des Dr. Caligari*, wird geruckelt und getorkelt; und in einem der großen Geniestreiche des Trivialen in der Kinogeschichte erschafft der grässliche Rotwang in *Metropolis* zu Propagandazwecken einen Maschinenmenschen mit dem Antlitz der von seinem Sohn geliebten geheimnisvollen Maria.

Man kann diese Filme natürlich als Reflexionen einer aus den Fugen geratenen Welt sehen, die auf die Katastrophe zusteuert, und sie waren auch definitiv beunruhigend, besonders die hektischen Filme Fritz Langs. Man meint hier bereits eine verzweifelte Ahnung auszumachen, dass es mit dem deutschen Film bald zu Ende sein wird. Die Phase der guten deutschen Tonfilme war sogar noch kürzer als Deutschlands Zeit im Völkerbund; schon bevor die Nazis an die Macht kamen, gingen die großen Regisseure nach Hollywood oder starben. Alle Filme Langs sind immer noch geradezu hypnotisch gut, seien es Stummfilme oder Tonfilme, doch der verstörendste ist *Die Frau im Mond* (1929), sein letzter Stummfilm; ein Science-Fiction-Streifen von alberner Erhabenheit, der auf den Ideen von Hermann Oberth basierte, einem seltsamen Siebenbürger Sachsen, der zu den bahnbrechenden grundlegenden Erkenntnissen kam, dass man zur Fahrt auf den Mond eine Rakete brauche, die aus mehreren abstoßbaren Teilen bestand, und dass die Astronauten beim Raketenflug schwerelos würden. Das nimmt der Film auf und wird damit gespenstisch modern. (Trotz allerlei Merkwürdigkeiten: Der Mond hat zum Beispiel eine Atmosphäre, und alle Figuren in der Rakete tragen Reisekleidung aus Tweed und praktische Schuhe.) Lang verwandte immense Aufmerksamkeit auf seine Raketenmodelle und bekam Hilfe und Rat von Oberths Verein für Raumschifffahrt, der auf Feldern außerhalb Berlins schon mit sehr kleinen, mit chemischen Substanzen gefüllten Projektilen herumexperimentierte.

Vom Vermarktungsbudget des Films *Die Frau im Mond* wurde

der Gesellschaft ein Teil zur Verfügung gestellt, damit sie mal etwas Anspruchsvolleres, wie zum Beispiel eine Versuchsrakete, bauen konnte. Daraus wurde zwar nichts (und die UFA konnte das Geld sparen) doch unter den Menschen, die sich für *Die Frau im Mond* begeisterten, war das Teenagergenie Wernher von Braun, der sich nun enger an Oberth anschloss. In dem Film gibt es auch Verweise auf von Brauns moralisch furchtbare, aber für das zwanzigste Jahrhundert typische Karriere. Am eigenartigsten kommt das vielleicht zum Ausdruck, wenn die Rakete mit »5, 4, 3, 2, 1 ...« abgeschossen wird, was Lang bei den Dreharbeiten erfunden haben soll, was von Braun aber als offenbar entscheidenden Teil in die V-2-, Gemini- und Apollo-Programme übernahm. Den Film anzuschauen ist schon ein vielschichtiges kulturelles Erlebnis; weit mehr als in Langs *Metropolis* wird manches aus der modernen Welt vorweggenommen, von der unmenschlichen Gruft der V-2-Zwangsarbeiterfabrik des KZ Mittelbau-Dora bei Nordhausen bis zum Jahrhundertwunder der echten Mondlandungen. In diesem einen, in vielerlei Hinsicht komplett dämlichen Film, in von Brauns gesamter Karriere und natürlich in der Kultur der Weimarer Zeit insgesamt schlummern hochkomplexe, beunruhigende Themen und Fragen.

Der Tod der Wissenschaft

Wie reizvoll manche Seiten Deutschlands zu Zeiten der Weimarer Republik auch sind, unterschwellig schwang immer ein Gefühl des Scheiterns mit; dass man in einer Sackgasse steckte und dieses Land weit von dem des späten neunzehnten Jahrhunderts entfernt sei. Ein deutliches tragisches Zeichen war die ehedem und ab 1933 dann endgültig vergangene magische Welt des deutschen technologischen und naturwissenschaftlichen Wissens. Ein nostalgischer Rückblick zeigt, dass vor 1914 kluge Individuen das moderne Leben so sehr prägen konnten, weil ihnen riesige Laboratorien zur Verfügung standen. Mit geradezu fieberhaftem Erfindungsreichtum und neuen Ideen arbeiteten sich Deutsche durch haufenweise Chemikalien, ersannen neue Werkzeugmaschinen und elektrische Anlagen. Mein Lieblingsbeispiel ist Erich Haeckel – natürlich außer denen, die ohnehin zu nennen wären: Daimler und Benz, die Motorräder und Automobile erfanden, Haber mit seinem Kunstdünger, Diesel mit seinem Motor und Einstein sowieso, meine Güte!

Haeckel verbrachte sein langes, produktives Leben als großer Fürsprecher für Darwin in Deutschland, wo er für breite Anerkennung der Evolutionstheorie sorgte, ähnlich wie Thomas Huxley in Großbritannien. Er wetterte aggressiv und lautstark gegen die Religion wie Richard Dawkins heute (ja, der wird in Deutschland als der »neue Haeckel« gepriesen) und brachte ein paar extrem unschöne Rassentheorien unter die Leute. Er war ein genialer Mikroskop-Forscher, und wegen seiner feurigen Vorlesungen und wissenschaftlichen Bestseller begeisterten sich Legionen von Laien und Profis für dieses Instrument. Haeckel könnte überdies den Anspruch erheben, der vielleicht größte deutsche Künstler des späten neunzehnten Jahrhunderts zu sein, so wie Maria Sibylla Merian die größte gegen Ende des siebzehnten Jahrhunderts gewesen wäre, wenn die Aquarelle und Zeichnungen von Naturwissenschaftlern ebenso in die allgemeine Malerei aufgenommen würden wie Landschaftsbilder von »normalen« Malern. Seine sehr populären faszinierenden Bilder von Urtierchen, Schwämmen und Quallen waren ein Quell der Inspiration für die Jugendstilkünstler, noch ein Grund, ihm einen Platz in der allgemeinen Kunstgeschichte einzuräumen. Wie schön, sich vorzustellen, wie der immer starrere Militärstaat Deutsches Reich dank einiger unpolitischer wabbeliger Kreaturen, die man aus dem Meer vor den Kanarischen Inseln gefischt hatte, von einer schwebenden, hauchzarten, beinahe halluzinatorischen Atmosphäre des Dekorativen durchdrungen und unterminiert wurde.

Die Stärke der deutschen Wissenschaft lag darin, dass sie in einem sehr komplexen und reibungslos funktionierenden Beziehungsgeflecht sowohl auf nationalem als auch auf globalem Niveau betrieben wurde. Experimentierfreudige Männer konnten in Städten wie Jena nicht nur engagierte Studenten finden, sondern auch hochinteressierte Laien und vor allem finanzstarke Industrielle. Dort machte man sich die praktischen Ergebnisse der Chemie oder der Optik zunutze, stellte immer kompliziertere Produkte her und verkaufte sie in alle Welt. Deutschland, darin den Vereinigten Staaten nicht unähnlich, bescherte der Menschheit eine schwindelerregende Vielfalt nützlicher Dinge. Aber das wunderbare Netzwerk wurde durch den Ersten Weltkrieg zerstört und hinterließ wenige Spuren. Nur wenn man zurückschaut, merkt man, was fehlt.

Um noch ein wenig länger nostalgisch zu bleiben – ein interessantes Überbleibsel (ein herrliches Überbleibsel, um ehrlich zu sein!) sind die mehr oder weniger unveränderten endlosen Säle im Naturhistorischen Museum in Wien, einem der großen Orte von Wissen und Bildung vor 1914. Wie mittlerweile sicher auch der letzte Leser weiß, habe ich eine Schwäche für Kuriositätenkabinette, und das Wiener Museum verschlägt einem schier den Atem. (Für die Naturgeschichte ist es vielleicht das, was für die Industriegeschichte einer der gewaltigen Hochöfen in Essen ist.) Wenn man einmal von dem unübertrefflichen massigen Seeelefanten in der Eingangshalle (»geschossen auf den Falklandinseln 1901«) und der wahrscheinlich größten und auf jeden Fall schaudererregendsten Sammlung von Nil- und Gangeskrokodilen und Kaimanen absieht, sind es die wunderbar gestalteten hohen Säle, die wirklich noch erhalten sind. Ganz im überladenen Stil des Fin de Siècle eingerichtet, finden sich ein paar wunderbare Naturgeschichtsscherze darin, wie zum Beispiel die Karyatiden, welche die oberen Wände in der Dinosaurierabteilung schmücken und sich windende Pterodactylen und Plesiosaurier in ihren muskulösen Armen halten.

Krönung des Ganzen ist allerdings die Mineraliensammlung: Kasten um Kasten aller erdenklichen harten, überraschenden Objekte, die man aus der Erde graben konnte: Ergebnis der Bemühungen vieler Bergleute, Forscher und praktisch tätiger Wissenschaftler. Hier zeigt sich in sehr solider, kompakter Form die komplexe Welt, die die deutsche Wissenschaft groß machte. An den Wänden hängen Bilder der Mineralienfundstätten des österreichisch-ungarischen Kaiserreichs, der Berge im slowenischen Karst, des Tatragebirges, eines galizischen Salzbergwerks und von der Einschlagstelle eines Meteoriten in Ungarn im Jahr 1866. Beim Anblick all dieser mineralogisch aufregenden Orte wird einem klar, dass das Auseinanderbrechen dieser Welt eine der wirklichen Katastrophen von 1918 war. Die alten, mit der industriellen Revolution in Europa gewachsenen Transportwege waren blockiert, die Rohstoffe hinter den Grenzen auf ihre Autarkie bedachter kleiner, wirtschaftlich schwacher Staaten versteckt, ja, die mitteleuropäischen Rohstoffgebiete, die man auf diesen Bildern noch sieht und auf die die österreichisch-ungarische Industrie weiterhin angewiesen war, verloren, und schlimmer noch, der deutsche Industriegigant lag trotz holprigen, fiebrigen Wachstums zu Beginn der zwanziger Jahre im Grunde darnieder; die Zulieferer fort, die alten Märkte feindlich oder zusammengebrochen. Die Träume in Wissenschaft, Industrie und Handel, die an den Wänden des Wiener Naturhistorischen Museums heraufbeschworen wurden, waren zerstoben. Der Versuch, sie unter den Nazis durch übelste Gewalt und unter Zuhilfenahme der Maschinen und Treibstoffe der moralisch verkommenen Reste deutscher Wissenschaft wiederzubeschwören, endete mit totaler Niederlage und moralischer Katastrophe. Erst seit 1989 ist ein gesamteuropäischer Markt, der den Kontinent vor 1914 so kreativ und wohlhabend gemacht hat, unter vollkommen anderen Vorzeichen wieder im Blick.

Die Wissenschaft lag in der Weimarer Zeit nicht vollkommen brach, und man versuchte auch immer wieder, durch Akte guten Willens und internationale Konferenzen an das Alte anzuknüpfen. Einstein selbst engagierte sich vehement in der Weimarer Republik, obwohl er schon seit Jahren Schweizer Bürger war. Doch der allgemeine Niedergang, der Antisemitismus und das vergiftende Gefühl, dass eh alles vergeblich war, waren selbst ihm am Ende zu viel, und er blieb ab Anfang der 1930er Jahre in den Vereinigten Staaten. Die Nazis beteuerten zwar immer wieder ihre Offenheit für die Moderne und ihr Engagement für die Wissenschaften, doch ihr Antisemitismus war stärker. Und die jüdischen Wissenschaftler und einige ihrer liberaleren Kollegen, die sich so sehr – und teilweise erfolgreich – bemüht hatten, das hohe Niveau der deutschen Wissenschaft zu halten beziehungsweise es trotz dauernder Rückschläge und der wirtschaftlichen Krisen zu heben, verließen nun alle das Land. Was natürlich hieß, dass die Geschichte der Wissenschaften in Großbritannien und den Vereinigten Staaten eine andere Richtung nahm.

Letztes Aufbäumen

Entscheidend auf dem Weg in die Katastrophe, mit der sich Deutschland zum Zerstörer Europas und seiner selbst machte, war die Weltwirtschaftskrise. Als über Nacht die amerikanischen Kredite, die für eine gewisse ökonomische Stabilität in Deutschland gesorgt hatten, zurückgerufen wurden, entschwand mit ihnen auch das ohnehin stets nur rudimentär entwickelte Einstehen vieler Bürger für die Weimarer Republik. Vor den verblüfften Augen Paul von Hindenburgs, seit 1925 Reichspräsident, nahm die Katastrophe ihren weiteren Verlauf. Auch in anderen Ländern sind Männer wegen ihrer militärischen Verdienste in Staatsämter gewählt worden; das muss an sich noch nichts Schlimmes bedeuten: in Frankreich de Gaulle, in Großbritannien Wellington, in den Vereinigten Staaten Jackson, Taylor, Grant und Eisenhower. Doch Hindenburg war schon eine heikle Wahl: Mit Ludendorff zusammen hatte er sein Land am Ende des Ersten Weltkriegs ins endgültige Verderben geführt, als sich nämlich dieser Zweimännerbund in den letzten Monaten des

Krieges kategorisch weigerte, einen Frieden zu schließen, der dem späteren bei weitem vorzuziehen gewesen wäre. Und während Ludendorff dann maßgeblich daran beteiligt war, Hitler aus der bajuwarischen Obskurität zu holen, fiel es Hindenburg zu, Hitler den Zugang zur Macht zu ermöglichen (wenn er es auch erst nach längerem Zögern tat).

Dass Hindenburg in der Weimarer Republik derart ungebrochene Hochachtung genoss, zeigt, wie sehr sich die gefährlichen, dummen Ansichten zum Ersten Weltkrieg hielten, wie zum Beispiel, dass Deutschland eigentlich nicht verloren habe. Hindenburg nahm seinen Job ernst – weder traute er Hitler, noch mochte er ihn –, und er bemühte sich auch immer, irgendwie verfassungsmäßig noch legitimierte Regierungen durchzusetzen. Uralt, erschöpft und krank, stellte er sich 1932 nur deshalb zur Wiederwahl, weil er der Einzige war, der Hitler noch fernhalten konnte; im Grunde ein Beweis, dass die Republik schon in Scherben lag, bevor Hitler Kanzler wurde.

Die zahlreichen Katastrophen – der Krieg, der Versailler Vertrag, die Hyperinflation, die Weltwirtschaftskrise – waren an sich schon Grund genug, dass sich viele deutsche Familien am Ende fühlten, nach tieferen Wurzeln braucht man gar nicht mehr zu graben. 1914 war Deutschland ein normales Land gewesen, im Grunde mit dem gleichen Rassismus, Militärgeprotze und Gefallen an potthässlichen öffentlichen Gebäuden wie der Rest des Kontinents, und mystische, fatalistische oder schlicht irre Bewegungen hätte man in den Jahrzehnten zuvor überall finden können. Nur mal herumfantasiert, Großbritannien sei der 1918 in Ungnade gefallene Staat, dann würden sich vielleicht Horden von deutschen Schriftstellern vor Ekel schütteln angesichts des Solipsismus, der Mittelalterbegeisterung, der Arroganz und widerlichen antidemokratischen Haltung der Präraffaeliten und ihrer Jünger sowie der unglaublichen Missachtung des menschlichen Lebens, der Gewalt, Verlogenheit und Gier im Burenkrieg, der absolut unannehmbaren Zeichen und Symbole in den Schriften von Henry Newbolt, Kipling, Churchill und Gilbert and Sullivan.

Ja, die beiden großen europäischen protestantischen Staaten Großbritannien und Deutschland waren eher wie verrückte Zwillinge, die viele Ideen teilten, besessen von Wirtschaft und Wissenschaft waren und mindestens solch ausgeprägte Überlegenheitskomplexe wie die mongolischen Horden hatten. Gemeinsam war ihnen auch ein tiefes Mitleid für all die Nationen, die nicht britisch beziehungsweise nicht deutsch waren, ein zügelloses Großmachtstreben (das in den Österreichern noch tiefer verwurzelt ist als in den Briten, aber gleichwohl auch bei Letzteren tief sitzt) und eine alarmierende Begeisterung für verbales Säbelrasseln, die königliche Marine (bei den Briten), das königliche Heer (bei den Deutschen).

Dass die beiden Länder später derart verschiedene Wege einschlugen, liegt an Verlauf und Folgen des Ersten Weltkrieges, nicht einem deutschen oder (österreichischen) »Sonderweg«. Denn trotz der Entwicklung, die Europa von 1914 an nahm, gab es viele Deutsche, die Gewalt als Mittel, aus der immer schlimmeren Sackgasse herauszukommen, ablehnten. Erich Maria Remarques *Im Westen nichts Neues* ist ebenso charakteristisch für die Haltung vieler Deutscher wie Ernst Jüngers *Stahlgewitter*. Ein großer Prozentsatz der Bevölkerung wandte sich entschieden gegen die Gewaltbereitschaft, die gang und gäbe wurde. Als der Krieg endlich zu Ende gewesen war, hätte Deutschland mit der Heimkehr von Millionen Soldaten, ob sie für oder gegen die Revolution waren, genauso gut wieder ein militaristischer Staat werden können – aber die meisten Kriegervereine pflegten vor allem die alkoholselige Geselligkeit, und wenn auch viele die Dolchstoßlegende glaubten, war das ja zunächst noch zu verschmerzen.

Ein merkwürdiger Fall ist Kurt von Schleicher, ein intriganter monarchistischer Exgeneral, der letzte Reichskanzler vor Hitler, der aber auch schon in den vorherigen instabilen Regierungen der Weimarer Republik eine mächtige Figur gewesen war. Doch selbst Schleicher hätte sich wohl höchstens nach mitteleuropäischem oder südamerikanischem Vorbild zum ordenstrotzenden Diktator aufgeschwungen und sich sicher in Chiang Kai-sheks China zu Hause gefühlt. Er liebte Uniformen und Aufmärsche, die denen der Nazis eigentlich nicht nachstanden, doch realpolitisch versuchte er mit der Linken zu kooperieren und war zu dem Schluss gekommen, dass Deutschland wahrscheinlich die Rückkehr der Hohenzollern brauchte, um wieder zur Normalität zu finden. Weil Schleicher weder genügend Anhänger noch Charisma hatte, machte Hindenburg seinen schrecklichsten Fehler, entließ ihn und ersetzte ihn nach etlichen Verrenkungen durch Hitler, eine Gestalt, von der die traditionelle Rechte meinte, sie könne ihn »zähmen«. Das stellte sich natürlich als unmöglich heraus.

Schleichers Deutschland wäre gewiss aggressiv gewesen, hätte den Versailler Vertrag gebrochen und vermutlich auch seine Nachbarn bedroht, aber sicher hätte es niemals das »Unternehmen Barbarossa« begonnen und wäre keinesfalls zum Land der Zwangsarbeit und Gaskammern geworden, wie es unter der NSDAP geschah. Die hatte im Übrigen zwischen den beiden nur drei Monate auseinanderliegenden Reichstagswahlen von 1932 schon wieder zwei Millionen Wähler verloren und wäre vielleicht sogar vollkommen in der Versenkung verschwunden, wenn ihr die Umstände nicht hold gewesen wären. Schleicher wurde 1934 wie viele andere wichtige Feinde Hitlers ermordet.

Immer wieder wird betont, dass die deutsche Tragödie in den 1930er Jahren darin begründet liegt, dass die überwältigende Mehrheit der Politiker im Kampf gegen den Nationalsozialismus nicht zusammengearbeitet hat. Die Unfähigkeit dazu war im Wesen der Republik verankert, aber sie hätte nicht zwangsläufig zur Tragödie des »Dritten Reiches« führen müssen. John Heartfields Werk steht beispielhaft für diese Problematik.

Der hervorragende kommunistische Künstler Helmut Herzfeld hatte im Ersten Weltkrieg aus Protest gegen den außer Rand und Band geratenen Nationalismus und gegen die antibritischen Ressentiments seinen Namen geändert; diese schräge, aber liebenswerte Geste zeigt, dass selbst inmitten eines alles verschlingenden patriotischen Mahlstroms eine größere Vielfalt bestand, als es zunächst den Anschein haben mag. Heartfields spätere Fotomontagen für die *AIZ*, die *Arbeiter Illustrierte Zeitung*, die zuerst in Berlin und nach dem Beginn der nationalsozialistischen Herrschaft in Prag erschien, gehörten und gehören zu den traurigsten, ausdrucksstärksten Bildern eines antihitlerischen Deutschland: Göring, halb Schlächter, halb wütende Bulldogge, ein Weihnachtsbaum, dessen Zweige zu Hakenkreuzen gebrochen sind, Hitler mit Goldmünzen ausgestopft.

Die Fotomontagen sind meist richtig große Kunst, doch wie sehr sich Heartfield irrte – und mit ihm viele Millionen Deutsche –, ist unübersehbar. Bei seinen Arbeiten für die *AIZ* kristallisiert sich immer deutlicher heraus, wie sehr er die Sozialdemokraten verabscheute und sie genauso schlimm wie die Nazis fand. Er stellte Hitler – für ihn ohnehin die Marionette des Großkapitals – als Totenkopfschwärmer und Abkömmling seines Weimarer Vorvaters Ebert (die Totenkopfschwärmerraupe) dar (Hindenburg ist die dösende Puppe). Heartfield war überzeugt, dass Hitler zu gegebener Zeit von der geballten Wut der Arbeiterklasse gestürzt werden würde. Um die Jahreswende 1932/33 wünschte er den Lesern der *AIZ* mit einem fotomontierten Traumbild, auf dem der Sozialdemokrat Theodor Leipart und Hitler einen Berghang hinunterkollern, spöttisch ein glückliches neues Jahr. Und das nur wenige Wochen vor dem Tag, als Hitler Reichskanzler wurde und Leipart verhaften, die *AIZ* schließen und die sozialdemokratische und kommunistische Opposition zerschlagen ließ!

Nach den Erfahrungen mit der kommunistischen deutschen Revolution von 1918 und wegen der Angst der besitzenden Klassen vor ähnlichen Entwicklungen wie in der UdSSR waren die deutschen Kommunisten praktisch immer dann verletzlich, wenn sich der Staat ausschließlich gegen sie wandte. Als Hitler mit vollkommen illegalen Mitteln seine Macht festigte, die Kommunisten unschädlich machte und die gesellschaftliche Zerrissenheit der Weimarer Zeit beendete, wurde er zum Liebling von Millionen, denen zuvor im Traum nicht eingefallen wäre, ihn zu wählen. Die Leser der *AIZ* waren in Haft, geflohen oder zum Nationalsozialismus bekehrt. Manche landeten nach allerlei Drehungen und Wendungen bei Väterchen Stalin und

1945 zu ihrer Überraschung sogar in Positionen, in denen sie ihre Ideen umsetzen konnten, aber das war in einem Land und auf einem Kontinent, der nicht mehr wiederzuerkennen war.

Ende

Die Kräfte, die im Januar 1933 in Deutschland an die Macht kamen, waren die absolute Antithese zu dem, was man als gut und Neuanfang betrachten konnte. Nabokovs im Frühjahr 1931 geschriebener Berlinroman *Gelächter im Dunkel* gewährt uns zufällig auch einen letzten Blick auf das alte Deutschland, und die Filme, die Ende der 1920er und Anfang der 1930er Jahre entstanden, weisen aus heutiger Sicht ebenfalls weit über die Absichten ihrer Erschaffer hinaus. *Gelächter im Dunkel* ist eine grausame Liebesgeschichte, doch im Hintergrund scheint das Berlin der Weimarer Moderne auf; Telefone, Kühlschränke, Tonfilme, Motorräder, Neonlichter, Festsäle. Man wünscht sich ständig, man könnte den Hals recken und hinter die Figuren schauen und das relativ schöne Berlin genießen, in dem sie leben. Wenn sie in den Sportpalast gehen, dann zu einem Eishockeyspiel und nicht zu einer Nazi-Massenversammlung. Sie sind Bürger eines zersplitterten, unglücklichen, aber noch pluralistischen Deutschland, regiert von einem Reichskanzler Bruning, katholisch, harter Arbeiter, Nazi-Verächter, doch wie sein Zeitgenosse Herbert Hoover konfus und gebrochen von der Weltwirtschaftskrise (nur mit fataleren Folgen). Im Berliner Sportpalast finden noch Veranstaltungen unglaublich vieler verschiedener politischer Gruppierungen statt; noch ist der Saal nicht zur berühmt-berüchtigten Bühne von Goebbels geworden und zu dem Ort, an dem die Opfer der Bombenangriffe auf Berlin nebeneinander aufgereiht liegen. Ja, auch in *Gelächter im Dunkel* wird die politische Bedrohung gemäß der damals üblichen, aber katastrophalen Fehleinschätzung eher in den aggressiven kommunistischen Banden gesehen.

Nabokov blieb bis 1937 in Berlin, dann setzte er seine Reise fort, an deren Ende er ein großer Schriftsteller wurde, der in einer anderen Sprache schrieb. Doch schon unmittelbar nachdem die Nazis an der Macht waren, verließen die ersten zögernden, verängstigten Emigranten das Land. Brecht ging nach Skandinavien, Beckmann nach Amsterdam, Gropius und Moholy-Nagy nach London, Thomas Mann in die Schweiz, Roth nach Paris, Bruno Walter nach Wien, Heartfield nach Prag.

Manche setzten ihre Karriere im Exil relativ reibungslos fort, andere verließ die Kraft, und sie gingen unter. Ich möchte nur an einige große Tragödien erinnern: Stefan Zweig, dessen zauberisch schöne Romane und Novellen nichts mehr galten, nahm sich zusammen mit seiner Frau 1942 in der Nähe von Rio de Janeiro das Leben, Walter Benjamin auf der Flucht vor den Deutschen an der spanisch-französischen Grenze, und Kurt Schwitters, Schöpfer bezaubernder Collagen und dadaistischer Objekte, wurde von seiner Frau und der Welt getrennt, die ihn zu einem der originellsten Künstler der Zwischenkriegsperiode gemacht hatte, und starb 1948, vollkommen vergessen, im nordenglischen Lake District.

Diese Männer sind mitnichten repräsentativ, aber dank ihres Ruhms und ihrer Arbeit konnten sie wenigstens emigrieren. Dies ist ein persönliches Buch, und was diese Leute schufen, liebe ich so sehr – ja, ich kann mir mein Leben gar nicht ohne sie vorstellen –, dass ich nur mein Bedauern ausdrücken kann, dass ich das Buch hier beende.

So vieles in der modernen deutschen Geschichte, schöpferische Ironie, nervöse Energie, Übermut und Schrägheit, wurde in wenigen Wochen durch einen messiasgläubigen Infantilismus ersetzt. Das Nazi-Regime agierte sofort mit einer ganz neuen und extremen Brutalität, und doch sieht man es heute immer in Relation zu dem, was folgte und unendlich viel schlimmer war.

Die Verschmelzung einer deutschtümelnden Rückwärtsgewandtheit mit der industriellen Massengesellschaft im Nationalsozialismus war völlig neu – die schrecklichen Gräuel aber, die über Jahrhunderte auf deutscher Erde stattgefunden hatten, die Pogrome, Seuchen und Massaker standen nun etwas viel, viel Schlimmerem gegenüber. Anekdoten erzählen und Herumwitzeln geht jetzt nicht mehr, und ich höre hier auf.

Zum guten Schluss

In den Bergen
Mendels Büste
Schostakowitsch und Schnitzler im Hofbräuhaus

In den Bergen

Dieses Buch könnte an vielen Orten enden. Vielleicht in Halberstadt, der alten Stadt im Harz. In den letzten Tagen des Krieges lag dieses bis dato wunderschöne Gemeinwesen auf dem Weg der vorrückenden amerikanischen Armee. Die Kriegshandlungen waren im Grunde fast beendet, aber Halberstadts Nazi-Kreisleitung weigerte sich, wie tausend andere Verantwortliche in diesen letzten Tagen auch, weiße Flaggen zu hissen. Am 8. April 1945 erfolgte ein Luftangriff, und binnen weniger Minuten lag fast die gesamte Stadt in Trümmern. Die übergab man später den Sowjets, und sie wurde Teil Ostdeutschlands. Jetzt sieht Halberstadt aus wie viele ostdeutsche Städte – Halle, Köthen oder Brandenburg –, die sich wohl niemals erholen werden. Die Einwohner haben zu viel hinter sich; viele wollen einfach nur weg. Teile der Altstadt hat man mit viel Mühe und Arbeit wieder aufgebaut, aber jetzt hat man kein Geld und keine Kraft mehr. Doch aufgrund einer kuriosen Initiative von Musikfreunden wird in der St.-Burchardi-Kirche John Cages Orgelstück *ORGAN2/ASLSP (As SLow aS Possible)* aufgeführt. Auf einem Orgelsymposium entstand die Idee, die Spielanweisung des Stückes einmal ganz wörtlich zu nehmen und es extrem langsam zu spielen, und da in Halberstadt 1361 eine der ersten Großorgeln gebaut wurde, sollte das Ganze hier stattfinden. Die Aufführung begann 2001 (allerdings fängt das Stück mit einer Pause an, sodass man auf den ersten Ton eineinhalb Jahre warten musste) und wird am 5. September 2640 zu Ende sein. Man muss Jahre im Voraus Karten bestellen, wenn man beim nächsten Tonwechsel dabei sein will. Ich möchte aber nicht verschweigen, dass die Töne mechanisch erzeugt und gehalten werden und nicht von mittelmäßigen Organisten, die man für die nächsten Jahrhunderte angeheuert hat. Cages Stück so zu spielen ist natürlich eine wunderbare Idee, doch für das moderne Halberstadt ist es ein eher grausamer Titelsong.

Im Süden der Stadt liegen die Spiegelsberge, ein Hügelzug mit der üblichen gefälligen deutschen Waldlandschaft, in der das übliche Getier im Gehölz herumhuscht. Doch die Spiegelsberge sind wie ein Palimpsest, auf dem lauter traurige deutsche Themen erkennbar werden. Sie waren einmal ein auf Anregung des Dichters Ludwig Gleim im achtzehnten Jahrhundert angelegter Landschaftspark; Gleim hatte sich von dem riesigen, traumhaften Park in Wörlitz anregen lassen und arbeitete nun mit dem Halberstädter Domdechanten Spiegel daran, seinen Freunden zum Vergnügen hier eine kleine Version davon zu bieten. Gekauft hatte das Areal Spiegel, und er war es auch, der hier nun überall dekorative Bauten aufstellen ließ (den Belvedereturm, das Spiegelmausoleum, ein Jagdschloss mit Weinfass). Gleim schrieb übrigens während der Regierungszeit Friedrichs des Großen 1758 die *Preußischen Kriegslieder in den Feldzügen 1756 und 1757 von einem Grenadier,* eine einst berühmte Sammlung, die dann den Beginn eines nie versiegenden Stroms deutscher Lieder und Gedichte markierte, die nationale Ereignisse untermalten und inspirierten: manche sind wunderschön, manche hohl pathetisch und manche schlicht furchtbar, aber alle nun von den späteren Ereignissen besudelt.

Heute sind die Bauten in den Spiegelsbergen zusammengefallen und mit so viel Erde, Laub und Moos bedeckt, dass man bisweilen gar nicht mehr erkennen kann, was sie einmal darstellen sollten. Wenn man an diesen Hubbeln und Erdhaufen entlangwandert, muss man aufpassen, dass man nicht gleich ob der Grausamkeit der Ereignisse und der vergehenden Zeit in tiefer Melancholie versinkt.

Aber Gleims und Spiegels Hinterlassenschaften sind nichts im Vergleich zu dem, was uns dank Bismarck hier hinterlassen wurde. Verlassen, verrammelt und zutiefst ungeliebt, steht dort auch noch einer der vielen hundert Bismarcktürme, die nach dem Tod des Eisernen Kanzlers überall in Deutschland errichtet wurden. Sie sehen meist aus wie eine Mischung aus mittelalterlichem Bergfried und Leuchtturm, und siehe da, natürlich hat Bruno Schmitz, der schlimmste Architekt der Welt, hier wieder seine Hand im Spiel, wie im Übrigen auch bei der abgeschmackten Stufenpyramide für Kaiser Wilhelm I. in Koblenz. Manche Bismarcktürme wurden später gesprengt, andere kippten um, doch die meisten stehen noch da. Der in Dessau bekam sogar – sehr schön! – ein neues Etikett verpasst: Bismarcks Konterfei und Name wurden entfernt und stattdessen diejenigen Schillers eingesetzt. Der Turm in Halberstadt ist ein bombastisches Standardmodell, in dem man zu besonderen Anlässen eine riesige Flamme entzündete, die von seiner Spitze kilometerweit ins Land hinein leuchtete. Mit den besonderen Anlässen ist natürlich schon seit Ewigkeiten Schluss; heute ist der Turm nur noch bei Graffitisprayern beliebt. Doch als absolut diskreditiertes Symbol von National- und Lokalstolz – an dem sich, wenn es in der ersten Hälfte des zwanzigsten Jahrhunderts etwas zu feiern gab, bestimmt alle Halberstädter Bürger samt ihren aufgeregten Sprösslingen trafen – ist der Bismarckturm unschlagbar.

Wenn der Wanderer bedächtig an den düsteren Symbolen allenthalben in diesem Wald entlanggeschlichen ist, bleibt er irgendwann doch stocksteif stehen – vor einem versteckten sowjetischen Friedhof! Solche Friedhöfe gibt es häufig in Deutschland, und als das Sowjetreich kollabierte, musste sich der deutsche Staat in den Verhandlungen stets verpflichten, die Friedhöfe mit den sowjetischen Kriegsgefallenen zu erhalten und pflegen. Sie sehen (bis auf die monumentalen Anlagen in Wien und Berlin) alle gleich aus, mit Reihen um Reihen kleiner Grabsteine mit rotem Stern. Einige, wie zum Beispiel der in Eisleben, sind weithin sichtbar, andere mit sorgfältig erwogener Symbolkraft angelegt, wie zum Beispiel der wunderschöne Friedhof im herzoglichen Park in Weimar, der mit jedem Jahr um einige Bedeutungsschichten reicher wird.

Der Friedhof in den Spiegelsbergen in Halberstadt ist besonders deshalb so traurig, weil er so versteckt liegt. Nachdem die Amerikaner den Sowjetsoldaten die Stadt übergeben hatten, starben von diesen in den letzten bitteren Kriegstagen noch viele beim Durchkämmen der Stadt, bei Unfällen und durch zahllose beinahe private Akte nationalsozialistischen Fanatismus. Sicher, die Sowjets töteten, vergewaltigten und plünderten sich ihrerseits durchs Land, in einem Ausbruch von Gewalt, wie man ihn seit dem Dreißigjährigen Krieg nicht mehr erlebt hatte, einem einzigen Rausch der Vergeltung, den man zwangsläufig als beinahe legitim betrachtet und der dennoch die endgültige, absolute Katastrophe bezeichnet, von der sich Europa im Grunde bis heute nicht erholt hat. Jetzt, da Ostdeutschland aufgehört hat zu existieren, kann man es rückblickend als kollektiv bestraft ansehen; viele Millionen Deutsche wurden jahrzehntelang in einem System der Überwachung gefangen gehalten, doch ihr Schicksal war natürlich immer noch weit weniger schlimm als das, das die Deutschen einst für den Großteil Europas vorgesehen hatten.

Mendels Büste

Eine Stadt, in der man ebenfalls viel lernen kann, ist Schwäbisch Gmünd, ein hübscher, verschlafener Ort im Stauferland, viele Jahre lang auch ein US-amerikanischer Raketenstützpunkt und der Geburtsort von Emanuel Leutze, Maler des Bildes »Washington überquert den Delaware«.

Ein besonders eigenartiges Gebäude befindet sich in den Bergen hinter der Stadt, wo einst ein Eremit lebte. Nach seinem Tod wurde im siebzehnten Jahrhundert eine Kapelle um seine Höhle gebaut; an den Felsen geschmiegt, teils Modell Gegenreformation, teils nackter Fels. Ein tristes Fleckchen, es trieft vor Frömmelei, und die Einzigen, die, als ich da war, Leben in die Bude brachten, waren Katzen, Käfer und ein paar vorwitzige Rotschwänzchen, doch die Kapelle hat etwas Gaudíeskes. An dem Weg zu ihr hinauf stehen ein paar wirklich beunruhigende lebensgroße Kreuzwegbilder, die, merkwürdig verquer zur modernen Welt, einen lebendigen Volksglauben zeigen. Gmünd selbst ist total verschnarcht, und wenn man zu den Bergen hochschaut, kann man auf den Gedanken kommen, dass es hier noch mehr Höhlen gibt, in denen vielleicht ein Zwerg sein unterirdisches Reich bewacht. Im Gegensatz zu Halberstadt ist Gmünd in seiner Substanz unberührt geblieben, nach ein paar Jahren harter Arbeit ist es in den gleichen behaglichen Wohlstand geglitten wie das übrige Westdeutschland.

Als ich in der Stadt in einem der kleinen Parks herumwandelte, um vielleicht ein überraschendes Denkmal zu entdecken, wurde ich, wie meist, belohnt – dieses Mal mit einer Bronzebüste von Gregor Mendel. Über die bloßen Tatsachen hinaus, dass Mendel ein mährischer Mönch und Begründer der modernen Genetik war, wusste ich wenig über ihn. Ich verstand aber nicht, warum in Gmünd, Welten vom Nordosten des Habsburgerreichs entfernt, eine Büste von ihm stand. Deutsche aus Mähren hatten sie dort aufgestellt, einige der drei Millionen, die am Ende des Krieges aus der Tschechoslowakei ausgewiesen wurden, aus Rache und um sicherzustellen, dass nie wieder »Sudetenfragen« oder Ähnliches entstehen würden. Vertriebene, die in Gmünd ansässig wurden, kamen hauptsächlich aus Brno (Brünn), wo Mendel 1884 gestorben ist (Janáček spielte bei seinem Begräbnis die Orgel). Seine Erkenntnisse bildeten die Grundlage einer Wissenschaft, deren Irrläufer die erbärmlichen Rassevorstellungen der Nationalsozialisten waren.

Aber von seiner Zeit in Brünn bis zum Aufstellen seiner Büste in Schwaben war es ein weiter Weg. Die Vertriebenen aus Brünn sind heute sehr alt; überhaupt noch von mährischen Deutschen zu sprechen, scheint überholt zu sein, aber in Mähren wurde Freud geboren, und Mahler verbrachte seine Kindheit dort. Ein unbedeutender Teil der Welt war es also nicht.

Der Eiserne Vorhang schloss die Vertriebenen aus den Gebieten von Estland bis Jugoslawien dann endgültig aus; die Aufrechterhaltung von Verbindungen nach Mitteleuropa wurde praktisch unmöglich. Die Bedingungen der Vertreibung waren schändlich, traumatisch – wie viele den Tod fanden, weiß man nicht, mindestens eine halbe Million, aber vermutlich viel mehr. Hitlers »Frage« der »ungerechten« Grenzen und der angeblich unterdrückten deutschen Minderheiten, die heim ins Reich kommen sollten, wurde mit den Vertreibungen endgültig gelöst – zu welchem Preis!

Aber auch hier (wie bei den Gräueltaten der Roten Armee) kann man angesichts der den Vertreibungen vorausgegangenen Geschehnisse schlecht dagegen protestieren – es lag eine Logik des Rassismus darin, den die Nazis selbst propagiert hatten. Doch es war ein weiterer Akt des europäischen Niedergangs; mit Nationalstaats- und nationalistischen Ideen hatte es im neunzehnten Jahrhundert begonnen und endete im Irrsinn der Judenvernichtung. Als die Versuche der Deutschen gescheitert waren, die Kolonialherren Europas zu werden, schlug das auf sie selbst zurück, ähnlich wie auf die Franzosen nach der Unabhängigwerdung Algeriens oder auf die Belgier nach der des Kongo. Das Ergebnis war allerdings, dass sich die Europäer nun auf eine Reihe sprachlich uniformer, weitgehend einsprachiger Länder verteilten, die weder sehr kreativ noch sehr interessant sind, sich aber wenigstens nicht mehr gegenseitig an die Gurgel gehen – wenn man einmal von der kompliziert bleibenden Lage auf dem Balkan absieht.

Ich weiß gar nicht, warum mich die Büste von Mendel so rührte. Es gibt ja jede Menge anderer Vertriebenendenkmäler. Vielleicht lag es an Mendels Unschuld oder daran, dass dieser bedeutende Wissenschaftler aus dem sehr komplizierten Habsburger Universum erwuchs, das von den späteren Ereignissen immer mehr begraben wurde. Ist der Bruch zwischen dem modernen Mitteleuropa und der jüdischen, katholischen, protestantisch-deutschen und slawischen Welt, dieser herrlichen Welt von vor 1914, doch zu groß?

Manche Historiker sind heute der Meinung, dass die europäische Zivilisation von der großen Hungersnot und dem Schwarzen Tod so stark gezeichnet wurde, dass diese ausgezehrte Gesellschaft sich grundlegend von der vorherigen unterschied. Ob wir und unsere Zeit im Nachhinein auch einmal als die bloß provinziellen Überbleibsel einer großen Kultur gesehen werden, die sich selbst zerstörte?

Schostakowitsch und Schnitzler im Hofbräuhaus

Im Münchner Hofbräuhaus, dem zeppelingroßen Schuppen überbordender Geselligkeit, kann man sich der Feuerprobe unterziehen, wie viel Deutschheit man verträgt; wer in diesem speziellen Zivilisationsmodell versagt, wird schnell aussortiert. Für Ausländer, die gern in einer sonnengesprenkelten Trattoria sitzen oder in einem gepflegten englischen Pub friedlich vor einem Pint Mild, ist das gemeinschaftliche »Mal-die-Sau-Rauslassen« im Hofbräuhaus die reinste Hölle. Die Hunderte meist männlichen Trinker werden von den Betreibern mittels klugen Einsatzes von Trachten, Brüsten und einer Humba-täterä-Kapelle in feuerrotgesichtige hysterische Ausgelassenheit getrieben. Später am Abend steigen die lautstarken Gespräche zu einem einzigen permanenten Dröhnen an, untermalt von zerdeppernden Bierkrügen, dem Krachen fallender Tabletts und Lachen und Gekreische, wenn die Gäste rücklings von den Bänken plumpsen.

In einem Satz: Mit München komme ich nicht zurecht. Manche Orte sind für immer vom Nationalsozialismus ruiniert; und dazu gehört vor allem München. Hätte das »Dritte Reich« überlebt, wäre die Stadt eine Art modernes Bethlehem geworden, im Dreieck mit den anderen großen bayerischen, den Nazis heiligen Stätten, Nürnberg und Berchtesgaden. Busladungen voller Menschen würden die Orte besuchen, die Hitler wegen ihrer hohen Symbolkraft schuf: das Braune Haus, die deutsche Parteizentrale und letzte Ruhestätte der so genannten Blutfahne, die die Bierhallenputschisten 1923 mit sich führten; der Bürgerbräukeller, wo der Putsch begann; die sogenannten Ehrentempel für die Toten, all die Orte in München, wo Hitler gewesen war oder Reden gehalten hatte. Unter diesen heiligen Stätten nähme das Hofbräuhaus einen Ehrenplatz ein – 1920 legte Hitler dort die grundlegenden Lehren seiner nationalsozialistischen

Doktrin dar, und er und sein Gefolge kehrten hier immer wieder gern ein. Nichts davon wird auf der auffallend auskunftsmuffeligen Website des Etablissements erwähnt.

Viel von Nazi-München ist zerstört worden, das Braune Haus von alliierten Bombern, der Bürgerbräukeller von dem heldenhaften, leider gescheiterten Hitler-Attentäter Georg Elser, die sogenannten Ehrentempel von angewiderten amerikanischen Militärverwaltern. (Heute wächst Unkraut über den Trümmern, und es sieht sehr hübsch aus.) Das Hofbräuhaus wurde auch zerstört, doch im Gegensatz zu den anderen Bauten wurde es wieder aufgebaut und bleibt eine leidige Erinnerung an die Kultur, die einen Hitler hervorbrachte. Aus dem üblichen Konglomerat von Gründen war ich einmal abends lange dort und wurde reich belohnt. Die hysterische Ausgelassenheit nahm immer mehr zu, um die hektische Humba-täterä-Kapelle marschierten Polonaisen von ausländischen Geschäftsleuten, vor Lachen wie von Sinnen, und als ich eigentlich dachte, die Schlangen vor den Toilettenanlagen seien nun endgültig zu lang und es sei höchste Zeit für mich zu gehen, passierte etwas Wunderbares.

Ein japanischer Geschäftsmann oder Tourist hatte der Kapelle ein ordentliches Trinkgeld gegeben, damit er sie, betrunken, wie er war, einmal »dirigieren« durfte. Das passierte durchaus häufiger, ein paar Minuten zuvor hatte ein Australier mit wildem Blick und zinnoberrotem Gesicht die Kapelle durch *Waltzing Matilda* dirigiert. Doch der Japaner war genial, er fragte die Musiker, ob sie Schostakowitschs *Walzer Nr. 2* aus der *Suite für Varieté-Orchester* spielen könnten. Der ist mit Stanley Kubricks letztem Film *Eyes Wide Shut* (nach Schnitzlers *Traumnovelle*) wieder bekannt geworden. Zuerst hörte ich diesen herrlichen, merkwürdigen Tanz mit sehr gemischten Gefühlen. Ich mochte Schnitzler immer, und in meinem Verlagsjob nutzte ich den Kubrick-Film als Vorwand, einiges von dem österreichischen Autor wieder zu veröffentlichen. Mit leider mäßigem Erfolg; es litt unter der allgemeinen Ablehnung des Films.

Endlich aber begriff ich, was das eigentlich Frappierende war. Hier, in einer der Geburtsstätten des Nationalsozialismus, spielte eine urbayerische Kapelle das vom amerikanischen Jazz beeinflusste Stück eines sowjetrussischen Komponisten, das in einer jüdisch-amerikanischen Filmadaption einer jüdisch-österreichischen Novelle zu neuem Ruhm gelangt war, und die Stars in dem Film waren ein winziger Scientologe und eine hübsche Australierin. Natürlich versteige ich mich nicht zu der Behauptung, dass die Musik einen kurzen Moment lang die Vergangenheit auslöschte, doch mit großer Freude stellte ich mir vor, wie es denen, die das Hofbräuhaus vor dem Krieg besuchten, beim Hören dieses Stücks vor Wut die Sprache verschlagen hätte.

Plötzlich war mir klar, wie die Deutschen durch Arbeit, Kultur und Nachdenken Schicht auf Schicht auf ihre schreckliche Vergangenheit gehäuft haben und dass man im Chaos des frühen einundzwanzigsten Jahrhunderts sitzen und feststellen kann, dass jeden Tag etwas passiert – selbst wenn es nur eine Humba-täterä-Kapelle und ihr betrunkener japanischer Maestro sind –, sodass eine neue Welt entsteht, in der München mehr als nur die Wiege des Nationalsozialismus ist.

Aber dann stimmte die Kapelle *The Bonnie Banks o' Loch Lomond* an, und ich bestellte noch was zu trinken – keine gute Entscheidung.

Dank

Einen Großteil meines Lebens habe ich damit verbracht, historische Bücher zu lektorieren, was mir die traumhafte Möglichkeit bot, mich in aller Ausführlichkeit mit Historikern zu unterhalten, die, weil ich nun einmal für ihren Verlag arbeitete, nicht umhinkonnten, meine teils recht konfusen Fragen über Deutschland zu beantworten und auch über meine offensichtlich abstrusen Ideen zumindest kurz nachzudenken. Keines dieser gebeutelten Individuen trägt irgendeine Verantwortung für dieses Buch, aber für die, zumindest für mich, faszinierenden Gespräche bin ich ihnen zu Dank verpflichtet: Tim Blanning, Richard J. Evans, Niall Ferguson, Ian Kershaw, Richard Overy, Mark Roseman, Adam Tooze, Alex Watson und Peter Wilson. Adam Tooze wird besonders zu schätzen wissen, wie ich die Hauptthesen seines revolutionären Buches *Ökonomie der Zerstörung* zuerst missverstanden und dann in neue Kontexte falsch eingebracht habe. Mehreren mir verbundenen Menschen, die den Text gelesen, mit ihren Ideen erheblich verbessert und mir überhaupt in vielerlei Hinsicht geholfen haben, bin ich überaus dankbar: Paul Baggaley, Nicholas Blake, Malcolm Bull, Sarah Chalfant, Christopher Clark, Jonathan Galassi, Marie Harder, Andrew Kidd, Barry Langford, Cecilia Mackay, Alois Maderspacher, Adam Phillips, John und Beth Romer, Sigrid Ruschmeier, Norman Stone, Carole Tonkinson und Andrew Wylie. In meinem britischen Verlag möchte ich insbesondere Alice Dawson, Helen Fraser, Stefan McGrath und Stuart Proffitt für ihre Hilfe und ihre Freundlichkeit danken. Penny und David Edgar, Jim und Sandy Jones, Steph und Nico Poirier und Christopher und Lizzie Winder sind hilfsbereite und großartige Verwandte. In Deutschland bin ich zahllosen kleinstädtischen Hotelbesitzern und Bratwurstverkäufern für ihre Geduld zu Dank verpflichtet. Barnaby, Felix und Martha sind deutlich älter geworden, während ich meine Freizeit damit verbrachte, am Rhein spazieren zu gehen oder dieses Buch zu schreiben. Christine Jones hat es vermocht, mir mit Rat und Tat und Ironie zur Seite zu stehen: Während alle anderen die Möglichkeit haben, dieses Buch beiseitezulegen, musste sie sich jahrelang (!) meine Geschichten von der Kolonialisierung der Uckermark und dem Wertewandel am Hofe Schwarzburg-Rudolstadt anhören. Selbst angesichts dieses nicht enden wollenden Albtraums hat sie nie die Contenance verloren, nie mal richtig losgewettert und auch nicht die Schlösser ausgewechselt. Bestimmt gibt es einen praktischen, treffenden und markigen deutschen Ausdruck, der beschreiben würde, wie viel ich ihr verdanke – aber natürlich kenne ich den nicht.

Literatur

Arnold, Uli u. a.: *Grünes Gewölbe Dresden* (Leipzig, 1986)
Asch, Ronald G.: *The Thirty Years War: The Holy Roman Empire and Europe, 1618 – 48* (Basingstoke, 1997)
Attenborough, David u. a.: *Wunderbare seltene Dinge: Die Darstellung der Natur im Zeitalter der Entdeckungen* (München, 2008)
Bachmann, Erich u. a.: *Residenz Würzburg und Hofgarten* (München, 1994)
Barber, Richard: *The Penguin Guide to Medieval Europe* (Harmondsworth, 1984)
Bartlett, Robert: *Die Geburt Europas aus dem Geist der Gewalt* (Berlin, 1996)
Belting, Hans: *Die Deutschen und ihre Kunst. Ein schwieriges Erbe* (München, 1992)
Berger, John: *Dürer* (Köln, 1994)
Blackbourn, David: *History of Germany 1780 – 1918: The Long Nineteenth Century, 2nd edition* (Oxford, 2003)
Blackbourn, David und Rennert, Udo: *Die Eroberung der Natur: Eine Geschichte der deutschen Landschaft* (München, 2008)
Blanning, T. C. W.: *Reform and Revolution in Mainz, 1743 – 1803* (Cambridge, 1974)
Blanning, T. C. W.: *Joseph II* (Harlow, 1994)
Blanning, T. C. W.: *The Culture of Power and the Power of Culture: Old Regime Europe 1660 – 1789* (Oxford, 2002)
Blanning, Tim: *Glanz und Größe: Der Aufbruch Europas 1648 – 1815* (München, 2022)
Bonney, Richard: *The European Dynastic States 1494 – 1660* (Oxford, 1991)
Botting, Douglas: *In the Ruins of the Reich* (London, 1985)
Boyd, Brian: *Vladimir Nabokov: Die russischen Jahre 1899 – 1940. Biographie* (Reinbek, 1999)
Browne, Sir Thomas: *Selected Writings* (Chicago, 1968)
Bruford, W. H.: *Die gesellschaftlichen Grundlagen der Goethezeit* (München, 1987)
Brunner, Bernd: *Eine kurze Geschichte der Bären* (Berlin, 2005)
Canetti, Elias: *Masse und Macht* (Frankfurt, 2006)
Christiansen, Eric: *The Northern Crusades: The Baltic and the Catholic Frontier, 1100 – 1525* (Basingstoke, 1980)

Clark, Christopher: *Preußen: Aufstieg und Niedergang* (München, 2008)
Clark, Christopher: *Wilhelm II.: Die Herrschaft des letzten deutschen Kaisers* (München, 2009)
Conant, Kenneth John: *Carolingian and Romanesque Architecture, 800 – 1200* (Harmondsworth, 1959)
Cramer, Kevin: *The Thirty Years' War and German Memory in the Nineteenth Century* (Lincoln und London, 2007)
Crankshaw, Edward: *Bismarck* (München, 1998)
Craske, Matthew: *Art in Europe 1700 – 1830* (Oxford, 1997)
Cuttler, Charles D.: *Northern Painting: From Pucelle to Bruegel* (New York, 1968)
Ebert-Schifferer, Sybille: *Hessisches Landesmuseum Darmstadt* (1996)
Edmundson, Mark: *Sigmund Freud: Das Vermächtnis der letzten Jahre* (München, 2009)
Egg, Erich: *Hofkirche in Innsbruck. Das Grabmal Kaiser Maximilians I.* (Innsbruck, 1993)
Elon, Amos: *Zu einer anderen Zeit: Porträt der jüdisch-deutschen Epoche 1743 – 1933* (München, 2005)
Evans, Richard J.: *Das Dritte Reich: Aufstieg* (München, 2005)
Evans, Robert J. W.: *Austria, Hungary and the Habsburgs: Central Europe c. 1683 – 1867* (Oxford, 2006)
Ferguson, Niall: *Der falsche Krieg. Der Erste Weltkrieg und das 20. Jahrhundert* (München, 1999)
Freedberg, David: *The Eye of the Lynx: Galileo, His Friends, and the Beginnings of Modern Natural History* (Chicago, 2002)
Frost, Robert I.: *The Northern Wars 1558 – 1721* (Harlow, 2000)
Fuhrmann, Horst: *Deutsche Geschichte im hohen Mittelalter* (Göttingen, 2003)
Gay, Peter: *Die Republik der Außenseiter: Geist und Kultur in der Weimarer Zeit 1918 – 1933* (Frankfurt, 2004)
Ingrao, Charles: *The Habsburg Monarchy 1618 – 1815*, 2nd edition (Cambridge, 2000)
Jelínek, Jan: *Kutná Hora* (Prag, 1990)
Kaes, Anton: *M* (London, 2000)
Kershaw, Ian: *Hitler: 1889 – 1945* (München, 2009)
Klessmann, Rüdiger u. a.: *Im Detail die Welt entdecken. Adam Elsheimer 1578 – 1610* (München, 2006)

Levey, Michael *Giambattista Tiepolo: His Life and Art* (New Haven und London, 1986)
Lieven, Dominic: *Russland gegen Napoleon: Die Schlacht um Europa* (München, 2011)
Liulevicius, Vejas Gabriel: *Kriegsland im Osten: Eroberung, Kolonialisierung und Militärherrschaft im Ersten Weltkrieg* (Hamburg, 2002)
MacCulloch, Diarmaid: *Die Reformation 1490 – 1700* (München, 2008)
McKay, Derek: *The Great Elector* (Harlow, 2001)
Magris, Claudio: *Donau: Biographie eines Flusses* (München, 2007)
Man, John: *Zwinger Palace, Dresden* (London, 1990)
Marshall, Peter: *The Magic Circle of Rudolf II: Alchemy and Astrology in Renaissance Prague* (New York, 2006)
Müller-Bahlke, Thomas J.: *Die Wunderkammer: Die Kunst- und Naturalienkammer der Franckeschen Stiftungen zu Halle* (Saale) (Halle, 1998)
Reuter, Timothy: *Germany in the Early Middle Ages, 800 – 1056* (Harlow, 1991)
Richards, Robert J.: *The Tragic Sense of Life: Ernst Haeckel and the Struggle over Evolutionary Thought* (Chicago, 2008)
Ross, Alex: *The Rest is Noise: Das 20. Jahrhundert hören* (München, 2009)
Schama, Simon: *Der Traum von der Wildnis. Natur als Imagination* (Berlin, 1996)
Sheehan, James J.: *German History 1770 – 1866* (Oxford, 1989)
Simms, Brendan: *The Struggle for Mastery in Germany, 1779 – 1850* (Basingstoke, 1998)
Simms, Brendan: *Three Victories and a Defeat: The Rise and Fall of the First British Empire, 1714 – 1783* (London, 2007)
Smith, Jeffrey Chipps: *The Northern Renaissance* (London, 2004)
Stevenson, David: *Der Erste Weltkrieg: 1914 – 1918* (Düsseldorf, 2006)
Stoecker, Helmut: *German Imperialism in Africa* (London, 1986)
Stone, Norman: *The Eastern Front, 1914 – 1917* (London, 1975)
Strachan, Hew: *Der Erste Weltkrieg: Eine neue illustrierte Geschichte* (München, 2006)
Sußmann, Michael: *Der Dom zu Magdeburg* (Passau, 2002)
Tincey, John: *Blenheim 1704* (Botley, 2004)
Tooze, Adam: *Ökonomie der Zerstörung: Die Geschichte der Wirtschaft im Nationalsozialismus* (München, 2008)
Tyerman, Christopher: *Die Kreuzzüge: Eine kleine Einführung* (Stuttgart, 2009)

Wallace, David Rains: *Neptune's Ark: From Ichthyosaurs to Orcas* (Berkeley und Los Angeles, 2007)

Wawro, Geoffrey: *The Austro-Prussian War: Austria's War with Prussia and Italy in 1866* (Cambridge, 1996)

Wawro, Geoffrey: *The Franco-Prussian War: The German Conquest of France in 1870 – 1871* (Cambridge, 2003)

Wedgwood, C. V.: *The Thirty Years War* (New York, 2005)

Wilson, Peter H.: *War, State and Society in Württemberg, 1677 – 1793* (Cambridge, 1995)

Wilson, Peter H.: *The Holy Roman Empire 1495 – 1806* (Basingstoke, 1999)

Wilson, Peter H.: *Europe's Tragedy: A History of the Thirty Years War* (London, 2009)

Register

Aachen 54
–, Kaiserdom 54–56, 99
–, Pfalzkapelle 54– 56
Adolf I., Fürst zu Schaumburg-Lippe 347
Afrika 405
Albert, Bischof von Buxthövden 68
Albert, Prinzgemahl 323–325, 329
Albrecht I. der Bär, Markgraf in Brandenburg 93
Albrecht V., Herzog von Bayern 187 f.
Albrecht, Markgraf von Brandenburg 157 f.
Albrecht, Markgraf von Meißen 275
Albrecht, Prinz von Sachsen-Coburg-Gotha, von siehe Albert, Prinzgemahl
Alemannien 120
Alexandra Fjdorowna, russ. Zarin 390
Alfred, Herzog von Sachsen-Coburg und Gotha 329
Altenburg, Schloss 461
Ambras, Schloss 143–145
Amo, Anton Wilhelm 227
Anhalt-Zerbst, Sophie Auguste Friederike von siehe Katharina die Große
Anne, engl. Königin 227 f.
Ansbach 290 f.
Antisemitismus 382–389, 455
Anton Ulrich, Herzog von Braunschweig-Wolfenbüttel 226–229
Apel, Heinrich 15 f.
Aquitanien 120
Arcimboldo, Giuseppe 187

Arminius 23
Asam, Brüder 243
Auerochse 377, 380
Augsburg 28, 152 f.
Augsburger Religionsfriede 168, 180
August II., der Starke, Kurfürst von Sachsen und poln. König 217, 219, 276–278
August III., Kurfürst von Sachsen und poln. König 278 f.
August Wilhelm, Herzog von Weimar 224
Austrasien 120
Auswanderung 398–402, 471

Bach, Johann Sebastian 271 f.
Baden-Baden 28
Ballin, Albert 415
Bamberg 9, 91, 294
–, Bamberger Reiter 92, 343
–, Dom 91 f.
–, Michelsberg 294 f.
–, Naturkundemuseum 295–297
–, Schloss 268
Barlach, Ernst 458
Barock 242–245
Bauernkriege 160–162
Bauhaus 480
Bayern 120, 349, 449
Beckmann, Max 492
Behaim, Martin 151, 219
Behaim-Globus 151
Behrens, Peter 414
Belgien 241, 350, 436
Bellotto, Bernardo siehe Canaletto
Benjamin, Walter 492

Bergbau 107–111, 156
Bergman, Ingmar 107
Berlin 475, 491
–, Dom 341, 418
–, Siegessäule 344, 345, 46
Bernward, Bischof 69
Berthier, Louis-Alexandre, frz. Marschall 307 f.
Biber, Heinrich Ignaz von 245
Biedermeier 314 f., 318
Bischöfe 67 f., 95
Bismarck, Otto von 58, 157, 210, 357 f., 362
Bismarcktürme 497 f.
Blumenfeld, Kurt 388
Bocskay, Georg 169
Böhmen 159, 196 f.
Bosnien 317
Braun, Wernher von 111, 482
Brecht, Bertolt 492
Bremen 116, 118, 153
Browne, Thomas 343
Brünn 500
Bücherverbrennung 51
Bückeburg 356 f., 459 f.
Bulgarien 420
Bülow, Bernhard von 410 f.
Burgenland 468–470
Bürgerkrieg 451, 474
Burgund 25, 120, 122–225, 139
Burton, Robert 214
Buzzati, Dino 89

Cambrai 153
Canaletto (d.i. Bernardo Bellotto) 279
Čapek, Karel 480
Caprivi, Leo von 410 f.

Carl Ludwig, Graf von Hohenlohe-Weikersheim 250–252
Carl, Prinz zu Solms-Braunfels 399 f.
Carol I., rumän. König 463
Céline, Louis-Ferdinand 464
Charlottenburg, Schloss 416 f.
Christian (II.), Herzog von Braunschweig-Wolfenbüttel 201
Christianisierung 69 f., 90 f.
Colloredo, Hieronymus von, Erzbischof von Salzburg 267
Colmar 153
Cranach, Lucas, d. Ä. 166
Danzig 116, 118
Darmstadt 412 f.
–, Mathildenhöhe 413, 480

Deutscher Bund 317–320
Deutscher Orden 80–82, 93, 250
Deutsch-Französischer Krieg 363 f.
Dietrich, Marlene *280*, 285
Dinglinger, Johann Melchior 217, *248*
Dolchstoßlegende 448 f., 488
Dombau 44– 47, 71 f., 89
Donaueschinger Musiktage 479
Dortmund 153
Dreadnought *426*
Dreißigjähriger Krieg 193–198, 200–210
Dürer, Albrecht 163, 166, 190

Eichendorff, Joseph von 334, 335
Einstein, Albert 485
Eisenstein, Sergei Michailowitsch 80
Eisleben 154–156
Elisabeth Christine, Prinzessin von Braunschweig-Wolfenbüttel 262
Elisabeth von Thüringen 81
Elisabeth, russ. Großfürstin *390*

Elisabeth, russ. Zarin 256
Elsass-Lothringen 122, 125 f., 363 f.
Elsheimer, Adam 188 f., 218
Emigration 492
Engels, Friedrich 161
England 102, 201, 239
»Entartete Kunst« 475
Erfurt 78 f.
–, Dom 68, 78 f.
Ernst August I., König von Hannover 319
Ernst Ludwig, Großherzog von Hessen-Darmstadt 390, 413
Ernst, Kurfürst von Sachsen 274
Erthal, Franz Ludwig Freiherr von, Fürstbischof von Bamberg und Würzburg 295
Esslingen 176
Etzlaub, Erhard 219

Faber, Johannes 219
Favorite, Schloss 267
Fellner, Karl 154
Ferdinand I., österr. Kaiser 320
Ferdinand II., Erzherzog 143–145, 196
Ferdinand II., röm.-dt. Kaiser 197, 206, 219
Ferdinand III., röm.-dt. Kaiser 207
Flagge 328
Flotte 392–396, 421, 444 f.
Flottenwettrüsten 439
Fontane, Theodor 26 f.
Forster, Georg 300, 397
Forster, Johann Reinhold 300
Frankenhausen 161
Frankfurt am Main 152–154, 361
–, Paulskirche 327 f.
–, Römer 59

Frankreich 194, 211, 238, 349–353, 422, 429–434
Franz Ferdinand, österr. Thronfolger 428
Franz I. Stephan, röm.-dt. Kaiser 258, 260, 261
Franz I., österr. Kaiser 319 f.
Franz Joseph I., österr. Kaiser 428
Franz-Josef-Land 398
Freese, Daniel 182 f.
Freiberg 109
Freising 73 f.
–, Dom 73, 243
–, Diözesanmuseum 244
–, Weihenstephan 74
Friedenstein, Schloss 215
Friedrich August III., sächs. König 278
Friedrich August von Sachsen siehe August II., der Starke
Friedrich I., Barbarossa, röm.-dt. Kaiser 55 f., 77 f.
Friedrich I., König von Böhmen 193, 196
Friedrich I., König von Württemberg 318
Friedrich II. der Große, preuß. König 81 f., 254–256, 303
Friedrich II., röm.-dt. Kaiser 77 f., 195
Friedrich III., dt. Kaiser 324
Friedrich III., röm.-dt. Kaiser 123, 137
Friedrich Karl, Prinz von Hessen-Kassel 462
Friedrich Wilhelm I., preuß. König 82, 254, 327 f.
Friedrich Wilhelm III., preuß. König 385
Friesland 120

Galen, Clemens August von, Bischof von Münster 169
Galilei, Galileo 218
Gascogne 120
Gegenreformation 243–245
Geistliche Territorien 264 f.
Gemeiner Pfennig 137
Gleichen, Graf von 78 f.
Gleim, Ludwig 497
Goethe, Johann Wolfgang von 43, 292 f.
Goldene Bulle 99
Goldene Zwanziger 474
Göring, Hermann 380
Goslar 52
–, Dom 44
–, Kaiserpfalz 52 f., 57
Göttinger Sieben 319
Grass, Günter 114
Graz, Zeughaus 232 f.
Greuter, Matthäus 213, 218
Grimm, Brüder 110, 319, 332
Grimmelshausen, Hans Jakob Christoffel 202
Grippeepidemie 474
Gropius, Walter 492
Großbritannien 303, 421, 429–436
Großcomburg, Kloster 86 f., 243
Gründerzeit 410
Gustav Adolf, schwed. König *178*, 195, 203 f.

Haber, Fritz 234
Habsburger 123, 126–129, 139–141, 195, 257, 327, 358 f., 472 f., 472 f.
Haeckel, Erich 483
Hahnemann, Samuel 270
Halberstadt 496–498

Halle 253
Hamburg 61, 116, 118, 149, 152 f.
–, Rathaus 342
–, Speicherstadt 438 f.
Händel, Georg Friedrich 190
Handelsmessen 310 f.
Hannover 361
–, Rathaus 342
Hanse 115–118
Haydn, Joseph 245
Heartfield, John 489–492
Hebel, Johann Peter 110, 309
Heidelberg 28
–, Schloss 240
Heiliges Römisches Reich 29–32, 95–99, 137 f.
Heine, Heinrich 44, 108
Heinrich der Löwe, Herzog von Sachsen und Bayern 93
Heinrich I., ostfränk. König 62–67
Heinrich III., röm.-dt. Kaiser 52
Heinrich Julius, Herzog von Braunschweig-Lüneburg 223
Heiratspolitik 283–286
Helgoland 408 f.
»Hep-Hep-Krawalle« 383 f.
Herero 407
Hermann der Cherusker *siehe* Arminius
Hermannsdenkmal 19
Hersfeld, Kloster 22
Herzegowina 317
Herzfeld, Helmut siehe Heartfield, John
Herzl, Theodor 388
Hesse, Hermann 107
Hildesheim 69
Himmler, Heinrich 119

Hindemith, Paul 479 f.
Hindenburg, Paul von 82 f., 361 f., 486 f.
Historismus 410
Hitler, Adolf 32, 252, 412, 475–477, 487, 490, 502
Hitler-Putsch 475, 476, 477
Hobbes, Thomas 214
Hoefnagel, Joeris 169
Hoffmann, E.T.A. 110, 297 f.
Hohenzollern (Adelsgeschlecht) 126–129, 463 f.
Hohenzollern-Sigmaringen (Adelsgeschlecht) 463 f.
Hollar, Wenzel 220
Holocaust 382–385, 502
Horthy, Miklós 444 f.
Humboldt, Alexander von 299–301, 398
Hungersnot 105 f., 474
»Hunnenrede« 404

Immerwährender Reichstag 137 f., 149
Inflation 453, 455, 487
Ingolstadt 200, 204
–, Bayerisches Armeemuseum 193, 200, 403
–, Neues Schloss 193, 200
Institute of Texan Cultures 400 f.
Italien 182–190, 315 f.

Jagd 379 f.
Jakob I., engl. König 193
Japan 405, 420
Johann Friedrich I., Kurfürst von Sachsen 167
Johann Georg I., Kurfürst von Sachsen 201
Johann Georg III., Kurfürst von Sachsen 277
Johann Georg IV., Kurfürst von Sachsen 277
Johann II., frz. König 122
Joseph I., röm.-dt. Kaiser 258
Joseph II., röm.-dt. Kaiser 241, 245 f., 304
Juan de Austria 163
Juden 75 f., 381–389, 449, 455, 472
Jünger, Ernst 488

»Kabinettskriege« 360, 362
Kafka, Franz 110
Kahr, Gustav von 476
Kaiserpfalzen 63
Kaiserreich 364 f.
Kaiserwahl 99, 149
Kalvinismus 196
Kamerun 406
Kämpffer, Eduard 79
Karl Albrecht, Herzog von Bayern 259 f.
Karl August, Herzog von Sachsen-Weimar-Eisenach 292 f.
Karl der Große 29, 54–58, 120
Karl der Kühne, Herzog von Burgund 123
Karl Eduard, Herzog von Sachsen-Coburg und Gotha 329
Karl I., österr. Kaiser 462
Karl II., Erzherzog 196 f.
Karl II., Herzog von Braunschweig 319
Karl IV., röm.-dt. Kaiser 99
Karl V., röm.-dt. Kaiser 128, 161–168

Karl VI., röm.-dt. Kaiser 254, 262
Karl VII., röm.-dt. Kaiser *siehe* Karl Albrecht, Herzog von Bayern
Karlsruhe 234 f.
Kassel 412 f.
–, Park 288
–, Schloss 241
Katharina die Große, russ. Zarin 284 f.
Katholizismus 158 f., 168, 184, 189, 243–245
Kauffungen, Kunz von 274
Kepler, Johannes 219
Kingsley, Mary 408
Kleukens, Friedrich Wilhelm 414
Klimt, Gustav 447
Koblenz 28, 239
Kocher (Fluss) 86
Köln 28, 44–46, 149, 159
–, Dom 44, *48*,
Kolonialismus 395–398, 402–409, 420–422, 437, 443
Kommunisten 490
Königgrätz, Schlacht bei 252
Konrad III., König von Burgund 77
Konstantin der Große, röm. Kaiser 29
Köthen 269–271
Kreuzzüge 74–81, 101 f.
Kriegerdenkmäler 455–458
Kriegervereine 478, 488
Kriegführung 357–359, 363
Kriegsgräuel 436
Küche 36–41
Kurfürsten 99
Kuriositätenkabinette 214–218, 222
Kuttenberg 109
–, Dom 109 f.
–, Manuale 109

Lang, Fritz 475, 482 f.
Leclerc, Jacques-Philippe, frz. General 126
Leibniz, Gottlieb Wilhelm 223
Lenin, Wladimir Iljitsch 322, 450
Leopold I., röm.-dt. Kaiser 141, 170, 172
Leopold II., röm.-dt. Kaiser 258
Leopold, Fürst von Anhalt-Köthen 271
Lepanto, Schlacht bei 164
Lepsius, Carl Richard 398
Lessing, Gotthold Ephraim 223
Lettow-Vorbeck, Paul von 444
Liechtenstein 361
Lodge, John *280*
Lombardei 120
Loos, Adolf 447
Lorrain, Claude 188 f.
Lossow, Otto von 476
Lotharingien 120–122
Lothringen 121 f.
Löwenstatue 342, 343
Lübeck 115–118, 153 f.
–, Lübecker Totentanz *113*
Ludendorff, Erich 476 f., 486 f.
Ludwig Alexander, Prinz von Battenberg *siehe* Mountbatten, Louis
Ludwig II., bayer. König 373, 374
Ludwig II., ungar. König 144
Ludwig IX., frz. König 77
Ludwig Wilhelm, Markgraf von Baden-Baden 235
Ludwig X., Landgraf von Hessen-Darmstadt 305
Ludwig XIV., frz. König 153, 233 f., 237–241
Ludwigsburg, Schloss 241

Lüneburg 180 f.
–, Ostpreußisches Landesmuseum 381
–, Rathaus 181–183
Luther, Martin 51, *146*, 154–157, 159–167
Lützen, Schlacht bei 204
Luxemburg 124

Macke, August 415 f.
Magdeburg 15 f., 91, 203, 458
–, Dom 90 f., 458
–, Magdeburger Reiter 343
Magris, Claudio 140
Mahler, Gustav 415
Mainz 239, 262–267
–, Dom 71 f., 266
Malerei 186 f.
Mann, Thomas 411–413, 492
Marburg 81
–, Elisabethkirche 81 f.
Märchen 332 f.
Maria Theresia, Kaiserin 254, 258–261
Märkte 308–310
Marr, Wilhelm 387
Marx, Karl 161, 320–322, 325, 328
Mary I., engl. Königin 164
Marzipan 366 f.
Matrosenaufstand 395
Matthias, röm.-dt. Kaiser 196
Maximilian I., röm.-dt. Kaiser 123, 137, 141–143, 151
Maximilian II., röm.-dt. Kaiser 183 f., 196
Meißen 177, 276 f.
Mendel, Gregor 500
Mennoniten 171
Mercator, Gerhard 219

Mergentheim 250
Merian, Maria Sibylla 221 f., 483
Metz 153
Militarismus 419–425
Milner, Alfred, Viscount 421
Minderheiten, sprachliche 472
Mittelalter 43–45, 87, 100, 110
Mittelbau-Dora 111
Modersohn-Becker, Paula 415
Mohács, Schlacht bei 231
Moholy-Nagy, László 492
Mongolen 78, 90, 94 f.
Montenegro 420
Mörike, Eduard 334
Motte-Fouqué, Friedrich de la 333
Mountbatten, Louis 440
Mühlberg, Schlacht bei 167 f.
Mühlhausen 88, 160 f.
München 450 f.
–, Antiquarium 187 f.
–, Feldherrnhalle 425
–, Hofbräuhaus 502
Münster 88, 169–172, 208 f.
Müntzer, Thomas 161 f.
Musil, Robert 447
Mussolini, Benito 476 f.
Mustafa, Köprülü Fazıl 236

Nabokov, Wladimir 480, 491 f.
Nama 407
Namibia 406
Nancy 123
Napoleon I., frz. Kaiser 123 f., 255, 302–307
Napoleonische Kriege 302–307
Nationalismus 346–353, 489–493, 502
Nationalsprachen 471 f.
Nationalstaaten 471

Naumann, Johann Friedrich 269
Neuschwanstein, Schloss 354, 373
Neusiedler See 468 f.
Neustrien 120
Nibelungenhalle 34 f.
Niederegger (Unternehmen) 366
Niederlande 186, 194, 350
Nördlingen 206 f.
–, Schlacht bei 207
Nördlinger Ries 206
Nürnberg 149–153
–, Germanisches Nationalmuseum 151
–, St. Sebald 151

Ögedei, Großkhan 95
Olbricht, Joseph Maria 414
Osmanen 230–233, 236, 240
Österreich, Republik 447 f.
Österreich-Ungarn 239, 303, 315–317, 446 f.
Ostsee 114–116
Ostsiedlung 91, 93
Otto I., röm.-dt. Kaiser 121, 285
Otto III., röm.-dt. Kaiser 55
Otto, Bischof von Freising 73

Papst 95, 158 f., 185
Parks 286–289
Partikularismus 361
Passau, Wallfahrtskirche Mariahilf 229, 230
Pavia, Schlacht bei 164, 231
Pest 106
Peter Ernst II., Graf von Mansfeld, Söldnerführer 202
Philipp der Kühne, Herzog von Burgund 122

Philipp II. August, frz. König 77
Philipp II., span. König 164
Philipp, Prinz von Hessen 462, 463
Pidgin 407 f.
Pogrome 383 f., 388
Polen 234, 278 f., 303
Porzellan 276 f.
Potsdam, Haus der Brandenburgisch-Preußischen Geschichte 253
Poussin, Nicolas 188
Prag 197 f., 208, 216
–, Fenstersturz 196
–, Loretokirche 198
Pragmatische Sanktion 254
Prätorius, Michael 223
Preußen 252 f., 253–256, 278, 303, 349–351, 359 f., 361, 418
Prohibition 400
Protestantismus 158–160, 164, 168, 184, 189, 195
Provence 120

Quedlinburg 63–66
–, Dom 65
Quingdao *siehe* Tsingtau

Rain am Lech, Schlacht bei 204
Rammelsberg, Grube 109
Räterepublik 450 f.
Reformation 159 f., 165 f.
Regensburg 28, 148
–, St. Emmeram 244
Reichshofrat 137
Reichskammergericht 137 f.
Reichskreise 138 f.
Reichskrise 137
Reichsritter 265

Reichsstädte 95 f., 148–151
Reichssteuer 137
Remarque, Erich Maria 488
Reparationen 453
Reuß, Fürstentum 103
Reuß, Heinrich Posthumus 225 f.
Reuß, Volksstaat 452
Reval siehe Tallinn
Revolution (1848) 326 f.
Revolution (1918) 448
Rezzori, Gregor von 140 f.
Rhein 353
Rhodes, Cecil 421
Richard Löwenherz, engl. König 77
Richelieu, Kardinal (d. i. Armand-Jean du Plessis) 194
Riga 116, 118
Röbling, Johann 160
Romantik 334
Rominten 378–80
Römisches Reich 21–23, 28
Roth, Joseph 447, 450, 492
Rubens, Peter Paul 188, 243
Rückert, Friedrich 333
Rudolf II., röm.-dt. Kaiser 143, 145, 169, 196, 216
Ruhrgebiet 455
Rumänien 420
Russland 94 f., 303, 419–433

Saarland 125, 455
Sachsen (Volk) 57 f.
Sachsen 120, 272–277
Saleph (Fluss) 77
Salzburg 245
Samoa 403
Sansibar 408
Sanssouci, Schloss 16, 256 f., 289

Sarajevo 428
Sarazenen 60
Schaumburg-Lippe (Fürstentum) 356, 365
Schiele, Egon 447
Schinkel, Karl Friedrich 417
Schleicher, Kurt von 488 f.
Schlemmer, Oskar 480
Schlesien 254 f.
Schlieffen, Alfred von 362
Schmalkaldischer Bund 167
Schmitz, Bruno 340, 498
Scholl, Sophie 338 f.
Schönberg, Arnold 447
Schönborn, Johann Philipp Franz von, Fürstbischof von Würzburg 267 f.
Schönborn, Lothar Franz von, Erzbischof von Mainz 267 f.
Schönborn, Ritter von 267
Schönborn-Buchheim, Friedrich Karl von, Reichsgraf 267 f.
Schreck, Johannes 218
Schumann, Robert 334
Schwäbisch Gmünd 499 f.
Schwäbisch Hall 132, 136, 152
Schwind, Moritz von 51
Schwitters, Kurt 392
Scott, Ridley 23
Sedan, Schlacht von 363
Seeblockade 444, 452
Seißer, Hans von 476
Septimanien 120
Serbien 420
Shelley, Mary 351
Siebenjähriger Krieg 255 f., 437
Siegessäulen 342–344
Sigismund, röm.-dt. Kaiser 137

Register 521

Sigmaringen, Schloss von 464 f.
Skagerrak, Schlacht im 395, 445
Söldner 205
Sopron 470 f.
Speer, Albert 111
Speyer 42, 239
–, Dom 42, 71 f.
Spezialitäten, regionale 366–370
Spiegel, Ernst Ludwig 497
Spirituosen 368–370
Spix, Johann Baptist 398
Städte 132–134
Stadtmauern 87, 88, 89
Stämme 100–103
Steidl, Melchior 268
Steller, Georg Wilhelm 299
Stellungskrieg 442 f.
Sternberg, Josef von 285
Straßburg 126, 148, 153, 239
Strauss, Richard 415
Strawinski, Igor 479
Stuttgart, Altes Schloss 165, 166
Subutai, mong. Feldherr 95

Tacitus 22–25
Tallinn 116, 118
Tannenberg, Schlacht bei 82, 432 f.
Tarpan 377, 380
Teutoburger Wald 23
Thingtheater 27 f.
Tiepolo, Giovanni Battista 190 f., 198
Tilly, Johann T'Serclaes von 195, 197, 203 f.
Tirpitz, Alfred von 421
Tizian 167
Todesrate 105
Togo 406
Toul 153

Trapp, Georg Ludwig Ritter von 404
Treitschke, Heinrich von 250, 252
Trier 29 f., 33, 88
–, Palastaula 30
–, Porta Nigra 30
Trotha, Lothar von 406 f.
Tschechoslowakei 471
Tsingtau 404
Tübke, Werner 161 f.
»Türkenbeute« 235

Überseehandel 405
UdSSR 452
Ulm 46 f., 148, 153
–, Münster 46 f.
Ulrich, Friedrich 224
Ulrich, Herzog von Württemberg 165
Ungarn (Land) 236, 444, 469–471
Ungarn (Volk) 61 f., 95

Vaughan, Thomas 214
Velázquez, Diego 192
Verdun 153, 443
–, Vertrag von 120
Verkehr 136 f.
Versailler Vertrag 453, 487
Versailles 227 f., 238, 241
Vertreibung 500
Vichy-Regierung 464
Victoria, dt. Kaiserin 324
Victoria, engl. Königin 323, 329
Viktoria, Prinzessin von Battenberg 390
Vischer, Peter d. Ä. 151
Völkerschlachtdenkmal 312, 339–341
Volksfeste 310,
Vrancx, Sebastian 191–193

Wagner, Richard 34 f., 57, 110 f., 373 f.
Wald 34
Waldeck, Franz von, Fürstbischof von Münster 170
Wälder 34, 375–378
Waldseemüller, Martin 219
Walhalla 337 f.
Wallenstein, Albrecht von (d. i. Albrecht Wenzel Eusebius von Waldstein), Herzog von Friedland und Sagan 202, 204
Walter, Bruno 492
Wandalen 25
Wandern 332–334
Wandervogelbewegung 478 f.
Wartburg 51, *84*
Waterloo, Schlacht bei 255
Weber, Max 157
Weikersheim 253
Weikersheim, Schloss 250–252
Weimar 286 f., 292 f.
Weimarer Moderne 475, 491
Weimarer Republik 452, 475
Weinbau 174–176
Weltkrieg, Erster 420, 422 f., 430–446
Weltkrieg, Zweiter 387, 496
Weltwirtschaftskrise 486
Wenden 401 f.
Westfälischer Friede 208 f.
Wettiner 126–129, 270
Wiedertäufer 170 f.
Wien 28, 88
–, Belagerung von 233
–, Kapuzinergruft 262
–, Naturhistorisches Museum 484 f.
Wiener Kongress 350
Wikinger 60 f.
Wilhelm I., preuß. König *19*

Wilhelm II., dt. Kaiser 324, 337 f., 362, 378, 404, 418–420, 462
Wilhelmshaven 392–396
Wisent 377 f.
Wissenschaften 219 f., 482–485
Wittelsbacher 126–129, 374 f.
Wittenberg 149
Wittgenstein, Ludwig 447
Wölfe 376 f.
Wolfenbüttel 222–224
Wörlitz, Park 289 f.
Worms 28, 239
–, Dom 71 f.
–, Edikt von 165
–, Reichstag zu 137, 165
Wunderkammern 214–218, 222, 228
Württemberg 165
Würzburg 176 f.
–, Residenz 190 f.

Zimmermann-Depesche 450
Zionismus 388
Zollverein 352
Zweig, Stefan 492

Bildnachweis

Accademia Nazionale dei Lincei, Rom: 212
akg-images: 2 f., 18 (N.N.), 84 (Universitätsbibliothek Heidelberg / Erich Lessing), 112, 146, 280, 354, 426
bpk: 248 (Staatliche Kunstsammlungen Dresden / Jürgen Karpinski)
Deutsche Fotothek: 312 (Atelier Hermann Walter)
Getty Images: 178 (Universal History Archive / Universal Images Group), 390 (Hulton Archive)
Rheinisches Bildarchiv, Köln: 48 (Kölnisches Stadtmuseum)
Ullstein-Bild: 466 (United Artists)

Ein unterhaltsamer Trip durch Europas Herzland

Zwischen Amsterdam und Zürich, entlang des Rheins, erstreckt sich Europas Herzland – von Kaisern begehrt, von Armeen umkämpft, von Dichtern gepriesen. Wer Europa verstehen will, muss die Geschichte dieser Region kennen: den ständigen Zwist zwischen großen und kleinen Mächten, den Kampf zwischen Vereinheitlichung und trotziger Selbstbehauptung. Nicht zufällig befinden sich alle Institutionen der EU in der Region, die das Schicksal des Kontinents wie kaum eine andere widerspiegelt. Wunderbar leicht und höchst eigenwillig erzählt Simon Winder von diesem Herzland, mit all seinen Sonderbarkeiten voller Kultur, Schönheit und Schrecken: von Waterloo bis Verdun, von Asterix bis zu den Nibelungen, von Rubens bis Karl Marx, von Gouda bis zum Edelzwicker.

»Winder versteht es, die Andersartigkeit des Vergangenen zu zeigen, ohne es exotisch wirken zu lassen. Der Leser lernt hier etwas: eine Form des Respekts, die der historischen Selbstkritik dienen kann.«
Süddeutsche Zeitung

Siedler